普通高校“十三五”规划教材·会计学系列

高级财务管理

（第二版）

曾　蔚◎编　著

清華大学出版社
北　京

内容简介

高级财务管理是在企业财务管理的理论研究成果和实践经验的基础上，以财务管理中特殊和复杂的业务管理、财务管理领域新问题以及财务管理研究中尚不成熟的问题为研究对象，使学生了解和掌握高级财务管理理论与方法，致力于培养财务管理专业学生的分析判断等综合能力，为社会培养高级的财务管理人才服务。本书在体系内容安排上，贴近现实，着眼未来，强调实用，系统地阐述了知识经济时代基于企业价值创造的财务管理、企业集团财务管理、中小企业财务管理、企业扩张和收缩的财务管理以及财务危机、破产、重整与清算的方法和实例，并提供诸如导读、案例、思考题、课件等丰富的辅助教学资源，为读者提供了在复杂环境下进行企业财务管理的方法和运作思路。

本书既可以作为财务管理、会计学和金融学高年级本科生和研究生的教材，也适合其他管理类与经济类专业的本科生、研究生以及对高级财务管理理论有兴趣的实际工作者使用。

图书在版编目(CIP)数据

高级财务管理/曾蔚编著. —2 版. —北京：清华大学出版社，2018（2025.1 重印）
（普通高校"十三五"规划教材·会计学系列）
ISBN 978-7-302-49301-3

Ⅰ. ①高… Ⅱ. ①曾… Ⅲ. ①财务管理－高等学校－教材 Ⅳ. ①F275

中国版本图书馆 CIP 数据核字(2018)第 004389 号

责任编辑：梁云慈
封面设计：汉风唐韵
责任校对：王荣静
责任印制：丛怀宇

出版发行：清华大学出版社
网　　址：https://www.tup.com.cn，https://www.wqxuetang.com
地　　址：北京清华大学学研大厦 A 座　　**邮　　编**：100084
社 总 机：010-83470000　　**邮　　购**：010-62786544
投稿与读者服务：010-62776969，c-service@tup. tsinghua. edu. cn
质量反馈：010-62772015，zhiliang@tup. tsinghua. edu. cn
印 装 者：三河市龙大印装有限公司
经　　销：全国新华书店
开　　本：185mm×260mm　　**印　　张**：28.5　　**字　　数**：653 千字
版　　次：2013 年 10 月第 1 版　2018 年 4 月第 2 版　　**印　　次**：2025 年 1 月第 5 次印刷
定　　价：69.00 元

产品编号：077798-02

第二版前言

距离清华大学出版社出版《高级财务管理(第一版)》约有五年时间了,在这五年里,经济全球化深入推进,互联网时代下大数据、人工智能迅猛发展,中国的资本市场不断完善,创新创业活动风起云涌,企业间的并购、重组活动频繁,不断改变着中国企业的经营管理环境,挑战着企业财务各种理念与管理技术。同时,在教学实践中,通过与学生以及其他院校相关教师的不断沟通与交流,我们也意识到该版教材的内容必须与时俱进。对《高级财务管理》内容和框架提出的更高要求促使我们对第一版教材进行了修订。在新版教材中,我们一如既往地坚持高级财务管理从企业价值出发,就管理来论财务,体现财务管理的社会过程,立足于组织结构和治理环境,从实现企业战略目标,提高其核心竞争能力的角度诠释财务管理功能。

修订后本书的框架结构与主体内容的变化和完善主要包括以下方面:①调整了部分篇章内容,用"企业扩充和收缩财务管理"替换了"通货膨胀财务管理"的内容,一方面,考虑到通货膨胀财务管理的内容已经在《中级财务管理》或者《财务管理学》等教材中进行了增补,另一方面,企业的扩张和收缩活动日益频繁,成为财务管理理论和实践参与者均不可回避的内容,特别是近几年世界经济调整过程中,企业收缩活动引人注目,但教材中对相关内容涉及较少,亟须增补。②体现了互联网背景下在企业财务管理活动中的变革,如在集团财务管理部分增加大数据时代企业集团财务共享管理内容,在中小企业财务管理部分增加互联网金融的内容等。③不少内容吸收了财务管理理论与实践的最新成果,尤其是研究团队近年来最新的研究成果,如智力资本和企业价值,智力资本和内外部治理关系等方面的内容。④更新数据、补充财务管理相关案例和阅读材料,更新了一些相关统计数据,补充或更换了最近或者更为典型的中国企业财务管理活动案例。

本书的完成是主编及其研究团队长期钻研与努力合作的结果。中南大学商学院曾蔚副教授担任主编,负责全书修订计划和编写大纲的拟定、修订编写的组织工作,并总撰全书。研究生沈亚宁、周一虹、全艺淳,向怡曼、肖洋、周光琪、吴雪晴、阳欢欢,本科生黄秋梅、刁霞参与了部分勘误、资料收集整理和清样校稿等工作。

我们期望本书能够使读者在掌握财务管理基本原理和方法的基础上,进一步学习和思考企业财务管理实践中一些具有复杂性、特殊性的难题,破解新题,不断提升财务管理的专业知识水平、职业判断能力和创新能力。

本教材在编写过程中,借鉴了许多学者的研究成果,以及很多编者的优秀教材,并得到出版社相关编辑、商学院有关领导和老师的大力支持。在此,一并表示衷心的感谢。

由于编者水平有限,加上时间仓促,对于书中不当之处,还望广大读者不吝指正。

编著者

2017 年 10 月 18 日

第一版前言

高级财务管理是在企业财务管理的理论研究成果和实践经验的基础上，以财务管理中特殊和复杂的业务管理、财务管理领域新问题以及财务管理研究中尚不成熟的问题为研究对象，使学生了解和掌握高级财务管理理论与方法，致力于培养财务管理专业学生的分析、判断等综合能力，为社会培养高级财务管理人才服务的。本书既可以作为财务管理、会计学和金融学高年级本科生和研究生的教材，也适合其他管理类与经济类专业的本科生、研究生以及对高级财务管理理论有兴趣的实际工作者使用。本书具有以下特色：

(1) 在体系内容安排上，贴近现实，着眼未来，强调实用。本书着眼于知识经济时代、经济全球化、创新创业的浪潮以及企业面临的通货膨胀等现实背景和财务管理的发展趋势，在吸收国内外财务管理理论研究成果和实践经验的基础上，围绕企业价值创造的主线，以财务管理基本方法的应用为重点，系统地阐述了知识经济时代基于企业价值创造的财务管理、企业集团财务管理、中小企业财务管理、通货膨胀财务管理以及财务危机、破产、重整与清算的方法和实例，为读者提供了在复杂环境下进行企业财务管理的方法和运作思路。

(2) 在教学资源上，主体内容与教学辅助资源相结合。在本书中，每篇设有导读，概览全篇主要内容，激起读者阅读的兴趣；每章设有本章学习目标，使读者明了本章的学习任务，把握重点和难点；章后有思考题和案例分析。本书的教学案例均来自最近几年企业的财务管理实践，部分案例是实地研究的最新成果，体现了“新颖”特性。同时，在最后附上主要参考文献，读者可以进一步阅读有关论著和文章，以便对相关问题有更深入的了解。另外，为方便教师教学，提供配套的电子课件。届时可与作者联系索取(Email: zwwell@163.com)。

本书由中南大学商学院财务与投资系曾蔚副教授整体构思、定位并主笔，从教材体系与内容到教材观点与创新都体现了作者在长期的财务管理学和高级财务管理教学和科研中形成的财务管理理念与思想。研究生颜红桂参与了海尔集团财务公司的运作案例和通货膨胀财务管理部分的资料收集与整理工作。

在本书的编写过程中，参阅了大量的国内外文献资料。在此，谨向这些文献资料的作者表示衷心的感谢！

本书的出版，得到了清华大学出版社老师们的大力支持和帮助，特别是责任编辑梁云慈女士为本书编辑和出版付出了大量心血，在此表示诚挚的谢意！

高级财务管理学教材的内容设计、结构安排颇具争议，以至于目前高级财务管理教学并不存在统一的体系，作者仅希望本书的出版有益于激发各类读者对财务管理理论与实践产生更深入的认识和树立与时俱进的现代理财理念。限于作者的水平和时间,书中难免存在种种不足乃至错误,在此真诚地希望各位同行、读者批评指正,以便进一步修改完善。

作 者

2013年6月　于岳麓山

目录

第一篇　导　　论

第二篇　知识经济时代基于企业价值创造的财务管理

第三篇 企业集团财务管理

第四篇 中小企业财务管理

第五篇 企业扩张和收缩的财务管理

第一篇

导　论

【本篇导读】

《双城记》中有这样一句话："这是最好的年代，也是最坏的年代。"海尔集团 CEO(首席执行官)张瑞敏先生说："只有时代的企业,没有成功的企业。"企业的列车要在时代的变革中轰轰向前，财务管理起着重要的作用，有人认为它是"引擎"，也有人认为它是"刹车"，这个争论成为现代理财一个值得思考的问题，但不管结论如何，财务管理是企业这辆车的必备部件和必需的功能，其管理水平和质量直接决定着企业的成败。

美国著名经济学家路易斯·加潘斯基在谈及财务管理时曾这样说道："良好的财务管理对一个工商企业、一个国家乃至整个世界经济状况都至关重要。财务管理是一件较为复杂多变的事情，因此颇具刺激性，使人为之着迷和兴奋，同时也给人以挑战，令人困惑。"

第1章

高级财务管理导论

【学习目标】

- 了解财务管理理论和实践的发展历程
- 理解高级财务管理的基本特征
- 掌握高级财务管理的基本理论结构

1.1 西方财务管理的发展及理论基石

财务管理是一种古老的活动，自人类生产劳动出现，便有了理财的活动。但是，最早的财务管理只是简单的会计意义上的管理。财务管理作为企业的一种独立经济活动，是随着公司制这一企业组织形式的产生和发展而逐渐形成的。

早在15—16世纪，商业比较发达的地中海沿岸城市，特别是意大利的威尼斯，出现了邀请公众入股的城市商业组织（原始的股份形式），入股的股东包括商人、王公、大臣、市民等。商业经济的初步发展，要求商业组织做好资金筹集、股息分派和股本管理等财务管理工作。但由于这时企业对资本的需要量并不是很大，筹资渠道和筹资方式比较单一，企业的筹资活动仅仅附属于商业经营管理，并没有形成独立的财务管理职业，这种情况一直持续到19世纪末20世纪初。尽管当初尚未在企业中正式形成财务管理部门或机构，但上述财务管理活动的重要性确已在企业管理中得以凸显。因此，该时期可以视为西方财务管理的萌芽时期。

1897年美国著名财务学者Thomas L. Green出版《公司理财》一书，标志着西方财务理论的独立。从此，西方财务理论"以其独特的研究核心和研究方法成为经济学的一门分支"，并在20世纪取得了大发展，大批学者以股份公司为研究对象，着眼于不断发展的资本市场，涌现了丰富的研究成果。王化成[①]、郭复初等学者对这100多年来财务管理的发展进行了归纳，但学者们对西方财务管理发展阶段划分的观点并不一致。在对众多学者文献进行总结的基础上，本书将西方财务管理的发展变化划分为以下五个时期。

---

① 王化成. 20世纪西方财务管理的五次浪潮[J]. 中国财务财经报，1997-11-08；郭复初. 中西方近代财务管理的发展与启迪[J]. 四川会计，1997(7)：3-7.

1.1.1 西方财务管理的发展

1. 筹资财务管理时期(19世纪末20世纪初)

19世纪末20世纪初,工业革命的成功使制造业迅速崛起,新技术、新机器不断涌现,生产技术的重大改进和工商活动的进一步发展,促进了企业规模的不断扩大,股份公司的迅速发展,许多公司都面临着如何为扩大企业生产经营规模和加速企业发展筹措所需资金的问题,并在财务关系上要处理好公司与投资者、债权人之间的财务权、责、利关系,分配好盈利。于是,各股份公司纷纷成立专职财务管理部门,以适应加强财务管理的需要。财务管理职能与机构的独立化,标志着近代西方财务管理初步形成。

在这一阶段,市场竞争不是十分激烈,各国经济得到了迅速发展,只要筹集到足够的资金,一般都能取得较好的效益。然而,当时的资金市场还不甚成熟,金融机构也不十分发达,因而,如何筹集资金便成为财务管理的最主要问题。财务管理的主要职能是预测公司资金的需要量和筹集公司所需要的资金,理论研究的侧重点在于金融市场、金融机构和金融工具的描述和讨论。因此,筹资理论和方法得到了迅速发展,为现代财务管理理论的产生和完善奠定了良好的基础,这一时期西方资本市场发育日趋完善。

这个阶段具有代表性的理论贡献为:①1897年,Thomas L. Green出版《公司理财》(*Corporation Finance*)一书,详细阐述了公司资本的筹集问题,被学界认为是筹资财务理论最早的代表作,标志着西方财务理论的独立;②1910年,Meade出版《公司财务》,主要研究企业如何最有效地筹集资本,该书为现代财务理论奠定了基础;③1920年,Arthor Stone出版《公司财务策略》(*Financial Policy Corporation*)。这个阶段的研究成果主要集中于如何有效地筹集资金。

2. 法规财务管理时期(1931—1950年)

筹资阶段的财务管理往往只着重研究资本筹集,却忽视了企业日常的资金周转和企业内部控制。1929年经济危机后,为保护投资者利益,各国政府加强了证券市场的监管,尤其加强了对公司偿债能力的监管。美国在1933年、1934年通过了《联邦证券法》和《证券交易法》,要求公司编制反映企业财务状况和其他情况的说明书,并按规定的要求向证券交易委员会定期报告。政府监管的加强客观上要求企业把财务管理的重心转向内部控制。同时,对企业而言,如何尽快走出经济危机的困境,内部控制也显得十分必要。第二次世界大战以后,随着科学技术的迅速发展,市场竞争的日益激烈,西方财务管理人员更加清醒地认识到,在残酷的市场竞争中,要维持企业的生存和发展,财务管理的主要功能不仅在于筹集资金,更在于有效的内部控制,管好用好资金。西方财务学家将这一时期称为"守法财务管理时期"或"法规描述时期"(descriptive legalistic period)。

这一时期,财务管理的理念和内容发生了较大的变化:财务管理的重点开始从扩张性的外部融资,向防御性的内部资金控制转移,各种财务目标和预算的确定、债务重组、资产评估、保持偿债能力等问题,开始成为这一时期财务管理研究的重要内容。具体表现在:①财务管理不仅要筹措资本,而且要进行有效的内部控制,管好用好资本,资产负债表中的资产科目,如现金、应收账款、存货、固定资产等引起财务管理人员的高度重视;②人们普遍认为,企业财务活动是与供应、生产和销售相并列的一种必要的管理活动,它能够调节和促进企业的供、产、销活动；③对资本的控制需要借助于各种定量方法，因此，各种计量模型逐渐应用于存货、应收账款、固定资产管理，财务计划、财务控制和财务分析的基本理论和方法逐渐形成，并在实践中得到了普遍应用；④如何根据政府的法律法规来制定公司的财务政策，成为公司财务管理的重要方面；⑤财务管理内容还涉及企业的破产、清偿和合并等问题。

这个阶段具有代表性的理论贡献为：①W. H. Lough 出版《企业财务》，首先提出了企业财务除筹措资本之外，还要对资本周转进行有效的管理；②英国学者 T. G. Rose 出版《企业内部财务论》，书中特别强调企业内部财务管理的重要性，认为资本的有效运用是财务研究的中心。这个阶段的研究成果为企业财务状况的系统分析及资产流动性分析打下了基础。

3. 资产财务管理时期（1951—1964 年）

20 世纪 50 年代以后，面对激烈的市场竞争和买方市场趋势的出现，财务经理普遍认识到，单纯靠扩大融资规模、增加产品产量已无法适应新的形势发展需要，财务经理的主要任务应是解决资金利用效率问题，公司内部的财务决策上升为最重要的问题，西方财务学家将这一时期称为“内部决策时期”（internal decision-making period）。在此期间，资金的时间价值引起财务经理的普遍关注，以固定资产投资决策为研究对象的资本预算方法日益成熟，财务管理的重心由重视外部融资转向注重资金在公司内部的合理配置，使公司财务管理发生了质的飞跃。由于这一时期资产管理成为财务管理的重中之重，因此称为资产财务管理时期。

20 世纪 50 年代后期，对公司整体价值的重视和研究，是财务管理理论的另一显著发展。实践中，投资者和债权人往往根据公司的盈利能力、资本结构、股利政策、经营风险等一系列因素来决定公司股票和债券的价值。由此，资本结构和股利政策的研究受到高度重视。

这一时期主要的财务研究成果有如下方面：

(1) 1951 年，美国财务学家迪安（Joel Dean）出版了最早研究投资财务理论的著作《资本预算》，该书着重研究如何利用货币时间价值确定贴现现金流量，使投资项目的评价和选择建立在可比的基础之上，该著作成为此后这一领域众多论著共同的思想、理论源泉，起到了极其重要的先导和奠基作用，对财务管理由融资财务管理向资产财务管理的飞跃发展发挥了决定性影响。

(2) 1952 年，哈里·马科维茨（H. M. Markowitz）发表论文《资产组合的选择》，认为在若干合理的假设条件下，投资收益率的方差是衡量投资风险的有效方法。从这一基本观点出发，1959 年，马科维茨出版了专著《组合选择》，从收益与风险的计量入手，研究各种资产之间的组合问题。马科维茨也被公认为资产组合理论流派的创始人。

(3) 1958 年，弗兰科·莫迪利安尼（Franco Modigliani）和米勒（Merto H. Miller）在《美国经济评论》上发表文章《资本成本、公司财务和投资理论》，提出了著名的 MM 理论。莫迪利安尼和米勒因为在研究资本结构理论上的突出成就，分别在 1985 年和 1990 年获得了诺贝尔经济学奖。

(4) 1964 年，夏普（William Sharpe）、林特纳（John Lintner）等在马科维茨理论的基

础上,提出了著名的资本资产定价模型(CAPM),系统阐述了资产组合中风险与收益的关系,区分了系统性风险和非系统性风险,明确提出了非系统性风险可以通过分散投资来降低等观点。资本资产定价模型使资产组合理论发生了革命性变革,夏普因此与马科维茨一起共享第22届诺贝尔经济学奖的荣誉。

总之,在这一时期,以研究财务决策为主要内容的"新财务论"已经形成,其实质是注重财务管理的事先控制,强调将公司与其所处的经济环境密切联系,以资产管理决策为中心,将财务管理理论向前推进了一大步。

4. 投资财务管理时期(20世纪60年代中期至70年代)

第二次世界大战结束以来,科学技术迅速发展,产品更新换代速度加快,国际市场迅速扩大,跨国公司增多,金融市场繁荣,市场环境更加复杂,投资风险日益增加,企业必须更加注重投资效益,规避投资风险,这对已有的财务管理提出了更高要求。20世纪60年代中期以后,财务管理的重心重新从内部向外部转移,理财活动比以往更加关注于投资问题,特别是70年代后,金融工具的推陈出新使公司与金融市场的联系日益加强。认股权证、金融期货等广泛应用于公司筹资与对外投资活动,推动财务管理理论日益发展和完善。另外,统计学和运筹学优化理论等数学方法引入财务理论研究中。因此称为"投资财务管理时期",其核心研究问题是资本结构和投资组合的优化。

这个阶段的主要研究成果如下所述:

(1) 资本结构理论进一步深化和发展。如前所述,投资组合理论和资本资产定价模型揭示了资产的风险与其预期报酬率之间的关系,受到投资界的欢迎。它不仅将证券定价建立在风险与报酬的相互作用基础上,而且大大改变了公司的资产选择策略和投资策略,被广泛应用于公司的资本预算决策。这导致财务学中原来比较独立的两个领域——投资学和公司财务管理的相互组合,使公司财务管理理论跨入了投资财务管理的新时期。前述资产财务管理时期的财务研究成果同时也是投资财务管理初期的主要财务成果。

在这一阶段,资本结构理论研究的深化,历经了从早期传统资本结构理论到现代资本结构理论的发展过程(1952—1977年),并以MM理论为开端,逐渐发展到破产成本理论、税差学派、市场均衡理论、权衡理论、信息不对称理论等。从1977年始,以梅耶斯、迈基里夫为代表的新优序融资理论为起点又开始了新资本结构理论的发展阶段,其后出现了以詹森、麦克林、梅耶斯为代表的代理成本说,以史密斯、华纳等为代表的财务契约论,以罗斯、利兰等为代表的信号模型,以邓洛夫斯基、史密斯为代表的产业组织理论,以及以哈里斯、拉维夫为代表的企业治理结构学派。

(2) 资本市场的发展和投资风险的日益加大,使人们开始寻求资产组合、避险和控制的工具,金融工具的推陈出新使企业与金融市场的关系更加密切,认股权证、金融期货等广泛应用于企业融资和对外投资活动,特别是20世纪70年代中期,布莱克(F. Black)等创立了期权定价模型(option pricing model,OPM),斯蒂芬·罗斯提出了套利定价理论(arbitrage pricing theory)。这一时期的财务管理,呈现出百花齐放、百家争鸣的繁荣景象。

(3) 1972年,法玛(Fama)和米勒(Miller)出版了《财务管理》一书,这部集西方财务管理理论之大成的著作,标志着西方财务管理理论已发展成熟。

一般认为，该时期是西方财务管理理论走向成熟的时期，主要表现在：建立了合理的投资决策程序；形成了完善的投资决策指标体系；建立了科学的风险投资决策方法。由于吸收自然科学和社会科学的丰富成果，财务管理进一步发展成为集财务预测、财务决策、财务计划、财务控制和财务分析于一身，以筹资管理、投资管理、营运资金管理和利润分配管理为主要内容的管理活动，并在企业管理中居于核心地位。

5. 财务管理深化发展的新时期(20 世纪 70 年代末以后)

20 世纪 70 年代末，企业财务管理进入深化发展的新时期。这一阶段，财务管理的环境发生了变化：①通货膨胀及其对利率的影响；②政府对金融机构放松控制以及由专业金融机构向多元化金融服务公司转化；③电子通信技术在信息传输和电子计算机在财务决策上大量应用；④资本市场上新的融资工具的出现，如衍生性金融工具和垃圾债券；⑤企业集团化与国际化。

以上条件的变化对财务决策产生了重大影响，加剧了公司面临的不确定性，使市场需求、产品价格以及成本的预测变得更加困难。这些不确定性的存在使财务管理的理论和实践都发生了显著的变化，并且产生了更为细分的财务管理领域。例如，通货膨胀财务管理、企业集团财务管理、国际企业(跨国企业)财务管理与企业并购财务管理等。

另外，20 世纪 80 年代以后，财务学在吸收心理学、行为科学、决策科学等相关成果的基础上，研究心理和行为因素对人类财务行为的影响，解释和预测财务主体的财务决策行为的实际决策过程(而非最优决策模型)以及金融市场的实际运行状况，促成了一门新的科学——行为财务学的发展。

我们根据财务管理内容变化的特点将 20 世纪 70 年代末以后财务管理的发展分为下面三个子阶段：

(1) 通货膨胀理财阶段(20 世纪 70 年代末期和 80 年代初)。20 世纪 70 年代末期和 80 年代早期，伴随石油价格的上涨，西方国家出现了严重的通货膨胀，持续的通货膨胀给财务管理带来了一系列前所未有的问题，因此这一时期财务管理的任务主要是对付通货膨胀。在通货膨胀条件下，如何有效地进行财务管理一度成为热点问题。大规模的通货膨胀，使企业的资金需求不断膨胀，货币资金不断贬值，资金成本不断提高，成本虚降，利润虚增，资金周转困难。为此，西方财务管理根据通货膨胀的状况对企业筹资决策、投资决策、资金日常调度决策、股利分配决策进行了相应的调整。

(2) 国际经营理财阶段(20 世纪 80 年代中后期)。20 世纪 80 年代中后期，由于运输和通信技术的发展，市场竞争的加剧，企业跨国经营发展很快，国际企业管理越来越重要。当然，一国财务管理的基本原理对国际企业也是适用的，但是，由于国际企业涉及多个国家，要在不同制度、不同环境下做出决策，就会有一些特殊问题需要解决，如外汇风险问题、多国融资问题、跨国资本预算问题、国际投资分析、跨国公司财务业绩评估等都和一国财务管理不同。20 世纪 80 年代中期以来，国际财务管理的理论和方法得到迅速发展，并在财务管理实务中得到广泛应用，成为财务管理发展过程中的又一个高潮，并由此产生了一门新的财务学分支——国际财务管理。

全球化是这 30 多年来最强大的经济力量，促进了商品、资本、服务、技术、信息、劳务(人才)在全球范围内快速流动，特别是进入 21 世纪以后，全球化进程加快，各国开放的程度越来越高,相互依存度越来越高,市场自由化的程度越来越高,世界成为一个你中有我,我中有你的统一大市场。但在此过程中,拉美、非洲和东南亚发展中国家陷入沉重的债务危机,苏联和东欧国家政局动荡,美国的贸易逆差和财政赤字、贸易保护主义等,2000 年的互联网泡沫破灭,2008 年的次贷危机,欧美频繁的恐怖袭击,特别是 2016 年"英国退欧"公投、美国总统选举等频发的"黑天鹅"事件,导致国际金融市场动荡不安,使企业面临的投融资环境具有高度不确定性,使我们所认识的全球化进程出现了变化,尤其是从国际企业的角度来看,给不断转变的全球贸易和政治区域化步伐带来了巨大的挑战。因此,企业在其财务决策中日益重视风险的评估和规避,效用理论、线性规划、对策论、概率分布、模拟技术等数量方法的应用在全球化背景下的财务管理工作中与日俱增。

(3) 网络财务管理阶段(20 世纪 90 年代以来)。20 世纪 90 年代中期以来,随着计算机技术、电子通信技术和网络技术迅猛发展,财务管理的一场伟大革命——网络财务管理,已经悄然到来。

人类社会自 21 世纪以来已经进入了一个以知识为主导的时代,知识、创新精神和声誉等无形智力资源成为企业赢得竞争优势的关键资源和企业价值创造的主要驱动力。从财务管理角度来看,这改变了企业资源配置结构,即从传统的以厂房、机器、资本为主要内容的资源配置结构转变为以知识为基础的、智力资本为主的资源配置结构。例如,美国的微软公司有形资产的数量与小型企业相差无几,而市场价值却超过美国三大汽车公司的总和。面对知识经济趋势的深化,传统财务管理理论以"物"为本的理念受到巨大冲击,以人为本的理念必将贯穿于企业筹资、投资、资金运营和利润分配的各财务环节,而对于智力资本如何进行确认、计量和管理将成为财务管理的重要课题。

随着知识经济纵深发展,大数据、云计算、互联网等信息技术快速兴起与发展,社交媒体、虚拟服务等在经济、生活、社会等各个方面的渗透不断加深,改变了经济活动的方式。主要表现在两个方面:一是网络化。容量巨大,高速互动,知识共享的信息技术网络构成了知识经济的基础,企业之间激烈竞争将在网络上进行。二是虚拟化。由于经济活动的数字化和网络化加强,开辟了新的经营空间,如虚拟企业、虚拟市场、虚拟银行等。在网络环境下,企业可以通过财务软件进行远程处理,对企业的经济活动可以进行实时财务报告,及时在线管理,提高工作效率;对于企业集团,可以通过财务共享服务整合和优化企业资源,实现财务与业务的协同,全面提高企业的竞争力;在网络环境下,电子商务使企业购销活动更便捷,费用更低廉,对存货的量化监控更精确,电子单据和电子货币的普遍使用提高了结算效率,加快了资金周转速度,降低了企业资金成本。商业活动在全球互联网上进行,使国际资本的流动加快,而财务主体面临的风险大大增加,网络财务管理主体、客体、内容、方式都会发生很大的变化。相应地,现代的财务管理理论和实践,将随着理财环境的变化而不断革新,继续朝着国际化、网络化、虚拟化、数据化、智能化方向发展。

从 20 世纪以来财务管理的发展过程可以看出,财务管理目标、财务管理内容、财务管理方法的变化,都是理财环境综合作用的结果。有什么样的理财环境,就会产生什么样的理财模式,也就会产生相应的财务管理理论体系。实际上,财务管理总是依赖于其生存发展的环境。任何时候,财务管理问题的研究,都应以客观环境为立足点和出发点。脱离了环境来研究财务管理理论,就等于是无源之水、无本之木。所以,将财务管理环境确定为财务管理理论结构的起点是一种合理的选择。

1.1.2 西方财务管理的理论基石

1. 现值分析理论(present value analysis theory)

现值分析理论是贯穿现代财务管理的一条红线,对企业未来的投资活动、筹资活动产生的现金流量进行贴现分析,以便正确地衡量投资收益,计算筹资成本,评价企业价值。现值理论的基本原理是

$$P_0 = \sum_{t=1}^{n} \frac{CF_t}{(1+R_t)^t} \tag{1-1}$$

式中,P_0为现在值,CF_t为第 t 年现金流量,R_t为第 t 年折现率。

利用现值分析进行财务决策的标准是未来现金流入量的现值大于现金流出量的现值,即净现值大于零时才值得去投资或筹资。在通常情况下,企业资产的净现值越大,企业的价值就越大。在现代企业财务管理中,几乎所有的财务决策都涉及未来现金流量,都需要决定未来现金流量的现时价值,因此,现值分析是企业进行投资或筹资决策的基本准则之一。

2. 投资组合理论(portfolio theory)

1952 年,美国著名财务学家哈里·马科维茨在《财务杂志》(*The Journal Finance*)上发表的《资产组合的选择》一文,奠定了投资财务理论发展的基石,也被认为是现代财务理论的开端。

马科维茨模型的主要思想包括:只要不同资产之间的收益变化不完全正相关,就可以通过资产组合方式来降低投资风险。投资者可以从多样化投资降低风险的角度出发,得出投资者创造证券投资组合有效前沿(efficient frontier)。由于在较短的期间内,证券投资回报率接近于正态分布,可以用两个数字来表示一个证券投资组合,即证券投资组合回报率的均值(表示投资组合的期望回报率)和回报率的方差或标准差(表示投资组合的风险);投资者的效用是关于证券投资组合的期望回报率和方差的函数,理性的投资者将选择有效的投资组合,以实现其期望效用最大化,也就是说,投资者追求在一定回报率下风险的最小化,或在风险一定情况下回报率的最大化;一个投资者在有效前沿上根据其回避风险的程度选择投资组合,如果用该投资者的风险—回报率无差异曲线来表示投资者的等效用曲线,那么,投资者无差异曲线与有效前沿的切点就是该投资者所选择的投资组合。

3. 资本结构理论(the theory of capital structure, modigliani miller models)

资本结构是财务管理学中一个非常重要的理论问题,它所研究的核心是,一个公司能否通过改变其融资组合以对其整体价值及资本成本产生影响。

MM 理论从无公司所得税的 MM 定理,通过放宽假设条件限制,发展到考虑税差的 MM 定理,进而考虑破产成本和代理成本的权衡理论。解释了当一个公司的负债与权益比率变动时,对公司整体价值及其资本成本的影响。莫迪格利安尼和米勒也因此分别于 1985 年和 1990 年获得了诺贝尔经济学奖。

这一理论也引起了学术界广泛的讨论,产生了一些新的认识。诸如“代理理论”认为

债务的代理成本和代理收益也影响企业价值;“信息不对称理论”认为资本结构被用来设计成一种“信号”影响企业估值,管理者会产生优序融资行为:偏好首选留存收益筹资,然后是债务筹资(先普通债券后可转换债券),而将发行新股作为最后的选择。从20世纪80年代至今,资本结构理论研究的发展主要沿着委托代理、信息不对称和财务契约方向继续向前发展。在此发展过程中,控制权及控制权转移问题、不完全合同理论、证券设计理论等成为财务契约理论新的研究课题;产业组织理论也开始运用于资本结构的研究,产业组织理论被用来研究公司资本结构与公司在产品市场中竞争时的战略之间的关系,同时还被用来研究公司资本结构与公司产品投入或投入的特性之间的关系;此外,行为金融理论在20世纪90年代也开始被应用于资本结构的研究。资本结构理论发展的脉络如图1-1所示。

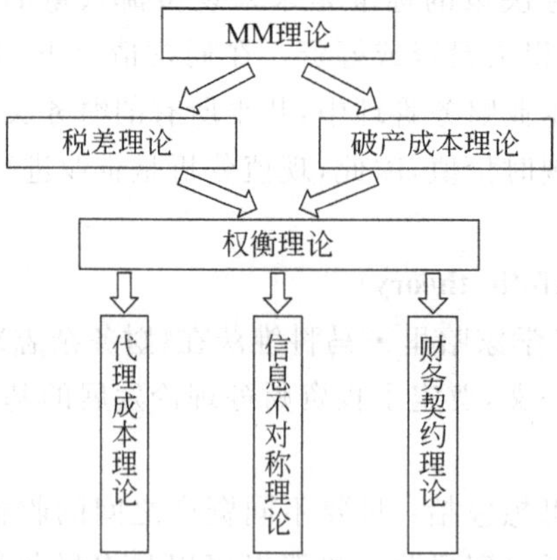

图1-1 资本结构理论发展的脉络

4. 资本资产定价模型(capital asset pricing model, CAPM)

20世纪60年代财务管理理论的最大成就是在马科维茨投资组合理论的基础上,夏普(William Sharp)等人建立了资本资产定价模型(CAPM)。马科维茨全协方差模型是一个理论上比较完备且易于理解的模型,但是在实际分析解决证券总体数目较大的投资组合的问题时,作用却十分有限,主要是由于估计该模型所需要的输入变量是极其繁重的工作,估计任务的显著增加主要是因为要明确地考虑证券间以协方差表示的相关性。

资本资产定价模型是一种简单却优美的模型,它包含了关于证券价格一般均衡的深刻含义,系统阐述了资产组合中风险与收益的关系,区分了系统风险与非系统风险,简洁地用单一模型使投资组合及其风险可以定量化计量:在竞争的市场中,期望风险增溢与系统风险成正比,所有投资者都在证券市场线(SEC)上选择证券,资本资产定价模型说明了系统风险是证券或投资组合风险的重要组成部分,它强调有必要集中精力评价证券或投资组合的系统风险,而非系统风险可以通过分散投资而减少,因而是相对不重要的。由于资本资产定价模型减少了需要统计的数据输入,因而大大地简化了证券投资组合分析,使投资组合理论有了革命性的变化,成为证券估价的基础。

5. 套利定价理论(arbitrage pricing theory, APT)

罗尔(R. Roll)针对资本资产定价模型完全依赖市场组合的情况对其提出了质疑,并得到了法玛和马克伯斯等的支持。1976 年诺斯(S. D. Ross)则针对资本资产定价模型中风险性资产仅与市场风险这单一因素存在线性相关的缺陷,放宽了假设条件,提出了套利定价理论,他认为,风险性资产的报酬率不只同单一的共同性因素之间具有线性关系,而是同多个共同因素存在线性关系,从而从单因素模型发展成为多因素模型。在若干基本假设前提下,推演出反映资产报酬的随机过程的 K 模型。

6. 代理成本理论(agency cost theory)

1976 年,詹森和麦克林提出了该理论,它是研究不同筹资方式和不同资本结构下代理成本的高低,以及如何降低代理成本提高公司价值,是资本结构理论的一个重要分支。因为代理成本理论是以代理理论、企业理论和财产所有权理论来系统分析和解释信息不对称下的企业资本结构问题的,所以成为以后人们分析所有权和经营权分离状况下企业许多存在问题的根源和解释这种现象的理论依据。

所谓代理成本,是指"主人监督费用、代理人受限制费用和剩余损失之和",他们还对存在于股东、债权人和经理三方之间的利益冲突进行了分析。代理成本理论是在代理理论、企业理论和财产所有权理论基础上发展起来的,它和产权理论、企业理论一起,对财务管理理论的发展,包括企业理财目标理论、资本结构理论、股利分配理论、投资理论、融资理论等,产生了极大的影响,从而使财务理论研究进入一个新的更高层次。

7. 股利政策理论(the theory of dividend policy)

股利政策理论是在探求股利的支付与股票价格(或企业价值)之间的关系中所形成的前后一贯的假设性、概念性和适用性的逻辑关系和系统说明。研究股利政策的核心在于:股利政策是否会影响企业的价值,如何影响,如何制定股利政策以便使企业的资本成本最低且公司价值最大化。对股利理论的研究经常和企业价值、资本结构、投融资政策等联系在一起,成为研究企业财务管理必须了解的一个重要理论。该理论可以分成以下几个不同的学派:股利的相关理论、股利的无关理论、税差理论、客户效应理论和信号传递理论,等等。

8. 期权定价理论(option pricing model)

期权定价理论是有关期权的价值或理论价格确定的理论。1973 年布莱克和斯科尔斯提出了期权定价模型,又称 B-S 模型。期权定价理论与实践是近 30 年来财务学界重要的一项创新和发展。自从 1973 年首次在芝加哥期权交易所进行有组织的规范化期权交易以来,交易量和品种飞速发展,期权成为引人注目的金融衍生工具。这不仅因为期权是最活跃的金融资产交易的工具之一,更重要的是许多投资和筹资决策都隐含着大量的期权问题,如可转转债权、认股权证、后继投资选择权、放弃投资选择权和投资时机选择权,等等。财务管理活动中存在的大量的经济现象和期权相类似,用期权思想来解决经济管理中的许多问题,可以使人们避免单纯使用传统决策方法所造成的僵化和封闭现象,从而创造出传统决策方法所无法达到的效果,这就是期权的价值,也即管理所创造的价值。

9. 市场效率理论(efficient markets hypothesis, EMH)

市场效率理论是研究资本市场上证券价格对信息反映程度的理论。理论主要贡献者是法玛。如果说以上若干"定价"理论侧重于研究和把握企业财务管理量的方面,那么市场效率理论则是从质的方面来阐释影响企业价值的若干因素,它涉及资本市场在对形成证券价格时信息的反映程度。在证券市场中,每个投资者都力图获取最大收益,从理论上来说,若证券市场对每个人都是均等的,且投资者都是理性的,资本市场在证券价格中充分反映了全部相关信息,则称资本市场为有效率的。在这种市场上,任何投资者都不可能获得超额收益。法玛把有效市场区分为三种形式:弱式、半强式和强式。投资组合理论、CAPM、MM理论和期权定价模型等许多重要的财务理论与模型均建立在有效市场理论基础上,对公司经理做出正确的财务决策也具有非常重要的意义。

1.2 我国财务管理的发展历程

我国企业财务管理的发展与新中国经济建设实践是一脉相承的,大体经历了计划经济的准备阶段(1949—1957年)、计划经济阶段(1958—1978年)、建立有计划的商品经济体制阶段(1979—1991年)、建立社会主义市场经济体制阶段(1992—2000年)以及完善社会主义市场经济体制阶段(2001年至今)①。在这60多年的发展中,我们发现一个关键时间点——1978年,其前后的财务管理活动出现了迥然不同的特点,因此本书围绕这个时间点对我国企业财务管理实践、理论和财务管理教育等活动进行总结,并对其发展趋势进行探讨。

1.2.1 计划经济时代的企业财务管理(1949—1978年)

中华人民共和国成立后,国民经济开始恢复,逐步实现了由新民主主义经济向社会主义经济过渡的历史任务,故我们将1949—1957年这一阶段称为计划经济的准备阶段。此时,我国借鉴苏联的财务管理理论和方法,初步建立起了一套为社会主义计划经济服务的财务管理体系。1951年2月,政务院财政经济委员会召开的全国财政会议对加强国营企业的财务管理工作进行了首次部署,要求建立并执行国营企业财务收支计划制度、定期的报表制度、预决算制度,实行财政监督。同年4月,该委员会颁发了1951年度的国营企业财务收支计划、提缴折旧基金和提缴利润三项暂行办法,标志着企业的财务管理工作开始纳入计划管理的轨道。同年11月,财政部首次召开了全国企业财务管理暨会计会议,交流和总结了前述三项制度的执行情况,并讨论了国营企业统一会计报表和会计科目等问题,为建立适应计划经济要求的企业财务管理体系做了相应准备。1953—1957年,我国开展了第一个五年计划,"一五"时期为了集中有限的财力,保证重点建设,形成了利润和折旧基金全额(基本上)上交,企业所需要发展生产的资本实行统一计划、由国家预算拨付的高度集中的国有企业财务管理体制,或称统收统支体制。在此期间,财政部陆续颁发系列规章,对"四项费用拨款"制度、"超计划利润分成"制度、流动资金的"两口供应,分别管理"制度以及产品成本开支范围等财务制度予以明确。至此,以资产管理为主要内容,以计划、控制和监督为基本职能的国营企业财务管理体系初步建立起来。

此时,各经济类杂志相继出现了一些关于企业财务管理研究的文章,涉及的问题主要有:①社会主义经济核算制。主要涉及经济核算的实质、客观依据、指标体系等。②资产

---

① 孙文刚,张淑贞.新中国企业财务管理发展60年回眸[J].齐鲁论坛,2009(6).

核算与管理的问题。主要涉及的是流动资产和固定资产的核定与分类，同时涉及若干考核指标，如流动资产周转率、固定资产产值率等。③企业成本费用与利润的核算。成本方面包含成本支出的界定、各项成本与费用的分类与管理；利润方面主要是计算利润总额和利润率等。④关于财务本质问题的研究。一种观点是货币关系体系的总和，另一种观点是资金运动及其所体现的经济关系，还有人认为是价值分配活动所产生的经济关系。⑤财务管理形式的改革，如月度财务收支计划和资金平衡、决算审查、费用控制和定额发料、班组经济核算等。

从 1958 年开始，我国经济正式步入计划经济阶段，建立起“一大二公三纯”的公有制结构和国家计划统一调控经济的计划经济体制，以及几乎完全平均主义的分配体制。正值中国经济迅速恢复的时候，我国发生了“大跃进”和“文化大革命”两大事件。这期间，许多企业停止了经营，很多必要的规章制度也被废除，社会发展处于停滞阶段，也打乱了企业财务管理和经济核算工作的正常秩序，并遭受了严重的挫折，但这期间仍然出现过可贵的探索和创造。如在 1958 年、1959 年和 1960 年财政部等相关部门分别召开了三次全国性的财务管理工作经验交流会议，总结了流动资金管理和成本管理方面的先进经验，肯定了群众参加经济核算的新形式。1963 年，国务院批准《关于国营企业、交通企业设置总会计师的几项规定（草案）》，提升了财务管理在企业管理中的地位。1972 年和 1975 年，周恩来总理和邓小平副总理分别主持过两次经济整顿，出台了《关于加强国营工交企业成本管理的若干规定》和《国营工业交通企业若干费用开支办法》等规章。这些措施对恢复和发展财务管理工作起到了一定的作用。

在计划经济时期，企业的财务管理工作是在高度集中的计划与财政体制条件下建立和发展的，表现为政府在企业财务管理体系的建立和发展中具有直接管理的特点。全国企业除了清一色的国营企业和小部分集体企业之外，几乎没有其他经济成分的企业。国营企业财务管理体制纳入国家计划之中，实行国家统收统支、统负盈亏的体制；资金由国家支配，企业无筹资和投资权，更不具有现代投融资理财的外部条件；成本费用开支均报国家有关部门审核，企业无成本开支权；收入按国家计划分配，企业无定价权与分配权；企业财务管理的重点是成本核算、成本计划控制与实行财务监督。在这种高度集中的计划和财政体制下，企业财务管理的体系框架涵盖的内容相对简单和单一。

在统收统支、统负盈亏的体制下，企业只关注资源，习惯于向政府“要”投资项目，向政府“要”资金，向政府“要”各种经营所需的资源，不关心资源运用效率。政府也注意到这种情况的存在，要求企业将财务管理的重心放在内部财务管理与控制上，尤其是流动资金（产）管理、费用与成本控制以及强化经济核算制度上[①]。该体制对于保证国民经济有计划按比例发展起了重要的作用，但随着建设规模的扩大，社会化大生产和专业化的发展，部门、地区、企业之间的联系和协作关系越来越密切，经济体制集中过多，统得过死，与生产力发展不相适应的矛盾就突出起来了。

---

① 刘志远. 高级财务管理[M]. 上海：复旦大学出版社，2010.

1.2.2 改革开放后的企业财务管理(1979年至今)

改革开放之后,随着市场经济体制的逐步建立,企业的投融资自主权逐步扩大,企业逐渐按市场经济规则通过金融市场筹措。而且,随着我国资本市场的不断发展与完善,企业财务管理活动范围不断扩大,财务管理教育和具有中国特色的财务管理理论不断发展。

1. 建立有计划的商品经济体制阶段(1979—1991年)

十一届三中全会以后,我国进入以经济建设为中心的社会主义建设新时期。这一时期的经济体制开始是“计划经济为主,市场调节为辅”,之后进一步过渡到“有计划的商品经济”体制。国家对企业实行“放权让利”的政策,使企业拥有了一定的自主权,企业财务管理的内容、工作环节、方式、方法也随之发生了一系列新的变化,并逐步建立起适应商品经济的财务管理新体系。

在筹资方面:1979—1986年的银行体制改革改变了一切存贷业务由中国人民银行独家办理、贷款品种和利率单一的状况,使得银行贷款成为企业筹资的主要方式。1987年国务院发布《企业债券管理暂行条例》,债券筹资成为企业另一可选方式。在商品市场中,由于赊销成为重要的促销方式,使得企业运用商业信用筹资成为可能,1985年中国人民银行颁发的《商业汇票承兑、贴现暂行办法》进一步鼓励了企业之间的商业信用筹资。此外,企业横向吸收直接投资、吸收外商直接投资、发行股票、融资租赁等也从无到有,不断拓宽企业的筹资渠道。

在投资方面:1984年9月、10月,国务院连续颁发了《关于改革建筑业和基本建设投资管理体制若干问题的暂行规定》和《关于改进计划体制的若干暂行规定》,缩小了投资方面指令性计划的范围。1987年3月,国务院颁发的《关于放宽固定资产投资审批权限和简化审批手续的通知》规定,限额以下的技术改造项目由企业自主决定。1988年4月,《中华人民共和国全民所有制工业企业法》规定“企业有权依照法律和国务院规定与其他企业、事业单位联营,向其他企业、事业单位投资,持有其他企业的股份”,使企业的投资主体地位得到正式确认。

在资产管理方面:1979年,财政部发布《关于国营企业固定资产实行有偿调拨的试行办法》,改变了计划经济下无偿调拨的形式,促使企业对固定资产的合理占用和节约使用。1980年,财政部发布《关于征收国营工业、交通企业固定资金占用费的暂行办法》和《关于国营工交企业清产核资划转定额贷款和国拨流动资金实行有偿占用的通知》,促使企业提高了资产的使用率,节约使用资金,加速资金周转。1985年,国务院发布《国营企业固定资产折旧试行条例》,允许折旧基金不必集中上交,同时改综合折旧法为分类折旧法,促使企业提高固定资产的使用效益,加强固定资产的更新和技术改造。

在成本管理方面,1984年3月,国务院发布《国营企业成本管理条例》,重新规范了成本费用的开支范围,明确了成本管理责任制的内容,并强化了监督与处罚措施。随之,财政部等部门颁发了系列实施细则,促进企业在生产的各个环节加强成本管理,提高经济效益。这一时期,一些国外的财务管理方法被引入国内,如量本利分析、目标管理、ABC管理、滚动计划。

在利润分配方面:1979年开始试行“利润留成”制度。1980年,又进行“基数利润留成加增长利润留成”的试点，此外，还在一些企业进行“以税代利”，即利改税的试点。此时，国营企业收入分配出现了企业基金、利润留成、以税代利等多种形式并存的局面。1983 年、1984 年，国家先后推行了两步“利改税”办法，较大地调整了国家与企业的分配关系，充分调动了企业自主经营、自负盈亏的积极性。1987 年，实行了承包经营责任制办法，企业将原先缴纳的所得税、调节税改为上交国家利润并对此实行承包，超收多留，欠收自补。1989 年试行“税利分流”办法，企业实现的利润分别以所得税和部分利润两种形式上交给国家。

1979 年 1 月，新时期第一本财经杂志《财务与会计》正式创刊，财务管理研究也再次焕发出勃勃生机。这一阶段财务管理研究的热点问题包括：①财务与会计的关系问题研究。“大财务”与“大会计”是我国长期存在的争议问题，经过 20 世纪 80 年代的激烈争论，确立了财务管理相对独立的地位。②财务职能研究。在理论上实现了由服务职能向预测、决策、计划、控制、分析职能的转化。③企业筹资管理的研究。企业自主理财权使得筹资方式、金融工具、资本市场等成为筹资管理研究的主要内容。④企业投资管理的研究。包括对内的固定资产和无形资产投资以及对外的证券投资和股权投资的管理。⑤财务管理方式、方法的研究。如实行分级分权管理、内部结算等。

这一阶段，国民经济在新政策的指导下迅速恢复和发展，国营企业也逐渐建立了适应自身发展的管理方式，财务管理研究出现了新的发展热潮，国家相继颁布了许多关于企业财务管理的相关政策和法规，放宽了诸多政策以促进国营企业的发展，企业财务管理的作用也逐渐大了起来。此时企业财务管理体系的特点是，以筹资管理、投资管理、资产管理、成本管理和利润管理为主要内容，以决策、计划、控制、分析为基本环节。企业自主支配权的实现使企业财务管理出现筹资和投资的概念，扩展了企业财务管理体系的内容。

2. 建立社会主义市场经济体制阶段(1992—2000 年)

1992 年 10 月，党的十四大确定将我国经济体制改革为社会主义市场经济体制。由于改革开放的深入，国内渐渐引入西方的财务管理理论，并在自身经济发展的基础上形成了具有中国特色的企业财务管理体系。

1992 年 11 月，财政部发布《企业财务通则》，这是中华人民共和国成立以来财务管理改革和发展的重要里程碑。与以往财务制度相比，该通则在以下几个方面实现重大突破：统一了境内不同所有制、不同经营方式企业的财务制度；建立资本金制度，实行资本保全原则；取消专用基金专款专用、专户存储制度，改由企业统筹运用；取消全部成本法，实行制造成本法，并调整了成本费用的开支范围；规范了企业利润分配顺序。与此同时，国家还提出了分行业财务制度，对主要的十个行业分别颁发了详细的财务制度规定。这样，我国就建立起了以《企业财务通则》为基本原则和统帅，以分行业的企业财务制度为主体，以企业内部财务管理规定为补充的新型企业财务制度体系。

1993 年 11 月，党的十四届三中全会提出国有企业改革的方向是建立现代企业制度。1993 年 12 月，《中华人民共和国公司法》(以下简称《公司法》)对公司筹资、投资、利润分配等重大财务事项做出了规定。1999 年 10 月，再次修订后的《中华人民共和国会计法》(以下简称《会计法》)提出了企业内部监督制度及财务工作者的道德素质等方面的新要求。这两项法规对企业各项财务工作具有指导作用，在一定程度上推动了企业财务管理的进一步改革。

为了更好地适应投资者的要求和评价企业综合经济效益,财政部于1995年1月颁发了《财政部企业经济效益评价指标体系(试行)》,这套指标体系包括10项指标,主要是从企业投资者、债权人以及企业对社会的贡献等方面来考虑。1999年6月,财政部等四部委联合印发了《国有资本金绩效评价规则》及其操作细则,将评价指标增加为32项。这些指标体系对加强企业财务管理起着重要的促进作用。

随着市场经济的发展,财务管理在企业中的作业越来越明显,先后涌现出宝山钢铁、邯郸钢铁、燕山石化等典型经验。1995年4月,时任财政部副部长张佑才在全国工交企业财务工作会议上强调,财务管理是企业一切管理活动的基础,是企业管理的中心环节。同年9月,冶金工业部部长刘淇在《财务与会计》上撰文指出,应当把财务管理放到企业管理的中心地位上来。至此,"财务管理中心论"正式提出,引发了人们热烈的讨论并逐步使"企业管理以财务管理为中心"的理念深入人心。

在上一阶段的基础上,企业财务管理体系逐步健全,企业财务管理研究得到了更深入的探索和发展,表现在:①财务管理内容的丰富。企业作为财务主体地位日益强化,形成对企业筹资、投资、成本、分配、激励、风险和财务评价等多层次、全方位的管理。②财务管理的环节逐渐完善。包括财务预测、财务决策、财务计划、财务控制、财务分析、财务检查和财务考核等多环节,特别是增加了过去由上级主管部门掌握的财务预测。③财务管理主体的创新。包括政府、出资人、经营者、财务经理和员工等。④财务管理目标的多元化。包括利润最大化、股东财富最大化、企业价值最大化、每股收益最大化、相关者利益最大化等10余种观点。⑤财务管理研究方法的改变。实证分析方法与规范性研究方法形成对峙,案例分析法也日益引起重视。

这一阶段企业财务管理体系仍是以筹资管理、投资管理、资产管理、成本管理和利润管理为主要内容,以决策、计划、控制、分析为基本环节,但在财务管理内容、方式和方法上均有所改进和创新。在内容上,西方财务管理理论大量引入,如资本结构理论、投资组合理论、企业并购理论、企业股利分配政策等,同时,在中国经济发展的基础上进行探索和创新,如对财务管理目标、国家与国有企业财务关系理论的探索。在方式方法上,由于计算机技术和信息技术的发展,财务管理信息化流程促进了财务规范管理和精确管理。这些都有力地提升了企业财务管理水平,使企业具备了迎接外来挑战的实力和信心。

3. 完善社会主义市场经济体制阶段(2001年至今)

2001年12月,我国加入世界贸易组织(WTO),这是我国经济全球化过程中的重要里程碑。随着经济全球化和知识经济时代的来临,企业理财环境出现了重大变迁,我国财务管理的地位、作用、目标和使命都出现了重大变化。

随着社会主义市场经济体制和现代企业制度的建立,纯粹意义上的国有企业越来越少,而公司制等产权多元化的企业越来越多,在此背景下,2001年4月,《企业国有资本与财务管理暂行办法》出台。该办法立足于建立政府出资人财务制度,围绕国有资本的投入、营运、收益、退出等环节进行管理,体现了国家作为国有资本所有者的财务管理职能。

2005年10月,再次修订后的《公司法》对公司资本限额、出资方式、对外投资、担保利润分配等方面做了重要的修改和调整。2006年12月,财政部颁发修订后的《企业财务通则》。首先，这次修订体现出重要的财务管理观念转换，将由国家直接管理企业具体财务事项转变为指导与监督相结合，企业自主决定内部的财务管理制度。其次，还原了财务的本质，不再对税收扣除标准和会计要素的确认、计量做出规定。同时，拓宽了财务管理领域，将企业重组、财务风险、财务信息管理作为财务管理的重要内容。此外，从政府宏观财务、投资者财务和经营者财务三个层次，构建资本权属清晰、符合企业法人治理结构要求的企业财务管理体制。

2001 年 6 月，财政部颁发了《内部会计控制规范——基本规范(试行)》和《内部会计控制规范——货币资金(试行)》，随后又陆续颁发"采购与付款"等七项会计控制规范，有效地促进了企业财务管理水平的进一步提高。在此基础上，2008 年 5 月，财政部又联合审计署等五部委联合发布《企业内部控制基本规范》。该规范有机融合世界主要经济体加强内部控制的做法经验，构建起以内部环境为重要基础、以风险评估为重要环节、以控制活动为重要手段、以信息与沟通为重要条件、以内部监督为重要保证，相互联系、相互促进的内部控制框架。

在绩效评价方面，2002 年 2 月，财政部等五部委将企业绩效评价指标体系由 32 项改进为 28 项。同年 6 月，财政部又发布了《企业集团内部绩效评价指导意见》和《委托社会中介机构开展企业效绩评价业务暂行办法》。2006 年 5 月，国资委出台了《中央企业综合效绩评价管理暂行办法》;2009 年 12 月，为了加强对金融类国有及国有控股企业的财务监管，积极稳妥地推进金融类国有及国有控股企业的绩效评价工作，财政部颁布了《金融类国有及国有控股企业绩效评价实施细则》;2010 年 1 月 1 日实施的《中央企业负责人经营业绩考核暂行办法》将 EVA 作为考核指标，占 40%的考核权重。2016 年 12 月审议通过的《中央企业负责人经营业绩考核办法》以 EVA(经济增加值)为重要考核指标，并审议通过 51 家 A 级企业名单。所有这些措施都使绩效评价指标体系更为完整并且更加适合当前经济下企业的发展。

在分配制度方面，2005 年 4 月，国资委、财政部联合发布《企业国有产权向管理层转让暂行规定》。2006 年 9 月，两部委又联合发布《国有控股上市公司(境内)实施股权激励试行办法》。2006 年 10 月，财政部等四部委联合发布《关于企业实行自主创新激励分配制度的若干意见》。2016 年 11 月，中共中央办公厅、国务院办公厅印发了《关于实行以增加知识价值为导向分配政策的若干意见》，是为加快实施创新驱动发展战略，激发科研人员创新创业积极性，在全社会营造尊重劳动、尊重知识、尊重人才、尊重创造的氛围，而提出的以增加知识价值为导向的分配政策。这些规定正式确立了管理、技术等智力要素参与企业收益分配的制度。

在知识经济时代，经济全球化的背景下，我国企业不仅受到西方财务管理的强烈影响，也深处"互联网＋"时代财务管理的变革与创新旋涡，企业财务管理研究的内容更加丰富。新世纪的财务管理体系，是秉持科学发展观，根据时代的发展要求，适应金融创新，防范和应对金融危机，对现有财务管理体系的补充与完善，支持企业在复杂多变的环境中获得可持续发展。

1.2.3 资本市场的发展和企业财务管理

我国的资本市场是在改革开放过程中为适应企业融资而诞生的。经过30多年的发展,形成了由国债市场、股票市场、企业中长期债券市场、中长期放款市场的资本市场结构。从1990年沪、深两市开办至今,已经形成了主板、中小板、创业板、三板(含新三板)市场、产权交易市场、股权交易市场等多种股份交易平台,具备了发展多层次资本市场的雏形。在我国资本市场的发展中,有以下重要的里程碑:

1981年,为弥补财政赤字,解决建设资金不足的问题,国家首次发行国债,标志着我国资本市场的萌芽。

1983年,实行"拨改贷",企业流动资金和预算内投资改为银行信贷,银行信贷市场开始培育。

1983年,深圳宝安公司首家发行不规范股票,开启了新中国的股票市场;1984年11月上海飞乐音响首家发行了比较规范的股票,代表着我国股份经济的诞生,资本市场的制度创新功能初露端倪。

1990年12月,上海证券交易所成立,1991年7月,深圳证券交易所成立,标志着我国证券市场的框架正式形成。1992年,邓小平南方讲话和党的十四大以后,我国资本市场特别是股票市场进入一个崭新的发展阶段。

回顾20多年的发展,我们看到的不仅是一个数字上的惊喜,更是一个规模和质量上的飞跃。1990年12月19日,当朱镕基宣布上海证券交易所成立的时候,挂牌股票只有8只,市值总规模不足10亿元,开市第一天的成交额只有49.4万元;截至2016年12月29日,沪市上市公司已经达到1 180家,增长148倍;截至2016年12月29日交易日收盘,沪市总市值28.3万亿元,增长2.83万倍。深市上市公司已经达到1 870家,深市总市值22.2万亿元。沪深股市上市公司总数已经超过3 000家,总市值超过50万亿元。1990年至2016年6月8日,所有上市公司累计融资8.3万亿元,其中IPO融资2.55万亿元,占总融资额的30.64%,再融资5.77万亿元,占总融资额的69.36%。

根据Wind数据统计,截至2016年底全国3 050家上市公司累计实现营业收入32.35万亿元,净利润2.96万亿元,增幅分别为10.29%、11.70%,上市公司的平均营业收入达到106.10亿元,增幅2.12%,平均净利润9.72亿元,增幅3.40%。我国资本市场的发展加速了社会资源向优质企业集中,为国民经济快速发展提供了重要支撑。如今,沪深股市总市值已经位居全球股市第二,仅次于美国,成为一个资本大国。

随着我国逐步放松对外资金融机构准入范围和区域的限制,越来越多的外资金融机构进入我国,必将对我国企业的融资和投资产生极大的影响。首先,金融市场规模的扩大、资金供给的增加和金融工具的不断创新,为我国企业筹资、投资和规避风险提供了更多可供选择的方式;其次,金融创新一方面丰富了金融工具品种,企业可以将其用作规避风险的工具,但同时金融工具尤其是衍生金融工具本身是高风险的,又可能使企业的风险加大;再次,由金融全球化和电子商务所产生的"网上银行"和"电子货币"将使国际资本流动更快捷,资本决策可在瞬间完成。而且知识经济下,信息传播、处理、反馈以及更新的速度大大加快,这些新变化既给企业带来机遇,同时也加剧了企业的财务风险。如何进行风险管理，实现财务发展与有效监控的同步进行，将成为财务管理面临的重要内容之一。

1.2.4 大数据时代和企业财务管理

随着大数据、云计算、互联网等信息技术的兴起与发展，社交媒体、虚拟服务等在经济、生活、社会等各个方面的渗透不断加深。伴随而来的是，数据正在以前所未有的速度递增，全球快速迈入大数据时代。大数据给企业的经营和管理带来改变和产生影响，也必然导致当今企业经营理念、商业模式、管理方式、战略决策发生较大的变化和创新。财务管理理论和实践，需要在充分考虑大数据时代背景的基础上，做出应有的思考、修正和完善，主要体现在以下几个方面。

第一，以创造价值为宗旨的企业财务管理理论与实践应积极思考和应对大数据时代带来的挑战与变革。近年来，中国企业已基于大数据进行了相应的财务管理系统创新，如中石油的"大司库"项目以及万达集团的"财务游戏要领"。所谓"大司库"，就是通过现金池统一、结算集中、多元化投资、多渠道融资、全面风险管理、信息系统集成等手段，统筹管理金融资源和金融业务，有效控制金融风险，提升企业价值。中石油的大司库信息系统通过与内外部系统，包括ERP、会计核算系统、预算系统、投资计划系统、合同管理系统以及网上报销系统等数据的集成对接，实现信息共享。同时，内部各子系统、各模块间的无缝衔接，使大司库系统成为一个有机、统一的整体，并可以直接服务于集团大司库管理。就资金管理系统而言，大司库对总部各部门和各分、子公司进行从上到下、从横向到纵向的整合，将原有的400多个资金管理的流程简化为100多个，实现以司库管理业务为线条，业务经营、现金管控与财务核算端对端的衔接。万达集团的"财务游戏要领"。万达集团内部建立了严格的成本预警制度，当某项项目成本支出超过计划书范围时，该成本预警系统就会发出提示与分析。这些管理创新案例让我们认识到财务管理实践的创新驱动着财务管理理论的发展。

第二，在大数据时代，投资者对公司价值的认知与判断，已经不再局限于企业现在或未来的利润、现金流、财务分红、营业收入等财务信息，更多的是基于企业的商业模式、核心竞争能力和企业持续创新能力，这些能力的强弱并非由股东财务投入或企业拥有的财务资源规模所决定。其中，大数据环境对企业商业模式的基本要求是创新和"触网(互联网)"。"人力资本"和"信息"取代财务资本，成为企业的生命之源和价值之根。企业员工广泛参与决策制度也必然影响企业决策组织结构与决策文化。由于动态的外部环境、分散的知识分布等特点，分散式决策等大数据环境下公司治理创新不断涌现。例如，海尔孵化员工的动态合伙人制度。企业应尽力减少内部管理层级，鼓励打破层级的交流，增强组织共享、服务协调、鼓励自主学习和尝试创新的文化，关注内部信息流、知识和技能，更胜于关心管理架构或决策体系。除此之外，随着企业对大数据价值分析与挖掘的逐步深入，财务决策机制应从业务驱动型向数据驱动型转变。

第三，打破企业内部"信息孤岛"，实现企业财务与业务一体化，打破传统财务信息边界是传统财务管理变革的必然方向。

第四，企业投资决策标准已从基于未来盈利能力、金流水平等，向投资项目成功与有效性的驱动因素进行深度、全方位的挖掘。同时，大数据也从提高评估准确性和扩大评估项目范围两个方面解决传统投资评估方法存在的弊端。大数据挖掘和应用可以创造出超万亿美元的价值,数据将成为企业的利润之源,拥有数据的规模、活性,以及收集、运用数据的能力,也将决定企业的核心竞争力。这些资源可以是点击率、用户群、信息平台等,甚至可以是数据本身。例如,阿里巴巴执行副主席蔡崇信曾表示,"阿里在收购时有着清晰的战略目标和严格的纪律,投资时遵循三个标准。第一个标准是增加用户数量;第二个标准是提升用户体验,比如阿里与海尔合作,特别是和物流公司的合资,提升在白色家电领域的购物体验;第三个标准是扩张阿里的产品和服务种类,因为公司的长期目标是获得用户的更多消费份额。怎么样给用户提供更多服务和产品是阿里长期的目标。"按照这种主张,我们不能再认为评估投资项目的可行与否是完全基于其未来盈利能力或现金流水平等。在大数据时代,企业可以得到海量、多样、准确的信息,比如客户、供应商的身份信息,相关交易数据,外界环境变化,行业前景等,这些信息是企业进行投资判断的重要依据。对相关的数据进行关联分析可以为投资决策提供依据,但对看似不相关的数据进行关联性分析,或许正是发现新的投资机会的便捷途径之一,沃尔玛啤酒与婴儿纸尿布的关联销售便是例子。

第五,在互联网经营时代,公司治理制度(如合伙人制度)选择的重要性甚至超过了商业模式与行业的选择。大数据背景下的公司治理应加强企业创新、产品竞争、公司文化的形成的治理,重视信任与激励的作用,包括给予员工足够的利益保障、授权与尊重以及形成基于数据决策的学习型企业文化与制度等。

第六,企业财务风险理论需要在财务风险概念、风险防控对策以及评估风险系统方面进行重构,即在关注各类风险的组合和匹配的同时,深入探讨如何建立更加有效的评估企业经营风险状况的预警系统与预测模型。

最后,互联网的发展使得企业的融资与业务经营全面整合:在轻资产模式把企业的财务融资逐步实现去杠杆化生存、摆脱传统信贷审核方法的同时,以大数据为基础的互联网金融为企业提供了新的融资渠道。①

1.2.5 企业财务管理教育

从中华人民共和国成立到十一届三中全会前,我国实行的是计划经济体制,企业财务管理体制实行的是国家统收统支、统负盈亏的体制,财务管理的职责在于按照国家制度规定搞好成本核算,监督企业合理使用资金,及时上交税金和利润。与此相对应,财务管理教育并没有形成专门体系,财务管理被普遍认为等同或属于会计学,甚至被视作财政学的一部分。

随着改革开放的开启、推进和深化,我国经济和社会环境都发生了深刻的变化。我国高校财务管理教育的环境、制度、理念、内容、方法等也在与财务管理理论和实践的交互作用中不断演进,根据我国财务管理教育所处环境的变迁轨迹和财务管理教育理念与体制的演进历程,我们将改革开放近 40 年来的中国财务管理教育划分为以下三个阶段②:

① 赵德武,马永强.中国财务管理教育改革发展 30 年回顾与展望[J].财经科学,2008(11)。

② 汤谷良,张守文.大数据背景下企业财务管理的挑战与变革[J].财务研究,2015(01):59-64.

1. 有计划的商品经济下的财务管理教育(20 世纪 70 年代末到 90 年代初)

自 1978 年党的第十一届三中全会以来,我国进入以经济建设为中心的社会主义建设新时期。改革开放初期的基本突破口是扩大企业自主权,接踵而至的是进行"利改税"试点,经济体制改革的基本定位为"计划经济为主,市场调节为辅",之后进一步过渡到"有计划的商品经济"体制。这一阶段,高校财务管理教育主要呈现以下特征:

在教学内容上,财务管理的教学和研究开始有了自己独立的内容。①由于这一阶段财务管理体制以分配为突破口,对筹资、投资进行了局部性改革,财务管理的重点也转变为分配管理,上述内容,特别是分配管理在财务管理教材和教学中逐步得到了体现。②市场经济的引入,使高校财务管理教育也逐步将企业的成本费用和收入的管理纳入教学内容。③由于财务管理教育刚刚起步,关于财务管理的目标、环境、假设、本质、职能、内容、出发点、体制等基本问题在理论上还没有解决,这一阶段财务理论研究主要围绕上述基本理论展开,相应的研究成果随后便被纳入各种财务管理教材之中。

在财务管理教育体制方面,虽然财务管理学科逐渐有了自己独立的内容,但财务管理学科本身的独立性并没有得到广泛的认同,财务与会计的关系仍然是学界争论的热点。而各高等院校的实际情况是,财务管理教育仍隶属于会计学专业,没有独立的迹象。

2. 社会主义市场经济和资本市场迅猛发展下的财务管理教育(20 世纪 90 年代初期到 2000 年前后)

1990 年年末到 1991 年年初,上海证券交易所和深圳证券交易所相继成立;1992 年,党的十四大明确提出建立社会主义市场经济体制的目标;1993 年,党的十四届三中全会又确定了建立现代企业制度的改革方向;1993 年"两则两制"的颁布和实施成为财务与会计改革和发展的重要里程碑。这些重大举措使我国的经济生活和企业财务管理实践发生了翻天覆地的变化。首先,随着现代企业制度的推进,公司制成为一种兼容现代商品经济特征和要求的企业组织形式。作为一种重要的管理职能,财务管理在企业生产经营活动中的角色越来越重要。其次,随着证券市场的建立,企业理财环境、理财目标和理财方法都发生了深刻变化。在投融资环境上,企业面临着更多的投融资渠道和选择,如何合理利用证券市场优化企业资本结构、投资结构以提高企业价值成为企业理财中的重要方面;在理财目标上,利益相关者的多元化使企业理财的出发点和着眼点从单一化向多元化发展,各相关方的利益取向逐渐成为企业理财中不得不考虑的重要因素;在理财方法上,业绩评价与价值评估成为证券市场环境下财务管理的核心内容之一。这一阶段,高校财务管理教育的主要特点体现在以下几个方面。

在教学内容方面,大部分高校的财务管理教学内容与特点集中在以下几点:①在理财主体上,现代公司制企业的发展促使大部分高校财务管理教材的内容安排都围绕股份制企业展开。②在具体内容上,由于我国财务管理的理论与实务在这一阶段受到了西方发达国家的重要影响,财务管理教育的内容也随之变化。财务管理的关注点由企业内部状况拓展至整个外部市场环境,并逐步涵盖了金融市场、投资学和公司财务三大领域。③公司制企业自身特点和证券市场的建立与发展使现代公司治理成为各经济管理类学科进行学术研究的重要领域,与企业投融资相关的公司治理知识也逐渐成为财务管理教学的重要内容。

在财务管理教育体制方面,财务管理教学的内容与会计学有了明确的划分,经过理论界与实务界的多年讨论,财务管理与会计学之间的关系也进一步明确,其中虽然曾有“大财务”和“大会计”的争论,但一个基本的共识是,财务管理与会计是区别明显但又密切相关的两类学科。不过,1998 年以前,全国各高校的财务管理专业仍然隶属会计学专业,财务管理专业的独立性还没有被正式认可。

3. 经济全球化与科学发展观指导下的财务管理教育(2000 年至今)

2000 年以后,我国经济社会发生了以下两个方面的变化:第一,2001 年 12 月 11 日,我国正式加入世界贸易组织(WTO),这成为我国经济全球化进程中的重要里程碑,意味着我们所面临的金融市场环境、经济结构环境和法规、财税环境都将产生深刻变化。第二,党的十七大提出了科学发展观。社会主义市场经济的建立和发展无疑为各经济主体注入了强大的发展动力,我国经济实现了在较长时期内的快速发展,但与此同时,市场机制的内在缺陷和相关制度环境的不完善使我国经济在发展中逐渐暴露出一些缺陷,突出的问题包括环境污染、能源过度开发和自主创新能力不足。科学发展观的提出也为企业经营和管理提出了可持续性发展的要求,如何在复杂多变的环境中寻求企业可持续发展的财务保障机制,无疑是财务管理者面临的重大现实问题。

1998 年颁布的《普通高等学校本科专业目录》将“财务管理”列为工商管理学科下的一个本科专业,并确定了财务管理专业的培养目标是培养具备管理、经济、法律和理财、金融等方面的知识和能力,能在工商、金融企事业单位及政府部门从事财务、金融以及教学、科研方面工作的财务管理学科高级专门人才。自此,财务管理无论在形式上还是实质上都从会计学里分离出来,成为一门独立的学科,并形成独立的教学体系和人才培养模式。

在具体的教学内容上,财务管理教材逐步由原来较为单一的企业财务管理(属中级财务管理的范畴)逐渐发展为财务管理原理、中级财务管理、高级财务管理等从低到高、由易到难的教材体系,同时也出现了一些关于理财特殊领域的专门教材,如《国际财务管理》《企业集团财务管理》《战略财务管理》等,财务管理教学的范围和内容得到空前的拓展与深化。

1.3 财务管理的假设

1.3.1 财务管理假设的内涵、作用和特点

亚里士多德说过,每一可论证的科学命题多半是从未经论证的公理开始的,否则,论证的阶段就永无止境。这里的“未经论证的公理”就是假设。根据《韦氏国际词典》的解释,“假设”是基本的前提或假定,是提出一个认为是理所当然或不言自明的命题。由此我们可以认为“假设”是人们根据特定环境和已有知识提出的、不需要证明的、具有一定事实依据的假定或设想,是人们进一步研究问题的基本前提。

对财务管理的研究也应从假设开始。所谓财务管理假设,是指财务管理人员对那些无确切认识或无法正面论证的经济和财务现象所做出的一种合乎逻辑和情理的推测,是对财务存在的客观环境的一些不确定因素,根据客观情况或趋势所进行的合乎情理的判

断，是进一步研究财务管理理论和实践的基本前提[①]。它实质上是对不确定经济环境的预测，是财务对象和财务目标研究的必要限定条件。

根据财务管理假设的作用不同，财务管理假设可以分为以下三种：

1. 财务管理基本假设

财务管理基本假设是研究整个财务管理理论体系的假定或设想，它是财务管理实践活动和理论研究的基本前提。财务管理基本假设在构建财务管理理论体系中具有重要意义。美国著名审计学家伯特·K. 莫茨认为，无论哪门学科，在阐明和检查它的基本假设、性质、局限性、意义之前，均无法得到真正的发展。

2. 财务管理派生假设

财务管理派生假设是根据财务管理基本假设引申和发展出来的一些假定和设想。财务管理的派生假设与基本假设互为作用、互为前提，派生假设是对基本假设的进一步说明和阐述，在构建财务管理理论体系中也起着重要作用。

3. 财务管理具体假设

财务管理具体假设是指为研究某一具体问题而提出的假定和设想。它是以财务管理基本假设为基础，根据研究某一具体问题的目的而提出的，是构建某一理论或创建某一具体方法的前提。例如，财务管理中著名的 MM 理论、资本资产定价理论、本量利分析方法等都是在一系列假设的基础上构建的。

财务管理假设具有以下特点：

(1) 客观性。财务管理假设来源于财务管理实践，是对财务管理活动一般规律的反映。它不是人们主观臆想创造出来的，而是有一定事实根据的科学设想。通过对假设的不断补充和完善，有利于财务管理理论的研究和实践的发展，减少盲目性。

(2) 普遍性。财务管理实践丰富多彩，反映出来的具体假设也不一样。作为一门学科的假设应具有一定的抽象性和代表性，只有普遍意义上的财务管理假设才能推导出一系列财务管理概念和理论。

(3) 基础性。客观世界是无限的，任何一门学科都是以某一局部客观世界为对象的，因此必须进行一些合理的界定，为本学科的逻辑推理提供一个出发点或基础。这些合理的界定就是假设。没有出发点，就无法进行推理并得出相应的结论，假设在任何理论中都起着基石的作用。

(4) 独立性。财务管理假设之间的关系是相互独立的，任何一项假设不能推导出另一项假设，不能重复交叉，也没有从属关系，否则就应将这两项假设合并为一项假设。

(5) 高度概括性。财务管理的基本假设是根据财务管理实践和财务管理环境抽象出来的。所以，财务管理假设不是事实与经验的简单罗列，而是对各种现象的高度概括和抽象。可以这样说，财务管理基本假设并不涉及具体问题，而是抽象和总括性的。

(6) 系统性。财务管理假设之间不仅不能存在矛盾冲突，而且要有一定的内在联系，各项假设之间能相互联系、相互协调，从而组成一个完整的体系。

(7) 包容性。财务管理假设应有助于进一步演绎推理。财务管理假设是财务管理理

---

① 王化成主编. 高级财务管理(第三版)[M]. 北京：中国人民大学出版社，2011.

论和实务研究的出发点和基础,除了要能说明其对系统有所贡献,还应隐含更为丰富的命题,使假设体系具备演绎性;而且几项财务管理假设结合之后,也应该引申出更为丰富的命题。

(8) 不能直接自我验证。假设是理论体系的基础,没有更基础的东西可用来对假设进行验证。但这并不是说假设就没有依据,根据不适当的假设建立的理论必定与现实不符。

(9) 动态性。任何一门学科都假设在一定条件下存在,而客观世界处于不断的发展变化中,在此时认定的假设,在彼时可能会失去成立的条件。只有在不断假设和不断摒弃的过程中,理论才能得到发展。财务管理假设是在一定的历史时期和社会背景下总结出来的,反映了当时人们对财务管理假设的认识水平。它是一个动态发展的概念体系,在很大程度上反映了人们对财务管理假设认识的不断深入。这种变化可能有两种形式:用新的假设取代旧的假设,或原有的假设虽然名称没有变化,但内涵改变了。

1.3.2 财务管理假设的内容

本书根据复杂财务环境中的不确定性因素提炼出基本假设和派生假设,并构建它们之间的逻辑关系。财务管理假设体系主要是针对财务环境中的空间、时间、环境三方面因素形成三个基本假设(一级假设)分别为:理财主体假设、持续经营假设、有效资金市场假设。在基本假设的基础上结合财务人员实施财务行为,实现财务目标需要形成六个派生假设,它们分别为:理财主体假设派生出自主理财假设和理性理财假设;持续经营假设派生出财务分期假设;有效资金市场假设派生出资金流通假设、资金增值假设和财务信息可靠假设,基本假设和派生假设相互作用形成财务假设体系的总体假设——财务可控假设。

1. 财务管理基本假设和派生假设

1) 理财主体假设

理财主体假设明确了财务管理工作的空间范围,将一个主体的理财活动同另外一个主体的理财活动相区分,使财务主体、财务客体、财务管理目标、信息、方法具有了空间归属,为科学划分权责关系奠定了理论基础。可以说任何一个企业的财务活动、筹资活动、投资活动以及收益分配活动都是围绕企业这个财务主体展开的。如果没有理财主体的存在,就不能有效地组织财务活动和调节财务关系,就无法说明企业为什么要进行财务管理。

理财主体是指凡是能够拥有或控制一定经济资源,能够独立自主地进行理财活动,具有独立或相对独立的物资利益的经济主体。它应具备以下特点:①理财主体必须具有独立的经济利益;②理财主体具有独立的经营权和财产所有权;③理财主体一定是法律主体①。一个组织只有具备这三个特点,才能真正成为理财主体。显然,与会计上的会计主体相比,理财主体的要求更严格。例如,某个主体虽然有独立的经济利益,但不是法律实体,则该主体虽然是会计主体,但不是理财主体,如一个企业的分厂。如果某主体虽然是法律实体,但没有独立的经营权和财权,则也不能成为理财主体。当然,在实际工作中,为

---

① 王静,李淑平.高级财务管理[M].武汉:武汉理工大学出版社,2007.

了管理上的要求，会人为地确定一些理财主体。例如，对一个分厂实行承包经营，赋予它比较大的财权，这个分厂也就有了理财主体的性质。因此认为，考虑到实际情况，理财主体可以区分为完整意义上的理财主体（或称真正的理财主体、自然的理财主体）和相对意义上的理财主体（或称相对的理财主体、人为的理财主体）。一个真正的理财主体，必须具备上述三个条件。一个相对的理财主体，条件可适当放宽，可以根据实际工作的具体情况和一定单位责、权、利的大小，确定特定层次的理财主体。不过，财务管理理论研究中所说的理财主体，一般都是指真正意义上的理财主体。本书也是按此思路进行研究的，由理财主体可以派生出以下两个假设：

(1) 自主理财假设。自主理财假设，即假设财务主体——企业具有财务自主权，能够独立自主地组织或开展财务活动，财务自主权包括财务筹资自主权、财务投资自主权和收益分配自主权。

(2) 理性理财假设。理性理财假设是指从事财务管理工作的人员都是理性的理财人员，因而，他们的理财行为也是理性的。他们会在众多的方案中选择最有利的方案。理性理财的第一个表现就是理财是一种有目的的行为，即企业的理财活动都有一定的目标。理性理财的第二个表现是理财人员在众多的方案中选择一个最佳方案。财务人员要通过比较、判断、分析等手段，从若干个方案中选择一个有利于财务管理目标实现的最佳方案。第三个表现是当理财人员发现正在执行的方案是错误的都会及时采取措施进行纠正，以便使损失降至最低。理性理财的第四个表现是财务人员能吸取以往工作的教训，总结以往的工作经验，不断学习新理论，使理财行为由不理性变为理性，由理性变为更理性。

理性理财假设是确立财务管理目标，建立财务管理原则，优化财务管理方法的理论前提。例如，财务管理的优化原则，财务管理的决策、计划和控制方法等都与此项假设有直接联系。

理性理财假设可派生出资金再投资假设。这一假设是指当企业有了闲置的资金或产生资金的增值，都会用于再投资。换句话说，企业的资金在任何时候都不会大量闲置。财务管理中的资金时间价值原理，净现值和内部报酬率的计算等都是建立在此项假设基础之上的。

2) 持续经营假设

持续经营是指理财主体将按照现在的经济组织形式长期地存在下去，在可预见的将来，不会面临破产和清算，而是持续不断地经营下去并且能执行其预期的经济活动。持续经营假设明确了企业财务活动的时间范围，使财务管理主体、财务管理客体、财务管理目标、财务管理信息、财务管理方法有了时间上的归属，赋予其特定的经济含义。这一假设限定了财务管理理论研究和实践的内容主要是常规的财务管理。它是企业进行财务预测、财务决策和计划制订、财务控制的前提条件。持续经营假设是财务管理一个重要的基础前提，具体反映在，在进行筹资决策时，要注意合理安排短期资金和长期资金、权益资金和债务资金的关系；在进行投资决策时，要合理确定短期投资和长期投资的关系；在进行收益分配时，要正确处理各个利益集团短期利益和长期利益的关系，这些决策都是建立在此项假设基础之上的。

持续经营假设可以派生出理财分期假设。理财分期假设将企业持续不断的经营活动,人为地划分为一定期间,以便分阶段考核企业的经营成果和财务状况。企业的财务项目持续时间一般都较长,若待其结束以后再进行财务分析,就无法对项目的开展过程进行控制,所以有必要对企业的财务管理活动进行分期反映、分析和控制。这与会计的持续经营假设和会计分期假设是一致的。

3) 有效资金市场假设

有效资金市场假设是指财务管理所依据的资金市场是健全和有效的。只有在有效资金市场上,财务管理才能正常进行,财务管理理论体系才能建立。最初提出有效市场假设的是美国财务管理学者法玛(Fama)。法玛在1965年和1970年各发表一篇文章,将有效市场划分为三类:①弱式有效市场。当前的证券价格完全地反映了已蕴含在证券历史价格中的全部信息。其含义是,任何投资者仅仅根据历史的信息进行交易,均不会获得额外盈利。②次强式有效市场。证券价格完全反映所有公开的可用信息。这样,根据一切公开的信息,如公司的年度报告、投资咨询报告、董事会公告等都不能获得额外盈利。③强式有效市场。证券价格完全地反映一切公开的和非公开的信息。投资者即使掌握内幕信息也无法获得额外盈利。法玛的有效市场假设是建立在美国高度发达的证券市场和股份制占主导地位的理财环境的基础之上的,并不完全符合中国的国情。从中国理财环境和中国企业的特点来看,我们认为,有效资金市场应具备以下条件:①当企业需要资金时,能以合理的价格在资金市场上筹集到资金。②当企业有闲置的资金时,能在市场上找到有效的投资方式。③企业理财上的任何成功和失误,都能在资金市场上得到反映。有效的资金市场是企业财务活动最重要的外部环境,是企业财务管理活动顺利开展的重要前提,它使企业能及时筹集到所需资金或将闲置资金投放于有利的投资项目中;它也是建立财务管理原则,决定筹资方式、投资方式,安排资金结构、确定筹资组合的理论基础。如果资金市场无效,很多理财方法和财务管理理论都无法建立。

我们认为,有效资金市场假设的派生假设有以下三个。

(1) 资金流通假设。即假定资金在市场中的流通是充分且透明的。当企业需要资金时,能以合理的成本在资金市场上筹集到资金;当企业有闲置的资金时,能在市场上找到有效的投资方式。同时,这些资金流通都能在资金市场上得到清晰、真实的反映。

(2) 资金增值假设。即假定通过财务管理人员的合理营运,企业资金的价值是可以不断增加的。企业财务管理人员在运营资金的过程中,资金的增值并不一定会发生,但在做出投资决策时,一定是假定该项投资会增值,否则,该项交易就不会发生了。

资金增值假设隐含着风险与报酬同增假设。该假设是指风险越高,要求获得的报酬也越高。有的企业将资金投向食品行业,有的企业将资金投向房地产行业,有的企业却将资金投向衍生金融工具,就是根据风险与报酬同增这一假设来进行决策的。风险与报酬同增假设又暗含着另外一项假设,即风险可计量假设。因为如果风险无法计量,财务管理人员不知道哪项投资风险大,哪项投资风险小,风险与报酬同增假设也就无从谈起。

资金增值假设说明了财务管理存在的现实意义,风险与报酬同增假设又要求财务管理人员不能盲目追求资金的增值,因为过高的报酬会带来巨大的风险。该假设及其派生假设为科学地确立财务管理目标、合理安排资金结构、不断调整资金投向奠定了理论基础。风险报酬原理、利息率的预测原理、投资组合原理也都是依据此项假设展开论述的。

(3) 财务信息可靠假设。财务信息可靠假设是指虽然存在由于财务信息不全面和人类意识局限性导致的信息非对称现象,但在财务行为发生的时点上,财务管理人员只要得到了与财务活动决策相关的信息,就假定此信息是可靠和可信赖的。

财务信息可靠假设为财务主体提供了在做出决策时所需要信息的可靠性保障。财务信息能反映企业的财务状况和经营成果,做到内容真实、数字准确、资料可靠,使财务信息的使用者做出正确的决策,把社会资金引向生产效率较高的行业或企业,提高资金使用效率;如果财务信息不能真实反映企业的实际情况,财务工作就失去了存在的意义,甚至会误导财务信息使用者。因此,财务信息的可靠性成为市场有效性的基础,从而使市场得以实现资源的最优配置。

2. 财务管理假设的逻辑框架

构建一种科学的理论结构,研究者不仅要回答这一理论结构由哪几部分或哪些要素组成,而且要回答各个组成部分或要素之间所存在的合乎逻辑的内在联系,以使理论结构保持内在的严密性。财务管理假设体系是一个统一的系统,每个假设都相互联系、相互制约、缺一不可。财务管理假设的逻辑框架如图 1-2 所示。

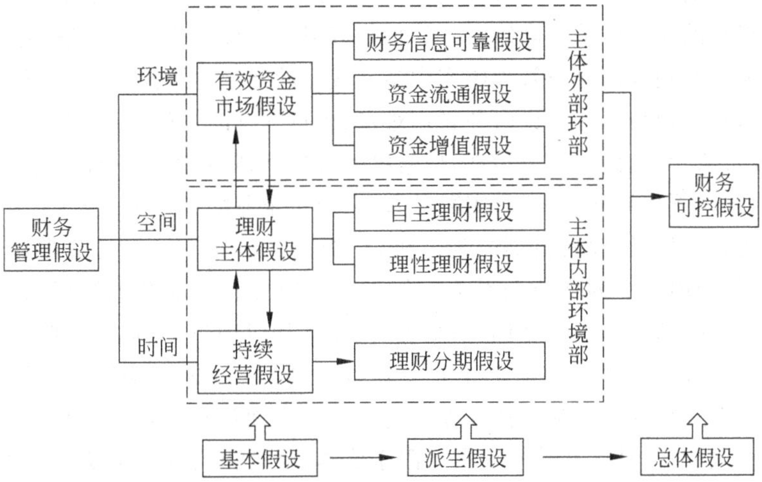

图 1-2 财务管理假设的逻辑框架

理财主体假设是财务管理假设体系存在的重要前提。若没有财务主体的存在,就没有接收和输出资金与信息的主体,就无法有效地组织财务活动、形成健全的财务关系。同时,理财主体假设也是财务管理假设体系的核心,因为所有财务管理活动都是围绕着财务主体展开的,假设体系中的所有具体假设也都是以理财主体假设为核心的。

持续经营假设是在理财主体假设的基础上,进一步提出的关于主体经营方面的假设,它也是财务活动得以顺利进行的基础,只有持续经营的财务主体才能顺利开展理财活动。这一假设从时间上限定了财务管理要素的具体范围,财务分期假设是在持续经营假设上更进一步提出的关于财务主体的假设,以便于财务主体分析、控制财务活动,并分期向外部传递和接收财务信息。

有效资金市场假设是财务活动得以顺利进行的保证,资金市场接收财务主体的资金并提供资金增值的环境,最后增值的资金又返回至财务主体,如此循环,从而实现财务管理目标。而有效资金市场假设包含的财务信息可靠假设、资金流通假设和资金增值假设也是相互制约、互为前提的。只有资金流通了,才能实现资金增值;只有资金实现了增值,才能促使资金流通;而财务管理人员只有及时获得可靠的财务信息,才能开展正确的财务资金运转和资金增值决策。

财务可控假设是在前述所有假设都成立的基础上所提出的对财务管理活动的总体假设,是框架中最上层的假设。

1.4 高级财务管理的理论结构

1.4.1 高级财务管理的界定

财务管理是研究如何通过计划、决策、控制、考核、监督等管理活动对资金运动进行管理,以提高资金效益的一门经营管理学科。它是以经济学原理和经济管理理论为指导,结合组织生产力和处理生产关系的有关问题,对企业和国民经济各部门财务管理工作进行科学总结而形成的知识体系。高级财务管理是以财务管理中的特殊业务、复杂业务、财务管理领域中的新问题以及财务管理研究中尚不成熟的问题为研究对象,从价值目标、战略规划与组织管理等视角综合讨论财务管理难点、重点问题的一门学科,内容涵盖面比较广泛,包括企业价值管理、公司财务治理、战略财务管理、风险管理与危机预警、业绩评价、资本经营财务、知识管理财务、企业集团财务管理、中小企业财务管理等。

我们认为,把财务管理教材划分为原理、中级、高级,并不一定是按难易程度来划分的,而是一种知识内容上的递进与补充。原理介绍财务管理的基础知识,如财务管理概念、意义、环境、基本财务活动和财务关系等,树立诸如时间价值、风险和收益等理财的基本价值观念。中级财务管理介绍企业的主要财务决策:投融资决策、营运政策、股利政策、成本控制、企业财务分析基本技术等。它是就财务而论财务,基于财务数据分析研究财务资源的有效配置问题,其基本变量局限于成本、收益和风险。高级财务管理是在读者已掌握公司财务基本理论的基础上,进一步就公司财务特殊的、复杂的经济业务和前沿问题进行较为深入的学习和研究。它是就管理来论财务,体现财务管理的社会过程,立足于组织结构和治理环境,从实现企业战略目标,创造企业价值、提高其核心竞争能力的角度诠释财务管理功能。

财务管理课程内容设置与财务管理假设有密切的关系。中级财务管理主要阐述财务管理的常规业务,即不超出财务管理假设的内容;高级财务管理主要是讲授对财务管理假设有突破的内容。例如,中小企业财务管理主要涉及有效市场假设和理性理财假设。由于中小企业规模较小,即使市场有效,仍然存在融资困难的问题,而且中小企业财务管理人员素质相对较低,无法达到理性理财假设的要求。因此,高级财务管理在内容上具有以下特点:①全局性,是事关企业发展与生死存亡的大问题;②长远性,会对企业发展有根本性的长远影响;③高层性,是企业领导层关注并应解决好的问题;④整体性,管理业务涉及企业各部门,是需要领导统筹规划、各部门通力合作,才能解决好的问题。

1.4.2 高级财务管理的基本特征

高级财务管理中的"高级"是一个相对的概念,它是相对于传统或者说"中级"财务管理而言的,其所蕴含的具体内容是随着管理科学的发展,更新、更复杂的管理过程及其财务事项的出现而不断变化的。总体而言,高级财务管理的基本特征表现如下:

(1) 研究主体从单一主体向复杂主体过渡。不同企业组织形式是决定财务管理特征的主要因素。市场经济的发展与企业组织形态的多样化,要求财务管理必须关注不同规模与不同组织结构企业的财务管理行为。既要关注公司制企业的财务运作问题,又要研究非公司制企业的财务管理问题;既要研究大型企业的一般财务问题,又要关注中小企业的特殊财务情况;既要分析单一组织结构的财务管理问题,又要特别研究多层组织结构(集团制)的集权与分权问题。

(2) 财务目标从企业的股东价值向整体价值转变。财务目标是确定财务管理主体行为的目标和准则,在以往的多种财务目标取向中,企业着重于财务利润等财务价值目标;而现在,企业价值最大化目标成为现代企业财务目标的最好表达。企业价值不仅是股东财富的价值,而且考虑了包括股东在内的企业所有的利益相关者。一个企业的利益相关者包括股东、债权人、员工、管理者、客户、供应商、社区、政府甚至整个社会。而且企业整体价值的概念强调的不仅是财务的价值,而且是在组织结构、财务、采购、生产、技术、市场营销、人力资源、产权运作等各方面整合的结果。

(3) 研究客体从资金型管理转向价值型管理。传统的财务管理关注股东价值最大化,以净利润或者股票价格的最大化来表现企业的成长和壮大,财务部门强调资金运营、资金筹措和资金投放以及资金的分配,财务管理工作呈现典型的资金管理特点。高级财务管理以企业(或企业集团)价值最大化的财务目标为基本出发点,以现金收益和风险的平衡发展为基本财务管理理念,强调财务分析技术和决策模型量化的财务管理方法,全方位对接发展战略,以落实财务战略为基础,改造组织体系,分析企业价值增长的驱动因素,将战略落实为具体的预算目标,并通过预算管理,报告体系和预警机制等监控手段,通过资产组合和风险控制,保障企业(或企业集团)利益的可持续增长,最后以相关的评价机制和激励机制来激励管理者和全体员工不断追求价值最大化。

(4) 财务管理的作用从保障型升级到战略型财务管理。从目前的财务管理教材所阐述问题的逻辑思维分析,主要定位在特定企业发展阶段和特定组织结构模式下的财务投融资、财务控制与分析问题,其讨论的财务管理似乎与战略较远,可以说是一种战略保障型财务管理。现代财务在企业战略管理中应该发挥更为广阔、深远的作用,应该侧重于企业的长期发展和规划。现代财务管理一个新的特征是全面的战略管理,实现价值最大化必须突出战略管理与财务管理结合在一起,战略的目标不再仅仅是获取竞争优势,而是获得企业整体价值不断提高的新目标。

(5) 研究理念从财务独立型向财务整合型管理转变。传统的企业管理与财务分析的思想无法满足企业整体价值最大化和战略管理的要求。传统的管理思维是把公司划分为不同的部门,如采购、生产、质量、市场营销、财务、会计、人事等部门,突出职能分工和部门利益。然而,企业管理的实践已经充分表明,比单一职能部门、单项管理顺利运作更为重要的是把不同职能部门的功能、职责有效地整合起来。也就是说,不同的职能管理部门单项有效并不能保证公司整体功能的效率最大化,需要运用系统的财务思想整合企业管理,实现“财务管理是企业管理的中心”的基本命题。高级财务管理带来了管理理念和方法的全面提升,它提供了一种与现代企业制度下法人治理结构相匹配的管理制度,整合企业实物流程、资金周转和信息流的科学方法,建立了确保战略实施,整合全方位、全过程、全员的管理体系。

(6) 现代财务管理关注行为管理,财务职能从结果导向延伸到过程控制。在现代财务管理的研究中,主要研究财务管理如何获得成功,结果应该如何。但是对如何面对逆境、防止企业免遭损失和风险却不够重视。实践证明,由于理财环境的动荡和人们对未来认识能力的局限性,企业可能的风险与损失是难免的,财务管理必须实现由结果控制向过程控制延伸的管理导向,必须在管理过程中,充分重视人的因素,重视控制的全方位,针对企业不断面临的危机或风险,及时反馈,加强沟通,制定对策,实施政策,引导行为,以规避风险或走出困境。

(7) 研究内容从资产运营向资本运营拓展。财务理论的发展除了受到财务学科本身特质、相关学科的相互关联外,越来越受到理财环境和企业经营模式、战略复杂的影响。当今世界经济一体化趋势下,跨国战略、并购浪潮、抵御区域性风险已经成为理财环境和企业关注的热点。资本运营成为企业实现全球战略的捷径,于是世界范围的兼并、重组浪潮风起云涌。在我国市场化改革的进程中,资本运营的功效同样得到了认可。跨地区、跨行业、跨所有制和跨国经营的大型企业集团正在建立并壮大;通过改组、联合、兼并、租赁、承包经营和股份出售等形式,中小企业不断焕发出新的活力。事实上,资本运营已成为我国实施战略性结构调整、改革国有企业的重要手段。随着资本运营活动在经济中的扩展与深入,与此相关的一系列属于基础性的困惑和问题逐渐暴露,如资本为何要交易?谁在交易中起决定作用?资本交易的依据是什么?运营后的效益如何评价?这些问题必须由以资本、资产配置为内容,以企业价值最大化为行为准则的财务理论来描述和规范。现行财务理论体系关注资产管理和资金管理,但是关于资本运营的理论较为零散和随机。而当今现实已表明资本运营是企业更高层次的资源重组与配置的方式,对它的研究和长期主动的关注与把握是企业价值增长的有效手段之一。

高级财务管理的高级性体现在其基本内涵上,审视其他各种学科的“高级”内涵,就学科体系自身而言,最基本的含义是指更先进、更复杂、更特殊。我们应立足于管理的社会职能来深刻理解“高级”一词的内涵。就其社会性而言,管理是一个社会过程,它包含着为完成目标而进行的一系列行动,即组织、计划、控制、领导等,这些行动主要涉及人和人之间的关系,具有鲜明的社会性。财务管理作为一项以价值为核心,价值最大化为目标,具有综合性的职能管理,自然也应体现其社会过程的性质,因而高级财务管理中的“高级”是一个相对概念,其所蕴含的具体内容是随着管理科学的发展,更新、更复杂的管理过程及其财务事项的出现而不断变化的。

1.4.3 高级财务管理的基本理论

由于高级财务管理的高级性体现在更先进、更复杂、更特殊的社会职能方面,因此,本书从全局性财务环节、特殊理财主体和非常规财务决策三个不同角度对高级财务管理的基本理论进行归类，其理论框架如图 1-3 所示。

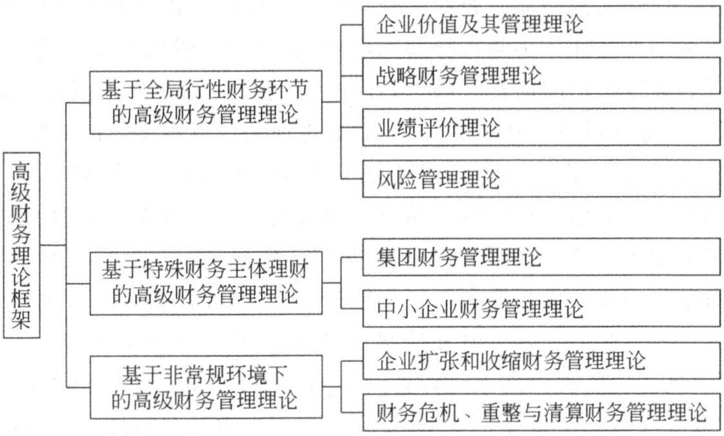

图 1-3　高级财务理论框架图

1. 基于全局性财务环节的高级财务管理理论

1）企业价值及其管理理论

财务目标是能确定财务管理主体的行为目标和准则，在多种财务目标取向中，我们认为企业整体价值最大化目标是现代企业财务目标的最好表达。

价值概念一直是经济学理论的原始起点和最终源泉。企业价值理论从劳动价值论、19 世纪的效用价值论和均衡价值论到内在价值理论等，经历了多种经济理论对企业价值的诠释，它们揭示了企业单一产品利润或超额利润的原理，但无法解释那些长盛不衰公司凭借持续竞争优势而获取长期经济利润的原因。在知识经济时代，企业处于复杂多变的环境下，对企业价值创造起决定作用的因素是智力资本和财务资本，其中智力资本是关键的企业价值驱动因素。因此，高级财务管理应该从企业整体角度出发，关注企业内在资源、能力、知识及其所形成的竞争优势对企业价值的贡献，构建基于企业价值创造的财务管理框架，并科学、准确地评估企业价值。在企业价值评估的方法方面，应该考虑在掌握资本结构理论、资产定价模型，会对企业风险和报酬进行计量的基础上，能用企业实体现金流量法、乘数法、经济利润法、实物期权法来评估企业的价值。在智力资本管理方面，应该关注的问题包括：智力资本的内涵和特点是什么？智力资本如何测量，现有的方法有何优势和缺陷？企业如何通过管理智力资本为企业创值？如何构建企业智力资本报告体系等？这一部分内容将在本书的第一篇论述。

2）财务战略管理理论

财务战略管理是为谋求企业资金均衡、有效的流动和实现企业战略、加强企业财务竞争优势，在分析企业内、外环境因素影响的基础上，对企业资金流动进行全局性、长期性和创造性的谋划。财务战略的基本作用表现为对公司战略的全面支持，它根据企业的经营战略目标（如更大的市场份额、更低的产品成本等），从财务的角度对涉及经营的所有财务事项提出自己的目标，如高速增长的收入、较大毛利率、强劲的信用等级、恰当的融资结构、可观的自由现金流量、不断上涨的股票价格、当行业处于衰退期的收益稳定程度等。

现代财务与战略管理的相互影响和渗透应该主要体现在三个方面:第一,在财务决策中必须注入战略思想,尤其是涉及企业的长期财务决策时。以投资决策为例,在高级财务管理中,投资决策的首要任务不是选择备选项目,而是确定诸如多元化或是单一化的投资战略,这是搜寻和决策项目的前提。第二,在使用评价方法时,注入战略元素。如广泛使用的评价方法是现金流量折现法(DCF),当企业更加关注资本支出的战略性时,就要对此方法加以补充。因为现金流量本身无法涵盖项目带来的战略收益,如采用一项新的生产技术,它的战略收益可能包括更优的产品质量以及为企业未来发展提供更多的灵活性和选择等,这些是很难用财务指标量化的,现金流量方法只衡量该技术成本节约的数额及财务收益,并将财务收益作为项目取舍的主要依据,短期财务效益并不显著的战略性投资项目往往被舍弃。第三,必须在日常财务控制、分析评价中注入战略元素。比如,由于新经济对企业价值及其主要驱动因素——智力资本的重视,使得企业价值和智力资本的评价在企业整体的战略决策中变得非常重要,也必然导致人力资本管理观念的创新,人力资本管理的思想必将贯彻于企业财务战略管理的内容之中,以夯实财务管理与战略管理的联系。这部分内容将放在本书第三篇第 7 章“企业集团的财务战略管理”中讲述。

3) 业绩评价理论

业绩评价作为一种管理控制手段,是将已发生的结果和预先确定的标准进行对比,判断现在状况的好坏。通过对企业业绩的评判,可以为所有者、经营者和 其他利益相关者下一步有效决策提供依据。企业传统的财务业绩评价法在对企业业绩进行评价时,过分依赖企业财务报表,侧重于企业内部因素分析,没有考虑外部环境对企业绩效的影响;侧重于有形的财务资本为基础的业绩分析,忽略了非财务的智力资本等对企业绩效的影响;同时,也未能实现与企业战略的有机结合。而高级财务管理应探讨传统的财务评价体系及其缺陷,应该如何采用新的综合业绩评价工具,如利用基于价值创造的 EVA 法、基于战略的平衡计分卡法来对企业绩效进行评估,这些先进的业绩评价工具有哪些优势和缺陷;如何从业绩评价目标、评价指标、评价标准和评价方法等多个角度设计合理、有效的业绩评价系统;这部分内容将放在本书第三篇第 8 章“企业集团的业绩评价”中讲述。

4) 风险管理理论

控制是财务管理过程的核心职能,是实现财务战略和企业价值创造的保障。企业的价值只有在风险和报酬达到比较好的均衡量时才能达到最大。一般而言,报酬和风险是同增的,即报酬越大,风险越大,报酬的增加是以风险的增加为代价的,而风险的增加将会直接威胁企业的生存。因此,财务风险控制对于企业的生存、发展和获利,均具有十分重要的意义。高级财务管理理论应结合不同的理财主体特点,分析新经济不确定因素增加的环境下企业风险来自何处?财务危机的不同发展阶段分别有哪些特征表现?有哪些常用的风险管理方法,其优势和缺陷如何?如何规划企业的风险管理的流程,构建有效、实用的风险管理系统?这部分内容将在本书第三篇第 9 章结合中小企业的寿命和风险管理特征来论述。

2. 基于特殊财务主体理财的高级财务管理理论

财务管理的基础是企业组织形式,企业组织性质和特点决定企业目标及其相应的财务目标。高级财务管理理论突破了理财主体假设,摆脱股份公司这一单一财务主体,关注中小企业的特殊财务问题,研究多层组织结构(集团制)的财务控制与财务评价问题。

(1) 集团财务管理理论

现代企业的组织形式日益复杂,公司的发展呈现集团化和全球化市场运作话特点,使其务管理有别于一般公司的财务管理。高级财务管理关注的问题应该主要包括企业集团的组建模式、企业集团的特征、企业集团各层次之间的关系;企业集团的财务管理特征;企业集团财务管理体制;企业集团财务控制中的关键环节——资金管理模式;企业集团各成员之间的内部交易的价格管理;企业集团的财务战略管理;企业集团的业绩评价等。这部分内容将在本书第三篇进行论述。

(2) 中小企业财务管理理论

中小企业财务管理主要涉及有效市场假设和理性理财假设。由于中小企业规模较小,即使市场有效,中小企业筹资也比较困难。另外,由于中小企业财务管理人员素质相对较低,尚无法达到理性理财假设的要求。因此,在中小企业财务管理方面,高级财务管理关注的问题应该主要包括:中小企业生命周期和中小企业财务管理特点是什么?中小企业如何有效地实现多渠道融资战略?如何制定中小企业投资及资本运营战略?中小企业如何进行风险管理和对财务危机的监控以解除中小企业寿命短的魔咒?这部分内容将在本书第四篇进行论述。

3. 基于非常规环境的高级财务管理理论

企业在扩张和收缩中的兼并、收购、分立、剥离等资本运营活动,以及财务危机、破产、重整与清算等更为复杂的财务管理内容将突破理财主体的假设,会出现理财主体的变更和消亡。作为更高级的企业资源配置方式,资本运营无论从经营目标、经营主体、经营内容和方式等诸多方面都有别于商品经营。高级财务管理关注的资本运营问题应该主要包括企业并购的形式及其动因,企业并购或收缩的成本、收益和风险分析等财务分析方法。这部分内容在本书第五篇讲述。

在企业破产、重整与清算财务管理方面,高级财务管理关注的问题应该主要包括财务危机征兆辨识、成因分析、预警方法和预警机制的构建等;破产、重整与清算的计划与程序;破产财产、破产债权的范围与计价方法等。这部分内容在本书第六篇讲述。

高级财务管理中的"高级"应该是一个相对的概念,它所蕴含的具体内容是随着管理科学的发展,更新更复杂的管理过程及其财务事项出现而不断变化,但是它绝不是杂乱无章的理论堆积,也应该拥有自身的逻辑主线和思想体系,并遵循财务管理的基本原理和固有方法,与现有的"中级"财务管理相互补充,共同构成完整的财务管理学科与理论体系。据此,本书构建了高级财务管理内容体系逻辑框架,如图 1-4 所示。

如图 1-4 所示,新经济环境影响了企业价值的构成,特殊理财主体的财务管理特点和企业扩张和收缩影响了企业的成本、收益和风险,这些对企业价值最大化的财务目标的实现产生了影响,进而对企业价值管理过程中的财务战略及其实施和评价产生作用,在风险管理及财务危机预警失效的情况下产生破产清算财务管理。

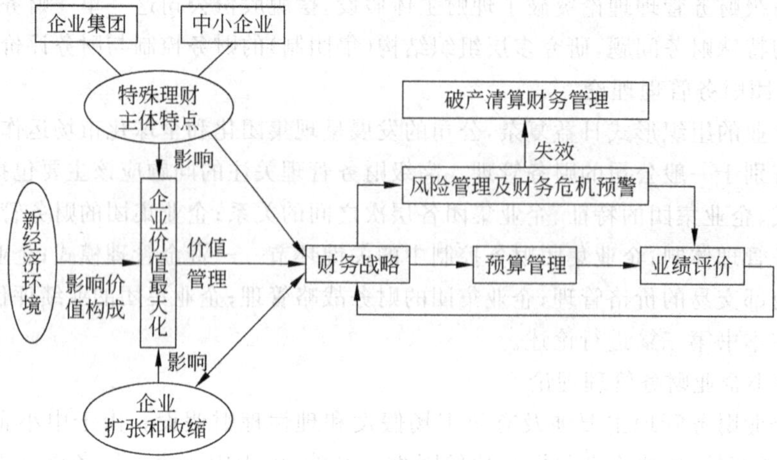

图 1-4 高级财务管理内容体系逻辑框架图

【本章小结】

知识经济和全球经济一体化,以及影响全球的金融危机挑战着传统企业财务管理理论。本书认为环境的变化为反思、重构财务管理理论提供了良机。本章在概要当今财务基础理论和内容框架的基础上,以梳理西方和我国财务管理实践与理论发展历程为出发点,对财务管理的假设和理论结构进行了探讨,试图构建高级财务管理学科体系的立足点。为了适应环境变化,提升财务管理理念和方法,高级财务管理的研究和讨论成为必要。高级财务管理理论就是要就管理来论财务,体现财务管理的社会过程,立足于组织结构和治理环境,从实现企业战略目标,提高其核心竞争能力的角度诠释财务管理功能。它以企业价值最大化目标为出发点,分析企业价值增长的驱动因素,全方位对接发展战略,以收益和风险的平衡发展为基本财务管理理念,强调财务分析技术和决策模型的量化财务管理方法,改造组织体系,改进传统的财务报告体系,挖掘智力资本对企业收益和风险的影响,通过资产组合、资本运营和风险控制,保障企业的可持续经营,不断追求价值的最大化,这是高级财务管理的基本特征和内容框架。

【本章思考题】

1. 从财务管理的发展历程,分析高级财务管理的基本特征。
2. 什么是财务管理假设? 其特点和作用是什么?
3. 高级财务管理与财务管理原理、中级财务管理之间存在什么样的关系?
4. 请谈谈你对我国财务管理教育的看法。
5. 怎样看待我国资本市场的发展和企业财务管理的关系。
6. 请谈谈你个人对构建高级财务管理理论体系的思路。

【案例分析】

IBM的财务变革

随着现代企业的发展，企业已经从传统经济时代以企业为中心，进入了互联网时代以用户为中心的环境。经营环境的剧烈变化，用户需求的差异化，商业竞争的激烈性，信息的快速传递和共享化都是传统经济时代所不曾经历的；另外，企业在高速成长和全球化的进程中，所面临的风险也是前所未有的。这一切让每一个CFO都在思考，在不断满足用户和市场需求的同时，如何配置财务资源，有效实施财务战略，管控好企业风险，实现企业价值的保值和增值。

从管理到分析——大数据时代力促企业财务转型

过去十几年里，IBM进行了一次重大业务转型，从传统的硬件领域转向价值更高的领域，提高经营效率的同时，对长期战略发展机会进行投资。如今软件已经成为IBM主要的利润驱动力，从全球的角度来看，软件集团已成为IBM内部增长最快，利润最高的部门。随着大数据时代的业务转型，IBM也进行了一场财务变革，这场变革不仅适应业务转变而且改进了财务管理模式，开发了财务数据的整合与分析，赋予财务部门积极参与决策的新职责。

1994年处于瓶颈期的IBM硬件业务已经不再盈利，市场份额逐步下降，现金头寸匮乏，业务和财务变革迫在眉睫。那时的IBM财务系统由多个分散体系构成，仅财务人员就达到4万名，是当时竞争对手的2倍，人员冗余严重。而这些财务人员的主要工作仅是做账以及一些行政工作，投入分析数据的时间少之又少，也不具备从数据中提取有助于决策的信息的能力，有些数据中心和应用已经使用超过20年，老旧的财务系统缺乏财务数据的完整性、透明度，流程低效，不同区域和不同部门使用本区域或本部门的报销管理系统和流程，数据源和数据结构各不相同，彼此孤立；系统用户需要经过大量的培训才能从一个系统转换到另外一个系统，跨系统财务分析非常困难，这种状况已经无法满足IBM自身的发展需求。

首先，IBM的财务转型主要从以下三方面着手：第一步是整合。IBM首先设立了全球首席财务官职务，把财务集中到一套完整的企业战略和一个决策人的系统之下，整合数据应用。

其次，采取混合式的财务模式，把集中财务管理模式的规模经济、标准控制、大量关键技能的优点和分散财务管理模式的业务部门拥有所有权、快速反应等优势结合起来。

最后，采用先进的管理分析软件，使财务人员投入在报表本身上的时间和精力大大缩短，可以更好地做出预测和评估，并以网络为基础与业务部门分享信息、回顾、评审，提供决策支持。例如，Cognos软件在IBM的财务变革中，就发挥了重要作用。它将多个数据立方体整合为一，加快信息回馈的速度，提高业务分析和商务智能能力，还可以对报表进行全球化标准的规划。同时，IBM使用了WW Spend(全球报销系统)管理报销数据，对拥有40万个不同部门的IBM实现了跨越地理区域和业务差异的标准化管理，在统一系统管理下，财务人员快捷地掌握和控制了IBM的全球成本与支出情况。

在IBM的业务转型中，IBM业务部门利用财务人员提供的数据和信息，做出许多重要的决策。例如，通过财务调查显示，一些研发部门没能创造相应的价值，许多研发工作是重复且无意义的，促使IBM取消了一些研发基地和研发项目。而且，除了被动地推动业务发展，财务管理也发挥“引擎”般的主动引导作用。例如，当一个IBM硬件销售客户在走向全球化的过程中，需要硬件基础设施的发展，暂时不需要软件和服务，财务部门就将其归为转型客户，分析其市场空间与份额，判断这些客户未来的开发价值，细化未来的企业收入规划；或者，在开拓软件市场的同时，财务人员通过财务分析不但可以看到软件业务具有盈利能力，还能够预测软件服务与硬件适当配置在市场上会得到更好的反映，以引导业务部门有的放矢地开拓市场。

在财务转型的过程中最显著的改变，就是将领先的IBM业务分析解决方案和财务流程充分融合，把财务人员的工作重心从管理转移到业务的分析上面。在企业资源有限的前提下，财务人员掌握财务目标的同时了解企业的运作状况，并进行广泛的数据挖掘和深刻的分析洞察，以帮助企业实现有效的资源配置。

从业绩到价值——洞察力推动CFO转型

这些财务变革使IBM在推动管理型财务向价值型财务体系转型过程中完成了流程框架和基础技术的原始准备。在经历了《萨班斯-奥克斯利法案》推出、全球金融快速发展和突如其来的金融危机等阶段后的新经济环境中，CFO的角色在过去十几年中发生了显著变化。首席财务官的工作逐渐聚焦于价值管理和价值创造，其职能已经从此前的财务管理拓展为对企业整体表现的领导，这随之驱动了企业财务转型——通过高效的财务流程对企业的现金流、清偿能力、信贷风险等绩效进行管理，并且利用深度洞察支持策略制定，将资源准确投入增长领域。

CFO追求的不应是在任几年里业务绩效和财务报表如何最好看，更应注重的是企业长期的价值增长。CFO的具体职责从整体上要驱动整个企业，提高生产效率；在布局上，要保证企业将资源投入能带来长期增长的增长区域，实现合理配置；同时要管理企业的现金和信贷以及支出，减小企业风险。因此，CFO既要志存高远，着眼于未来，又要面对现实，监控好风险。一方面，CFO是可以信赖的业务顾问，业务分析不但可以帮助企业提高生产率，还可以在统一标准下进行数据挖掘，进而产生业务价值，帮助企业做出快速的业务决策，同时对业务风险进行适时监控；另一方面，CFO在进行财务规划时，需要预判未来市场的需求，根据产品的生命周期规划盈利状况，设计不同的情景，模拟各种风险情景和应对方案，为企业未来的战略决策、企业价值的保值和增值提供支持。

IBM大中华区财务及运营副总裁刘莉莉女士表示：“随着金融模式和业务需求的双重演变，IBM在百年征程中不断经历变革；与此同时，我们财务系统及资产管理部门的角色也在逐步从此前的审计、内部控制和金融核算转移到关注企业运行、控制商业风险和制定战略决策上。在这个过程中，IBM业务分析解决方案为我们提供了更加敏锐、主动和精确的‘洞察力’，在有效降低财务成本、提升效率、提高财务透明度的同时，达到关注效率、支持自助服务、利用分析获得前瞻数据，整合运营决策等成效，不断提升IBM在行业内值得信赖的业务顾问角色。”

经济环境的风云突变使IBM的发展路线目标受到过多次挑战。在2008年和2009年世界经济环境中，IBM的美国市场，乃至全球市场都受到了影响。IBM选择投资更多的生产力工具以降低成本，将成本中心从高成本国家转移至“卓越中心”国家，比如马来西亚和印度地区；IBM的交互中心也转移到了中国和印度，并且通过收购的方式投资更多的增长型市场。这些基于分析得出的应对方案，帮助IBM实现了其财务目标。

思考：在知识化、信息化、网络化、虚拟化竞争环境下，企业财务管理的功能有何种变化？CFO如何适应新经济形势的要求？

资料来源

[1]　IBM成功转型：昔日蓝色巨人变身软件巨头.腾讯科技[微博]，2012年8月22日.

[2]　“洞察力”驱动IBM财务部门业务转型. http://soft.chinabyte.com/23/12255023.shtml. 2012年2月6日.

推荐阅读材料

李任斯，刘红霞. 大数据时代价值发现目标下的财务组织变革——以IBM为例[J]. 管理案例研究与评论，2015，8(4)：323-339.

第二篇

知识经济时代基于企业价值创造的财务管理

【本篇导读】

人类社会自 21 世纪以来已经进入一个以知识为主导的时代，知识、创新精神和声誉等无形智力资源正在逐步取代传统的生产要素：资本、劳动和土地，成为企业赢得竞争优势的关键资源。目前世界 500 强中有许多企业，其市场价值远高于有形资产的账面价值，如 1999 年年底微软仅有 284.38 亿美元的账面净资产，而 2000 年 3 月 4 日其股票市场价值高达 4 924.62 亿美元，为其账面价值的 17 倍之多；2012 年 8 月 20 日，苹果公司的市值达到 6 235 亿美元，其净资产为 1 182.10 亿美元，为其账面价值的 5 倍多。2017 年 5 月 10 日，苹果公司成为全世界第一个市值达 8 000 亿美元的美国上市公司，其一年增长的市值比 2016 年年底市值分别为 480 亿美元和 562 亿美元的福特和通用两家汽车公司的总市值还要高。这部分溢价正是导致这些企业成功，却无法反映到传统财务报表中的无形的智力资本，它们是企业价值创造的关键驱动因素。即使有一天，一场大火把微软或苹果所有的机器、设备、工作场所完全毁灭，这些由智力资本驱动的企业还是有能力在很短的时间里恢复其价值。如何在当今不断变革的过程中有效识别这些关键价值驱动因素，了解它们对企业价值创造的作用机理，如何向管理者和投资者提供现有传统财务报表无法披露的信息，成为知识经济时代企业财务管理必须迎接的挑战。

本篇比较系统地介绍了企业价值理论、特点和类型、企业价值创造的驱动因素,企业价值评估的主要方法、企业价值管理的意义和要点,阐述了智力资本的内涵和测量方法,基于企业价值创造的智力资本管理、企业智力资本报告等内容。

第 2 章

企业价值的评估与创造

【学习目标】

- 了解企业价值理论的发展脉络
- 理解并掌握企业价值及其创造的内涵
- 掌握企业价值评估的主要方法

2.1 企业价值及其创造概述

2.1.1 企业价值的概念

价值概念一直是经济学理论的原始起点和最终源泉。企业价值理论从劳动价值论、19 世纪的效用价值论和均衡价值论到内在价值理论等，经历了多种经济理论对企业价值的诠释。

企业价值的思想源于 20 世纪初艾尔文·费雪(Irving Fisher)的资本价值论。1906 年，费雪出版了《资本与收入的性质》一书，完整论述了资本与收入的关系以及价值的源泉问题，为现代企业价值理论奠定了基石。1907 年，费雪在他的另一部专著《利息率：本质、决定及其与经济现象的关系》中，分析了利息率的本质和决定因素，并且进一步研究了资本收入和资本价值的关系，初步形成了完整而系统的资本价值框架。

劳动创造价值的理论首先是威廉·配第于 1662 年在其著作《赋税论》中提出的。劳动价值理论经过亚当·斯密、大卫·李嘉图、马克思等的发展与完善，形成了现在一般意义上的劳动价值论。19 世纪初期由马克思提出的劳动价值理论，将商品的价值理解为凝结在商品上的无差别的劳动。企业的价值是由工人们在企业创建与经营过程中付出的活劳动和物化劳动所创造的，而其价值量的大小则取决于工人们在这一过程中所消耗的社会必要劳动时间。价值是交换价值的基础，交换价值是价值的表现形式。商品交换以价值为基础实行等价交换，交换价值表现为商品价格，受供求关系等因素的影响，价格围绕价值上下波动。但劳动价值论中企业价值的社会必要劳动时间是一个难以度量的变量，缺乏实际应用意义。

1958 年，著名理财学家莫迪利安尼和米勒发表了他们影响深远的、给理财学研究带来重大变革的学术论文——《资本成本、公司财务和投资理论》，对投资决策、融资决策与企业价值之间的相关性进行了深入研究。他们提出的内在价值理论体系以 MM 理论为基石,他们认为,企业价值的大小主要取决于投资决策,在均衡状态下企业的市场价值等于按与其风险程度相对应的折现率对预期收益进行折现的资本化价值。或者说,企业价值是企业未来各个时期预期现金流量按照一定利率折现后的现值之和。由此可知,企业价值来自企业未来获取收益流的能力以及企业持续经营的时间。

20世纪50年代以来,理论界对折现率的认识和计算取得了重大突破,资本市场理论、资产组合理论有了突飞猛进的发展。资本资产定价理论(CAPM)和套利定价理论(APM)揭示了金融风险和收益之间的对应关系,为人们精确估计企业资本化率扫清了一大障碍,从而使原本粗糙的现金流贴现法(DCF)日趋完善,成为人们普遍认同的主流方法。

19世纪70年代杰文斯、门格尔和瓦尔拉斯在萨伊、戈森等研究的基础上进行深化论证,提出了效用价值理论,最后经维塞尔、庞巴维克等的进一步发展,从而形成了一个完整的理论体系。该理论体系从心理学的角度出发,认为价值具有一定的主观性,消费者对于某种商品的边际效用感觉和主观价值能够决定该商品的客观交换价值。根据该理论,企业价值的大小取决于人们对该企业的边际效用主观感知,而不用社会必要劳动时间来衡量。企业为人们带来的某种边际效用越大,该公司的价值越高;否则,公司的价值越低。相对于劳动价值论,效用价值论通过一个更加现实的边际效用来作为价值估计工具,具有一定实践意义,但由于效用的强主观性,同一时间不同人之间的效用感觉可能不同,同一个人在不同的时间里的效用感觉也常发生变化。因此,效用价值观下的企业价值具有较大的不确定性,难以捉摸。

19世纪90年代,马歇尔创建了均衡价格理论,这是在融合了效用价值论、生产费用论、供求论等多种理论观点的基础上提出的。该理论认为商品的价格和价值是等同的;在完全竞争和充分就业假设为既存条件的商品市场中,当基于边际效用递减规律的需求曲线与供给曲线相交时,市场出清达到均衡,从而决定价值量大小。根据该理论,作为特殊商品的企业也可以通过企业交易市场上的供求自发调节而实现其均衡价格,并将其作为企业的价值度量。与劳动价值论、效用价值论相比,均衡价格论从市场交换的角度出发,为企业价值的估算指明了切实可行的途径。但是,该理论只考虑了企业价值在市场供求环境中的确定问题,并没有探讨企业价值内在创造机制,这意味着企业价值不能独立于交易市场而存在。

美国西北大学教授拉帕波特(Alfred Rappaport)另辟蹊径,于1986年出版了一本影响深远的著作——《创造股东价值》,将企业价值理论的研究向前推进了一步。拉氏的贡献有二:其一是创立了自由现金流量估价模型。企业自由现金流量,即经营实体自由现金流量,是指扣除税收、必要的资本性支出和营运资本增加后,能够支付给企业所有的求偿权者(债权人和股东)的现金流量。为现实中存在的企业并购价值评估提供了指路明灯,因而使企业价值及其评估理论真正在实践中得到最广泛的应用。同时也将隐藏在企业价值创造背后的驱动因素挖掘出来,那就是销售和销售增长率、销售利润、新增固定资产投资、新增营业资本以及资本成本等。其二是探索了提高企业价值的基本路径。拉帕波特将战略构造视为企业价值创造的最高原则,认为提升企业价值应从战略构造与分析入手,将战略审查与资源配合视为企业价值创造的根本源泉,进行投资组合审查与资源配置(包括并购),将绩效评估与薪酬激励视为企业价值创造的核心内容,恰当地设计绩效评估方法与薪酬方案,以便使管理者的利益与股东利益相一致,这是整个价值创造过程的核心。此外,加强与投资者的沟通也应是不可缺少的环节。企业价值管理循环路径,如图 2-1 所示。拉帕波特认为实现企业价值创造是不断变革的动态过程,体现着可持续增长的战略观。

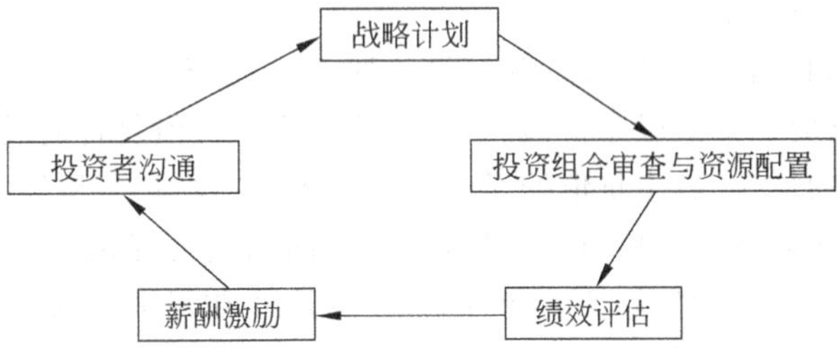

图 2-1 企业价值管理循环路径

与劳动价值理论和效用价值理论相比,内在价值理论具有较强的可操作性,与均衡价格理论相比亦摆脱了均衡价格理论均衡市场条件的局限,因而时至今日内在价值理论仍然是人们探究企业价值的最主流观点。

本书以内在价值理论为出发点,结合马歇尔的均衡价格理论和拉帕波特的自由现金流量估价模型,将企业价值定义为:企业价值是该企业预期自由现金流量以其加权平均资本成本为贴现率折现的现值。从数学函数表述上看,企业价值可简洁地表示为未来盈利能力、折现率和持续经营时间的函数,它体现了企业现实盈利能力、持续发展能力和风险程度。

2.1.2 企业价值的特点和类型

1. 企业价值的特点

与一般的商品或投资项目不同,企业价值具有如下特点:

1) 表现形式多样性

企业价值在不同条件下可以表现为账面价值、市场价值、公允市场价值、清算价值和内在价值等多种形式。

2) 存续期限的不确定性

企业价值依附于企业而存在,企业的时空运动决定了企业价值存续期限的不确定性。企业的生态性特征表现为企业具有生命周期,处于生命周期的不同阶段,企业具有不同的价值。企业价值随企业生命周期的改变而波动。企业位置的固定性和不可移动性使企业自身价值受到自然环境、交通条件、人文气氛等因素影响较大,这些因素的改变会使企业价值随之变化。比如,城市重心的转移,会使位于新开发区的企业价值大增,旧区企业价值大减,甚至萎缩为零。因此,企业价值存续期限具有高度的不确定性。

3) 外在形式的虚拟性

金融制度的变迁导致了企业价值的二元并存,即企业实体价值与虚拟价值的并存。它们分别依托于实体经济和虚拟经济而存在,实体经济是指商品市场上进行的生产、流通和消费活动以及自给自足等非商品的经济活动。企业的实体价值表现为企业在商品市场上的交换价值或资产价格(包括有形资产和无形资产)。虚拟经济是指金融市场上金融资产的形成和交易活动。企业的虚拟价值是指在金融市场上(尤指股票市场)形成的企业虚拟资产(股票)的市场价格。在实体价值与虚拟价值并存的情况下,企业的市场价值主要由虚拟价值决定。

4) 内在构成的多维性

企业是众多的利益相关者的契约联结体。股东、员工和客户是其中的主要利益相关者,所以企业的价值应主要由股东价值、员工价值和客户价值复合而成。企业财富的增长便表现为股东价值的增长、员工价值的增长和客户价值的增长。从经济学的角度观察,企业可以通过三种方式创造财富价值。首先,它可以向消费者提供产品和服务的价值高于消费者实际为它的支付,消费者以"消费者剩余"的形式获得消费收益;其次,它给员工提供机会,使之在现有岗位上创造的产出高于在其他岗位的产出,进而员工所获得的收入高于它们在其他地方的机会收益,即劳动剩余;最后,企业可以向它的投资者提供较多的利润流量,这一利润流量同样大于投资者在其他地方的机会收益,即资本剩余。

5) 智力资本的主导性

经济活动离不开资本的支持,农业时代的土地、工业时代的机器设备都是相应经济发展中的主导性要素。知识经济的到来使知识在企业发展中的重要性日益凸显,人的智力日益成为现代企业增值体系中具有基础和主导地位的核心价值。智力资本作为一种全新而重要的资本形态,至少存在于企业的三个层面:组织中的个人(人力资本)、组织本身(组织资本)和组织外的顾客(顾客资本)。著名经济学家、美国《财富》杂志的编辑托马斯·斯图尔特是智力资本理论的大力倡导者,并将智力资本概括为人力资本(human capital)、结构性资本(structural capital)和顾客资本(customer capital),简称 H—S—C 结构,智力资本的价值体现在 H—S—C 三者之中。埃德文森和沙利文则认为,智力资本是企业真正的市场价值和账面价值之间的差距,是知识企业的物质资本和非物质资本的合成。微软的市场价值最高时达到 6 000 亿美元,而账面价值仅为 450 亿美元。可口可乐、摩托罗拉等知名企业的市场价值也与其账面价值差别很大。所以智力资本是知识经济的产物,它作为一种无形资本在现代企业价值中正在或必将居于主导性地位。

6) 市场供给的垄断性

在企业产权交易市场上,企业产权的供给方主要有两类:一类是前景暗淡扭亏无望的经营者;另一类是经营产权交易业务的投资银行。企业产权的需求方则主要是处于企业扩张中的众多雄心勃勃的经营者,投资银行也经营购并业务。总体上看,企业产权交易活动的供给方在数量上远远小于需求方,呈现绝对的少数稀缺性状态。这就使在很多情况下,企业的经济供给已趋向于自然供给,缺乏一定的弹性,经济增长越快,这种趋势越明显。在稳定条件下,可以设定企业的供给是一个常数,供给曲线(S)是一条垂直于横轴的直线,如图 2-2 所示。

当企业定价变化时,企业的供给量并不可能随之增减变化。若企业定价高于均衡价格,那么在较高价格下的企业需求量会少于现有的企业供给量,从而某些企业供过于求,其价值难以实现。因此,这些供给方必须降低价格,从而企业定价恢复到均衡价格 P_0;若

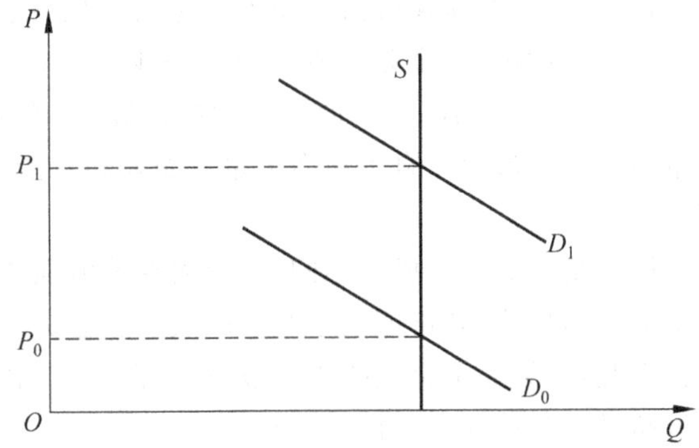

图 2-2　无弹性时的企业均衡价格

企业定价低于均衡价格，对企业的需求又会增加，而供给不变，则会使定价提高，又回到均衡价格 P_0，但如果企业需求量增加，需求曲线上升到 P_1，即在供给不变的情况下，需求增加只会引起企业定价上升。

2. 企业价值的类型

企业是市场经济的主体。一方面，企业同时扮演了投资者、生产者和消费者三种角色；另一方面，企业可以上市、部分的或整体的在市场上被交易，可以进行兼并、收购、改制、重组、破产。因此，企业本身也是一种商品，也具有价值。由于评价主体在目的、偏好、经验和判断能力方面的差异，企业价值可以从不同的角度来定义。一般可以分为以下几种类型：

1）企业账面价值

在资产负债表中，企业账面价值＝资产总额－负债总额。但由于会计逻辑本身存在的缺陷，一是资产以交易或事项发生时的历史成本计价，账面价值与现行市场价格未必一致；二是像创新能力、品牌、高素质员工和先进的管理等企业最重要的资产，由于计价上的不确定性，会计上将它们排除在表外，使企业价值无法得到准确、客观的反映。账面价值只是反映取得各种资产的历史成本，只能对企业价值做出粗略的判断。

2）市场价值

企业的市场价值＝企业股东权益的市场价值＋债务价值。其中，上市公司的股东权益的市场价值＝发行在外的普通股股数×当天的每股市场价值。

3）企业公允市场价值

企业公允市场价值是指买卖双方在完全了解有关信息的基础上，自愿地（在没有任何压力的情况下）进行交易的价格。即在公允价值计量下，资产和负债按照在公平交易中，熟悉情况的交易双方自愿进行资产交换或者债务清偿的金额计量。

与账面价值历史成本计价相比，公允市场价值与经营现状相关，体现了市场交易的公平性和可交易性，是交易双方和评估师，甚至经济管理研究学者使用较多的一个概念。

4）企业内在价值

著名理财学家 Modigliani 和 Miller 于 1958 年以 MM 理论为基石提出的内在价值理论体系，将企业内在价值定义为企业在其剩余的寿命内所产生的现金流量的折现值，也即企业价值的理论价值。换言之,企业内在价值是企业未来各个时期预期现金流量按照一定利率折现后的现值之和。由此可知,企业价值来源于企业未来获取收益流的能力以及企业持续经营的时间。20世纪80年代,美国西北大学拉帕波特、哈佛大学詹森等学者用“自由现金流量”来衡量预期现金流量。自由现金流量是企业经营活动产生的现金流量扣除资本性支出的差额。

与企业账面价值强调的是企业资产成本不同,企业内在价值强调企业的获利能力,内在价值是企业未来现金流量的现值,其价值大小并不取决于企业资产成本,而取决于企业能产生多少经济效益。因此,尽管一个企业的资产数量少,但是获利能力强,经济效益好,这个企业内在价值远远超过其各单项资产价值之和。

5) 企业清算价值

企业破产时企业价值就应是清算价值。由于假定企业不再经营,所以清算价值不考虑企业未来可能的收益。企业濒临破产时,消亡比存活更有价值,这时企业的内在价值就等于企业的清算价值。

综上所述,企业价值以内在价值为基础,在市场交易中表现为市场价值,在完全交易市场存在的情况下存在公允市场价值,清算价值是公允市场价值的特例。企业价值可以理解为:企业未来的持续获利能力,在市场上表现为公允市场价值和被市场认可的经济实力和社会影响力。它体现了企业的现实盈利能力、持续发展能力和风险程度。

2.1.3 企业价值创造及其驱动因素

企业价值创造是基于价值的追求,通过企业制度、结构和资源的优化与整合,实现的企业整体价值增量。企业价值实现是指通过与股东和外部投资者进行有效沟通,提高价值创造与股票价格之间的相关性,避免管理期望价值与市场预期价值之间的差异,使经营绩效有效地反映于资本市场的股东投资收益。

持续不断地创造价值是企业的最终目标,企业的发展能否持久取决于如何才能在当今不断变革的过程中有效识别企业价值创造的关键驱动因素,即在企业价值形成中起关键作用的源头因素。汤姆·科普兰等(2002)认为价值管理的一个重要部分是深刻理解哪些绩效变数将实际驱动企业价值。

确定企业价值的驱动因素,需要坚持以下原则:①全局性,企业价值驱动因素应该与整个组织的价值创造活动紧密结合起来,这样可以使各经营单元的管理者及全体员工都能够认识到他们的行为对全局的价值创造,根据企业的总目标主动协调他们的目标和措施。②全面性,企业价值驱动因素的确定和衡量应该使用财务与经营两方面的绩效指标。因为,财务绩效指标反映了企业的经营成果,但企业管理层无法直接影响财务比率,只有经营才能够做到,而且需要不断分析财务比率背后所反映出来的问题,不断改善经营管理。③长期性,企业价值驱动因素还应该考虑持续发展能力。企业不仅要关注当前的经营状况,更应该注重未来盈利的增长趋势和能力以及未来利润的增加,因为当前的经营状况只能表示公司过去、现在的经营成果和盈利水平,而并不能说明将来的盈利状况。

1. 财务资本

财务资本是企业各种传统财产物资的资金来源,是企业不可缺少的生产要素。财务资本的投入不仅影响着企业当前的财务绩效，而且充裕的现金流保证了战略投资规划的顺利实施，进而形成企业的核心竞争能力，提升企业未来的价值创造能力，充裕的财务资本也向外界传递出企业具有较强的抗风险能力和投资能力等正面信息，有利于提高投资者的信心。它应该包括资本结构、盈利能力及其可持续性，资产周转能力、偿债能力、现金流量等因素。通常评价企业盈利能力的核心指标是主营业务利润率、净资产收益率、总资产收益率、每股收益等；盈利可持续性的重要指标关键是净利润增长率和每股收益增长率。每股营业现金流量及经营活动净现金流比率等指标反映主要经营活动创造最核心的现金流量，是影响企业价值创造的关键因素。资本结构将对企业价值创造产生显著影响，因此如果能找到最佳资本结构，将有利于企业价值创造活动。

2. 智力资本

随着知识经济和全球经济一体化的到来，企业处于不断变化的外部环境，面临日益激烈的竞争，企业关注的重点也从传统的财务资本投资和规模扩张逐渐转向人力资本、组织资本和营销渠道获得、客户及相关利益者关系建立等方面，从根本性上改变了企业价值创造方式。国内外众多知名企业市场价值与账面价值的巨大悬殊，引起人们对其产生原因的思考：企业价值创造并不完全来自财务资本的贡献，而来自企业的创新、品牌声誉、员工素质和技能、管理系统、关系网络、流程、信息和技术等一些非财务的无形资本。

安永(Ernst & Young)会计事务所提出了基于未来的智力资本价值驱动的评估方法VCI(value creation index，VCI)。安永会计师事务所确定了重要的 9 个价值驱动因素，其对企业价值的作用机理如图 2-3 所示。

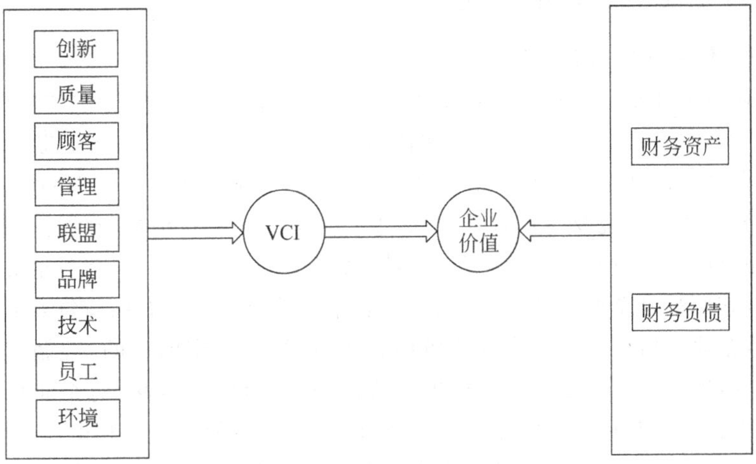

图 2-3　价值创造指数模型

综上分析，在知识经济时代和全球化背景下，对企业价值创造起决定作用的因素是智力资本和财务资本，其中智力资本是关键的企业价值驱动因素。因此，前述企业的价值创造过程可以进一步表述为“驱动因素→竞争优势→企业绩效→企业价值”的层层推进过程，企业价值是企业的当前绩效和未来持续盈利能力价值的综合体现，即竞争优势直接决定了企业绩效的好坏，进而影响了企业价值的大小，而企业的竞争优势来自企业价值关键驱动因素——智力资本和财务资本的协同作用、企业价值与其驱动因素、竞争优势、企业绩效这四者之间存在一脉相承的关系,如图 2-4 所示。

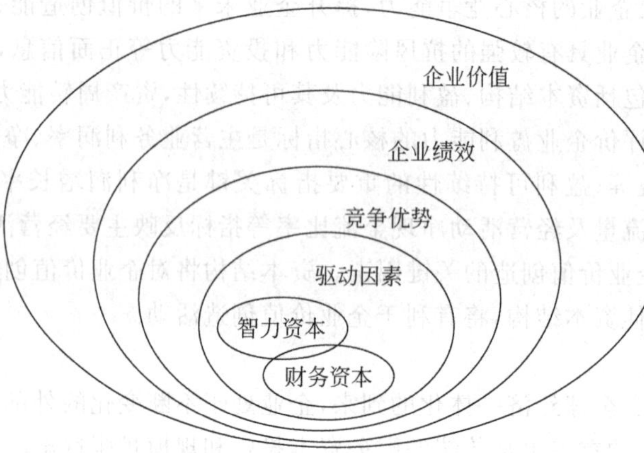

图 2-4 企业价值创造驱动因素、竞争优势、企业绩效和企业价值关系

2.2 企业价值评估

企业价值评估是现代市场经济的产物,它适应频繁发生的企业改制、公司上市、企业并购和跨国经营等经济活动的需要而产生与发展。

2.2.1 企业价值评估概述

1. 企业价值评估的概念

所谓企业价值评估(以下简称"价值评估"),国内评估界也将其称为"整体资产评估""整体企业资产评估"和"企业整体资产评估",是将一个企业作为一个有机整体,依据其拥有或占有的全部资产状况和整体获利能力,充分考虑影响企业获利能力的各种因素,结合企业所处的宏观经济环境及行业背景,对企业整体公允市场价值进行的综合性评估。

另外,还有所有者权益价值(净资产价值)和部分股权价值。不论企业价值评估的是哪一种价值,它们都是企业在特定时期、地点和条件约束下所具有的持续获利能力的市场表现。因此,企业价值评估就是由专业机构和人员,按照特定的目的,遵循客观经济规律和公正的原则,依照国家规定的法定标准和程序,运用科学的方法,对企业持续获利能力的市场表现进行评定和估算。它是一种经济评估方法,目的是分析和衡量企业(或者企业内部的一个经营单位、分支机构)的公平市场价值并提供有关信息,以帮助投资人和管理当局改善决策。

2. 企业价值评估的意义

企业价值评估的意义是帮助投资人和管理当局改善决策。它的主要作用表现在以下三个方面:

(1) 价值评估可用于投资分析。价值评估是基础分析的核心内容。投资人信奉不同的投资理念,有的人相信技术分析,有的人相信基础分析。相信基础分析的人认为企业价值与财务数据之间存在函数关系,这种关系在一定时期内是稳定的,证券价格与价值偏离经过一段时间的调整会向价值回归。他们据此原理寻找并购进被市场低估的证券或企业，以期获得高于市场平均报酬率的收益。

(2) 价值评估可以用于战略分析。战略分析是指一整套的决策和行动方式，包括刻意安排的有计划的战略和非计划的突发应变战略。战略管理是指涉及企业目标和方向、带有长期性、关系企业全局的重大决策和管理。战略管理可以分为战略分析、战略选择和战略实施。战略分析是指使用定价模型清晰地说明经营设想和发现这些设想可能创造的价值，目的是评价企业目前和今后增加股东财富的关键因素是什么。价值评估在战略分析中起核心作用。例如，收购属于战略决策，收购企业要估计目标企业的合理价格，在决定收购价格时要对合并前后的价值变动进行评估，以判断收购能否增加股东财富，以及依靠什么来增加股东财富。

(3) 价值评估可以用于以价值为基础的管理。如果把企业的目标设定为增加股东财富，而股东财富就是企业价值，那么，企业决策正确性的根本标志是能否增加企业价值。不了解一项决策对企业价值的影响，就无法对决策进行评价。从这种意义上说，价值评估是改进企业一切重大决策的手段。为了搞清楚财务决策对企业价值的影响，需要清晰描述财务决策企业战略和企业价值之间的关系。在此基础上实行以价值为基础的管理，依据价值最大化原则制订和执行经营计划，通过度量价值增加来监控经营业绩并确定相应报酬。

3. 企业价值评估的方法

企业价值评估使用的方法很多，比较常用的主要有现金流量贴现法、相对估价法、经济利润法、期权定价法等。运用这些方法进行价值评估时应注意以下问题：

价值评估是一种经济"评估"方法。"评估"一词不同于"计算"。评估是一种定量分析，但它并不是完全客观和科学的。一方面它使用许多定量分析模型，具有一定的科学性和客观性。另一方面它又使用许多主观估计的数据，带有一定的主观估计性质。评估的质量与评估人员的经验、责任心、投入的时间和精力等因素有关。价值评估既然带有主观估计的成分，其结论必然会存在一定误差，不可能绝对正确。在进行评估时，由于认识能力和成本的限制，人们不可能获得完全的信息，总要对未来做出某些假设，从而导致结论的不确定。因此，即使评估进行得非常认真，合理的误差也是不可避免的。价值评估是一种"分析"方法，要通过符合逻辑的分析来完成。好的分析来源于好的理解，好的理解建立在正确的概念框架基础之上。企业价值评估涉及大量的信息，有了合理的概念框架，可以指导评估人正确选择模型和有效地利用信息。因此，必须正确理解企业价值的有关概念。如果不能比较全面地理解价值评估原理，在一知半解的情况下随意套用模型很可能出错。

2.2.2　企业价值评估的现金流量贴现模型

1. 基本原理

贴现现金流法是评估企业投资或资产的收益(净现金流量)，从而评估企业价值的一种方法。其基本原理是：一项资产的价值应等于该资产在未来所产生的全部现金流的现值总和。贴现现金流量模型对目标企业估价的计算公式为

$$V=\sum_{t=1}^{n}\frac{CF_t}{(1+r)^t} \tag{2-1}$$

式中,V 为资产的价值;n 为资产延续的时期;CF_t 为资产在 t 时刻产生的现金流量;r 为折现率。

公式中,CF_t 表示在某一时点的现金流,如股票在某一时点的现金流就是股利,债券则是利息和本金,如是投资项目,则是税后净现金流。

根据现金流量和折现率的具体含义,可将企业价值评估的思路归结为以下两种:

(1) 将企业的价值等同于股东权益的价值,即对企业的股权资本进行估价(有些资料将这种方法称为"权益法")。

(2) 企业价值包括股东权益、债权、优先股的价值,即评估的是整个企业的价值(有些资料将这种方法称为"实体法")。相应地,不同的现金流就要对应不同的折现率,否则评估出来的企业价值就不同。

对于第一种思路,就要使用股权资本成本对各期的股权现金流进行折现。股权资本成本是持有公司股票者所要求的收益率。股权现金流是扣除公司各项费用、支付的利息和本金以及纳税后的剩余现金流。如将股权现金流界定为股利,则得到股利折现模型,它是用现金流量折现法评估权益价值的一种特殊情况。

对于第二种思路,就要使用该企业资本加权平均成本对企业预期现金流进行贴现。企业资本加权平均成本是将企业不同融资方式(如股权融资、债务融资等)的成本根据其市场价值加权平均得到的。企业预期现金流是扣除所有营业费用和息前纳税额后的剩余现金流。

2. 参数估计

在运用模型评估企业价值前,首先应准确地估计参数(如现金流和折现率),我们主要介绍的是现金流和折现率这两个参数的估计方法。

1) 现金流的估计

现金流是指一项投资或资产在未来不同时点所发生的现金流入与流出的数量,净现金流是现金流入量与现金流出量的差额。根据两种不同的评估思路,可将现金流主要分为两种:一种是股权自由现金流;另一种是企业自由现金流。正确估计现金流是合理评估企业价值的前提条件。

(1) 股权自由现金流(free cash flow for equity,FCFE)。公司股权资本投资者即股东,拥有该公司产生的全部现金流的剩余要求权,即他们拥有公司在履行了包括偿还债务在内的所有财务义务和满足了再投资需要之后的全部剩余现金流。因此,股权自由现金流就是在除去经营费用、本息支付和为保持预定现金流增长率所需的全部资本性支出之后的现金流。按此定义,我们可得到公司股权自由现金流的计算方法:

股权资本自由现金流(FCFE) = 销售收入 − 经营费用
= 净收益 + 折旧 + 摊销
= 经营性现金流 − 优先股股利 − 资本性支出
− 净营运资本追加额 − 偿还本金
+ 新发行债务收入 (2-2)

显然，FCFE 的大小与企业财务政策选择有关，即在其他条件相同时，负债率越高，属于企业股东的 FCFE 就越少。如果负债率过高，FCFE 很可能为负数。此外，FCFE 的大小还取决于企业的投资水平，即资本性支出和净营运资本的投资。

折旧和摊销（待摊的）属于非现金项目，尽管需要作为税前费用处理，但其现金流量没有在利润表中反映，也就是说，它们并没有造成相关的现金流支出。因此，正确计算现金流需要在净收益后加上折旧和摊销。

一个公司要持续健康地发展，必须将每年的盈利拿出一部分或全部作为投资，如资本性支出。如果全部都用于派发股利或偿还债务，甚至入不敷出，必将影响企业未来盈利和价值的增长。所谓资本性支出是公司用于固定资产投资的部分，取得的固定资产减去出售的固定资产就是净增加的固定资产，从而形成了资本性支出的现金流量。企业除了投资固定资产外（资本性支出），还要投资净营运资本，称为"净营运资本变动额"。公司的净营运资本等于流动资产减去流动负债，一个成长型企业的净营运资本变动额通常是正数。资本性支出和净营运资本的增加额都会形成现金流出，在估计企业股权自由现金流时必须加以考虑。

企业不仅仅通过股权来融资，还经常通过债务融资。债务融资会带来现金流入，但同时面临利息和本金的支付带来的现金流出。一个企业应尽力保持合理的融资结构，维持理想的负债比率。负债比率过低，说明企业没有很好地利用自身资源，不利于企业的成长；负债比率过高，企业将面临很高的财务风险，财务负担过重将使企业不能健康地发展。在保持企业一定现金流的前提下，企业应合理地安排其融资结构。

（2）企业自由现金流（free cash flow for firm，FCFF）。企业自由现金流是企业真正得到的税后经营性现金流的总额，用于分配给企业资本的所有供给者，包括普通股股东、优先股股东、债权人。具体地说，企业自由现金流就是在支付了经营费用和所得税后，向企业权利要求者支付现金之前的全部现金流。一般来说，其计算方法有两种。一种是把企业不同权利要求者的现金流加总在一起（表 2-1）。

表 2-1　不同权利要求者的现金流表

权利要求者	权利要求者的现金流	折现率
债权人	利息费用（1－税率）＋偿还本金－新发行债务	税后债务成本
优先股股东	优先股股利	优先股资本成本
普通股股东	股权资本自由现金流	股权资本成本
企业＝普通股股东＋优先股股东＋债权人	企业自由现金流（FCFF）＝股权资本自由现金流＋利息费用（1－税率）＋偿还本金－新发行债务＋优先股股利	资本加权平均成本

另一种方法是从利息税前收益（EBIT）开始计算，得到与第一种方法相同的结果。

$$企业自由现金流(FCFF) = EBIT(1-税率) + 折旧 - 资本性支出 - 净营运资本追加额 \tag{2-3}$$

对于第一种计算方法，在理解上需要注意的是，为了简明直观，我们所指的现金流是站在企业的角度来说的，即企业的实际现金流入流出。比如说债权人要求的现金流，直接站在债权人的角度来说,就是应偿还的本金及其利息;但如果站在企业的角度来说,考虑的是税后的现金流,而利息在税前已提。这样利息支出就存在税收优惠(税收优惠额为利息费用×税率),那么企业在支付给债权人利息时,从现金流上看实际上支付了"利息费用×(1－税率)"。本金是在税后支付,所以实际支付金额不变,再考虑新发行的债务,所以企业在债权方面的实际现金流出是:利息费用×(1－税率)＋偿还本金－新发行债务。

显然,FCFF的大小与企业的投资水平成反比,即新增投资越多(新增资本支出与追加的营运资本需求WCR之和),FCFF就越少。另外,FCFF与企业的财务政策无关,即它没有扣除债权人应得的利息和当期的到期债务本金。因此,企业自由现金流属于包括债权人在内的企业全体权利要求人。而且,企业自由现金流是企业当年创造的真正剩余,它可以用来支付利息、偿还到期本金、发放股利,或用于投资企业新的项目。

通过FCFE与FCFF的比较来加深对FCFF的理解。据两者的定义可知,FCFF是偿还债务之前的现金流,所以它不受企业负债比率的影响(但要注意,负债比率会影响企业价值,因为它会影响债务成本,从而影响资本加权平均成本);其差别在于与债务相关的现金流,如利息支出、本金偿还、新债的发行和优先股股利等,这就是它们相差的部分。用公式表示为

$$\text{FCFE} = \text{FCFF} - \text{利息费用} \times (1 - \text{税率}) - \text{本金归还} + \text{发行的新债} - \text{优先股红利} \tag{2-4}$$

2) 折现率的估计

根据两种不同的现金流相应地可将折现率分为两种:股权资本成本和资本加权平均成本。折现率是一项资产或投资的期望收益率,反映了其风险程度。

(1) 股权资本成本。所谓股权资本成本是投资者投资于公司股权时所要求的收益率,也就是公司为股权融资所付出的成本。估计股权资本成本的方法主要有股利增长模型、资本资产定价模型等几种模型。

股利增长模型估计折现率是根据计算普通股股票价格的方法转变而来的。假设一直持有的普通股未来股利按照固定的增长率进行增长,根据戈登模型有

$$r = \frac{D_1}{P_0} + g \tag{2-5}$$

式中,P_0为普通股票的现时市场价格;D_1为在第一年期望付出的股利;g为固定的股利增长率。

该模型是对股利未来增长的假设所做的简化,尽管模型本身变得可控了,但往往这些假设并不现实。因为对股利的一系列不定期观察表明股利既不是恒定不变,也不是永远按恒定比率增长,甚至有些公司根本不发放股利,或者至少在一定时期内不发放股利。因此,固定股利增长模型决定的股权资本成本只适合于一部分定期发放股利,且增长十分平稳的企业,如公用事业公司。但对于大多数企业来说,该模型决定的股权资本成本是不现实和不可信的。

与固定股利增长模型决定的股权资本成本相比,资本资产定价模型比较常用。资本资产定价模型是一种描述风险与期望收益率之间关系的模型。在这一模型中,某种证券的期望收益率就是无风险收益率加上这种证券的系统风险溢价。它的精髓就在于阐释了

期望收益率和系统风险的关系以及证券的定价。用公式表示为

$$E(R)=R_f+\beta[E(R_m)-R_f] \tag{2-6}$$

式中，$E(R)$为投资者要求的收益率；R_f 为无风险收益率；β 为资产不可分散的风险；$[E(R_m)]$为市场的期望收益率；$[E(R_m)-R_f]$为市场风险溢价。

该模型认为资产的收益率是随机变量，其变动程度是通过方差和标准差来衡量的，而$E(R)$和$E(R_m)$则表示收益率的均值。投资者所要求的收益率$E(R)$即为公司的股权资本成本。也就是说，投资者对股权投资所要求的收益率应等于市场对无风险投资所要求的收益率加上风险溢价，由此可估算出公司的股权资本成本。

使用资本资产定价模型估计股权资本成本，需要对三个因素进行估计：无风险收益率 R_f，市场风险溢价$[E(R_m)-R_f]$，资产不可分散的风险 β。

一般而言，无风险利率可采用政府短期债券的利率，或者直接用银行的存款利率，还有些研究采用我国政府发行的在上海证券交易所和深圳证券交易所上市交易的 5 年期或 10 年期国债的平均收益率。

市场风险溢价是一种相对的资产定价模型，因为它按照市场风险的补偿来表达某一具体证券的风险补偿。可以利用估算期限补偿率时所采用的平均方法来估算市场风险补偿率，其估算值等于一种代表市场的指数（如上证综合指数和深圳成本指数、沪深 300 指数等）的收益率，与无风险收益率之间的平均差别。例如，我们可以选择 1992 年到 2008 年这 17 年间上证综合指数和深圳成本指数的年均增长率（分别为 11.33% 和 11.85%），并依据两市的累计成交量（上海证券交易所和深圳证券交易所的累计成交量分别为 7 489 765.5 亿元和 1 981 194.25 亿元）作为权数，并采用截止到 2009 年 4 月 30 日我国政府发行的在上海证券交易所和深圳证券交易所上市交易 10 年期国债的平均收益率 2.31%作为无风险收益率，先计算两市加权平均的市场平均收益率为 $11.45\%=0.77\times 11.33\%+0.23\times 11.85\%$，然后计算出市场的风险溢价为 $9.14\%=11.45\%-2.31\%$。

β 可用于测量单个股票的系统风险，它表示股票的回报率对股市指数回报率变化的敏感性，可以通过查阅专门的金融机构定期公布的 β，或者使用专业的金融软件采集实时交易系统交易数据计算得出，在此不做详述。

(2) 资本加权平均成本。资本加权平均成本（weighted average cost of capital, WACC）就是企业各种资金来源的成本的加权平均值。一般来说，企业经营活动的资金来源主要有三种：债务（包括银行贷款和债券）、普通股股票（包括留存收益）和优先股。因此，我们讨论的加权资本平均成本用公式表示如下

$$\text{WACC}=W_e k_e+W_d k_d+W_{ps} k_{ps} \tag{2-7}$$

式中，WACC 为资本加权平均成本；W_e 为股权资本市场价值在总资产市价中所占的比例；W_d 为债务市场在总资产市价中所占的比例；W_{ps} 为优先股的市场价值在总资产市价中所占的比例；k_e 为股权资本成本；k_d 为税后债务成本；k_{ps} 为优先股成本。

在估算资本加权平均成本时应注意：以上公式是基于公司的股票和债券公开交易的情况，而当公司股票、债券不公开交易时，可以以股权和债券的账面价值代替它们的市场价值，同时也要注意资产的账面价值能否反映资产的真实价值。

3. 股权贴现现金流估价模型

1) 股利折现模型

在对股权资本进行评估时,应对股权现金流不同的界定有不同的模型。如果以股票的股利作为股权资本唯一的现金流,就是股利折现模型。该模型假设未来的股利增长模式是可以预计的,还假设事先确定了折现率。根据该模型,股权价值等于企业未来预期所支付的各期现金股利的现值之和。用以下公式表示以每股权益为例,其当前价值 P_0 为

$$P_0 = \sum_{t=1}^{\infty} \frac{D_t}{(1+r)^t} \tag{2-8}$$

式中,P_0 为普通股现值,D_t 为每股预期股利,r 为股票的折现率。

显然,在已知当前股利支付水平的条件下,估值结果取决于对 D_t 未来变化的预期,即对未来增长模式的假设,不同的模式对应于不同的估值模型。

(1) 稳定增长模型。稳定增长模型即所谓的戈登模型,它是一种最简单也是最常用的股利定价模型。假设企业已经处于稳定增长阶段,未来的 D_t 预期将以稳定增长率 g 递增,即

$$D_t = D_{t-1}(1+g) = D_0(1+g)^t \tag{2-9}$$

则股利折现模型公式可以简化为

$$P_0 = \frac{D_1}{(r-g)} \tag{2-10}$$

也就是说,企业当前每股权益的价值与其下期预期的每股股利 D_1 和稳定增长率 g 成正比,与股东预期收益率 r 成反比。

以下两个条件是运用稳定增长股利定价模型的前提:第一,企业已处于稳定增长状态,或者其过去几年的平均增长率比较稳定。第二,企业有比较稳定的股利政策。

例如,假设某企业处于稳定增长阶段,近 5 年股利政策比较稳定。该企业当年实现的 EPS 为 3 元,每股股利为 2 元,估计的稳定增长率 g 为 6%,权益资本成本为 12%。于是,根据式(2-6),该企业每股权益的价值估计是

$$P = 2 \times (1+0.06)/(0.12-0.06) = 35.33 \text{ 元}$$

(2) 其他可能的模型。如果企业目前尚未进入稳定增长期,则有以下几种模型可供选择,它们之间的主要差别在于对企业从高速增长期过渡到稳定增长期的时间长短及其进入模式的假设有所不同,图 2-5 给出了这些模型的示意图。

第一,H 模型。H 模型假设企业的高速增长期已经结束,并正在以一个固定的速率递减。预期在 2H 时间后实现稳定增长。

第二,二阶段模型。二阶段模型假设在未来的一段时间内,企业仍然将以一个较高的增长率增长;当这段时间结束后,支持高速增长的因素将不复存在,企业因此将进入稳定增长期。显然,这一模型最大的不足在于它无法解释支持企业高速增长的因素为什么会突然消失,从而使较高的增长一下子回落到稳定增长。

第三,三阶段模型,它是对上述 H 模型和二阶段模型的综合,即结合了这两个模型的优点。该模型假设在未来的一段时间内,企业仍然将以一个较高的增长率增长,这一假设与二阶段模型假设的前半部分是一致的。但与其另外一部分假设不同的是,当高速增长

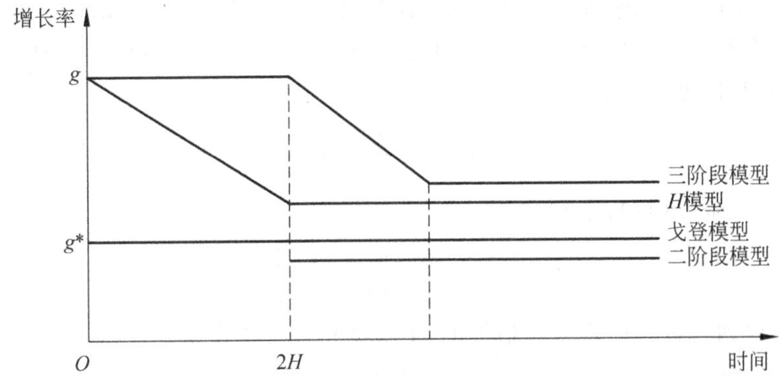

图 2-5　股利增长模式

期结束后，企业并不是突然从高增长回落到稳定的低增长，而是存在一个过渡期，这显然是吸收了 H 模型有关假设的合理性。在经过一段时间的增长率递减后，企业最终将进入稳定增长期。

以二阶段模型为例，假设高速增长期将从当前持续到未来第 n 期，则每股权益价值为

$$P_0=\sum_{t=1}^{n}\frac{D_t}{(1+r_n)^t}+\frac{D_{n+1}}{r_{n+1}-g} \tag{2-11}$$

在选择不同增长模型时要注意以下两个事实：

第一，贴现率的变化。随着增长的放缓，特别是当企业进入稳定增长期后，其风险特征将发生显著的变化。因此，稳定增长期所对应的贴现率应当低于高速增长期所对应的贴现率。

第二，每股股利的变化。在高速增长期，企业股利支付水平一般较低。但是，随着预期增长率的下降，股利支付水平将不断提高。

运用股利定价模型对企业权益价值进行估计时，需要注意以下几个问题：

第一，如果企业不支付股利或支付较低的股利，则该模型得到的结果将存在很大的偏差。

第二，股利定价模型仅以现金红利作为定价的基础，没有考虑企业内外部其他可能影响股票价格的因素，如市场因素、宏观经济因素等。

第三，与市场价格相比，运用股利定价模型得到的企业权益估值一般会偏低，可能的原因之一是企业无形资产的价值无法在该模型中体现出来。

2）股权自由现金流折现模型

股利只是股权现金流的一种特殊情况。如果考虑企业一般的股权自由现金流的情况，用股权自由现金流取代模型中的股利，就可以得到股权自由现金流折现模型的一般形式，即每股权益估价 P_0 为

$$P_0=\sum_{t=1}^{\infty}\frac{\mathrm{FCFE}_t}{(1+r)^t} \tag{2-12}$$

其中，FCFE 为每股股权自由现金流，而所用的贴现率为权益资本成本。

同样，对该公式的求解取决于对每股股权自由现金流未来增长模式的不同假设，即不

同的假设对应不同的模型,而可供选择的增长模式如前所述,包括稳定增长模型、H 模型、二阶段模型和三阶段模型。例如,如果假设 FCFE 以稳定的增长率 g 递增,则有类似于稳定增长股利模型公式的结果,即

$$P_0 = \frac{\mathrm{FCFE}_1}{(r-g)} \tag{2-13}$$

如果采用二阶段模型,则有

$$P_0 = \sum_{t=1}^{n} \frac{\mathrm{FCFE}_t}{(1+r)^t} + \frac{\mathrm{FCFE}_{n+1}}{r_{n+1}-g} \tag{2-14}$$

同样,可得到权益自由现金流估值的 H 模型和三阶段模型。

在选择不同权益自由现金流增长模式时,要注意预期增长率与 FCFE 估算和贴现率的匹配问题。

首先是预期增长率与 FCFE 估算的匹配。不同的增长率对应于不同的资本性支出、营运资本需求和财务杠杆,因而会影响权益自由现金流的大小。一般来说,高成长性的企业有相对较高的资本性支出、营运资本需求。而且,由于面对较高的风险,高成长性的企业也一般不采用太高的财务杠杆进行融资。当增长率放慢以后,资本性支出和营运资本需求将维持在一个较低的水平,负债比率则会提高。在估计 FCFE 时,应当注意到这一规律。

其次是预期增长率与贴现率的匹配。不同的增长率对应于不同的风险水平,因而影响权益资本成本。因此,当企业进入稳定增长期后,相应的贴现率也应适当下调,以反映风险特征的改变。

最后,我们将权益自由现金流折现模型与股利折现模型做一比较。如前所述,股权自由现金流与股利是不相同的,所以,由股权自由现金流折现模型得到的结果往往不同于股利折现模型的结果。例如,如果每股 FCFE 高于每股股利,则由股权自由现金流折现模型得到的估值结果就会大于股利折现模型,而这种情况是相当普遍的。

对上述现象的一种解释是,由股利定价模型得到的每股股权估值只反映了少数股权价值,即它只体现了股东实际得到的现金红利的价值,股权自由现金流定价与股利定价的差异则反映了控制股权的部分价值,即控制股利政策的价值。例如,企业可以通过低股利政策积累大量现金,然后用于收购其他企业以获得外部的增长,或者用于满足控股股东自己的利益。

4. 企业自由现金流估值模型

企业自由现金流折现模型评价企业价值的方法是:用资本加权平均成本折现整个企业自由现金流 FCFF,从而得出企业的整体价值。与股利折现模型和 FCFE 折现模型一样,此模型也是建立在关于企业未来增长的假设基础上。

1) FCFF 稳定增长模型

当企业以某一固定的增长率增长时,可以使用稳定增长的 FCFF 模型进行评估。其基本公式为

$$企业价值 = \frac{\mathrm{FCFF}_1}{\mathrm{WACC}-g} \tag{2-15}$$

式中，$FCFF_1$ 为预期下一年的 FCFF，WACC 为加权平均资本成本，g 为 FCFF 的永久增长率。

2）阶段性 FCFF 模型

如果企业的增长呈阶段性特征，即在第一阶段的 n 年里，企业高速增长（增长率为 g），于 n 年后达到稳定状态（稳定增长率为 g_n），那么此企业的价值可以表示为

$$\begin{aligned}企业价值 &= \sum_{t=1}^{n} \frac{FCFF_1}{(1+WACC)^t} + \frac{FCFF_{n+1}/(WACC-g_n)^n}{(1+WACC)^n} \\ &= \sum_{t=1}^{n} \frac{FCFF_0(1+g)^t}{(1+WACC)^t} + \frac{FCFF_{n+1}/(WACC-g_n)^n}{(1+WACC)^n} \end{aligned} \tag{2-16}$$

式中，$FCFF_t$ 为第 t 年预期的企业自由现金流，$FCFF_0$ 为期初企业自由现金流，$FCFF_{n+1}$ 为第 $n+1$ 年年末的企业自由现金流，WACC 为企业的资本加权平均成本，g 为前 n 年的超常增长率，g_n 为 n 年后的稳定增长率。

由于企业自由现金流 FCFF 是企业偿还债务之前的现金流，并不受企业负债比率变化的影响，因此，用 FCFF 折现模型可以评估那些财务杠杆比率比较高或财务杠杆比率容易发生变化的企业。而股权自由现金流 FCFF 将债务的变化考虑进去，因此，FCFF 容易受财务杠杆比率影响，用它来评估财务杠杆比率容易发生变化的企业会比较困难。同理，如果企业负债比率比较高，企业必须承担较重的债务负担，那么 FCFF 很可能会出现负值，而用 FCFF 评估就不会出现这样的情况。

5. 现金流量贴现模型的主要特征

现金流量贴现模型主要具有以下特征：

（1）引入自由现金流量，克服了传统利润指标的缺陷。首先，利润是可以被操纵的，或者被称为盈余管理。而自由现金流量认为只有在其持续的、主要的或核心的业务中产生的营业利润才是保证企业可持续发展的源泉，而所有因非正常经营活动所产生的非经常性收益（利得）是不计入自由现金流量的。其次，在人们日益崇尚“现金至尊”的理财环境下，人们对现金流的关注程度要远远大于传统的利润指标。贴现现金流量模型中应用自由现金流量，使得对企业的价值计量更具客观性。

（2）以持续经营假设为基础，着眼于未来。严格地讲，每种企业价值计量方法都有其适用的特定情况，现金流量贴现模型也不例外。一般来说，该模型主要应用于如下两种情况：一是在企业并购活动中，买卖双方对目标企业价值的评价，并作为确定并购价格的基础；二是指管理当局对其所在企业价值的计量，并据此做出科学、合理的管理决策，促进企业价值最大化目标的实现。但无论是企业并购还是管理层预期，现金流量贴现模型都以企业持续经营为假设基础，着眼于企业未来的长期发展。在未来持续经营期间，增加自由现金流量便会提高企业价值；减少自由现金流量便会降低企业价值。企业未来自由现金流量的多少成为影响企业价值的重要因素。

（3）体现了与理财目标的适应性。现金流量贴现模型中，作为贴现对象的自由现金流量可以为股权自由现金流量，也可以为企业自由现金流量，主要视理财目标而定。如果理财目标为股东财富最大化，企业价值表现为股东财富，则应选取股权自由现金流量；如果理财目标为企业价值最大化，则应选取企业自由现金流量。

(4) 体现了企业权威机制。一般来说,为了有效地配置资源,提高企业效率水平,增加整个社会财富,存在三种机制:市场价格机制主要通过价格压力促使社会各类经济活动健康运行。如果企业生产的产品或提供的劳务质次价高,市场就会抛弃它,消费者转而消费其他企业的产品和服务,企业所控制的资源就会发生转移。政府权威机制发源于凯恩斯的经济思想,他认为,在市场失效状态下,必须依靠政府权威来干预经济活动,保证经济的有序化运行。企业价值计量中的现金流量贴现模型更多地体现了资源配置过程中的企业权威机制。企业权威机制实质上是一种人的机制,或者说是一种以人为基础的治理结构的机制。管理者作为企业的实际控制者具体进行企业价值计量,在计量过程中,管理者不仅要考虑企业经营的内外部因素,还应考虑对企业价值的预期。企业以预期为蓝图或目标,对资源进行配置。

(5) 遵循配比原则。贴现率的选用一直是贴现现金流量模型应用中受到较大争议的一个因素。比如在企业并购中,贴现率应选用谁的资本成本,是买方企业的还是卖方企业的,在选定其一后,是选用企业的个别资本成本还是加权平均资本成本。但如果能够遵循配比原则,这些争议便会得到合理解决。作为分子的被贴现对象与作为分母的贴现率在性质上应相匹配。如果被贴现对象是股权自由现金流量,则贴现率应选用股权资本成本;如果被贴现对象是企业自由现金流量,则贴现率应选用企业的加权平均资本成本。不合理的匹配将导致对企业价值的错误计量。

自由现金流量与贴现率之间应遵循风险与收益对等原则。如果企业未来持续经营期间的自由现金流量所隐含的风险较大,就应当采用较高的贴现率对其贴现,如果采用较低的贴现率,便会高估企业价值;反之,如果企业未来持续经营期间的自由现金流量所隐含的风险较小,就应当用较低的贴现率对其贴现,如果采用高的贴现率,便会低估企业价值。

自由现金流量与贴现率应遵循在时间上配比的原则。比如,在企业并购中,不仅买方企业要对目标企业价值进行评价,卖方企业为了在并购谈判中取得一个对己有利的并购价格,也要对其自身进行价值评价。对于并购中的卖方而言,要考虑的是继续拥有目标企业并使之独立运行所带来的价值与买方出价哪一个对己更有利。因此,在估计目标企业价值时,应采用目标企业独立的自由现金流量,而不必考虑并购协同效应所产生的增量现金流量。相应地,根据配比原则,贴现率应体现目标企业独立运行条件下的风险,因此,应选择目标企业独立运行条件下的加权平均资本成本作为贴现率。以此贴现率为基础计算的目标企业的计量价值减去目标企业的债务价值后,即为卖方出让目标企业可接受的最低理论价格(目标企业现有债务将由卖方承担)。

对并购中的买方而言,在对目标企业进行价值的评价时,所选用的自由现金流量应是并购产生的总的增量现金流量,其中,不仅包括目标企业在独立运行条件下所产生的自由现金流量,还包括并购协同效应带来的增量现金流量。同样地,根据配比原则,贴现率应体现并购后的企业未来经营的风险性,因此,应选择并购后企业的加权平均资本成本作为贴现率。由此得出的计量价值减去其现有的债务价值,即为卖方在承担目标企业现有债务的前提下,愿意支付的最高理论价格。

2.2.3 企业价值评估的相对估价法

在企业价值评估中常用的相对估价法是市盈率法、市净率法和收入乘数法三种。

1. 市盈率法

运用市盈率估价的模型如下

$$\text{目标企业每股价值} = \text{可比企业平均市盈率} \times \text{目标企业的每股净利润} \tag{2-17}$$

该模型假设股票市价是每股净利的一定倍数。每股净利越大，则股票价值越大。同类企业有类似的市盈率，所以目标企业的股权价值可以用每股净利乘以可比企业的平均市盈率计算。

为什么平均市盈率可以作为计算股价的乘数呢？影响市盈率高低的基本因素有哪些？

当公司的收益维持稳定的增长率增长时，可以利用股利固定增长率增长模型（Gordon 模型），得到稳定增长公司的股权资本价值

$$P_0 = \frac{D_1}{r-g} \tag{2-18}$$

式中：P_0 为股权资本价值；D_1 为下一年预期的每股股利。

因为 $D_1 = \text{EPS}_0 \times b \times (1+g)$，$b$ 为股利支付比率，所以股权资本的价值可以写成

$$P_0 = \frac{\text{EPS}_0 \times b \times (1+g)}{r-g} \tag{2-19}$$

等式两边同除以 EPS_0 后得到市盈率 PE 的表达式如下

$$\text{PE} = \frac{P_0}{\text{EPS}_0} = \frac{b \times (1+g)}{r-g} \tag{2-20}$$

上式是根据当期市价和同期净利计算出来的市盈率，称为本期市盈率，简称市盈率；如果用下一期的预期收益表示市盈率（也称为动态市盈率 PE_1），则公式简化为

$$\text{PE}_1 = \frac{P_0}{\text{EPS}_1} = \frac{b}{r-g} \tag{2-21}$$

由上面这些推导可以得出结论：市盈率的驱动因素是企业的增长潜力、股利支付率和风险（股权资本成本）。对于稳定增长的公司来说，其市盈率是股利支付比率和增长率的增函数，是公司风险程度的减函数。这三个因素类似的企业，才会具有类似的市盈率。可比企业实际上应当是这三个比率类似的企业，同业企业不一定都具有这种类似性。这里要特别指出的是：上述由公司基本因素推导出来的市盈率是一种理论的市盈率，当股票市场的交易价格与假设前提下所计算出来的理论价值相符时，两个市盈率会大致相当；当股票市场的交易价格高于或低于真实价值时，可以把根据基本因素计算出来的市盈率与实际市盈率相比较，从而判断该公司股票价格是否被市场高估或者低估。

【例 2-1】 甲公司 2010 年的每股净利是 0.5 元，分配股利 0.35 元/股，预计该公司长期的净利润增长率和股利增长率都是 6%，当前的 β 值为 0.75。政府长期债券利率为 7%，股票的风险附加率为 5.5%。问该公司的本期净利市盈率和预期净利市盈率各是多少？

乙公司是与甲公司类似的企业，2010 年的每股净利为 1 元，根据甲公司的数据，用市

盈率法对乙公司进行估价。若乙公司预期 2011 年的每股净利是 1.06 元,其股票价值又是多少?

解:

$$甲公司的股权资本成本\ r = 无风险利率 + \beta \times 风险附加率$$
$$= 7\% + 0.75 \times 5.5\% = 11.125\%$$

$$甲公司本期市盈率 = \frac{b \times (1+g)}{r-g} = \frac{70\% \times (1+6\%)}{11.125\% - 6\%}$$
$$= 14.48$$

$$甲公司预期市盈率 = \frac{b}{r-g} = \frac{70\%}{1.125\% - 6\%} = 13.66$$

$$乙公司的股票价值 = 目标企业本期每股净利 \times 可比企业本期市盈率$$
$$= 1 \times 14.48 = 14.48(元/股)$$

$$乙公司的股票价值 = 目标企业预期每股净利 \times 可比企业预期市盈率$$
$$= 1.06 \times 13.66 = 14.48(元/股)$$

市盈率模型的优点:首先,计算市盈率的数据容易取得,并且计算简单;其次,市盈率把价格和收益联系起来,直观地反映投入和产出的关系;最后,市盈率涵盖了风险补偿率、增长率、股利支付率的影响,具有很高的综合性。

市盈率模型的局限性有如下方面:

第一,参考市盈率的确定比较困难。行业平均市盈率通常是来自证券机构或刊物中提供的同行业股票过去若干年的平均市盈率,而行业平均市盈率未必能代表某企业特定的市盈率水平。而且,经济周期的变化也会影响行业平均市盈率的水平。

第二,每股盈利的计算存在被人为操纵的可能。一个企业的会计政策是否稳健直接影响每股盈利的计算,会计准则制定的滞后、形式的处理缺乏可比性和一致性等因素,都会对每股盈利的计算造成负面影响。而且,企业的管理层可能迫于市场压力采用"创造性会计"来粉饰企业经营业绩,直接影响每股盈利的计算精度。因此,在运用市盈率法时,要特别关注被估企业 EPS 的质量,它表现为可持续性、可预见性和转化为现金的能力。

第三,在市场发育的不同阶段,市盈率标准不能采用"一刀切"的形式。在欧美成熟的资本市场上,5~20 倍的市盈率水平是正常的,但这仅仅是针对一般行业而言的,纳斯达克市场上高新技术企业的市盈率曾经达到过 100 倍以上。而我国的证券市场属于新兴市场,其市盈率高于成熟市场可能也是正常的。

第四,市盈率除了受企业本身基本面的影响以外,还受到整个经济景气程度的影响,在整个经济繁荣时,市盈率上升,整个经济衰退时市盈率下降。如果目标企业的 β 为 1,则评估价值正确反映了对未来的预期;如果目标企业的 β 显著大于 1,经济繁荣时评估价值被夸大,经济衰退时评估价值被缩小;如果目标企业的 β 显著小于 1,经济繁荣时评估价值偏低,经济衰退时评估价值偏高。如果是一个周期性的企业,则企业价值可能被歪曲。因此,市盈率模型最适合连续盈利,并且 β 值接近于 1 的企业。

第五,当企业每股盈利为负时,市盈率就失去了意义。

2. 市净率法

市净率(PB)等于普通股每股市价除以每股净资产账面价值或者公司的权益价值除

以公司净资产的账面价值。

这种方法假设股权价值是净资产的函数，类似企业有相同的市净率，净资产越大则股权价值越大。因此，股权价值是净资产的一定倍数，目标企业的价值可以用每股净资产乘以平均市盈率计算。

$$目标企业每股股权价值 = 可比企业平均市净率 \times 目标企业净资产 \tag{2-22}$$

由上式可以看出，PB 与净资产收益率、股利支付率和增长率之间为正相关关系，而与企业的风险程度呈负相关关系。因此，市净率指标也充分反映了企业权益价值的三个主要因素，即收益、增长和风险。

【例 2-2】 某商业银行准备上市，预计上市后每股收益为 0.24 元，每股净资产为 1.65 元。根据测算，国内 10 家已上市股份制商业银行当前的平均市盈率和市净率分别为 20.20 和 2.52。试对该银行每股股权价值进行相对估价。

解：① 根据市盈率法，$PE=0.24\times 20.20\approx 4.85$(元/股)

② 根据市净率法，$PB=1.65\times 2.52\approx 4.16$(元/股)

两者相差不大。

【例 2-3】 某汽车制造公司 2016 年年底的每股收益为 0.06 元，每股净资产为 1.92 元，平均市价为 6.03 元，同业规模相当的 6 家同业上市公司的平均市盈率为 30.23，平均市净率为 2.89。试对该汽车制造公司的每股股权价值进行相对估价。

解：① 根据市盈率法，$PE=0.06\times 30.23\approx 1.81$(元/股)

② 根据市净率法，$PB=1.92\times 2.89\approx 5.55$(元/股)

由以上计算可知，市净率的评价更接近实际价格。因为汽车制造业是一个需要大量资产的行业，合理选择模型的种类对于正确估价是很重要的。

采用市净率作为相对估价的基础具有以下优点：

第一，净利为负值的企业不能用市盈率进行估价，而市净率除了很少一部分企业为负值没有意义以外，一般可用于大多数企业。

第二，净资产账面价值的数据容易取得，并且比较直观，易于理解。

第三，净资产账面价值相对比较稳定，也不像利润那样容易被人操纵，可以作为与市场价值比较的重要依据。

第四，在同一行业中，PB 值应当具有一定的可比性。因此，由 PB 的差异可以发现价值低估或高估的企业。

当然，市净率法也存在自己的缺陷。例如，权益的账面价值容易受到折旧政策和其他会计政策的影响，如果企业采用不同的会计方法，则比较就失去了基础。又如，对于无形资产或知识密集型的企业来讲，运用市净率法可能会严重低估企业权益的价值。最后，如果企业权益账面价值已经是负数，市净率法也就无法使用了。

因此，这种方法主要适用于需要大量资产、净资产为正值的企业。

3. 收入乘数法

收入乘数(PS)也即销售额乘数，该乘数反映的是公司的价值与其销售额之间存在的数量关系。这种方法假设影响企业价值的关键变量是销售收入，企业价值是销售收入的函数，销售收入越大则企业价值越大。收入乘数既可以用于估算公司的价值，也可以用于估算权益价值。实际上,收入乘数常常被用来评估那些目前尚未获得盈利的公司的价值。

收入乘数 = 股权市价 / 销售收入 = 每股市价 / 每股销售收入 (2-23)

目标企业股权价值 = 可比企业平均收入乘数 × 目标企业销售收入 (2-24)

收入乘数虽然是一个粗略的计量方法,但是却具有许多突出的优点,其主要表现在以下方面:

第一,它不会出现负值,对于亏损企业和资不抵债的企业,也可以计算出一个有意义的价值乘数。

第二,不容易被管理层操纵,而且收入受存货、摊销、异常费用等事项会计政策差异的影响不太大。因此,收入乘数可用于行业和地区不同的企业之间进行横向比较。

第三,收入乘数受非经营的影响比收益或现金流量要小得多,因此,各期收入乘数的变化比较平稳、可靠。因此,和其他估价指标相比,收入乘数可以更准确地反映公司价值的长期发展趋势,是一种更为可靠的估价方法。

第四,企业改变定价策略、提高竞争力或执行战略决策常常会直接对收入总额产生影响,收入乘数对这些变化比较敏感,可以在很大程度上反映企业的发展趋势。

收入乘数估价模型的局限性在于:不能反映成本的变化,而成本是影响企业现金流量和价值的重要因素之一。

【例 2-4】 某公司 2016 年的每股收益为 0.90 元,每股股利为 0.50 元,公司当年实现的销售收入为 85 亿元,公司股本为 15.5 亿股,公司预计长期的年增长率为 6%,公司股票的 β 值为 1.25,该时期国债利率为 3%,假设市场平均报酬率为 12%。试按收入乘数估计该公司的价值。

解:公司的股利支付率 $b=0.5/0.9=55.56\%$

股权资本成本 $r=3\%+1.25\times(12\%-3\%)=14.25\%$

每股销售收入=85/15.5=5.48(元/股)

公司的销售净利率 PMS=EPS/每股销售收入=0.90/5.48=16.42%

$$\text{PS}_0=\frac{\text{PMS}\times b\times(1+g)}{r-g}=\frac{16.42\%+55.56\%\times(1+6\%)}{14.25\%-6\%}=11.72$$

根据这个比率得出该公司股权价值=1.172×5.48=6.423(元)。

2.2.4 企业价值评估的经济利润法

以经济利润为基础的价值评估认为,公司价值等于投资资本额加上相当于未来每年创造超额收益的现值,即

企业价值 = 投资资本 + 预计创造超额收益现值 (2-25)

企业未来每年创造的超额收益,实质上反映了企业未来的非正常收益或超额利润。在经济学中通常将这种非正常收益定义为经济利润,而后来人们在以价值为基础的管理中又将其定义为附加经济价值(或 EVA)。

经济利润或附加经济价值 = 息前税后利润 − 资本费用 (2-26)

以经济利润为基础的评估方法优于现金流量贴现法之处在于,经济利润可以了解公司在单一时期内所创造的价值。经济利润等于投资资本回报率与资本成本之差乘以投资

资本,因此经济利润将价值驱动因素、投资资本回报率和增长率转化为一个数字(增长率最终关系到投资资本数额或公司规模)。

这里的资本费用是指全部资本成本,不仅仅是债务利息。经济利润的方法说明公司价值是投资资本和预计经济利润的现值之和。只有当公司利润多于或少于加权平均的资本成本时,公司价值才多于或少于其投资成本。它与现金流量法的区别就是,折现的是预计的经济利润而不是现金流量。

以经济利润为基础的价值评估的步骤包括如下四个方面:

1. 经济利润预测

经济利润实质上是一种超额利润,根据其内涵,经济利润可用以下公式计算

$$经济利润 = 息前税后营业利润 - 全部资本费用 \tag{2-27}$$

或者,

$$经济利润 = 息前税后营业利润 - (投资资本 \times 加权平均的资本成本) \tag{2-28}$$

或者,

$$经济利润 = 投资资本 \times (投资资本回报率 - 加权平均资本成本) \tag{2-29}$$

其中,息前税后营业利润=净利润+税后利息费用

全部资本费用=期初投资资本×加权平均资本成本

投资资本=所有者权益+有息负债

上述计算是站在企业角度,考虑全部投资资本所计算的经济利润。如果站在企业所有者角度考虑,经济利润或超额利润是归属企业所有者的,则经济利润可用以下公式计算

$$经济利润 = 税后利润 - 股权资本费用 \tag{2-30}$$

或者,

$$经济利润 = 税后利润 - (所有者权益 \times 股权资本成本) \tag{2-31}$$

或者,

$$经济利润 = 所有者权益 \times (净资产收益率 - 股权资本成本) \tag{2-32}$$

以经济利润为基础的价值评估方法的关键在于经济利润预测。如果明确预测期较长,预测经济利润可直接运用公式,逐年预测。如果考虑有明确预测期的经济利润和明确预测期以后经济利润预测两个阶段,则前者可逐年采用公式测算,后者可采用简化公式确定明确预测期后经济利润现值总额。确定方法可参照公式,只不过将现金流量改为经济利润,即

$$连续价值 = \frac{明确预测期后第一年经济利润正常水平}{资本的加权平均成本 - 经济利润预期增长率恒值} \tag{2-33}$$

2. 经济利润折现

经济利润现值计算的一般公式是

$$经济利润现值 = \sum_{t=1}^{n} \frac{经济利润}{(1 + 折现率)^t} \tag{2-34}$$

应当注意,由于经济利润是一种超额利润,是归企业所有者所有,因此,经济利润现值应反映对股东价值的增值,从这点考虑,折现率应采用股权资本成本,而不应是加权平均资本成本。另外,这一公式主要用于有明确预测期的经济利润折现,对于明确预测期以后

经济利润折现,可直接用以下公式

$$明确预测期后第一年经济利润正常水平 = \frac{连续价值}{(1+折现率)^n} \quad (2\text{-}35)$$

式中,n 为有明确预测期的最后一年。

3. 投资资本的确定

企业价值评估中的投资资本是指预测初期的投资资本。由于投资资本于预测期期初,因此,投资资本本身价值或账面价值与其现值相同,通常可用于投资资本的账面价值直接作为以经济利润为基础的价值评估法中企业价值的组成部分。

4. 企业价值确定

在上述三个步骤基础上,运用以下公式可确定企业价值:

$$企业价值 = 投资资本 + 明确预测期经济利润现值 + 明确预测期后经济利润现值 \quad (2\text{-}36)$$

【例 2-5】 D 公司的相关资料和经济利润估价如表 2-2 所示。

表 2-2 D 公司的经济利润估价

年份	基期	2011	2012	2013	2014	2015	2016
息前税后营业利润/万元		41.395 2	45.534 7	49.177 5	52.128 1	54.734 6	57.471 3
投资资本(年初)/万元	320.000	358.400 0	394.240 0	425.779 2	451.326 0	473.892 2	
投资资本回报率/%		12.936 0	12.705 0	12.474 0	12.243 0	12.127 5	12.127 5
加权资本回报率/%		12.000 0	12.000 0	12.000 0	12.000 0	12.000 0	12.000 0
差额/%		0.936 0	0.705 0	0.474 0	0.243 0	0.127 5	0.127 5
经济利润/%		2.995 200	2.526 720	1.868 698	1.034 643	0.575 441	0.604 213
折现系数(12%)		0.892 857	0.797 194	0.711 780	0.635 518	0.567 427	
预测期经济利润现值	7.002 7	2.674 3	2.014 3	1.330 1	0.657 5	0.326 5	
后续期价值	4.897 8					8.631 6	
期初投资资本	320.000 0						
现值合计	331.900 5						

① 预测期经济利润的计算

以 D 公司 2011 年的数据为例:

经济利润=(期初投资资本回报率−加权平均资本成本)×期初投资资本

=(12.936 0%−12%)×320

=0.936 0%×320

=2.995 2(万元)

或者：

$$
\begin{aligned}
\text{经济利润} &= \text{息前税后营业利润}-\text{期初投资资本}\times\text{加权平均资本成本}\\
&= 41.395\,2-320\times 12\%\\
&= 41.395\,2-38.4\\
&= 2.995\,2(\text{万元})
\end{aligned}
$$

② 后续期价值的计算

D 公司在 2016 年进入永续增长的稳定状态，该年经济利润为 0.604 213 万元，以后每年递增 5%。

$$
\begin{aligned}
\text{后续期经济利润终值} &= \text{后续期第一年经济利润}/(\text{资本成本}-\text{增长率})\\
&= 0.604\,213/(12\%-5\%)\\
&= 8.631\,6(\text{万元})
\end{aligned}
$$

$$
\begin{aligned}
\text{后续期经济利润现值} &= \text{后续期经济利润终值}\times\text{折现系数}\\
&= 8.631\,6\times 0.567\,427\\
&= 4.897\,8(\text{万元})
\end{aligned}
$$

③ 期初投资资本的计算

期初投资资本是指评估基准时间的企业价值。估计期初投资资本价值时，可供选择的方案有三个：账面价值、重置价值或可变现价值。

举例采用的是账面价值。这样做的原因不仅仅是简单，而在于它可靠地反映了投入的成本，符合经济利润的概念。

不采用重置价值的原因主要是资产将被继续使用，而不是真的需要重置。此外，企业使用中的资产缺乏有效的公平市场，其重置价值估计有很大主观性。

可变现价值在理论上是一个值得重视的选择。不过，有两个原因妨碍了这种方法的实际应用。首先，如果使用市价计量投资资本，为保持计量的一致性，结果必然是将每年的持产收益（存量资产升值）计入当年的经济利润。

然而，预计未来每年存量资产的市价变动是很难操作的。存量资产一般没有公平交易的市场，预计的可靠性难以评估；事实上多数资产的变现价值低于账面价值，在账面价值已经提取过减值准备的情况下，使用账面价值不会导致重要的失真。当然，如果通货膨胀严重，资产的可变现价值超过账面价值很多，并且能够可靠估计可变现价值的时候，也可以采用变现价值。

D 公司期初投资资本账面价值是 320 万元，以此作为投资资本。

④ 企业总价值的计算

企业的总价值为期初投资资本、预测期经济利润现值、后续期经济利润现值的合计。

$$
\begin{aligned}
\text{企业总价值} &= \text{期初投资资本}+\text{预测期经济利润现值}+\text{后续期经济利润现值}\\
&= 320+7.002\,7+4.897\,8\\
&= 331.900\,5(\text{万元})
\end{aligned}
$$

如果假设前提一致，这个数值应与折现现金流量法的评估结果相同。

2.2.5 企业价值评估的实物期权法

1. black-scholes 期权定价模型

传统的资产估价方法是折现现金流法,即其原理用一句话概括为:任何资产的价值都是其预期未来现金流量的现值。然而,期权等金融衍生工具出现以后,折现现金流量法受到了极大的挑战。问题在于期权的必要报酬率非常不稳定,期权的风险依赖于标的资产的市场价格,而市场价格是随机变动的,期权投资报酬率也随之不断变动。因此,当人们试图用折现现金流量法估计期权价值时,发现找不到一个适当的折现率。传统估价方法没能解决期权的定价问题,人们开始考虑建立新的模型,以解决期权定价问题。

1973 年 black-scholes 期权定价模型被提出,人们终于找到了使用的期权定价方法。此后期权市场和整个衍生金融工具交易飞速发展。常用的期权定价模型有著名的 black-scholes 定价模型和二叉树定价模型,还有动态规划法或有权要求法、Monte Carlo 模拟法、决策树法等方法。期权定价的原理是通过构造与目标期权收益相同的资产组合,计算该资产组合价值的方式确定期权的价值。本书仅简要介绍 black-scholes 定价模型。

由于该模型极具实用性,被期权交易者广泛使用,实际的期权价格与模型计算得到的价格非常接近。因此,该模型对理财学具有广泛的影响,是近代理财学不可缺少的内容。

black-scholes 期权定价模型基于以下假设:

(1) 在期权寿命期内,买方期权标的股票不发放股利,也不做其他分配。

(2) 股票或期权的买卖没有交易成本。

(3) 短期的无风险利率是已知的,并且在期权寿命期内保持不变。

(4) 任何证券购买者能以短期的无风险利率借得任何数量的资金。

(5) 允许卖空,卖空者将立即得到所卖空股票当天价格的资金。

(6) 看涨期权只能在到期日执行。

(7) 所有证券交易都是连续发生的,股票价格随机游走。

black-scholes 期权定价模型包括如下三个公式:

$$C_0 = S_0[N(d_1)] - Xe^{-r_c t}[N(d_2)]$$

或

$$= S_0[N(d_1)] - \mathrm{PV}(X)[N(d_2)] \tag{2-37}$$

$$d_1 = \frac{\ln(S_0/X) + t[r_c + (\sigma^2/2)]}{\sigma\sqrt{t}}$$

或

$$= \frac{\ln(S_0/\mathrm{PV}(X))}{\sigma\sqrt{t}} + \frac{\sigma\sqrt{t}}{2} \tag{2-38}$$

$$d_2 = d_1 - \sigma\sqrt{t} \tag{2-39}$$

式中,C_0为看涨期权的当前价值;S_0为标的股票的当前价格;$N(d)$为标准正态分布的累积概率;X 为期权的执行价格;e≈2.7183;r_c为无风险利率;t 为期权到期日前的时间(年);e^{rt}为连续复利的终值系数;$\ln(S_0/X)$为 S_0/X 的自然对数;σ^2 为股票回报率的方差。

2. 实物期权的概念和决策意义

作为现代投资和管理者,没有人怀疑增长和机会的价值。折现模型以及 EVA 等估价方法都包含对增长价值的认可,然而如何评估机会的价值却是悬而未决的问题。实物期权(real option)是以期权概念定义的实物资产的选择权,由金融期权演变而来,指企业进行长期投资决策时拥有的、能根据在决策时尚不确定的因素改变行为的权利,属于广义期权的范畴。换言之,就是将期权的观念和方法应用在实物资产上,特别是应用在企业投资决策分析和估价领域上。

传统投资决策分析方法,如常见的贴现现金流法(DCF)的根本缺陷在于,它假设在面对一项投资机会或项目时,管理者必须立即做出选择,而且这种选择只有一次。从现代决策理论的观点来看,这是一种最简单的决策过程,其决策点只有一个,即项目的起始时刻。与此相对应的决策分析方法只有在一种情况下是可行的,即分析者已经掌握了与项目决策有关的所有信息,能够准确估计或预期项目在生命期内各年所产生的净现金流量,并且能够确定相应的贴现率或风险调整贴现率,项目之间、项目与企业战略管理之间不存在关联效应,无法根据投资内外部环境发生预期以外的变化而调整等。

实物期权与传统的项目投资评价方法最大的差别在于实物期权理论非常重视柔性决策的价值问题,把管理柔性(managerial flexibility)作为评估投资决策时的一个重要因素。所谓"管理柔性",用在资本预算及投资决策上,是指管理者在面临未来市场情况的不确定性下,有权利而且有能力根据不同的状况,随时修正投资项目,根据情况的发展改变当初既定的营运策略,以追求投资项目的最大利润。

3. 常见的实物期权

当一个企业决定开展一个投资项目时,由于市场情况不明朗,因此管理者掌握投资的时机,其有权利选择是否立刻进行投资,或者等待市场明朗化之后延迟至适当时机投资,这就是延迟期权(defer option);投资开始后发现市场不景气时,管理者发现投资项目达不到预期效果,此时可以选择缩减生产规模或者暂时中止此项投资,此为改变营运规模期权(option to alter operating scale);如果市场状况趋好,消费者需求增加,则可以选择扩大投资规模的策略以适应市场变化,此为扩张期权(expand option);如果市场状况相当恶化,投资项目的实施将带来巨大损失,则可以选择放弃投资,此为放弃期权(abandon option);最后,管理者面对多变的市场亦可灵活地采取改变生产的投入与产出方式互相转移使用,以符合消费者的需求,此为转换期权(switch option)。

本书主要讨论三种常见的实物期权:扩张期权、时机选择期权和放弃期权。

1) 扩张期权

公司的扩张期权包括许多种具体类型。例如,采矿公司投资于采矿权以获得开发或者不开发的选择权,尽管目前它还不值得开采,但是产品价格升高后它却可以大量盈利;再如,房屋开发商要投资于土地,经常是建立土地的储备,以后根据市场状况决定新项目的规模;再如,医药公司要控制药品专利,不一定马上投产,而是根据市场需求推出新药;再如,制造业小规模推出新产品,抢先占领市场,以后视市场的反应再决定是否扩充规模。如果他们今天不投资,就会失去未来扩张的选择权。

【例 2-6】 某软件公司决定开发一款新软件。考虑到市场的成长需要一定时间,该项目分两期进行。第一期 2010 年投产,投资成本为 1 000 万元;第二期 2014 年投产,投资成本为 2 000 万元,预期各年的现金流量如表 2-3 和表 2-4。市场的无风险报酬率为 10%,公司既定的最低报酬率为 20%;计算机行业风险很大,未来现金流量不确定,可比公司的股票价格标准差σ为35%,可以作为项目现金流量的标准差。以上两期的项目评估均采用传统的折现现金流量法,不考虑期权。公司将在第一期项目投产后,根据市场发展的状况再决定是否上马第二期的项目。

表 2-3 新软件项目第一期计划 万元

时间(年末)	2010	2011	2012	2013	2014	2015
税后经营现金流量		200	300	400	400	400
折现率(20%)		0.833 33	0.694 4	0.578 7	0.482 3	0.401 9
各年经营现金流量现值		166.67	208.33	231.48	192.90	160.75
经营现金流量现值合计	960.13					
投资	1 000					
净现值	−39.87					

表 2-4 新软件项目第二期计划 万元

时间(年末)	2010	2013	2014	2015	2016	2017	2018
税后经营现金流量			800	800	800	800	800
折现率(20%)			0.833 3	0.694 4	0.578 7	0.482 3	0.401 9
各年经营现金流量现值	1 384.54	2 392.49					
投资(10%)	1 502.63	2 000.00					
净现值	−118.09						

计算结果反映,没有达到公司20%的既定最低报酬率,其净现值分别为−39.87万元和−118.09万元。

下面按实物期权方法来计算项目的投资价值:

(1) 假设第二期项目的决策必须在2013年年底决定,即这是一项到期时间t为3年的期权。

(2) 第二期项目的投资额为2 000万元(2013年年底的数额),为第一期项目的2倍,如果折算(以10%作为折现率)到2000年为1 502.63万元。它是期权的执行价格X。

(3) 预计未来经营现金流量的现值2 392.49万元(2013年年底数额),折算到2010年年底为1 384.54万元。这是期权标的资产的当前价格S_0。

(4) 如果经营现金流量超过投资,就选择执行(实施第二期项目计划);如果投资超过现金流量流入,就选择放弃。因此,这是一个看涨期权问题。

(5) 采用B-S期权定价模型,计算结果如下:

$$d_1=\frac{\ln[S_0/PV(X)]}{\sigma\sqrt{t}}+\frac{\sigma\sqrt{t}}{2}=\frac{\ln(1\ 384.54/1\ 502.63)}{0.35\times\sqrt{3}}+\frac{0.35\times\sqrt{3}}{2}$$

$$=\frac{\ln 0.921\ 4}{0.606\ 2}+\frac{0.606\ 2}{2}=\frac{-0.081\ 8}{0.606\ 2}+\frac{0.606\ 2}{2}$$

$= -0.1349 + 0.3031 = 0.1682$

$d_2 = d_1 - \sigma \times \sqrt{3} = 0.1682 - 0.6062 = -0.438$

$N(d_1) = 0.5667$

$N(d_2) = 0.3307$

$C = S_0 N(d_1) - PV(X) N(d_2) = 1384.54 \times 0.5667 - 1502.63 \times 0.3307$

$= 784.62 - 496.91 = 287.71$(万元)

这里有三个问题需要说明：

a. 第一期项目不考虑期权的价值是－39.8 万元，它可以视为取得第二期开发选择权的成本。投资第一期项目使公司有了是否开发第二期项目的扩张期权，该扩张期权的价值是 287.71 万元。考虑期权的第一期项目净现值为 247.84 万元(287.71－39.87)。因此投资第一期项目是有利的。

b. 因为项目的风险很大，计算净现值时经营现金流量使用 20%作为折现率。第二期投资 2 010 万元折现到零时点，使用 10%作为折现率，因为它是确定的现金流量，2011—2013 年中并未投入风险项目。

c. 根据 d 求 $N(d)$ 的数值时，可以查“正态分布下的累积概率[$N(d)$]表”。由于表格的数据是不连续的，有时需要使用插补法计算更准确的数值。当 d 为负值时，如 $d_2 = -0.438$，按其绝对值 0.438 查表，0.43 对应的 $N=0.6664$，0.44 对应的 $N=0.6700$，使用插补法得出 $(0.6700-0.6664)\times 0.8+0.6664=0.6693$，$N=1-0.6693=0.33070$。

2）时机选择期权

从时间选择来看，任何投资项目都具有期权的性质。如果一个项目在时间上不能延迟，只能立即投资或者永远放弃，那么它就是马上到期的看涨期权。如果一个项目在时间上可以延迟，那么它就是未到期的看涨期权。项目具有正的净现值，并不意味着立即开始(执行)总是最佳的，也许等一等更好。对于前景不明朗的项目，大多值得观望，看一看未来是更好，还是更差。

【例 2-7】 某公司拟投产一个新产品，预计投资需要 1 000 万元，每年现金流量为 105 万元。如果新产品受顾客欢迎，预计现金流量为 131.25 万元；如果不受欢迎，预计现金流量为 84 万元。市场的无风险利率为 5%，项目的风险收益率为 10% 。

不考虑期权的情况：

$$净现值(NPV) = 105/10\% - 1000 = 50(万元)$$

由于未来现金流量具有较大的不确定性，应当考虑期权的影响。下面采用二叉树方法进行分析。

1. 构造现金流量和项目价值二叉树

项目价值 = 永续现金流量 / 折现率

上行项目价值 = 131.25/10% = 1 312.5(万元)

下行项目价值 = 84/10% = 840(万元)

执行价格 X = 投资成本 = 1 000(万元)

2. 期权价值二叉树

1) 确定1年末期权价值

	$t=1$ 时未来价格	期权价值
	$S_u = u \times S_0 = 1\ 312.5$	312.5
$t=0$ 1 000		
	$S_d = d \times S_0 = 840$	0

现金流量上行时期权价值=项目价值-执行价格=1 312.5-1 000=312.5(万元)

流量下行时项目价值为840万元,低于投资额1 000万元,应当放弃,期权价值为零。

2) 根据风险中性原理计算上行概率

报酬率 =(本年现金流量 + 期末价值)/ 年初投资 - 1

上行报酬率 = (131.25 + 1 312.5)/1 000 - 1 = 44.38%

下行报酬率 = (84 + 840)/1 000 - 1 = -7.6%

无风险利率 = 5% = 上行概率 × 44.38% + (1 - 上行概率) × (-7.6%)

上行概率 = 0.242 4

3) 计算期权价值

期权到期日价值 = 0.242 4 × 312.5 + (1 - 0.242 4) × 0 = 75.75(万元)

期权现值 = 75.75/105 = 72.14(万元)

以上计算结果,用二叉树表示如表2-5所示。

表2-5 投资成本为1 000万元的期权价值

万元

时间	0	1
现金流量二叉树	105	131.25
		84
项目价值二叉树	1 050	1 312.5
		840
期权价值二叉树	72.14	312.5
		0

4) 判断是否应延迟投资

如果立即进行该项目,可以得到净现值50万元,相当于立即执行期权。如果等待,期权的价值为72.14万元,大于立即执行的收益(50万元),因此应当等待。

也可以这样理解:等待将失去50万元,却持有了价值为72.14万元的选择权,因此等待是明智的。

等待不一定总是有利。如果本项目的投资成本为950万元,情况就会发生变化。期权的价值为48.82万元(见表2-6所示),而立即执行的价值为100万元,这种情况下就应立即进行该项目,无须等待。

期权价值=(362.5×0.141 4+0×0.858 6)/1.05=48.82(万元)

表 2-6　投资成本为 950 万元的期权价值　　万元

时　　间	0	1	备　　注
现金流量二叉树	105	131.25	
		84	
项目价值二叉树	1 050	1 312.5	
		840	
净现值二叉树	100	362.5	
		−110	
投资报酬率		51.973 7%	=(131.25+1 312.5)/950−1
		−2.736 8%	=(84+840)/950−1
无风险利率		5%	
上行概率		0.141 4	=(5%+2.7368)/(51.973 7%+2.736 8%)
下行概率		0.858 6	=1−上行概率
期权价值二叉树	48.82	362.5	
		0	

3）放弃期权

放弃期权是指在项目执行一段时间后，实际产生的现金流量远低于预期，投资人就会考虑提前放弃该项目的权利，其标的资产价值是项目的继续经营价值，而执行价格为项目的清算价值。只有当继续经营价值大于资产的清算价值时，项目才能够继续；否则，投资者会选择终止该项目。这里的清算价值包括残值的变现收入，也包括有关资产的重组和价值的重新发掘等。

【例 2-8】　某公司拟开发一个玉石矿，预计需要技术资金 1 100 万元；矿山的产量每年约 29 吨，并可以较长时间维持不变；该种玉石的价格目前为每吨 10 万元，预计每年上涨 11%，但是很不稳定，其标准差为 35%，因此，销售收入应当采用含有风险的必要报酬率 10%做折现率。营业的固定成本每年 100 万元。为简便起见，忽略其他成本和税收问题，由于固定成本比较稳定，可以使用无风险报酬率 5%做折现率。

1～5 年后矿山的残值分别为 530 万元、500 万元、400 万元、300 万元和 200 万元。

放弃期权的分析程序如下：

1. 计算项目的净现值

实物期权分析的第一步是计算标的资产的价值，也就是未考虑期权的项目价值。用折现现金流量法计算的净现值为−43 万元(表 2-7)。

如果不考虑期权，这时项目净现值为负值，是个不可取的项目。

表 2-7 项目的净现值 万元

时间(年末)	0	1	2	3	4	5
收入增长率(%)		11	11	11	11	11
预期收入		322	357	397	440	489
含风险的折现率(1%)		0.909 1	0.826 4	0.751 3	0.683 0	0.620 9
各年收入现值		292.64	295.30	297.98	300.69	303.42
收入现值合计	1 490					
固定成本支出		−100	−100	−100	−100	−100
无风险的折现率(5%)		0.952 4	0.907 0	0.863 8	0.822 7	0.783 5
各年固定成本现值		−95	−91	−86	−82	−78
固定成本现值合计	−433					
投资	−1 100					
净现值	−43					

2. 构造二叉树

(1) 确定上行乘数和下行乘数。由于玉石价格的标准差为 35%,所以

$$u = e^{\sigma\sqrt{t}} = e^{0.35\times\sqrt{1}} = 1.419\ 1$$

$$d = 1/u = 1/1.419\ 1 = 0.704\ 7$$

(2) 构造销售收入二叉树。按照计划产量和当前价格计算,销售收入为

$$销售收入 = 29 \times 10 = 290(万元)$$

不过,目前还没有开发,明年才可能有销售收入:

$$第\ 1\ 年的上行收入 = 290 \times 1.419\ 1 = 411.53(万元)$$

$$第\ 1\ 年的下行收入 = 290 \times 0.704\ 7 = 204.36(万元)$$

以下各年的二叉树依此类推。

(3) 构造营业现金流量二叉树。由于固定成本为每年 100 万元,销售收入二叉树各节点减去 100 万元,可以得出营业现金流量二叉树。

(4) 确定上行概率和下行概率。

期望收益率 = 上行百分比 × 上行概率 + 下行百分比 × (1 − 上行概率)

5% = (1.419 1 − 1) × 上行概率 + (1 − 0.704 7) × (1 − 上行概率)

上行概率 = 0.483 373

下行概率 = 1 − 上行概率 = 1 − 0.483 373 = 0.516 627

(5) 确定未调整的项目价值。首先,确定第 5 年各节点未经调整的项价值。由于项目在 5 年末终止,无论哪一条路径,最终的清算价值均为 200 万元。然后,确定第 4 年年末的项目价值,顺序为先上后下。最上边的节点价值取决于第 5 年的上行现金流量和下行现金流量。它们又都包括第 5 年的营业现金流和第 5 年末的残值。

第 4 年年末的项目价值

＝[p×(第 5 年上行营业现金＋第 5 年期末价值)＋(1－p)×第五年下行营业现金＋第 5 年期末价值]/(1＋r)

＝[0.483 373×(1 569＋200)＋0.516 627×(729＋200)]/(1＋5%)

＝1 271.25(万元)

其他各节点依此类推。

(6) 确定调整的项目价值。各个路径第 5 年的期末价值，均为 200 万元，不必调整，填入"调整后项目价值"二叉树相应节点。第 4 年各节点由上而下进行，检查项目价值是否低于同期清算价值(300 万元)。该年第 4 个节点，数额为 239.25 万元，低于清算价值 300 万元，清算比继续经营更有利，因此该项目应放弃，将清算价值填入"调整后项目价值"二叉树相应节点。此时相应的销售收入为 144.01 万元。需要调整的还有第 4 年最下边的节点 166.75 万元，用清算价值 300 万元取代；第 3 年最下方的节点 198.43 万元，用清算价值 400 万元取代；第 2 年最下方节点 332.47 万元，用清算价值 500 万元取代。

完成以上 4 个节点的调整后，重新计算各节点的项目价值。计算的顺序仍然是从后向前，从上到下，依次进行，并将结果填入相应的位置。最后，得出 0 时点的项目现值为 1 221 万元，如表 2-8 所示。

表 2-8　放弃期权的二叉树　　万元

时间(年末)	0	1	2	3	4	5
销售收入	290.00	411.53	583.99	828.72	1 176.01	1 668.83
		204.36	290.00	411.53	583.90	828.72
			144.01	204.36	290.00	411.53
				101.48	144.01	204.36
					71.51	101.48
						50.39
营业现金流量＝收入－固定资本	190.00	311.53	483.99	728.72	1 076.01	1 568.83
		104.36	190.00	311.53	483.99	728.72
			44.01	104.36	190.00	311.53
				1.48	44.01	104.36
					−28.49	1.48
						−49.61
期望收益	5%					
上行百分比(u−1)	41.906 8%					
下行百分比(d−1)	−29.531 2%					
上行概率	0.483 373					

续表

时间(年末)	0	1	2	3	4	5
下行概率	0.516 627					
未修正项目价值＝[p×(后期上行营业现金＋后期期末价值)＋下行概率×(后期营业现金＋后期期末价值)×(1－p)]/(1＋r),从后向前倒推	1 173.76	1 456.06	1 652.41	1 652.90	1 271.25	200.0
		627.38	770.44	818.52	679.23	200.0
			332.47	404.18	385.24	200.0
				198.43	239.25	200.0
					166.75	200.0
						200.0
固定资产余值(清算价值)	560	530	500	400	300	200
修正项目现值(清算价值大于经营价值时,用清算价值取代经营价值,并重新从后向前倒推)	1 221	1 463.30	1 652.41	1 652.90	1 271.25	200.00
		716.58	785.15	818.52	679.23	200.0
			500.00	434.08	385.24	200.0
				400.00	300.00	200.0
					300.00	200.0
						200.0

3. 确定最佳放弃策略

由于项目考虑期权的现值为 1 221 万元,投资为 1 100 万元,所以

调整后 NPV ＝ 1 221 － 1 100 ＝ 121(万元)

未调整 NPV ＝－ 43(万元)

期权的价值 ＝ 调整后 NPV － 未调整 NPV ＝ 121 －(－ 43) ＝ 164(万元)

因此,公司应当进行该项目。但是,如果价格下行使得销售收入低于 144.01 万元时(清算价值大于继续经营价值)应放弃该项目,进行清算。

那么,公司是否应当立即投资该项目呢?不一定,还需进行时间选择期权的分析。

4. 实物期权定价法在高科技企业价值评估中的应用

由于高科技企业面临的市场、技术和组织等方面的不确定性远远高于一般产业,收入和盈利成长模式也有别于一般行业,使高科技企业的市场价值存在较大的不确定性,传统的折现现金流量法通常不能正确反映高科技企业的价值。

实物期权估值方法的基本思路是把企业视为若干项实物期权的组合,企业的价值等于现有资产现金流量的现值加上各种实物期权的价值,企业估值问题变为实物期权定价问题。因此,利用实物期权方法对高科技企业估值,我们可以将高科技企业的价值划分为现有资产价值和期权价值两个部分,分别进行估值。前者可以运用一般的资产估值方法进行估值,后者则利用实物期权思想对高科技企业拥有的投资机会和期权进行识别,再用期权方法进行估值,两者之和即为企业价值。因此,高科技企业价值应等于已有资产的现

值与未来投资机会(增长机会)的现值之和。用公式表示为

$$V_{\mathrm{T}} = V_{\mathrm{a}} + V_{\mathrm{c}} \tag{2-40}$$

式中：V_{T} 为企业总价值；V_{a} 为按贴现现金流法计算的企业价值；V_{c} 为增长期权的价值，由 Black-Scholes 公式进行计算。

在此模型中，企业已有资产的价值(V_a)可以利用基于 WACC 的 DCF 方法来估算，

$$V_{\mathrm{a}} = \sum_{t=1}^{\infty} \frac{\mathrm{FCFF}_t}{(1+\mathrm{WACC})^t} \tag{2-41}$$

式中：FCFF_t 为$(1-T)\mathrm{EBIT}_t$ 是 t 时刻预期的企业自由现金；T 为所得税率；EBIT_t 为企业息税前收益(earnings before interest and taxes)；WACC 为企业的加权平均资本成本。

【例 2-9】 对某高科技公司进行估值。为计算方便，考虑 5 年预测期，调查分析表明预测期内企业的现金流量分别为 300 万元、400 万元、340 万元、380 万元、190 万元，预测期末企业残值为4 300 万元，经风险调整的资本成本率为 20%。同时，该企业持有一项在第 3 年年末进行投资的增长期权，投资额为 2 400 万元，企业若在第 3 年年末执行期权，投资以后各年度的现金流量分别为 500 万元、1 200 万元、800 万元、950 万元、450 万元。无风险利率 $r=5\%$，资产收益波动率$\sigma=35\%$。

我们根据案例中提供的数据对该公司进行估值，计算结果为：

1. 计算现金流贴现值

$$\begin{aligned}V_{\mathrm{a}} &= \sum_{t=1}^{5} \frac{\mathrm{FCFF}_t}{(1+\mathrm{WACC})^t} + \frac{P_5}{(1+\mathrm{WACC})^5} \\ &= \frac{300}{(1-20\%)^1} + \frac{400}{(1+20\%)^2} + \frac{340}{(1+20\%)^3} + \frac{380}{(1+20\%)^4} + \\ &\quad \frac{190}{(1+20\%)^5} + \frac{4\ 300}{(1+20\%)^5} \\ &= 2\ 712.22(\text{万元})\end{aligned}$$

2. 计算企业持有的增长期权价值

由案例中数据，将执行该增长期权后各年的现金流折现到预测期初，加总后的价值为 1 361.08 万元，计算如下

$$\begin{aligned}S &= \left\{\frac{500}{(1+20\%)} + \frac{1\ 200}{(1+20\%)^2} + \frac{800}{(1+20\%)^3} + \frac{950}{(1+20\%)^4} + \frac{450}{(1+20\%)^5}\right\} / \\ &\quad (1+20\%)^3 = 1\ 361.08(\text{万元})\end{aligned}$$

因此有 $S=1\ 361.08$ 万元，$X=2\ 400$ 万元，$\sigma=35\%$，$t=3$ 年，$r=5\%$，代入期权定价公式，得到

$$d_1 = 0.385\ 08,\quad N(d_1) = 0.350\ 2;$$

$$d_2 = 0.991\ 29,\quad N(d_2) = 0.160\ 8;$$

$$V_{\mathrm{c}} = S \cdot N(d_1) - \mathrm{X}e^{-rt} N(d_2) = 144.49(\text{万元})$$

考虑了增长期权的企业总价值为

$$V_{\mathrm{T}} = V_{\mathrm{a}} + V_{\mathrm{c}} = 2\ 712.22 + 144.49 = 2\ 856.71(\text{万元})$$

【本章思考题】

1. 如何理解企业价值的概念?

2. 企业价值有哪些特点?

3. 一个企业的内在价值、账面价值、市场价值、市场公允价值和清算价值之间的区别和联系是什么?

4. 如何理解企业价值增长、企业价值实现和企业价值创造的内涵?

5. 企业价值的驱动因素有哪些?它们对企业价值创造的作用是怎样的?

6. 企业价值评估有哪些方法?

【案 例 分 析】

从"抢婚戏"中读懂的潜台词

男主角:卡夫食品有限公司(Kraft Foods Inc. 以下简称卡夫)

卡夫成立于1852年,是美国最大的食品和饮料企业,世界第二大食品公司,北美最大的食品生产商,主要生产咖啡、糖果、奶类制品等。卡夫在超过70个国家开展业务,其产品全球150个国家有售。卡夫于1982年及1984年分别进入中国台湾和中国大陆市场,旗下拥有众多知名食品品牌,包括太平、奥利奥、趣多多、乐之、鬼脸嘟嘟、菓珍、麦斯威尔、Singles、菲力、Toberone、Planters、可口、卡夫奇妙酱和欧斯麦。

女主角:吉百利(Cadbury Schweppes)

吉百利史威士股份有限公司是一家国际性公司,集团公司总部位于英国伦敦,主要生产、推广、分销糖果(巧克力、糖制糖果、口香糖等)及饮料产品。集团公司总部设在英国伦敦,目前全球雇员有55 000名,产品遍布全球200多个国家。吉百利公司是全球第二大糖果公司,第二大口香糖公司,第三大软饮料公司,也是唯一一家同时拥有巧克力、糖果及口香糖产品的公司。吉百利主要生产吉百利巧克力、怡口莲太妃糖、天宝粒粒糖、魄力口香糖、荷氏系列及维果C系列。

兼并背景:随着经济衰退的局势受到控制,卡夫本应走上发展的坦途。然而即使消费者更多选择在家吃饭、配料价格也有所下降,卡夫公司仍被迫下调产品价格,与一些自主品牌展开竞争。2009年,公司的目标是销售额增长4%,利润率至少增长7%。然而2009年的前3个季度,公司销售额却下滑了6%,净收入也下跌14.6%。卡夫的股票(于2001年以每股31美元的价格上市)曾跌到21美元的低点,后在29美元左右徘徊。后来公司又引入新产品,如涂有菲力奶油乳酪的硬面包圈Bagel-fuls,虽大受欢迎,却也未能为公司扭转局势。随着经济形势趋向好转,CEO罗森菲尔德开始考虑企业转型的途径。与卡夫建立了合作关系的奥美环球广告公司董事长夏兰泽表示:"她想捕捉人们对卡夫公司发展未来的想象。"罗森菲尔德开始研究收购吉百利的可行性。

剧情:美国食品巨头卡夫食品2009年9月7日公布了以现金加股票方式,出价是每股 7.45 英镑，包括 3 英镑的现金外加 0.2589 股卡夫食品新股收购吉百利的方案。卡夫表示，卡夫与吉百利的产品有很强互补性，吉百利的强项在糖果和口香糖方面，分别占有全球市场的 10.3%和 28.4%左右。这两大市场，卡夫分别占有 4.5%和 0.1%。迎娶吉百利将帮助自己成为“全球零食和糖果巨擘”，并扩大该公司在全球的业务触角，占据近 15%的市场份额。吉百利面对美国食品集团卡夫 102 亿英镑（约合 167.3 亿美元）的聘礼，这家英国最知名的巧克力和糖果集团当即表示拒绝。吉百利说“no”是鉴于其品牌在世界各地的号召力，他们认为这一要约“从根本上低估了”它的价值，收购价格低到可笑。一位熟悉吉百利的人士表示：“它是一块宝石，它的全球影响力令人艳羡。”

大结局：2010 年 1 月 19 日，卡夫同意以每股 8.4 英镑，收购价包括 5 英镑现金及 0.1874 股卡夫新股换取 1 股吉百利股票总价值约 117 亿英镑（197 亿美元）收购吉百利，至此卡夫并购吉百利一案长达 4 个月的拉锯战终于画上句号。其间，卡夫频频示好，但屡遭拒绝。同时向吉百利送上“橄榄枝”的企业不在少数，雀巢、好时、费列罗都曾是“绯闻”竞购者。比如，好时就曾宣布拟以 170 亿美元收购吉百利。在一番热烈的追捧之下，吉百利如待字闺中的名媛，身价节节攀升，预测竞购价格直指 210 亿美元，卡夫此时果断出手，以童话般的完美结局谢幕。2010 年 3 月 8 日以后吉百利下市，联姻后的新公司将在全球范围内拥有 40 多个糖果品牌，这样的规模足以和玛氏-箭牌分庭抗礼，从此卡夫将打造全球最大的糕点糖果帝国。收购方案演变过程与吉百利 2006—2008 年资产负债表参见表 2-9 和表 2-10。

表 2-9　收购方案演变过程

项　目	第一次报价/英镑 (2 009.9)	正式收购要约，维持原报价/(英镑) (2 009.11.9)	最后协议价/(英镑) (2 010.1.19)
现金	41 亿	41 亿	70 亿
股票	61 亿	57 亿(股价下跌)	49 亿
总额	102 亿	98 亿	119 亿
每股价格	7.45	7.17	8.4
现金比例	40%	40%	近 60%
吉百利市值	77.6 亿	104 亿	119 亿
溢价	31%	34%	53%

表 2-10　吉百利 2006—2008 年资产负债表　美元

年份 项目	2006	2007	2008
货币资金	526.8	984.02	363.3
应收账款余额	2 392.2	2 471.4	1 594.9
存货	1 425	1 639	1 110.1
其他流动资产	346.6	95.8	745.4

续表

项目 \ 年份	2006	2007	2008
流动资产总计	4 691.8	5 190.4	3 813.6
固定资产	3 258.4	3 801	2 548.7
其他非流动资产	12 088	1 364.27	6 511.4
资产总计	20 038.3	22 634	12 873.7
流动负债			
应付账款	3 109.6	3 395.7	
短期借款	2 860.9	5 256.4	1 722.3
其他流动负债	644.2	658.8	3 181.2
流动负债总计	6 614.8	9 210.9	4 903.5
长期借款	3 609	2 257.8	1 817.8
其他非流动负债	2 577	2 834.7	1 055.1
负债总计	12 800.8	1 433.5	7 776.3
优先股股东权益			
普通股股东权益	7 221.8	8 308.6	5 097.4
所有者权益总计	7 221.8	8 308.6	5 097.4
股东和所有者权益总计	20 038.3	22 634	12 873.7

注：并购期间 1 英镑＝100 便士＝1.6 美元。

影评："绝对值。"中国食品商务研究院研究员朱丹蓬这样评价这一交易。吉百利糖果的品牌价值和公司实力很受行业认可，谁拥有了吉百利，谁就拥有了在糖果市场的话语权。而且双方合并后在税收、成本方面能节省 6 亿多美元。从营销渠道来看，也能够达到协同效应，这是双赢的结局。收购吉百利，对于卡夫而言，已经在咖啡、饮料、乳品和饼干方面处于领先地位，但公司糖果的产品线一直处于空白状态。通过兼并吉百利突破卡夫发展瓶颈是一条投入最少、收益最大、见效最快的扩张途经。卡夫不用花费精力去塑造知名品牌、编织销售网络，收购吉百利轻而易举就能成为全球糖果业的老大。而对吉百利而言，其巧克力品牌名扬全球，却受公司规模限制遭遇发展瓶颈，竞争对手玛氏 2008 年完成对箭牌糖果的收购后，其巧克力的市场份额达到 14.5%，一举超过了吉百利成为全球第一。吉百利明白，"单打独斗再也不行了"。而且，尽管吉百利全球市场做得不错，但在中国市场却一直不起声色。而吉百利今昔的"东家"卡夫，在中国的饼干市场份额已超过 20%。借助中国市场的卡夫，必将重新调整策略振兴吉百利在华市场。

案例思考题

1. 请比较并解释吉百利被并购前的账面价值和并购价值的差异。
2. 哪些因素决定了吉百利的价值？
3. 为什么卡夫愿意以如此高的溢价收购吉百利？

资料来源

和讯新闻网 http://news.hexun.com/2010/syts43/

第3章 基于智力资本创值观的财务管理

【学习目标】

- 掌握智力资本的内涵
- 了解智力资本测量方法
- 理解智力资本的企业价值创造特征和作用途径
- 了解智力资本管理的要点
- 理解智力资本报告的意义、功能和模式

3.1 智力资本概述

3.1.1 智力资本的内涵

早在1836年，Senior就将智力资本作为人力资本的同义词使用，他认为智力资本是个人所拥有的知识和技能的总和。

1969年，美国经济学家John Kenneth Galbraith首次提出了不同于人力资本的智力资本概念，指出智力资本不仅是纯知识形态的静态资本，还包括有效利用知识的动态过程，并且与组织目标的实现密切相关，智力资本的概念由此从个体层面延伸到组织层面。遗憾的是他没有给出智力资本完整的定义。

给智力资本最早下定义的是美国学者Thomas. A. Stewart。他认为智力资本是公司中所有成员所知晓的能为企业在市场上获得竞争优势的事物之和，是能够被用来创造财富的智力材料——知识、知识产权、经验。Stewart反复强调智力资本虽然常常以潜在的方式存在，却是企业、组织和一个国家最重要的资产，是使一个企业、组织或国家变得富有的最有价值的资产。随后，智力资本得到了理论界与实务界的高度重视并获得飞速发展。

Stewart(1997)在总结Edvinsson等人研究成果的基础上，提出了三元智力资本要素价值模型(图3-1)。从图3-1中可以看出人力资本、结构资本和客户资本之间的相互作用，企业价值位于图中心，表示是智力资本发挥作用的最终目标，点线代表知识流程，三者之间相互联系越紧密，企业创造的价值空间就越大。

世界著名的金融服务机构、瑞典第一大保险和金融服务公司斯堪迪亚公司(Skandia)的知识资本经理Leif Edvinsson(1997)在借鉴前人思想的基础上，结合本公司的实践，构建了“斯堪迪亚导航仪”(Skandia Navigator)(图3-2)。它将智力资本分为财务、人力资本、运作流程、客户、创新与发展五个模块,各个模块包含着企业内外部、财务资本与非财务信息。如果把斯堪迪亚导航仪形象地看成一座房子,那么,导航仪首先关注企业各项活动的财务结果,财务表现被描述成房顶来反映企业的绩效状况;客户资本和流程资本被描述成房屋的墙壁,反映内部流程的效率和有效性,以及企业与外部客户的关系,是企业现有实力的体现;创新资本被描述成房屋的根基,反映企业未来的发展潜力;位于房屋中心的是人力资本,它是增加企业价值的服务能力、技术和知识;人力资本占据了房屋的中央位置,以强调人力资本这一能动因素对企业价值创造所起的核心作用。该模型可以为企业在开发和管理智力资本方面起到如同航海导航仪一般的指导作用。

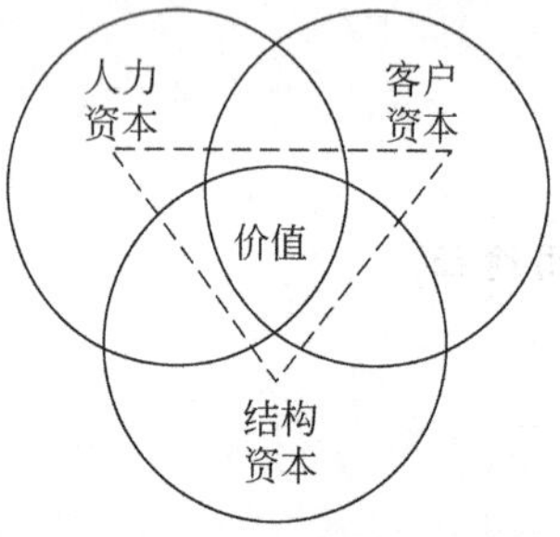

图 3-1 Stewart(1997)三元智力资本要素价值模型

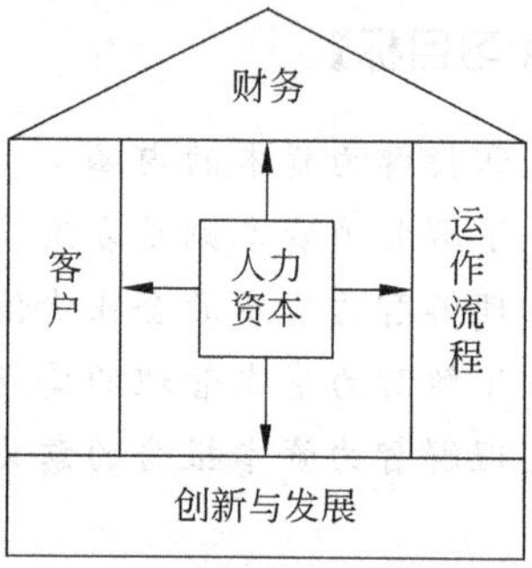

图 3-2 Skandia 导航仪

Johnson(1999)在前人基础上细化了三元智力资本要素价值模型,如图 3-3 所示。

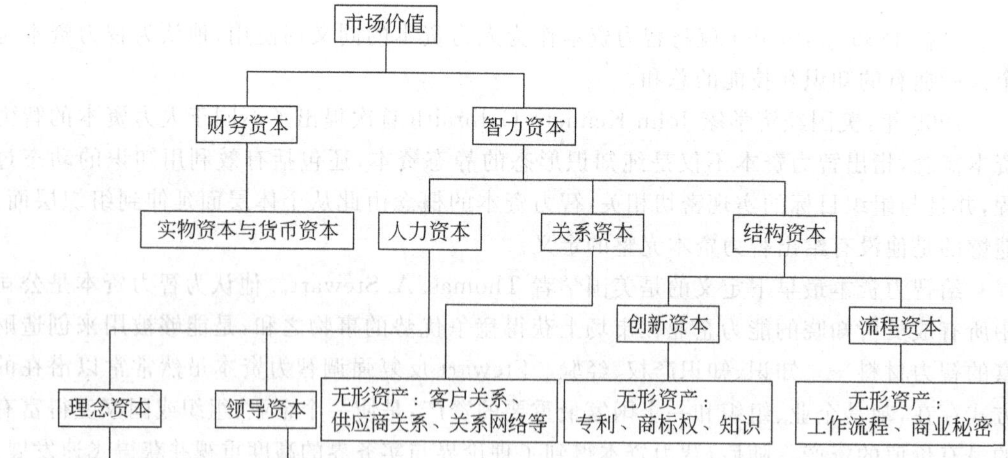

图 3-3 Johnson(1999)智力资本要素价值模型

综上所述,智力资本是企业拥有或者控制的,能够通过企业管理机制激发,对企业价值的创造和持续竞争优势的构建起关键作用的动态性知识和能力的总和。它是一种潜在的、无形的、动态的、能够带来价值增值的价值,是企业真正的市场价值与账面价值的差距，是物质资本与非物质资本的合成。

值得注意的是，这里所定义的“智力资本”并不等同于会计准则中对无形资产的界定，即企业拥有或控制的、没有实物形态的可辨认的非货币性的资产。“没有实物形态”强调了无形资产的“无形性”；“可辨认”意味着无形资产可以为会计系统所识别且准确度量其收益与成本；“非货币性”进一步将无形资产与银行存款、应收账款等货币资产区分开来。而“智力资本”不仅具备无形性特征，还特别强调了知识性，并将那些未能被当前财务会计系统所识别、准确度量的“无形、知识含量高”的“资源”纳入其研究范畴，如企业家精神、员工能力、企业文化、企业与外部利益相关者的关系，等等。

3.1.2 智力资本的测量

合理的测量评价是对智力资本进行定量分析和管理的前提。

1. 企业智力资本测量方法分类

根据Andriessen(2004)的统计，目前已经开发出了超过30种智力资本评价模型和方法。根据测量原理的不同，可以将国内外智力资本测量方法归为以下四类：

(1) 智力资本直接测量法(direct intellectual capital methods，DIC)。通过识别智力资本不同的组成部分来估计其货币价值。一旦这些组成部分被识别，它们可以直接逐一或以整合系数方式评估。

(2) 市场价值法(market capitalization methods, MCM)。计算公司市场资本和其股东权益之间的差额作为智力资本或无形资产的价值。

(3) 资产收益法(return on assets methods，ROA)。公司一段时间内的税前平均收益除以公司平均有形资产，所得结果即为公司的资产收益(ROA)，将其与产业平均值进行比较。

(4) 计分卡法(scorecard methods，SC)。识别智力资本或无形资产的不同组成部分，在计分卡或图表上设计和报告指标指数。

2. 几种主要测量方法及其比较

1) 市场价值与账面价值比较法

市场价值与账面价值比较法属于市场价值法类型。智力资本＝市场价值－账面价值。其中市场价值＝企业股票的市价×流通股数；账面价值就是反映在会计报表上的价值。因此，一个企业如果市场价值是100亿元，账面价值是50亿元，那么它的智力资本就是50亿元。

此方法运用的数据少、计算快速、容易理解、简单易行。对于具有市场价值的上市公司来说，能够比较方便地计算出其智力资本。但由于股票市场中存在投机行为，股票价值并不能完全说明企业的真正市场价值；另外，企业的账面价值有可能与实际资产价值不符。改善的做法是通过比率的比较方式，与竞争者或同行业的平均数据做对比，观察变化的趋势，这样才能提高市场价值与账面价值比较法的可靠性。

2) Tobin q 值法

Tobin q 值法属于市场价值法类型。计算公式为 q＝市场价值/重置成本，目的是预测经济因素之外的企业投资决策。当 $q<1$ 时，表示资产价值小于重置成本，企业将不会

购买此项资产;当 $q>1$ 时,表示资产价值大于重置成本,企业可以投资该项资产。当 Tobin q 值相当高时,企业的投资行为就能得到超额利润,而超额利润的源泉正是智力资本。

此方法适用于企业并购、联盟等战略行为的前期,运用此方法不仅可以分析一家企业的资产价值,同时也可以运用于对个别资产的评价。但此方法只能作为一种大概的估算和判断,无法准确计算智力资本的价值,因而对于企业如何充分利用智力资本获得可持续的竞争优势没有多大帮助。

3) VAIC 法

智力资本增值系数模型(value added intellectual coefficient,VAIC)是由奥地利格拉茨大学(University of Graz)智力资本研究中心的 Pulic 教授于 1998 年提出的。该方法类似于资产收益法类型,但又不完全符合。

该模型的具体思路是:企业由财务资本和智力资本构成,智力资本由人力资本和结构资本构成。上述这些资本共同创造了作为企业成功与否的衡量标准——价值增值(value added,VA),将价值增值与上述各种资本相比较得出各类资本的增值效率,各类资本增值效率之和就是智力增值系数,它反映了企业运用财务资本和智力资本进行增值活动的能力。其评价过程如下:

(1) 计算企业价值增值 VA。

$$VA = OUT - IN \tag{3-1}$$

式中,VA 为企业价值增值,OUT 为企业产出,包括企业产品和服务的总收入,IN 为企业投入。由于智力增值系数法将人工费用视为投资而非成本,因此,投入包括了除人工费用以外的所有的购买原材料、提供服务等生产过程发生的成本费用。

(2) 计算财务资本增值系数 CEE(capital employed efficient)。

$$CEE = VA/CA \tag{3-2}$$

其中,CA(capital asset)为企业财务资本总和,CEE 为每单位财务资本所创造的价值增值。其数值越大,说明财务资本的贡献率越大。

(3) 计算人力资本增值系数 HCE(human capital efficient)。

$$HCE = VA/HC \tag{3-3}$$

其中,HC(human capital)为企业人力资本,可以用员工工资总费用表示;HCE 为每元工资所创造的价值增值。其数值越大,表明人力资本贡献越大。

(4) 计算结构资本及其增值系数 SCE(structural capital efficient)。

$$SC = VA - HC \tag{3-4}$$

$$SCE = VA/SC \tag{3-5}$$

其中,SC(structural capital)为结构资本;SCE 数值越高,表明结构资本贡献程度越高。

(5) 计算企业智力能力 VAIC(value added intellectual coefficient)。

$$VAIC = CEE + HCE + SCE \tag{3-6}$$

此方法的指标设置简单、明了,容易获取数据。Steven Firer(2003)认为 VAIC 是一个可分析性程序,是一个能使企业管理层、股东以及其他利益相关者有效监督和评价企业总价值及每一种资本要素增值率的模型。21 世纪以来,VAIC 法正被越来越多地运用于学术、商业、科研等领域。奥地利智力资本研究中心(AICRS)曾经使用 VAIC 测量奥地利银行业智力资本。此方法也曾经被希腊(Mavridis and Kyrrnizoglou,2005)和日本银行业所借鉴(Mavridis,2004),并且 VAIC 同样被用来测度希腊上市公司的智力水平(Mavridis,2005)。目前,VAIC 在学术界被广为接受。因此,此方法适合大多数企业,而且能够较客观地反映企业智力资本状况。

当然,智力增值系数模型目前尚存在一些不足。比如,在传统的会计制度下,R&D 被当作费用项目从价值增值中扣除,但事实上,R&D 已经分别成为企业技术创新的驱动力和企业发展的关键战略性因素,应当进行资本化处理(Chcn,Cheng,Hwang,2005),这可能会导致其结构资本的估计偏差。

4) 斯堪迪亚导航仪模型

斯堪迪亚导航仪模型属于计分卡类型。Edvinsson 于 1991 年创建了斯堪迪亚导航仪模型对智力资本进行评估,反映智力资本对未来较长时期的战略性影响。导航仪包含了企业内部与外部、财务资本与无形的非财务信息等内容。无形的非财务信息主要包含企业客户、人力、流程及创新等。人力资本处于中心位置,起决定作用,客户和流程表示企业现在的实力,创新与发展预示着企业的未来。导航仪将人力资本置于其余四个要素的中心,强调人力资本是价值创造的核心。

该模型采用多达 160 余项指标来测量各智力资本要素。为了简化测量工作,从中挑选出由 20 多项可以用货币型度量的指标和 9 项比率型指标综合起来的效率系数。智力资本的经济价值=货币度量指标的加权平均数×效率系数。

该模型以企业价值增值为目标,通过设置一系列指标来量化和考核智力资本,简约的智力资本报告不仅反映了智力资本的存量,还能提供智力资本的价值转换和增值的程度及原因,并起到测量监督的作用。因此,导航仪模型无论在智力资本理论研究方面,还是在智力资本管理的实践应用方面都得到了广泛的使用。

尽管如此,导航仪模型难免存在一些缺陷。比如,其指标具有含糊性和较强的个性,许多指标只有内部管理人员才能获得,使企业外部人员难以利用其评价企业的智力资本;斯堪迪亚导航仪模型虽然最后得出的是货币性度量,但其结果并未由智力资本在市场交易中的真实价值或价格来证实;由于企业绩效指标的滞后性,使得智力资本指数难以及时反映实际波动情况,从而降低了模型的有效性。在推广过程中,各企业应根据实际情况,对指标体系进行适当的修改和调整,从而建立起反映自身特点的指标体系。

5) 无形资产监测器模型(intangible asset monitor,IAM)

无形资产监测器模型属于计分卡类型。Karl-Erik Sveiby(1997)提出了用于测量企业智力资本和发展趋势的无形资产监视器。该框架下的无形资产概念与传统会计模式下的不同,包括了员工个人能力、内部结构资本和外部结构资本等无形资产。

对这三部分还设计了增长与更新、效率和稳定性三类次级要素来检验,并编制无形资产监控表。无形资产监测器模型可以简洁地表示成一个 3×3 的矩阵,如表 3-1 所示。

表 3-1 IAM 模型测量指标

	外部结构	内部结构	员工能力
增长与更新	1. 每个顾客的平均收益； 2. 组织成长	1. 内部结构投资； 2. 信息处理系统投资； 3. 顾客对内部组织的贡献	1. 从业时间和主管级别； 2. 受教育程度和教育成本； 3. 专业人员流动； 4. 可提升能力的顾客
效率	1. 顾客满意程度指标； 2. 盈亏指标； 3. 每个顾客的平均销售额	1. 辅助员工比例； 2. 每个辅助员工平均销售额； 3. 价值和态度指标	1. 专业人员比例； 2. 专业人员杠杆作用； 3. 专业人员价值增加
稳定性	1. 重要顾客比例； 2. 年龄结构； 3. 忠诚顾客比例； 4. 重复订货频率	1. 组织年龄； 2. 辅助人员流动比例； 3. 新手比例	1. 平均年龄； 2. 资历； 3. 薪水相当的岗位； 4. 专业人员流动率

资料来源：袁艺，袁一骏(2002)。

此方法采用一种动态的指标来评估智力资本的价值，指标具有概括性、方法简单、便于把握和计算的特点，因而适合大多数企业。其最大优点在于：与通用指标体系的导航仪模型相比，它可以根据企业的具体战略目标灵活地调整智力资本评价指标体系，从而能够更加方便地对知识型企业进行内部管理。然而，这种高度的“灵活性”和“主观性”也造成了其缺乏横向比较的能力，而且，各类指标计量单位不一致会影响对企业智力资本总体价值的精确反映。

6) 智力资本审计测量模型(intellectual capital audit)

智力资本审计测量模型属于计分卡类型。如前所述，Annie Brooking 把智力资本定义为“M—I—H—I”四个部分紧密结合的“混合物”，同时她又提出名为“technology broker”的一种以定性为主的智力资本审计测量模型来识别和测量智力资本价值。它根据智力资本指标设计出 20 个情景问题，如果肯定回答数目越少，就表示该企业越有必要关注其智力资本问题。此外，她还设计了各个变量对各类资产贡献度的特定审计问题调查表(表 3-2)，用来测量智力资产的四个组成部分。为确定企业智力资本的隐含价值，调查表具体询问 178 个问题，对于每个问题都预先设定了最优的状态作为评分标准，评价的分值范围为 0～5。评价完成后，企业智力资本的强势和薄弱点就凸显出来，这样企业便可以采取相应措施予以改进。

表 3-2 智力资本审计问题

M—市场资产	I—智力产权资产
• 15 个品牌审计问题 • 14 个客户审计问题 • 7 个名称审计问题 • 5 个订单审计问题 • 6 个协作审计问题	• 9 个专利审计问题 • 6 个版权审计问题 • 3 个设计审计问题 • 4 个商业秘密审计问题

续表

H—人力资产	I—基础结构资产
• 5 个员工教育审计问题 • 5 个职业审计问题 • 12 个工作相关知识审计问题 • 8 个职业估价审计问题 • 8 个工作相关能力审计问题 • 10 个组织学习审计问题 • 3 个人力资本管理审计问题	• 6 个管理哲学审计问题 • 4 个组织文化审计问题 • 31 个组织文化协调审计问题 • 7 个信息技术系统审计问题 • 6 个数据库审计问题 • 4 个 IT 经理审计问题

智力资本审计测量模型因给组织识别智力资本的价值提供了一个“工具箱”而广受称赞。然而，这种“调查表—计分的定性结果—资产的价值”的评价模式难以获得真实的智力资本实际货币价值，使该模型局限于定性测量，主要满足非货币化的智力资本价值的内部度量。

7）平衡计分卡模型（balanced scorecard）

平衡计分卡模型属于计分卡类型。平衡计分卡理论通过使用 23～25 个指标从财务状况、企业业务流程状况、客户状况、学习和提高状况四个主要方面对企业的智力资本进行测量。平衡计分卡使企业的管理者将有限的精力集中在几个对企业最为关键、最为重要的指标测量上，便于迅速全面地了解企业的情况。此方法从企业战略管理的角度，将企业愿景解释为切实可行的、实际的、可管理的、具体的经营目标，将企业长期知识和能力目标与年度预算联系起来，及时向公司提供任意时刻知识状况瞬态图，并就知识对无形资产的贡献进行客观测算，具有较好的可操作性。在实践过程中，为了更好地使用这种方法，企业需要根据实际情况，改造、设计符合实际的指标体系，形成本企业的平衡计分卡。

3.1.3　智力资本对企业价值创造的作用途径

根据美国学者莫迪格利安尼和米勒于 1958 年提出的 MM 理论无税模型可知，当企业只以发行股票和债券的方式融资时，企业价值等于企业股票与债券的市场价值之和，即企业价值(V)=企业股票的市场价值(S)+企业债券的市场价值(D)。其中，股票的市场价值为股东在未来 N 年所获得的股票收益的现值；债券的市场价值等于债券预期利息的现值加上债券票面价值的现值。企业价值可以用企业未来预期自由现金流量的现值来衡量。企业自由现金流量，即扣除税收、必要的资本性支出和营运资本增加后，能够支付给企业所有的求偿权（债权人和股东）的现金流量。用公式表示为

$$V=\sum_{t=0}^{n}\frac{\mathrm{FCF}_t}{(1+i)^t}\tag{3-7}$$

根据这个定义，企业价值的高低取决于三个因素：一是企业在未来各个时期的自由现金流量 FCF_t；二是与企业风险相适应的贴现率 i，一般采用加权平均资本成本；三是企业的预期寿命 n。

对式(3-7)进一步变形后得到

$$V=\sum_{t=0}^{n}\frac{\mathrm{FCF}_t}{(1+i)^t}=\frac{\mathrm{FCF}_0}{(1+i)^0}+\frac{\mathrm{FCF}_1}{(1+i)^1}+\frac{\mathrm{FCF}_2}{(1+i)^2}+\cdots+\frac{\mathrm{FCF}_n}{(1+i)^n}$$

$$=\frac{\mathrm{FCF}_0}{(1+i)^0}+\frac{\mathrm{FCF}'_1+\Delta\mathrm{FCF}_1}{(1+i)^0}+\frac{\mathrm{FCF}'_2+\Delta\mathrm{FCF}_2}{(1+i)^2}+\cdots+\frac{\mathrm{FCF}'_n+\Delta\mathrm{FCF}_n}{(1+i)^n}$$

令

$$\Delta V=\frac{\Delta\mathrm{FCF}_1}{(1+i)^1}+\frac{\Delta\mathrm{FCF}_2}{(1+i)^2}+\cdots+\frac{\Delta\mathrm{FCF}_n}{(1+i)^n}$$

$$V'=\sum_{t=0}^{n}\frac{\mathrm{FCF}'_t}{(1+i)^t}=\frac{\mathrm{FCF}_0}{(1+i)^0}+\frac{\mathrm{FCF}'_1}{(1+i)^1}+\frac{\mathrm{FCF}'_2}{(1+i)^2}+\cdots+\frac{\mathrm{FCF}'_n}{(1+i)^n} \tag{3-8}$$

则

$$V=V'+\Delta V$$

即企业价值等于反映已有获利能力创造的企业价值加未来持续获利能力带来的企业价值增量。因此,可以将企业价值理解为企业短期财务绩效带来的现金流量和未来较长时期持续获利能力的现金流量的现值之和。从财务绩效的创造方面来看,智力资本能够创造出可以转化为大量现金流入的创新成果;同时,智力资本能够使企业找到降低成本、提高团队效率的方法,从而节约企业的现金流出,相对创造了收益。财务绩效可以通过企业的总资产收益率(ROA)、净资产收益率(ROE)、营业收入增长率等财务指标来体现。从长期绩效的创造方面来看,智力资本能增强企业的持续经营能力和持续竞争优势,使企业在未来较长时期不断产生现金流量。企业长期绩效可以通过市场对企业价值的评价来衡量。

作为企业价值创造的关键驱动因素,智力资本可以通过影响企业内在价值的三个因子来增加企业价值,具体分析如下。

1. 智力资本对企业自由现金流量的作用途径

一般企业税后净利润是自由现金流量的主要构成部分。根据我国2006年颁布的新企业会计准则体系[①],税后净利润=营业利润+营业外收支净额-所得税费用。其中,营业利润=营业收入-营业成本-营业税金及附加-销售费用-管理费用-财务费用-资产减值损失+公允价值变动净收益+投资净收益。这些具体的会计项目还可以进一步分解为涉及企业经营活动价值链的各个重要环节经济效益的会计子项目。随着企业的研究开发、原材料采购、产品生产与销售、投融资等活动发生变化,这些子项目的数额变动都会导致企业自由现金流量的变化。

因此,一方面,企业可以通过不同类型的智力资本的投入和有效运用,强化各个生产经营环节的管理,提高各环节的经营效率,控制经营成本,增加营业收入,求得当期自由现金流量的增加,最终影响企业价值;另一方面,企业可以通过运用智力资本不断创新,为客户源源不断地提供新产品、新服务。通过与客户、供应商、金融机构等外部利益相关者建立良好关系,降低采购成本、生产成本和资金成本,强化市场竞争优势,提升企业的盈利能力,增加当期营业利润和企业自由现金流量,并为企业创造持续增长的未来自由现金流量。

2. 智力资本对企业贴现率的作用途径

智力资本可以对贴现率产生影响,通常情况下,未来预期现金流的不确定性或风险越

---

① 2006年我国财政部发布了包括《企业会计准则——基本准则》和38项具体准则在内的企业会计准则体系。

高，作为衡量投资者的必要报酬率的贴现率也就越高。这种未来自由现金流量的风险主要来自两个方面：一是经营风险，二是财务风险。由于大多数企业具有创新的特点，在两类风险中，经营风险占据主导地位。因为创业活动本身蕴含的技术风险和市场风险就比较高，加上生产管理经验匮乏，企业在任何一个经营管理环节发生的失误或效率低下，都可能造成未来现金流量的不确定性。同时，由于企业经营风险相当高，它们一般很难取得银行系统给予的信贷支持，因此它们更多地需要周期比较长、能承受高风险的股权资本的支持，导致资本结构中股权资本占有相当大的比例，而财务风险相对比较小，因而其加权资本成本比较高，只有企业的净收益能超过其加权资本成本，才能创造企业价值。

企业智力资本主要通过影响企业经营风险，进而对资本成本产生作用。企业凭借着自己独特的智力资本获得持续稳定的竞争优势，实现超额利润，大大降低了未来自由现金流量的不确定性。同时，不同类型的智力资本如果能够很好地作用于经营管理的各个环节，减少可能的决策失误，提高运作效率，及时消除竞争不利因素，也会降低企业未来自由现金流量的不确定性风险。例如，企业拥有的知识产权能够在一定时间和一定程度上享有特定的市场份额和超额利润。

对于财务风险，企业可以通过对投资者与债权人的关系管理和对财务管理人员有效的人力资本管理，使企业资本成本在很大程度上降低。如果企业配备了专业素质高的财务管理人员，就可以做好企业的投融资管理工作，有效配置资金，从而提高企业的投资收益率、降低资本成本、控制和减小企业的经营风险和财务风险。

3. 智力资本对持续经营时间的作用途径

理论上，我们通常假定企业能够无限期地永续经营下去，但理论与现实往往出现巨大反差。据美国《财富》杂志报道，只有约2%的企业存活达到50年，能够基业常青的企业更是凤毛麟角。导致企业无法持续经营的主要原因有两个，一是企业出现财务危机且无法化解；二是企业出现经营风险，如关键人才流失、主要市场的失利、重要原材料短缺、主导产品不符合国家产业政策、产品或技术被淘汰等。

各种智力资本要素可以帮助企业克服在经营管理环节中可能面临的重大困难，消除企业难以持续经营的各种潜在威胁，尽可能地延长企业持续经营的时间。比如，一些成功的企业，它们的领导者都具有非凡的远见和魄力。这些领导者总是可以清醒地面对变化，临危不乱，提前做好准备，在危机面前具有力挽狂澜的气魄，带领企业闯过一道道难关，赢得企业长久的发展。又如，企业善于积累和管理关系资本，在危机到来的时候，能够调动各相关利益者的支持，也能在很大程度上帮助企业化解危机，求得生存。而且，当企业保持强有力的创新能力，不断提供市场认可的有价值的产品和服务，使企业在激烈的竞争中能持续稳定的发展，为企业积累良好的声誉，建立并维持良好的关系资本也可使企业持续经营时间延长。

为了解释智力资本的价值创造这样一个系统性的作用机制，本书构建了如图3-4所示的企业智力资本要素价值模型，以描述企业智力资本对企业价值创造的作用机理。

企业价值是企业预期自由现金流量以其加权平均资本成本为贴现率折现的现值，是企业未来持续获利能力的体现，在市场上表现为公允市场价值。在企业内在价值的理论框架下，盈利能力、折现率和可持续经营时间三个主要因子直接决定企业价值的大小。从

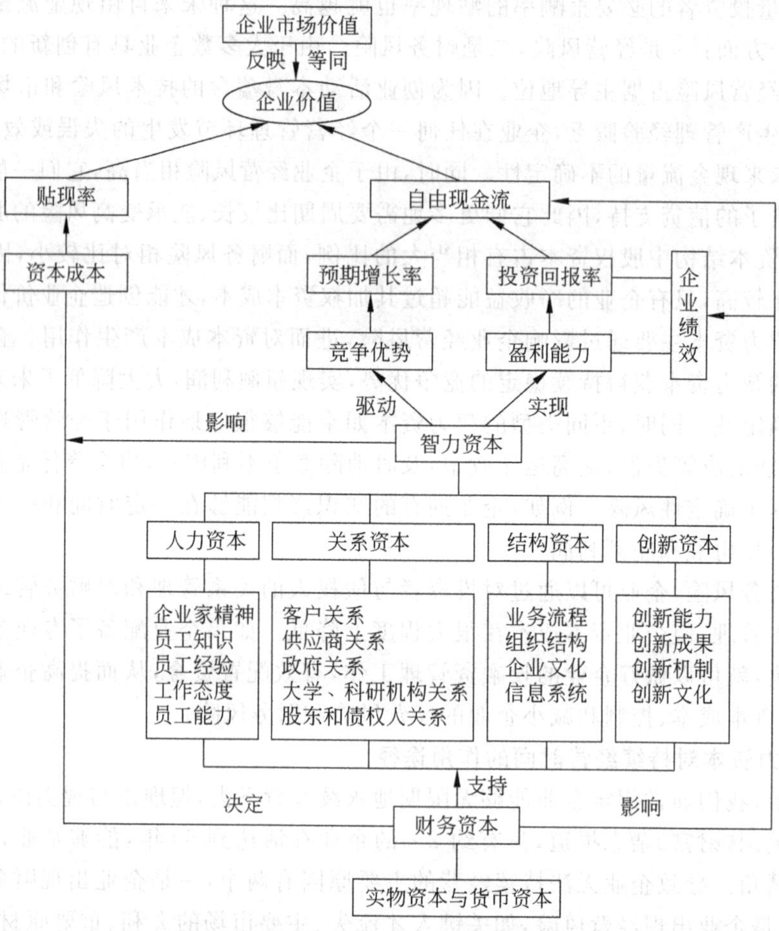

图 3-4 企业智力资本要素价值模型

价值创造途径来看,由各具体形态的智力资本通过提升企业的盈利能力,驱动企业竞争优势的形成,降低企业经营风险等方式影响内在价值的三大作用因子,实现企业的财务绩效,增加企业自由现金流量,并通过与外部资本市场建立良好的沟通提高企业的市场价值。智力资本价值创造作用的发挥需要财务资本的支持,财务资本决定了企业的资本结构和加权资本成本,并通过支持各类智力资本及其交互协同发挥其价值创造作用。

3.2 基于智力资本创值观的企业财务管理创新

1. 智力资本创值观对企业财务管理的影响

作为对传统资本观念的创新,智力资本创值观扩展了资本范围,确立了智力在企业中的资本地位。智力资本成为知识经济时代企业未来利润和现金流量的主要决定因素,其对企业财务管理的影响越来越突出,主要表现在以下两个方面:

1) 财务内容的拓展

资本通常被理解为财务的起点和对象,财务学的核心是“研究资本的生产力问题”。

工业经济时代的战略性资本是物质资本，因此形成于这个时代的财务学也是研究物质资本的财务学，其内容主要包括物质资本的筹集、投入、回收与分配以及实物资产的日常管理等，核心问题是解决物质资本的合理筹集与配置。很显然，这种以物质资本为核心的财务学是不能适应知识经济要求的。伴随知识经济时代的到来，财务学的内容必须进行调整与拓展，即把智力资本纳入企业财务的对象，对智力资本的筹措、分配、运营及效率评价等加以研究。这既要求企业把智力资本的运作当成理财工作的内生性要素来看待，又需要企业把培育和发展智力资本作为重要的理财战略。智力资本成为企业财务的对象后，也必然引起企业财务内容的扩展，对传统的筹资、投资、盈利分配等财务活动赋予新的内涵。

2）财务计价的挑战

现行资本计量理论强调物质资本及其提供者的权益，对无形资产提供者的权益只承认专利、技术等成果转化部分，而对大部分的智力资本不予承认。现实的资本计量之所以强调物质资本，缘于目前世界各国推行的“物质资本至上”的企业产权制度。在这种产权制度下，由于物质资本所有者是企业风险的真正承担者，因此，根据企业风险的承担者应该拥有企业所有权这一产权配置的最优原则，企业所有权（包括剩余索取权和剩余控制权）理应被物质资本所有者所拥有，企业的各项活动也理应为物质资本所有者服务。企业财务、会计自然也为物质资本所有者服务。我国会计准则就将资产定义为：资产是指企业过去的交易或者事项形成的、由企业拥有或者控制的、预期会给企业带来经济利益的资源。其确认条件之一是该资源的成本或价值能够可靠地计量。很多智力资本由于不能被企业完全拥有或控制，其价值也不能以货币可靠计量，因而既不符合资产的定义，也不符合会计确认标准的要求，从而难以确认入账，也就无法纳入资产负债表予以反映，这显然有悖于智力资本观。可见，智力资本的形成与发展对传统的财务计价提出了新要求。

2. 基于智力资本观的企业财务管理创新

知识经济时代的财务管理人员应该具有的智力资本观将带来以下几方面的企业财务管理创新：

1）财务目标的创新

在工业经济时代，企业的财务目标是“股东财富最大化”。在知识经济时代，由于生产要素的变革，财务目标也需要重组。知识经济的到来，扩展了企业资本范围，改变了企业的资本结构，物质资本的地位相对下降，而智力资本的地位相对上升。企业是利益相关者如股东、债权人、经理人、员工、顾客等的契约集合体，随着资本结构的变化，决定了企业在知识经济时代不再仅属于物质资本的拥有者——股东，而应归属于其“相关利益主体”。不同的利益相关者对企业有不同的财务利益要求，企业理财要兼顾和均衡各利益相关者的利益。美国 IBM 公司把其目标定为“为员工利益、为顾客利益、为股东利益”共同服务，足以证明现实经济生活中已实现了从“股东至上逻辑”向“利益相关者合作逻辑”的转变。因此，确定企业财务目标，既要考虑出资人的利益，又要兼顾其他利益相关者的要求。

2）财务活动的创新

（1）筹资活动的创新。知识经济时代，知识取代资金成为最主要的生产要素。随着社会形态的变化,“筹智”代替“筹资”是一种必然趋势。“筹智”是指智力资本的筹集,也是一个融智的过程。一个企业拥有了大量的智力资本,就拥有发展生产的主动权,可以为企业创造大量财富。智力资本的拥有量成为决定企业竞争成败的关键要素。企业财务应根据实际情况,对企业智力资本的筹集进行合理的规划,尽可能多地吸收外部智力资本,以改善企业的软资源环境与结构。智力资本的筹集将成为企业未来财务的重要环节,高水平的智力管理将使企业获得更多的超额价值。另外,企业的融资结构也应该在传统的对金融资本内部的结构研究上,增加对金融资本和智力资本比例关系研究的新内容。

(2) 投资活动的创新。知识经济时代,企业从事生产活动所需要的投资、员工、技术、市场等,均以员工的知识、能力为基础,由此决定了“投智”的重要性。“投智”就是智力资本的运用过程,主要体现在企业越来越注重无形资产的投资。企业投资重点由有形资产转为无形资产。无形资产的丰实程度和质量高低关系到企业在激烈的竞争环境中是否能够获胜,关系到企业的长远发展。企业投资应从长远利益、全局利益出发,以是否能给企业带来智力资本积累、智力资本质量提高、企业竞争能力及持续发展动力的增长为投资效益评价标准,制定具体反映智力资本投资效益的指标。企业财务管理人员应帮助企业充分利用其智力资本,发掘智力资本的潜在收益能力,使智力资本通过不断创新,为企业带来源源不断的财富。

(3) 日常营运管理活动创新。在知识经济背景下,如何通过智力资本管理提升企业价值已成为公司高级财务管理人员面临的重大课题。美国陶氏化学公司在 1993 年设立智力财产管理部主任一职,目的是把公司的 2 万多个专利尽可能派上用场,皮特斯担任了这一职务,他发现公司仅开发了不到一成的专利,大多数专利被闲置了。他发现别的公司也有同样的情况,有的专利的潜在价值达几百万美元,而维护一项发明专利仅需要 25 万美元。皮特斯建立了知识财富管理的六步法将管理专利像管理其他资产一样成为日常工作,并把这项管理扩展到商业机密、专有技术等领域。皮特斯通过开发有用专利和去除无用专利,仅 8 个月便为公司节约了 100 万美元。2003 年,我国第一个建立智力资本管理体系的企业——联想集团宣布任命集团副总裁张后启为“首席知识主管”。宇通客车、金碟、TCL 等中国企业都构建起了智力资本管理平台。

(4) 分配活动的创新。在知识经济时代,企业转变为以知识为中心,知识统率由资本、股东、职工等各相关利益者共同拥有的企业。由于劳动者掌握了具有经济价值的知识和技能,向企业投入的是智力资本,企业的拥有者发生了变化,所以盈利的分配模式必将发生变革。利润分配应改变过去“按资”分配的方式,转为向企业投入物质资本和智力资本的各所有者之间进行分配,按各所有者为企业带来财富的大小比例进行分配,按贡献大小并结合各相关利益主体所承担风险的大小来进行分配。因此,“按智”分配成为知识经济时代的必然选择,这种分配模式比“按资”分配更符合实际。

3) 财务信息披露的创新

智力资本观下,企业的财务信息不仅应包括传统的财务资本信息,而且应包括智力资本信息。由于智力资本信息是企业外部各类利益相关者共同关心的企业核心信息,因此,必须采取适当的措施,进行智力资本信息的披露。

(1) 放宽会计要素确认标准。只要能够为企业创造未来收益的都应该认定为企业的资产，而不管其产权究竟是归属物质资本所有者还是其他利益相关者，也不管其是否能够用货币进行可靠计量。这样，智力资本就不会因为不符合资产定义、不能以货币计量而难以入账。

（2）促进智力资本在财务报表中的披露。为了促进智力资本在财务报表中的披露，可以在传统的会计体系中加入智力资本因素，形成物质资本与智力资本相结合的会计框架体系。首先，按照“资产＝物质资本所有者权益＋人力资本所有者权益＋其他利益相关者权益”来构建新的会计平衡公式，以此为依据编制资产负债表。式子等号左方反映企业的各类资产，右方反映股东和债权人等物质资本所有者在企业的权益、经理和雇员等人力资本所有者在企业的权益，以及其他利益相关者团体在企业的权益。这种报告模式不仅可以反映有形资产的信息，而且智力资本的信息也可以得到充分的披露。其次，在利润表中增设“智力资本收入”“智力资本成本”“智力资本税金及附加”“智力资本费用”“智力资本利润”等项目，分别置于“营业收入”“营业成本”“营业税金及附加”“管理费用”“营业利润”等项目之后，这样智力资本利润就在利润表中得到了反映。最后，在保持原现金流量表完整的情况下，考虑增添智力资本产生的现金流入、智力资本导致的现金流出等相关内容，以使现金流量表也能披露智力资本信息。

建立智力资本独立报告制度。除了在传统财务报表中披露智力资本信息外，应考虑设置独立的“智力资本报表”，反映智力资本的投入、开发、利用、管理等情况。报告可采用表格形式，对重要内容在表内优先反映，次要或补充内容在表外附注说明。在智力资本报表的编制过程中，应以定量信息为主、定性信息为辅，即采用表内与表外、定量与定性相结合的形式，以充分披露智力资本信息。

3.3　企业智力资本报告

3.3.1　企业智力资本报告的意义和功能

1. 企业智力资本报告的意义

1）弥补传统财务报表的不足，有利于投资者做出科学的投资决策

由于目前会计报告仍采用传统财务报表的形式，各报表要素之间存在明确的归属及数量关系。而智力资本却是多元的，是以多种形式存在的。关于智力资本的确认、计量与记录的研究还处于起步阶段，因此，智力资本要素还不可能全部反映到企业的财务报表中。也就是说，智力资本几乎存在于财务报表之外，传统的财务报表不可能反映企业真实的价值。为了改善这一情况，企业就需要对智力资本信息进行真实的披露，使投资者对企业价值有一个客观真实的了解，从而有利于投资者做出科学的投资决策。

2）反映企业真实价值的需要

现行的财务会计报告沿袭了 500 年前发明的复式记账方法，并以财务资产为基础来反映企业的资产、负债和所有者权益以及经营成果，得到的是账面价值，不能反映企业价值的全部，尤其对于知识密集型企业来说，智力资本信息披露的严重不足，使财务信息体现的公司价值和公司市场价值之间的差距越来越大，传统财务报表难以准确地报告企业

的真实价值。虽然有一部分智力资本(如特许权、专利等)的历史成本在现行的财务报告中得以反映,而大部分智力资本(如人才、市场资产、经营管理方法与制度等)却没有予以报告,而且这些用来创造价值的智力资本也没有和可视的资产、资源或者活动相联系。由于智力资本要素的投入、使用和产出效应与财务资本有着本质的区别,因此又不能简单纳入现有的财务报表中进行反映。这种智力资本信息缺失的状况将导致企业资源的使用难以达到最优水平,智力资本不能引起管理层的重视(张丹,2008)。对于外部投资者而言,由于缺乏对智力资本信息的了解,容易低估企业的价值。为了客观真实地反映智力资本与企业价值之间的关系,需要采用一种新的报告框架来反映企业智力资本的开发情况。

3) 反映企业智力资本状况,有利于企业加强智力资本管理

智力资本信息不仅是投资者与管理者关注的对象,同时也是企业加强智力资本评价与管理的工具。企业智力资本报告旨在通过对企业战略理念、战略环境、战略选择、企业的智力资本和核心竞争力、拟采取的行动计划以及预期的战略执行结果等方面的描述,全面系统地向企业内、外部提供一个关于企业智力资本开发情况的全景图。通过分析智力资本信息的有关变化,企业可以发现自身的相关优势及不足,进一步加强智力资本的整合与发展,使企业拥有最佳的智力资本组合,从而使企业获得更强的竞争优势与更高的企业价值。

2. 企业智力资本报告的功能

及时报告企业智力资本及其开发情况,对于企业成功实施内部管理和对外有效披露企业未来的盈利能力具有重要的战略意义。智力资本报告的功能可以归纳如下:

1) 客观反映企业价值源泉,实现智力资源优化配置

传统的财务报表所反映的无形资产通常只有知识产权如专利、商标、品牌以及收购时获得的商誉等,不能客观全面地反映企业无形资产或智力资本对企业价值创造和企业成长所产生的重要作用。不过,只要能正确地理解企业内部价值的创造过程,就有可能说明智力资本在企业价值创造中的作用。相反,如果不明白企业价值是如何创造的,就可能导致资源配置上的低效率扩展到更大范围,可能会导致企业在市场上的反常行为。对外界投资者来说,关于企业运营的错误信息可能导致市场投资在宏观层面上的错误配置。

2) 作为有效的管理工具,为企业经营提供重要的决策依据

通过管理企业所拥有的知识并弥补知识管理活动中的不足,为经理们提供大量的管理信息,使他们知道鼓励什么行为,在什么方面投资,以提升企业运营效率,保护和培养那些能产生价值的资产,最终形成企业的核心竞争力。另外,通过对企业竞争力的描述和提供企业培训与教育计划等信息,有利于促进企业员工个人的发展,从而稳定现有的优秀员工,同时吸引新员工加入企业。

3) 充分显示企业持续发展的动力

企业智力资本报告作为公司对外财务报告的重要补充,增加了企业对外交流的信息量,增加了企业经营的透明度,透过企业账面价值,客观真实地反映公司的实际价值,为现有的和潜在的投资者提供企业未来的价值增值情况,帮助投资者评价公司的发展潜力以及未来的预期收益,这样,既能保留已有投资者,又能吸引更多新的投资者,既能保持公司股价的稳定,又能减少公司的风险,降低公司的运营成本。

4）满足在变幻的市场环境中投资决策的需要

来自社会和产业环境的研究报告显示，对有效报告公司智力资本的需求正在逐步增加。当世界上一些大公司如Enron和Worldcom等破产和倒闭，并随之产生世界股市一片动荡和低迷的时候，公司的投资者们开始重视企业的智力资本。未来的公司将不得不说明智力资本是如何为公司的价值创造做贡献的。

3.3.2　智力资本报告的兴起与发展

1. 国外企业智力资本信息披露实践

自20世纪90年代初期开始，欧洲一些公司就对企业智力资本进行信息披露。1994年瑞典Skandia保险公司发布了世界上第一份独立的智力资本报告，并于1997年首次以智力资本报告表的形式反映（表3-3），开创了智力资本报告的先河。

表3-3　Skandia智力资本报告表

项目＼年份	1997	1994
一、财务焦点		
资本运作报酬率（%）	21.9	12.2
营运结果（MSEK）	1 027	115
附加价值/员工（SEK 000s）	2 616	1 666
二、顾客焦点		
合约数	189 104	59 089
储蓄/合约数（SEK 000s）	499	333
解约率（%）	4.4	4.2
销售点	45 881	11 573
三、人力焦点		
全职员工数	599	220
经理人数	88	62
女职工人数	50	13
每位员工的培训费用（SEK 000s）	2.7	9.8
四、流程焦点		
每位员工合约数	316	269
管理费用/签单保费毛额（%）	3.5	2.9
资讯技术费用/管理费用（%）	8.1	8.8
五、创新与发展焦点		
新产品的签单保费毛额比率（%）	0.9	11.1
净签单保费增加比率（%）	31.9	17.8
研究发展支出/管理费用（%）	9.8	11.6
40岁以下员工比率（%）	76	72

资料来源：Wah，L. 1999. Can knowledge be measured? *Management Review*，88（May），p. 29.

随后,其他一些欧洲知识密集型企业也开始基于其他一些智力资本报告模型定期编制并对外披露智力资本报告,代表性的企业如表 3-4 所示。

表 3-4 欧洲国家早期对外披露智力资本报告的企业

国家	企业	行业	年份
瑞典	Skandia	保险业	1997
	Celemi	咨询	2000
丹麦	Carl Bro Gruppen	咨询	1999
	Cowi	工程及其服务	1999
	Systematic Software Engineering	软件	1999
西班牙	Mekalki	电力	1998
	BBVA	银行业	1999
	Union Fenosa	电力	1999
	BSCH	银行业	2000
	Bankinter	银行业	2000
意大利	Intercos	彩妆	2002
	Plastal	塑料部件生产	2002
英国	EES Group	电气	2002
德国	DLR	太空研究	2001

资料来源:① Leif Edvinsson,1997;②李平,刘希宋,2006.

美国 Dow chemical、ATP 等知识密集型企业,还有部分发展中国家的知识密集型企业,如印度的 Reliance、Navneet 等也开始尝试对外编制和披露智力资本报告。据 Guthrie(2005)的研究,国外已有 250 多个公司每年公布独立的智力资本报告,成为这些企业对外报告的一个组成部分。

按照智力资本报告的编制方法以及与传统财务报告的关系,目前主要有两种形式:一是独立的智力资本报告形式;二是基于上市公司年报的智力资本信息披露方式。

由于目前独立智力资本报告完全是自愿性信息披露,每个企业根据其自身情况不同有各自特点,尤其因为不同行业和不同企业间存在差异,其智力资本的呈报形式和呈报内容也各不相同,大部分企业将智力资本划分为三个维度(人力资本、结构资本、关系资本),但在每一维度中所披露的项目指标及数量均是因企业而异,各具特色。目前,比较有代表性的独立智力资本报告模式列举如下。

1) 奥地利 ARC 模式

ARC(Austrian Research Centers)公司的主要领域为信息技术、材料技术、生命科学、工程学、核安全和系统研究,由于该公司属于知识密集型企业,企业智力资本发展充分。公司的管理层较早意识到智力资本对于企业发展的重要性,因而将企业智力资本纳入企业的发展规划和目标之中,认为企业智力资本管理的目标应该包括以下几个方面:

①提高企业公共资金使用的透明度；②具体披露企业研究的成果，尤其是企业各种无形资产的形成与积累；③揭示企业智力资本为股东产生的利益；④预测企业潜在的有价值的发展领域及其潜在利益；⑤揭示杠杆效应。根据以上智力资本管理的目标，它们分别在每个目标下分析智力资本构成中人力资本、结构资本和关系资本所起的作用及其产生的价值。在其智力资本信息披露报告中还分别设计了智力资本的量化指标和非财务结果，并附有相应的文字说明。

2）北欧的 COWI 模式

COWI 是北欧主要的咨询集团公司，公司的性质决定了公司重视企业智力资本管理和相应的信息披露机制建设。COWI 集团每年的年度报告包括公司主管的报告、账目情况、财务回顾及 COWI 智力资本报告（ICR）。其智力资本报告采用独立的报告形式，单独编制，但是智力资本报告不进行外部审计。COWI 的智力资本报告主要采用定量指标的方式分别对资源、程序和结果反映客户、组织和人力三种公司认为最主要的智力资本进行披露。披露的基本路径是公司网站（www. cowi. cn），信息使用者可以免费下载。

3）丹麦 Systematic 模式

作为丹麦最大的私有软件公司 Systematic 的主要业务是信息通信系统和 IT 技术，Systematic 公司在自身的企业管理实践中意识到企业智力资本信息管理存在几大挑战：①完善与客户的沟通与合作；②软件的开发与持续改进；③雇员的稳定与管理；④公司竞争力的保持与发展。据此，公司在财务、客户、过程和员工四个领域设计了量化指标进行披露，同时采用较多的文字予以说明。

4）瑞典 IC rating 模式

IC rating 是由 Intellectual Capital Sweden 公司于 1997 年创立的，该模型中企业的智力资本由人力资本、组织结构资本和关系结构资本三部分组成，分别从效率、风险、更新与发展三个方面进行计量分析和评价。在 IC rating 模型计量和披露时，需要对企业内部人员和外部相关人员进行访问，每个被采访者需要回答 80～100 个问题，采用分级打分的方式。另外，受访者的评论也会被记录，以便于报告使用者更好地理解披露的信息。由于该方法必须将企业的智力资本报告与企业目标、企业战略和企业理念结合起来，因此报告具有可读性。但是，由于该模型使用调查问卷的方式，主观性很强，可比性不充分，因此给外部使用者获取智力资本信息带来不便。

5）国外中介机构的企业价值报告模式

自 1999 年起，普华永道会计师事务所（PWC）为了提高自己在业界的竞争力，开始编制企业价值分析报告，所披露的内容除包括传统财务方面的经营绩效外，还对企业的无形资产等智力资本进行了披露，目的是尽量充分揭示企业的潜在价值，以便于外部利益相关者使用。但是，对企业价值进行披露的方法却是定性方法，人们无法准确了解企业智力资本的具体情况，由于不具有可比性，因而信息的使用者也无法进行横向比较。在随后的年份里，该情形得到了大幅改进，由独立的中介机构进行企业智力资本信息披露，使披露的内容更具有客观性和可行性。

基于上市公司年报的智力资本信息披露是指在上市公司年报中对财务资本信息披露的同时，通过对公司经营情况分析、董事会报告等非财务信息形式，将有关智力资本信息披露出来。这种形式由于能够弥补财务信息的局限性和不足,全面体现企业综合竞争力,因而一般企业都可以采用。这种智力资本报告方式在国外已经形成理论框架并开始运用。Guthrie 等在 1999 提出用智力资本来架构企业年度报告,随后许多已发表的研究都依赖年度报告作为确定企业智力资本报告实务状况的工具(Abeysekera, 2002; Bozzolan, Favotto and Ricceri, 2003 ; Brennan, 2001; Guthrie, 1999; Guthrie et al., 2003;Olsson, 2001)。在此基础上,Bozzolan(2003)、Mohammad(2005)等开发出了一套以企业年报为对象的智力资本种类和组成的描述性框架,为企业智力资本报告通过年报形式进行披露奠定了基础。

基于年报的智力资本报告不像独立报告那样以经营模式、价值观、使命愿景和知识管理问题为中心,它表现出的是叙述的形式,即基本上描述公司的智力资本和分析其构成要素却未特别强调度量这些要素的具体指标,这是两者最明显的差别(曾洁琼, 2006)。这种报告没有将"叙述"和"量化"方式结合起来,此外,在考虑智力资本资本化时,未来报酬使用的不确定性势必造成相当一部分的智力资本不能在财务报表中反映出来,即以牺牲大部分本应对外报送的智力资本信息为代价,这是此报告方式的局限性所在。但其优点在于其渐进的改良主义较容易为各方接受,尤其是现在智力资本报告还处于新兴阶段,报告准则还有待进一步完善。

无论是在哪一种智力资本报告中,智力资本信息披露都不像财务信息披露那样有特定的格式、标准和审核方法。迄今为止,国外企业智力资本信息披露的主流仍是企业自发进行的信息披露,没有统一的要求和强制性标准。智力资本信息披露大多参照非货币智力资本计量模型框架,依照各企业知识管理过程和活动选择各具特色的智力资本计量指标,并辅之以成本、经济价值等货币计量方法来综合披露,主要是结合企业管理绩效进行的披露。由于智力资本报告没有具体的准则,报告的形式各种各样,内容也各具特色,所以造成企业在纵向上(同一企业在不同时间上)和横向上(在同一时间不同企业间)缺乏可比性,从而大大减弱了通过智力资本报告进行评估决策的意义,也不利于在企业推广。美国财务会计准则委员会(FASB)的一份特别报告指出,特定的行业甚至是个别企业其智力资本信息是不同的,因此迫切需要制定一套标准体系来对其进行规范。

2. 国外官方关于企业智力资本披露的引导

企业实践中的这种做法很快引起了官方和学者的注意,官方的反应是采用适当的方式予以监管,主要的方法是在尊重企业意思自治的基础上,编制各种企业智力资本信息披露指南。20 世纪 90 年代后期,OECD 提出,为向外部报告智力资本建立指南的目标,在欧盟科技与创新部门组织下,形成代表性的研究成果"Meritum 指南"(Meritum,2002)和"DMSTI 指南"(DMSTI,2003),这两个指南成为世界各国智力资本报告应用方面的纲领性文件。2004 年,日本经济贸易产业部提出在 OECD 框架下建立日本知识产权信息披露指南的意见,并于当年发布了知识产权信息披露指南(GIPID)。

各国指南的发布大大推动了企业智力资本报告的应用,欧洲、美国、澳大利亚、印度、日本等国在 2003 年后发布智力资本报告的企业达数千家。为此,欧盟建立的 E-KNOW. NET 网站和《智力资本》杂志专门对企业智力资本管理理论和实践进行宣传与推广。

1) Meritum 指南

欧盟范围内知识密集型企业比较多,智力资本信息披露指南开发较早,欧盟为了协调、指导和规范欧盟知识密集型企业智力资本报告的编制,于 2002 年发布一份专门的智力资本信息披露指南(Meritum Guideline)。图 3-5 所示为 Meritum Guideline 所倡导的智力资本报告模式。

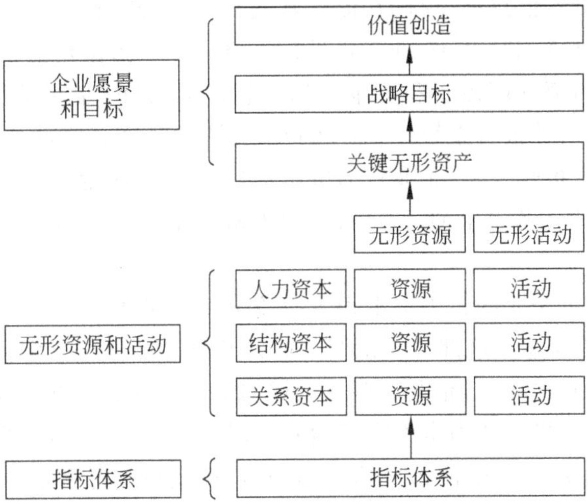

图 3-5　Meritum Guideline 所倡导的智力资本报告模式

如图 3-5 所示,按照 Meritum Guideline 精神,企业的智力资本报告应该由以下三部分组成:

(1) 企业愿景和目标。在愿景和目标部分,应明确企业主要目标、所采取的战略以及所需要的关键无形资产和活动。报告中企业愿景部分应该陈述清楚战略目标是怎样为顾客和股东实现价值的,关键的无形资源是怎样帮助公司来实现其战略目标的,企业的核心竞争力在哪里等。

(2) 无形资源和活动。这部分内容应该包括以下几个方面:描述和说明企业控制了哪些实现企业战略目标所必须的无形资源,未来还需要培育和发展哪些无形资源;为了实现企业战略目标,企业采取了哪些获取无形资源以及提高现有无形资源价值的活动,企业实施了什么样的程序将无形资源计量转变为企业日常管理活动,未来还将采取哪些程序和行动。

(3) 指标体系。这部分应该反映出企业为了实现战略目标是如何开发、管理和运用无形资源的,报告应反映出企业的价值创造过程。指标应按照智力资本结构要素(人力资本、结构资本和关系资本)来反映公司认为对管理和监控重要的要素,并且这些指标都必须是可检验的,这些指标可以是财务的,也可以是非财务的,它们不仅应该能够反映企业所控制的无形资源及其变动情况,还应该能够反映企业为培育、发展和提高无形资源价值所采取的活动及其效果。

此外,该指南还在最后一部分指出与准备智力资本报告相关的一些实际问题,如智力资本的信息如何收集、公司内部应该由谁来准备这些信息、报告的频率等。

Meritum Guideline 所倡导的智力资本报告在欧盟范围内产生了很大的影响,很多企业依据该模式编制智力资本报告,比较典型的有 Telefonica 公司、Telenor 公司、The Swede Bank 等。

2) DATI 指南

丹麦是世界上较早编制官方企业智力资本信息披露指南的国家,为了指导和规范知识密集型企业智力资本信息披露行为,促进其发展,丹麦政府于 2000 年发布了企业智力资本信息披露指南(DATI),并于 2003 年进行了修订。该指南定位的智力资本信息披露目标是服务于企业内部管理控制和资本市场信息需求,其内容方面分为两大部分:一是对内报告系统,二是对外报告系统。企业可以根据需要选择适当的体系进行信息披露,并从企业智力资本信息披露要素、企业智力资本信息披露方法、企业智力资本信息报告编制和智力资本信息披露工作流程四个方面对知识密集型企业智力资本信息披露行为进行指导。

根据该指南,一个企业的智力资本报告应该由以下四部分构成:

(1) 知识战略的描述。这部分要说明企业如何通过自身的产品和服务为使用者创造价值,为了实现这种知识战略,企业需要什么样的知识资源。这部分通常通过定性描述的方式,将企业的知识战略与智力资本有机地联系起来。具体来说,这部分至少要阐述以下四个方面问题:企业对外提供什么样的产品和服务;企业产品和服务为使用者创造了什么样的价值;为了实现这种知识战略,企业需要什么样的知识资源;智力资本与企业价值之间的关系。

(2) 管理的挑战。这部分主要描述企业管理层应该做出哪些战略决策和选择,以实现企业为使用者创造价值的知识战略。为此,企业管理层要明确,如为了实现企业的知识战略,现有的哪些知识资源需要强化,还需要哪些新的知识资源等。

(3) 主要行动。这部分主要阐述企业具体应该采取哪些行动来培育(或获取)、发展和强化实现企业知识战略所需要的知识资源,以监控和保证这些知识资源,从而实现企业的战略。为此,企业管理层要明确两件事:一是为了实现企业知识战略,企业究竟要采取什么样的行动;二是企业应该优先实施哪些行动。

(4) 具体量化指标。这部分采用一些具体指标对实现企业知识战略所需要的知识资源以及企业所采取的具体行动及其效果进行衡量。指标体系按照顾客、员工、过程和技术四个方面分别进行设计。依据 DATI 指南编制智力资本报告最具有代表性的企业有 Systematic Software Engineering 公司、GoPro 公司。

3) PIP 指南

PIP(Putting Intellectual Capital into Practice)是北欧创新中心(Nordic Innovation Centre)在与爱尔兰、丹麦、芬兰、挪威、瑞典五国的 21 个 IT 企业合作研究基础上,于 2006 年发布的。这是世界较早的跨国联合开发的智力资本信息披露指南。按照 PIP 的精神,企业的智力资本报告应该由以下几部分构成。

(1) 管理当局的评论。这部分通常由两个方面内容组成:一是公司和董事会报告(其中包括一些财务核心指标和审计报告);二是对智力资本报告主要内容和背后机理的简要描述。

(2) 公司历史发展过程中的一些关键事件。

(3) 公司使命、愿景和战略的描述。这部分首先应说明公司的使命、愿景和战略，并应解释企业运行的商业模式、企业的价值创造、革新过程和知识转移情况以及企业的组织结构。

(4) 资源、行动、结果。这部分首先应结合公司使命、愿景和战略对企业所拥有的人力资本、结构资本和关系资本状况进行系统分析，而后应说明企业为了有效地利用现有智力资本、更新和发展原有智力资本所采取的相关行动及其结果。

(5) 智力资本的具体量化指标体系。通过设置一系列的量化计量指标体系，对企业智力资本及其功效信息进行系统计量，从而为上述定性描述部分提供有力解释和支持。

自 PIP 发布以来，该报告所倡导的智力资本报告模式在北欧得到了很多企业的响应，其中，以丹麦 Oracle Denmark 公司、芬兰 Creadesign Oy 公司、瑞典 Ciceronen Telecom AB 公司以及爱尔兰 ANZA 公司最为典型。

4) 日本的 GIPID

日本经济贸易产业部在 OECD 提出的框架基础上，结合日本企业智力资本发展状况于 2004 年开发了知识产权信息披露指南(GIPID)，旨在应对新经济形势下新的挑战，为未来智力资本报告的构建提供基础。指南中特别强调信息披露的透明性、可比性且易于理解，并不可忽视对商业机密的保护。在 GIPID 构建的框架中，结构资本和关系资本的披露占显著地位，分别占到 52%和 42%，人力资本披露只占 6%，这比较符合知识产权信息披露的要求，也便于外部利益相关者(尤其是投资者)获取比较信息，做出决策。根据日本知识产权信息披露指南的意见，知识产权信息披露指南应遵循以下五个基本原则：①信息披露是自愿的，知识产权信息可作为公司相互之间和公司与市场之间进行交流的公共语言；②信息披露的目的是展现出知识产权信息与公司智力资本管理的相互关系，因为智力资本管理包括知识产权战略管理；③为了避免理解误差、评估合理，期望的信息披露以同一个基本假设为前提，并以大量的数据为基础；④除了固定的基本信息披露，还应有一些零星的特色信息披露，并且在披露形式上和基本假设上要保持一致性原则；⑤该指南希望对中小型企业、大规模公司和在创建初期的公司都同样适用。

5) 国外官方对基于年报的智力资本信息披露的要求

各国政府和国际组织的会计准则的制定者充分认识到智力资本对企业价值的影响，一方面重视对企业自发披露的独立智力资本报告的规范；另一方面也在扩展财务报告信息方面做出一些实践性的尝试。由于基于年报的智力资本报告划分为强制性披露报告和非强制性披露报告，而强制性信息披露依照相关法律法规的要求已经有了统一的标准，所以目前应主要在非强制性披露报告方面加以引导与发展，特别是对不能列入财务报表的无形资产信息的披露格式、内容与标准等提出相应的要求。

早在 1994 年，美国注册会计师协会(AICPA)就发表报告，从 10 个方面总结了投资者对上市公司自愿性信息报告的需求，其中与智力资本信息报告有关的是：管理对风险和机遇的评估、体现公司"核心能力"的指标；公司业绩与相应的奉献、机遇及"核心能力"指标的对比；股东及管理层信息；董事会目标及公司战略；产业结构对公司的影响；公司主营业务的描述等。随后在美国 AICPA 的《改进企业报告》面向用户的研究报告中，提出了企业财务报告应当提供评估和衡量投资风险所需要的信息，并构建了五大类10个要素、有别于传统报告以历史性、定量化为主的信息体系。

美国证券交易委员会(SEC)从以下四个方面来引导企业智力资本报告的形式：

(1) 一般信息。公司的销售量、生产能力、装备线等信息；公司核心业务的主要供应商；销售额占前20位的客户名单；雇员总数；公司与主要竞争对手的优势和劣势比较；劳动者与管理者关系。

(2) 良好行为标准信息。与国外政府的交易是否正当；公司人权保护状况及相应的监控措施；与存在政治风险的国家交易情况。

(3) 公司政治成本信息。公司对政治组织与政治有关的活动捐款及费用。

(4) 潜在负债信息。对可能影响空气和水源的公司排泄状况的分析和评估等。

2005年10月，国际会计准则委员会(IASB)发表了一份关于"管理平衡"理念的探讨文件，它是对财务信息披露进行补充的一份报告，特别强调了对企业经营及业绩情况从本质上进行披露。类似地，IASB报告中的"无形资产"项目也提供了一些在年报中的智力资本要素的披露。

3. 我国企业对智力资本报告的研究和应用

近10年来，国内对企业智力资本报告的研究和应用虽然还处于起步阶段，但已经进行了许多有益的探索。

1998年5月，中国在北京举办了"智力资本与教育观念的转变"研讨会，拉开了中国智力资本研究的序幕。对智力资本报告较早进行研究的是谭劲松，他在1999年出版的《企业智力资本会计》一书中提出：应建立与财务报告既相对独立又融为一体的智力资本报告体系。此后，对于智力资本披露方式的研究中，国内学者主要形成两种主张：一种是将智力资本相关指标作为原有财务报告的一部分，另一种是编制一个全面的智力资本报告，使之与原有财务报告并行，甚至取代原有财务报告的核心地位。前者也叫智力资本报告的增量方法，这一方法仍以传统的财务会计账户作为报告的核心，将智力资本信息融入财务报表进行披露，比如将某些对未来收益实现具有确定性的智力资本要素支出资本化。这种报告的优点在于其渐进的改良主义，较容易为各方接受。后者被称为革新方法，这一方法单独对智力资本的财务与非财务信息列表，连同传统的财务报告一起对外全面报送，其优点是所有智力资本信息都得以报告，不仅有利于外部信息使用者做出正确决策，也会促使管理者更加重视智力资本管理。代表性的研究成果有：徐程兴(2003)在对智力资本报告目的进行分析与评估的基础上，提出了一种由智力资本报告主表、附表及报表附注所组成的报告框架。张炳发和万威武(2004)指出应当从知识资本投资、知识资本积累和知识资本绩效三大方面对企业智力资本进行报告。曾洁琼(2006)提出四维度的企业智力资本报告框架，包括智力资本状况表、智力资本流量表、智力资本预测表、智力资本备忘录。她认为智力资本信息的披露需要与企业资产负债表、现金流量，以及市值变化的影响相联系。杨政等(2007)认为短期内可以在现有资产负债表内增设智力资产与智力资本项目，将智力资本的财务信息披露于表内，并鼓励企业通过表外披露的方式对智力资本非财务信息进行充分披露。而从长远看，则需要通过完善智力资本理论、构建利益相关者会计和建立智力资本信息披露准则体系来加强智力资本会计信息的披露。董必荣(2009)指出：

智力资本报告应做到标准化与差异化的有机结合，不同企业的智力资本报告必须采用同样的报告模式，反映相同的内容，分通用指标、行业特定指标和企业特定指标三个层次设计计量指标体系，会计职业组织和相关政府部门也必须积极介入，制定相应的指南或规范。董必荣(2011)又以"红日药业"为例，探讨了知识密集型企业如何构建外部导向的智力资本报告来系统披露智力资本信息。

在智力资本报告的应用方面，我国目前应用比较广泛的是基于年报的智力资本信息披露，在 2006 年颁布的新会计准则《企业会计准则第 6 号——无形资产》以及上市公司年报及招股说明书强制性信息披露中，董事、监事、高级管理人员和员工情况以及公司治理及董事会报告就涉及智力资本信息。张丹等(2006)通过广泛阅读我国上市公司年报，发现优质公司已经披露了大量的智力资本信息。

在中国社会科学院公司治理中心评出的 2006 年度上市公司 100 强中，在 A 股上市的 49 家企业 2001—2005 年 5 年间共 226 份年度报告中，有关人力资本、组织资本与客户资本等构成的智力资本信息内容已经存在，而且实证研究表明企业对智力资本信息披露对市价影响显著，越来越多的企业愿意披露智力资本信息。

我国科技部联合国家统计局在 2007 开始进行"全国工业企业创新调查"活动，对影响企业创新的员工、研究与开发等与智力资本有关的信息进行收集与分析，说明企业智力资本的信息受到国家职能部门关注。

3.3.3　构建我国企业智力资本报告模式

智力资本会计中的许多内容是不能用传统的会计方法加以反映的，或者以传统方法反映并不能达到原定目标。究其原因是传统会计报表中的项目是用货币计量的，而智力资本会计报表有的适合用货币计量，有的适合用非货币计量。如果将智力资本信息并入传统会计报表，虽然能节省成本，少花精力，但因某些智力资本信息披露采用非货币计量，从而会影响传统会计恒等式的平衡关系。因此，从当前的需要出发，可以在传统财务报告中逐渐增大智力资本披露的力度；但从长远来看，我国智力资本会计信息的披露应建立独立的智力资本会计报告。独立的智力资本报告可以不拘泥于某种形式，它既包括财务信息又包括非财务信息，并可以采取多种表述形式，如文字叙述、表格、图形等。

本书在借鉴国内外企业智力资本报告研究成果的基础上，对我国独立的智力资本报告进行了如下设计。

企业智力资本报告由以下四部分组成。

1. 企业智力资本状况表

智力资本状况表反映某一时点企业智力资本的状况，它集中报告了企业当期智力资本的状况，同时也提供了上期智力资本的信息。在假定编制时间为 2017 年 12 月 31 日情况下，以某高科技企业 ABC 公司为例，设计了企业智力资本报告主表的一般架构，如表 3-5 所示。

表 3-5　ABC公司智力资本状况表

2017 年 12 月 31 日

1. 智力资本现状			2. 智力资本投资			3. 智力资本效率		
项　　目			项　　目			项　　目		
1.1　人力资本现状 (1) 社会通用指标 ① 年末员工总数 ② 员工平均年龄 ③ 具有本科以上学历的员工比例 ④ 具有高级职称的员工比例 ⑤ 员工年人均缺勤天数 ⑥ 近 3 年的员工平均离职率 ⑦ 具有硕士以上学历的高管比例 ⑧ 具有高级职称的高管比例 ⑨ 自动离职率 (2) 行业特定指标 ① 专业技术人员比例 ② 员工在本行业的平均工作年限 ③ 高管在本行业的平均工作年限 (3) 企业特定指标 ① 员工在公司的平均工作年限 ② 高管在公司的平均工作年限			2.1　人力资本投资 (1) 社会通用指标 ① 年人均培训费用 ② 年人均接受培训小时数 ③ 接受培训的员工比例 ④ 员工人均薪酬 ⑤ 高管人均薪酬 ⑥ 高管激励方式及所占比例 ⑦ 员工培训占管理费用增长率 (2) 行业特定指标(略) ① 与本行业员工人均薪酬差额 ② 与本行业高管人均薪酬差额 ③ 与本行业人均培训费用差额 ④ 与本行业人均受训小时数差额 (3) 企业特定指标(略)			3.1　人力资本效率 (1) 社会通用指标 ① 员工人均销售收入 ② 员工人均利润 ③ 人力资本投资回报率 (2) 行业特定指标(略) ① 与本行业员工人均营业收入差额 ② 与本行业员工人均利润差额 ③ 本行业人力资本投资回报率 ④ 近 3 年累计培训技师人次 (3) 企业特定指标(略)		
1.2　结构资本现状 (1) 社会通用指标 ① 员工人均计算机台数 ② 人均固定资产 ③ 辅助部门员工占全体员工比例 (2) 行业特定指标 ① 有无药品生产质量管理规范(GMP)认证证 ② 有无药品经营质量管理规范(GSP)认证证 ③ 产品合格率 ④ 产品造成的事故率 ⑤ 目前研究与开发项目数 ⑥ 国家级保密证书数 ⑦ 截至 2016 年底的产品批准文号数 (3) 企业特定指标(略)			2.2　结构资本投资 (1) 社会通用指标 ① 年人均管理费用 ② 管理费用率 (2) 行业特定指标 ① 人均信息和网络建设投资额 ② 流程管理开发投资金额 ③ 工艺改进投入 ④ 质量改进的成本 ⑤ 产品成本的下降额 (3) 企业特定指标(略)			3.2　结构资本效率 (1) 社会通用指标 ① 存货周转率 ② 固定资产周转率 ③ 总资产周转率 ④ 成本费用利润率 ⑤ 营业利润率 (2) 行业特定指标 ① 流动资金占用率 ② 成本费用下降率 ③ 全员劳动生产率 (3) 企业特定指标(略)		

续表

1. 智力资本现状			2. 智力资本投资			3. 智力资本效率		
项　　目			项　　目			项　　目		
1.3 关系资本现状 (1) 社会通用指标 ① 顾客年均购买次数 ② 本年稳定的前 5 名客户占营业额比例 ③ 本年流失的顾客比例 ④ 本年从稳定的前 5 名供应商采购比 ⑤ 拥有的商标数 ⑥ 拥有的品牌产品数 ⑦ 商誉价值 ⑧ 股东和债权人后续资金支持度 (2) 行业特定指标 ① 进入国家高新技术产品目录数 ② 进入省级高新技术产品目录数 ③ 近 3 年有合作关系的科研院所数 ④ 近 3 年合作研究项目数 (3) 企业特定指标 ① A 类产品在同类药市场占有率 ② A 类产品市场占有率排名 ③ B 类产品同类药市场占有率 ④ B 类产品市场占有率排名			2.3 关系资本投资 (1) 社会通用指标 ① 年人均营业费用 ② 营业费用占营业收入比例 ③ 每股广告费支出 ④ 为顾客开展新服务或培训投入 ⑤ 社会捐赠协议数 (2) 行业特定指标 ① 学术推广费用占营业收入比例 ② 近 3 年举办专业学术会议次数 (3) 企业特定指标(略)			3.2 关系资本效率 (1) 社会通用指标 ① 平均每个顾客带来的营业收入 ② 平均每个顾客带来的净利润 ③ 顾客重购率 ④ 顾客满意度 ⑤ 顾客主动与公司的接触次数/年 ⑥ 3 年以上顾客百分比 (2) 行业特定指标(略) ① 资本保值增值率 ② 顾客忠诚度(行业排名) ③ 同行认可度(行业排名) ④ 供应商按时供货率 ⑤ 银行信用评级 ⑥ 社会信誉指数(行业排名) (3) 企业特定指标(略)		
1.4 创新资本现状 (1) 社会通用指标 ① 新产品总数 ② 研发人员占全体员工比例 ③ 专利权数 其中,发明专利数 ④ 专利平均年限 ⑤ 每股研发支出 (2) 行业特定指标 ① 有无省级或省级以上研发中心 ② 新产品设计及开发平均时间 ③ 研发能力排名 (3) 企业特定指标 ① A 类新产品数 ② B 类新产品数			2.4 创新资本投资 (1) 社会通用指标 ① 研发人员年人均研发费用 ② 研发费用占营业收入比例 ③ 研发费用的增长率 (2) 行业特定指标 ① 新产品开发投资额 ② 两年内新产品占全公司产品数 (3) 企业特定指标(略)			3.4 创新资本效率 (1) 社会通用指标 ① 研发费用资本化率 ② 新产品营业收入/全部营业收入 ③ 专利获利金额 (2) 行业特定指标(略) ① 技术净收入 ② 产品质量提高率 ③ 近 3 年新产品营业收入贡献率 (3) 企业特定指标(略)		

续表

1. 智力资本现状			2. 智力资本投资			3. 智力资本效率		
项　目			项　目			项　目		
1.5　智力资本现状 ① 市场价值与账面价值之差 ②（市场价值-账面价值）/账面价值 ③ 托宾 q 值 ④ 市场价值/员工人数			2.5　智力资本总投资 ① 智力资本总额 ② 每股智力资本 ③ 人均智力资本			3.5　智力资本效率 ① 智力资本投资收益率 ② 智力资本投资利润率		

注：成本费用总额＝销售成本＋销售费用＋管理费用＋财务费用；营业利润＝销售利润－管理费用－财务费用；智力资本投资收益率＝营业收入/智力资本总额；智力资本投资利润率＝净利润/智力资本总额。

2. 企业智力资本流量表

智力资本流量表反映的是智力资本结构和增减变动情况，智力资本及其各因素对企业业绩的影响情况，表中的数字属于时期数字，其属于动态报表。外部使用者通过此表可评价企业的经济效益和预测企业的发展能力；内部使用者可了解企业经营过程中所存在的优势和劣势，从而作为未来决策制定的依据和指南。企业智力资本流量表的具体架构如表 3-6 所示。

表 3-6　ABC 公司智力资本流量表

2017 年 12 月 31 日

项目＼年度	报告年度		备　注
	2016 年末	2017 年末	
1. 智力资本结构 (1) 人力资本/智力资本总额 (2) 结构资本/智力资本总额 (3) 关系资本/智力资本总额 (4) 创新资本/智力资本总额			
2. 人力资本 (1) 人力资本活动 (2) 人力资本增加 (3) 人力资本减少 (4) 人力资本收益			
3. 结构资本 (1) 结构资本活动 (2) 结构资本增加 (3) 结构资本减少 (4) 结构资本收益			
4. 关系资本 (1) 关系资本活动 (2) 关系资本增加 (3) 关系资本减少 (4) 关系资本收益			
5. 创新资本 (1) 创新资本活动 (2) 创新资本增加 (3) 创新资本减少 (4) 创新资本收益			
6. 智力资本 (1) 智力资本活动 (2) 智力资本增加 (3) 智力资本减少 (4) 智力资本收益			

3. 智力资本预测表

智力资本预测表可以提供有关智力资本的预测性信息,主要提供未来3年的预测情况,包括总体智力资本情况、智力资本的需求和供给、智力资本结构变动、智力资本的效率或收益、企业绩效等预测信息,从而把握智力资本的变动趋势,为使用者提供据以决策的预测信息,并能与财务报表结合起来提供企业未来的发展状况。具体架构如表3-7所示。

表3-7 ABC公司智力资本预测表

2017年12月31日

项目 \ 年度	报告年度	预测年度			备注
	2017年末	2018年末	2019年末	2020年末	
1. 智力资本需求 (1) 人力资本需求 (2) 结构资本需求 (3) 关系资本需求 (4) 创新资本需求					
2. 智力资本供给 (1) 人力资本供给 (2) 结构资本供给 (3) 关系资本供给 (4) 创新资本供给					
3. 智力资本结构变动 (1) 人力资本/智力资本总额 (2) 结构资本/智力资本总额 (3) 关系资本/智力资本总额 (4) 创新资本/智力资本总额					
4. 智力资本效率或收益 (1) 人力资本效率或收益 (2) 结构资本效率或收益 (3) 关系资本效率或收益 (4) 创新资本效率或收益					
5. 智力资本及绩效预测 (1) 智力资本总额 (2) 人均智力资本 (3) 每股智力资本 (4) 每股市场价值 (5) 每股净资产 (6) 每股收益					

4. 智力资本描述性报告和附注

智力资本描述性报告和附注主要是对上述智力资本报表的内容所作的解释或补充说明。其包括以下两个部分:一是智力资本描述性报告。它主要描述企业的愿景目标及战略、企业管理流程分析、披露某些对企业价值创造与实现有重大影响的事项或单项智力资本、财务结果和企业价值分析、行动建议。二是报告说明。它包括有关报表编制事项的说明、对某些指标的计算说明或注释和其他说明。具体如表 3-8 所示。

表 3-8 ABC 公司智力资本描述性报告和附注

一、企业智力资本描述性报告
1. 企业战略描述
介绍企业使命、愿景、价值观、战略目标等内容。
2. 企业管理流程分析
阐述企业成功所依赖的核心竞争力，分析形成核心竞争力的关键智力资本，找出企业的关键智力资本存量以及需要引进或创新的智力资本。
3. 特殊的贡献因素
指出一些对企业价值创造实现具有重要意义的特殊事件、环境因素(包括外部因素和内部因素)和单项智力资本。
4. 财务结果和企业价值分析
将同期的企业智力资本与当期财务结果联系起来分析，将企业的内在价值与年末市场价值进行对比分析，总结分析企业是否拥有必需的智力资本，是否有效使用了这些智力资本，并分析智力资本配置对未来企业价值的影响。
5. 行动建议
对企业未来的变革和提升，或者维持现有智力资本水平的行动进行建议，包括对这些行为结果进行监控的建议。
二、报告说明
1. 有关报表编制事项的说明
2. 指标体系说明和某些指标的计算方法说明或注释
3. 其他说明

【本章思考题】

1. 如何正确理解智力资本概念?
2. 智力资本与知识资本、人力资本、智力资产、无形资产的区别是什么?
3. 测量智力资本有哪些主要方法? 其原理如何?
4. 智力资本要素有哪些? 各要素应包括哪些内容? 各要素之间的关系如何?
5. 智力资本与企业价值创造之间有什么关系?
6. 智力资本创值观对企业财务管理有哪些影响和创新?
7. 如何理解智力资本报告的意义? 智力资本报告有哪些主要功能?
8. 应该如何设计我国企业智力资本报告? 谈谈个人的看法。

【案 例 分 析】

Celemi 公司测量无形资产的价值

一、案例背景

Celemi 公司是一家开发学习流程的国际知识型公司，总部在瑞典，公司的分支机构遍布美国和欧洲。Celemi 公司主要致力于学习流程的开发，它可以使人们快速地理解不断变化的商业需要并做出相应的反应。作为一家知识型企业，公司较早地意识到了公司的资产负债表没能很好地反映出公司无形资产的价值。例如,公司是一个由有非常高级的技能而且能为客户提供非常高效服务的专业人才组成这一点,应该如何在企业资产表中反映呢?公司股东从哪里才能获取到公司为特定客户开发的学习流程的价值呢?公司怎么评估比较忠诚并且还在不断成长的客户群的价值呢?

几乎在认识到这一问题的同时,公司就开始了与知识资产价值评估研究方面的著名专家卡尔·埃里克·斯维比(Karl-Erik-Sveiby)的合作,希望能够创建一种学习流程,帮助人们更好地理解Celemi公司无形资产的价值。多年来,公司依据Sveiby教授的无形资产监视器思想持续测量和监视自己的知识资本或智力资本,并于1995年的年报中公布了其第一张无形资产监控表,以后每年都坚持公布公司的无形资产监控表。

二、无形资产监视器模型及其运用

无形资产监视器(intangible asset monitor,IAM)是斯维比提出的,他建议人们利用知识视角的新框架去替代传统的会计框架。他认为测量无形资产的困难是可以克服的,企业的市场价值由有形资产和无形资产两部分构成,测量无形资产的真正目的在于为管理提供加强控制的工具。Celemi无形资产监控表是作为财务报表的附注公布的,它列出了结果和解释性脚注,可以使管理者对数字进行说明,为公司股东提供一个公司真实价值的清晰图像。

Celemi公司到底是如何开发出无形资产监控表的?公司怎样决定应该测量的无形资产?应用无形资产监视器在公司看来实际上非常简单。第一步是要识别谁会对测量结果感兴趣。公司要尽量将自己与宏观环境的关系表述清楚,他们对整个自身如何获取利润做了透视后,发现两个最重要的方面:首先,公司有一批购买自己"服务"的客户或消费者;其次,公司有一批能够就一些商业问题为客户提供有效解决方案的高级咨询顾问。而所有这些的连接就是组织本身:建立在公司本身学习方法基础上的学习过程,以及模拟与建立在公司高层领导的洞察力与经验基础上的独特的管理风格。在对外公布的报告中,一个企业需要尽可能精确对股东、客户、债权人描述自身,以便外部的代理商可以评估组织管理的品质,并且确定组织是否是可靠的供应商或值得信赖的债权人。Sveiby建议对外公布的信息应包括关键的指标和解释信息,而对内报告中,则更应强调流量、趋势、转变和控制数据。

所有这些又都可以通过公司的无形资产监控表得以反映,公司认为影响公司成功的最主要三个因素,就是客户、组织及成员。因此,无形资产监控模型将企业的无形资产(或智力资本)分为外部结构、内部结构和员工能力三个组成部分,并从成长、更新、效率和稳定性四个方面为每一类智力资本设计出一系列的计量指标体系,以系统反映和报告一个企业在特定期间所拥有的智力资本及其动态变化情况。依据无形资产监视器模型编制的智力资本报告一般非常简单,报告内容就是一张结构如表3-9所示的无形资产监视器表,为了便于使用者理解和应用,通常在表后对所使用的相关指标进行简要的界定。该模型被引入Celemi公司,之后就被实务界的企业广泛应用,并对后来其他智力资本报告模型的形成产生了积极的影响。目前世界上很多知识密集型企业都依据该模型编制智力资本报告,比较典型的如Celemi公司、Plastal公司和Dow Chemical公司等。

表3-9 无形资产监视器表

	有形资产	无形资产		
	企业净资产	客户/消费者（外部结构）	组织（内部结构）	员工（个人能力）
成长（growth）	资产增长指标	外部结构发展指标	内部结构发展指标	雇员能力发展指标
更新（innovation）	资产更新指标	外部结构更新指标	内部结构更新指标	雇员能力更新指标
效率（efficiency）	资产利用效率指标	外部结构利用效率指标	内部结构利用效率指标	雇员能力利用效率指标
稳定性（stability）	流动资金储备	外部结构稳定性指标	内部结构稳定性指标	雇员能力稳定性指标

资料来源：Konrad Group and Karl Erik Sveiby，2002.

第二步是设计无形资产的测量系统。表3-9中所示的三个方面使公司获取了竞争优势，因此，公司应该尽量对它们进行测量。这三个方面是：①客户，由顾客、供应商关系、品牌、商标、信誉或形象彼此间关系构成的一种外部结构；②组织，由管理、组织结构、研发、专利、模型以及计算机与管理系统组成的内部结构。这一结构由公司员工创造，并由公司所有；③员工，综合了受教育程度、工作经验、竞争能力的员工能力，例如对各种情况快速做出反应的能力。员工的价值在于他们是商业活动中唯一真正的参与者。所有的资产与结构，不管是有形的还是无形的，都是人的活动的结果，人的能力与精力决定了其能否持续存在。员工与其他两个因素存在一点不同，他不是公司的资产，公司对员工没有所有权。

在这三个方面，Celemi 定义了大量的在"无形资产负债表"中起重要作用的因素。

举例来说，对于顾客，Celemi 要更深入地考察从他们身上获得的利润，公司定义了顾客的三个分支，每一个分支对应着每一个结构，即外部结构、内部结构和竞争能力，这就是 Celemi 所考虑的核心。每一个部分中顾客的数量就表明了在投资组合中顾客这种无形资产的价值。这三个分支是：

(1) 形象提升顾客——在业内受到尊重的顾客和那些有可能提供成功例证的顾客。这对于吸引其他类似的顾客是非常重要的，这样的顾客改进了 Celemi 的外部结构。

(2) 组织提升顾客——需要 Celemi 使用新解决办法的顾客。这就需要公司采取新的和改进的工作方法，这个顾客群改进了 Celemi 的内部结构。

(3) 竞争提升顾客——需要 Celemi 的职员发展新技能来提供需要的服务或产品的顾客。

这些顾客可以帮助构建职员的竞争能力。其他一些指标，是为了让顾客群保持一个稳定的良好印象，例如重复订单，这说明不仅要顾客的满意程度，而且顾客的忠诚度都要得到保持。"回头客"是一笔非常有价值的资产，因为促使他们购买的销售成本很低，顾客的数量增长是增加公司利润最为合算的途径。

最后，Sveiby 就 IAM 模型中的三项测量指标进行了细化，给出了一些专门指标。在逐一获得有关这些指标的数据和信息后，就可以对组织的知识资本进行审查与测量。

IAM模型知识资本测量指标如表3-10所示。

表 3-10 IAM 模型知识资本测量指标

指 标	内部结构	外部结构	个人能力
成长与更新	组织增强客户 新产品收入 研发费用/收入 无形资产投资占增值比率	收入增长 形象增强客户	平均专业经验 能力增强客户 专家能力增长 高学历专家比例
效率	管理人员比例 管理人员平均销售额	客户人均销售额	专家人均增值 边际增值
稳定性	管理人员流动率 管理人员资历 新员工比例	客户满意度 重复订单的频率 前5位大客户	员工满意度 专家流动率 专家资历 员工平均年龄

资料来源:Konrad Group and Karl Erik Sveiby,2002.

表3-11是该公司1995—1999年无形资产监控表主要部分的摘录。公司通过使用非财务模型和非财务指标来跟踪其知识资本的增长。

表 3-11 Celemi 公司无形资产监控表摘录

客户/消费者(外部结构)						
	指标/年份	1995	1996	1997	1998	1999
成长与更新	收入增长	44%	50%	22%	8%	22%
	形象增强客户	40%	46%	70%	59%	54%
效率	客户人均销售额	—	245	269	306	367
稳定性	重复订单的频率	66%	46%	54%	66%	68%
	前5位大客户	41%	34%	40%	33%	29%
组织(内部结构)						
	指标/年份	1995	1996	1997	1998	1999
成长与更新	组织增强客户	44%	44%	49%	51%	21%
	新产品收入	—	70%	71%	49%	17%
	研发费用/收入	—	5%	7%	12%	14%
	无形资产投资占增值比率	—	34%	42%	42%	22%
效率	管理人员比例	—	16%	—	—	—
	管理人员平均销售额	—	12 246	8 478	6 774	9 205
稳定性	管理人员流动率	0	0	0	13%	33%
	管理人员资历(年)	3	1.9	2.0	2.6	3.8
	新员工比例	—	64%	53%	41%	36%

续表

员工(个人能力)						
指标/年份		1995	1996	1997	1998	1999
成长与更新	平均专业经验(年)	7.8	7.0	8.2	8.3	9.2
	能力增强客户	43%	46%	65%	59%	27%
	专家能力增长	—	61%	49%	8%	38%
	高学历专家比例	—	66%	68%	67%	80%
效率	专家人均增值	—	713	759	802	892
	边际增值	—	40%	42%	47%	49%
稳定性	专家流动率	10%	19%	6%	13%	14%
	专家资历(年)	2.3	2.7	2.8	3.3	4.0
	员工平均年龄	34	35	36	37	37

资料来源：Celemi 公司的年度报告，http://www.celemi.com/

三、无形资产评估的战略意义

1. 厘清公司的核心资产，发现和发展公司的潜在价值

和传统的财务报表相比，Celemi 公司的无形资产监控表是一种相对更超前的工具。它可以用来厘清公司的核心资产，因为核心资产大多都是以无形资产的形式存在的。它还可以帮助公司的决策者努力使公司在一种更有效和高利润率的方式下向前推进。无形资产测量的战略意义，不在于它能为公司带来真正的客户或成员，而是它对公司发展的潜在价值。只有当无形资产评估的结果转化为公司在其他环境可以利用的新知识或技能时，这种价值才得以实现。

根据 Celemi 公司 1999 年的财务报表，公司资产负债表所反映的财务情况并不十分令人满意。由于年度内公司为获得合作伙伴和发展学习咨询能力做出了重大投资决策，因此，许多核心领域的财务指标都没有达到既定目标。然而，从 1999 年公司无形资产监控表所反映的主要指标可以看出，Celemi 公司仍然是一家具有很大获利潜力的公司。具体而言，效率方面许多指标都达到了目标值，表明公司管理无形资产的能力提升了。人员的边际增值(1999 年为 49%)和专家人均增值(从 1998 年的 802 上升到 1999 年的 892)都超出了战略目标。这些数字的上涨趋势，揭示了公司专业能力的增强。客户人均销售额也比上年大幅度增长(从 1998 年的 306 增长到 1999 年的 367)，但管理人员平均销售额略微低于目标，近期努力的方向就是达到这一战略目标。

2. 更好地理解公司既定计划的执行情况

Celemi 公司 1997 年销售收入比 1996 年增长了 22%，可是这个比率却大大低于 1996 年的 50%。尽管 22%的增长也是非常正常的，可是它却很容易使人联想到：公司是不是不行了？公司是不是在走下坡路？但是，现在有了无形资产监控表，人们可以对公司的状况有更全面的了解，进而更能看清楚公司未来盈利的能力。

结合无形资产监控表上提供的三个方面的“成长与更新”信息，人们可以发现许多积

极的趋势与因素,因为公司为未来的长远利益承担了很多的事项与义务,做了许多长期投资,这就可以帮助人们理解公司相对降低的增长率出现的原因。

如“客户/消费者”栏中1997年的销售收入增长比1996年要低,但是由于形象增强而获得的业务的数量却相当可观,这些客户会为公司在市场中进行宣传,为公司树立起较好的形象,这使公司可以对未来的销售收入做比较乐观的估计。“组织”栏下的“成长与更新”也由于组织增强客户而增长。通过为这些公司开发新的制度、流程和模板以及其他学习工具,公司自身的知识积累也增加了。而这些也会使公司有一种持续增长的能力。“员工”栏下的“成长与更新”也表现出许多积极的趋势:能力增强客户方面的增长为公司提供了足够的不同水平的有经验的雇员,也增加了雇员推广公司解决方案的能力,进而可以增加收入。

要想真正理解管理决策的长期影响,还应该注意到另外两个方面的因素:效率和稳定性。自1995年以来,公司正处在一个高速增长期,为了适应增长的需要,公司新雇用了大量的员工。为此,公司每年不得不拿出大量的资金和时间对他们进行培训,帮助他们尽快进入状态,并有效、熟练地运用相应技能,许多高级销售顾问也需要腾出时间来进行新员工培训,必然减少在销售活动上的投入。这两个方面的影响使公司的效率和销售增长率都有所降低。当然,公司也在通过努力增加外部结构中再订购(客户)率、培育大客户,稳定内部结构中管理人员、提升管理水平,强化员工(特别是专家)个人能力等方面来增强自己的稳定性。

可见,公司编制无形资产监控表的工作,实际上是一项非常有意义的实践。它使管理层和其他公司股东能对公司既定战略的执行情况有清楚的了解。公司的CEO需要让股东意识到:公司非常清楚影响公司成功的关键因素所在,并努力使股东们相信,公司具有做出更有效的战略决策的能力。

在公司开始报告无形资产的3年里,公司内部和整个商业环境都发生了非常大的转变。比如,整个公司内部对公司业务以及对公司成功有重要影响的因素等都有了一个更深刻的理解。

3. 使公司的战略规划和个人作用更好地结合起来

公司利用无形资产监控表,甚至可以从中发现几年之后的商业趋势。公司员工可以将监控表当作一种从中获取主要商业驱动因素的长期资源。从表3-11中可以看出,尽管1999年的收入增长没有达标,但趋势是好的(从1998年的8%到1999年的22%),而且其他指标都达到或超过了目标。“组织”上1999年公司将不低于收入15%的部分投资于知识产权,其中7%用于知识产权的获得。知识产权方面的战略优势将会推动公司新产品的引入,这一指标自1997年以来出现下降趋势。公司收入中仅有17%来自最近5年引入的新产品,这一比率大大低于目标值。公司的改组影响了“员工”的价值,使能力增强客户从1998年的59%下降到1999年的27%。然而,专家能力从1998年的8%的增长到1999年的38%表明公司员工的能力明显提升,在此领域中公司比上一年更加接近战略目标。

更重要的是,它可以培养组织各个阶层的成员的商业敏感,帮助公司做出更有效的商业决策,与客户建立一种高质量的关系。

当然，这种公司战略规划和个人作用的结合不是自动完成的。在公司开始测量无形资产之前，公司必须帮助公司每一个成员理解公司的无形资产是什么，以及它们对公司业绩的影响；同时，员工通过参与富有挑战性的项目而获得能力上的提高，当他们研究客户影响、流程等问题时，也能更深刻地了解公司能够吸引哪些客户、应该将哪些客户作为目标客户等，在此过程中逐渐培养出员工特殊的商业敏感，从而帮助公司制定合理的战略规划，做出更加明智、有效的商业决策，这对一个在全球化的环境中不断创新的公司应对不断出现的挑战是非常重要的。

案例思考题

1. 如何看待Celemi公司无形资产测量的构成结构？
2. Celemi公司无形资产测量的战略意义是什么？
3. 你认为知识型企业智力资本报告应该如何设计？

案例资料来源

1. 董必荣. 国外企业智力资本报告模式述评[J]. 上海立信会计学院学报，2010(5)：43-49.

2. 知识资本管理案例[OL]. http://wenku.baidu.com/view/82999c4df7ec4afe04a1df5b.html.

3. 彭璐. 知识资本审计基础理论研究[D]. 南京：东南大学，2006.

4. Celemi公司网站：http://www.celemi.com/.

第三篇

企业集团财务管理

【本篇导读】

随着企业的不断成长、扩张,蚂蚁可以变成大象。企业集团就是从蚂蚁变来的一头大象,它是企业组织发展的必然结果。企业集团组织结构的特殊性,决定了其财务管理有别于一般企业。企业集团财务管理的重点是建立和完善财务管理体制,建立集团高效率的资本市场,制定和实施有效的财务战略,并从集团整体利益出发通过内部转移价格等方式配置资源、对集团及其下属机构进行合理的业绩评价。

第 4 章

企业集团财务管理概述

【学习目标】

- 了解我国企业集团发展历程和成因
- 理解和掌握企业集团的概念、类型和基本组织结构
- 理解和掌握企业集团财务管理的特点
- 理解和掌握企业集团财务管理体制及其选择的影响因素

4.1 企业集团的形成、特征和组织结构

4.1.1 企业集团公司的概念

企业是指从事生产、流通或服务等经济活动，以营利为主要目的，实行独立核算，进行自主经营、自负盈亏、承担风险、依法设立的一种营利性的经济组织。企业主要指独立的营利性组织，并可进一步分为公司和非公司企业，后者如合伙制企业、个人独资企业等。

企业、法人、公司这些名词在概念上是有所区别的。判断一个组织是不是企业，主要分析其是否具备以下两个特征：第一，必须能够给社会提供服务或产品；第二，要以营利为目的。不以营利为目的的社会组织不能称为企业。比如教会，它不是以营利为目的的，所以不是一个企业。

在我国，根据《中华人民共和国民法通则》(以下简称《民法通则》)的规定，法人主要被区分为企业法人与非企业法人两大类。企业法人是从事商品生产经营活动，以获取利润、创造社会财富、扩大社会积累为目的法人，包括从事工业、农业、建筑业、运输业、商业、服务业的经济组织。非企业法人是指依法设立，从事生产经营活动之外的其他社会活动的法人，包括机关法人、事业单位法人和社会团体法人。根据我国《民法通则》的规定，法人必须具备四个条件：第一，是社会组织；第二，必须有独立的财产；第三，要有独立的法人资格；第四，要能够独立承担法律义务，能够独立地进行起诉或应诉。

具有法人资格的企业称为企业法人，这一概念的另一含义就是存在不具备法人资格的企业，换句话讲，并不是所有的企业都是法人。

需要强调的是，企业法人和企业法定代表人是不同的。企业法人强调的是法人，是一个社会组织，而法定代表人是自然人。比如，有人说某某企业的法人是张三，这种说法是不对的，是法定代表人，而不是企业法人。

公司与企业是完全不同的概念。公司是按照特定的法律程序设立的一个组织。在我国必须按照《中华人民共和国公司法》(以下简称《公司法》)的规定设立。目前我国法律规定,公司有股份有限公司、有限责任公司、国有独资公司三种形式。公司必须是法人,这是与企业的最大区别。公司一定是法人,而企业不一定是法人,公司是比企业还要小的一个概念。公司制度和法人制度是市场经济的两大车轮,正是这两大车轮推动着市场经济不断前进。

企业集团(business group)一词源于第二次世界大战后的日本,指的是以资本(产权关系)为主要纽带,通过持股、控股等方式紧密联系、协调行动的企业群体。它是一种大型企业联合体,是若干个公司联合在一起,相互有着某种直接的或间接的经济利益联系的企业组织形式,一般是由众多具有法人资格的企业以资本相互渗透而形成的多层次、多法人的企业联合体。

我国《企业集团登记管理暂行规定》将企业集团定义为:企业集团是指以资本为主要联结纽带的母子公司为主体,以集团章程为共同行为规范的母公司、子公司、参股公司及其他成员企业或机构共同组成的具有一定规模的企业法人联合体。事业单位法人、社会团体法人也可以成为企业集团成员。企业集团不具有企业法人资格。

4.1.2 我国企业集团发展的历程

1. 改革前的企业组织(1980 年以前)

我国在 20 世纪 80 年代以前没有企业集团这种组织形式,我国企业集团的出现是 1978 年经济和工业改革的结果(Keister,1998)①。改革开放以前,我国企业实际就是单一的生产工厂的组织形式,整个生产和经营处于计划统筹下。这种计划体制包括多个层级,从中央政府到省、市、县和镇等,企业的自主经营无从谈起,更没有扩张和形成经济联合体的权利和动力,单个企业组织效率低下。改革开放前的政府管理企业机制如图 4-1 所示。

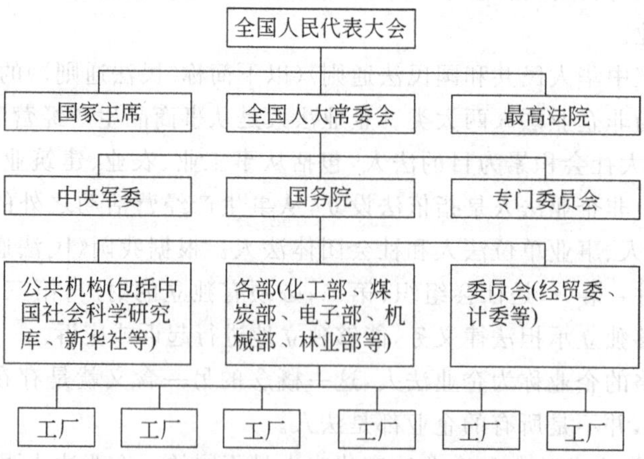

图 4-1 我国改革开放前的政府管理企业机制

① 姚俊,蓝海林.我国企业集团的演进及组建模式研究[J].经济经纬,2006(1):82-85.

1978 年党的十一届三中全会确定了改革开放的方针后，中国的经济改革大张旗鼓地进行。在中国企业组织领域发生的深刻变化之一是全新组织形式的大量涌现。全民企业(国有企业)、集体企业、合资企业(三资企业)、乡镇企业、民营企业等纷纷出现。它们当中许多成为今天企业集团的成员。事实上，我国改革开放前的工业局(或部委)管理体制为日后企业集团的迅速组建提供了一些便捷，许多国有企业集团正是在此基础上形成的。它们当中的一些将政府管理职能剥离，如当年的邮电部管理体制，在中国电信重组后，在各省的省级体系下分别成立邮电管理局(承担政府监督管理职能)和省电信公司(企业运作)，就组成了中国电信企业集团。

2. 企业集团的产生(1980 年至 20 世纪 90 年代初)

促使国内企业集团产生的原因主要有两个：一是中国政府注意到了日本企业集团(Keiretsu)的发展推动了日本经济的振兴，决策层决定采用类似的方式来推动我国的工业化和经济发展；二是市场自发因素。自 1978 年实行改革开放以来，经济体制已逐步从计划经济转变为市场经济，原来的国有企业受到了来自不同产权结构的企业的竞争威胁，同时国有企业的许多弱点也迫切需要改革。20 世纪 80 年代早期，由于传统管理体制有所松动，企业的自主权扩大，一些大型骨干企业率先出现扩张动机，开始组建经济联合体，如长春一汽、武汉二汽等。

国务院 1986 年发布的《关于进一步推动横向经济联合若干问题的规定》(以下简称《规定》)是这一时期一个重要的文件。《规定》中明确提出“通过企业之间的横向经济联合，逐步形成新型的经济联合组织，发展一批企业群体或企业集团”，它正式从官方的角度提到了“企业集团”的名称(但未作具体阐述)。在《规定》出台前，在我国无论是政府官方，还是企业实践，企业集团都未有概念。在这期间企业集团的组建实际上先由企业在实践中探索，然后由政府予以规范。

1987 年，国务院先后发布了《关于大型工业联营企业在国家计划中实行单列的暂行规定》和《关于组建和发展企业集团的几点意见》，后者对企业集团的含义、组建企业集团的原则以及企业集团的内部管理等问题第一次做出了明确规定。在 1986 年的《规定》以及 1987 年的一系列文件发布之后，企业集团的组建遵循的是政府政策引导的发展路径。在这些政策和行为的推动下，全国掀起了组建企业集团的热潮。根据国家体制改革委员会的统计结果，到 1988 年年底，全国经过地市级政府批准并在工商行政管理局注册的企业集团有 1 630 家(其中，广东有 240 家，上海 163 家)。

国务院《关于组建和发展企业集团的几点意见》虽然对规范和促进企业集团的发展有一定影响，但是对企业集团的本质特征并没有真正说明。在政府经济管理人员以及企业人士中，企业集团仍然是一个模糊的概念。这些初期阶段产生的企业集团存在一些纽带不清、管理混乱、紧密性弱等问题，规范的企业集团还很少。

1989 年，国家体改委印发了《企业集团组织与管理座谈会纪要》。在这份纪要中，官方和企业人士一致认为产权关系是企业集团母公司与紧密层、半紧密层企业之间主要的联结纽带。这一规定被认为是对前期组建的松散型企业集团所暴露出的问题的纠正。此后，随着政府对企业集团的支持以及学术界对企业集团的认识和研究，我国对企业集团这一特殊组织形式加深了理解，中国的企业集团开始进入蓬勃发展时期。在我国企业集团产生和组建中,由于政策和市场是两种不同的推动力量,根据政府和企业在集团组建过程中的作用不同,我国企业集团组建大致有以下三种方式(图 4-2)。

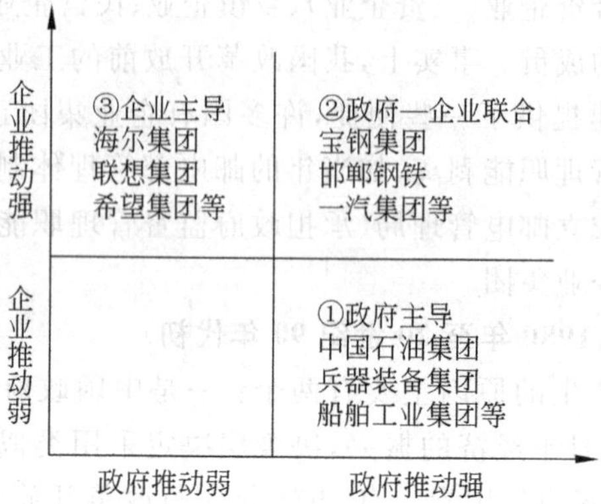

图 4-2 我国企业集团组建的 3 种主要方式

第一,政府主导组建方式。政府因素在集团组建中起主导作用,这类集团大多由原来的行政管理机构转变而成,集中在垄断产业或军工产业。例如,中国石油天然气集团、中国兵器装备集团、中国船舶工业集团等,它们原先都是国有企业,规模比较大,这种企业集团大多经历了工业部(局)—行政性总公司—集团公司的演变过程。在集团改组过程中起主导作用的是政府,所以它又可以称为行政机构演变型企业集团。这些企业集团的具体组成方式有合并(如中国石油天然气集团)或者分离(将一个总公司分成两个或两个以上的公司,然后对其内部业务进行重组,如兵器装备集团公司、船舶工业集团公司是通过这种方式组建成的)等。中国石油天然气集团公司、中国石油化工集团公司、中国兵器装备集团公司、中国船舶工业集团、中国航空工业第一集团公司等,都是中央政府直接做出决策改组成立的。

第二,政府—企业联合组建方式。这种模式多集中在规模经济效益比较明显的行业,如钢铁、汽车、外贸等行业。在形成过程中由政府和企业共同起作用,所以也可以称为政府—企业主导型。这类企业原来大多也是由 20 世纪 90 年代初政府管理国有企业机制下的一些工业局管理(图 4-3),由原来一个经济效益好的大企业联合生产线上下游的一些中小企业共同组成,一般是集中规模效益明显的钢铁、汽车等行业,如宝钢集团、邯郸钢铁、一汽集团等;或者政府推动某个强势企业兼并一些小企业。这种方式的组建有许多特点,例如组建企业集团后,原来一些归口管理的工业局可以撤销,有利于推动企业真正市场化运作,同时便于形成巨大的规模效益,但这些企业集团不像市场自发形成的企业集团一样,它们是先有子公司,然后才有母公司。

第三,企业主导组建方式。企业通过市场的运作发展成为企业集团,其推动力量主要是母公司或核心企业的实力增长。这类企业一般集中在竞争性较强的行业,集团母公司(核心企业)自主权大,产品较早进入市场,市场化程度高,非国有占相当大的比重。例如,海尔集团、联想集团、方正集团、希望集团等。这种方式组建的企业集团成员间的关系清晰,基本上都是产权纽带,也是市场化竞争的结果。它们的形成有以下途径:①企业分裂。企业将原来属于自己的分支机构分离出去,成立独立的企业,形成母子公司体制。

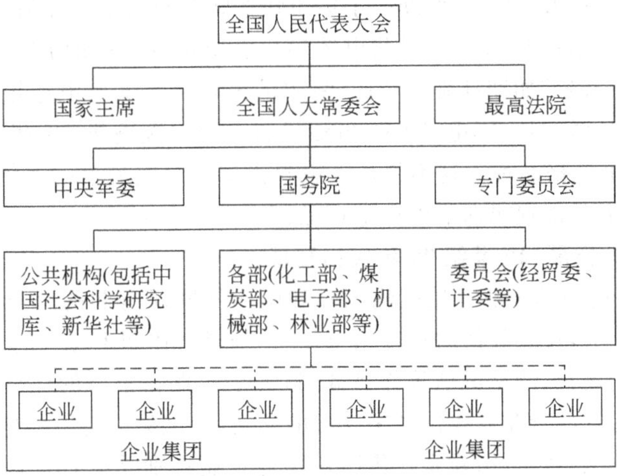

图 4-3　20 世纪 90 年代初期的政府管理企业机制

②企业根据发展的需要新设立子公司。③企业购并。通过企业兼并收购、参股、控股使其他企业成为集团的成员。其中，通过购并构建企业集团主要有以下三种模式：

(1) 纵向并购形成企业集团。纵向并购形成企业集团即单体企业通过直接投资或并购主营业务的上游和下游企业，以及相关的运输、服务等行业的企业，组建成企业集团，并以此方式不断扩张。美国在线与时代华纳的合并就是一起纵向并购。中国石化一系列的并购重组亦是纵向并购，它在上游不断加强石油勘探和开发业务，控股中原油气和石油大明，在下游通过并购重组扩大产品生产和销售，重组了湖北兴化和中国凤凰，收购了国内的最大炼化公司——镇海炼化，后来又陆续收购了齐鲁石化、扬子石化、中原油气等。而且，为进一步完善终端营销网络，从 1999 年开始，中石化开始大量收购加油站，2000 年年底，中石化加油站总数就增加到 25 493 座，其中直接经营的加油站有 20 259 座，比 1999 年增加 77.1%。

(2) 横向并购形成企业集团。横向并购形成企业集团指单体企业通过直接投资或并购那些生产销售同类产品的其他企业而形成集团。这主要是企业采用专业化扩张战略的结果。在我国的啤酒业中如青岛啤酒和燕京啤酒，彩电业中如海信和 TCL 等企业集团，都是依靠横向一体化联合兼并大批同行业企业而形成并不断扩张的。2004 年，百联集团收购第一百货、华联商厦、华联超市、友谊股份、物贸中心 5 家上市公司相关股权，并成为这 5 家公司的实际控制人。并购完成后百联集团拥有总资产 284 亿元、7 家上市公司，是一个特大型流通产业集团。2007 年，潍柴动力在 IPO 上市的同时换股吸收了湘火炬从而拥有了中国重型卡车最为完整的产业链(并购双方处于同类产品生产的不同阶段)。

(3) 多元化战略形成企业集团。多元化战略形成企业集团指大企业采用无关联多元化战略，靠综合兼并的方法向无关的行业扩张，形成企业集团。需要注意的是，企业集团的形成在很多情况下是模式中的纵向和横向模式混合采用的结果，具体模式是根据核心企业的经营性质、市场需求和竞争者状况等因素做出的选择。如 1997 年是海尔的“扩张之年”。这一年里，海尔出资 60%与广东顺德爱德集团合资组建“顺德海尔”、控股 80%管理青岛第三制药厂、控股60%与西湖电子集团强强联合经营的杭州海尔正式推出海尔彩电——“探路者”、海尔控股59%与贵州电冰箱厂合资成立“贵州海尔”、海尔整体兼并黄山电子集团,“合肥海尔”如期挂牌。至此,海尔的家电产品又由电冰箱、冷柜、空调、洗衣机扩展到了热水器、微波炉、彩电、VCD、电话机、传真机、洗碗机、电熨斗、吸尘器等27个门类,共7 000余个规格品种。这不禁让人想起张瑞敏总裁说过的一句话:“如果你有一套空房子,我希望海尔能提供所有的电器产品。”

3. 企业集团的发展(20世纪90年代初至现在)

20世纪90年代初期企业开始面临国际和国内不同所有制的企业竞争,大部分加工工业出现了供过于求,短缺经济时代已结束,在计划经济体制下建立的大量中小企业在短缺经济时代投产见效快、调整灵活等优势减弱,大企业在竞争中的优势开始显现。同时,国有企业在许多竞争性行业暴露出越来越多的问题,甚至失去竞争优势。面对这种形势,政府、企业界和学者们认为,组建企业集团是增强企业特别是国有企业竞争力、加快资产重组、促进国有企业改革的一项战略举措。同时,企业集团组建和发展过程中,存在很大的盲目性和草率性,多数企业集团都没有打破原来行政性公司和一般经济联合体的格局。

1991年12月国务院颁布了《关于选择一批大型企业集团进行试点的请示》(71号文件)和随后的《试点企业集团审批办法》《乡镇企业组建和发展企业集团暂行办法》《关于国家试点企业集团登记管理实施办法(试行)》等一系列相关法规。相关法规指出试点企业集团核心企业对紧密层企业的主要活动实行“六统一”:①发展规划、年度计划,由集团的核心企业统一对计划主管部门;②实行承包经营的,由集团的核心企业统一承包,紧密层企业再对核心企业承包;③重大基建、技改项目的贷款,由集团的核心企业对银行统贷统还,目前实行有困难的要创造条件逐步实行;④进出口贸易和相关商务活动,由集团的核心企业统一对外;⑤紧密层企业中国有资产的保值、增值和资产交易,由集团的核心企业统一向国有资产管理部门负责;⑥紧密层企业的主要领导干部,由集团的核心企业统一任免。按照这项文件的要求,国家选取了55家集团进行试点,并让其享受计划单列和其他优惠政策。通过理顺集团的内部关系,强化内部联系纽带,深化内部改革,进行结构调整,逐步实现集团的规模经营,壮大集团的实力。在企业集团试点的示范带动下,以中央企业、地方企业,甚至许多集体企业、乡镇企业为依托,组建了一大批企业集团,有效带动了经济结构的调整和发展。1993年年底,全国登记的企业集团达7 500多家,其中县以上的有3 000多家;据估计,如果包括未登记的这个数字将达到10 000多家。

1993年11月党的十四届三中全会通过了《中共中央关于建立社会主义市场经济体制若干问题的决定》,指出“发展一批以公有制为主体,以产权联结为主要纽带的跨地区、跨行业的大型企业集团,发挥其在促进结构调整,提高规模效益,加快新技术、新产品开发,增强国际竞争能力等方面的重要作用”。1994年财税、金融、投资、外汇、外贸五大宏观体制改革顺利进行,《公司法》生效,又使企业集团内部成员之间的经营管理和相互关系有了基本的行为准则规定,从而为企业集团进一步规范经营管理行为奠定了基础。

从1995年起,国家开始实施“抓大放小”战略措施,一方面把国有企业改革作为整个经济体制改革的重点,企业集团试点工作列为国务院确定的四大试点之一;另一方面开始从政策上重点扶持大型企业集团。

1997 年 4 月，国务院批准了国家计委、国家经贸委、国家体改委《关于深化大型企业集团试点工作意见的通知》，其中提出“建立以资本为主要纽带的母子公司体制”的目标，要求进一步深化大型企业集团的试点工作，同时批准组建第二批国家试点企业集团。据统计，到 1997 年年底，各类企业集团剧增到 3 万多家，经省级以上单位批准的企业集团有 2 300 多家，列入国家试点的企业集团也从 56 家增加到 120 家。以上法律、文件的出台，明确回答了企业集团发展过程中最基本、最核心的问题，使企业集团向真正意义上的以产权联结为纽带的法人联合体转变。

1999 年 9 月，中共十五大通过的《中共中央关于国有企业改革和发展若干重大问题的决定》指出：“要着力培育实力雄厚、竞争力强的大型企业和企业集团，有的可以成为跨地区、跨行业、跨所有制和跨国经营的大企业集团。要发挥这些企业在资本营运、技术创新、市场开拓等方面的优势，使之成为国民经济的支柱和参与国际竞争的主要力量。”该决定明确了企业集团在我国的发展地位和意义，扫清了制度障碍，有力地推动了我国企业集团的发展，尤其是大企业集团得到了比较规范和理性的发展。十五大以后，在“以资本为纽带，通过市场形成跨地区、跨行业、跨所有制、跨国经营的大型企业集团”方针的指导下，一批大型企业集团迅速成长起来。

这段时期，我国企业集团在数量和规模不断增加的同时，在管理和规范上与产生时期相比有了许多质的变化。例如，绝大多数企业集团的联结纽带是产权关系（控股或参股），代替了原来行政上划分的核心、紧密、半紧密和松散关系，在增长战略上注重突出主业和建立核心专长，母子管理体制与治理结构完全不同于 20 世纪 80 年代的横向经济联合体或纵向经济联合体。

2005 年，我国大企业集团的数目达到 2 845 家，其资产总计超过 20 万亿元。截至 2006 年年底，中国有 46 家资产总计超过千亿元人民币的企业集团，在各大行业中，制造业一枝独秀，达 1 619 家。美国《财富》公布 2016 年度全球 500 强企业榜单中，中国上榜公司数量继续增长，达到了 110 家。其中，知名的企业集团有国家电网、中石油排名、华为、联想、万科、京东、大连万达、美的集团、恒大集团等。企业集团在我国经济生活中的作用和影响越来越大。

4.1.3　企业集团的形成原因

企业集团存在的原因是什么？为什么这些公司要联合成一个集团，而不是各自为政？本书从五个角度对企业集团存在的原因进行分析。

1. 控制权最大化

企业集团的所有权结构通常呈现金字塔形。在金字塔形的所有权结构中，一个公司控制另一个公司，而后者又控制其他公司，以此类推。对所有权链最顶端的那家公司拥有控制权，就意味着对整个金字塔中的所有公司都拥有控制权。一个投资者可以通过创建金字塔形所有权结构来增加它所能控制的资产数量。金字塔形结构使通过较少的股权控制多个公司成为可能。我们可以说成，金字塔形结构把拥有公司股权（现金流权）和控制公司（投票权）区分开来了。我们有时也把金字塔形结构等同于某种间接控制的所有权结构（比如，通过控制一个以上其他公司来控制某公司）。也正是这种间接控制使投票权和现金流权分离。尽管许多企业集团的所有权结构并非完全是金字塔形的,但它们大部分都呈现出对所属公司间接控制的特征。

2. 替代市场失灵

企业集团形成的另一个观点是以交易成本理论为出发点。这一理论假设价格机制运行过程产生成本,它最先由Coase(1937)提出。Coase认为,"为了避免通过市场进行交易而产生的成本,这可以解释公司为何存在,内部管理决策决定因素的配置"。根据这一理论,公司的最优规模和经营范围由市场交易成本决定。若市场交易成本高,把交易内部化更为有效。例如,把多个经营企业合并到等级制的企业集团中去。

企业集团可以被看作一个对不完备和失灵市场(如资本和劳动力市场)在组织结构上的反应。市场的有效运转从根本上是基于中介机构、管理框架和法规体系的有效性。这些制度体系缺失或运转失灵会带来高昂的交易成本,企业集团为了填补这些制度空缺应运而生。举一个例子,在消费者保护薄弱的产品市场中,企业集团可以依靠卓越的质量而获得声誉。由此,品牌成为有价值的资产,为所有集团成员公司所共用。而且,以整个集团的声誉为担保,强制执行契约的交易成本会低得多。企业集团也可能进行内部交易,这时子公司机会主义行为的经济和社会成本都将十分昂贵。

3. 资源基础观

资源基础观强调企业集团有助于利用企业间共同或互补资源,只要发展能让未充分利用的资源产生更大利润,公司就有动力不断发展下去。如果资源体现的是规模经济和范围经济,那么,把不同公司集中到一个集团中去以充分利用这些资源是非常有效的。科技、品牌、声誉,还有诸如像分销体系、管理方法和企业家精神等这些都可以看作资源。另外,企业集团建立的核心是企业家的特殊能力,正如其他一些无形资产一样,企业家的特殊能力即使在完全市场情况下也很难实现公平交易。

4. 政府影响观

企业集团是为规避政策的影响而自发产生的最优选择。不同公司捆绑在同一个集团旗下,可能是对国家产业或税收政策的反应。比如一个产业政策旨在推动小企业发展,公司可能选择组成集团而不是合并成一家大型混合公司。其他可能推动集团组建的政策措施还有进口管制、执照政策、市场推出的法规限制和税收政策等。我国上市公司多元化的方向与政府的产业政策密切相关。

另外,企业集团的规模经营有利于企业集团通过寻租行为获益。寻租行为具有规模经济和范围经济,因为只要有一个企业与政府建立起关系,这层关系就会被运用于谋取其他企业的好处或是某些公司的共同利益上。因此,把这些公司的寻租行为捆绑起来效率可以大大提升。这也解释了为什么各国企业集团总在不遗余力地搞好和政府机构间的关系。

5. 宽松的竞争环境

企业集团可以缓和竞争的激烈程度,首先,当不同集团在多个市场有业务联系时,更容易产生并保持某种默契的合作关系;其次,集团内相互持股使一个公司把它的产量决策对集团其他公司利润的影响内部化了;最后,集团附属公司可以共同使用集团的一些资源。

企业集团产生形式具有多样性，而且受环境的影响很大。对于一个集团，它产生的原因往往是多方面的。

4.1.4　企业集团的类型

按内部联结纽带划分，企业集团大致有以下几种类型：

1. 契约型集团

契约型集团是以产品、资源、技术、生产协作、销售等为内容，通过契约形式组建的企业集团。从法律地位、组织形式、利益分配等方面来看，成员间是通过合同等契约形式进行的产品生产及销售的横向联合。参与联合的各成员企业拥有完全自主权，享有独立法人地位，原行政隶属关系、税收上缴渠道和方式都不改变，这一般是企业集团初期采用的形式，成熟企业集团的松散层成员也运用这种形式，我国大多数企业集团最初都是以这种形式组建的。

2. 财团型集团

财团型集团与母子型集团的法律特征基本相同，差异在于母子型集团的母公司从事生产或经营活动，而财团型集团则是以庞大的银行、金融公司为核心。财团型集团的母公司在集团中只是处于控股地位，自身并不从事商品生产或经营活动，即除了资产联结外，没有其他联结纽带。如日本的三菱、三井、住友、富士、三和和劝银六大财团；目前，中国仅有几个具备财团雏形的企业集团，如招商局集团和中信集团。

3. 母子型集团

母子型集团亦称股权型集团，母子型集团往往有一个大型产业公司作为核心，其核心通常被称为集团公司，亦即集团的母公司或支配公司，是企业集团的核心经济实体。母公司通过对其他企业、公司的控股，掌握集团控制权，营造起由子公司、孙公司等层级组成的金字塔式的企业组织结构，处于塔尖的母公司通过派往子公司的董事（监事）贯彻其经营目标；子公司用相同的方法控制孙公司。在这种类型的集团中，各成员单位仍是独立的法人，自主经营。但由于被控股的原因，成员企业的决策受母公司的影响和支配，所有集团成员最终共同实现集团整体的战略目标，如无特别说明，本书所研究的企业集团都为母子型企业集团。

集团公司是企业集团中居绝对控制地位的控股公司，在企业集团中起主导作用，通过多种联结纽带决策、影响、引导众多企业的经营方向、发展战略、产品类型、市场定位乃至对一个国家、地区、产业的经济发展起到重大影响。企业集团本身并不是法人，但集团公司必须是具有企业法人地位的经济实体，对外代表企业集团。为了保证集团统一的发展战略和总体规划的实现，集团公司必须具有一定的经济实力、相当数量的紧密层企业和投资中心的功能。

在母子型企业集团中，集团成员可分为四个层次：第一个层次——集团公司（核心企业，法律地位为母公司，公司内部有若干分公司或分厂）；第二个层次——子公司（也称核心层、紧密层，与集团公司是母子关系）；第三个层次——参股、合伙性质的成员企业（也称半紧密层，在集团统一管理下，与集团公司是参股或合伙关系）；第四个层次——契约（合同）型企业（也称松散层，在集团统一管理下，与集团公司是契约、合同关系）。母子型企业集团多层次结构的组织体系,如图4-4所示。

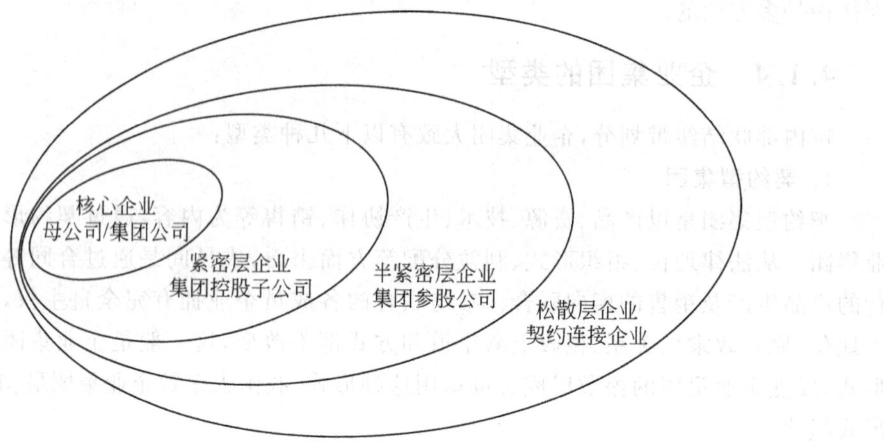

图4-4 母子型企业集团多层次结构的组织体系

企业集团可能由母公司和很多子公司、孙公司组成,母公司与子公司、孙公司的联系往往都是以资本为纽带。根据母公司在子公司资本中的投入比例不同,子公司可以分为以下四种类型。

(1) 全资子公司。全资子公司即子公司的资产100%来源于集团,这类子公司实际上是集团从事具体经营活动的部门,它必须完全贯彻集团的意图。所以,这类型的母子公司关系具有高度的集权性,集团的权限很大,不仅具有一般《公司法》规定的股东权限,而且集团拥有子公司的一切人事、财务、分配和经营管理方面的控制权和监督权,子公司实际上是集团经营的延伸。但是,过度的集权控制会使子公司经营者失去积极性。因此,即便是在全资子公司的体制下也应该处理好集权与分权的关系。否则,面对竞争的激烈和变化多端的外部环境,子公司的适应性和灵活性就显得不足。

(2) 控股子公司。控股子公司即集团持股50%以上的子公司,它是集团经营的主要承担者,体现集团的主要业务方向,与全资子公司一起承担企业的主营业务。由于控股公司是由两个以上的利益主体投资形成的,因此,在处理集团与控股子公司的关系时,还必须兼顾其他股东的权益。一般来说,集团对这种子公司的控制体现在重大投资决策、资产收益分配、资产重大变动、总经理的任免和企业改制等方面。

(3) 参股子公司。参股子公司即集团持股20%~50%的子公司,这是集团进行多元化经营经常采取的形式,主要体现集团纵向的产业一体化经营和横向的多元化扩张思路,这类型的子公司同上述子公司比较起来具有更大的经营自主权。同时需要注意的是,在股权较分散的情况下,少量的股权比例就可以实现控股或重大影响。如果是这种情况,企业集团以掌握众多股东中最大股份的方式实现控股,参股子公司其实是相对控股子公司,其功能就类似于控股子公司。

(4) 关联子公司。关联子公司即集团持股20%以下的企业,它是集团内松散型的企业群体,体现出集团对外延伸的范围,并同其他关联企业一起组成集团多元化经营的一部分。关联子公司与集团的关系不是那么严密,主要按照公司法、公司章程和双方的意愿进行合法的协作经营，关键是集团应派股东代表出任子公司的董事、监事和其他的管理人员，履行法定的权利和应尽的义务，同时注意处理好与关联子公司控股股东的关系，争取己方的最大利益。

一般而言，母公司可根据各子公司生产产品特点、经营领域以及对母公司或对集团公司的重要程度来决定其投入各子公司的股本比例。显然，那些对母公司或集团有重要影响的子公司可考虑全资控制或控股；而关联程度相对低一些的子公司可考虑相对控股和参股。此外，母公司还需要根据自己的实力来通盘考虑其投入下属公司的整个投资额以及投资的分散程度。

在集团第一层母子公司关系的基础上，子公司同样可以投资于其他企业，从而形成下一个层次的母子公司关系，并以此类推。从集团整体来看就形成了母公司、子公司、孙公司乃至曾孙公司等以资本为纽带的整体。

4.1.5　企业集团的基本特征

企业集团的具体特征与其所在国家、产业特性、所有制结构、内部组织结构等密切相关，但从最基本的层面来看，企业集团有以下特征。

1. 企业集团由多个法人组成

企业集团是由多个法人组合而成的经济实体，但其本身不具有法人资格，集团内各成员保持各自独立的法人地位。企业集团本身是以营利为目的的企业利益共同体，既不是行政性公司，也不是经济管理机构，其整体在法律上则不具备法人资格，也没有法律地位，因此不需要统一纳税、统负盈亏。组成企业集团的成员可以多种多样，包括工商企业、科研单位、金融组织等，一般集团成员都是具有法人地位(企业法人或事业法人)、在法律上独立核算的单位，但作为整体的企业集团却不具有法人地位。

2. 企业集团的组织结构具有多样性与开放性

企业集团的开放性和多样性是由以下几个方面决定的：①集团内部的联结纽带是各种经济利益，包括资本、契约、产品、技术等，联结关系的多样化决定了集团内部组织的复杂性和多层次性。②企业集团的组建有合并、兼并、收购、分立、相互持股乃至直接新建等方式，多种组建形式最终必然形成多样化的组织结构。③由于企业集团如上所述不是独立的法人，集团内部不存在行政隶属关系，下属事业部或子公司是在集团共同的发展目标和规划下独立经营，对于企业集团的管理，也就不可能采用固定的方式和强制的关系，这更加促成了集团组织结构的多样化。④根据企业集团的具体经营情况、承接项目的要求和安排生产的情况，企业集团内部协作的形式也是多样化的，由此可能形成多种形式的纵横交错的组织结构并不断调整变动。⑤组成企业集团的各种经济利益在不断的变化之中，旧的经济利益会调整或消亡，新的经济利益会产生，经济利益的大小和重要性也不相同，因此企业集团的组织结构与单体企业相比更加多变，其边缘部分也存在模糊性(如某个法人企业有可能同时是两个企业集团的成员)。

3. 企业集团的规模巨大

企业集团的规模巨大既指整个集团的规模，也指集团中核心企业的规模。企业集团产生的原因就在于通过联合产生多方面的规模经济和聚合力，具有更好的稳定性与风险分散性,以更好地参与激烈的市场竞争。因此,无论在西方发达国家还是在国内,企业集团的平均规模都大大超出了可比的单体企业的平均规模。2008 年,我国企业集团共计 2 971 家,拥有成员企业 33 135 家。2010 年,前 500 强大企业集团中年营业收入达到千亿元的共有 73 家。时至 2016 年,前 500 强大企业集团中年营业收入达到千亿元的已有 100 多家。在不同国家和不同行业中,规模的大小具有很大的相对性。例如,同属国家大型汽车集团,我国大型汽车集团中既有资产规模超过千亿元的一汽集团和东风集团,也有资产总额不到两百亿元的长丰集团。

从经营上看,企业集团的庞大规模和资金融通实力使其不仅可以形成从技术开发、产品生产到产品销售的有机整体,而且有必要也有可能通过多元化经营来分散经营风险和获取多种机会,所以企业集团的经营范围往往跨行业跨国界。

从目的上看,企业集团有更高的获利能力和更多的获利方式。因为,企业集团有着内部、外部融通资金的便利条件,有着跨行业、跨地区大范围多角度经营的特殊功能和有进出口业务的经营权力乃至跨国经营权等特定内容。这些特征,使企业集团相对于单个大企业的优势十分明显。

4. 企业集团的生产经营具有连锁性和多元性

企业集团内部的生产经营联合既有纵向联合,又有横向联合。集团关系既可能是多家生产同类产品的企业的联合关系,也可能是由原料供应、生产加工、销售供应等企业组成的高度连锁相关的关系,还可能是多家企业共同属于一家控股公司,业务间几乎没有联系,当然也有不少企业集团是几者皆备。集团形成以后,在外界环境压力下可能有实力向相关领域不断扩展,也可能有动力向其他不相关行业进军。

4.1.6 企业集团的组织结构模式

组织结构,是使组织中各种劳动分工与协调方式的总和。企业集团的组织结构是根据企业集团的战略目标,指定企业和人在集团中的位置、明确责任、沟通信息、协调经营,以实现战略目标的有机结合体,是一个把各企业本身、企业集团的人、财、物与企业集团的其他资源相结合的平台。企业集团经营的目的在于实现其整体目标,在多法人结构的集团中,组织结构是指集团总部与下属企业之间的组织关系,这是组织管控的核心单元,是规划、执行和监督等控制活动的框架。集团组织结构建设的好坏直接影响到企业集团的控制效果和经营成果。构建组织结构的一个重要方面,在于界定关键区域(企业集团的核心层和紧密层)的权、责以及建立适当的沟通渠道。良好的企业集团组织结构必须以执行工作计划为使命,并具有清晰的职位层次顺序、流畅的意见沟通渠道、有效的协调与合作体系。

企业集团组织结构模式主要有以下几种。

1. U 型结构

U 型结构(unitary structure),又称直线职能制,是企业集团中各级领导指挥与各级职能人员(如财务、人力资源、技术人员)的业务指导相结合的企业集团组织结构形式,是一种高度集权的以职能为中心的组织结构。在 U 型结构中,按职能划分组织单位,并由最高经营者直接指挥各职能部门,集团的下级成员企业既接受上级管理人员的直接指挥,又接受上级职能人员的业务指导。最高决策层对职能部门和生产经营单位集中进行评价和监督。图 4-5 所示为 U 型组织结构图。

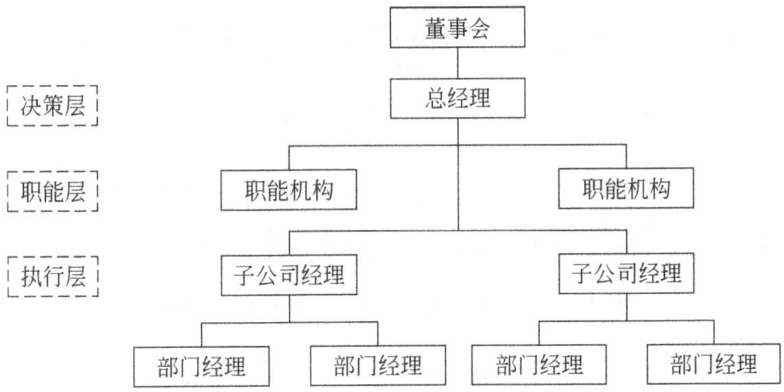

图 4-5　U 型组织结构

U 型结构有以下特点：首先，组织架构划分为三个层次：决策层、职能（参谋）层和执行层（子公司或分公司）。其次，决策层在职能层的支持下有包揽一切事务的倾向，完全奉行自上而下的管理。再次，执行层权利较小，完全依赖决策层，在经营上没有自主权，在财务上没有独立性。最后，组织架构的集权程度高，管理控制严格，母公司的战略决策可以在子公司有效贯彻执行，组织效率高。

U 型结构的优点在于：这种组织架构既保证了集团的统一指挥和管理，又能更好地发挥各职能部门的作用，而且有利于有效利用专门资源，因为每一名管理者需要精通的领域很窄。

U 型结构的缺点在于：①在职能结构中，分清责任或判断业绩更困难。如果一种新产品失败了，应该由谁负责？②高层管理者在协调各部门成员时可能发生问题。因为各部门成员都有可能感到与其他部门毫不相干或比其他部门优越，因此很难团结一致，共同完成组织目标。③当企业集团规模很大，产品和部门很多，尤其是在集团实行多元化战略时，高层领导的负担过重。

U 型结构适合于规模较小、产品品种少（或者经营领域单一）、生产连续性和专业性强的企业集团，如矿业、电力、汽车业等。

U 型结构产生了与之相适应的会计组织结构，图 4-6 是以 HRJ 公司为例的会计组织结构示意图。

2. H 型结构

H 型结构（holding structure，或 holding company 和 H-form），就是母子公司结构，分权程度高。一般来讲，母公司只具有纯粹出资型功能。母公司作为核心企业，其实质是从事资本运作，即以较小的资本规模控制着大量的资本及资产资源。母公司主要专注于战略管理，常常是一个多元化的控股公司，其下属子公司彼此业务互不相关，产品结构常属于无关产品型。子公司负责具体产业的生产经营活动，具有较大的经营自主权，在财务上具有独立性，在经营上有较大的独立性，其资源配置主要取决于子公司在财务上的表现。

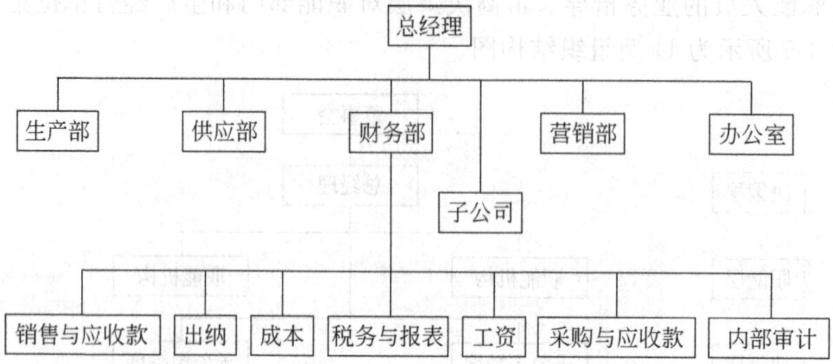

图 4-6 HRJ 公司的 U 型结构会计组织结构

H 型结构适用于规模较大、产业相关性不强的多元化控股公司。图 4-7 是 H 型企业集团组织结构。

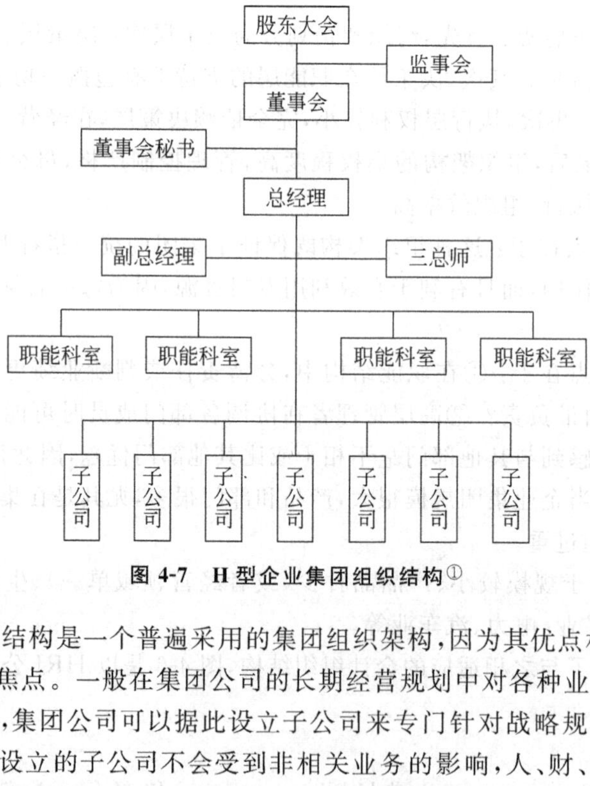

图 4-7 H 型企业集团组织结构①

H 型母子公司结构是一个普遍采用的集团组织架构,因为其优点相当之明确。

(1) 形成战略焦点。一般在集团公司的长期经营规划中对各种业务的发展都会有一个明确的政策指导,集团公司可以据此设立子公司来专门针对战略规划中那些需要重点发展的业务。单独设立的子公司不会受到非相关业务的影响,人、财、物等资源配置上的倾斜更加有利于这些重点业务的快速发展,从而巩固并强化集团公司在这一领域的竞争优势,保证战略重点的实现。

(2) 规避经营风险。由于在法律结构上子公司属于独立的法人,依法独立地承担法律所规定的各种责任和义务,这将有效地把集团公司在经营上的风险控制在一定的范围

① 公司的管理和技术核心:总工程师、总会计师、总经济师。统称三总师。具体分工为:总工程师对工程技术负总责;总会计师对会计事务负总责;总经济师对成本控制、投融资管理负总责。

内。因为母公司只是在其出资范围内对子公司承担风险，不会因为子公司在经营中的失误乃至失败而承受更多损失，更不会侵害到集团公司其他业务部门的利益。

(3) 顺畅融资渠道。由于集团企业的产权关系常常比较复杂，商业模式也很难一目了然，所以在进行资本市场融资特别是涉及集团整体上市筹资时，企业集团的融资会受到各种因素的限制而不能如愿。而集团企业按照法律法规设立子公司，可以直接满足公司融资的法律条件和市场条件，便于作为进行对外融资的窗口，另外在重组并购上也有类似的好处。

(4) 创建品牌资产。集团企业子公司的独立经营常常会在其经营领域内形成新的品牌战略，作为独立企业的品牌资产的增加，最终将增加企业集团整体的品牌价值。

(5) 获取优惠政策。有些国家或地区对于某些行业或企业的进入与经营存在一些政策限制，同时也可能对于某些行业或企业的进入与经营提供一些优惠政策，为了能够顺利地避开政策限制、获取优惠政策，集团企业会考虑设立不同形式的子公司，甚至包括只用作记账及税务安排的子公司等。

H 型母子公司结构在发挥优势的同时也可能带来以下问题：

(1) 增加管控难度。母子公司在法人治理结构上的问题一直处于悬而未决、缺乏定论的状态。如果不重视监督与治理建设，不能采用正确的组织架构形式，实施合理的管理控制流程，监管过紧势必造成官僚主义，引发子公司经营运作上的低效率；监管过松则会造成内部人控制，增加子公司经营上失误的隐患。

(2) 增加管理成本。子公司作为独立的法人实体，必定需要建立并运行一整套内部运作与支持体系，包括行政、财务、人力资源、信息技术等职能模块以支持其正常的运作，这样一套体系所需要的成本是巨大的。在其母公司已经完全具备的条件下，重新设立这些功能模块对整个集团来说无疑是浪费了资源。因此必须考虑建立适当的共享机制，使子公司可以共享母公司的支持服务功能。但母子公司在地域上的间隔、个别的特殊业务之间建立防火墙的要求、制定内部定价政策等因素会使共享发生困难，共享机制的可能性就会大打折扣，变成口惠而实不至。

(3) 形成利益冲突。作为独立的法人实体和利润中心，子公司的经营目的是子公司股东价值的最大化，如果母公司对子公司所拥有的股份没有达到 100%也就是全资子公司的时候，母子公司的利益取向必然会发生一定程度的背离，这种背离常常会引发母子公司矛盾，有时子公司追求自身利益最大化的行为可能会影响到母公司的整体利益。

(4) 增加不确定性。虽然母公司会向子公司派驻一定的高层领导参与子公司的经营管理，但作为独立法人实体的子公司在高层管理决策中，从法律上来讲是独立于母公司的，这就会导致集团整体发展方向与子公司具体经营运作上出现不一致的可能，同时也增大了企业发展中无法预知的风险。

(5) 造成文化差异。如果集团企业是与其他企业合资或者合作设立子公司，就会存在双方在企业文化上的差异，这种差异可能直接造成子公司员工没有归属感缺乏凝聚力，以及新设立的子公司在具体经营管理环节上的矛盾，更有甚者会直接导致子公司经营发展战略的不统一，最终使合作走向失败，子公司解体。

3. M 型结构

M 型结构(multidivisional structure)，是 U 型结构和 H 型结构发展和演变的产物，是集权与分权管理相结合的产物。事业部(M 型)结构是在集团母公司下面设立若干个自主营运的业务部门——事业部。这些事业部可以按产品、地区、服务甚至生产程序来划分,每一事业部包含了相关的若干个子公司或其他集团成员。

M 型结构强调集团企业整体的协调功能和效应,适合于多元化控股公司。M 型企业集团组织结构如图 4-8 所示。

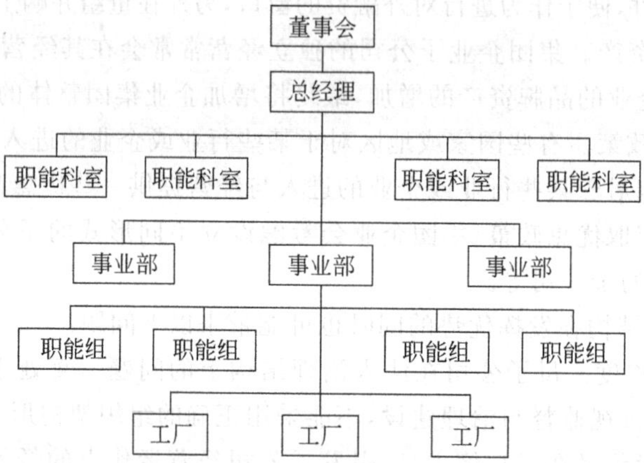

图 4-8 M 型企业集团组织结构

M 型结构有以下特点:

首先,M 型结构具有三个层面:第一个层面是总部董事会和总经理班子,是最高决策层,主要职能为战略管理和交易协调;第二个层面由职能部门和支持服务部门组成,战略规划部门是这个层面的核心;第三个层面是围绕核心业务建立的子公司(事业部),这些互相依存又互相独立的子公司是在一个统一经营战略下承担产品管理的业务单位。

其次,M 型结构是一种扁平网络式决策层次结构,其基本关系是公司的决策分两个层次,即战略决策层和运作决策层,形成"集中决策,分散经营"的局面。子公司(事业部)既共享集团的研发、制造、营销、分配、采购等资源,又独立经营,对最终的成果负责。

最后,子公司(事业部)负责人,是受母公司委托管理部分资产和业务的代理人,而不是子公司自身利益的代表,这一点极大区别于母子公司架构。

事业部是一种经营职能相对封闭、对最终成果负责的相对独立的经营部门,一般是利润中心,在某些集团也可能是投资中心。其特点如下:①各事业部是分权单位,具有足够的经营决策权,集团公司一般只对其实行目标和政策控制;②具有相对独立的市场区域和产品系列,但可以与公司主体或者其他事业部共享资源;③利润中心在生产、销售、采购、运输等各项经营活动中具有自主权,实行独立核算、自负盈亏。

集团公司对事业部的管控活动主要有:①监督、控制、协调和评价各事业部的经营、人事和财务等活动;②致力于制定总体目标和战略性计划;③研究制定公司各项重要政策。

M 型组织结构的优点在于:①使最高层管理者摆脱日常的行政和管理事务,更多地考虑整个企业集团的战略问题;②有利于每个事业部集中资源在特定范围内生产经营,对环境做出迅速和正确的反应;③组织结构安排灵活,在外界环境或者集团自身战略变化的情况下,可以按需要改变事业部的管辖范围或者增减事业部数量而无须对集团的实体单位做出较大变动；④有利于培养高层管理人才。

M 型组织结构的缺点在于：①具有独立性的各个事业部易产生本位主义，可能产生分部利益被置于全局利益之上的情况，或者影响各部门之间协调的局面；②在公司上层与事业部都要设置职能机构，可能造成机构重叠、人员浪费和管理成本增加；③集权与分权的"度"难以处理。

通用的改革：每个分部都处理一项业务，并由分部经理自主控制。分部被授予日常经营决策权，公司董事会被替换成了一个由公司最高领导层组成的"总部"（general office），它是一个小型协调机构，总部负责指定长期战略规划并进行总体层次上的活动。

这种组织结构有三个明显效果：①使经理层能够更准确地监测每项业务的表现；②使业务之间的比较变得容易，有利于资源配置；③对业务表现差的分部经理有促使其改善经营状况的激励。

钱德勒认为，M 型组织解决了多元化的管理问题，为现代多元化经营公司的出现开辟了道路。

M 型组织结构适用于那些产品品种丰富多样且差别大、市场覆盖面广、营销环境变化快的大型企业集团。M 型组织结构面临的难题是建立一套经营型的责任会计体系，以便既共享资源，又分清责任。图 4-9 为 HRJ 公司的 M 型结构会计组织结构示意图。

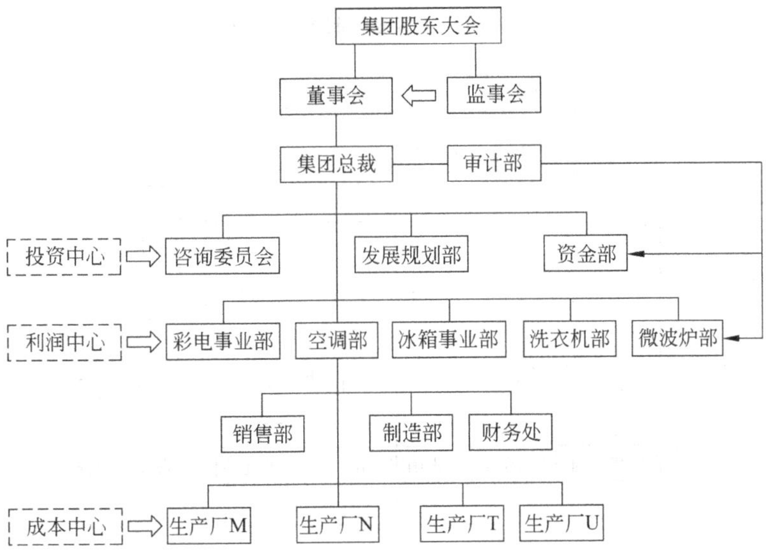

图 4-9　HRJ 公司的 M 型结构会计组织结构

4. 超事业部制组织结构

20 世纪 70 年代中期，出现了事业部制的变种——超事业部制组织结构。其原因在于随着大企业的迅速扩张，事业部越来越多。以 GE 为例，自 50 年代初期的 20 个事业部，到 1967 年增加到 50 多个，这使组织的协调成本加大；而美国 70 年代的经济停滞，更增加了企业的困难。于是从 1971 年开始，GE 在最高领导和事业部之间设立了 5 个"超事业部"（执行部或事业本部），统辖协调所属事业部的活动，由副总经理负责；事业部日常事务决策，向执行部报告，以加强协调。1978 年 1 月这种体制正式确立，其后一些大企业也相继采用类似结构,它反映了70年代大企业的集权倾向。

超事业部制又叫"执行部制"。它是在组织最高管理层和各个事业部之间增加了一级管理机构,负责管辖和协调所属各个事业部的活动,使领导方式在分权的基础上又适当地集中。超事业部制相应地形成了多级利润中心,这样做的好处是可以集中几个事业部的力量共同研究和开发新产品,可以更好地协调各事业部的活动,从而能够增强组织的灵活性。当然,这种形式是在事业部制基础上根据实际情况所做的变革,通常是和一般的事业部制混合使用的,有些事业部的性质要求直接归母公司领导,就不会在其上设立事业本部了。超事业部制组织结构如图4-10所示,会计组织结构如图4-11所示。

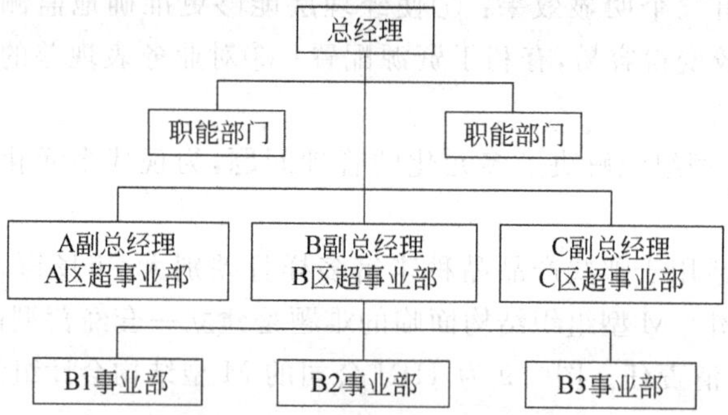

图4-10 超事业部制组织结构

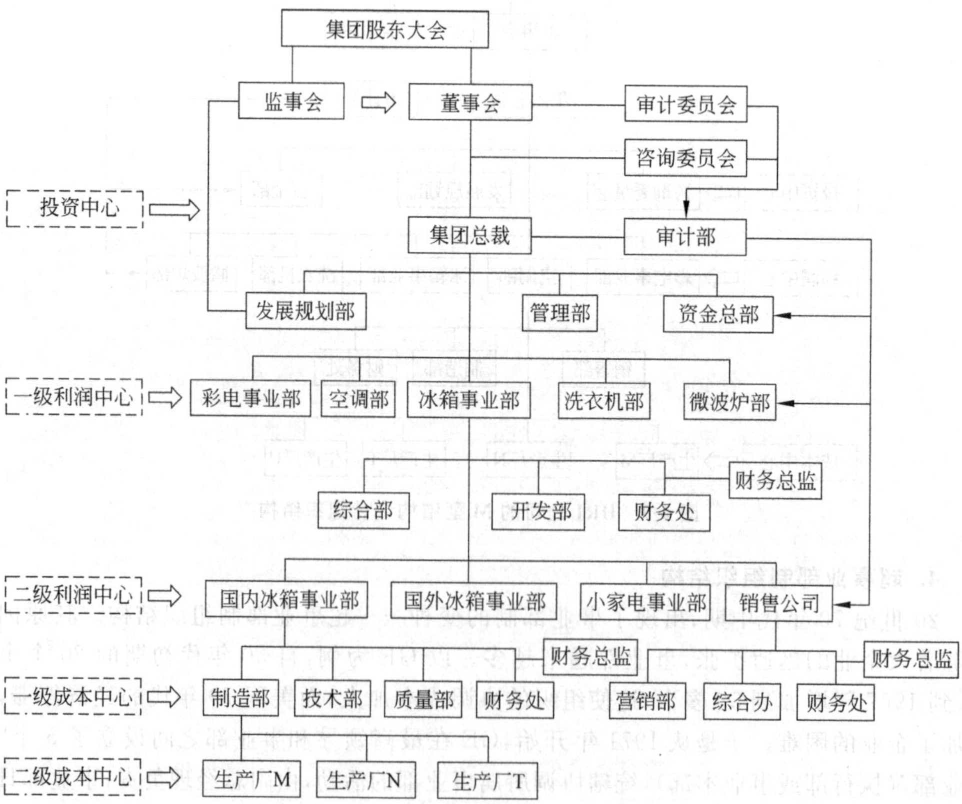

图4-11 超事业部制会计组织结构

5. 矩阵型组织结构

矩阵型组织结构(matrix structure)是指在企业集团中既有按职能设置的纵向组织系统,又有按某一项目划分的横向组织系统,二者结合形成了交叉式的组织结构。矩阵型组织结构在各子公司或事业部的某些部门之间横向形成专门的项目小组,以满足单个子公司或事业部难以满足的对特殊项目和特殊产品的需求。矩阵式结构是职能制与母子公司制的变形,强调集团内部跨部门的协作以及总部的共享管理。矩阵型组织结构如图 4-12 所示。

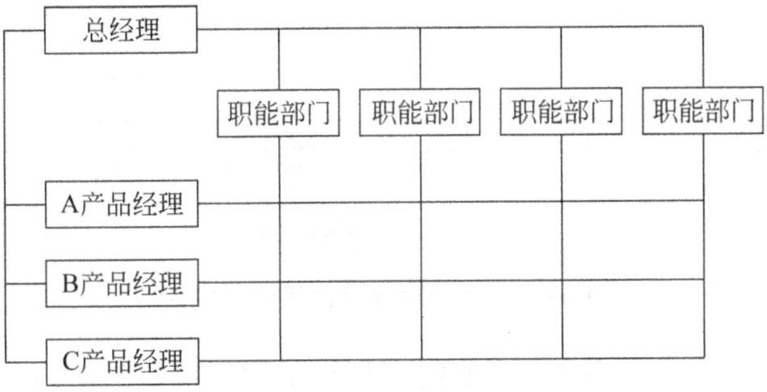

图 4-12 矩阵型组织结构

深圳华为是典型的矩阵型组织结构,自 2000 年起,华为建立了企业管理平台、技术平台和运作支持平台三大类部门,实行全面的项目管理,建立许多跨部门矩阵组织,实现了公司范围内跨部门协作,极大地提高了华为公司产品在全球市场的竞争力。华为公司总体组织结构如图 4-13 所示,其投资管理委员会结构如图 4-14 所示。

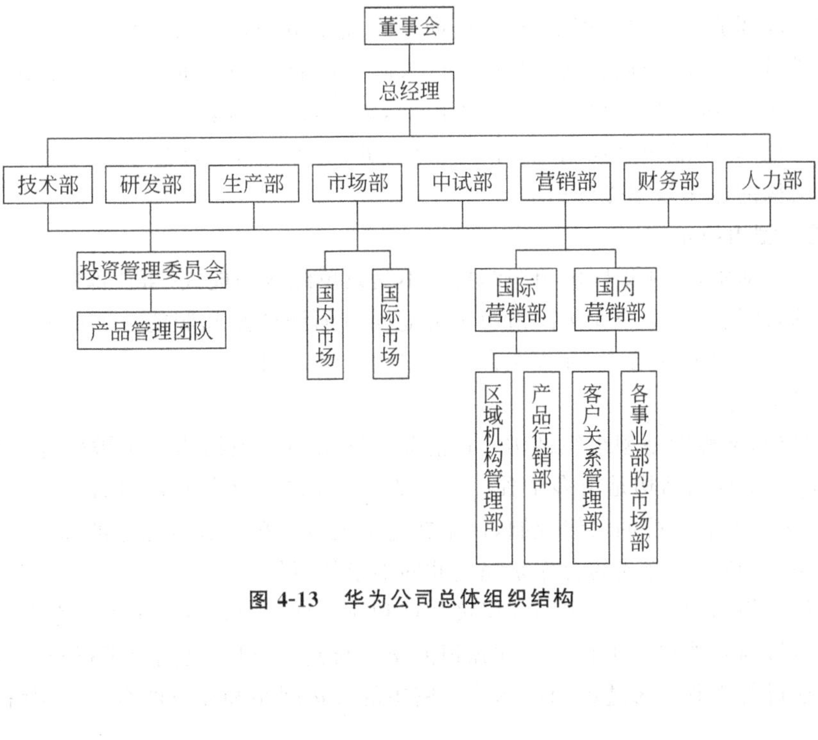

图 4-13 华为公司总体组织结构

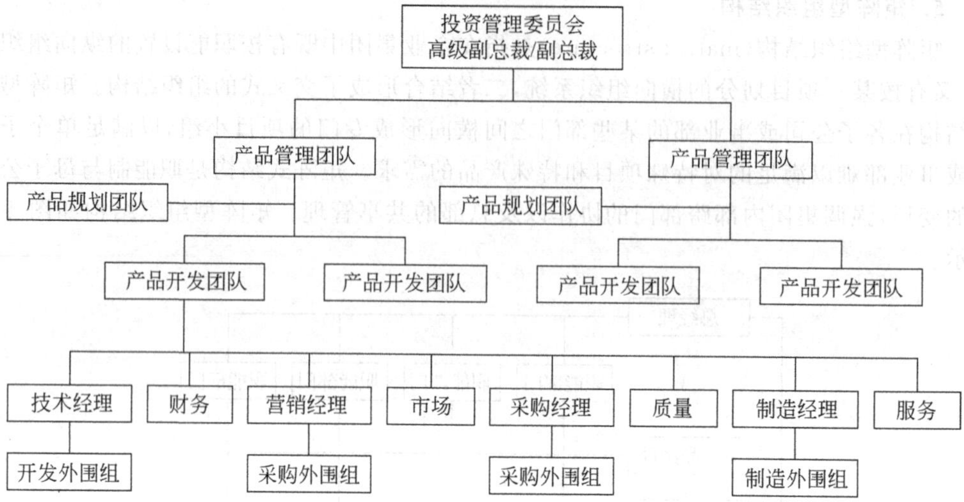

图 4-14 华为公司投资管理委员会结构

矩阵型组织结构的优点在于:①职能型组织结构的协调问题迎刃而解,因为完成项目的所有关键人物一起工作。②节省开支。因为组织没有多余的人,所以避免了人员重复或浪费。③矩阵型组织结构中的项目小组可以不断地接受新任务,富有灵活性,对专业人员的使用富有弹性。④矩阵型组织结构由于实行项目经理制,可以将职能专业化和对象专业化很好地结合起来,是一种可以不断适应战略和环境变化的、最大限度地实现企业集团联合目标的集团组织形式。

矩阵型组织结构的缺点在于:①多头领导。矩阵型有时被称为"多指挥系统",每一个员工既要向职能或部门经理汇报,也要向项目或小组经理汇报,违反了统一指挥原则。②对团队成员要求高,他们必须有足够好的人际沟通能力、善于应变、有合作精神,才能使团队有效运转。③项目结束后,团队马上解散,人员重组,容易影响士气。④项目经理承担着项目责任,却不能完全控制相应的资源(人员、设备等),结果会导致权责的不对称,从而使矩阵结构的运作效率受到影响。

6. 混合型组织结构

在现实生活中,企业集团的组织结构并不是以单纯的职能式、事业部制或矩阵制的形式而存在的,而是在一个企业集团组织中可能同时强调产品和职能或产品和区域。综合两种特征的一种典型的结构,称作混合型组织结构(图 4-15)。

7. N 型结构

N 型结构,又称网络型组织结构。目前关于网络型组织结构一个被较为普遍接受的定义是:网络型组织结构是由多个独立的个人、部门和企业为了共同的任务而组成的联合体,它的运行不靠传统的层级控制,而是在定义成员角色和各自任务的基础上通过密集的多边联系、互利和交互式的合作来完成共同追求的目标。

网络型组织结构中,企业集团各层级公司和业务部门都是网络上的一个节点,每个单位都可以直接与其他单位进行信息和知识的交流与共享,单位之间是平行对等的关系,而不是以往通过等级制度渗透的组织形式。密集的多边联系和充分的合作是网络型组织最

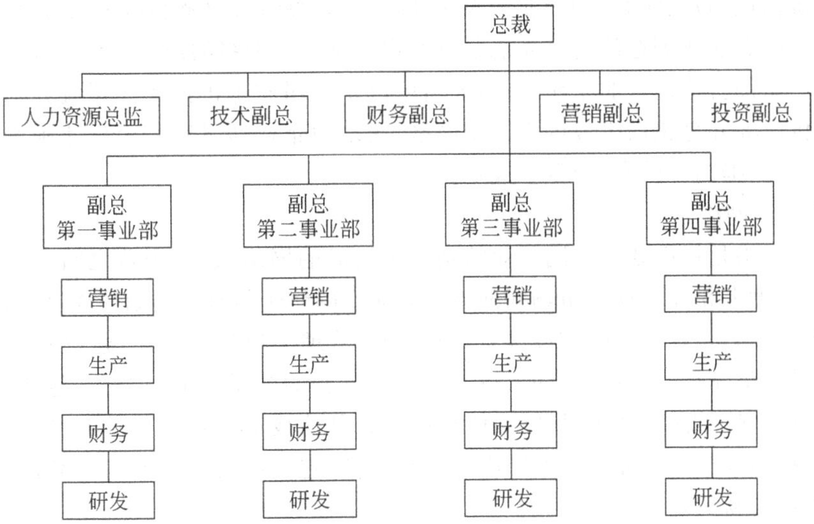

图 4-15　混合型组织结构

主要的特点，而这正是其与传统企业集团组织形式的最大区别所在。这种组织结构在形式上具有网络型特点，即联系的平等性、多重性和多样性。企业的网络化变革过程中，必须通过大力推广信息技术的使用，使许多管理部门和管理人员让位于信息系统，取消中间管理层或使之大大精简，从而使企业组织机构扁平化，企业管理水平不断提高。

根据组织成员的身份特征以及相互关系的不同，网络型组织结构可以分为以下四种基本类型：

1）内部网络

内部网络包括两个方面的含义。第一个方面是通过减少管理层级，使信息在企业高层管理人员和普通员工之间更加快捷地流动；第二个方面是通过打破部门间的界限（但这并不意味着部门分工的消失），使信息和知识在水平方向更快地传播。这样做的结果，就使企业成为一个扁平的、由多个部门界限不明显的员工组成的网状联合体，信息流动更快，部门间摩擦更少。与此相适应，企业的组织结构也以生产为中心转变为以顾客为中心。例如，小米集团的组织完全是扁平化的。七个合伙人各管一摊，组织架构基本上就是三级：核心创始人—部门领导—员工，任何决策都是“一竿子插到底”式的执行，有效保障效率，小米内部完全是激活的，一切围绕市场、客户价值，大家进行自动协同，然后承担各自的任务和责任。公司第一定位不是 CEO，而是首席产品经理。80％的时间是参加各种产品会，每周定期和 MIUI、米聊、硬件和营销部门的基层同事坐下来，举行产品层面的讨论会。很多小米公司的产品细节，就是在这样的会议中和相关业务一线产品经理、工程师一起讨论决定的。

2）垂直网络

垂直网络是在特定行业中由位于价值链不同环节的企业共同组成的企业间网络型组织，原材料供应商、零部件供应商、生产商、经销商等上下游企业之间不仅进行产品和资金的交换，还进行技术、信息等其他要素的交换和共享。联系垂直网络中各个企业的纽带是实现整个价值链(包括顾客)的利益最大化,因为只有整个价值链利益最大时,位于价值链中各个环节的企业所创造的价值才能最终实现。垂直型网络的组织职能往往是由价值链中创造核心附加价值的企业来履行的,如通用汽车公司和丰田汽车公司就分别构建了一个由众多供应商和分销商组成的垂直型网络,网络内企业通过紧密合作达到及时供应和敏捷制造,大大提高了效率、降低了成本。

3) 市场间网络

市场间网络是指由处于不同行业的企业所组成的网络,这些企业之间发生着业务往来,在一定程度上相互依存。市场间网络最为典型的例子是日本的财团体制,大型制造企业、金融企业和综合商社之间在股权上相互关联,管理上相互参与,资源上共享,在重大战略决策上采取集体行动,各方之间保持着长期和紧密的联系。金融企业(包括商业银行、保险公司和其他金融机构)以股权和债权形式为其他成员企业提供长期、稳定的资金支持,综合商社为成员企业提供各种国内外贸易服务,包括原材料采购与成品销售、提供贸易信用、规避交易风险等。

4) 机会网络

机会网络是围绕顾客组织的企业群,这个群体的核心是一个专门从事市场信息收集、整理与分类的企业,它在广大消费者和生产企业之间架设了一座沟通的平台,使消费者能够有更大的选择余地,生产者能够面对更为广泛的消费者,有利于两个群体之间交易的充分展开。机会网络在规范产品标准、网络安全和交易方式方面起到了关键作用。典型的机会网络核心企业包括早已存在的邮寄产品目录公司和电子商务平台企业(如亚马逊、eBay 等),它们将众多生产者和消费者联系起来,共同构成机会网络。

集团整体组织架构的几种基本形式本身并无高下优劣之分,关键在于是否能够与集团公司自身的业务发展相吻合,是否能够为集团战略提供组织保证,是否能够为集团公司管控提供组织安排。而且,集团整体组织架构不是一成不变、陈陈相因的,而是处于一种动态变化的演进过程。被誉为互联网行业先知的《失控》作者凯文·凯利认为未来的企业组织会更类似于一种混沌的生态系统。"互联网+"时代下,组织变革的重要趋势是扁平化、网络化、垂直化、自组织、分权化、民主化、社会化、国际化。组织结构需要进行组织内部平台化转型和组织外部的平台化转型。组织内部平台化转型主要是把企业变成一个又一个创新创业平台,一个促使员工自由全面发展的平台,以确保组织高效灵活运行,并激发了组织成员的创新能力;组织的外部平台化是指大型组织打造互利共赢的生态圈,形成产业链的竞争优势,组织甚至进行跨界竞争。从华为的班长的战争、海尔的自主经营体和员工创客化,到中国互联网企业三巨头 BAT(百度、阿里巴巴、腾讯)近年来的组织大规模跨界整合,可以发现企业集团组织结构模式总的发展趋势正由金字塔式垂直结构向有机化、扁平化发展或平行网络式结构转变,甚至上升到更立体的组织结构层次,应对未来客户个性化的加强和大规模定制的兴起形成大型化—规模化与小型化—简单化—弹性化并存的局面。

4.2 企业集团财务管理的特点

企业集团的财务管理，并没有改变企业财务管理的本质和企业价值最大化的目标。因为从长远来看，企业集团的价值最大化与集团成员的价值最大化是内在一致的。但是，从集团的基本特征中我们可以看到，企业集团既可以看作企业组织的最高形式，也可以看作企业外部组织的一种形式。所以，企业集团的财务管理与单体企业的财务管理相比有以下几个不同的特点。

4.2.1 企业集团财务管理主体复杂化

企业集团呈现为一元中心下的多层次复合结构特征。企业集团财务关系涉及面广：涉及各个企业内部即集团内部各成员企业的财务关系、企业集团各成员企业之间的财务关系、企业集团作为整体对外发生的财务关系。

单体企业的财务管理与企业集团的财务管理相比，变成了“微观”层次上的管理。子公司的财务管理活动既具有独立性，又对集团公司具有服从性。一方面，子公司是独立法人，应具有独立的经营自主权和理财自主权；另一方面，子公司应遵循总部统一的财务战略、财务政策与基本财务制度。

企业集团的核心层(核心企业或集团公司)有两个不同范围的管理主体：集团公司本身的财务管理；集团公司作为母公司或控股公司针对所属不同类型的成员公司所进行的财务管理。

由于集团组建模式和组织形式的不同，财务管理的主体大大复杂化了，可以是集团公司、控股公司、集团总部、事业部、超事业部、子公司等；而且构成企业集团的成员在所有制、产权形式、行业、规模甚至国别上都不一样，这种差距使财务管理主体更具复杂性。

4.2.2 企业集团财务管理活动复杂化

在筹资方面，企业集团筹资与单个企业筹资的不同之处主要表现在以下两个方面：第一，企业集团筹资的内涵增大。单体企业的内部筹资主要是指企业的积累，而企业集团的内部筹资除了通常意义上的自我资金积累之外，还包括集团内部企业之间的资金融通，即母公司与子公司、子公司与子公司之间的资金相互融通。集团内部企业之间相互提供资金融通的方式是多种多样的，可采取相互持股、发行债券、短期商业信用等形式。集团内部筹资的优势在于筹资成本相对较低，交易费用较少。第二，债务筹资的财务杠杆效应更为显著。企业集团内以股权联结的多层次结构使财务杠杆效应更为明显。一方面，母公司资本具有一定的负债能力；另一方面，在母公司向子公司投资，形成子公司资本后，又产生新的负债能力，这就从整体上放大了集团资本的负债能力，使企业集团筹资的杠杆效应明显高于单个企业。财务杠杆效应的存在，显著扩大了企业集团的融资能力，也增加了企业集团的财务风险。

在投资方面，与单个企业相比，企业集团的投资管理具有更重要的意义：从对外投资来看，不仅投资规模大，投资范围广，而且投资活动将带来整个企业集团的重组，其复杂程度远比单个企业的投资活动大得多;从内部投资来看,企业集团内部的相互投资,并由此带来的资产重组活动也相当频繁。此外,由于集团内委托代理关系的存在,使企业集团投资管理活动更加复杂。

在收益分配方面,企业集团内部有多种分配方式,如利润上缴、投资分成、转移价格、提取管理费等。利润上缴方式适用于集团内部的分公司和全资子公司;投资分成适用于集团下属的控股子公司、联营企业和参股企业。提取管理费用方式是在集团公司内部运作尚不规范的情况下,解决集团公司管理费用来源的办法,适用于集团内部的分公司和全资子公司。内部转移价格也是调节集团内部利润的一种方式。

4.2.3 企业集团财务管理的基础是控制

企业集团的财务控制是集团控制的基本手段,核心层对企业集团其他层次的控制成为管理的基础。企业集团的控制有两个层面,一是对集团中成员的经济控制,二是对企业集团经营业务的实际控制。前者其实是组织架构和权利分配的问题,后者为控制的实际操作以及确定标准、衡量业绩、纠正偏差的过程。二者都反映在目标控制、过程控制与结果控制之中。企业集团财务控制的核心是资本控制,主要通过权限控制、组织控制和人员控制来实现。换句话说,企业集团财务控制可以理解为一个基本层面(控制的框架,包括集权与分权的安排、组织结构的设计与财务人员的职能)与三个环节(目标控制、实施过程控制与监督评价)。

企业集团是一种较为紧密的企业外部组织形式,具有相对稳定性,因此企业集团比其他企业联合形式更易于控制。从另一个层面上看,财务控制是企业集团内的母公司或核心企业对众多处于不同层次的子公司或非核心企业进行实质性控制的重要方面,企业集团的财务控制在难度上显著增加了。这既体现在上述集团财务管理在管理对象、管理层次、管理职能和管理方法上的复杂性,更体现在企业集团的财务制体制,即财务实行分权管理和集权管理的两难选择以及集团组织结构和财务人员的职能设置上面。

4.2.4 以产权管理为核心

在企业集团这种现代企业组织形式中,集团总部通过直接投资形成被投资企业的法人资本,通过资本控制关系实际控制成员企业的全部资产,实现由资产到资本的转化,并通过这一过程控制企业集团的全部财务资源。对于成员企业来说,母公司是资本的投入者,享有“出资人”所拥有的全部权利,包括资产受益权、重大经营决策权和财务决策权等,形成基于产权资本的管理。产权管理与业务经营是两种不同性质的管理活动,有其相对的独立性和系统性,包括资本投资的决策、资本关系的调整(如调整投资比例)、资本的考核与控制。随着产权管理成为企业集团财务管理的一项重要内容,企业集团的财务管理也就集业务经营与资本经营于一身。对母公司来讲,财务管理偏重于资本经营;对各个子公司来讲,财务管理偏重于业务经营。

企业集团财务管理中的产权管理要特别处理好资本运作与企业集团产业发展的关系。从经济发展的历史来看,金融资本仅为产业资本的发展创造条件,产业资本才是决定经济发展的最终力量。因此,企业集团的发展应以产业资本经营为主。也就是说,企业集团应致力于实体资产的长期经营，以核心产业的发展壮大和实现协同效应为根本。企业集团的长期投资以及收购、兼并等资产重组行为，必须围绕如何盘活企业集团的存量资产和增量资产进行，以增强集团核心竞争力，有效实现企业集团的战略转移。这与以从事金融性资产投资，通过证券投资组合规避风险、获取收益以及以从事企业"买进—短期经营—卖出"等业务为主的投资银行有根本的区别。

4.2.5 企业集团财务管理突出战略性

战略一般指重大的，关系事物全局的，涉及时间相对较长的，同时又决定或严重影响事物发展前途和命运的重大谋划。战略与企业集团的生存发展息息相关，企业集团的财务管理具有明显的战略相关性。

首先，企业集团的形成本身就是战略选择的结果。母公司选择组成集团的成员，是根据自身实力、发展方向、双方的优劣势等情况而定的。集团成员的联结方式，如互相持股、控股、参股、协议等，都是战略的实施和体现。

其次，企业集团的日常经营和竞争也离不开集团战略。企业集团成员众多，职能地位不一，为了协调一致，真正发挥企业联合的规模效应和范围效应，取得与单体企业和其他企业集团相比在竞争中的优势，必须从整体与局部、短期与长期等多个角度出发来考虑集团的生产经营。

最后，企业集团的成长必须有战略指导。集团的规模大小、专业化与多元化的发展方向、自我发展或者以多种兼并或协议的方式成长，都属于集团战略的范畴。

财务战略是为了谋求企业资金均衡有效地流动和实现企业整体战略，在分析企业内外环境因素对资金流动的影响基础上，对企业资金流动进行全局性、长期性和创造性的谋划，并确保其执行的过程。企业财务管理的实际效果是在企业的生产和经营中实现的，故财务战略不但是企业战略的主体之一，而且渗透到企业战略的其他部分如营销战略、人力资源战略。所以，企业集团财务管理的一个重要特点是宏观性、战略性的增强。

4.2.6 企业集团内部的财务管理同时带有强制性和非强制性

所谓强制性，是指企业集团财务管理制度一经制定，集团内部成员企业必须遵守执行。前提是集团在制定这些财务管理制度时，要求各成员企业必须参与，对于共同认可的制度性内容，必须贯彻执行。

强制性的财务管理制度内容如对外融资的担保及抵押办法；集团内部融资的办法及利率；内部转移价格的制定与执行；各成员企业较大的投资项目或涉外经营的批准程序；各成员企业主要负责人的职责及薪俸水平；资产负债率水平，等等。

所谓非强制性，是指企业集团成员在不违背企业集团财务管理制度的前提下，可以对某些财务事项自行决策。自行决策的内容可以包括：资产处置权、对外融资权、职工工资及福利等。

4.3 企业集团的财务管理体制

企业集团虽然不是法律主体,却是一个财务主体和特殊的会计主体。以资本为纽带、由核心层和其他成员企业形成的企业集团,有独立的财务活动,有集团特殊的财务关系,因此,它是一个财务主体。企业集团虽然不是一个独立核算的主体,但是,要编制以集团公司为中心的合并会计报表。因此,它又是一个特殊的会计主体。所以,企业集团在行使财务管理职能时,需要一套与单一企业不同的财务管理体制来支撑。

4.3.1 企业集团财务管理体制的类型

财务管理体制是指企业处理财务活动中的组织框架和管理机制,主要包括组织框架的安排,财务管理权限的划分和财务管理机构的设立等内容。企业集团内复杂的产权关系、多元的财务主体等特征,使选择一种合适于企业集团的财务管理体制成为必然。建立企业集团财务管理体制的核心是决策权和控制权的划分问题,即解决集权和分权的关系问题。企业集团财务管理体制按管理权限的集中程度可分为集权型、分权型和混合型三种类型。

1. 集权型财务管理体制

在集权型财务管理体制下,财务管理决策权高度集中于母公司,母公司对子公司实行严格的控制,实施统一核算,统一调配资金,集中管理。其特点是:财务权力高度集中于母公司,对子公司人、财、物和产、供、销实行统一经营、管理、决策和核算,各成员单位只是执行集团公司的财务决策。

集权型财务管理体制的优点:①财务管理效率较高,企业信息能实现较充分的纵向沟通,有利于在重大事项上迅速果断地决策,并使各子公司与母公司的总体财务目标保持一致;②有利于母公司发挥财务调控功能,便于整体协调,较好地发挥整体资源的整合优势,提高整体资源的利用效率;③通过集团产品结构和组织结构的整体优化,有利于降低成本、统一调剂集团资金,取得规模效益。

这种模式是基于对子公司经理层不信任的假设上,其最大缺陷在于无法调动子公司经理层的积极性。具体体现在五个方面:①因决策信息不灵带来的低效率。最高决策层(母公司)远离经营现场,信息掌握不完整易造成决策低效率甚至失误。②制约了子公司理财的积极性和创造性,部分剥夺了子公司的理财自主权,甚至侵犯了其独立法人的地位。③不利于母公司专心从事战略管理。母公司事无巨细地对子公司的日常经营活动与财务活动进行管理,不利于企业整体的长远规划和发展。④难以应付复杂多变的环境。由于集中决策、效率降低,应付市场变化的能力大大降低。⑤难以对子公司经理人员的业绩进行评价和考核。子公司的经理人员实质上只是起到母公司"临工"的角色,对子公司的经理人员的业绩也就无从评价和考核,不可能使企业集团管理行为真正规范。另外,子公司的破产或清算中无法厘清母子公司间的财务利益关系。由于母公司指挥的失败而导致子公司的破产或清算,会在很大程度上破坏"有限责任"这一原则,也会使母公司财务陷入困境,无法理清母子公司间的财务利益关系。

因此，这种模式主要适用于下列三种情况：①企业集团的规模不大，且处于组建初期，需要通过集权来规范子公司的财务行为；②子公司在集团整体的重要性使母公司不能对其进行分权，如子公司是母公司的原料供应或采购单位，或是母公司产品的销售对象；③子公司的管理效能较差，需要母公司加大管理力度。

2. 分权型财务管理体制

在分权模式下，母公司只保留对子公司重大财务事项的决策权或审批权，不干预子公司日常的生产经营、财务事项的决策权与管理，其对于公司的管理强调的是结果控制，即对子公司完成受托责任的情况进行考核与评价。

分权型财务管理体制的主要优点有：①企业集团高层能够将有限的时间和精力集中于最重要的战略决策；②各子公司拥有充分的理财权，财务决策周期短，应付市场变化能力较强，减少集团公司的决策压力；③有利于激发成员单位的工作热情和创造性，提高经济效益。

但分权模式也有其明显的缺陷，主要体现在以下方面：①易形成诸侯割据、各自为政的局面，不利于整个集团资源的优化配置，可能难以产生财务协同效应；②难以统一指挥，由于纵向沟通不及时或不通畅，信息分散化和不对称的现象较常见，重大事项的决策速度被减缓；③监管难以到位，容易导致经济活动不规范、成本开支失控、财务监督不力、资金分散等现象，增加企业集团的资金风险，降低资金使用效率，不利于及时发现成员单位面临的风险和可能出现的重大经营问题。

因而，这种模式主要适用于资本经营型企业集团和某些对集团没有重要影响的子公司。

3. 混合型财务管理体制

混合型财务管理体制，是指集权和分权相结合的财务管理体制，强调在分权基础上的集权，不仅发挥各成员单位的积极性和主动性，而且从严理财，是一种自下而上的多层次决策体制。其特点是：母公司对成员单位在所有重大问题的决策与处理上实行高度集权，子公司对其他一切经济活动具有较大自主权。此模式的优点是：有利于综合吸收集权与分权的优点，克服或最大限度地消除过度集权或过度分权的弊端；由母公司对重大问题统一领导，有利于提高企业集团的整体经济利益，增强其在竞争中的实力和应变能力；各子公司对其他经济活动拥有相对独立的自主权，能有效地调动其工作积极性并实现其自我约束。但是，母公司往往会造成管理链条较长，相关的监督成本较高，而且难以把握集权和分权的尺度。

企业集团财务管理体制从总体上要解决和面临的最大问题是：集权与分权的关系问题。这在体制上关系着组织结构的设置与权责利的明确；在管理战略上关系着集团总部对成员企业积极性的判断与专业分工和团队协作机制的塑造。

集权和分权是相对的，没有绝对的集权，也没有绝对的分权，集权和分权没有一个绝对的定量指标来衡量。企业集团应根据外部环境和竞争的需要，结合集团自身生产经营和组织机构的特点、财务运行模式和环境的差异，来创造适合自身特点的财务控制模式。一般来说，集权型的财务管理体制能发挥企业集团的整体优势，便于集团宏观调控与指导，而分权型财务管理体制可使下属企业结合自身特点灵活决策，有助于调动下属企业的积极性和创造性。而且，并不是集团内的每一个企业都享有完全的财务管理权力，而是集团公司将其直接控股的子公司的权力分散给它们，然后这些子公司又在各自的下属企业之间选择集权、分权或放权的财务管理体制。

4.3.2 企业集团财务管理体制选择的影响因素

企业集团究竟应采取哪种财务管理体制以扬长避短，实现优势互补，在集权与分权财务管理体制选择上，并没有统一的标准，但有一些影响因素，需要在选择时加以考虑。影响企业集团财务管理体制选择的因素是多方面的，既有集团内在的也有集团外部的因素，有主观的因素也有客观的因素以及历史的原因，主要包括以下几个方面。

1. 财务权力的划分是企业集团财务管理体制选择的关键考虑因素

从管理的角度来看，企业集团与单体企业管理的不同之处主要在于以产权为基础的管理，主要反映在重大项目的投资决策、重大的筹资决策、资产收益分配权和主要领导干部的任免权等方面。财务目标决定了财务资源的配置和利用，资源配置的好坏直接影响企业当前和未来的经济利益。围绕财务目标产生的不同层次和角度，财务权力大致可以划分为以下四种，它们是企业集团进行财务体制选择时，需要重点考虑的。

1）财务决策权

财务决策权是宏观上经营者财务权利的最高层次。财务决策权还可以分解为财务战略决策权和财务运作决策权。主要内容包括：投资决策权、筹资决策权、财务收益分配权、会计政策决策权、财务领导任免权、资产处置权等。

投资决策权可以由集团总部统一运用，集团可以选择明确规定由企业集团把握集团投资方向、投资规模，各子公司一律没有投资权；也可以针对不同性质的子公司，按照一定限额或者子公司自有资本的一定比例适当下放投资决策权，调动子公司管理者的积极性，但是这种限额或比率在整个企业集团的资本总额中是微不足道的。

筹资决策权方面，可以由母公司一头对外筹资，多渠道筹集资金再通过内部投资或贷款向子公司提供资金，从而严格控制财务风险，也可以按子公司经营状况制定不同的筹资政策并给予其不同的筹资权限。

财务收益分配权方面，子公司有权按《公司法》的规定，先从税后利润中提取法定公积金、法定公益金来弥补上一年度亏损的利润。对于集权化的公司，余下的可分配利润由母公司统一支配调度或采用较高利润上缴比率等办法进行处置。

会计政策决策权方面，集团母公司可以对子公司的成本费用核算和管理等会计政策的制定、审批权限的设置以及实施过程进行把握。

财务领导任免权方面，集团母公司按照出资比例任免派驻子公司的董事会成员或直接任免子公司的董事长，为加强对子公司的控制可以采取由母公司统一委派子公司财务主管人员的制度。

资产处置权方面，子公司的关键设备、成套设备、重要建筑物和限额以上的资产处置报集团总部批准，其余资产处置可由子公司自主决定。

2）财务资源调配权

财务资源调配权是依据具体项目和生产情况调动财务资源的权利，是财务决策权分化出来的权利。这种权利在分布上依据生产特点和项目性质而异，在分配上依据职务等级而异，如预算审批权、流动资金调配权等。

3）财务资源使用权

财务资源使用权是最低一级的财务权利，是财务资源调配权行使后的体现，也是保证财务资源真正发挥作用的权利，如购买办公用品、工资奖金分配等。

母公司可以统一制定集团的财务资源使用分配比例，子公司在不违背分配原则的前提下，自行决定财务资源使用总额和分配形式。

4）财务监控权

财务监控权是对其他几个层次的财务权利的分配过程和行使过程进行监督和控制的权利。在较低层面上，财务监控权是财务决策权派生出来的监督财务资源调配和使用情况的权利；在更高的层次上，财务监控权是企业所有者监督企业经营者的财务权利。比如，现金流量的监控和成本费用控制等方面。在现金流量的监控方面，集团总部对整个集团的现金流转通过财务公司、内部结算中心等方式实施严密监控。在成本费用控制方面，集团总部对子公司的成本费用管理制度的制定、审批权限的设置以及实施过程进行把握。

2. 企业集团财务管理体制选择的财务环境因素

财务环境即财务管理环境，是指对企业财务活动产生影响作用的企业内外的各种环境因素的总和。财务环境对财务管理目标、财务管理方法、财务管理内容具有非常重大的影响，从而关系到财务管理体制的构建。财务环境分为宏观财务环境和微观财务环境两方面。其中，宏观财务环境主要是指企业理财所面临的政治、经济、法律和社会文化环境，微观财务环境主要是指企业自身的组织形式、所处发展阶段、行业性质和规模等。

对企业集团而言，虽说宏观财务环境对企业集团的财务管理体制有着重要影响，但真正影响企业集团财务管理体制形成的因素主要来自企业内部微观的财务环境。

1）企业集团的发展战略

发展战略是企业集团发展的总设计和总规划。企业的投资战略是其发展的总纲，使之能兼顾当前工作和长远发展，正确处理一系列关系，使企业始终保持长盛不衰的局面。企业发展战略可按不同标准进行分类，如按发展战略的性质可划分为稳定型战略、扩展型战略、紧缩型战略和混合型战略。企业集团在某一阶段采取的具体战略的差异必然要求以不同的集权分权管理模式来支撑。比如，企业集团在实施扩张战略阶段过分强调集权是不明智的，应该积极鼓励子公司开拓外部市场，形成集团内多个新的经济和利润增长点，分权程度就应该大一些；在稳定型战略下集团总部必须从严把握投资融资权力，而对有关资金运营效率方面的权力可以适当分离；在紧缩战略之下必须强调高度集权；在混合战略下，可能有必要对不同的子公司实行不同的管理模式。如果发展战略要集中大量资金，扩大母公司的生产规模，母公司就要集中资金管理和投资决策；如果发展战略采取集约经营的方针，量力而行改善品种，提高质量，同时积极鼓励子公司开拓外部市场，建立多个新的产业发展和利润增长点，分权程度就应该大一些。

2）企业集团的产品（产业）选择

从理论上分析，企业集团产业定位的差异是明显的。按照多元化程度的差异，可以把企业集团产品（产业）定位划分为四种类型：①单个产品密集型定位，是指企业集团以单一产品为投资经营对象的条件下采取积极的措施,开辟新的业务领域,增加新的花色品种,提高市场占有率,从而全面扩大生产和销售;②一体化产业定位,是指企业在某产品供、产、销三方面的投资与经营实现一体化,使原料供应、加工制造、市场销售实行联合,从而扩大生产和销售能力;③相关联多元化定位,指多元化扩展到其他相关领域后,没有任何单项产品的销售收入能占到销售总额的70%;④无关联多元化定位,指企业进入与原来业务无关的领域,如钢铁企业进入食品行业。

如果集团行业和产品比较单一、生产流程衔接紧密、产品必须统一面向外部市场实行垄断竞争,集权程度就高一些;如果集团行业和产品众多,生产流程无紧密联系,各种产品面对的市场情况不同且经常变化,分权程度就应大一些。

3)企业集团的规模和总部的控制能力

不同规模的企业集团,在财务管理制度上有明显差别。根据管理幅度和管理层次论,管理者受时间和精力等的限制,在企业规模扩大到一定程度后,就有必要实行分层次的授权管理。因此,当企业集团规模不大、经营范围较小、业务比较单一、子公司数量不多而集团内部关系较为简单时,财务管理就可以相对集权;而若企业集团规模较大、经营业务多样化,或子公司数量较多,且集团内部关系较为复杂,集团公司总部难以统一管理子公司财务或统一管理的效率过低,那么,就会采取相对分权的财务管理体制。

首先是决策体制问题。对于一个规模较大的企业集团来说,单一领导人的重要性正在下降,一个配合默契、互相制衡且由不同知识结构的专业人士组成的管理团队的重要性正在上升。规模的扩大,意味着信息量的增加,知识面的拓展,这会使任何单个人感到力所不能及。力所不能及而又要决策,就必然会发生失误。所以建立决策层、管理层和经营层三权分立的集体决策体制,互相补充、互相独立又互相制衡,用集体的智慧弥补个人知识的不足是企业规模扩大后的正确选择。这种体制可能会损失一些效率,但它能避免巨大的隐患。

其次是管理能力的问题。规模的扩大意味着层次的增加。管理学一般认为,一位管理者所能直接管理的下级人员不超过8人。所以企业集团做大后,必须建立专业化的管理组织,实行多层次授权代理,由此要建立一系列监督管理制度,正确处理好控制与授权代理之间的关系,用完善的制度规范人的行为,把管理由"人治"引向"制度治"。总之,如果总部适应市场的能力十分健全,集权可以实现"管而不死";反之,集权过度难免形成"一管就死"。

4)分支企业对企业集团财务战略影响的重要程度

对于集团而言,并非所有的企业都处于同等重要的地位。从确保资本杠杆的功能、实现集团发展的战略结构、维护和增强集团的核心能力以及扩大核心产业市场优势的立场出发,集团公司通常会对与集团核心能力、核心业务密切相关的子公司的经营活动实施高度的统一管理与控制,倾向于采用集权型财务管理模式,因为这关系着企业集团的前途命运与生死存亡;而对于那些与核心能力、核心业务关系一般甚至没有影响的成员企业,从提高管理效率、发挥各自的积极性以及增强市场竞争的应变性角度,通常实行分权管理。换言之,集团总部对核心企业和控股层企业的控制要明显严于参股层、协作层企业。对于那些与集团的发展战略、核心能力、核心业务以及可预见的未来发展关系一般、影响不大的成员企业，从提高管理效率、发挥各自的积极性以及增强市场竞争的应变性角度，在它们对集团整体的市场形象不构成损害的前提下，采用分权型的管理体制通常情况下还是较为适宜的。

5）企业集团的发展阶段

企业集团的孕育形成、成长、成熟和衰退蜕变的生命过程，也是财务管理体制自我控制性与灵活性的矛盾发展过程。在孕育形成初期，为实现创业构想，财务管理体制的自我控制性占优势地位，母公司财权高度集中；在成长阶段，为了追逐更大的利润，客观上要求牺牲部分控制权利，以获得更大的灵活性，因此，财务管理体制的集权度降低，子公司获得充分的经营、资金运用权和一定的决策权，财务的组织化制度化建设开始发挥效用，企业集团走向成熟；在成熟阶段，企业集团形成了垄断优势，财务体制的灵活性要求继续上升，分权度进一步扩大，财务管理体制的控制力和灵活性达到了平衡，规模经济效益达到最大；在成熟转向衰退的时期，企业集团转向追求稳定的收益，而不是最大的利润，灵活性要求开始降低，自我控制性要求渐渐转为上峰，但财务体制开始僵化，从而内在地要求变革。

6）体制本身的成本—效益权衡因素

从理论上分析，一个体制的构造应该考虑以下因素：①利益因素。财务体制的选择过程，是集团各利益群体实现自己的目标函数的过程，是一个利益调整和利益分配的过程。各种利益关系的相互作用，制约着体制选择和体制演进。②成本因素。财务体制运行的组织费用，既包括市场的组织运行费用，也包括企业或各级科层的组织运行费用。③体制绩效。财务体制在组织企业集团财务和经济运行方面的功效，可用企业集团生产经营发展的各项指标加以衡量。

从体制的成本—效益因素分析，如果集团采用集权管理体制，即管理权集中于管理总部，那么在集团内部则需要有一个能及时、准确地传递信息的系统，同时还应充分考虑信息传递过程的控制问题，以保证信息的质量。如果这些要求能够达到的话，集权管理的优势便有了充分发挥的可能性。但与此同时，信息传递及过程控制有关的成本问题也会随之产生。分权管理实质上是把决策管理权在不同程度上下放到比较接近信息源的各层次的成员企业或组织机构，这样便在相当程度上缩短了信息传递的时间，解决了信息传递过程中的控制失效问题，从而使信息传递与过程控制等方面的相关成本得以节约。并且随着分权程度的增加，分权管理信息利用价值的优势与代理成本也都有不断增加的趋势。由此可见，在成本与效益方面，集权与分权也都有着不同的利弊。对相关成本与效益进行分析权衡，对企业集团做出集权或分权的决策选择无疑是有着一定的参考价值。

7）管理文化结构的差异

管理文化的不同对企业集团的管理模式也产生着一定的影响。先个人价值而后社会价值的西方文化结构以及“自由民主”的社会意识，使西方企业集团更易于采用分权制管理模式。在西方文化看来，无论是子孙公司抑或其他成员企业，与母公司一样，在法律上有着平等的法人权利地位以及独立的社会人格特征。因此，采用分权管理体制，既是对子公司行为能力的尊重，也是对其积极创造性的保护与人格价值的社会认同。相反，在先社会价值而后个人价值的东方文化结构以及“集中统一”的社会意识背景下，东方企业集团在管理上更易于采用集权制。

4.3.3 企业集团的财务机构及其职责划分

虽然由于企业集团规模、业务性质和文化背景等诸多因素的不同,不同的企业集团财务机构及其职责划分具有各自不同的特点,但是一般来说,企业集团的财务机构及其职责是按以下模式划分的。

1. 集团总部的财务机构

企业集团财务管理总部是集团财务系统的综合管理部门,由 CFO 直接领导,总部的财务管理机构一般由会计、财务、审计、资金管理等部门组成,图 4-16 列示了集团总部财务管理组织结构的通用模式。

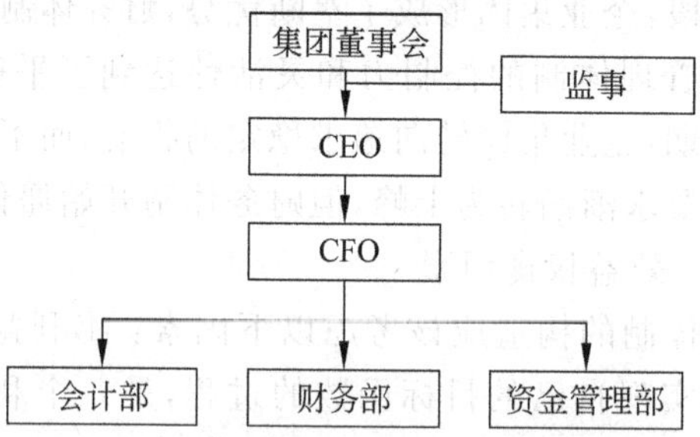

图 4-16 集团总部财务管理组织的通用模式

1) 集团总部会计部门的职责权限

作为集团总部日常会计核算工作与会计信息归集、整理与对外财务会计信息披露的唯一提供者,会计部门主要负责以下工作:

- 集团总部日常会计核算工作;
- 集团统一会计政策及会计制度拟定;
- 集团财务信息化建设;
- 控股企业报表管理与合并、对内信息提供及对外信息披露;
- 集团下属公司财务报表分析;配合外部审计对集团会计报表的鉴证等。

2) 集团总部财务部门的职责权限

作为集团财务战略具体实施中心、财务政策传导中心、预算管理中心、财务风险预警中心和财务审计团队管理中心,财务部门主要负责以下工作:

- 集团及控股企业财务战略的运行态势监控和维护;
- 财务通则及制度拟定与监督;
- 预算及财务计划实施监控;
- 风险预警与防范;
- 投资项目管理、税收筹划、资产管理、内部价格转移、股票和期权管理、股利分配政策;
- 内部管理报表分析;
- 财审团队建设与管理等。

3）集团总部资金管理部门的职责权限

作为集团全系统内资金分配、使用、管理、结算、调剂的职能管理部门，资金管理部主要负责以下工作：

- 统一集团内结算账户和存款；
- 办理集团各下属单位的贷款审查、发放与收回；
- 集团内现金结算、内部资金调剂和企业授信管理；
- 统一管理融资内的担保和贴现业务；
- 集团内票据的统一保管与管理；汇总各下属单位资金使用情况的旬报表，并提出分析意见；
- 负责与银行搞好公共关系，保障融资渠道的畅通。

2. 集团总部财务管理机构与其他职能机构的职责界定

尽管财务管理机构的职责是集团财务工作的运作与实施，但伴随着企业各种管理职能的交叉与混合的趋势，财务管理与会计正向战略、人力资源等领域渗透，如企业薪酬激励系统便是渗透和融合的产物。因此，如何清晰地界定财务管理部门与总部其他职能机构（如人力资源部、战略规划部门等）的职责权限似乎越来越困难。

1）财务管理机构与人力资源部门的职责协调

按照传统的职责分工，人力资源部门主要负责人员的招聘、培训、绩效评价、薪酬系统设计等工作，但随着“EVA 红利”和股票期权等激励方式的出现，纷繁复杂的考核数据的计算与调整似乎非人力资源部门能力所及。实务中，不少企业正将绩效评估与薪酬系统设计等工作委托给财务管理部门。

事实上，绩效评估主要涉及两个方面的内容：①在公司治理结构层面，所有者对经营者的绩效评估；②在公司内部经营管理层面，经理层对责任中心和员工个体的绩效评估。具体而言，集团总部经营者和下属责任中心的绩效考评，是属于总部财务预算管理控制领域，通过财务预算系统设定的财务指标和非财务指标来予以反映，而总部普通员工个体工作绩效评估，更多的是属于人力资源管理领域。

至于薪酬系统的管理，财务管理部门主要侧重于数量上的分析与控制（如 EVA 指标的计算等），并以此为基础建立起一个具有竞争力、行之有效的薪酬激励系统，而人力资源部门的出发点则是管理学、心理学的观点（如衡量员工的精神能力、态度或士气等）。

此外，在人员的招聘与培训方面，财务管理机构应该要求总部的人力资源管理部门针对集团财会人员情况做出详尽的计划，对集团财会人力资源管理做出系统的规划和安排。对于保有、培养、发展等关键环节，财务管理机构应该提出明确的要求，并应根据实际情况亲自把握。

2）财务管理与战略管理部门的职责协调

通常，大型企业集团的“战略管理委员会”由财务、战略、法律等各种不同领域的专家组成，同时由于战略实施本身就需要“全部门”“全员”的共同参与，因此，理想的集团战略管理应该是各职能部门通力合作的结果，而并非是战略规划部门“孤军奋战”的结果。一些持“财务至上”观点的人认为应该将“战略规划”的工作全部纳入财务管理机构中，理由如下：从战略眼光来看，股东或出资人的目标是公司价值最大化，要实现这一财务目标，必须充分发挥财务调控生产经营和资本经营的功能。而资本经营本身就是一种战略行为,从某种意义看也是一种财务运作的战略行为。所以,公司战略与财务战略由财务管理机构负责是非常有利的。

完整的战略管理过程包括资源分析、战略和业务规划以及战略的实施与反馈。财务管理机构在战略与业务规划过程的不同阶段的确承担着不同的职责:在资源分析和核心竞争管理中,财务管理机构要积极参与,并使之成为集团价值管理的一个有机组成部分;在战略规划过程中,财务管理机构履行支持性职责,协助CEO完成企业分析、战略规划和实施管理;而在业务规划阶段,财务管理机构的角色和分量逐渐加大,起着支持甚至主导性作用。至于协助完成战略的实施与反馈工作,财务管理机构更是责无旁贷,因为衡量集团战略完成情况所需的财务数据只可能源自财务部门。

集团管理在很大程度上是由母公司(集团总部)的定位来体现的。可以说,从资产关系的观点分析,母公司对子公司管理的主要内容应是对其资金、财务活动的调控,以达到实现集团战略,并确保投资回报这个终极目标的实现。

归纳西方多年的集团公司财务管理经验,并结合我国现实,集团管理总部的财务管理职责主要定位于:

(1) 战略预算的编制、实施与监控。

(2) 确定最佳的集团资本结构,以保证为实施战略预算所需要的资本,并规划其资本来源渠道。

(3) 协调与外界的财务关系,包括股东、银行、审计师和资本市场等;建立与实施集团公司财务政策。

(4) 负责经营性财务计划的落实,包括资本预算、现金流转计划等;风险管理,包括确定债务总量、债务结构和财务杠杆的控制。

(5) 业绩衡量标准化的建立,并通过预算考评等方式实施业绩评价。

(6) 集团内部财务报告政策的制定与报告制度(包括报告的标准、时间与内容设定、报告质量控制与会计标准等)。

为此,母公司还要设置专门的职能机构、部门具体行使母公司权力。如设立公司股权管理室,作为集团公司行使股东权力的办事机构。其主要职责可以包括:负责管理集团公司在参资企业中的股权,并制定相应的股权管理规定及有关措施;负责协调集团同参资企业董事会的工作和与股东之间的关系,研究改进董事会运行机制,正确推行董事会领导下的经理负责制;掌握参股企业股权结构,并根据集团董事长、执行董事的指示和集团有关制度规定,参加、协商、办理有关股权的变更事宜;掌握参股企业资产成分、资产构成、资产变更,为集团领导提供动态信息。

3. 子公司的财务机构设置

子公司的财务机构设置既要有独立性,又要符合上一级财务部门有效控制的要求。由于集权与分权形式的不同,子公司的财务机构设置可能有很大差别。

一般来说,如果子公司与母公司设有同样的财务部门,那么这个部门应归属母公司的相应部门进行对口管理。在本公司内行使财务职能的同时,其决策权限由上级部门授予,并要向上级汇总报告本公司的预算以及提交财务报告。

4. 财务总监委派制

财务总监是企业集团日常财务工作的直接发动者、组织领导者和最高负责者。财务总监委派制是指集团母公司将子公司的财务总监列为母公司财务部门的编制人员，由母公司直接委派并接受其考评，负责子公司的会计核算和财务管理工作，参与子公司的经营决策，并认真执行母公司制定的各项财务管理制度。该制度实际上是两权分离的产物，是在财务监督制度基础之上的创新，其最终目的就是维护作为所有者的母公司的权益，在集团内部母子公司之间形成了相互制衡的监督约束机制，它在减少子公司投资失误、防范经营风险、避免资产流失等方面发挥着不可或缺的作用。

财务总监委派制的优越性体现在以下三个方面：

(1) 降低了财务总监与总经理"合谋"的风险，使所有者监督能够落实到企业的日常经营活动与财务收支之中，从而更具有及时性、经常性、有效性和自觉性。

(2) 通过巧妙的制度设计，财务总监委派制形成了子公司的董事会、财务总监和总经理之间三权相互制约、相互牵制的内部权力制衡机制，抑制了任何一方权力的无限膨胀。

(3) 严格的选拔制度也在一定程度上降低了财务总监失职或滥用职权的风险。较高的思想、业务素质与工作经验，保证了财务总监在执行监督、参与决策时，以保证集团整体经济利益最大化为最高行动纲领。

财务总监的职责类型主要有以下两种：

(1) 监督稽核型。在这种类型下，集团委派的财务总监由集团财务部统一调度、任命、管理和考核。其工资奖金全部由总部统一发放。其根本职能就是进行财务监督，硬化产权约束。具体行使的职权主要有：

- 审核子公司的重要财务报表和报告；
- 参与制定子公司的财务管理规定，监督检查子公司各级财务运作和资金收支情况；
- 财务总监与经理联签批准规定限额范围内的企业经营性、融资性、投资性、固定资产资金支用和汇往境外资金及担保贷款事项；
- 参与拟订子公司的年度财务预算与决算方案；
- 参与拟订子公司的利润分配方案和弥补亏损方案；
- 参与拟订子公司发行公司债券的方案；
- 审核子公司新项目投资的可行性。

(2) 决策管理型。决策管理型财务总监由母公司委派，经子公司董事会任命；委派的财务总监属于子公司高管人员，接受集团和子公司双重管理与考核奖罚。具体行使的职权主要有：

一是主持子公司日常财务工作，建立、健全子公司自身财务监控体系，积极配合、支持子公司总经理做好各项重大的经营决策与财务决策事宜，从财务角度对子公司业务部门的活动发挥专业作用。

二是与子公司总经理一道从集团整体利益出发，对子公司决策项目或行为与公司管理政策、管理目标、制度章程的符合性做出分析与判断，使子公司的财务政策与集团公司的总体政策、目标或章程相一致，保证子公司财务制度的建立、健全和有效贯彻。

这两种制度各具特色,前者监督职责单一、身份独立、监督到位,保持着对子公司经营班子十分严格的财务监督,其不足之处是由于委派的财务总监专司监督职能,子公司经营中必须还有一个财务主管型的人物,从监督和被监督的天然对抗性而言,他将孤立财务总监的监督。后者集监督、决策与管理于一身,寓监督于管理之中,制度效率高,其弊端是面对两种职能和接受双层考核的体制,具体操作起来财务总监实在难以兼顾上下的要求,在利益的驱动下,很容易与子公司总经理形成"合谋",有悖于推行财务总监委派制的初衷。

集团推行财务总监委派制,应坚持以下几方面:

第一,财务总监委派制最终应落实到公司治理结构的加强。为了充分贯彻母公司意图,必须从形式和实质上保证财务总监在子公司治理结构中的超强权威和显赫地位;同时为了规避法律上的障碍,财务总监最好称为财务董事,并由集团产权管理部或投资部负责管理、委派。

第二,财务总监不仅应该是子公司董事会成员,受董事会任命,对董事会负责,在董事会闭会期间代行董事会的财务审批职能和监控职能,同时还应该是子公司管理层或经营班子的成员,由子公司总经理(总裁)直接领导,组织指挥公司财务运作。具体来说,就是做好总经理决策参谋,为有效的投资决策项目筹集所需资金,利用财务信息强化企业管理。已委派财务总监的子公司就不能再另设总会计师、财务总裁等岗位和人员。

第三,对委派的财务总监实行双层考核,工资奖金也就不能由集团总部全部发放,主要应该由子公司负责。

第四,为了防范"合谋",财务总监应该实现定期轮岗制度,并禁止同一总经理与同一财务总监长期"共事"制度,或靠集团建立有效的内部审计机制来防止"合谋"行为。

在有些企业集团,与委派制密切相关的制度是"联签制"。财务总监与子公司总经理联签事项包括:

- 公司提供贷款担保,公司对外单位及下属企业提供贷款担保;
- 公司提供现金;
- 公司通过银行办理转账结算;
- 公司通过银行办理对外投资的转账结算;
- 公司通过银行办理商品及物料购入业务;
- 对采取托收承付和委托收款结算方式的商品及物料购买的合同实行联签;
- 公司办理的信用卡,每月对银行报来的对账单实行联签;
- 公司本部或内部财务结算中心对所属企业借款金额;
- 公司呆账、烂账处理;
- 公司超过管理规定标准的费用支出和超过年度预算的费用支出实行联签。

【本章思考题】

1. 企业集团存在的原因是什么?为什么这些公司要联合成一个集团,而不是各自为政?

2. 企业集团产生的条件是什么?如何组建企业集团?

3. 企业集团的特征是什么?
4. U型、H型、M型和矩阵型企业集团组织架构各有何优缺点?
5. 不同组织结构下企业集团的管理控制模式有哪些? 每种模式各有何优缺点?
6. 企业集团财务管理特征有哪些?
7. 企业集团财务管理体制的类型及其优缺点是什么?
8. 企业集团财务管理体制选择的影响因素有哪些?
9. 企业集团母公司怎样实施对子公司的财务控制?
10. 财务总监委派制的优越性体现在哪里?

【案例分析】

某外资大型超市集团财务组织的变革

集团化是我国企业发展的一个显著趋势,但很多企业组织形式在向企业集团过渡的过程中,由于缺乏管理经验,在财务管控上出现了较多的问题,如集团财务组织低下,财务数据分割导致的汇总和分析困难,财务分析和管控薄弱,财务经理面临多重指挥等。如何解决企业集团财务组织的功能优化问题,是集团财务管理亟待解决的一大课题。L集团的财务组织设计与变革强化了企业集团对下属分子公司的财务管控,提高了财务治理的效率,为我们理解集团公司财务战略意图、财务管控模式和财务组织设计这三者的内在联系提供了参考,也为集团财务组织设计提供了参考。

一、L集团的背景

L集团是某跨国零售超市集团在中国的所有业务的总称。L集团的母集团是全球最大的零售集团之一,其在中国大陆的门店数已经超过50家,覆盖十多个省市,它未来三年的目标是突破100家门店的规模。L集团在大陆的业务均是大卖场,并且是直营连锁。L集团最近五年每年的营业额都以超过20%的速度增长,年营业额已超过100亿元。

二、变革前L集团财务组织状况及面临的问题

(一) 变革前L集团财务组织状况

1. 集团总部和各区财务部

集团总部以集团财务总监(CFO)为长官,下设会计部、资金部和管控部。会计部的主要职能是汇总各区财务发来的基于店这个层级的财务报表,并按母集团的要求汇总成符合母集团准则的会计报表,向L集团管理层提供业绩报表。同时,在全国设立7个区财务部,作为总部财务部的派出机构。区财务部的人事关系和任命都由总部决定,日常业务由总部会计部负责联络。区财务部的主要职能是汇总区内各店的财务报表,为本区区长提供管理分析报表,同时担当总部与门店的联系人,上传下达。

2. 门店财务部

门店财务部是整个财务组织的核心和重心。门店几乎具备一家独立公司的全部财务职能。一个门店有财务人员10～15人,分为会计小组,供应商发票小组,供应商付款小组,金库小组,还有出纳和经理助理。每个门店都独立出具包括损益表、资产负债表和现金流量表等在内的标准会计报表,独立交税;有自己独立的银行账户,对外以自己的名义付款。

L集团的财务组织是高度分权的。各店财务经理直接由店总经理任命,向店总经理负责。同时,在业务上,店财务经理还要受命于区财务经理,并且总部财务总监及总部各业务部门经理都可以直接向店财务经理下达业务指令。

(二) 变革前所面临的问题

变革前财务组织所存在的问题主要有以下几个方面:

1. 效率低下

效率低下反映在三个方面:一是单店财务人员人数多,而且财务人员数将随着门店数目成比例增长。二是各店组织雷同,都在独立完成类似的工作,没有规模效益;对供应商来说,需要一家一家店去交发票,去对账,去催款,非常烦琐。三是反应速度慢。门店遇到自己不能处理的事务,需要层层汇报。

2. 财务数据分割,很难汇总和进一步利用

当时,不同合资公司的门店使用不同的会计软件,虽然有统一的会计准则,但在具体计量上各有差别,导致即使同一资产在不同门店有不同的折旧和计价方法。而且,总部很难直接看到各店的会计明细,所有报表和业务分析都建立在手工的电子表格基础上,只能数字核对数字。整个集团财务信息的整合利用和综合分析很难进行。

3. 财务分析与管控功能薄弱

首先,由于数据不能整合,财务分析的明细化很难做到(如分析每家门店一个月的电费用量),各店提供的数据会有差异,准确度低;其次,在人员设置上,没有突出财务分析和管控的功能,即使店财务经理想加强分析和管控,也没有足够的人力。

4. 多重指挥

由于店财务经理处于店总经理、集团财务总监、区财务经理以及总部财务部门经理的多重领导之下,当各级指令冲突时,门店财务经理往往无所适从。

实际上,以上的问题只是财务组织运行的结果,就其内部原因来说,首先是没有明确财务组织的发展方向。财务部门只是为了完成财务报表、付款和管理资金而工作,而没有明确完成这些业务的目的是什么,为企业带来了什么价值。其次,企业以及财务组织没有意识到企业与其利益相关者的相互依赖和相互发展的关系,没有建立为利益相关者服务的业务流程和组织。

三、L集团基于利益相关者的财务组织再设计

2002年,L集团的CFO已经意识到集团的财务功能需要进行整合,但由于集团整体组织还是有一定的活力,以店为基本单位的运营也取得了不错的业绩,整个管理层并没有进行大的组织变革的动力。

2004年年初,L集团总裁(CEO)更换,新的CEO正在重新审视现有的组织框架和业务战略。集团CFO认识到这是一个推动组织变革的大好机会,于是向CEO提出从财务组织开始进行组织变革,得到了CEO的同意和支持。很快便成立了财务组织变革行动小组(以下简称变革小组)。

首先,变革小组与集团管理委员会、集团总裁沟通了对财务组织进行重新设计和变革

的设想，取得了他们的同意和支持。在沟通过程中，特别陈述了利益相关者管理的战略思想。其次，变革小组召开了财务部门中高级管理人员头脑风暴会，专题讨论了基于利益相关者管理战略的财务组织变革的问题，并草拟了行动计划。这样，拉开了 L 集团历时两年的财务组织变革的序幕。

（一）分析财务组织的外部利益相关者和内部利益相关者

经专家和财务管理人员讨论，列出财务部门的利益相关者名单，并按重要性排序，如图 4-17 所示。L 集团财务部门一共有 8 个关键外部利益相关者，其中，供应商和顾客是最重要的，其次是合资公司的中方股东和各地税务机关，最后是银行、外部审计、商场物业的业主、统计局等政府机构。把银行置于相对次要的位置是由于 L 集团资金盈余较多，不需贷款。L 集团主要是与银行合作服务好顾客，及时调配资金。

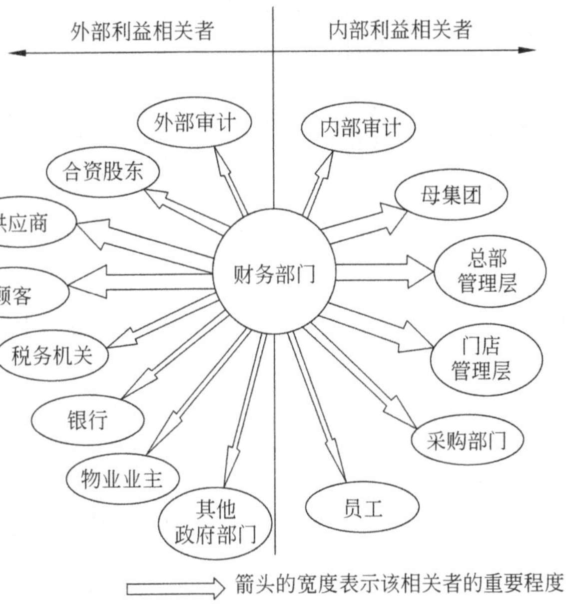

图 4-17　财务部门的关键利益相关者

同时，财务部门有 6 个关键内部利益相关者。其中，总部管理层、门店管理层和母集团是最重要的，其次是采购部门，再者是员工和内部审计。把内部审计列出是因为集团内部审计直接向母集团董事会汇报，内审对 L 集团做出的评价会影响母集团对 L 集团绩效的评价。

在识别了关键利益相关者之后，进一步用简短的词语描述了各关键利益相关者同财务部门的主要利益关系（表 4-1），仔细慎重地确认了财务部门需要完成的关键目标。

（二）确认集团的业务目标、发展战略和财务组织的功能目标

一方面，通过与集团管理层的沟通，变革小组确认了 L 集团今后 5～10 年的业务战略和发展战略，并针对总体发展战略分析了其中的利益相关者，明确了集团与利益相关者的关系以及追求的战略目标：

表 4-1 财务部门的关键利益相关者清单与财务功能分块

财务部门	财务功能	关键外部利益相关者		关键内部利益相关者	
		名 称	主要利益关系	名 称	主要利益关系
会计部	会计核算	外部审计	确保报表准确,恰当反映股东权益	总部管理层	准备及时提供业绩报表
		合资股东	正确反映合资股东权益	母集团	准确及时提供业绩报表
				内部审计	核算准确,遵守法规和会计准则
薪资部	工资支付	员工	薪资福利支付按时准确	员工	准确记录工时和计算薪资
资金部	资金管理	银行	薪金按合约使用和偿付	付款部	按申请准确按时支付
付款部	供应商关系管理	供应商	货款得以准确及时支付	采购部门	准确计算货款和退佣等
				资金部	按时准确提交付款申请
收银部	顾客关系管理	顾客	准确收款和退款	门店管理层	指导门店收银部门工作,提供培训
管控部	业务管理与支持			门店管理层	提供有效的标准化业务流程及培训,确保门店管理层明了业务状况,帮助达成改进方案
				总部管理层	确保总部管理层明了业务状况,提供业务改进建议
				采购部门	确保采购管理层明了业务状况,帮助达成改进方案
				母集团	提供母集团关于本集团的业绩分析与改进方案
投资部	发展与投资支持	物业业主	长期合作,收益良好	总部管理层	提出投资建议与分析
		其他政府部门	合法合规开店		
税务部	税务管理	税务机关	准确按时交税	会计部	准确核算税金
				薪资部	准确核算个人所得税

(1) 为顾客提供多样、低价、优质的商品和良好的服务,提高市场份额,成为行业的楷模。

(2) 与供应商建立良好的长期互利的合作关系,分享信息和资源。

(3) 快速发展、合规发展,与中国经济一起壮大。同时关注当地社区和政府的需要,成为良好的企业公民。

另一方面,企业的业务特点对组织特征有着重要的决定性影响。L 集团作为大型超市集团,在运营方面有着以下的独特性:

(1) 单店投资规模大，经营规模大，品种众多，员工较多，顾客流量巨大。

(2) 门店数多，分布广。供应商众多，有超过一万家商品供应商和上千家资产供应商。

(3) 销售量大，利润薄。销售毛利主要来自进销差价和供应商的价格折让。控制经营费用是关键。

(4) 顾客和供应商是企业成功至关重要的利益相关者。只有赢得了顾客的满意和信任，才能有旺盛的销售；只有保持与供应商良好的双赢的合作关系，才能有稳定、充足、低价的货源。

基于以上分析，变革小组将 L 集团财务组织的基本目标定为以下三点：

(1) 加强对内部利益相关者的支持与服务，使各级管理人员对企业经营的状况和方向有明确的了解和把握。

(2) 加强外部利益相关者关系管理，主动履行社会责任，为顾客和供应商提供更好的服务。

(3) 在促进销售的前提下，控制运营流程和费用，确保预算的完成。

(三) 建立基于为利益相关者服务的业务流程和内部组织

在分析集团财务组织的利益相关者以及财务组织运作目标的基础上，变革小组重新梳理了财务的业务流程，并规划设置了相应的内部组织。

1. 财务部门的业务流程

经过三个月的时间，变革小组整理了集团财务部门的工作流程，绘制了流程图，编写了关键控制点，等等。在此期间，发现现有的许多流程都是先有了业务，然后才去规范，是被动形成的，没有明确的业务目标和控制的范围。在分析列示每个现有流程缺点的基础上，变革小组根据利益相关者管理战略，指出了需要改进的方向。

2. 按照利益相关者管理战略进行财务功能划分

根据以上对 L 集团财务部门利益相关者的辨识和对财务组织目标的讨论，变革小组把 L 集团的财务功能重新进行了划分，按照为关键利益相关者服务的角度出发，着重突出了各功能模块的服务对象和服务功能。整个财务功能分为会计核算、资金管理、供应商关系管理、顾客关系管理、业务管理与支持、发展与投资支持、税务管理 7 个功能分块，然后基于这 7 个功能模块，建立相应的财务子部门。以下是与传统功能划分区别较大的几个财务功能模块：

1) 供应商关系管理

供应商关系管理功能主要是负责管理与供应商有关的财务事项，包括发票开具与收发，供应商应收款核对，发票内部处理以及对供应商付款等。供应商关系管理是我们从利益相关者战略管理的角度出发拟定的功能称呼，因为供应商是超市的重大利益相关者和业务伙伴，采购部门和门店一般把供应商当作谈判对手来看待。而财务部主要是为供应商提供服务，在供应商与超市的关系中，可以缓冲供应商与采购部门和门店的紧张关系。把该功能分块不只是定位于完成供应商付款的任务，而是把维护公司与供应商的良好合作关系，改善合作效率放在首要位置，将会为公司带来巨大的价值。

2) 顾客关系管理

顾客关系管理功能主要是处理顾客与超市的关系,特别是其中的财务事项,最直接的功能就是门店的收银线,另外还包括顾客发票的开具、顾客的退款、顾客的投诉、收银员收银款的核对与汇总清交银行等。与供应商关系管理相类似,变革小组把促进顾客与超市的互动关系,改进对顾客的服务作为该部门的目标。

3) 业务管理与支持

业务管理与支持功能是面向关键内部利益相关者服务的,特别是门店管理层、集团管理层和母集团。它包括三大功能,一是预算的编制与执行控制;二是为各级管理层提供财务分析与财务建议,以支持和帮助各业务部门更好地完成业绩;三是监督和控制涉及各个业务流程的统一的业务标准和公司政策。

3. 重新设计业务流程

在确定财务功能的各模块后,接下来要做的就是重新设计业务流程和具体的组织结构。首先把每一个现有流程按照面向利益相关者服务的目标进行改造。与流程设计同步的是,要确定业务管理的集中度,并且区分每一个流程的业务内容和决策内容。

4. 重新设计后的财务组织构架和特点

经过以上的分析和工作,我们将L集团的财务组织做了重新设计,主要的框架如下:

1) 集团总部和各区财务部

集团总部下设会计部、资金部、付款部、收银部、管控部、薪资部、投资发展部和税务部。

会计部履行会计核算功能。会计部采取高度集中业务集中决策的模式,采用统一的网络会计软件,全部会计人员统一归总部管理,各区和门店无权干涉。会计部下设总部会计部和各城市会计部。

付款部履行供应商关系管理功能。取消门店的供应商发票核对小组和供应商付款小组,全部集中到总部,实行业务集中决策集中,下设5个供应商发票管理中心和1个付款中心。

收银部履行顾客关系管理功能。收银部采取业务分散决策也分散的模式管理。总部收银部仅有3～4人,主要负责面向顾客的流程制定和培训,帮助和指导门店的收银主管,组织经验分享活动等。各门店收银部基本上根据自己的客流状况自主管理。

管控部履行业务管理与支持功能。管控部是财务组织的核心部门。我们将管控部的职能逐步细分,依次设立内部控制部和业务管理部,业务管理部下设门店业务管理部和采购业务管理部。其中,门店业务管理部和采购业务管理部都是采取业务分散决策也分散的组织模式,其他功能实行集中业务集中决策的模式。

类似地,资金部履行资金管理功能,实行集中业务集中决策模式;薪资部履行工资支付功能,采取集中业务集中决策的模式;投资发展部履行发展与投资支持功能,采取分散操作集中决策的模式;税务部履行税务管理功能,也采取分散操作集中决策的模式。

以前按区设立的区财务部与城市会计部合并,设立区业务管理经理,由区长任命,同时向总部管控部汇报。区业务管理经理的主要职责是为本区区长提供管理分析报表,指导所属门店业务管理经理的工作,组织本区内的经验分享活动,当总部与门店的联系人。

2）门店财务部门

门店财务部在组织变革后变得非常精简，仅设 2～3 名员工。此时的门店财务部实际上是门店业务管理部，主要是为门店管理层这一关键内部利益相关者服务。它负责店内业务流程的指导和监督，向各业务部门提供业绩报表和业务分析报表，帮助店总经理和各业务部门做出合理的决策。门店业务管理经理更像是部队的指导员，他（她）的主要任务是与整个店管理团队一起改善经营和业绩，是一个价值创造者和商业伙伴。

（四）建立基于利益相关者服务的业绩评价体系

在组织设计完成的同时，我们为财务组织中各子部门设定了业绩评价指标。评价体系以为利益相关者服务为主要衡量内容。如对供应商关系管理部，人均日处理发票张数、每百张发票录入错误行数、每月供应商投诉件数等是其关键业绩指标。对每一个评价指标，尽可能数量化，做到可记录和可跟踪。

四、变革前后的效果比较

L 集团的财务部门经过上述组织变革，组织活力得到了提升。一年之后，变革小组进行了回顾比较，发现在以下方面取得了显著改进：

（一）提高了财务部门服务效率

单店财务人数从平均 14.8 人降到了平均 6.5 人，而且，新的组织架构打破了旧组织模式中财务人员数与门店数成正比例增加的局限，其服务效率可以随着企业规模的扩大继续提高。据推算，如果 L 集团门店数增加到 100 家（增加 122%），效率可以提高 70%，而每个门店平均财务人员只要 4.5 人。

（二）改善了对外部关键利益相关者的服务水平

1. 顾客的满意度提高，供应商的投诉减少

据统计，变革后平均单店顾客投诉数减少 25%，供应商投诉数减少了近一半。顾客投诉的减少主要得益于两个方面：①门店收银部有足够的权限及时处理顾客投诉，如规定 200 元以下的退货投诉收银部员工可以直接处理，而以前是要求相关的商品销售科长签字后才能处理；②门店收银部得到了总部的支持，包括专业培训，分享好的经验，解决门店无法处理的问题（如改进业务流程）等，使收银部员工更专业，处理顾客问题的水平提高了。

供应商则是此次变革的最大外部受益者，首先是供应商不再需要按门店递交发票，而是统一送交 5 个发票管理中心，账务的核对也直接与总部付款中心联系，大大提高了效率，大大地减少了处理收款的人工成本；其次，由总部统一处理付款，不受门店的干涉，付款更加及时与准确；最后，L 集团定期将对账单发给供应商，供应商有任何疑问，随时可以拨打 L 集团付款中心的服务电话。供应商与 L 集团之间的账目一清二楚。因此，供应商与 L 集团之间的货款纠纷大大减少，供应商的投诉在媒体曝光的少了，供应商的满意度大大提高，L 集团与供应商的合作关系大大改善。

2. 协调了与其他利益相关者关系

财务组织变革也改善了 L 集团与银行、税务机关、统计局、工商局等其他利益相关者的关系。银行不用再和各家门店分别谈判合作条件，只需面对资金部一个口子。资金的往来、调拨等事务都由资金部与各银行直接决定。银行不必再与几十家门店进行烦琐的

日常交流,效率大大提高,可以将精力集中到为L集团理财并提高服务水平上。同样,税务机关等政府部门可以找到L集团总部对应的口子,有任何查询和稽查等,只要与一个人联系而不用与几十个人联系。同时,税务机关主动来进行税务指导的次数也增多了。

(三) 强化了对内部利益关系者的服务和支持水平

1. 财务数据得以整合,并可以进行及时、准确的分析

财务数据的整合为各级管理层的业务决策提供了支持。例如,对于电费支出的分析,从会计系统中可以直接得到各店的营业额、电费支出额和当月电费度数,通过对相关数据进行分析,财务部门就可以很快找出哪些店该项费用控制得好,哪些店控制得差,从而对业务有非常细化的掌控,更好地支持业务的发展和改进。

2. 从组织上加大了对运营部门的支持力度

变革后,一方面对业务的监控加强了,另一方面由于单独设立了从上到下的业务管理部门,来配合与支持业务部门提高绩效,业务管理经理不再将精力分散到会计核算与付款等事务上,而是专门进行业务分析和管理,因而更精通于从财务与业务信息中得出改进业务的建议,有利于与所在单位管理层一起更好地完成业绩指标。

(四) 提升了整个集团的绩效

综合来看,以上变革对L集团的整体绩效也产生了正面的影响。将财务组织变革前一个月的数据与变革后第二年的同期比较,营业额同比提高了7.6%,而费用则下降了4.5%,平均单店经营费用率降低约2%。L集团财务组织的变革不仅解决了门店财务经理受多重指挥的问题,还为财务部门节约了上千万元的人事费用;同时,财务部门一方面加强内部监控,控制了经营费用;另一方面加强了决策支持,提高了运营部门决策的及时性和准确度。

同样重要的是,财务组织以利益相关者战略为核心的变革极大地提高了对外部关键利益相关者的服务水平,提高了顾客对L集团品牌的忠诚度,加强了供应商与集团的合作意愿,这些都潜移默化地为集团绩效的改善产生积极的影响。同时,L集团为外部利益相关者提供服务,是一种主动承担企业社会责任的表现,获得相关者的肯定和社会的认可,赢得了企业声誉,为企业的稳定发展做出了贡献。

案例思考题

1. 变革前L集团财务组织上存在哪些问题?造成这些问题的原因是什么?

2. L集团在进行财务组织变革方案设计时,主要改进了哪些方面?

3. 为什么要提出建立基于利益相关者的财务组织变革方案?它反映了该集团公司财务战略上的何种意图?

4. 从L集团财务组织变革前后的差异来看,在集团公司财务管理体制上集权和分权各有什么利弊?

5. 如何理解财务战略、财务管控模式和财务组织设计三者之间的内在联系?

案例资料来源

[1] 胡贵毅,任崇明,王漫天. 建立面向利益相关者的企业集团财务组织——基于某外资大型超市集团财务组织变革的案例分析[J]. 会计研究,2008,(4).

[2] 裘益政,竺素娥. 财务管理案例[M]. 大连:东北财经大学出版社,2011.

第 5 章

企业集团内部资本市场和资金集中管理

【学习目标】

- 理解和掌握企业集团内部资本市场的概念
- 理解企业集团内部资本市场和资金集中管理的关系
- 掌握企业集团财务结算中心和财务公司的主要功能
- 了解企业集团财务共享中心的功能和作用

5.1 企业集团内部资本市场

5.1.1 内部资本市场的概念

最早提出内部资本市场概念的是 Alchian(1969)和 Williamson(1970)。Alchian(1969)在描述通用汽车公司的管理时,提出通用公司内部的投资资金市场是高度竞争性的并以高速度出清市场来运营,使得借贷双方的信息有效程度远比一般外部市场高。

Williamson(1970)认为,企业为了整体利益最大化将内部各个经营单位的资金集中起来统一配置,具有不同投资机会的成员单位围绕内部资金进行争夺的市场称为"内部资本市场"。

Williamson(1975)认为,企业通过兼并形成内部资本市场,可以降低企业与外部资本市场之间由于严重的信息不对称造成的高昂的置换成本。

本书所界定的"内部资本市场",是相对于外部资本市场而言的、存在于企业集团内部的非正式的"资本市场",它能够为企业集团母公司与子公司之间、子公司与子公司之间以及集团内公司与其他关联企业之间提供资金融通、资产配置等服务。

5.1.2 企业集团内部资本市场的功能和运作方式

自 Alchian(1969)和 Williamson(1975)提出"内部资本市场"概念以来,内部资本市场中的资本配置效率一直是财务和金融学界关注的焦点问题之一。许多研究发现,借助企业总部的行政权威或控制权,内部资本市场可以较低成本复制外部资本市场的资源配置功能,促使资本向经济效益较高的内部单元流动。在降低交易成本、避免交易摩擦、缓解外部融资约束、提高项目投资效率等方面,内部资本市场代替外部融资市场在企业运营中发挥着重要作用。

企业集团内部资本市场的主要功能如下：

1. 缓解融资约束

缓解融资约束主要是指内部资本市场可以规避外部融资由于信息不对称等因素造成的高成本，可以通过资本整合缓解内部成员企业的投资对本部门现金流的依赖性，增强成员企业的融资承受能力，提高集团整体的财务协同效应，降低公司陷入财务困境的可能性。

2. 资本配置功能

资本配置功能主要体现在内部资本市场能根据市场环境变化调整资本配置方向及数量，将资本配置到效率最高的环节。

3. 监督激励作用

监督激励作用体现在集团总部能通过有效的监督和激励降低股东和经理之间的代理成本，提高资本使用效率。

围绕这三大功能的发挥，不同企业集团往往会采用不同的内部资本市场运作方式，按照交易对象大体可以分为两类：

一类是资金融通型运作方式。从内部资本市场的本质上看，资金融通型运作方式是内部资本市场产生初期最主要的运作方式。企业集团作为一个命运共同体，各成员企业相互之间有着密切的伙伴关系，在资金使用上互助互济，体现了互惠互利的精神。更重要的是，集团的各成员企业间在资金使用、周转需要上往往存在一个“时间差”，从而为集团资金融通使用提供了物质基础。企业集团根据其生产经营、对外投资和调整资金结构的需要，在一定程度上，把集团各成员企业可利用的资金汇总起来，在集团内融通使用是有必要的。凡是企业集团中任意法人主体之间以获取资金为主要目的的交易都可以归纳为资金融通型运作方式。按资金来源不同，企业集团资金融通的方式主要有：内部的资金分配、企业集团内部借贷关系、交叉担保、内部产品或服务的购销、资产买卖、融资租赁、票据融资、股权转让、其他内部交易等。

另一类是资产配置型运作方式。很多时候，虽然企业集团各主体之间通过内部资本市场发生的交易都伴随资金的转移，但交易的主要目的却是实现交易资产的合理配置，我们把这种运作方式称为资产配置型。这里的资产包括实物资产、无形资产、各种股权和期权。目前在企业集团内发生的各种资产置换、股权转让、资产租赁等行为都可以看作资产配置型内部资本市场运作方式。

5.1.3 内部资本市场对企业集团资金管控的意义

我国企业集团大多采取多层次法人结构，组织结构和层次复杂，管理链条长，使得集团财务管理问题相对复杂，而资金管理是财务管理的核心，资金管控是提高企业集团财务管理水平、控制财务风险的关键内容。

集团资金管控与单体企业资金管控的不同之处在于集团可以构造出一个较大的内部资本市场，内部资本市场通过其运行平台、运行机制及相对于外部资本市场的功能优势在集团资金管控中实现其超额价值(企业集团运用内部资本市场资源取得的大于各分部独立运用这些资源产生收益的之和部分)。

1. 内部资本市场运行平台有利于加强集团资金的安全性

企业集团内部资本市场的存在使得集团资金应进行集中管理。国外跨国公司的经验也表明，要降低集团资金管理的风险，必须进行资金集中管理，即将整个集团的资金完全集中到总部，由总部统一调度、统一管理和统一运用。将银行管理机制引用到企业，集团总部设立专门的资金管理机构，统筹整个集团的融资、结算、调度、预算、计划、监控。这种借鉴银行管理机制，在集团内部成立的资金集中管理机构实际上就是内部资本市场的运行平台。现阶段我国企业集团较为成功的内部资本市场运行平台主要是结算中心和集团财务公司。

结算中心是指企业集团或企业内部设立资金结算中心，统一办理企业内部各成员或下属分公司、子公司资金收付及往来结算，它是企业的一个独立运行职能机构，其职能包括：集团管理各分、子公司的现金收入，各分、子公司一旦发生现金收入，都必须转账存入结算中心在银行开立的账户，不得挪用；统一拨付下属公司因业务需要的货币资金，监控货币资金的使用方向；统一对外筹资，满足整个集团对资金的需求；办理下属公司之间的往来结算，计算下属公司在结算中心的现金流入净额和相关的利息成本或利息收入；核定下属公司日常留用的现金余额；结算中心统一办理下属公司的对外借款。

财务公司是以加强企业集团资金集中管理和提高企业集团资金使用效率为目的，为企业集团成员单位提供财务管理服务的非银行金融机构。成立财务公司有利于增强企业内外部融资功能，有利于优化产业结构，开拓市场，提高企业集团竞争实力。随着企业集团规模的不断扩大。目前，多数企业集团的财务公司已发展成为兼具结算中心与融资中心、信贷中心、投资中心为一体的资金管理机构。

结算中心和财务公司都是集团资金集中管理机构，相对于证券市场和银行等外部资本市场运行平台，结算中心和财务公司能够按集团公司的规定，监督约束参加资金结算各方的行为，严明结算纪律，维护正常的结算秩序，从而使整个集团的资金风险得到有效控制。

在实际中，还存在财务公司与结算中心并存方式，即以财务公司为载体，设立资金结算中心，实行一套班子两块牌子，发挥财务公司在集团资金管理中的作用。财务公司对内行使资金结算中心的职能，对外借助商业银行的功能。

其优点在于：①财务公司与集团公司利益的一致性；②财务公司办理资金结算业务，有利于协调银行与银行之间、企业与银行之间的关系；③财务公司办理资金结算有外部商业银行无法替代的优势条件，集支付、协调、监督于一体；④有助于加强收支两条线管理。

2. 内部资本市场的多钱效应和活钱效应使集团资金管控具有效益性

内部资本市场的多钱效应是指把多个业务单位纳入同一母公司的控制下，以得到比把它们作为独立企业来经营更多的外部资本。

在资金管理过程中，资金链的连续性是一个不容忽视的问题，有许多企业都是由于资金链的断裂而破产的，若企业不能及时筹集到所需资金进行周转，则会引起一系列的负面连锁反应，使资金运用的效率大打折扣。在外部资本市场尚不完善的情况下，融资问题已成为各企业不得不面对的问题。理论和实践研究表明内部资本市场的多钱效应具有放松融资约束的功能,可以缓解由于融资约束而导致的投资不足,使企业更多地利用净现值为正的投资机会,提高资金运用的效率。内部资本市场的活钱效应是指内部资本市场能更好地在不同项目之间配置定量的资本。当公司总部拥有多个相关经营单位时,内部资本市场有利于资金的重新配置,将经营不善的投资企业,与公司总部所控制的其他资产进行有效重组。另外,公司总部可以把一个投资机会相对不好的项目资金转移到投资机会较好的项目,从而提高投资的整体效率。

3. 内部资本市场的监督激励

内部资本市场有利于资金使用效率的提高。在内部资本市场上,总部或者母公司对于下属部门或项目经理具有监督激励的功能,而且在内部资本市场的融资方式下,出资者(企业集团总部)对资金的使用部门拥有剩余控制权。

而在外部资本市场中,出资者(如银行)则没有剩余控制权(所谓剩余控制权即合同中未明确规定的对项目的控制权)。因此,内部资本市场上的总部有更多的意愿对项目经理资金使用效率进行监督。

5.2 企业集团资金集中管理

所谓资金集中管理,就是指母公司借助资本纽带或契约纽带等,控制成员单位的资金营运,聚集资金资源,以利于提高集团整体的资金使用效率。

5.2.1 企业集团资金集中管理的必要性

企业集团实施资金集中管理的必要性,具体表现在以下方面。

1. 企业集团发展壮大的需要

资金是企业的血液,资金充足和流转顺畅是企业集团得以发展壮大的前提和基础。

2. 企业集团防范风险的需要

为防范风险,企业集团需对各成员单位的重大投融资活动和日常资金调度进行必要的监管和控制。为此,企业集团资金信息的收集、整理、分析、控制、调度等就显得尤为重要。

3. 企业集团资源整合的需要

为了最大限度地发挥企业集团各项资源的协同效应,就必须进行企业资源整合。资金是企业资源的主要形态。集团母公司能够站在集团整体的角度,在子公司及其他成员单位之间进行合理的资金调配,方能实现集团整体利益的最大化。

4. 企业集团提高内部运行效率的需要

企业集团往往存在大量的内部交易,产生大量的内部资金结算业务。通过对集团成员单位的资金进行适度的统一调配和集中管理,能够有效地减少资金在途时间、汇划成本和不必要的内部结算手续,从而提高集团公司内部资金的使用效率。

5. 企业集团内部调剂余缺的需要

资金集中管理后,集团母公司以吸收存款的方式将企业集团内各成员单位暂时闲置和分散的资金集中起来,再以发放贷款的形式分配给企业集团内需要资金的企业,从而充分挖掘内部潜力，起到内部资金相互调剂补充，减少外部贷款，降低整体财务费用的作用。

6. 企业集团发挥规模优势和增强整体信用能力的需要

通过实行集团资金的集中管理，企业集团统一对外开户，统一调度资金，用企业集团的整体信用进行融资，其整体偿债能力和信用能力会大大增强。

企业集团作为一个命运共同体，各成员企业相互之间有着密切的伙伴关系，在资金使用上互助互济，体现了互惠互利的精神。更重要的是，集团的各成员企业在资金使用、周转需求上往往存在一个"时间差"，从而为集团资金融通使用提供了物质基础。企业集团根据其生产经营、对外投资和调整资金结构的需要，在一定程度上，把集团内各成员企业可资利用的资金汇总起来，在集团内融通使用是有必要的。

5.2.2　企业集团资金集中管理的基本原则

资金是集团公司财务控制的主要财务资源，也是财务控制的直接对象。而保持现金适度的流动性，提高现金使用效率，又是资金控制的重点。企业集团在实施资金集中管理的过程中，处理好集权与分权的关系，是决定资金集中管理效果最为重要的因素。一般而言，在处理集权和分权关系时，需要充分考虑和遵循以下几条基本原则。

1. 应与集团组织架构相匹配

资金管理集权与分权的程度，首先依赖于集团组织架构，而集团组织架构及其变革又取决于企业集团整体实力。一般来说，企业集团实力越强，可选择的资金控制方式越多。实力越弱的企业集团，变革企业组织架构带来的相对成本越高，可选择的资金控制方式越少。

2. 应以资金合理配置为基本追求

资金集中管理不应该演化为对成员单位资金简单粗暴的"掠夺"，而应该是在集团资金供给总量既定情况下的合理配置。企业集团资金是否得到了合理配置，其唯一的判断标准就是资金是否投向了集团内部最有效率的方面，从而使得企业集团总体的资金回报率得以最优。

3. 应有助于控制集团整体财务风险

资金集中管理，不仅要有助于促进资金效益的提高，同时还应该有助于控制和降低集团整体的财务风险。因此，必须充分了解集团各成员单位的经营和财务状况，以及所处的发展阶段，采取适当的资金控制模式，控制财务风险，避免财务风险在集团内部的蔓延。

5.3　企业集团财务结算中心

5.3.1　财务结算中心的概念和职能

财务结算中心是根据企业集团财务管理和控制的需要在集团内部设立的，借用商业银行的结算、信贷和利率等杠杆为集团成员企业办理资金融通和结算，以降低资金成本，提高资金使用效率的企业集团内部资金管理和服务机构。财务结算中心属于集团内部的服务机构，不是经营单位，既不是分公司，也不是子公司，是一个资金管理的职能部门，不以营利为目的,这是它和财务公司的本质区别。它的重点是服务,为集团企业服务,在本质上类似于我国20世纪80年代流行的企业"内部银行"。

财务结算中心的主要任务是为集团成员企业办理资金结算和融通。这里的资金结算包括现金结算和转账结算,资金融通包括以企业集团名义进行的外部资金融通和在集团成员企业之间的内部资金融通。提供资金结算和融通的范围限于集团成员企业。财务结算中心的主要职能如下。

1. 成为内部结算中心

每个子公司都在财务结算中心开设账户,其生产经营活动中一切实物的转让、劳务交易均视同商品交易,通过财务结算中心办理结算。各子公司发生的对内对外业务都遵循财务结算中心制定的结算制度。财务结算中心统一规范结算方式、结算时间和结算行为。同时对结算业务中资金流向的合理性和合法性进行监督,及时发现不合理的资金流向,把可能发生的偏差控制在事前。

2. 成为内部信贷中心

在集权管理模式下,母公司和各子公司的资金,由财务结算中心统一对外筹措,各子公司无权对外筹资;在分权管理模式下,子公司可在授权范围内对外筹资,但必须把筹集的资金统一存入财务结算中心。与此同时,财务结算中心根据集团公司为各子公司核定的资金额度,结合实际需要,对其发放贷款,并对各单位定额内使用资金和超定额使用资金实行差别利率计算利息。

3. 成为内部资金调剂中心

集团公司及其子公司间的资金余缺统一由财务结算中心进行有偿调剂和调度,以避免同时出现有的子公司资金紧缺,而有的子公司资金闲置,将整个集团的闲置现金余额降到最低限度,最大限度地提高资金的使用效能。

4. 成为信息反馈中心

财务结算中心定期或不定期地将资金流通状况以报表的形式反馈给各子公司,报送母公司,以及时掌握资金使用情况。必须明确的是,集团公司及其子公司不论以何种方式取得外部资金,都一律存入财务结算中心,由财务结算中心统一调度使用,使集团母公司清楚掌握其子公司资金的来龙去脉。

集团公司财务结算中心的具体存在形式可以是多种多样的。从财务结算中心与集团公司财务部门的关系来看,有单轨制和双轨制两种做法。所谓单轨制,是指集团内部结算中心不单独设立,将集团结算中心完全纳入公司财务管理体系,财务结算中心作为现行财务部门的一个办事机构存在。所谓双轨制,是指财务结算中心单独设置,与现行财务部门并列。不同集团公司,可根据具体情况设置符合自身需要的财务结算中心。在条件成熟时,集团公司可通过设立财务公司来实现资金的控制。

5.3.2 财务结算中心组织结构及各部门职能

财务结算中心内组织机构的职能如下:结算部主要负责成员单位账户的管理、收支结算、利息计算、内部账务管理、银行结算、银行对账、现金管理、财务报表的编制、企业内部代发工资、计算机设备及计算中心软件管理等;信贷部主要负责向银行或其他金融机构融资和各企业贷款的审定，以及外汇的调剂等；资金计划部主要掌握集团各企业的资金流向及资金需求，为集团做好资金安排等。财务结算中心组织结构如图 5-1 所示。

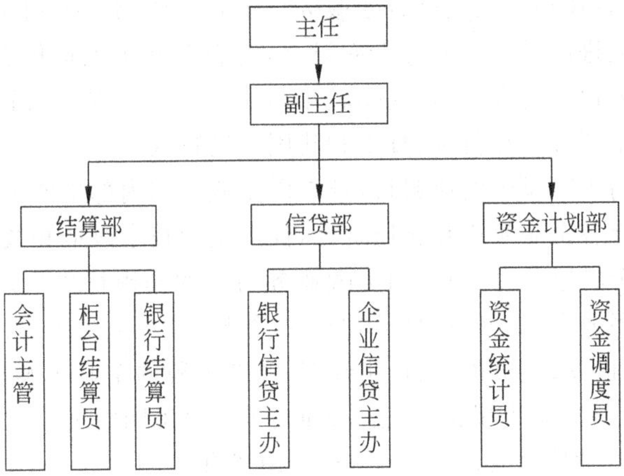

图 5-1 财务结算中心组织结构

5.4 企业集团财务公司

5.4.1 财务公司的概念

财务公司兴起于 20 世纪初，国外发达国家的财务公司发展已有 100 多年的历史，全球 500 强企业中有 2/3 以上都有自己的财务公司。

在美国，第一家财务公司成立于 1878 年，但真正法制化和规范化的美国财务公司源于 1916 年起草颁布然后逐渐推广到全国各州的《统一销售贷款法》。目前在美国约有 1 200 家财务公司，它们在美国的金融体系中扮演着非常重要的角色。通用电气金融公司是最大的财务公司，大约有 3 000 亿美元的总资产；如果以消费贷款排名，福特信贷公司发放给个人的贷款有 1 000 亿美元，排名第一，另外有 400 多亿美元发放给企业。第二大财务公司是福特信贷公司，拥有 1 450 亿美元的总资产。从与银行的比较来看，美国商业银行排名第一的国家商业银行的总资产大约是 3 000 亿美元。而通用电气如果与银行同时排名，通用电气金融公司可以排第二，福特以 1 400 亿美元排名第七。可见，财务公司在发达国家特别是美国金融体系中所占的分量很重的。

国际上的财务公司一般可分为企业附属财务公司和非企业附属财务公司。

企业附属财务公司由企业（主要是大型制造业）设立，为本企业服务，但服务范围可能不完全局限于本企业。该模式下的财务公司目的是搞活商品流通、促进商品销售，它依附于制造厂商，是一些大型耐用消费品制造商为了推销其产品而设立的受控子公司，这类财务公司主要是为零售商提供融资服务的，主要分布在美国、加拿大和德国。目前，美国财务公司产业的总资产规模超过 8 000 亿美元，财务公司在流通领域的金融服务几乎涉及从汽车、家电、住房到各种工业设备的所有商品，对促进商品流通起到了非常重要的作用。

非企业附属财务公司包括银行附属财务公司、银企合资财务公司和独立财务公司。

银行附属财务公司是由银行控股,因规避监管(因为政府明文规定,商业银行不得从事证券投资业务,而财务公司不属于银行,所以不受此限制)、实现金融创新和弥补银行的不足而设立的,同时也为企业和个人提供金融服务。银企合资财务公司是银行和企业出于金融创新规避监管或促进产融合作的考虑而设立,为企业和个人提供金融服务。独立财务公司一般是没有母公司的财务公司,规模较小,比较灵活,在某一方面提供融资服务。这种类型的财务公司主要分布在英国、日本和我国香港特区。

我国的财务公司不附属于商业银行,都是由企业集团内部集资组建的,其宗旨和任务是为本企业集团内部各企业筹资和融通资金,促进企业技术改造和技术进步,为新产品开发及产品销售提供金融服务,以中长期金融业务为主的非银行机构。财务公司在行政上隶属于大型企业集团公司,受该集团公司的直接领导,业务上受中国人民银行管理、协调、监督和稽核,是独立核算、自负盈亏、自主经营、照章纳税的企业法人。

2000 年 6 月 30 日中国人民银行正式发布了《企业集团财务公司管理办法》,2004 年 9 月 1 日,经中国银行业监督管理委员会修订,2006 年 12 月 28 日中国银行业监督管理委员会第 55 次主席会议通过《中国银行业监督管理委员会关于修改〈企业集团财务公司管理办法〉的决定》,并自公布之日起施行。其中,第一章总则的第二条明确了财务公司的定义:“财务公司是指以加强企业集团资金集中管理和提高企业集团资金使用效率为目的,为企业集团成员单位(以下简称‘成员单位’)提供财务管理服务的非银行金融机构”。

企业集团财务公司作为我国企业体制改革和金融体制改革的产物产生于 20 世纪 80 年代中后期。国家为了增强国有大中型企业的活力,盘活企业内部资金,增强企业集团的融资能力,支持企业集团的发展,促进产业结构和产品结构的调整,以及探索具有中国特色的产业资本与金融资本相结合的道路,于 1987 年批准成立了我国第一家企业集团财务公司,即东风汽车工业集团财务公司。此后,根据国务院 1991 年 71 号文件的决定,一些大型企业集团也相继建立了财务公司。截至 2012 年 9 月底,中国财务公司协会有 124 个会员单位。2002 年 12 月 19 日,中国人民银行公告宣布了“华诚财务公司因严重违规经营,资不抵债,不能偿还到期债务,决定对其实施撤销……”,这是第一个被关闭的财务公司。

中国银行业监督管理委员会于 2004 年 8 月 3 日公布新的《企业集团财务公司管理办法》,并将从 9 月 1 日起实施。大幅降低了财务公司设立的资产额、收入额标准。申请设立财务公司的企业集团应当具备九项条件:①符合国家产业政策;②申请前一年母公司注册资本金不低于 8 亿元;③申请前一年按规定并表核算的成员单位资产总额不低于 50 亿元,净资产率不低于 30%;④申请前连续两年按规定并表核算的成员单位营业收入总额每年不低于 40 亿元,税前利润总额每年不低于 2 亿元;⑤现金流量稳定并具有较大规模;⑥母公司成立 2 年以上并且具有企业集团内部财务管理和资金管理经验;⑦母公司具有健全的公司法人治理结构,未发生违法违规行为,近 3 年无不良诚信记录;⑧母公司拥有核心主业;⑨母公司无不当关联交易。

符合一定条件的财务公司设立分支机构;允许外国投资者在我国境内独资设立的从事直接投资的公司设立财务公司,并可为所投资的企业提供财务支持。

5.4.2 我国财务公司的特点

财务公司与银行相比具有以下三方面特点。

1. 财务公司必须有较高的自有资金比率

财务公司所经营业务的利润率一般来说比银行要高一些，所以各国对财务公司自有资金的要求通常都比较高。以美国为例，一般财务公司自有资金比例都在10%以上，如福特汽车信贷公司由于信用的评级相对较好，自有资金比例也在8.7%左右。

2. 财务公司具有专业化特点并面向比较广大的客户群

财务公司一般都是大企业集团的成员或相关企业，它非常专业地从事某一领域内的业务，经常涉及的是某类或某几类产品的融资。在美国，大的财务公司一般都集中在汽车和机械行业。所以财务公司有能力针对这个行业的特性更加深入地开展常规和创新的金融业务，同时可以尽量避免金融业的高风险，这样财务公司在某些领域内就可以放款给更多单位和个人。而银行这种面向全社会各种各样的行业，无法将贷款业务做得非常深入，财务公司恰恰在这方面弥补了其不足。

3. 财务公司促进资金的跨地区流动

目前，我国的金融机构存在纵向设置、条块分割等问题，资金管理体制是以行政区域为单位进行分级管理的，资金的跨地区流动比较困难。而财务公司的设立有利于打破现有银行体制资金规模按行政区域分割的局面，向不与集团公司总部在同一地区的成员企业筹集、融通资金，向资金不能及时到位的项目提供资金支持，以保证生产的正常进行和建设项目的按期开工，促进集团公司跨地区、跨行业发展。

财务公司与结算中心比较，其主要特征在于：前者是金融机构，可办理独立核算的集团内部成员间的金融业务；后者不是金融机构，不能办理金融业务，只能起到加强企业内各部门之间经济核算的作用。

(1) 业务范围广泛，但服务对象确定。财务公司是企业集团内部的金融机构，其经营范围只限于企业集团内部，主要以企业集团母公司、成员企业、客户和股东等为服务重点提供金融服务，帮助本企业进行内部资金管理、促进产品销售和资本运作为主要金融服务宗旨。财务公司的业务包括存款、贷款、结算、担保和代理等一般银行业务，还可以经人民银行批准，开展证券、信托投资等业务，因此财务公司的业务范围相对其他金融机构来讲比较广泛，业务种类也较宽。

(2) 资金来源于集团公司，用于集团公司，因此对集团公司的依附性强。财务公司的资金来源主要有两个方面：一是由集团公司和集团公司成员投入的资本金；二是集团公司成员企业在财务公司的存款。财务公司的资金主要用于为本集团公司成员企业提供资金支持，少量用于与本集团公司主导产业无关的证券投资方面。由于财务公司的资金来源和运用都限于集团公司内部，因而财务公司对集团公司的依附性强，其发展状况与其所在集团公司的发展状况相关。

(3) 接受企业集团和人民银行的双重监管。财务公司是企业集团内部的金融机构，其股东大都是集团公司成员企业，因而其经营活动必然受到集团公司的监督。同时，财务公司所从事的是金融业务，其经营活动必须接受人民银行监管。

(4) 坚持服务与效益相结合、服务优先的经营原则。财务公司作为独立的企业法人，有其自身的经济利益，但由于财务公司是企业集团内部的机构，且集团公司成员企业大都是财务公司的股东。因此，财务公司在经营中一般都应较好地处理服务与效益的关系，在坚持为集团公司成员企业提供良好金融服务的前提下，努力实现财务公司利润最大化。

5.4.3 我国财务公司的功能

1. 内部结算功能

财务公司从集团整体利益角度开展统一的内部结算，可以方便地对内部交易进行核算及抵消，降低了资金占用额度；可以统一集团内部的现金流，充分调拨内部头寸；可以更合理地调整整个集团的融资规模，最大限度地降低借款并通过统一筹资来降低集团融资成本；可以加强内部管理和控制，防止集团成员企业多头开户、乱投资、资金管理失控。

2. 筹资融资功能

作为集团的法定融资中介，财务公司应真正起到集团融资中心的作用，利用集团内部的短期资金及长期资金聚集来培育集团内部的资本市场；利用资金拆借、向国外银行借款、融资租赁、发行金融债券等金融手段和金融工具，扩大集团外部的融资渠道，从而满足集团多层次的资金需求，在筹集资金时努力降低资金成本，优化资本结构。

3. 投资管理功能

集团的暂时性闲置资金，除了归集后以财务公司贷款形式在集团内部实现余缺调剂外，还需要财务公司运用投资功能进行资源配置，投资于各种金融品种或股权，以起到分散财务风险，增强资金流动性和收益性的目的。财务公司在投资管理方面的另外一个重要作用是它可以配合集团战略性扩张，收购或持有一些公司的股权。

4. 中介顾问功能

财务公司要对金融市场的变化和趋势快速反应，为集团及成员企业提供以下中介顾问服务：为集团提供相关决策所需信息及专业咨询意见；根据情况不同，充分考虑客户利益，为筹融资的双方相继选择合适、合理的金融品种；起到风险顾问的作用，采用多种手段对企业面临的风险进行预警、评估、监控和化解。

5.4.4 我国财务公司的业务范围

在服务对象上，由于我国财务公司都是企业附属财务公司，因此我国财务公司一般都是以母公司、股东单位为服务重点，但同时也为其他企业和个人提供金融服务。

经中国人民银行批准，按照《企业集团财务公司管理办法》规定，财务公司的业务范围可分为负债、资产、中间服务、外汇4大类，具体如下。

1. 负债类业务

负债类业务是指财务公司组织并形成资金来源的业务，是财务公司业务经营的基础和基本业务，具体包括以下几个种类：

1) 吸收集团成员单位的定期存款

财务公司可以吸收集团成员企业3个月以上期限的定期存款，这部分存款构成了财务公司重要的资金来源，但这项业务规定与财务公司的实际情况有很大差距。

2）发行财务公司债券

财务公司可根据资金运用的需要，经主管机关批准后，发行财务公司债券，面向社会筹集中长期资金。

3）同业拆入资金

作为金融机构，财务公司可以通过同业资金拆借市场，拆入资金用来弥补临时资金不足或用于调剂头寸。

2. 资产类业务

资产类业务是财务公司通过资金运用从中获取经营利润的业务，它是财务公司的核心业务，具体包括以下几个种类：

1）对集团成员单位发放贷款

发放贷款是财务公司资金运用中的一项主要业务。

2）对集团成员单位产品的购买者提供买方信贷

财务公司为了支持企业集团积极开拓国内外市场，增强其市场竞争能力，可以向本集团生产的产品的购买方提供贷款，专门用于购买集团生产的产品，贷款对象虽已跨出了集团成员单位的范畴，但目的是促进产品的销售。

3）有价证券，金融机构股权投资，成员单位股权投资

财务公司可用自有资金及吸收的存款投资于国债、企业债券、股票及金融机构发行的债券，也可以按规定要求进行金融机构和成员单位股权投资。按规定，长期投资与资本总额的比例不高于 30%，且对单一企业的股权投资不得超过该企业注册资本的 50%。

4）对成员单位办理票据承兑、票据贴现

财务公司可以办理集团成员单位签发的商业汇票的承兑以及对未到期的商业票据的贴现业务。

5）办理集团成员单位产品的融资租赁、消费信贷、买方信贷业务

为了支持集团企业生产的产品的销售，财务公司可以办理融资租赁业务。

6）同业资金拆出

财务公司可以向同业拆出暂时闲置的短期资金。

3. 中间业务

中间业务是指财务公司运用自有资金为集团内的成员单位所提供的金融中介服务，并从中收取手续费的业务，具体有以下几种：

1）对成员单位办理委托贷款

由于企业之间不能进行资金的借贷业务，只能通过金融机构来办理。因此，集团成员单位间的资金借贷可委托财务公司办理，需要说明的是这种委托贷款须有确定的因素、用途和期限，贷款的风险由委托人承担。目前，许多财务公司从避税的角度出发，办理了大量的委托贷款。

2）办理成员单位的委托投资业务

财务公司可以接受集团成员单位的委托，利用自身优势办理受托投资业务，发挥财务公司的理财功能。

3）代理集团成员单位发行企业债券

财务公司可以根据发债企业的需要,代理发债企业在集团内部及社会发行企业、公司债券,代理的方式包括承销、代销等。

4) 办理成员单位之间内部转账结算业务

企业集团规模较大,集团成员单位之间经济往来密切,且结算业务量较大的财务公司,需办理成员单位之间内部转账结算业务的,应另行报中国人民银行批准。

5) 为集团成员单位办理担保、信用鉴证、资信调查及咨询业务。

4. 外汇业务

由于目前我国尚未实现人民币、外币的自由兑换,因此,财务公司开办外汇业务还必须另行报经国家外汇管理部门批准。关于外汇业务,《企业集团财务公司管理办法》在财务公司业务范围中仅有"境外外汇借款"一项,该项规定具有明显的局限性。在中国加入WTO之后,有可能成为财务公司业务拓展的一个障碍。

5.5 企业集团财务共享中心

5.5.1 财务共享中心的概念

共享服务中心(shared service center,SSC),始于20世纪的美国,是指在企业内建立一个独立核算和考核的服务中心,为企业提供跨地区、跨组织的有偿后勤服务支持,从理论上来说,凡是那些简单的、重复的、可按标准流程处理的业务都可以从企业的每个组织中抽离出来交由SSC处理,以集中精力发展公司的关键业务。一般而言,采用共享服务中心模式的企业,多为跨国、跨区域的大型公司,这是因为只有规模达到一定的程度,共享服务模式才会产生更大的经济性。尤其那些总部具有强大管理能力的公司,共享服务不仅可以提高效率、有效降低成本、保证服务质量,还起到将宝贵的管理能力和知识输送到各业务单元的作用。

共享服务中心所集中的通常是诸如财务、信息系统、人力资源、法律、采购、研发等职能。自共享服务的理念诞生以来,由于财务业务的规范化和标准化程度在组织内是最高的,符合共享服务对业务的标准化要求,因此财务共享具有先天的优势。根据埃森哲的一项调查显示,在全球共享服务领域得到最多应用的就是财务业务,财务共享服务中心将企业各种财务流程集中在一个特定的地点和平台来完成,其中应付账款业务实施比例占83%、总账业务占65%、固定资产管理占57%、应收账款占56%、薪资支付占55%、差旅及费用报销占50%、财务报告占48%。这种模式在提高效率、控制成本、加强内控、信息共享、提升客户满意度以及资源管理等方面,都会带来明显的收效。

财务共享服务中心(finance shared services centre,FSSC)是指将分散的、重复的财务基本业务,从企业集团成员单位抽离出来,集中到一个新的财务组织统一处理,这个新的财务组织即财务共享服务中心,通过互联网络为分布在不同地区的集团成员单位提供标准化、流程化、高效率、低成本的共享服务,为企业创造价值。

20世纪80年代初,美国的福特公司最先实施了共享服务模式,在欧洲建立了第一个FSSC;之后,杜邦公司和通用电气(GE)也在80年代末成立了类似的共享服务组织;90年代初，HP、道尔和IBM也陆续地进行组织变革，实施共享服务模式。根据英国会计师协会的调查，美国财富500强中86%的公司、欧洲半数以上的跨国企业都已经或正在建立SSC，国际上关于共享服务中心(SSC)的学术研究和交流也日渐活跃。根据埃森哲公司在欧洲的调查，30多家在欧洲建立FSSC的跨国企业，其财务的运行成本平均降低了30%。通过构建财务共享服务模式，福特将分布于全球的财务人员从14 000名降低到3 000名并集中到财务共享服务中心，为全球300 000名福特员工和125亿美元的销售业务提供服务；通用电器将其在美国的交易人员降至原来的1/4。Deloitte公司经过对50家财富500强大型企业的调研得出，共享服务项目的平均投资回报率达到了2%，职工人数减少了26%；而IMA通过对100家世界500强企业中已经实施和还未实施共享模式的公司进行对比研究得出，应收账款、应付账款、固定资产、差旅费、薪酬福利等共享功能的成本，平均下降了83%。对于大型企业来说，尤其是那些跨国公司，搭建财务共享服务模式，对应对管理半径和复杂程度不断增加而导致的业务效率降低，资源重复配置，成本增加等问题，可谓效果显著。

在这些跨国公司财务共享的示范效应下，我国部分领先企业也开始了财务共享之路。中兴通讯于2005年引入财务共享服务管理模式，是我国第一家成立共享服务中心的企业。随后，太平洋保险、苏宁电器、辉瑞药业、中国电信、华为、物美集团等也先后建立了共享服务中心，且收效甚好。根据德勤2013年全球共享实践调研报告显示，在最近的5年内，随着全球经济一体化、监管政策的趋同及信息化的高度发展，越来越多的中国企业开始规划或者实施财务共享服务建设；在年销售额超过30亿美元的受调研中国企业中，有超过70%的企业采用财务共享服务。

真正的财务共享服务是一种透过财务视角对组织管理模式的创新和再造。在全球主流的跨国公司内，财务共享服务已经成为一种必要的"管理时尚"，无论在深度还是广度都得到了充分的应用，但我国财务共享起步较晚，其大规模普及与流行仍有待时日。2013年12月财政部印发的《企业会计信息化工作规范》中指出："分公司、子公司数量多、分布广的大型企业、企业集团应当探索利用信息技术促进会计工作的集中，逐步建立财务共享服务中心。"这项规定为我国大中型企业探索建立财务共享服务提供了政策支持。目前，我国大中型企业在会计核算软件化和会计集中核算的基础上，不断探索和研究财务共享服务新模式。财务共享服务已经成为新型财务管理模式的大势所趋和必然途径。

5.5.2　财务共享中心的优势和面临的风险

财务集中与财务共享服务有着本质的区别。虽然集中和共享服务都是将分散的资源和业务集中到一起处理，都存在启动成本和人员转移等问题。但是，两者将资源业务集中的方式、过程和目的是截然不同的。更确切地说，将共享服务模式下的"集中"叫作"整合"或许更加合理，而不是简单的集中。财务共享服务对流程进行优化再造，对操作进行标准化，对人员进行专业化分工，以一个独立运营的"服务部门"方式再造了财务核算，相对于财务集中而言，其财务工作方式、理念都发生了质的变化。由于基础的财务工作由专业的财务会计人员来完成，保证了会计记录和报告的规范、标准。财务管理人员则从繁杂的财务工作中解放出来，将精力集中于经营分析和战略规划，提高了对公司的经营决策支持，财务管理人员的职能得以转型,成为企业管理者的参谋、业务伙伴和企业策略合伙人。

与普通的企业财务管理模式不同,财务共享服务中心的优势在于其规模效应下的成本降低、财务管理水平及效率提高和企业核心竞争力上升。具体表现为以下五个方面:

(1) 降低管理成本。企业集团在扩张业务规模时,同时需要同比匹配相应的财务人员,从而导致企业人力资源成本的骤增,管理层级也日趋复杂,组织行为也愈加僵化。由于企业分支机构的增加,使得管理职能不断细分,整个组织架构日渐庞大,从事管理服务的人员也随之增加,导致企业的管理成本大幅提高。而财务共享服务中心将企业集团的采购、销售核算和资金管理等工作集中到一个新的组织架构中,在这个组织架构中有自带的管理部门及人员体系,从而可以降低企业集团的管理成本,带来知识集中效应。而且,通过在"共享服务中心"建立新型的组织结构和制定合理的激励制度,能显著地提高员工的工作效率,并形成不断进取的文化。

(2) 实现业务流程化,提高效率。现实中我国大多数企业经营存在业务缺乏流程化、信息化的系统支撑,不能及时满足客户的需求,业务处理效率十分低下,难以形成贯穿预算编制、审批、执行、费用发生、核销、支付、归档等全过程的电子化管理,有些业务流程的设计过于烦琐或者不能满足内部控制的要求等问题,因此需要对其业务流程进行改造并努力形成长期流程管理。而财务共享中心将企业部分零散、重复性的业务、职能尤其是企业内部重复性高、规范性强的业务单元纳入共享中心进行合并和整合,在这样一个新的半自主式的业务中心统一进行处理,成功帮助企业实现业务流程化,大大提高了工作效率,也使企业能够专注于核心业务。比如,对所有子公司采用相同的标准作业流程,废除冗余的步骤和流程;"共享财务服务中心"拥有相关子公司的所有财务数据,数据汇总、分析不再费时费力,更容易做到跨地域、跨部门整合数据;某一方面的专业人员相对集中,公司较易提供相关培训,培训费用也大为节省,招聘资深专业人员也变得可以承受;"共享服务中心"人员的总体专业技能较高,提供的服务更专业。此外,"共享服务中心"的模式也使得IT(信息技术)系统(硬件和软件)的标准化和更新变得更迅速、更易用、更省钱。

(3) 加强集团管控。目前许多企业集团内部都是分散的管理模式,从而导致各分(子)公司甚至是孙公司不能统一其制度、流程、操作模式及财务数据信息。而且各分(子)公司甚至是孙公司众多并且分散,不可避免地存在地域差异,难以及时地满足市场需求和管理需求。加之各机构的财务管理模式迥异,内部的财务人员素质参差不一,这些繁杂的因素都在削弱集团实现财务集中化管控的力度。

而在财务共享服务构建过程中一个重要环节是:财务共享服务流程再造。这一环节是在分解企业运营过程的基础上,对原有业务流程进行重复描述、分析及改进,使流程不断标准化和最优化,不仅可以提高组织业务绩效,还能将内部资源进行优化配置,带来规模效应、扩展效应和聚焦效应,从而加大集团的管控力度,支持企业集团的发展战略。比如,公司在新的地区建立子公司或收购其他公司,财务共享服务中心能马上为这些新建的子公司提供服务。同时,公司管理人员更集中精力在公司的核心业务,而将其他的辅助功能通过财务共享服务中心提供的服务完成,从而使更多财务人员从会计核算中解脱出来,能够为公司业务部门的经营管理和高层领导的战略决策提供高质量的财务决策支持,促进核心业务发展。"共享服务中心"将企业管理人员从繁杂的非核心业务工作中解放出来。

(4) 提升财务决策支持能力。随着进入互联网及大数据时代,数据传输的便利同时也带来了消息容易走漏的缺陷,企业为了保护商业机密及重要的财务数据不得不加以提防。而财务共享服务模式的集约式管理在数据处理方面可以提高其安全性及屏蔽性,从而帮助企业控制相应的财务风险,提升企业财务决策支持能力。

(5) 向外界提供商业化服务。有些公司开始利用"共享服务中心"(一般为独立的子公司)向其他公司提供有偿服务。例如,壳牌石油(Shell)建立的"壳牌石油国际服务公司"(Shell Services International)每年 8%～9%的收入来自向外界提供服务。

适用推行"财务共享服务"的企业集团应具备如下特点:企业一定要达到一定的规模,拥有多家跨地域或跨国的分支机构;每个分支机构的财务事务能够按统一的规则和流程处理,可复制可批量处理;企业经营相对单一,在多元化经营的企业中,因核算准则不同,可考虑按行业提供财务共享服务,如果一家企业行业众多而每个行业的单位又很少,则不适于推行财务共享服务;重组、并购、变革比较频繁的企业在建立新业务、扩大企业规模时可以大大降低管理难度,促进新业务的快速整合;集团在对分支机构实行财务和资金的集权管理时不受相关法规制约。

财务共享中心的优势很明显,但也不能回避面临的风险,其主要风险有以下四个方面:

(1) 系统自身风险。首先,财务共享中心的前期投建,后期维护、更新都需要花费较大的人力财力,具有一定的财务风险。其次,很多企业集团的财务共享中心依托集团总部进行设置,当大量的财务人员集中在脱离业务平台的管理上时,部分共享服务的企业表现出了"共享"而不服务的突出问题。其表现就是机关作风严重,效率低下,违背财务服务于业务的初衷。

(2) 人员管理风险。财务共享服务中心实行财务集中化管理,当财务人员与部门具体业务脱离之后,很难掌握具体情况,失去具体环境具体分析的判断能力。同时,财务共享中心实行的是标准化管理作业,机械化程度较高,长时间工作会让财务人员对此产生厌烦心理。

(3) 信息安全风险。在大数据时代,数据激增,信息访问、分析、处理量也呈爆炸式增长。企业集团的财务共享服务中心必然是存储着各成员公司大量财务数据,同时也负担着大量的计算、筛选、分析、处理等任务,难免会出现卡顿、延时或者其他不可预测的问题。谈到网络信息技术,其中最不可忽视的问题之一就是信息安全问题。网络安全难以完全防范,如果企业服务中心受到病毒入侵,就会造成企业集团信息泄露或是系统瘫痪,这一损失将难以弥补。

(4) 政策风险。首先,企业集团因其产业大,业务铺开面广,在多地区都有子(分)公司,不同地区在贯彻落实国家方针时会根据其区域特色有所调整,这加大财务共享服务中心工作人员的工作难度,又或者会因为工作人员对各地区政策不了解而不能做出准确决策。其次,财务共享集中了基础会计作业人员后,地方不再设置基础会计人员,但问题也随之而来。由于会计核算人员不再直接与子公司、分支机构地方税务机关打交道,会对税务政策变化所带来的风险反应迟钝,沟通不足。这可能使得原本享受的税收优惠申请难度增加,加大企业机会成本。

5.5.3 财务共享服务中心的组织结构和基本流程

建立共享服务中心,必须进行财务组织结构的变革和财务流程的再造。财务共享中心模式要求财务部门高效多维度提供信息满足企业管理与发展的需求,而传统的分权式或集权式财务架构无法完全满足这些需求。财务共享服务是将共性的、重复的、标准化的业务放在共享服务中心,它同时汲取了分权和集权的优势,摒除各自的弊端,使财务共享中心成为企业的财务集成芯片,日常业务集中处理,总体职能向广阔和纵深发展,让财务在共享管理中直接体现出价值增值。通过建立流程管理机制,进而规划、衡量、优化这个机制,使之真正实现稳定高效;通过财务共享方案的实施促使财务人员转型,使财务人员由记账转向财务建议、财务管理,为各个部门、各项业务提供财务支持,对市场变化做出反应,把工作重心转到高价值的决策支持上来,更好满足企业战略需要。

从近两年 CIMA、ACCA、德勤、中兴、安永等机构的调查报告可知,尽管财务共享服务中心在中国本土企业中落地只有短短的十几年,但中国一半以上的大型企业已开始使用财务共享服务,财务共享服务的应用深度和广度方面均得到快速发展,并呈现出代际的差异。尽管由于发展战略、管理理念、经营模式、技术条件等方面的不同,企业集团的财务共享服务中心在组织架构、业务流程、核心技术、信息系统等设计方面存在一定的差异,但基本的组织结构和总体流程还是大同小异。

1. 财务共享服务中心的组织结构

根据企业集团的战略部署,在财务共享中心的组织结构选择上,可以根据为客户提供服务所覆盖领域的不同,将财务共享服务中心的战略结构主要分为三种:全球中心、区域中心、专业中心。前两种中心是以地域作为标准,而第三种中心则是以单个/类业务流程为标准。

全球中心,是将企业全球内可以集中的业务流程都通过一个统一的共享服务中心进行处理。全球中心的优点是规模经济优势明显,但需要应对不同国家和地区的法律法规,需要面对语言、文化、时差等差异,需要有完全整合的系统,因此,这种模式在实际操作中难度最大,除了一些管理特别先进的跨国企业,如惠而浦等,一般企业很少采用。

区域中心,是企业将其财务工作集中整合到一个或多个业务单元,较为充分地实现规模经济,降低企业整体成本的一种模式。这种模式下,企业会将全球的业务分成几个区域,然后把可以集中的业务流程集中到某个区域的财务共享服务中心。这种方式相对于全球中心来说,建立的难度较低,被更多的企业所采用。

专业中心,主要以单个或单类业务流程为标准,在全球范围内建立的财务共享服务中心,比如专门处理应付账款的财务共享服务中心,专门处理固定资产的财务共享服务中心,重点在于消除重复劳动,提供单一或单类流程服务。

而对于非跨国公司来说,以地域为标准,可以建立全国中心和地区中心。在建立的过程中,可以先建立地区中心进行试点,试点成功后,再将地区中心的经验复制到全国,建立全国中心。未来如果走出国门,实现国际化,还可以进一步建立区域中心和全球中心。

一般的财务共享服务中心的组织结构和主要职能如下:

财务共享服务中心(FSSC)是集团的财务服务平台,是各成员单位的会计业务运作中心、财务管理中心和服务中心,负责从财务复核、会计核算、资金支付三个方面提供服务。

集团财务部,具有预算管理、财务分析、风险控制、资产管理、资金管理的总部财务职能;对财务共享服务中心提供指导及风险控制。

集团各业务部门,向共享服务中心提供真实、合规、完整的单据;在规定时间内将单据等信息传递到共享服务中心;审核业务的真实、合规性。

分子公司财务部,按规定扫描原始单据;将原始单据与影像单据匹配;审核单据的真实、完整、合规性;原始单据保管等。

2. 财务共享服务中心基本功能和总体流程

一般来说,企业集团的财务共享服务三大模块为集中资金结算、集中会计核算、集中财务审核,其总体流程如图 5-2 所示。

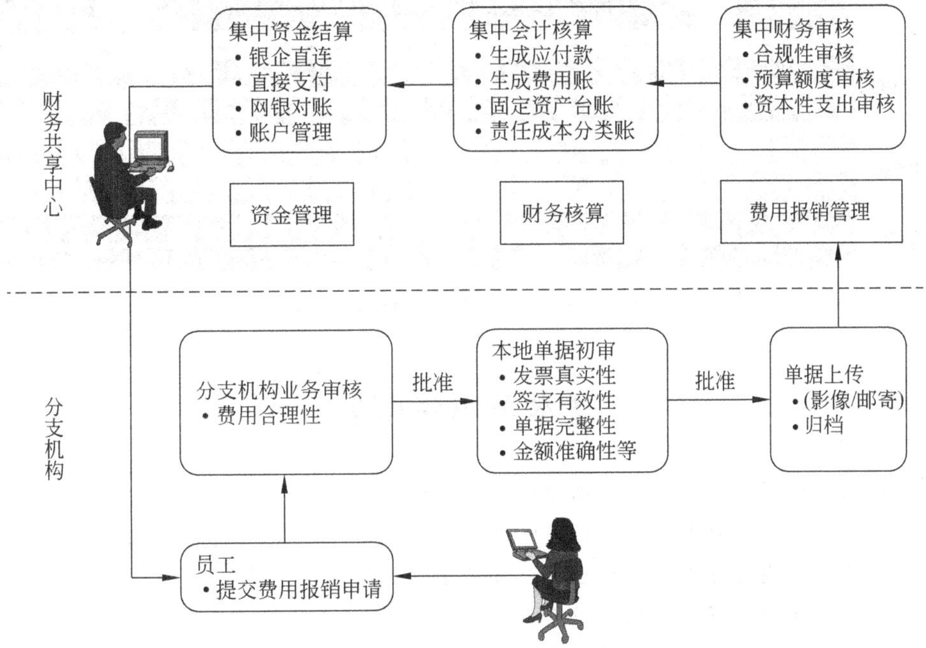

图 5-2　企业集团财务共享服务总体流程

集中资金结算模块主要职能是：集中账户管理,集中资金支付,实时监控信息,保障资金安全;为满足分、子公司零星支付需求,可设立备用金账户,由分子公司自行支付。

集中会计核算模块主要职能是：加强会计处理的标准化、规范化;会计核算与预算控制、资金控制相结合;共享中心集中核算,设置业务财务的映射关系。

集中财务审核模块主要职能是：通过报账平台完成报销信息的录入、审批与传递;财务共享中心进行财务审核,集中进行会计核算。

实施财务共享服务后各子公司财务部门职能发生转变,所属单位财务部门取消会计核算职能,主要负责按照集团公司统一的财务管理制度与政策要求,重点开展制度建设、全面预算管理、资金资产管理、成本管理、财务分析等工作,为所在单位经营管理提供财务支撑。子公司现有会计核算人员释放到财务管理工作岗位上,财务部门只保留根据子公司实际情况确定的报账人员(具有一定的学历水平,会计从业资格)数名,负责收集整理各项原始凭证,审核凭证的合法、合规性,粘贴整理整齐,扫描到系统中。

财务共享服务中心的正常运转依靠一整套信息系统保障,各环节的信息系统保障如图 5-3 所示。

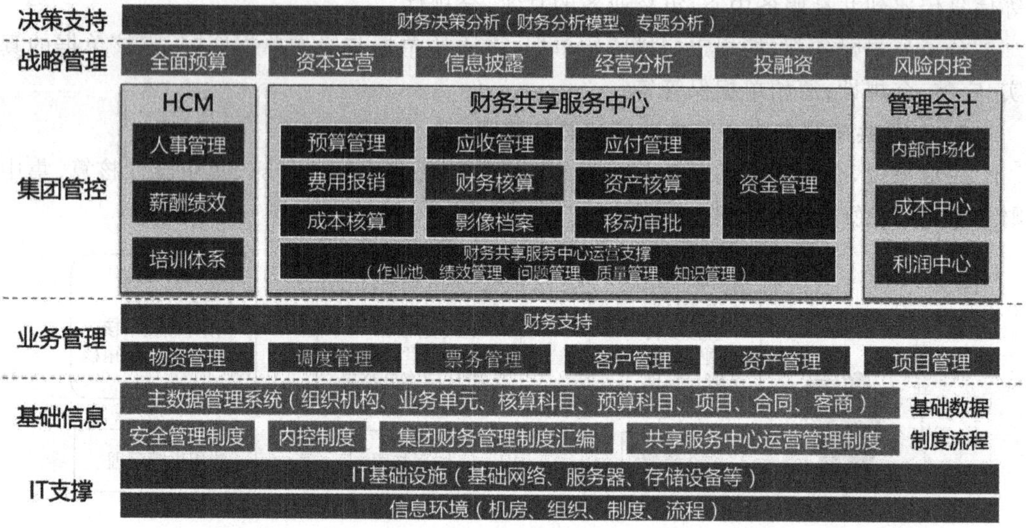

图 5-3 财务共享服务中心信息系统保障

【本章思考题】

1. 企业集团资金集中管理的必要性体现在哪里?
2. 企业集团内部资本市场功能有哪些?
3. 企业集团内部资本市场对企业集团资金管控的意义是什么?
4. 企业集团内部资本市场的效率如何衡量?
5. 企业集团财务公司与财务结算中心在哪些方面相似?
6. 企业集团财务共享中心的优势和面临的风险怎样?
7. 企业集团的财务集中和财务共享服务的区别在哪些方面?

【案例分析一】

海尔集团财务公司的运作

海尔集团财务有限责任公司于 2002 年 6 月经中国人民银行批准成立并正式对外营业,是首批获准全部本外币业务经营范围的一家非银行金融机构,与商业银行等共同接受中国银行业监督管理委员会监管。

新成立的海尔财务公司为非银行金融机构,由央行监管四处负责监管,由海尔集团公司、青岛海尔空调器有限公司、青岛海尔电子有限公司、青岛海尔空调电子有限公司四家集团成员单位共同出资组建，其中海尔集团公司控股40%。公司下设有会计结算部、信贷业务部、计划财务部、稽核审计部、综合管理部、国际业务部、风险管理部和投资银行8个部门。财务公司的定位为3个中心：①全球化资金集约管理中心，主要负责资金集约管理、投融资集约管理、资金风险集约管理；②金融集成服务中心，主要负责产业链金融服务、金融链协同服务、价值链增值服务、信用增值服务；③产业协同利润中心，包括功能性成本与效率中心（内）和竞争性利润中心（外）。

财务公司是海尔集团业务流程再造的助推器，也是资金整合的金融载体，是提高资金利用效率，降低财务成本的金融工具，它的出现是资金和资产的双向增值。建行总行专门为海尔财务公司制作了一套系统，帮助海尔"补习"金融知识，在开业仪式上，海尔财务公司与四大银行分别签署了同业合作协议，主要是各大银行为海尔财务公司提供信贷、结算和同业拆借等一揽子金融服务，以前下属公司一般都在一些银行拥有自己的账户，现在现金全部被收走，只留下一个现金账户，并且数额很低，但财务公司的贴身服务下属公司感觉比与银行打交道更为方便。海尔旗下有几十家分公司，在成立海尔财务公司前，每家公司都在银行开立账号，连银行都不知道到底总共有多少账号，成立财务公司之后，集团资金进行了统一调配，各分公司的账户全部取消，保留的现金账号会根据情况进行增减。

财务公司自成立以来，始终坚持海尔集团"资金集约管理中心、金融集成服务中心、产业协同利润中心、集团信用增值中心"的战略定位，紧紧围绕集团产业开发金融市场，创新业务发展模式的中心，为集团产业提供了优质高效的金融服务，协同产业共同发展。同时，公司自身的注册资本、业务品种、资产规模也不断扩大，截至2011年年末，注册资本增至15亿元，资产规模达到380亿元，位居全国财务公司同行业第九位，家电行业第一位，利润总额位居全国第五位。

伴随着海尔集团"成为全球领先、服务引领下的美好住居生活解决方案供应商"的战略，财务公司创新"金融＋产业"全流程客户服务模式，拉动产业获取大客户订单，创造零库存下即需即供的金融解决方案，充分发挥其产业助推器的作用。

其经营的主要业务有以下内容：

1. 公司金融业务

公司金融服务团队始终根植于集团，致力于为集团企业提供包括存贷款在内的全流程金融服务，旨在加强企业集团资金集中管理、提高资金使用效率。海尔的"金融管家"会根据客户的经营特点、现金流量、项目建设等情况，为客户贴身设计期限匹配、风险规避、成本最优、操作灵活的专属于客户的"金融解决方案"。包括流动资金贷款，循环流动资金贷款，项目贷款，保理，买方信贷，票据业务，委托贷款，担保业务，企业财务顾问服务，贷款意向书。

2. 消费金融业务

消费金融服务团队始终坚持以客户为本，致力于为客户购买海尔住房、海尔家电等海尔产品提供及时、便捷、灵活、体贴的消费金融服务。按揭贷款，消费分期。

3. 国际业务

国际业务主要为集团成员企业办理结售汇、国际结算等，降低企业对外经济活动经营成本、提高对外经济活动效率。公司还为海尔集团成员企业提供国家外汇管理政策、中国外汇市场及国际金融市场信息咨询服务,为企业提供业务和政策指导,帮助成员企业适应复杂多变的外汇市场和政策措施。存款及结算业务,融资业务,外汇资金集中管理业务,结售汇业务,同业拆借业务,咨询顾问业务。

4. 结算业务

结算业务主要为海尔集团成员单位开办各项结算业务。客户可通过海尔集团内部资金管理系统发起支付业务请求,也可通过公网途径的财务公司网银,进行方便快捷的网上电子收付,当然,客户也可以到公司柜面办理各类收付结算。账户管理,POS 一刷即收,存款小秘书,网上银行支付,集中代缴费,内部自动清算,票据管家,电子回单,网银自主对账,存款资信证明,金融短信通服务。

海尔集团原来有 60 个出纳,现在只有 8 个。海尔集团客户结算方式从之前的现金、支票升级到如今 POS 绑定、网银。现在,客户可以随时通过 POS 机和网银,到公司自己的账户上去查询,并通过网银进行支付,不再需要亲自跑到海尔集团来交钱。银行服务升级,使得企业财务在降成本、增效益上也有了显著成绩。倡导零库存、零应收的海尔集团,能提供从供应商到客户全流程的金融管理和服务平台,实现即时变现。

5. 其他业务

其他业务主要包括信贷资产转让业务,资金拆借,有价证券投资,金融机构股权投资。

海尔还形成了"集约化财务管理+集约化金融服务"的独特模式。在集约化财务管理方面,海尔早在 1999 年就将原来的财务部门从各单位分离出来,并将按职能分工设立纵向资金管理的财务管理部门,改造为按流程进行横向资金管理的资金管理部门。在集团层面将原来的财务管理部门改组为"资金流推进本部"。下设"资金流入部"和"资金流出部",对集团财务资源进行统一配置,对企业资金进行统一管理。这种管理是按资金流程而不是按资金收支进行财务资源的整合和配置,这就从源头上解决了财务部门之间以及财务部门与业务部门之间在资金流动和财务资源配置上的相互割裂问题,实现了集约化的财务管理;在集约化金融服务方面,财务公司将其定位在"海尔集团国际化经营的全球金融运作中心"。海尔财务公司利用金融手段对海尔集团企业资金进行统一配置和集约服务。通过有偿调剂集团内部企业资金余缺,优化配置集团资金资源,激活了集团内部的闲置和沉淀资金,降低了集团外部融资规模,节约了大量资金成本,满足了成员单位产业发展过程中的内部融资需求,实现了集团对外流动资金的"零"贷款。

海尔财务公司搭建了财务公司代扣代缴税款操作平台。集团成员单位清理原国税缴税户,将资金转入财务公司一般结算户,对成员单位的专项资金进行集中管理,与结算行、客户形成委托关系。海尔财务公司代扣代缴税款操作平台的建立一方面方便纳税人(开户单位)缴纳税款,由财务公司一头对外,提升办税效率和服务质量,进一步完善集团税务工作的宏观操作和管理;同时实现对集团单位账户的进一步整合,规避税务风险及结算风险。另一方面实现资金零在途,进一步缩减集团资金体外循环的规模,实现了集团资金运作效益的最大化。

海尔集团授权海尔集团财务有限责任公司作为外汇资金集合管理的操作主体,负责集团内部纳入试点范围内的成员单位的外汇资金的集合管理,即内部以财务公司作为集团统一外汇账户，外部依托外汇专业银行，开展集团内部的外汇资金划拨以及对外的统一收付业务，实现集团外汇资金的集中收付和集合管理，突破了原有的禁止境内单位之间以外币资金相互结算的外汇管理政策限制，实现了集团内部各成员单位之间外汇资金的余缺、币种调剂的重大突破。

海尔“资金流推进本部”的设立，奠定了其“司库型资金管理”的基础；财务公司的设立，使得其资金司库管理的载体由原来的部门职能机构上升为公司功能机构。其形成的模式是“零营运资本管理”，即在满足企业对流动资产基本需求的前提下，尽量使营运资金趋于最小的管理模式。“零营运资本管理”强调的是资金的使用效益，即将营运资金视为投入的资金成本，以最小的流动资产投入获得最大的销售收益。由于海尔集团内部成员企业在互供产品及劳务方面的经济交易量较大，在资金管理上又存在时间、空间差的情况，因此财务公司从集团整体利益出发开展统一的内部转账结算，统一调拨内部资金，以对冲内部交易，降低资金占用额度，加速资金周转。海尔财务公司充分发挥和完善各项金融结算职能，满足集团的金融需求，致力于对集团资金的集约化管理，并在提高集团结算资金的流转速度，减少集团资金体外循环方面取得了良好的市场效果，并且一直保持金融风险事故为零，结算业务出错率为零的良好风险控制记录。为提高集团总体资金运作的有效性，统一管理各单位的银行账户，防止资金运作中的风险，避免自有资金的体外循环，实现集团资金的集约化管理目标，发挥财务公司整合社会金融资源优势的作用，海尔财务公司搭建了资金账户的管理与操作平台。未获集团批准不得擅自在财务公司外开立新账户，也不允许将收到的各类款项存入除财务公司以外的任何账户，否则按私设“小金库”论处。

海尔财务公司将集团以人为本的“星级考核体系”运用到财务公司的风险控制预算体系中，即将集团行之有效的星级评价考核体系，融合信贷资产五级分类的划分标准与体系，形成海尔财务公司独特的信用评价和风险管理系统。即形成了“信贷资产五级分类+海尔星级考核体系”模式。由于信息的不对称，原有的信贷资产五级分类基本停留在财务指标分析的基础上，定性分析往往流于形式。财务指标只是过去和现在的信息，只能代表过去的经营状况，而要真正掌握一个公司的信用状况不仅要看过去的信用表现更要看未来的发展潜力，因此，要了解企业潜在或将来的发展趋势，仅靠分析财务指标远远不够，必须从市场发展与产品研发中寻找答案，必须通过研究每个企业管理层对市场反映的敏感度、市场订单获取速度及能力、所占市场份额以及新产品开发能力入手，综合判断才能揭示企业整体经营状况及发展能力。为全面反映信贷资产质量，突破原有的资产质量分类局限性，海尔财务公司一方面借助于其财务报表对其偿债能力、盈利能力、发展能力、流动性等财务指标进行分析，形成实质性数据分析；另一方面在财务指标分析的基础上，结合集团的“星级评定”体系，汇集来自成员单位及标杆单位的最前端信息，剖析其方方面面，尤其是对成员单位负责人经营人的能力、订单获取能力、市场份额和产品研发能力等非财务指标进行量化分析，对来源于市场的任何信息，财务公司都深入市场终端，与成员单位一同站在市场的前沿，并参与其对现有问题的剖析，杜绝“闭门造车”，真实、全面、动态地反映成员单位的资产质量。真正实现了资产质量分类的“预警”机制。

海尔财务公司与中国建设银行联手，推出对海尔房地产“桐安雅居”住宅小区项目住房消费信贷业务。在这个过程中，具有海尔特色的"一票到底"的业务操作流程，大大简化了消费者办理住房贷款的繁杂手续，成为海尔房地产的又一竞争优势。消费信贷业务的正式启动，开辟了财务公司支持集团产业化发展的新领域，为财务公司发挥支持集团产业化发展，推进产融结合的进程起到了积极的促进作用。

案例思考题

试分析海尔集团财务公司的运作对企业集团管理所起的作用。

案例资料来源

中华管理学习网—名企研究—海尔，http://www.zh09.com/mqyj/haier/200611/133280.html.

【案例分析二】

中兴通讯以共享服务为基础的财务管理模式

1. 引言

中兴通讯(ZTE)成立于1985年，是全球领先的综合通信解决方案提供商，分别在香港和深圳两地上市，中国最大的通信设备上市公司。公司通过为全球160多个国家和地区的电信运营商和企业网客户提供创新技术与产品解决方案，让全世界用户享有语音、数据、多媒体、无线宽带等全方位沟通。主要产品包括：2G/3G/4G/5G无线基站与核心网、IMS、固网接入与承载、光网络、芯片、高端路由器、智能交换机、政企网、大数据、云计算、数据中心、手机及家庭终端、智慧城市、ICT业务，以及航空、铁路与城市轨道交通信号传输设备。2015年，中兴通讯营业收入超过1 000亿元。2016年8月，中兴通讯在"2016中国企业500强"中排名第150位。

1985年，中兴通讯的主业是加工电话机，一部电话机加工费只有几毛钱，200多人的"中兴"一天赚不到200元钱，人均1块钱都不到，这还不是纯利润。而2010年中期业绩报告显示，7万人的"中兴"，每天利润是327万元，人均接近50万元。在全球140多个国家和地区，都活跃着中兴通讯的身影，曾经的"组装生产线"早已成长为全球领先的综合通信解决方案提供商。大环境的逐渐开放，坚持自主研发带来的技术竞争力，以及强有力的市场开拓能力……你或许能猜测出许多中兴通讯成功蜕变的原因。但是，有没有想到财务？

事实上，在中兴通讯迅猛发展的背后，财务的力量功不可没。前后用了十几年的时间，数次转折升级，中兴通讯把自己的财务队伍打造成了一条贯通的信息通道，构建起一张无所不在的信息网。在这里，财务不仅仅是会做账的"先生"，更是参谋，是军师。他们将来自企业方方面面的所有数据汇集起来，以自己的专业知识将其转化为信息，并用业务语言传播出来，为各个层面的决策提供了最好的根基①。

2. 三次变革

身为中兴通讯的财务部门副总裁，陈虎至今还记得他刚加盟中兴通讯财务部门时的

---

① 中兴通讯：构建财务智囊网——以共享服务为基础的财务管理模式[D]. https://wenku.baidu.com/view/740de5f776eeaeaad0f33011.html.

情景。荷枪实弹的银行运钞车、飞舞的单据，忙乱的财务人员……

第一次变革发生在 1999 年，中兴通讯迎来了一轮发展高峰，业务大爆炸，人员急速扩充，却迅即使财务陷入捉襟见肘的境地。各个业务机构都在扩张，财务部门人员的增长却很难跟得上。每天都有很多人在到处找领导，因为手里的单据要领导签字，好不容易等到签了字，一定要拿着单据，坐在财务身边，亲眼“监督”着财务把记账凭证做完，以便立刻到出纳那里拿到钱。财务本是对业务开展进行资金血脉支持的，但如此手工审批流程却成为业务之累，现金往来特别多，每天都要银行荷枪实弹压着美元和人民币来送钱，也相当不便。其实，在此之前，中兴通讯已经摒弃了手工记账方式，进行了会计电算化改造，其财务运作在当时已经算是先进的了。但是，在业务大踏步发展的推动下，中兴通讯决心在财务方面再进一步，充当第一个吃螃蟹的人。这个螃蟹，就是财务网络化。中兴通讯开发了自己的网上报销系统，所有银行资金往来全部实现电子化。恰逢当时招商银行的网上银行 2.0 版本刚刚推出，中兴通讯成为这一新业务的第一个用户，还和招商银行的网上银行开发小组多次沟通，为后者提出了不少宝贵建议。

这次变革，把中兴通讯的财务工作从线下搬到了线上，效率大大提升。不过，财务充当的，仍然只是账房先生，只不过高级一些而已。但随着中兴通讯的进一步发展，这些“账房先生”发现，其实自己的用武之地远要宽广得多。

第二次变革发生在 2002 年前后，中兴通讯在组织架构上进行了重大调整，开始采取矩阵化管理，原来实行的事业部制被取消，取代它们的，是各个产品经营团队。这就要求，每个经营团队都要能核算自己的利益，并和其最终收益挂钩，由此，绩效考核和经营模式随之下降了一层，这些经营单元对财务的需求迅速迸发出来。事实上，每一个经营单元都类似一个小公司，他们对营销的决策，对产品的经营等，都急切地需要财务指导，简言之，他们需要自己的 CFO。中兴通讯的财务部门及时地抓住了这个机会，产品财务经理、营销财务经理等岗位应运而生，这些人员配备给产品经理和销售经理，充当的是财务助理的角色，负责帮助做产品经营决策分析、盈利能力分析等一系列工作。这批人，就是中兴通讯今天业务财务的雏形。也是在这一年，中兴通讯决定上 ERP，进行全面预算的改造，财务不再仅仅是为外部投资者服务，而是要为公司的经营决策服务，有了全面预算管理，以及绩效考核，战略财务由此萌芽。此后，中兴通讯的财务人员开始走出自己原有的封闭小天地，向各个层级渗透，中兴通讯业务部门的员工很快就发现，要对财务刮目相看了。

第三次变革发生在 2005 年。和 1999 年相似，这一年中兴通讯再次迎来一轮大规模扩张，急需一批有经验的财务人员，这意味着，必须从原有的财务人员中抽调出一部分，因为新聘员工对组织文化不熟悉，是不合适的。怎样才能抽调出人来成为调整的关键所在。中兴通讯在财务上迈出更大的飞跃：把过去财务人员在一个点上重复的工作，即基础财务工作集中到一起。如此集中带来的效果是显见的。在财务集中之后，中兴通讯从事基础财务的人员节省了 40%，而每单据的处理效率从过去的接近 20 元降低到只有 10 元左右，相当于节省了 30%～40%的成本。这一结果令他们自己都颇感震惊。节省下来这 40%的财务人员，在随后进行了转型，迅速补充到更需要释放他们潜力的地方。首先是业务财务队伍，这个队伍像毛细血管一样深入各个业务单元，深入企业经营决策的方方面面，把企业经营过程中产生的数据转化为信息，及时提供给各个层级的领导者，辅助他们决策。另外一个就是战略财务队伍,它和公司的战略部门、绩效考核部门一起组成了公司本部的参谋部门,能及时把公司的战略转化为政策,把公司的意志转化为行动方案,通过各个体系落实下去。而在这两个队伍的底端,正是集中化的那部分基础财务的共享。它能源源不断地产生数据,同时优化自己的流程,提高效率,降低成本。

2008年,中兴通讯将烦琐的基础财务业务转移至西安,使子公司财务经理能够更好地参与到海外项目运作中,更多参与子公司的经营管理,协助业务单位做好税务筹划、资本运作,提升子公司财务管理能力和盈利水平,中兴通讯的财务共享服务正式形成。中兴通讯以共享服务战略决策支持、核算共享服务与业务支持,在组织结构上进行了财务职能的分离和战略财务管理职能的强化,从集团总部财务管理的需求出发,在建立财务共享服务中心的基础上,又增加了并行的两个部门:业务财务部、战略财务部,实现了财务管理专业化、财务核算集中化、财务业务一体化。如今,中兴通讯的财务管理模式已经趋于成熟。

3. 以共享服务为基础的财务管理模式

中兴通讯已逐步形成四位一体的财务管理模式,即公司层面控制管理的战略财务、全价值链财务管理支持的业务财务,交易处理为主的财务共享服务以及财务核心能力的专家团队。这一财务管理模式稳定地支撑企业的快速成长与发展,从战略决策、人力资本、价值链、信息披露成本等方面为企业的价值创造做出了创新和贡献。

1) 战略财务

战略财务对应财务职能中的指导层,他们相当于财务的大脑,在专业领域有着深入的研究,参与战略的制定与推进、将业务财务和共享服务提供的信息转化为对公司经营决策有价值的经营信息分析,支持战略决策的落地。战略财务采用"集权—网状辐射"组织架构,总体职能分为预算管理、成本管理、经营绩效管理等6个子职能模块,以6个子职能模块为六大核心设立层级辐射式组织架构,使战略财务意识渗透到基层业务单元。六大核心享有资源配置与协调权、政策制定权、业绩考核权。战略财务服务于公司战略规划,行使参谋中枢的职能,其财务人员在集团总部层面参与公司经营管理并提供战略决策支持,策划战略的推进和落实。战略财务的职能如图5-4所示。

2) 业务财务

业务财务对应财务职能中的控制层,他们分布在各分子公司、海外运营机构中,深度参与价值链各个环节,成为经营决策团队的重要成员,提供全价值链业务财务管理,支持推进战略决策落实,支持集团成员单位的业务价值评价,业务财务部的财务人员担任业务单位合作伙伴的角色,深入一线业务单元提供培训、咨询、决策支持等服务,协助其提升经营管理能力,促进公司战略目标和经营计划的达成,包括各业务单元的分析、计划、预算和业绩管理,融入业务,促进公司价值最大化。业务财务的职能如图5-5所示。

3) 共享服务

共享服务为公司的决策和运营提供财务数据支撑。共享服务整合企业分散重复业务、采用会计工厂的运营模式,工作标准化,为业务单位提供足够质量的后台支撑数据和服务。

共享服务中心设有全球管理数据中心,在财务云内部被称为"MIT"(management

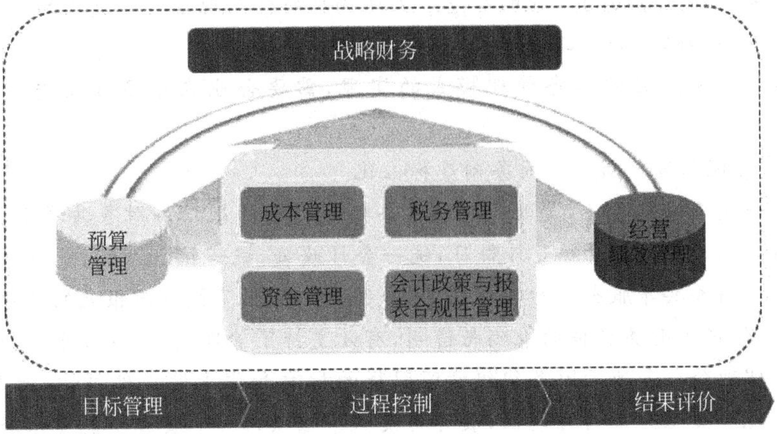

图 5-4　战略财务的职能

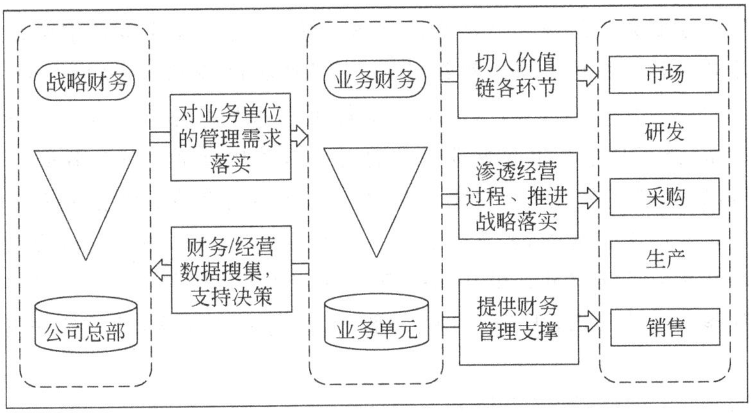

图 5-5　业务财务的职能

information team)，MIT 通过对来自全球分支机构的海量财务数据的加工，通过经营决策支持系统，发布各类管理分析报表，对战略财务、业务财务以及各层经营管理者提供数据支持。

4) 专家团队

利用共享服务中心平台，专家团队发挥了智囊团的作用。专家团队并不是一个实体的行政组织单位，这是一个虚拟组织，由战略财务、业务财务和共享服务中的专家构成，采用项目化运作的方式，集中精力研究和突破财经管理重大专项问题，对实践工作提供专业的指导意见。专家团队的职能主要包括：对全球商业模式、会计政策、税务、汇率、资金等领域集中研究，输出业务指导；对重点项目或事项提供专业财务支持。

在战略财务、业务财务、共享服务三角军团和专家团队共同组成的财务管理模式中，形成了数据—信息—知识—智慧不断转化的良性循环。共享服务提供数据；业务财务将数据转换为信息，在合适的时间提供给合适的人，对其决策产生影响；战略财务和专家团队将多个信息归纳总结出通用的规则，适用于普遍的大多数人群，形成知识体系；企业将多个知识点整合在一起成为企业的智慧。上述循环将使企业在变幻莫测的商业世界中保持敏锐的洞察力和精准的判断力，成为企业未来的核心竞争力。

以共享服务为基础的财务管理模式的实现，需要企业在诸多方面进行创新，具体如下：

1）财务管理制度创新——财务制度标准化

财务管理制度的标准化，是财务共享服务模式构建的基础。财务共享服务中心管理思路的核心为五个统一：统一会计科目，统一会计政策，统一信息系统，统一核算流程，统一数据标准。财务共享服务平台实施的"五个统一"，保证了核算与报表的质量，提高了业务处理效率，保证了财务数据的准确与透明，有效支持了管理决策，这五个统一，是共享服务的核心管理理念。各地的财务组织按照同样的标准和方式做一件事情，使本来各具差异的工作出现专业化分工的可能性，最终将使从事该项工作的员工技能要求降低，降低人工成本，同时又为集团财务战略得以统一贯彻执行提供了保证。

2）财务组织创新——财务人员的集中化

财务组织从分散式组织形式到集中式组织的转变，是财务共享服务模式成功的关键。财务共享服务是一种典型的集中式组织模式，它通过将服务端（共享服务中心）和客户端（企业集团成员单位）分离的方式，重新定位了集团和基层业务单位及子公司之间的业务界面和业务关系，并将从事标准化财务工作的财务人员从成员单位分离出来，归属到财务共享服务中心，实现财务人员的集中化。集中式组织模式能够实现资源的有效共享，一个服务端向多个客户端提供服务，客户端能够共享服务端资源。同时通过合理配置一个服务端对应的客户端数量能够最大限度地平衡资源。此外，通过服务端进行服务的封装能够使财务的服务界面简单化，从而提升服务水平、提高业务效率，并为统一财务战略执行力提供支持。

3）流程创新——财务管理流程化

财务共享服务中心建立的过程实质就是财务流程再造的过程。通过流程再造实现了财务管理向流程化和业务化分工的转变。在操作过程中，中兴通讯实施了包括费用报销流程、资金收付流程、应付流程在内的流程再造。

4）技术创新——财务管理网络化

在跨越国界的信息及财务系统的合并中，现代技术扮演着关键角色。财务共享服务中心同样需要强大的信息系统来支持。信息系统最重要的作用在于它建立了一个IT平台，将财务共享服务中心制定的一切财务制度都固化在统一的数据库中，包括财务作业流程等都在信息系统中进行统一设定，成员单位不得随意修改，从而保证总部的战略得到有效贯彻和落实。

中兴通讯财务共享服务实施带来了多重效益，主要体现在以下五个方面①：

(1) 处理成本降低。实施财务共享服务之后，中兴通讯人力成本节约了60%，每单处理成本从15.4元下降到6.3元。

① 王倩. "互联网+"浪潮下会计人员职业成长的趋势——由中兴通讯实施财务共享服务引发的思考[J]. 商业会计，2015(20)：80-81.

(2) 财务效率提升。中兴通讯业务处理时效从原来的 6.2 天下降至 3 天完成付款到账，效率提升了 50%。

(3) 满意度提升。财务职能从监督转变为服务和监督并存，在服务中监督，财务满意度由 30%上升到 95%。

(4) 财务风险降低。中兴通讯集团范围内的财务监控统一了标准，制度/数据/业务处理彻底透明。基于流程和业务分工的财务作业模式，使财务人员与业务人员一对一固定联络切断，降低了串通舞弊的风险。

(5) 共享示范效应。以共享的思路，集中一切可标准化、流程化的处理，如人事、IT、会议、行政服务，彰显规模效应，提高公司整体效率。这就是借助信息技术手段对财务工作进行创新，明明白白地通过提升效率节约成本，给企业创造了价值。

4. 财务共享服务的意义

以财务共享服务为基础，解决的是基础性财务问题，同时收集数据。业务财务渗透于各个业务层面，把这些相关数据转化成信息，并用业务语言表述出来，为各级领导者提供决策建议，同时，他们还负责收集业务单元的情况，反馈回财务中枢，形成信息对流。而战略财务，是整个公司指挥枢纽的组成部分，负责的是把战略转化为可执行手段，以确保执行的到位。共享服务、战略财务、业务财务构成了一个三角形的稳定的财务管理体系。而共享服务是这个三角结构的起点和支撑；共享服务只是手段，最终目的在于实现企业价值。财务共享服务模式带来的是财务人员节约、效率提升，增强服务满意度以及降低财务处理成本，不过，其更重要的价值并不仅仅在于此。

最重要的意义在于，财务共享服务提供了全价值链的人才培养模式，将基础财务核算业务集中到共享服务中心，可以释放出大量高素质人员到战略财务和业务财务。中兴通讯具有从采购到研发，到营销，再到销售，以及延伸到售后服务的长长的价值链，这种全价值链的土壤，使得中兴通讯的财务人员也贯穿全流程，既有支撑研发的财务代表，还有支撑采购和制造成本管理的财务经理。如此环境辅以定期轮岗制，使得财务人员的视野更宽广。

战略财务人员参与战略的制定与推进、进行预算资源管理和绩效控制，为公司经营决策层提供全公司的经营信息分析。业务财务人员深入业务一线，与业务单位紧密合作，参与公司价值链各环节的价值创造。业务财务把自己定位为“业务中的财务专家，财务中的业务专家”的双面间谍，充当的是业务和财务的润滑剂。他们可以把财务信息通过业务语言传递给业务部门，还能把业务部门遇到的困难及时反馈到财务部门，让财务部门理解业务部门面临的市场和经济环境的巨大变化，同时，因为熟悉业务部门的情况，对于财务出台的政策到底可不可行，他们也最具判断力。

财务体系不会让这些“游离”在外的财务板块孤军作战。定期的培训、交流必不可少，信息系统也向他们全面开放，还会定期组织互相轮岗交流。这使得财务共享、业务财务、战略财务三大模块之间，总能形成很好的互动。举例来说，战略财务要发布什么政策，一定会事先跟业务财务沟通，使后者能及时参与到政策中来。

中兴通讯的财务人员，无论是从事基础的共享服务，还是分布于各个业务单元的业务财务，以及占据中枢的战略财务，所有财务人员都是财务体系在统一管理的，其人才选拔、激励等都由财务体系决定,有点类似会计委派,但不是控制,而是支持。这与国外的企业财务归各个业务单元自己管理完全不同。由此,确保了财务人员真正成为一个中立角色,一旦业务单元的做法和法律产生冲突,一定会坚定地站在公司一边,而在两个业务单元发生冲突时,他们也可以起到润滑剂的作用。

正如中兴通讯副总裁陈虎强调,"我们不是为了集中而集中,而是为了分散而集中。分散的目的是要为各级的决策形成支持。如果没有共享中心,财务就是传统的低效率模式;但如果仅仅有共享中心,财务就会退化为会计部门,没有帮助企业,只是解放了自己;如果战略财务和共享中心都有但二者割裂,共享中心也会越来越会计化,战略部门会离业务越来越远。唯有建立战略财务、业务财务、共享中心这样的三角关系,通过中间的毛细血管,才能形成最好的循环。"现在,中兴通讯的战略财务部门,已经形成了4个研究团队,分别是汇率研究小组、税务研究小组、风险研究小组和成本研究小组。以中兴通讯八大战略之一的成本战略为例,在财务体系建立了成本战略办公室,负责牵头整个公司成本管理的研究、成本政策的发布、成本奖励的发放,以及对全流程成本的管理。这个成本办公室其实只有几个人,但它会制定公司的成本目标,并分解到价值链的各个过程,通过网状的管理结构,建立起全公司的成本管理网。

中兴通讯的董事长侯为贵早在做总裁期间就对财务工作非常理解支持,从来不吝给予更多发挥空间。这为中兴通讯在财务上的不断进步和升级,提供了很好的发展环境。而在CFO的带领下,整个财务团队不断摸索,而且从来不放弃用自己的努力去影响他人,要求财务人员更多介入经营成为财务人员的考核指标之一。每个事业部的财务部长,都肩负着"培训"事业部总经理的职责,必须把事业部总经理变成半个财务专家,将财务的思维、方法、理念传递给他,培训他。多年渗透下来,财务部门口碑在中兴通讯内部声名鹊起,他们甚至常常发动其他部门一起来讨论,其他部门讨论事情也都喜欢拽上财务部门。更有说服力的是,和很多大公司一样,在中兴通讯,公司高层有个经营委员会,每周开一次会。而在这每月四五次的碰头中,必然有一次,是要听取财务的专门汇报。

2010年中兴通讯荣获"中国管理模式杰出奖",执行副总裁韦在胜先生在出席当日颁奖典礼时表示:"我们通过财务共享模式来释放财务人员的工作精力,做真正的财务管理,做业务的财务辅助和分析,总体工作价值对企业产生了更大影响。未来30年我们会把更多的精力放在管理上,往往企业发展是先业务,再管理,后财务,未来的企业发展更加关注效率,应重视发展管理,特别是财务管理的效能发挥,运用管理的力量来发挥作用。"

案例思考题

1. 在中兴通讯的全球扩张战略指导下,面临了怎样的财务困境?实施共享服务的动机是什么?

2. 中兴通讯财务共享服务中心建设过程中经历了哪几次变革和创新?移动互联网、云计算、大数据对财务共享服务有何影响?

3. 试分析企业集团财务集中和财务共享的区别。

4. 财务共享服务中心的战略转移是基于怎样的考虑?

5. 中兴通讯的财务共享服务如何为企业创造价值?采取了哪些举措?取得了什么样的效果?

6. 基于财务共享服务，中兴通讯的财务管理模式是怎样的？

案例资料来源

[1]　解密中兴：基于财务云的价值创造之路. 中国管理案例共享中心案例库.

[2]　中兴通讯：构建财务智囊网——以共享服务为基础的财务管理模式[D]. https://wenku.baidu.com/view/740de5f776eeaeaad0f33011.html.

[3]　王倩. "互联网＋"浪潮下会计人员职业成长的趋势——由中兴通讯实施财务共享服务引发的思考[J]. 商业会计，2015，(20)：80-81.

第6章 企业集团内部转移价格管理

【学习目标】

- 理解和掌握企业集团内部转移价格的内涵与制定原则
- 理解企业集团实行内部转移价格的动机和影响因素
- 理解和掌握企业集团内部转移定价制度和方法

内部转移价格是指企业集团内部相关联的各方在交易过程中所采用的价格，是为了解决集团内部资源分配和分权部门业绩评价的问题而产生的，目的是实现集团内部资源的优化配置，提高集团整体的获利能力。权衡效率与公平，合理制定内部转移价格，是发挥集团优势的一个重要方面。

6.1 内部转移价格的内涵和制定原则

6.1.1 内部转移价格的内涵

内部转移价格，又称划拨价格，是企业集团内部母公司与子公司、子公司与子公司之间，内部交易时相互约定转让中间产品所采取的结算价格。

从使用主体上看，它有跨国公司和一般公司转移价格之分；从载体上看，它又是商品、劳务费、资金和资产等的转移价格；从总体上看，它是企业集团内部的转移价格；从关联关系上看，它又是分部相互的转移价格。

这种价格的最大特点是：在内部交易中，商品所有权只是在企业内部各系统之间移动。由于转移定价在一定程度上不受市场供求的影响，而是根据企业集团总体的经营战略和集团整体利益最大化的原则，由企业集团内部特定的管理部门以行政方式来确定。由于这一价格制定方式的特殊性，这种公司的内部价格不一定就等于经营成本，它也许远远高于或低于该产品或劳务的会计成本，甚至在某些情况下，它也许与会计成本或商品价格毫无关系，只反映企业集团或公司内部各利润中心之间的经济联系，一般不直接与消费者发生联系，不作为各种差价、比价的依据和计算基础。

随着企业集团的不断发展，企业集团为了调节内部经济关系、节省交易成本、发展内部贸易、避开公开市场缺陷、扩大企业总体利益、追求利润最大化，母子公司之间的内部交易将会不可避免地、不同程度地使用转移价格。随着国际市场竞争的加剧，大型集团公司内部交易及其转移定价的地位越来越重要。

企业集团内部转移价格的实质是“高低价政策”，即在集团公司内部转移价格政策的制定中，有关双方必然是一方实行高价政策，另一方实行低价政策，选择中间价是没有意义的。当然集团公司在制定和实施内部转移价格政策时是依据一定的标准来选择高价政策和低价政策的。

高价政策主要运用于以下两种情况：一是母公司对子公司提供产品和劳务时；二是投资环境好的子公司向投资环境差的子公司提供产品和劳务时。企业集团在制定内部转移价格政策时，运用高价政策（指接受高价公司）是有条件的：首先，地方政府对企业集团成员企业的利润或利息等转出加以限制，集团公司想转移合资企业的利润；其次，转入方子公司劳方要求提高工资时，通过“高价政策”以降低公司的账面利润；最后，地方以产品成本为依据对最终产品价格进行控制。

集团公司若决定运用低价转移政策，或关联企业决定向对方低价提供产品或劳务时，接受低价公司也需满足一定的条件：

第一，从价关税太高或东道国政府实行进口外汇配额制时，运用低价政策可以降低关税税基，从而少纳关税；同时还降低了结算贷款的金额，减少接受转入公司的外汇使用量。

第二，转入方所得税率大大低于转出方。运用低价转移政策，接受公司可降低产品成本，增加盈利；同时又保证了转出方的盈利，不让政府以其他方式参与分配。

第三，转入方地方贷款额度的审批严格以企业的财务状况为依据时，运用低价转入政策。转入方公司可增加利润，从而改善财务状况，满足资金筹措的基本条件，为公司的发展提供充裕的资金。

6.1.2 内部转移价格的制定原则

企业集团在制定转移定价政策的过程中，在分析各种因素影响的基础上，确定转移定价政策的基本原则。一般认为，制定转移定价政策的基本原则包括以下三条。

1. 集团整体利润最大化原则

建立企业集团的目的就是要实现资源的有效配置，提高集团的整体利益。集团与其成员企业是整体和部分的关系，因而在制定中间产品的转移价格时，应在协调各成员企业利益的条件下，使企业集团整体利润最大化。

2. 激励原则

从理论上来说，在制定内部交易的转移价格时，要充分考虑策略的制定是否能够激励各成员企业去努力降低生产成本，要充分考虑内部转移价格对各成员企业业绩的影响，使各成员企业所得的收益与该成员企业的成本呈反比关系，这样才能激励他们努力降低成本，增加企业集团的整体利益。因而，制定内部转移价格必须遵循三条激励原则：

（1）目标一致性。制定的内部转移价格应能有助于实现整个公司的经营总目标，能协调各成员企业的目标与公司总目标相一致，有利于转移方的转移价格，必须同时对企业整体也有利。因此，下级单位经理与最高层经理应具有同一目标。

（2）对经营能够进行评估。制定的转移价格必须对双方都有利或者能够正确地体现双方的经营业绩状态，即卖方在将产品、劳务、服务等转移到买方时，内部转移价格要对卖方、买方的运营均不造成伤害，从而激励各成员企业的管理人员更有效地履行其职责，以促进企业集团整体利益的增长。

(3) 自主权。内部转移价格应保证自主权,即买方和卖方的经理应独立自主地经营他们作为分权实体的责任中心。企业集团内的转移价格政策必须为双方所接受,若有一方不同意,则转移价格就不能成立。

3. 相对稳定、定期调整的原则

相对稳定、定期调整的原则是企业集团政策动态一致性所要求的,转移价格的制定是企业集团内部各利润中心之间的一种利益分配方式,如果调整频繁,就会使企业集团的政策缺乏动态一致性,各责任中心之间的责任将很难分清,从而使成员企业的经营者失去激励。因此,转移价格一经制定,就要保持相对稳定。当然,若长期不调整,则不能有效地调节内部资源配置,从而影响企业集团利润最大化的目标,所以,必须定期对转移价格和数量进行调整。

6.2 实行内部转移价格的动机和影响因素

6.2.1 实行内部转移价格的动机

对于集团企业而言,实行转移价格的基本动机与上述多利润中心的情形一样。但是,由于集团企业下属的经营单位不仅仅是利润中心,还有可能是投资中心,因此它们比一般企业的利润中心具有更强的独立性。而且,集团企业内部各单位之间的交易数量和交易频率往往显著高于一般多利润中心的企业。从而集团企业转移定价的目的就更为复杂。通常来讲,集团企业转移定价的目的主要有三个方面,即明确经济责任、实现内部资金调度和取得避税效应。

首先,通过制定合理的转移价格,就可以调节内部供求双方的利益,明确各方的经济责任,便于经济责任的落实。同时,经济责任的落实,有助于集团企业的内部业绩评价。之所以需要通过制定转移价格实现明确经济责任的目的,是因为集团内部交易的对象有可能缺乏活跃的外部交易市场,如果任由卖方定价,就很可能因为垄断而定价过高,从而使购买方成本过高。那么,购买方就会以此作为不能实现经营和财务目标的借口。

其次,集团企业可以根据整体的发展战略,以各种方式进行资金的内部调度,转移定价就是其中的主要方式之一。通过转移定价的方式,可以将资金配置到集团战略发展所要求的项目上,实现整体的战略目标。例如,假若集团内有一个子公司,目前盈利一般甚至亏损,发展资金不足,但处于朝阳产业,市场前景很好,那么集团为了使该子公司得到优先发展,就可以通过转移价格,让该子公司与其他集团成员企业进行交易时,以较低的转移价格买入或以较高的转移价格卖出,从而实现资金向该子公司汇集。

最后,由于集团企业各成员企业的纳税地位并不完全相同,有些成员企业可能享有某些纳税优惠,或处于低税负国家或地区,而另外一些则不能享受税收优惠,或处于高税负国家或地区。因此,通过制定相应的转移价格,可以将利润集中到享有纳税优惠或税负较低的成员企业,从而降低集团整体的税收负担,取得避税效应。

6.2.2　实行内部转移价格的影响因素

企业是否实施及如何实施转移定价，除了以上所述的基本动机之外，还要受到企业管理战略、管理过程和管理结果等方面特征的影响。

首先，管理战略的特征决定了实施转移定价的必要性。例如，相对于采取横向多元化战略的企业而言，采取纵向一体化战略的企业更有必要实施转移定价。这是因为，当采取纵向一体化战略时，各子公司或其他利润中心都是同一产业链上的一个环节，其利益都建立在企业整个产业链的整体利润的基础之上，因此，集团内部成员企业之间的交易及定价就不应该简单地取决于交易双方的意愿，而是要考虑内部交易及定价对集团整体战略实施和集团整体利益的影响。这种战略下的转移定价，就不可能是完全市场化的协商定价，而是或多或少带有集团总部的强制性。

其次，管理过程的特征决定了转移定价的可能性与可行性。管理过程的特征可以从主体因素和客体因素两个方面来看。影响转移定价的主体因素主要包括企业的集权或分权程度、分部组织形式和集团高级管理层的能力与权威。

企业越是集权，则分部的权力就越小，转移定价主要是集团高级管理层的决策，分部管理者参与的程度就越低，转移定价的强制性就越高。分部的组织形式是否为法人，也会对转移定价产生重大影响。如果分部是独立法人，其自主权就相对较大，集团内部交易及定价的自主性较强，强制性较弱；相反，如果分部为非法人机构，则内部交易及定价的强制性往往更强。当然，任何集团企业，如果要实施高度强制性的转移定价，那么集团总部高级管理层必须具有高度的权威性和足够强的管理与协调能力；否则，就很难平衡各分部之间的利益关系。

客体因素对转移定价制定的影响主要是由客体的性质决定的，包括客体的形式和中间产品的外部市场状况等。一般来讲，产品的转移定价更多地依据市场价格，而劳务、资金和无形资产的内部交易则更多地依据成本。中间产品的外部市场状况对转移定价的影响也很显著。当中间产品完全没有外部市场，从而没有市价可供参考时，转移定价就只能以成本为基础；相反，当中间产品存在外部市场时，就有可能参考市价确定转移价格。特殊情况下，如果企业分部是某一中间产品的唯一“买方”或唯一“卖方”，则转移定价往往会更有利于这一方。

再次，转移定价也要考虑其对各分部心理和行为可能产生的影响。转移定价会影响各分部的财务业绩，因而对分部不利的转移定价就会招致这些分部的抵制。如果集团强制性地实施对某些分部不利的转移定价，不仅可能导致这些分部的消极行为，而且也会引致分部之间的利益冲突，以及由此导致集团内部各成员企业之间协调性的下降。

最后，必须指出的是，转移定价的制定和实施，除了需要考虑上述集团内部的影响因素之外，还不能不考虑来自集团外部的各种制约因素。比如，国家的税收制度、外汇管制政策、通货膨胀和市场竞争状况等经济因素均会影响企业集团内部转让价格的制定。其中，最为重要的有以下两个方面：一是税务部门的反避税行动。企业存在通过转移定价实现避税的动机，而政府的税务部门则可以对企业转移定价的合理性展开调查，并对明显偏离市场价格标准的转移定价行为予以制裁。二是资本市场监管机构对小股东利益保护的举措。出于保护小股东利益的考虑,资本市场监管机构往往要求企业表明其转移价格的公允性。否则,就会被裁定为非公允的关联交易,企业也会因此受到相应的处罚。

6.3 内部转移定价制度和方法

6.3.1 内部转移定价制度

转移价格制度并不存在统一的模式。在实践中,根据各利益主体参与程度的不同,基本上有两种做法,即集团总部直接干预的转移定价制度和各分部自主协商的转移定价制度。

直接干预的转移定价制度,是指集团总部根据集团整体战略的需要,直接规定上游子公司产品生产计划,并按总部规定的转移价格将产品"销售"给下游子公司。这种转移定价制度的主要好处是,可以把集团企业中不经济的行为减到最小限度,符合集团整体利益最大化目标的要求。但是,其弊端是会削弱分权的优越性,子公司经理将会失去在经营上的灵活性和独立决策的其他好处。而且,最高管理当局也会在解决价格争执方面应接不暇。因此,如果转移价格是非经常性发生的问题,则直接干预的转移定价制度具有更大的优越性;如果转移定价问题经常发生,直接干预的代价太高,采取这种制度就不太合适。

自主协商的转移定价制度,是指允许各子公司经理共同协商内部转让产品和劳务的价格。在协商过程中,集团总部主要是起协调与信息沟通的作用,而不是采取直接命令的方式。这种转移定价制度有助于调动子公司经理参与管理的积极性,使得转移定价制度得到真正的贯彻与实施。然而,该种制度也有其明显的不足之处:一是自主协商过程往往会耗费大量的管理精力,特别是在转移价格制定的基础、相关费用的确定等问题上,很难形成一致意见;二是最终形成的转移价格很大程度上依赖于各分部经理的协商能力,从而使转移价格偏离其战略目标,不利于实现集团企业整体利益最大化。

6.3.2 内部转移价格的表现形式

随着企业集团的不断发展和经营管理活动日趋成熟及交易的内部化,内部转移价格的具体运用形式和渠道也变得丰富多样,突出表现为以下四个方面。

1. 商品交易中的表现

企业集团的内部交易形式很多,但其中最重要的内容就是商品交易,它主要包括关键原材料、燃料、低值易耗品、零部件、半成品、产成品等货物购销。集团公司为达到其避税的目的,根据具体情况对商品内部交易的价格相应运用高价或低价政策。

(1) 在商品交易中的"高进低出"或"低进高出"方面。如果集团公司设立子公司的所在地有很优惠的税收政策或某东道国有较松的外汇管制政策,而集团公司所在地的所得税率较高,那么集团公司就可能对该子公司实施"低进高出"的政策。企业集团内部关联企业之间转让商品时,抬高拨给高税率国关联企业商品的价格,压低产品的拨出价格,将利润转移到低税率国,以增加该子公司的盈利,从而使集团公司充分享受税收减免的好处。若以上条件正好相反,集团公司应对该子公司实行"高进低出"的政策,以便减少子公司的盈利，将利润转移到集团公司所在地，保证收益安全。

(2) 在提供劳务支出方面。如集团公司设立运输子公司，并规定企业集团所在公司的货物必须由自己的运输子公司承运。在运输收费过程中，通过收取较高或较低的运费、装卸费及保险费等形式来调控子公司的销售成本。这种以费用方式转移子公司的利润通常采取高收费的方式，同时对企业集团内部交易采用来料加工的形式，通过压低子公司的加工费水平，以降低成品成本。

2. 内部资金交易中的表现

企业集团通过提供贷款利息的高低来影响产品的成本和费用。在公开市场上资金交易的价格就是利息，而企业集团内部的资金借贷也是有偿的，其转移价格则是利息。由于贷款利息允许在税前列支，集团公司总部可利用公司的金融机构如结算中心或财务公司为子公司提供贷款，通过调整利率的高低或预付利息来调节子公司的经营成本。具体方法如下：

当某一子公司预计当年将有较多会计利润时，该公司在纳税最后期限来临之前，可申请母公司安排举借一笔巨额借款，并在该笔贷款合同中注明利息需全额预付。如此一来该子公司可将此贷款的利息全部计入当期损益，以降低应纳税所得额，减轻税负。然后，在纳税期限偿还该笔贷款。这是一种比较安全的避税方法，既合理又合法，不易被审计部门查出。

3. 特许权及其他无形资产中的表现

目前，随着企业集团管理体制和组织结构日趋复杂，众多控股公司对实体公司进行管理、咨询等。提供这些服务后，各子公司可以将支付的管理费用分解为专有技术价格、技术培训费、工程服务费等成本，从而实现成本向免税项目的转移。例如，某企业集团公司在向其关联企业转让专有设备、专有技术时，在合同中规定专有技术费 18 万元，而图纸资料费竟高达 120 万元。与此同时，集团公司还通过对提供的专利、非专利技术、商标、版权等无形资产索取高额的特许使用费，从而影响子公司的费用成本和利润额。

4. 固定资产购置和租赁中的表现

在企业集团内部固定资产的购置权多由总部操纵，虚报现象时有发生。当企业集团内部各关联方发生财产租赁时，总部往往抬高向高税率地区关联方出租的租赁费，以减少其利润，逃避所得税的纳税义务；又或改投资为租赁，一方面收取高额租赁费，增大成本费用，以减少利润，另一方面暗中分取利润。

6.3.3　转移定价的方法

无论采取什么样的转移定价制度，具体的转移定价方法不外乎以下三种，即以成本为基础的转移定价方法、以市价为基础的转移定价方法和双重定价法。

1. 以成本为基础的转移定价方法

以成本为基础的转移定价方法的具体形式又包括完全成本法、标准成本加成法和边际成本法。

(1) 完全成本法。完全成本法，是指集团公司内部交易的转移价格以提供产品的子公司的全部成本为依据加以确定。采用完全成本法的最大优点是概念明确，易于实施。

同时,它可以满足各个子公司存在和发展的基本需要。但是,完全成本法存在以下明显问题:①完全成本法无法根据各个子公司的利润、投资收益率或其他效益指标来衡量各个子公司的业绩,这和子公司作为利润中心的宗旨是相违背的。②完全成本法将使得处于不同生产环节的子公司业绩衡量相互依赖,容易引发子公司之间相互推诿和摩擦。③采用完全成本法,由于上游子公司的成本总是能够得到补偿,因此可能会造成上游子公司放松对产品成本的管理和控制。从集团的角度来看,完全成本法很可能会违背目标一致原则,导致次优决策。

(2) 标准成本加成法。标准成本加成法,是指所采用的成本应当是标准成本,而不是实际完全成本。以标准成本为基础确定转移价格,有利于鼓励上游子公司控制生产经营成本,改善经营业绩。采取标准成本加成法的主要问题在于如何估计必要的利润(或加成)率。加成率水平的高低,将直接影响各个子公司的经济利益。特别是当上游子公司提供的产品或服务并不同时对外销售时,加成率的确定就没有十分客观的依据。

(3) 边际成本法。边际成本法,是指以边际成本为基础制定转移价格。边际成本法最大的优点是,可以促使上游子公司的生产能力在短期内发挥最大的作用。但它的一个弱点是,在转移价格中不考虑固定成本,这从短期来看是可行的,但是从长期来看,只有当全部成本得到补偿之后,集团企业或者子公司才有利润可言。实践中,如果采取边际成本法,就可能导致上游子公司成本补偿不足,进而影响其积极性。为此,集团需要在对上游子公司进行业绩评价时进行业绩水平的调整计算,或调整业绩评价的标准,以使该类子公司得到公正的评价和奖励。

以成本为基础确定转移价格,主要基于以下两种情况考虑:①在集团企业外部并没有同样的产品,因此就不存在可以竞争的市场价格。②如果采用市价,容易使各子公司的经理产生较大的利益冲突。

2. 以市价为基础的转移定价方法

如果集团企业采用市场价格作为转移价格的基础,通常必须遵循下列原则:①当上游子公司愿意对内供应,其要求的价格与市价相同时,则下游子公司有内部购买的义务;②如果上游子公司要求的价格高于市场价格,则下游子公司有选择在市场采购的权利;③上游子公司如果选择对外供应,则应当有不对内供应的权利;④集团企业内部应当设置一个仲裁部门,当子公司之间因为转移价格发生争执时,可以实施仲裁,明确责任。

通常认为,市价是转移定价的上限。实践中,在市价基础上打折扣被认为是比较合理的做法,其主要理由是内部交易可以节省交易费用。

如果集团企业的中间产品或劳务市场是有竞争性的,且子公司的相互依赖又微不足道,在这种情况下,产品或劳务市场中的实际价格也就是最理想的转移价格,因为它一般可导致最优决策。因此,以市价为基础的转移定价方法主要为实行高度分权化管理的集团企业所采用。

3. 双重定价法

鉴于按成本法和市价法制定转移价格各有不足,如果集团企业认为没有最优的单一转移价格,就可以考虑采用双重定价法这种折中做法。在双重定价法下,集团总部通常根据不同的子公司制定不同的转移价格。例如,上游子公司的转出价格可以采取市场价格,而下游子公司的转入价格则可以采取标准成本。采取双重定价法，既可以解决下游子公司被动承受上游子公司生产中的低效率难题，也可以使上游子公司感受到市场竞争的压力。但是，实行双重定价法，上游子公司高价出售，下游子公司低价购买，就可能导致上下游子公司都忽视成本控制，因而这种转移定价方法就可能使得所有子公司的积极性得到充分调动，但未必带来集团整体利益最大化。

【本章思考题】

1. 企业集团实行内部转移价格的动机是什么？
2. 制定企业集团内部转移价格的影响因素有哪些？
3. 企业集团的内部转移价格有哪些表现形式？
4. 简述制定企业集团内部转移价格的原则和方法。

【案 例 分 析】

东北制药集团内部交易与转移定价

东北制药集团股份有限公司（以下简称东北制药），正式成立于1993年6月，是以化学原料药为主，兼有生物发酵、中西药制剂和微生态制剂的大型综合性制药上市公司（股票代码：000597）。

一、东北制药集团内部交易与转移定价操作过程

上市公司先天的关联性和成员企业业务活动的相关性为东北制药集团内部交易与转移定价策略的运用提供了实现基础。东北制药集团主要通过在关联购销、提供劳务、资产转移与租赁等方式中的转移定价实现对企业集团的盈余管理。东北制药集团内部交易与转移定价的类型有以下几种。

1. 利用内部交易的转移定价

1）购销商品

由表6-1可见，东北制药集团关联方采购金额2004年、2005年和2006年均占同类交易10%以上，同期关联方销售额占本企业同类交易百分比的6%～7%，可见关联方购销商品对企业的收入及成本的影响相当之大。东北制药集团主要通过“低价卖出，高价买入”的方式来提高东北制药股份有限公司的经营业绩，同时由于东北地区老工业基地的税务优惠政策，东北制药集团通过向高税率地区的子公司高价卖出商品或向低税率地区的子公司低价买入，从而达到整个集团的税负最优化。因此关联方购销商品这种转移定价方式也成为很多集团企业进行盈余管理和税务筹划的重要手段。

2）提供劳务

东北制药集团生产一线上的员工占全部人员总数的64.24%，集团企业可以通过调拨生产人员或其劳务关系挂靠盈利企业等方式对企业集团的利润进行调节。如1996年和1997年连续两年严重亏损，亏损总额达2亿元以上，为扭转亏损局面，企业集团进行内

表 6-1 东北制药集团关联方购销商品一览

关联方购销	2006 年销售额/万元	占 2006 年销售百分比/%	2005 年销售额/万元	占 2005 年销售百分比/%	2005 年销售额/万元	占 2005 年销售百分比/%
相关联企业采购	23 627.37	16.28	22 258.56	17.8	13 406.83	10.61
相关联企业销售商品	13 491.17	6.12	11 966.78	6.16	12 851.74	7.02
相关联企业提供动力	1 878.49	0.85	1 994.36	0.95	10 14.71	0.55

资料来源：东北制药集团年度报告。

部整合，其中 4 200 人进行了下岗分流，当月可比成本就下降了 546 万元，1997 年 9 月至年底，3 个月内减亏 1 000 多万元。1998 年企业通过改革调整，在每年销售产品降价 1 亿多元的情况下仍能盈利 1 317 万元。这其中劳务成本的缩减在利润调节上起了至关重要的作用。2006 年 12 月 1 日，东北制药集团股份有限公司与东北制药集团签署了综合服务协议，协议约定，东北制药集团股份公司为东北制药集团采购原材料、提供能源、劳务、销售及生产辅助方面的某些服务和供应。2006 年 12 月从东北制药集团采购 VC 系列产品，是按 VC 实际销售价格收取一定比例服务费，国内销售按 3.85%收取，国外销售按 7.85%收取。在与企业集团发生其他采购业务时在售价的基础上加收 1%的劳务费，因此东北制药集团公司承接相关的债权 9 299.1 万元，坏账准备 1 208.88 万元。可见企业集团内成员企业之间通过劳务合作有效地提高了上市公司的经营业绩。

2. 利用分摊费用的转移定价

1991—1994 年，由于 VC 出口高额利润的推动，国内企业蜂拥上项目，使得 VC 产品生产能力严重过剩。1995 年国际市场巨头瑞士罗氏公司为保住自己的市场份额，率先降价，拉动了国际市场价格大战，VC 产品由 1991 年每千克 12.5 美元降至 1995 年的每千克 4.25 美元，1999 年下降到 3.2 美元，直至 2003 年才有小幅回升。受此影响，国内企业损失惨重，作为 VC 龙头企业的东北制药集团也不例外。为了不拖累上市公司，东北制药集团股份有限公司于 1997 年将东北制药总厂万吨 VC、利福平、酶法葡萄糖、制剂分厂(车间)、对沈阳东港制药有限公司长期投资等资产 122 161.18 万元(评估值)及相关负债剥离给母公司——东北制药集团有限责任公司，该部分资产及负债自剥离后独立进行核算，编制的会计报表汇入东北制药集团。

1) 管理费用

东北制药集团组织庞大、结构复杂，根据税法有关规定，通过为下属子公司提供管理，可以按一定的标准在子公司之间合理分配。又由于税法对管理费用没有明确规定分摊的具体依据，所以公司采用各自销售收入占合计销售收入的比例分摊方式作为依据调节企业集团的整体利润，达到集团税负的最优化。另外，自 1997 年东北制药集团股份有限公司与东北制药集团进行债务重组以来，东北制药集团股份公司资产顺利剥离给东北制药集团，而共同的管理费用按各自销售收入占合计销售收入的比例这种固定的方法分摊。这样的转移定价方式一方面使得东北制药集团股份公司规避重组以来 VC 市场价格下降给上市公司带来利润下滑的风险，另一方面通过销售收入比例进行分配，使得盈利公司多分配管理费用，亏损公司少分配管理费用，进而达到企业集团整体税负最小化的目的。

2）财务费用

东北制药集团主要通过股份有限公司向相关商业银行进行借款，以满足企业集团的需要，通过与关联企业进行债权债务往来、应收账款挂账（无息贷款）、关联担保等方式向相关企业输入资金。虽然商业银行利率固定，但企业集团各公司间却可以根据盈利情况利用转移定价来分摊企业集团的财务费用，对于盈利企业可以采用银行同等利率，而对于亏损企业则可以零利率无偿提供资金，使企业合理调节利润，进而达到集团整体税负最优的目的。东北制药集团股份有限公司2002年至2006年平均每年为集团内部提供的无息贷款为564.86万元。以1年期短期借款利率6.12%计算每年为关联企业节省财务费用约34.57万元。另1997年资产剥离后，由于经营活动的特殊性以及银行贷款业务的连续性，东北制药集团股份有限公司借考虑将VC资产收回及降低成本的原因，使得原贷款展期及借新还旧发生的部分银行贷款仍沿用东北制药总厂名义，截至2006年12月31日，以东北制药总厂名义贷款但在东北制药集团核算的贷款为82 958.81万元，该部分贷款的利息仍由东北制药集团全额承担。企业集团利用上述方式使得上市公司即使在VC价格下降的情况下仍能保持很好的业绩水平。

3. 利用资产的转移定价

1）有形资产

在VC价格节节下降的情况下，东北制药集团有效利用关联交易这种转移定价方式将该部分潜亏资产从上市公司转移到集团公司，使得上市公司规避了业绩下滑的风险。同时2001年、2002年东北制药集团又分别将其能够带来盈利的酶法葡萄糖资产4 395.59万元和制剂分厂等资产31 453.53万元通过还债方式归还给东北制药集团股份公司，而直至2007年VC行业开始回暖之时，东北制药集团于2007年6月30日才将VC资产转让给东北制药集团股份有限公司，以此来提升东北制药集团股份公司的经营业绩。

2）无形资产

对制药企业来说一个最大的特点就是公司的利润高度依赖于新产品和新技术的研发周期和成本。要保证企业的竞争优势就必须保持新药品推出的连续性，必须进行不断的研究开发。因此对于东北制药集团来说，合理地制定无形资产研发方案对企业集团的盈余管理至关重要。东北制药集团每年在经营报告和讨论分析时都强调其无形资产开发规划，东北制药集团的无形资产主要是各种专利技术。由于每项专利技术可以给企业生产经营带来很大的利润，且其很难找到市场标准价作为参考，所以企业集团通过内部企业间收取技术转让费的方式有效调节企业利润。新会计准则对自制无形资产的计量规定："对企业自行进行研发的项目应当区分研究和开发两个阶段，前者费用化，后者在满足一定条件的情况下可以资本化。"由此可见，企业一方面可以规划盈利企业进行相关的技术研发，通过研发费用来调低盈利企业的利润；另一方面对研发成功的技术专利又可以低价转让给亏损企业以提高亏损企业的生产能力，或者高价转让给盈利企业，以实现集团利润转移的目的。

二、东北制药集团转移定价的效果分析

1) 定价水平

医药企业之间很多相关产品及原材料存在比较完善的竞争市场,东北制药集团关联企业之间的产品购销主要采用市场价格作为依据,即集团内部企业根据产品或劳务对外的市场价格作为基价,剔出外部销售价格中包含的销售费、广告费、运输费等,以及产品在企业内部车间或部门之间转让时的销售税金之后的价格。但由于市场价格波动较大,且相同产品、相同市场、相同价格在实际的市场环境中几乎不存在,使得很多市场价格没有代表性,所以在这种定价原则下,企业拥有一定的定价空间。同时由于1997年VC资产剥离遗留下来的历史问题使得东北制药集团与东北制药集团股份有限公司之间的相关交易采用的定价原则与其他关联交易有所不同,比如东北制药集团股份有限公司向东北制药集团供应原材料、供应水电气等均按成本定价。

东北制药集团在市场定价方面,本着做精原料药、做大制剂产品、做强医药行业的原则对不同产品的价格进行不同定位:第一,对于维生素和抗生素系列等集团的支柱产品,由于其占有一定的市场地位,在中国医药市场普遍降价的前提下,这一系列的产品价格保持不变,而是用赚取来的更多利润投入研发、售后服务、回报中间商和消费者上,以此树立企业的良好形象。第二,对于特殊领域产品如抗艾滋病药物齐多夫定片剂,目前由于药品主要由政府进行采购,产品的利润空间虽然相对较小,但发展前景广阔且可以很好地提升企业形象,所以东北制药集团以保本经营的方针来占领抗艾滋病药物的国内市场。第三,对于高新技术产品如复美欣作为近几年磷霉素钠高品质产品,得到国家经贸委认可并批准为独家定价产品,企业将其价格定位略高于普通磷霉素钠,以高价格高品质形象面向市场,取得了很好的效果。同时集团还通过物流中心控制药品流通过程中的费用,以降低药品销售的成本,来应对国内药品市场的激烈竞争。

2) 集团竞争力

东北制药集团是国家首批55家试点企业集团之一,2004年中国500强企业之一,2005年中国制造业500强企业之一。"东北药"于2004年被瑞士达沃斯世界经济论坛和世界品牌实验室评为中国最具价值品牌500强之一,2005年又被世界品牌实验室评为中国医药类十大品牌,并以价值26 113亿元位居2006年中国500强最具价值品牌排行榜第247位。截至2006年年末,东北制药集团在国内医药制造业中业绩排名第18位。此外,"东北"牌被商务部确定为2005—2006年度重点培育和发展的出口品牌。东北制药集团拥有融批发、配送、调拨、零售、仓储和商务中心为一体,辐射东北地区市场终端,建筑面积近4万平方米的物流中心。自集团成立以来,企业已经有10多个在全球排名前三位的产品群,这些产品质量好、规模大、技术先进、成本有竞争力。同时企业生产的抗生素系列、维生素系列、磺胺系列、胃肠道系列、心脑血管系列等各种原料药、医药中间体和制剂等800多种产品,已经远销100多个国家和地区,其中维生素、磷霉素钠等10多个产品群在全球医药产品排名中位居前列。尤其是在VC领域,东北制药集团被业界公认是VC的鼻祖——在国内率先运用"一步发酵法"生产VC产品,确立了维生素类原料药在全国的领导地位;在国际医药界率先创立"VC生产二步发酵法",成为首个出口到瑞士等欧美地区的中国专利技术产品。除VC外,抗艾滋病药是东北制药集团另一个优势品种,东北

制药集团也是国内第一家拿到食品药品监督管理局批文的厂家，技术在国内一直处于领先地位，东北制药集团率先上市的齐多夫定片剂，打破了我国抗艾滋病药品完全依赖进口的历史。截至 2006 年年末，企业资产总额 60 亿元，从业人员 8 000 余人，年销售收入近 50 亿元，年自营出口创汇近 2 亿美元。随着企业治理结构的有效调整以及集团内部资源的优化配置，集团资产报酬率由 2002 年的 2.96%提高至 2006 年的 3.73%，销售净利率也由 2002 年的 0.73%平稳上升至 2006 年的 1.02%；与此同时，集团的资产负债率则逐年降低，由 2002 年的 67.43%下降至 2006 年的 57.99%。由此可见，集团整体的盈利能力和偿债能力均逐年加强。

3）利润水平

自 1997 年资产重组以来，东北制药集团有效利用转移定价策略，通过对企业集团组织内部结构的合理调整以及资源的合理分配和运用，即使在 VC 国际市场价格一路下跌的影响下，整体利润仍能一直保持平稳上升趋势（见图 6-1、图 6-2），截至 2006 年年末，东北制药集团主营业务利润为 41 287.6 万元，是 2002 年的 1.47 倍，利润总额已达到 4 860.81 万元，是 2002 年的 8.25 倍，集团的净利润也由 2002 年的 1 019 万元增加到 1 962.58 万元，增长幅度为 92.6%。

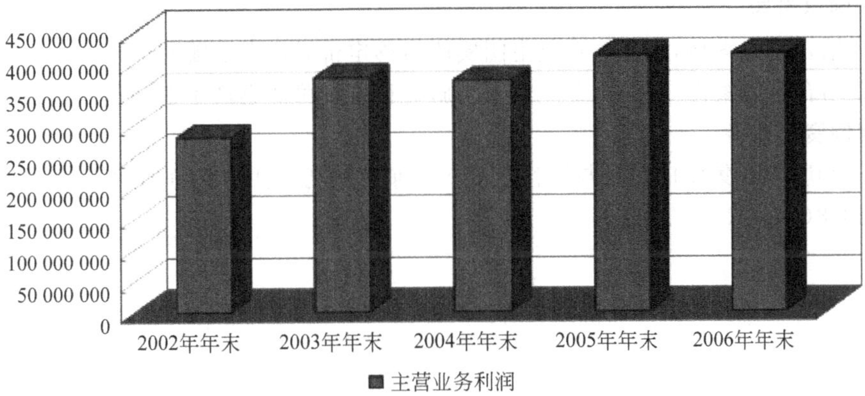

图 6-1　东北制药集团主营业务利润分析

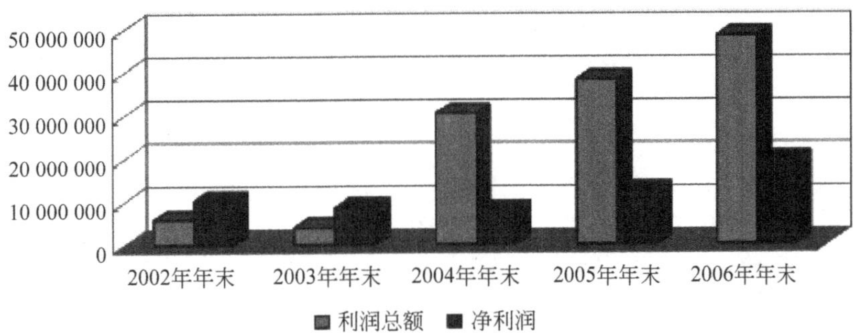

图 6-2　东北制药集团利润总额及净利润分析

4) 税负水平

东北制药集团通过多种转移定价策略的应用，使集团总体税负水平尤其是企业所得税税负水平平稳缓慢上升。其所得税的增长幅度明显低于利润总额，说明东北制药集团有效地利用集团各企业间税收政策的差异，通过集团内部盈利企业与亏损企业之间合理的利润调整，达到了合理避税的效果。同时东北制药集团在利润总额逐年增长的前提下，2002 年、2003 年和 2005 年应交税金几乎保持在一个比较平稳的水平上，也说明了东北制药集团在合理避税方面取得了一定的效果。2004 年，国家对东北老工业基地实施优惠税收政策，在这种契机下东北制药集团、东北制药总厂和东北制药集团供销公司分别拿下了一个项目，在相应的时间享受到国家的优惠税收政策。东北制药集团利用这两方面的优惠税收政策，有效利用集团内部企业间的定价优势，积极进行税收规划，并取得了一定的效果。

通过对东北制药集团转移定价策略的分析可见，其主要通过关联购销、提供劳务、资金转移、资产转移与租赁等方式对企业集团进行盈余管理。集团利用转移定价策略，有效地提高了企业的集团竞争力、行业排名等市场地位，形成了良性的市场价格水平，大大提高了集团整体的利润水平。

案例思考题

1. 结合上述案例，试分析企业集团实施转移定价时应考虑哪些因素。
2. 结合上述案例，试分析企业集团实施转移定价可能会产生哪些负面效果。

案例资料来源

陈艳利. 企业集团内交易与转移定价——东北制药集团案例分析[J]. 东北财经大学学报，2008(6)：32-37.

第 7 章

企业集团的财务战略管理

【学习目标】

- 理解企业集团财务战略的定义、内容和特征
- 理解企业集团财务战略的类型和选择原则
- 掌握企业集团的投资战略、筹资战略和收益分配战略

7.1 企业集团财务战略的定义和内容

企业集团是我国工业经济的“脊梁”，日趋激烈的市场竞争和日益复杂化、国际化的经济环境在客观上要求企业集团制定并贯彻执行其中长期发展战略。财务如何凭借其专业智慧在战略管理决策中赢得更多的话语权，彰显财务管理中战略思维的隐性基因？关键在于紧跟集团战略决策步伐，建立与之相适应的财务战略管理。

从操作实务上来分，企业集团战略可以分为经营战略和支持性战略，支持性战略隶属于经营战略，对经营战略起支持作用。如图 7-1 所示，中心为集团经营战略，外围（包括财务战略）均为支持性战略。

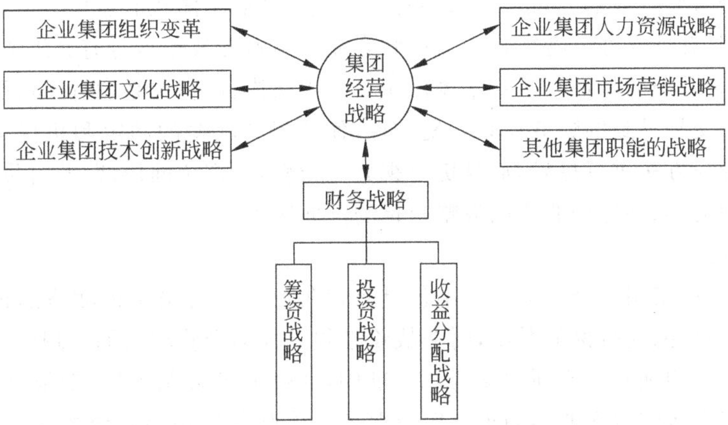

图 7-1　企业集团战略体系

资料来源：胡振华，彭德辉. 企业集团战略规划体系研究[J]. 湖南工业职业技术学院学报，2003(3).

图 7-1 中主要体现各支持性战略与集团的经营战略之间的关系，表现为：集团经营

战略对各支持性战略的指导作用,各支持性战略对经营战略的支持作用。财务战略不仅是企业整体战略一个重要的子系统,而且是企业战略的执行与保障体系。

财务战略的定义是,为适应企业集团总体的竞争战略而筹集必要的资本,并在组织内有效地管理与运用这些资本的方略。财务战略从财务管理的角度对集团经营战略进行全面支持,是企业集团整体战略的重要组成部分。其主要内容包括:①资金筹集战略。主要解决长期内与企业战略有关的企业筹集资金的目标、原则、规划、渠道、工具和结构等重大问题。②资金投资战略。主要解决长期内与企业战略有关的资金投放以及运营管理的目标、原则、规模、方向及结构等重大问题。③收益分配战略。主要解决长期内与企业战略相关的企业净收益,特别是股利的分配与发放等重大问题。因而,财务战略的主要任务就是在对企业内外部状况充分认识的基础上根据企业实际情况,选择企业的投资方向,确定融资渠道和方法,调整企业内部财务结构,保证企业经营活动对资金的需要,以最佳的资金利用效果来帮助企业实现战略目标。财务战略的基本作用表现为对经营战略的全面支持,它与生产战略、营销战略等共同形成支持公司经营战略的支持系统。财务战略的支持性表现在它是经营战略的执行战略。它从财务角度对涉及经营的财务事项提出自己的目标,如高速增长的收入、较大的毛利率、强劲的信用等级、不断上涨的股票价格以及在行业处于衰退期时收益的稳定程度等。因此,财务战略也应该目标明确并具备实际可操作性。

7.2 企业集团财务战略的特征

企业集团财务战略具有以下重要特征:

1. 系统性

企业集团财务战略是一个相对独立、复杂的财务管理系统。一方面,它是企业集团整体战略的一个重要组成部分,也是其核心内容,其对企业集团核心竞争力的提升具有重要的推动作用,具有独立性的特征;另一方面,企业集团财务战略本身有其组成要素、结构及目标,具有复杂系统的特征。企业集团由于其组织结构、产权关系、投融资活动、交易活动尤其是关联方交易导致的财务关系的复杂性,使其财务战略的制定和执行不仅要借助复杂系统的理论与方法进行指导,而且更重视其复杂性,注重全面协调,及时发现问题、分解问题和解决问题,以确保企业集团战略目标的全面实现。

2. 支撑性

一方面,企业集团各级财务战略不仅是企业集团对应各级整体战略的核心内容。而且,作为经营战略的支持保障系统,财务战略必须以推动经营战略的实现以及市场竞争优势和核心竞争力的确立与不断强化为基本准则,通过财务资源规模、期限、成本与结构的合理安排和资金运转效率的不断提高以及财务风险与危机预警系统的建立,为企业经营战略及企业集团整体战略目标的实现提供持续、优良的财务环境保障基础。另一方面,企业集团各级子公司的财务战略分别是其上一级公司财务战略的支撑保障系统,企业集团财务战略的逐级实现是企业集体战略实现的充分必要条件。

3. 导向性

企业集团财务战略的导向性集中体现在以下四个方面：一是战略价值观，即着眼于长期筹划的思维方式和理念；二是通过有效预测所形成的具有前瞻性、激励性和可操作性的财务目标；三是有效的企业集团整体的长期激励与约束的财务导向机制；四是通过长期全面预算形式予以落实的财务标准。

4. 层级性

企业集团因产权纽带而形成的组织结构的层级性决定了财务战略的层级性，企业集团组织结构模式不同，其财务战略的层级结构也不同。纵向控股的企业集团，其财务战略的层级包括企业集团整体财务战略、母公司财务战略、子公司财务战略、孙公司财务战略四个层级。企业集团财务战略的层级性在一定程度上决定了其财务战略效应的累加性，即低层级财务战略的实现有利于企业集团整体财务战略的实现。

5. 互搓性

从战略角度来看，由于企业集团所有者总是期望企业在风险一定的情况下保持资本的持续增值和收益的不断增加，因此企业集团财务战略必须随着企业集团面临的经营风险的变动而进行互搓性调整。当然，这种互搓性不是绝对的，若企业集团拥有良好的风险防范及抵御能力，在较高经营风险下采取较激进的财务风险策略也并非是不可取的。

6. 动态性

企业集团财务战略必须保持与其财务战略环境一致的动态调整。战略的实施是一个适应的过程，因此企业集团在制定财务战略时应力求与财务战略环境相一致。一般认为，战略应立足于长期规划并具有前瞻性，但战略是环境分析的结果，环境变动是客观存在和经常性的，因此战略的作用在于以变制变，以增强企业集团财务系统的柔性。这种以变制变机制作用的结果表现在：当财务战略环境出现较小变动时，一切行动必须按战略行事，体现战略对行动的导向性；当财务战略环境出现较大变动并影响全局时，经营战略和财务战略也应随之调整。

7. 全面性

尽管企业集团财务战略的提出及实施主要是由财务职能组织体系来完成的，但这并不意味着企业集团中的其他管理阶层在企业集团财务战略制定与实施中不起作用，因为财务管理是一种全方位、全过程和全员参与的行为，财务战略作为财务管理的一种思维定式和决策活动同样如此。企业集团财务战略的全方位性体现在它的制定和执行是从全局出发，并要在企业集团各个组织机构协调的基础上才能有效实施，任何一方不配合或执行不力，都会极大地影响企业集团整体战略的实施。企业集团财务战略的全过程性体现在它的制定和执行贯穿于企业集团资金运行的全过程上，即财务管理涉及融资、投资、成本管理、分配及资本运营各个方面。企业集团财务战略的全员性体现在：从纵向看，财务战略制定与实施是企业集团高层主管、总部财务部门主管、事业部财务及属于各公司或分厂财务多位一体的管理过程；从横向看，财务战略必须与其他职能战略相配合，并根据企业集团的发展阶段与发展方向来体现各职能战略的主次，财务战略意识要渗透到横向职能的各个层次，并最终由总部负责协调。企业集团财务战略的全员性意味着财务战略管理是以经营战略为主导、以财务职能战略管理为核心、以其他部门的协调为依托而进行的全员管理。

企业集团财务战略是企业集团整体战略的一个从属战略,也是企业集团整体战略的核心内容。它以价值形态的方式来实现企业集团整体战略所确定的核心竞争力的提升和企业整体价值的最大化。另外,企业集团财务战略制定的科学性、实施的有效性直接决定和影响企业集团整体发展战略的实现。企业集团整体战略统驭、决定企业集团财务战略。企业集团的整体发展目标不仅决定了其财务战略目标,整体战略价值观也决定了财务价值观,而且企业集团整体战略的实现路径、效率和规模也直接决定着企业集团财务战略的实现路径、效率和规模[①]。

7.3 企业集团财务战略的类型

根据企业环境变化、企业所处生命周期的差异以及企业对风险偏好的不同,企业集团通过合理的战略规划,形成企业集团财务战略,其具体形式是多种多样的。

1. 根据负债、收益和分配之间权衡关系来分类

(1) 快速扩张型财务战略。快速扩张型财务战略是指以实现企业集团资产规模的快速扩张为目的的一种财务战略。为了实施这种财务战略,企业集团往往需要大量地进行外部筹资,更多地利用负债。大量筹措外部资金,是为了弥补内部积累相对于集团扩张需要的不足;更多地利用负债而不是股权筹资,是因为负债筹资既能为集团带来财务杠杆效应,又能防止净资产收益率和每股收益的稀释。集团资产规模的快速扩张,也往往会使集团的资产收益率在一个较长时期内表现为相对的低水平,因为收益的增长相对于资产的增长来说总是具有一定的滞后性。总之,快速扩张型财务战略集团的一般财务特征是"高负债、低收益、少分配"。

(2) 稳健发展型财务战略。稳健发展型财务战略是以实现企业集团财务绩效的稳定增长和资产规模的平稳扩张为目的的一种财务战略。实施稳健发展型财务战略的企业集团,一般将尽可能优化现有资源的配置和提高现有资源的使用效率及效益作为首要任务,将利润积累作为实现企业集团资产规模扩张的基本资金来源。筹资上追求稳健,如控制负债额度与负债比率,强调税后利润的留存,并正确处理好内部积累和股利发放的关系;对利用负债实现集团资产规模和经营规模的扩张往往持十分谨慎的态度;慎重进入与集团核心能力或核心业务并不相关的领域,走专业化、规模化战略。实施稳健型财务战略集团的一般财务特征是"适度负债、中收益、适度分配"。

(3) 防御收缩型财务战略。防御收缩型财务战略是以预防出现财务危机和求得生存及新的发展为目的的一种财务战略。实施防御收缩型财务战略,一般将尽可能减少现金流出和尽可能增加现金流入作为首要任务,通过采取削减分部和精简机构等措施,盘活存量资产,节约成本支出,集中一切可以集中的人力,用于企业集团主导业务,以增强企业集团主导业务的市场竞争力。这类集团多在以往的发展过程中遭遇挫折,也很可能曾经实施过快速扩张型财务战略,因而历史上所形成的负债包袱和当前经营上所面临的困难,就

---

① 赵华.企业集团财务战略的特征分析[J].财会月刊(综合),2005: 77-78.

成为迫使其采取防御收缩型财务战略的两个重要原因。实施这种财务战略集团的一般财务特征是“低负债、低收益、多分配”。

随着企业集团经营环境的日益复杂，组织形式的变化，金融工具的创新，企业集团自身发展所处阶段的不同，所呈现的财务战略可以是以上的一种，也可以是某一种的局部修改或者创新。

2. 根据财务管理的内容和职能分类

企业集团财务战略从具体内容和职能上进行分类，包括投资战略、筹资战略和收益分配战略，如图 7-2 所示。

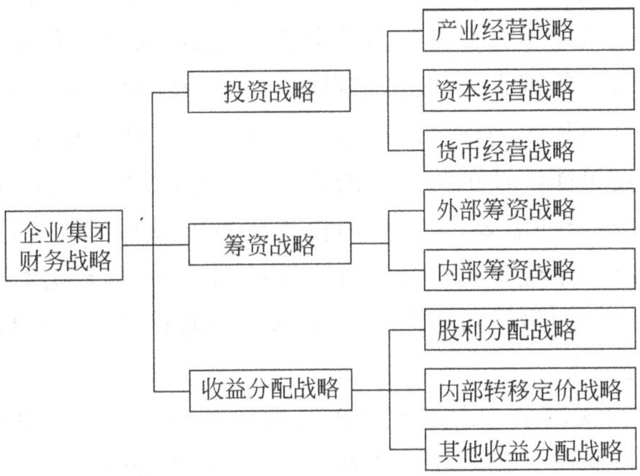

图 7-2　企业集团财务战略分类

一般而言，投资战略是企业集团整体战略的核心内容，筹资战略是为了配合投资战略而制定的，收益分配战略又是为了配合投资战略和筹资战略而制定的。

（1）在制定投资战略之前，对企业集团的外部宏观环境进行分析，列出影响企业经营行为、财务状况、融资成本、所在行业发展前景变化的因素，列出简表作为年度分析、制定和调整财务战略的依据。

（2）对企业集团现有的投资关系进行梳理，按照有关行业竞争分析法进行产业筛选和评价、再评价，从而进行相关的产业整合。对于不具备核心竞争力、没有发展前途的业务和资产，通过出售、剥离等方式退出，将资源整合到核心业务和增长业务中。通过向标杆企业学习其战略部署，考虑并购或者进入新的增长行业。在业务整合过程中，要处理好核心产业、增长产业、种子产业和收缩产业四类产业之间的关系。

（3）根据初步确定的投资战略确定的资金规模，进行筹资规划，尽可能支撑集团战略发展尤其是战略扩张的资金需要，并测算集团在不同筹资方式下和不同成员公司对外筹资能力下的加权资金成本，作为筹资战略决策的依据。筹资战略的一个核心问题是资金成本，另一个核心问题是通过股利政策的确定处理好控股股东和中小股东的利益关系，保障企业集团的持续发展。如果通过中长期滚动分析得知，筹资的成本大于集团投资战略的新增效益，则应考虑调整投资战略。

（4）对于单体企业而言，收益分配战略是指以战略眼光确定企业净利润留存与分配的比例，以保证企业和股东的长远利益，主要包括资本收益的管理、股利分配政策等。而企业集团的收益分配是对集团股东和集团成员企业的资本投资和专业协作的评价与报答,是企业集团资金和其他连接纽带的必然延伸。

7.4 企业集团投资战略管理

7.4.1 企业集团投资决策的特征

1. 集团投资战略注重多元化与归核化的统一

企业集团决策者在制定投资决策时,投资决策指标或者利润等财务指标不再是唯一的决策准则,他们在决策时不仅要考虑为社会创造财富、为股东创造财富、为顾客创造价格、为员工提供发展机会等因素,还要考虑保护自然资源、遵守国家的法律法规和遵循社会道德准则等,使得企业集团的投资决策活动准则不再是单一的,而是以经济利益为中心的多元化标准,而且还可能涉及更为广阔的社会、非经济领域。为满足企业集团各利益相关者多重利益和分散风险的需要,企业集团投资战略一般都经历了从单一化向多元化发展的过程。在此过程中,不应忽视众多投资决策的归一性,即核心性。这是因为,即使投资目标表现为多种多样,但最终目标应该是企业集团的总目标——核心竞争力的形成和企业集团整体价值的提高。

20 世纪中期,随着美国第三次兼并浪潮的出现,一些西方国家的大公司纷纷通过兼并实施多元化经营,掀起了多元化经营热潮。然而,从 20 世纪 80 年代开始,美国和西欧又出现了反多元化经营势头,企业经营由多元化向归核化转变。这种转变的背后原因在于推动多元化经营的内在逻辑发生了变化。20 世纪 60—70 年代,多元化经营强调以资产组合理论为基础的不相关多元化的风险分散作用;到了 80 年代,企业更加注重通过集中于相关业务获取协同效应;而 90 年代以后,随着核心能力理论的提出和广泛传播,以核心能力为基础的相关多元化成为多元化经营的主流。

2. 集团投资战略决策比单体企业更强调决策的战略性

企业集团的战略导向是企业集团投资的基础,一般企业的长期投资具有战略性特征,它要求企业投资时考虑企业的长远利益和发展方向,但是企业集团投资的战略性要比一般企业投资的战略性高一个层次。也就是说,企业集团内各个成员企业的战略要服从于整个企业集团的发展战略要求。另外,企业集团的投资战略分析是站在整个集团的战略发展上对投资的考虑,而不仅仅是某一个企业的战略问题,因此,企业集团投资的战略性分析较单一企业的投资战略性分析更加复杂和全面。

3. 集团投资战略决策具有系统性

企业集团投资作为一个系统,具有系统的投资特性,即集合性、相关性、阶层性、整体性、目的性和环境适应性。企业集团投资系统由各个投资要素组成一个集合,这些投资要素之间相互作用、相互联系,存在复杂的特定关系,如企业集团对各个产业的投资量与各个产业的生产能力之间、各产业生产能力与产量之间都有一定的关系。而且作为企业集团来讲由众多的事业部或子(分)公司等成员单位组成,形成了一系列企业集团投资系统的子系统,呈现为一元中心(集团公司)下的多层级(各子公司和分公司)复合结构特征,并由此生成了一定的投资决策权、投资主体等相对复杂的层次结构；但是整个投资系统的整体性决定了系统内的各个事业部或子公司等成员单位，以及各种产业之间的联系与作用都不能离开企业集团投资的整体性去考虑，因此，整个企业集团投资都应以集团的整体利益为出发点，各个成员单位和产业都必须以整个企业集团的利益为最高利益，这样才能使企业集团投资系统成为一个完善的系统，以实现企业集团投资系统的目标，形成企业集团在整个国家、区域、行业中的竞争优势，增强企业集团的竞争力。

企业集团的投资不仅仅是针对某个具体的投资项目，而是对整个企业集团的投资安排，它并不特别关注能否满足某些项目的特殊要求，而是将注意力集中在如何通过投资实现组建和管理企业集团的宗旨。借助企业集团投资行为，在资源配置上达到整个企业集团各种资源的整合性，包括资产资源、人力资源、技术资源、财务资源、信息资源的聚集优势，通过各种资源优势的整合而形成企业集团整体的竞争优势，真正实现多个法人联合体的整合效应，这种资源整合的复杂程度、涉及范围和操作难度都是一般企业所无法比拟的。

7.4.2　企业集团投资管理的重点

投资战略关系到集团的经营内容和发展方向，企业集团的某些投资决策更是关系到集团这个企业群体中的单体企业规模、成员企业数量、集团成长方向等问题。企业集团投资管理的重点有以下几个方面。

1. 以投资带动企业集团发展

企业集团的投资可分为集团内的生产性投资和集团发展的战略性投资两种，前者是单体企业或中小型投资考虑的重点，后者在企业集团中的重要性则大大增强。企业集团投资方向的选择有开辟新的经营领域或扩大现有的生产能力。与单体企业相比，在开辟新经营领域时，由于企业集团实力雄厚，因而可以考虑的投资范围更为广阔；单体企业或中小型企业选择扩大现有生产能力时，在企业集团中可能是生产已经达到一定的规模效应，而将投资放在为现有生产能力服务的其他项目中，如投资于与原先产品生产相关的原料供应或成品销售领域。这就是企业集团发展多元化与专业化财务战略的问题。在战略性投资当中，企业集团核心企业对内投资，即向其他企业成员投资，是增强企业集团凝聚力的有力手段；核心企业对外投资，即进行企业兼并和收购，是企业集团发展扩张的重要手段。可以这么说，企业集团，尤其是大型企业集团，必然是主要通过联合与兼并形成的，很少有自我发展积累形成，所以投资在集团中的战略地位更体现在对集团成长的作用上。

2. 从母子公司角度分别评价投资项目

在大型企业集团尤其是跨国企业集团中，投资决策首先面临的一个问题就是评价主体问题，也就是以国外的子公司或者投资项目本身为主体进行评价，还是以母公司为主体进行评价。评价的主体不一样，评价的结果就可能不一样。这是因为：①许可证费、专利权使用费等，对母公司来说是收益，但对投资项目的子公司来说是费用；②进行投资的子公司与集团母公司考虑的范围不一样，母公司要从企业集团全局对投资项目进行评价；③母子公司所在地的税率可能不一样；④如果是跨国投资，则要考虑外汇价值也在不断变化、各国的通货膨胀率不完全一样、投资项目所在国的政府往往会对税后利润汇回母公司进行限制,以及各国税率也会存在差异等。

关于如何确定投资项目的评价主体,理论界和实务界都存在不同观点。从理论上来看,主要有以下三种观点:①认为应以母公司为评价主体。这种观点认为,出于对投资的报酬和风险的考虑,归根结底是为了母公司股东的利益。这符合财富最大化的财务管理目标,因为母公司的现金流量最终是为了支付股利以及实现集团目标的其他用途提供基础。②认为应以子公司或者投资项目本身为评价主体。这种观点认为,母公司的投资者越来越分散化,投资目标应该比以前更多地反映这一点。许多国际性的企业集团都制定了长期而非短期的投资目标,子公司创造的利润趋向用于本地投资,而不是汇回母公司。基于这种考虑,从子公司或投资项目本身的角度来进行评价也是适当的。强调当地项目的报酬也符合使整个集团合并的收益最大的目标。③认为应分别以子公司为主体和以母公司为主体进行评价。这种观点认为,企业集团财务管理的目标是多元的、复杂的,这取决于构成公司和公司环境的投资集团和非投资集团的不同意愿。在母公司所在地以外的地区或国家投资的情况下,当地政府是其中的集团之一。为了保证企业集团的整体利益和子公司的利益,应从两个方面进行评价:一是以子公司为评价主体;二是以母公司为评价主体。

3. 结合具体情况选择投资评价标准

由于企业集团是多元法人结构,并且具有多层次的组织结构,具有法人资格的集团成员在集团中的地位和作用各不相同,集团内部利益的矛盾比单体企业内部利益的矛盾复杂得多。这些矛盾反映到集团的投资上,使得无论是成员企业自身采用的投资评价标准还是集团母公司用于评价子公司投资业绩的标准,都不可能完全统一。在某些领域,为了保证企业集团的总体利益,集团总部要确定统一的投资评价标准;在另一些领域,集团总部可根据事业部和分公司所处的行业性质等来决定不同的投资评价标准。

一个突出的例子是,当使用一个固定的投资报酬率作为企业集团子公司的投资报酬率标准时,如果某个投资项目的投资报酬率高于这个子公司内设的投资报酬率而低于整个企业集团的投资报酬率,或低于这个子公司的投资报酬率而高于整个企业集团的投资报酬率,都容易导致该子公司只顾自身利益而忽视集团的整体利益。在前一种情况下,该子公司可能会投资该项目以提高自身的投资报酬率,但降低了整个集团的投资报酬率;反之,子公司可能放弃这个可以使集团整体投资报酬率提高的项目。在这种情况下,只有引入其他投资指标,如剩余收益,才能保证集团利益的整体性。

4. 从集团全局的角度为投资项目进行功能定位

与单体企业相比,企业集团为投资的配套条件和实施的可能性拓宽了空间。而同一个项目,在企业集团这个群体中可能会有不同的功能定位。在不同的功能要求下,同一项目建设的内容和要求是不一样的,如投资建造一个工厂,其产品是对外销售还是对集团内部销售,对投资方式、选址、设备选择等方面的影响都会有很大差异。子公司投资时确立的功能定位,可能与母公司的规划不一致,这是集团成员在投资时比单体企业更要深入考虑的问题,当发生矛盾时,必须从集团全局的角度为投资项目进行功能定位。

7.4.3　企业集团投资多元化

1. 多元化战略的含义

1957 年，著名经营战略家安索夫于在《哈佛商业评论》上发表论文《多元化战略》，第一次提出了多元化战略的概念。多元化战略又叫多角化战略，这种战略就是企业在现有产业的基础上增加其他的产业，让企业通过涉足其他行业，同时向不同的行业市场提供产品和服务，达到增加经营范围和收益的目的。

一般来说，多元化战略是一种和专业化发展相对的战略，专业化发展是市场经济环境下社会化大生产的发展途径，是企业发展初期一种必然的发展选择，这种专业化的生产可以降低单位产品的生产成本，并能够产生规模效益；多元化战略是企业在专业化发展到一个高度之后，为了继续发展而进行的选择。首先，多元化是一种企业成长行为，而不仅仅是一种经营方式；其次，多元化不是企业发展的权宜之计，而是具有长远性、全局性、根本性企业成长的战略行为。

2. 多元化投资战略的类型

企业多元化投资战略分类方法很多，主流的分类方法如下：

1）同心多角化战略（concentric diversification）

同心多角化战略亦称集中多角化或同心多样化。指增加与企业现有产品或服务相类似的新产品或服务。考虑实施集中多角化战略时，新增加的产品或服务必须位于企业现有的专门技能和技术经验、产品系列、分销渠道或顾客基础之内。当一个企业所处的行业正处于上升阶段时，集中多角化对于强化自己具有的知识和经验的领域地位是十分有用而可行的。

成功实行集中多角化战略的企业：

杜邦公司：经营炸药、染料、抛光机具、色素、重化工产品、四乙铅、塑料、杀虫剂、其他农业化学产品、制冷剂、轻武器、摄影胶片、特种合成橡胶、磁带、合成弹性丝、照相器材、防冻剂以及各种新型塑料。

强生公司：经营绷带、急救带、外科手术器械、婴儿看护用品、卫生纸、牙刷和发梳、非处方药品、黏合剂、纺织品、模制塑料医疗设备、处方药品和外科仪器以及弹性纤维。

时代公司：杂志出版、书籍出版、印刷供应品和设备、纸浆、纸张、无线电和电视广播、课本、教育材料及其供应品、商业信息服务。

2）纵向一体化战略（vertical diversification）

纵向一体化战略也称为垂直多元化经营战略。它又分为前向一体化经营战略和后向一体化经营战略。前向一体化是指组织的业务向消费它的产品或服务的行业扩展，即原料工业向加工工业发展，制造工业向流通领域发展，如钢铁厂设金属家具厂和钢窗厂等。后向一体化是指企业向为它目前的产品提供作为原料的产品或行业扩展，即加工工业向原料工业或零部件、元器件工业扩展，如钢铁厂投资于铁矿采掘业等。

纵向一体化战略的特点是，原产品与新产品的基本用途不同，但它们之间有密切的产品加工阶段关联性或生产与流通关联性。一般而言，后向一体化多角经营可保证原材料、零配件供应，风险较小；前向一体化多角经营往往在新的市场遇到激烈竞争，但原料或商品货源有保障。

3) 复合多元化战略(conglomerate diversification)

复合多元化战略也称混合式多元化经营战略。指企业向与原产品、技术、市场无关的经营范围扩展。如美国国际电话电报公司的主要业务是电讯,后扩展经营旅馆业。企业采用复合多角化的外部原因主要是:①企业原有的产品市场需求增长处于长期停滞甚至下降趋势;②所处产业集中程度高,企业间相互依赖性强,竞争激烈;③环境因素的多变性和不确定性迫使企业更加注重长期收益的稳定性。内部原因主要是企业存在较强的资源与能力。例如,以广州白云山制药厂为核心发展起来的白云山集团公司,在生产原药品的同时,实行多种类型组合的多元化经营。该公司下设医药供销公司和化学原料分厂,实行前向、后向多元化经营;下设中药分厂,实行水平多元化经营;下设兽药厂,实行同心多元化经营;还设有汽车修配服务中心、建筑装修工程公司、文化体育发展公司、彩印厂、酒家等实行整体跨行业多角经营。

除了上述分类之外,西方学者鲁梅尔特(R. R. Rumelt)采用专业比率、关联比率、垂直统一比率三个量的标准和集约,将多元化经营战略分为垂直型、专业型、本业中心型、相关型、非相关型五种类型。①专业型战略。企业专业化比率很高(在95%以上者),称为专业型多元化战略,这是把已有的产品或事业领域扩大化的战略,如超级商场分化而来的自我服务廉价商店、小型零售店、百货店等。②垂直型战略。某种产品的生产,往往只取从原材料生产到最终产品销售整个系统中的一个阶段,而每个阶段都有其完整的生产体系。垂直型战略就是或向上游发展,或向下游渗透。如一个轧钢厂生产各种钢材,采取垂直型多元化战略,进一步向上游发展,投资发展炼钢、炼铁,甚至采矿业。③本业中心型战略。企业专业化比率较低的多元化战略(70%~95%),称为本业中心型战略。即企业开拓与原有事业有密切联系的新事业而仍以原有事业为中心的多元化战略。④相关型战略。企业专业化比率低(低于70%),而相关比率较大的多角战略,一般来讲,多元化战略的核心是经营资源。实行相关型多元化战略就是利用共同的经营资源,开拓与原有事业密切相关的新事业。如宝洁公司的系列产品包括碧浪洗衣粉、飘柔洗发水、佳洁士牙膏等,虽然所有不同的业务都有着不同的竞争者和不同的生产要求,但这些经营都是通过同样的批发销售渠道,在同样的零售点销售,卖给同样的顾客,并且采用了同样的广告和促销方式,使用相同的营销和买卖技巧。⑤非相关型战略。企业相关比率很低,也就是企业开拓的新事业与原有的产品、市场、经营资源毫无相关之处,所需要的技术、经营资源、经营方法、销售渠道必须重新取得。

3. 企业集团实施多元化投资战略的必要性

企业集团实行多元化的主要目标已不在于建立共同的业务主线,而在于提高投资报酬率、增进效益、规避风险等。归纳起来,企业集团采取多元化发展战略主要出于以下几点考虑:

(1) 范围经济。范围经济即企业集团通过自身发展或者在专业化道路上继续发展无法达到其战略目标。范围经济是由于企业集团经营规模的扩大而引起的单位成本的降低或由此产生的节约,它不同于规模经济的地方在于范围经济是在规模经济发展到一定程度遇到“瓶颈”后,企业集团谋求更大发展而以核心产品为圆点进行的相关多元化,增加覆盖的产品和服务种类，寻找新的增长点。

(2) 资源过剩。资源过剩即企业集团阶段目标达成后，在满足现有阶段扩张的情况下仍有剩余资源，如果企业集团拥有剩余资源，就会产生扩大规模的内在动力。当现有产品比较成熟的时候就会为这些剩余资源寻找出路，而在这时多元化就是一个很好的选择。

(3) 提高企业集团市场地位。市场地位可以用市场占有率、品牌忠诚度、顾客满意度来衡量。尤其是企业集团更喜欢采用多元化战略，这样的好处主要是企业集团可以用其在一个优势市场中获得的多余利润来支撑其在其他行业中的发展，以此来扩大影响力。

(4) 企业集团的战略转型。企业集团的战略转型即企业集团所在行业进入成熟期后，竞争已日趋白热化，成长性较低，这时企业集团为了寻找新的增长点，不得不寻找新的主营业务，很多时候就采用不相关多元化战略。

(5) 规避风险。很多企业集团进行多元化经营的主要目的就是规避风险，"将鸡蛋放在一个篮子里"是很危险的，保证企业集团的持续稳定发展是首要任务。

此外，战术性发展也是企业集团实施多元化发展战略的重要因素，与战略转移相对应，当某个新行业的吸引力很大，也就是市场容量大、增长率高、竞争程度低的时候，拥有足够经营资源剩余的企业集团可能会以战术性发展为目标来进入新的行业，从事多元化经营。

4. 企业集团多元化投资的影响因素

外部环境的影响主要包括以下四个方面：

(1) 市场需求饱和。这时，再投资生产或扩大产量，必然导致供给过剩，产品积压，价格下降。尤其是在现代信息社会和科技高度发达的条件下，任何社会需求的信息都会造成一批企业或生产线上马，达到供求平衡的时间差越来越短。

另外，产品都有寿命周期，现代科技的飞速发展使得这一周期越来越短。当企业利润开始下降甚至亏本时，就不得不转向新的市场领域，形成多元之势。

(2) 成本提高或销售价格降低到难以承受的程度。在这种情况下，产品市场并未饱和，但竞争过于激烈，庞大的广告费用支出以及愈演愈烈的降价促销风潮迫使企业开发新的产品或者寻求新的竞争相对缓和的领域。

(3) 政府的反垄断措施，遏制了大企业在某一领域的大规模发展，使得其不得不进行多元化经营。

(4) 社会需求的多样化，是现代生活水准提高的标志，优秀的企业善于迎合这一趋势，主动开发相关的市场，引导需求的形成。

内部条件的影响也有以下四个方面：

(1) 企业潜在的剩余资源需要发挥。假如其他条件不变，则投资收益率、研究开发费用对销售额的比率以及广告宣传费用对销售额的比率越高，企业越能积极从事多元化经营。

(2) 管理者力图分散企业的经营风险。

(3) 在某些情况下，企业业绩与原先的战略目标有较大的差距，也是迫使企业进行多元化经营的原因之一。

(4) 企业集团在技术、资金、科研方面的联合作用和集团成员的独立法人地位，以及疏密有致的多层次组织结构,也使多元化经营易于实现。

5. 企业集团多元化投资战略的误区

以往许多企业多元化财务战略的失败,或许不应完全归咎于战略本身,而是由于人们对西方证券投资组合理论的错误理解,并混淆了投资与经营的多元化与一元核心下投资与经营多样性的本质差异。

(1) 混淆证券投资组合与投资和经营的多元化的区别。股票、债券等金融工具属于资本或资产价值的虚拟形态,相应地,在投资的复合或分割上也就完全脱离了价值实体自然属性的限制,从而使得证券投资的市场进入、组合、转换或退出均能在较低成本下迅速实现。相反,企业集团多元化战略的实践客体是具有价值实体自然属性的产业(项目),无论是进入某一特定生产经营领域,组合产业投资、转移投资方向抑或实施投资退出等,企业集团都将面临巨大的成本风险以及市场壁垒的重重阻碍,这样意欲通过多元化策略分散投资风险也就没有那么简单。因此,如果将多元化战略结构混同于证券投资组合,非但不能分散投资风险,而且往往会带来更多的困难。这种混同在多元化战略实践中最突出的不良影响就是忽视对所投资产业(项目)之间关联性是否恰当的考虑,进而造成的负面性主要表现在如下方面:

第一,降低了市场进入能力。多元化战略结构的构建必然伴随着经营结构与市场结构的改变,使企业集团将资源优势分散于不同的部门或产业,并同时面临不同市场领域的进入壁垒。

第二,增加了投资与经营的成本和风险。进行产业(项目)投资组合的成本是很高的,它不仅包括巨大的开发成本、管理成本,而且还包括机会成本等。同时,由于产业(项目)投资对象自然属性的限制,以及产业与产业之间、项目与项目之间互斥、互补、独立关系的不同,使得产业(项目)投资组合的难度加大,组合的风险与效果存在相当大的不确定性。

第三,削弱了企业集团发展的自主性。股票、债券等金融工具的投资只需发出卖出指令便可以迅速从金融市场退出,而产业或产品的投资欲退出商品市场却远非是一件容易的事情。

(2) 投资者风险控制的杠杆自制机制,使得企业集团代为分散风险的多元化战略变得多余。就本质而言,多元化投资也就是由集团公司制造资产组合,这种行为类似于MM理论中公司制造债务杠杆,只是在为投资者提供一种新的套利机会。而市场的有效性以及股票等资本价值的可复合、可分割等特征,使得投资者完全有能力而且肯定会通过对众多股票或投资对象的选择实施自制组合,亦即股东完全可以通过自制杠杆使其个人投资的整体风险得到分散,其结果趋同于受资企业实施的多元化经营。

6. 企业集团多元化投资战略选择的原则

企业集团投资与经营的专业化并非等同于产品或业务项目的单一化,它应当体现为一元"核心编造"下产品或业务项目投资序列的多样性格局。企业集团所实施的"多元化"战略,并非一种无序的产业或产品的随意杂合,而是体现为一种核心能力有效支持下的投资延伸的高度秩序性。总的来说,企业集团投资战略的选择应该遵循的原则至少有以下两方面:

第一,以核心能力的培育、发展为重点,明确具有优势的产业发展主线,坚持投资与经营多样性的一元统领。这种一元统领对外作用于目标市场，牵涉整个集团的前途命运；对内指引着资源、作业整合配置的方向与秩序，牵涉资源配置的有效性。正如普拉哈拉德和哈默尔曾指出的那样，一个实施“多元化”经营的企业就像一棵大树，树干和主枝是核心产品，分枝是经营单位，树叶、果实是最终产品，而提供养分、稳定性的根系就是核心能力。如果没有以核心能力为统领的产业发展线，各成员企业资源与作业的整合重组便失去了依托、方向与秩序，无法取得聚合协同效应，无法形成冲击市场的资源聚合优势，结果成员企业不得不各自为政，分散经营，企业集团由此失去本来的意义与存在的价值。

第二，以与核心能力的关联性是否恰当作为选择拓展产业（项目）的主要标准。就企业集团整体以及市场竞争角度而言，资源聚合优势的生成不仅受制于资源要素的数量，更取决于资源要素的质量；它并非等同于各成员企业资源的简单相加，更主要的是来自各成员企业彼此间在共同利益目标下聚合运行的协同性与有序性，以及目标市场（产业或产品未来增长潜力）定位的合理性。这就要求企业集团所进行的多样化投资在产业领域、业务特征、资源属性等方面与集团的核心能力保持必要的恰当关系。否则，由于差异悬殊甚至毫无关联互补性，就会令集团整体无法在核心能力的统领下形成优良的产业发展主线，导致信息与管理无法共享，且容易产生矛盾与摩擦，使得集团总部不得不将相当一部分原本致力于核心能力的管理资源耗费在各种矛盾的协调与处理上。无论上述哪种情形，都会使企业集团由于得不到资源的支持，加之管理力量的分散，而逐渐丧失总部核心能力原有的优势地位，最终造成效率与效益的低下，使企业集团走向分崩离析。关于这一点，国内不少学者从多元化与企业绩效之间的关系这一角度进行了实证分析，虽然分歧颇多，但也得出了一些普遍认可的结论：低度多元化企业的经济效益显著高于非相关多元化、高度多元化的企业；相关多元化企业的效益显著高于非相关多元化企业；高度多元化企业与非相关多元化企业的经济效益不显著。我国的巨人集团在这方面提供了深刻的教训。巨人在创业初期，以自己开发的独有的软件产品为根本，取得了辉煌的业绩。当财富迅速积累后，为规避竞争与风险，在公司成立仅仅 3 年之际，就开始实施多元化战略，同时进入两个与已有核心能力无关的、企业并不熟悉的新行业：保健品和房地产。以 2 亿元的资金兴建需要投资 12 亿元的巨人大厦，投资 5 亿元上保健品项目。事实证明，这一战略转变正是巨人集团走向衰落的关键点。巨人集团的教训表明，企业正确的做法应该是首先把主业做大做强，在此过程中培育自己的核心能力，然后才能在此基础上拓展到关联产业（项目）。如海尔自 1984 年到 1991 年的 7 年间，只生产电冰箱一种产品，坚持专业化生产，在管理、品牌、服务、销售及企业文化等方面形成了自己的核心能力。在此基础上，海尔从 1992 年开始把原来在电冰箱行业建立起来的优势陆续扩展到空调、洗衣机等白色家电行业以及黑色家电行业，这些行业与之前经营的电冰箱产业之间在技术、市场、品牌、销售服务网络等各方面均存在较好的关联性，因此取得了相当好的效益，为企业创造了许多新的利润增长点。而 1998 年海尔进入的知识产业与家电行业是垂直一体化关系：海尔各行业中的技术难题是这类企业的研究课题，这类企业将开发的新技术和新产品直接转让给海尔集团使用并推向商场，从而进一步强化和拓展海尔的各项核心能力。从这一点看，知识产业与海尔的核心能力在实质上具有相当的关联性。

总而言之，无论是多元化抑或一元化，只不过是企业集团采取的两种不同的投资战略与经营策略,是企业集团基于各自所属行业、技术与管理能力、规模实力、发展阶段及其目标等一系列因素顺势而择定的结果。就集团整体而言,二者并非是一对不可调和的矛盾。在一元核心下的投资与经营多样性财务战略中,集团整体的核心能力秩序性地延伸为相关的具体产品或业务的专向性核心能力系列,彼此相互依托,耦合推进,由此便在集团整体框架下建立起一种以各成员企业严格的专业化分工为基础的(成员企业专司各自核心产品/业务投资与经营)投资与经营多样性的战略架构体系,实现了集团整体投资的多样性与内部高度专业化分工协作的有序统一。

7. 企业集团多元化经营的风险与障碍

随着企业集团规模越来越大,多元化经营似乎是必然趋势,但在国内外众多因实施了错误多元化战略而倒闭的大企业、大企业集团的影响下,多元化的经营风险也逐渐引起人们的关注。企业集团多元化经营的风险与障碍主要有以下几方面:

(1) 资源配置过于分散。如前所述,任何一个企业或企业集团的资源都是有限的,经营资源的剩余是发展多元化的条件。多元化发展必然导致将有限的资源分散于每一个发展的产业领域。进入陌生的产业领域恰恰需要超常的运作费用(企业内部新的学习和磨合费用、投资于顾客认知的费用和使顾客偏好转向本企业产品的费用等)。资源的不足可能会使企业所发展的多元领域得不到足够的支持,甚至无法维持在某一产业领域的最低投资规模要求和最低维持竞争要求,结果在与相应的一元化经营的竞争对手较量中失去优势。从这种意义上来说,多元化经营不仅没能规避风险,反而加大了企业经营的风险。

(2) 产业选择误导。采用多元化战略的企业往往是受到某投资领域收益率比较高的诱惑而进入该领域的。实际上,选择投资领域更多地要考虑自身的实力与优势,看本企业能否在这一领域形成自己的核心能力。

以上两个风险集中表现在盲目和过分多元化上。多元化经营的企业必须具备三个条件:资金、技术和管理,三者缺一不可。而失败的企业均是在这三个条件不具备或不完全具备的情况下走上了多元化扩张之路,将原来健康的产业拖垮。1995 年以服装业起家的湖北幸福集团凭 5 亿元资金上 15 亿元的“三大工程”——一座年产 6 万吨的铝厂、一座 5 万千瓦的火力发电站和一座 2 000 伏的变电站。结果 1998 年幸福集团便陷入困境,1999 年被宣布停业整顿。

(3) 技术性壁垒和人才性壁垒。现有企业持有的专利和专有技术可以保护其免受新进入者的威胁,即新进入者无法取得或掌握关键技术,这种壁垒多存在于高新技术、医药等产业。同时,企业的技术竞争和管理竞争最终都要落实到人才的竞争上面。然而每个人才都有自己的专长,所以企业在进行多元化经营时,往往资金是现成的,技术和设备是可采购的,却一时找不全所需的人才。没有所投资领域的专业和管理方面人才的支撑,多元化经营就很可能受阻。

(4) 成本性壁垒和顾客忠诚度壁垒。已存在的企业在原材料、能源、零部件供应商等方面使新加入者处于不利地位。已存在的企业在商标、服务、综合信誉上的前期投入必然产生相当程度的消费偏好,因而具有超过新进入者的优势。据统计,美国顾客对电池、灌装蔬菜具有品牌忠诚度的用户在 30% 以下,而对牙膏、蛋黄酱和香烟的品牌忠诚度分别达到了 61%、65% 和 71%。要消除顾客的品牌忠诚度,新进入者必须实施三种战略:细分市场的差异化战略、密集广告的压迫型战略和低价促销的让利型战略。在财务上，第一种战略依赖很高的研发费用和市场调研费用，第二种战略依赖大额投入的广告费，第三种战略则是依赖售价开辟市场，具有很高的边际敏感性。这三种战略常常是混合使用的，可以预见的是，新进入者通常会面临初始阶段的亏损，并要延续一段时间。如果不能渡过这个难关，新进入者"血本无归"的可能性极大。

(5) 抵制性壁垒和政策性壁垒。大规模进入某一产业，原有企业会做出强烈反应，它们往往利用在该领域经营的优势发起竞争，有时甚至不惜代价地遏制新加入者。同时，国家法规禁止私人企业进入某些行业，或颁布各种产品标准、污染防治标准等提高进入的难度，地方保护主义政策损害市场统一的情况也时有发生。

7.5　企业集团筹资战略

7.5.1　企业集团筹资的特点

企业集团筹资与单个企业筹资的不同之处主要在于以下几个方面。

1. 筹资的内涵扩大

对于一般企业而言，内部筹资主要是指企业的积累，而对于企业集团的内部筹资除了通常意义上的自我资金积累以外，还包括集团内部企业之间的内部融资，即母公司与子公司、子公司与子公司之间相互提供资金的融通。集团内部企业之间相互提供资金融通的方式是多种多样的，可采取相互持股、发行债券、短期商业信用等形式。集团内部筹资可以更好地发挥内部筹资的优势，即筹资成本相对较低，交易费用减少，但在资金利用效果不佳及缺乏担保的情况下，也更易于造成不良的债权、债务关系。

2. 利用债务筹资时，财务杠杆效应更为显著

财务杠杆效应通常用财务杠杆系数来衡量，财务杠杆系数的计算公式如下：

$$\mathrm{DFL} = \mathrm{EBIT}/(\mathrm{EBIT} - I)$$

在资本总额、息前税前盈余相同的情况下，负债比率越高，财务杠杆系数 DFL 越高，财务风险越大，但预期每股盈余(投资者收益)也越大。企业集团内以股权联结的多层次企业结构使得财务杠杆效应相对于单一企业来说影响更大。由于母公司的资本具有一定的负债能力，投入子公司形成子公司资本后，又产生新的负债能力，使集团资本的负债能力从整体上看扩大了。如果企业集团利润率较高，放大的负债能力会带来更多的财务杠杆利益，同时也增大了财务风险，当企业利润率下降快时，可能导致集团发生破产倒闭的连锁反应。因此，债务筹资对于企业集团可说是一把"双刃剑"，必须谨慎考虑，应根据资本结构理论，确定合理的自有资本与债务资本的比例，并协调好母子公司之间的利益关系。

3. 直接筹资作用增强

从筹资活动是否以金融机构为媒介，可将筹资分为直接筹资和间接筹资两种。从理论上说，这两种方式各有优势和不足，在企业集团中，两者通常并存且相互补充。间接筹资的长处在于提供的资金成本较低。但企业集团的发展是和产业集中密切相关的，它需要大量风险资本和长期资本做支撑,而这是追求稳健经营、保证清偿能力的银行无法提供的,只能借助于资本市场的直接筹资方式。因此,企业集团对外扩张、长期发展所需资本应主要来自直接筹资。如美国的一些企业集团,长期资金主要从证券市场筹集,其中30%以股票筹资方式取得,70%通过债券筹集,日常经营所需资金则可通过间接筹资取得。

7.5.2 企业集团筹资模式选择及其影响因素

基于企业集团筹资的特点,可把其筹资模式大致归纳为四种:①以直接筹资为主,间接筹资为辅。②以间接筹资为主,直接筹资为辅。③以内部筹资为主,外部筹资为辅。④以外部筹资为主,内部筹资为辅。模式①、②分别与模式③、④相结合,又可产生若干混合模式。尽管不同的企业在选择筹资模式时有自己不同的考虑,但影响企业集团筹资模式选择的主要因素是相似的,主要有以下几种。

1. 内部资金积累的能力

企业内部积累能力强,有充足的资本储备来补充资本金,借助于外部资金的必要性就会降低;如果企业内部积累能力差,就会更倚重于外部资金。对于企业集团而言,金融业的参与程度及内部各成员之间的资金联系是否紧密也影响筹资模式的选择。参与程度越高,银行等金融机构处于企业集团的核心地位,集团内成员之间除了产权、人事上的联系之外,还有紧密的资金联系,那么从降低成本、减少外部干预的角度来考虑更倾向于选择内部筹资方式。如日本六大企业集团,均以各自的主银行为中心,企业集团与银行的关系,不仅仅局限于"借贷"方面,也体现在其他诸如"股份持有""公司债券发行""经营""结算账户"等方面。在正常情况下,银行借款总额中主银行所占比例达到37%左右。企业要在国内市场发行公司债券时,主银行会通过接受企业委托来为其发行,而且企业在海外发行债券时,主银行也会通过其在海外的分公司,起着对企业提供保证的重要作用。不过,随着财务状况的好转,企业可以不过分依赖主银行等金融机构的资金支持而靠自筹资金。除此之外,主银行还通过对集团内各企业派遣高级职员来施加影响和控制,以保证资金安全。

2. 经济发展阶段

一国如处于经济高速发展阶段,企业对资金的需求量明显增长,政府会通过强化金融手段,迫使银行向企业提供大量扶持性贷款;如一国处于经济成熟时期,加之在经济高速发展时期积累了充足资本,企业会倾向于到资本市场筹资或依靠自身积累。如韩国,在经济起飞阶段,企业资产负债率高达95%,但随着经济发展速度放慢,企业逐渐注重内部积累,资产负债比率呈下降趋势,1980—1990年企业平均资产负债率为71%,这一规律同样适用于企业集团。

3. 政府参与经济的程度

政府参与经济程度越高,企业筹资就会越依赖银行。如德国和日本,政府不仅需要保护本国产业,还须建立完备的金融体系来支持产业结构的调整,并对金融市场实行管制,银行也由此发挥着投资主渠道的作用。加之资本市场受到抑制,企业筹资高度依赖于银行贷款。而在英、美等金融制度以直接金融为主的国家,政府参与经济程度较低,对银行严厉管制而使资本市场高度自由化，使得银行贷款成本高于直接筹资成本，因而企业外部筹资主要依赖资本市场。

4. 资本市场的发育状况

企业面临的资本市场如果发育较为成熟，直接筹资的可能性就会提高。反之，如果企业主要靠银行筹资，投融资渠道就会较单一。例如，美国的资本市场高度发达，金融工具种类繁多，企业对银行借款的依赖性较小，约占筹资总额的 17%，而德国、日本等国家，银行体系在企业筹资中一直居于主导地位，以股票为核心的资本市场对经济的贡献则不显著，发行股票和债券所筹资金占筹资总额的比例尚不足 10%。

5. 主行业特征

企业集团一般来说都具有跨行业、跨地区的特征，其主行业特征决定着它们在进行筹资模式选择时的大致倾向。对于以传统产业为主的集团来说，银行贷款是一种有效的方式，因为银行能有效地兼管企业而不必冒过大风险。而以新兴产业为主的集团，一方面，产业的发展、技术创新需要大量的风险投资和长期资本，这是追求稳健经营的银行无法满足的；另一方面，对处于这一类产业的企业，从管理上看难以统一意见，因而从资本市场上筹集资金更有优势，它们往往倾向于选择直接融资方式。

7.5.3　企业集团筹资的原则

1. 确定合理的债务资本与权益资本的比例，追求最佳资本结构

在此原则下，企业集团的筹资需要注意以下三点：

1）企业集团可以承受更高的负债比

衡量一个企业的资本结构是否最优，主要看它是否能使企业价值最大化。一个企业的价值大小取决于两个因素：一是收益，二是风险。负债资本比重的提高有助于提高企业的收益，在企业资金收益率大于负债资本成本率时，可以通过财务杠杆而大幅度增加企业收益。但是，负债资本比重越高，其风险也就越大。因此，当负债资本比重较小，带来的收益大于其增加的风险时，企业价值上升。随着负债资本比重的提高，收益递增速度开始减缓，风险成本迅速增加，一旦风险边际成本大于边际收益，企业价值就开始下降。当负债资本带来的边际收益等于边际风险成本时，企业价值最大。

集团型企业和单体企业的区别在于：当负债资本比重上升时，集团型企业的风险上升速度要比单体企业慢，因而可以接受更大的负债资本比重，从而增加企业收益、提高企业价值。这是因为：第一，集团会承担企业的一部分风险，集团内的企业由于风险过大而招致破产时，该集团对企业的投资很可能化为乌有、损失巨大，如果能通过分担一部分风险而使企业免于破产，对集团来说往往利大于弊。第二，集团型的企业，其负债资本部分来自集团内部，这部分资金带有半股权资本的性质，因而这部分负债资本的风险要比从集团外筹集的负债资本的风险小。比较大的企业集团，通常会组建类似于银行的财务公司，借此融通调节集团内部各企业的资金供需关系。企业集团从长远出发，将资金借给下属企业，使其更快发展，本身就带有半股权投资的色彩，因而这类负债资本的风险是比较小的。第三，由于有企业集团的强大支持，企业的外部债权人更易接受该企业的高负债状况。当集团型企业出现财务方面的纠纷时，更容易与外部债权人达成妥协，从而使企业的实际资产价值得以保全。同时,企业和客户以及原料供应商之间的关系,也比同等情况下的单体企业更稳固,在集团的支持下,企业经营者在面临财务危机时,不至于为保持正常的短期活动而牺牲长远利益。因此,在同等条件下,集团型的企业和单体企业相比,能够承担更大的负债资本比重,其企业价值要比单体企业高。

2) 企业集团的资本结构弹性更大

企业最优资本结构并不是一成不变的,当企业经营环境发生重大变化时,原先的最优结构可能就不是最优,而是次优的了。这就要求企业根据环境的变化以及自身状况加以调整,寻求新环境下的最优资本结构。企业的这种调整资本结构的能力称为资本结构的弹性。企业资本结构的弹性越大,其对市场的适应性就越强,就更容易在多变的市场中求得生存和发展。

从企业理财角度来看,影响最优资本结构变化的主要因素有两个:一是金融市场,二是销售市场。金融市场通过资金利率的调整,来影响企业负债资本的成本,从而影响资本结构;销售市场通过产品销售额的变化,影响企业资金的收益率,进而影响自有资本的收益率和企业的资本结构。

当金融市场利率上升时,企业负债资本的成本上升,从企业价值最大化目标出发,有必要降低负债资本在资本结构中的比重;反之,如果利率下降,则须提高负债资本在资本结构中的比重。如果金融市场并不稳定,那么这种转化所需的成本就比较高。一个单体企业在利率上升时通过增发股票而调整其资本结构,在利率下调时借债购回本企业股份而调整其资本结构,显然是相当困难的,而且往往需要付出高昂的代价,因而这种资本结构调整并不一定可行。换言之,在这种情况下,其资本结构的弹性较差。一个集团型企业,如果仅依靠外部金融市场来调整其资本结构,同样也是相当困难的。考虑到集团对企业的影响,有可能通过增资或减资的方式改变企业的资本结构,而这种增资或减资并不需要经由外部金融市场进行,仅依靠集团内部的资金流动或资产转移就可达到目的,因而成本比较低廉,调整企业资本结构也就较为可行。所以,在金融市场发生变化的情况下,集团型企业的资本结构弹性要比单体企业高。

企业的资本结构和产品销售额有密切的关系,销售额越大,负债资本比重就可以越高。当企业的销售额逐步提高,预计未来的销售增长率较高而且比较稳定时,在企业所处行业的竞争结构未发生变化的情况下,往往可以通过提高负债资本的比重来增加收益。同时由于销售增长率比较稳定,风险较小,因而企业的价值可因此而提高。如前所述,集团型企业在这种情况下,更容易筹集到资金,增加负债资本的比重。当销售市场萧条,企业销售额下滑时,权益筹资显得比负债筹资更为有利,为此要降低负债资本的比重。集团型企业,尤其是多角化经营的集团型企业,在产品销售不旺的时候,能够比较容易地将企业的一部分资产转移至另一产品销售较好的企业,进行企业集团内部的资产重组,从而实现资本结构的再次优化。

总之,集团型企业的财务资本结构弹性要比非集团型企业高,其财务资本结构在市场经济中更易做出相应的调整。

3) 合理运用财务杠杆

筹资理论的核心内容是如何确定企业的最优资本结构问题,合理的资本结构可以提高企业价值和筹资能力，降低资本成本和财务风险。企业集团发展需要数额庞大的资金，使用较多的债务资本能获取节税收益，在股权高度分散的企业集团引入债务还可以约束经营者消费非金钱利益，降低代理成本。但债务筹资所特有的财务杠杆效应对于企业集团而言是一把“双刃剑”，既可以给企业带来积极影响，也可以带来消极影响。其前提是预期资产报酬率是否大于预期利率水平，当预期资产报酬率大于预期利率水平时，财务杠杆发挥正面效应作用，企业宜于举债；相反，当预期资产报酬率小于预期利率时，财务杠杆发挥负面效应作用，企业不宜举债。企业集团必须衡量好自身的负债实力并协调好母子公司之间的利益关系，从整体上把握集团的负债水平。我国资本市场上存在大批负债累累却沉溺于建造“多元化经营帝国”的 ST、PT 上市公司以及国有企业，他们认为规模大即效益高，却认识不到巨额的债务资金没有得到有效利用就会产生消极作用，而这种负面的财务杠杆作用对于多层次组织形式的企业集团的影响更为巨大，以几倍的速度将其推向亏损甚至破产的境地。因此，当企业即将对某个项目进行投资时，必须对投资项目进行严格的可行性研究，把握该项目的盈利能力，在此基础上再确定资金的数量和结构，发挥财务杠杆的积极效应，既确保规模又确保效益。

2. 充分挖掘集团内部筹资潜力

企业集团是以母子公司为核心，通过产权纽带，把众多企业联系在一起形成的多层次、多法人的企业群体。由于企业集团的组织形式是母公司和众多子公司的联合，集团企业之间的内部融资方式比单一企业丰富得多。企业集团的内部资金来源不仅仅限于留存收益，母公司与子公司、子公司与子公司之间有更多相互提供资金的形式，如相互持股或债券、关联方交易及商业信用等。与外部举债或发行新股相比，集团内部筹资的费用相对较低，因而筹资成本也相应较低，企业集团考虑融资渠道时应充分挖掘内部潜力以缓解外部融资压力，资金充裕的优势企业可通过持股或购买公司债券的方式支持集团内部处在发展期的资金缺乏企业，或是由母公司的财务部门设立资金管理中心，统筹安排集团内部的资金流动，以达到整个企业集团资金的良性循环，降低财务风险。此外，员工持股计划也不失为一种良好的内部融资渠道，它也常常被作为一种激励制度在许多上市公司执行，企业员工以劳动者和所有者的双重身份参与企业生产和经营管理，在获得企业股票的同时为企业注入资金，也增强了企业的凝聚力，是一种新型的内部筹资方式。

3. 重视资本市场的直接筹资作用

资本市场是筹措和运用长期资金的场所，它不仅包括股票市场，也包括中长期信贷市场、债券市场(除短期国库券市场外)及企业并购市场等。在我国经济体制日益深化的过程中，资本市场的作用日益突出。一方面资本市场为各类企业提供资金上的支持，改善企业的资本结构，保证其长期发展的资金需求；另一方面资本市场在提供资金的同时，也促使企业形成现代企业制度所必需的由董事会、监事会和管理层相互制约的企业内部治理结构。现实地看，我国的资本市场是在间接金融占绝对支配地位的均衡格局下发展起来的，目前远未发育成熟，但从长期来看通过资本市场筹资必将日益重要。企业集团从事着跨行业、跨地域的多种经营，所需资金数量相对于一般企业更为巨大，资金缺乏是大多数企业集团急需解决的难题。与世界上发达国家的企业集团相比，我国的企业集团的资本规模远远不及，要提高我国企业集团的国际竞争力，就必须扩大企业集团的资本、资产规模。巨大的资金投入，仅靠财政、银行贷款和企业自有资金是远远不够的，必须广开融资渠道，特别是直接融资渠道。为此应转变融资机制，从依赖银行间接融资为主转向依靠国内外资本市场的直接融资为主，重视通过发行股票、债券和可转换债券等方式进行筹集长期资金，并为此积极创造条件，积极采用上市、组建有限责任公司、个人参股以及风险投资等形式大力吸引社会资金，拓宽融资渠道。

4. 加快产业资本与金融资本的结合

产业资本进入金融资本，以金融资本为产业资本服务是企业发展的必然趋势。中国相当一部分前卫企业在走过产品运作、资本运作两个阶段后，正在向产融结合的第三阶段跨越。当企业集团发展到一定规模时往往需要庞大的金融资本作为后盾来支持产业资本的发展，企业集团可设计多种方案达到产业资本与金融资本的融合。例如，企业可吸纳金融机构投资入股，或将现有债权转为股权以达到产融结合；或者对金融机构进行参股，作为金融机构股东以获得金融机构的优先支持；有实力的企业集团还可以通过对金融机构控股，使之纳于集团范围，企业集团可以根据自身的特点建立自己的金融体制。事实上，中国有许多企业集团已在产业资本与金融资本融合方面取得了不俗成绩：如海尔集团是典型的由制造业介入的产融结合，这是一种可直接充作金融资本主导下的产业资本化企业集群，它正在成为可以在国际范围同外资展开全方位、多视角的竞争的大型跨国集团公司，它拥有一流的品牌、服务、客户资料以及企业核心竞争能力。

5. 加强筹资风险管理

筹资风险管理是企业集团筹资策略中的一个重要内容，其目的是研究影响筹资的多种因素，获得资金筹集的综合经济效益。具体而言，筹资风险管理可分为以下四个步骤：

1）设定筹资风险控制目标

筹集资金是企业资金运动的第一个阶段，如果所筹资金的成本过高或是偿还期过于集中将会影响企业后期的资金运动（资金无法完成循环与周转），企业因此会陷入财务状况不佳的境地，严重的甚至会导致破产。因此，应该充分考虑企业集团财务风险的承受能力，将筹资风险目标控制在一个较低水平，一定要在企业集团整体风险承受能力范围之内。

2）识别和评价企业筹资风险

筹资风险识别的评价主要利用相关的财务指标，运用财务分析方法对企业会计信息加以分析和评价。通常选用的财务指标有：资产负债率、流动比率、偿债比率等。

3）设计、评价和选择筹资方案

设计筹资方案，一方面是要确定筹资量，另一方面是要确定资金来源。一般情况下，筹资量是由用资项目确定的，企业在决定用资项目时就要考虑该项目资金的需要量。企业资金来源一般有两个渠道，一是外部筹资，二是内部筹资。在企业集团价值最大化目标的前提下，最终选择加权平均资本最低的筹资方案。

4）筹资方案的实施和控制

企业筹资方案制定完毕，在方案的实施过程中可能遇到各种各样的问题，如股权筹资和债券筹资方式可能面临股票或债券发行失败的风险，信贷筹资方式可能遇到利率变动、筹资成本上升的风险等。所有这些风险都要求企业重视筹资方案的实施过程，如果遇到制定方案时未考虑的问题，应及时做出调整。

7.5.4　企业集团筹资管理的重点

筹资是企业集团生存和发展的前提。一般企业的筹资管理包括筹资总量的确定、资本结构的安排、筹资方式和渠道的选择等。从企业集团的整体来看，筹资管理的重点主要有以下几个方面。

1. 关注集团整体与集团成员资本结构之间的关系

在以资本为主要纽带的现代企业集团中，集团整体的资本结构与集团成员的资本结构形成互动的关系。首先，层层控股关系使得企业集团可以利用资本的杠杆作用——集团母公司以少量自有权益资本可以对更多的资本形成控制，在现代企业股权日益分散化，使得少量资本比率便可实施相对控股的情况下更是如此。这也使得集团整体的综合负债率可能大大高于单体企业。其次，这种杠杆作用使得在集团金字塔形的组织结构中，处于塔尖的母公司的收益率比处于塔底的子公司的收益率有更大的弹性，即一旦子公司的收益率有所变动，就会在母公司层面产生若干倍的放大效应，这无疑是考虑集团资本结构时必须注意的。母公司一般要对子公司的负债比率做出限定，企业集团对下属子公司的具体负债比率的限定视各子公司生产经营特点而定，并没有一个固定的标准，一般控制在该子公司自有资本的 50%～70%，甚至更低。

2. 实行筹资权的集中化管理

筹资权的集中化是指大额筹资的决策权集中在公司总部。企业集团筹资权集中化的优点主要有：①可以减少债权人的部分风险，增大筹资的数额，增加筹资渠道，筹资方案也容易被接受；②符合规模经济，可以节约成本；③有利于集团掌握各子公司的筹资情况，便于预算的编制。

筹资权的集中化并不等于筹资的集中化，更不等于所有筹资都通过企业集团或集团母公司来进行。在使用权益筹资时，基于集团整体利益可以将母公司或某一子公司包装上市；在使用债务筹资时，某一个具体筹资项目由独立的子公司来进行，可以锁定该项筹资的财务风险，母公司只是以在该子公司中拥有的股权投资为限承担损失。这也是企业集团分散财务风险的重要形式，反映出集团战略制定上的灵活性。

3. 利用与集团模式改造相结合的方式筹集资金

企业集团筹资的目的常常是既为投资又为改制。比如子公司上市，一方面获得了大量资金，另一方面转化为子公司从而改变了与核心企业的关系，而子公司的上市往往使企业集团在获得大量资金的同时仍能保持对其资本的控制；又如在企业集团的半紧密层或松散层需要筹资的时候，核心层借机增大持股比例，改变集团的组织结构状况。

4. 发挥企业集团筹资的各种优势

企业集团的筹资既可以是整个集团的筹资活动，又可以是集团成员的筹资活动。因此，企业集团筹资的方式和渠道也更加丰富，如集团成员相互筹资（我国法律规定企业法人之间不准相互借贷，在这里指诸如集团财务公司与其他集团成员之间的资金拆借，或者集团成员相互间应收应付款项等集团内部的筹资方式）、集团成员相互抵押或担保、相互租赁，以及利用债务重组的方式进行债务转移等，甚至集团母公司出让子公司部分股权而不改变其控股地位,凡此种种都成为企业集团独有的筹资管理中需要考虑的问题。

7.5.5 企业集团筹资效果评价

企业集团筹资战略是企业集团为实现筹资的全局性、根本性和长远性的战略目标,对集团筹资所采取的一系列方式方法和手段的总称。筹资战略制定的好坏,关系到企业集团战略目标能否得以顺利实现。因此,对于筹资战略的效果评价就显得尤为重要。具体来说,对于筹资效果的评价标准包括以下十个方面。

1. 符合投资需要

筹资的目的是投资,企业的筹资策略必须以投资策略为依据,筹资的时机、规模和组合必须根据投资而定。当然,这种适应性并不否认在制定投资策略时应考虑企业集团的筹资能力,但企业在制定筹资战略之前,必须确定投资策略。

2. 符合自身筹资能力

企业筹资和使用资金是有代价的,其中有一些筹资的代价表现为企业要承担一定的债务,如向金融机构贷款、发行债券、融资租赁等,这就要考虑企业的偿还能力。如果负债过多,企业就可能入不敷出,资不抵债,严重时还会导致破产。根据这一原则,企业在制定筹资策略时,要全面衡量企业的收益情况和偿债能力,做到量力而行。

3. 具有配套和消化能力

配套能力是指企业的生产要素与筹措的资金、资产协作配合的能力;消化能力是指企业对筹集的资金、资产、技术的吸收、掌握、运用和管理的能力。配套能力和消化能力直接影响企业资金的使用效益,进而决定着企业的偿债能力。所以,企业在进行筹资时,必须综合考虑企业的种种生产要素,寻求一种能使企业各种生产要素彼此协调的方案。

4. 筹资成本在可接受范围

筹资成本是指企业为筹集和使用资金而付出的代价,主要包括:在资金使用过程中发生的费用,如企业在采用证券筹资时支付给券商的佣金等;在资金使用过程中发生的支出,如利息、股息、租金等支出。筹资成本是决定筹资效益的决定性因素,对于选择、评价筹资方式具有重要意义。企业的筹资成本必须是可以接受的,这是确定企业筹资方式、筹资规模的基本标准。

5. 企业的控制权不被稀释

一些筹资方式是以让渡一定的所有权为条件的,如股权性融资;也有一些筹资方式会使企业今后的经营活动受到一定的限制,如债权性融资中债权人提出的限制性条件。企业所有权、控制权的部分丧失,常常会影响企业生产经营活动的独立性,对企业近期和长期效益都有重大影响。所以企业评价筹资方案时,必须把企业所有权、控制权的丧失程度作为一个重要因素加以考虑。

6. 具备筹资管理能力

企业筹资管理的难度主要表现为企业在筹资过程涉及的审批程序和组织管理工作两方面。筹资的审批程序又涉及筹资方案能否得到批准及审批机构的工作效率两个主要方面。前者取决于国家政策及有关机构的规定,后者取决于审批机构的层次与数量以及人员的工作效率等。筹资过程中的组织管理工作难度,主要取决于筹资的范围、投资者的意愿以及对筹资条件的要求。企业筹资管理的难度,决定企业能否及时得到资金以及为此而付出的代价,这也是企业在评价筹资方案时应着重考虑的问题。

7. 筹资的期限结构合理

筹资的期限包括付息的时间和还本的时间。决定企业筹资期限的因素,主要是企业投资以及生产经营活动的规划,不同使用方向的资金有不同的期限要求。企业在制定筹资策略时就要预先安排好偿还顺序,防止多种债务同时到期,或过分依赖于某一种筹资方式。

8. 负债率和还债率适当

企业负债率是指企业负债占全部资产的比率;企业还债率是指企业还债数额占全部收入的比率。企业负债率和还债率过高,会造成企业的信用危机,支付能力不足。在不同的时期、处于不同状况的企业,有不同的负债率和还债率标准。在确定企业负债率和还债率时,主要考虑如下因素:①企业投资效益;②企业经营历史、信誉;③企业预期的投入时间和支出的时间等。企业负债率和还债率是决定企业对债务偿还和承担能力的重要指标,也是评价企业筹资方案时很重要的数量指标。

9. 符合税款减免政策和社会条件的制约

企业筹资的税款减免,是指由于筹资而减免的税款,如国家规定某些盈利企业兼并亏损企业,可以免交部分税款。企业筹资的社会条件制约,主要是指政府法律、法规对企业筹资的限制。因此,企业筹资时必须首先了解政府有关税收规定、筹资法律规定等限制条件。

10. 能提高企业的竞争能力

企业通过实施筹资策略提高竞争能力主要表现在:①通过筹资减少了竞争对手,如兼并既可作为筹资手段,又能达到减少竞争对手的目的:②通过筹资提高了企业信誉,如通过挂牌上市方式筹资,就能大大提高企业的声誉;③通过筹资充分实现规模经济的优势,扩大市场占有面,这也是企业筹资时不得不考虑的因素。

7.6　企业集团收益分配战略

企业通过投资或资金营运活动取得收入并相应实现资金的增值,必须对各种收入依据现行法规及规章做出分配。随着分配的进行,资金或者退出企业或者留存企业,必然影响企业的资金活动,这不仅表现在资金运动的规模上,而且表现在资金运动的结构上,所以收益分配是一项十分重要的工作。母公司作为企业集团的主体,其利润分配是企业集团利润分配的核心内容。对母公司而言,子公司所增利润要按一定的比例留在母公司,以便满足集团的长远发展需要,同时也要保证子公司及其职工的利益得到逐步增长,这是集团凝聚力的动力源泉。

7.6.1　企业集团收益分配的内涵和重点

在企业财务中,分配对象有不同的口径:小口径的概念,仅指税后利润;中口径的概念,指利润总额;大口径的概念,则是指薪息税前盈余。企业税后利润如何分配是单体企业分配战略的重点,在股份公司主要体现为股利政策的确定。如果将分配对象扩大到税前利润、息税前利润乃至薪息税前利润,则成为广义上的分配问题。因此,对单体企业而言,财务理论上的分配问题无论是从狭义上还是广义上我们都限定为对一定生产成果的分配,而不涉及生产过程中的计价问题。但在企业集团中,财务分配的含义被深化了。企业集团财务分配要涉及的范围既包括影响集团整体生产成果的分配,又包括生产过程中的计量问题,这是由于集团成员在组织上和法律上的相对独立性使其必然提出利益上相对独立性的要求。

在单体企业中,现代企业制度推行的是经营权和所有权的分离,同时财务分配的方向是从企业法人到企业所有者。但是在企业集团中,其战略重点并不是单体企业范围内的企业对所有者、债权人乃至经营者与职工的具体分配,这里指广义的分配而成为一种"反向"的分配,即母公司(或集团核心企业)站在集团成员企业外部,对各事业部和子公司的利益协调,这种协调主要是通过影响各子公司和事业部的成本来完成的。因而,在企业集团中,全资子公司和控股子公司作为单体企业对所有者按一定经营成果进行分配的实际意义被大大降低了,其分配方式和内容几乎完全由母公司根据企业集团的整体利益来决定。企业集团的分配战略重心发生了变化,从经营成果的单纯分配演化为集团中利益协调与激励机制的重要内容。

从另外一个角度来看,企业集团内部不同所有制成员企业之间实行了资金、人力资源、技术和经营管理的联合,引起了分配关系的相应变化,部分否定了按生产资料分配经济收益的形式。于是,按资本、生产技术、经营管理等要素投入状况参与利润分配的新格局产生了。这种分配格局的变化反过来也会成为企业集团内部所有制结构和组织形式变化的催化剂。简言之,企业集团的收益分配是对集团股东和集团成员企业的资本投资和专业协作的评价与报答,是企业集团资金和其他连接纽带的必然延伸。在这种战略思想指导下,企业集团的分配提升为集团母公司对集团内部合作和交易事项中影响各成员最终利益的因素进行控制和规划,其中,以内部转移价格影响集团内企业的生产成本是最主要的方式,其他方式还包括总部管理费用的分摊、技术特许使用费用协议、子公司股利上缴和母公司利润再投资安排,等等。企业集团的收益分配,涉及比单体企业更多更复杂的利益主体和利益关系,因此需要一套由全体集团成员遵照法律、规章和相关协议制定并共同实施的科学系统、公平合理的分配制度。企业集团分配战略的基本原则是,既要平等互利、协调发展,又要打破"大锅饭",真正起到激励作用。

7.6.2 企业集团利润分配体制和分配方式

企业集团的组织结构和财务体制是复杂的,所采取的利润分配体制也应该是多样化的。集团总部应根据不同情况综合采取下述利润分配体制:

第一,统收统支体制,即成员企业实现的利润全部上交集团总部,集团总部依法缴纳所得税,并按规定分配税后利润。成员企业使用资金时由集团总部统一支付。这种体制适用于核心层企业。

第二,利润分成体制,即集团公司以一定方式按比例参与成员企业利润分配。具体方式又有两种:一是协议比例分成制,适用于核心企业和实行承包租赁经营的紧密层成员企业；二是投资比例分成制，适用于控股层企业和以资金为纽带联结起来的紧密层和半紧密层企业。

第三，转移价格分配体制，即以制定合理的集团内部转移价格，来调节各成员企业间的利润分配格局。这种体制适用于集团公司对松散协作层企业的利润分配和成员企业之间的利益协调。

选择利润分配体制时，应当遵循互利互惠原则，有利于调动企业集团和各成员企业的积极性，有利于财税监督管理。

企业集团利润分配应遵循"先税后分"的原则，并依据企业集团的不同组建方式进行选择。按照"先税后分"原则分配利润有一个重要的前提条件，即企业之间的投资有明确的数额纳入会计核算范围，产权界限要清晰。但在现阶段，企业集团只有按投资控股方式组建起来的才能够清楚地进行利润分配，而按承包租赁、行政性合并等方式组建的企业集团，由于产权界限不清而遇到障碍。因此，在坚持"先税后分"的原则下，对承包租赁和行政性合并组建的企业集团仍可按已有的承包基数、租金、比例等分配方式进行利润分配；对以国有资产授权经营方式组建的企业集团，应在核心层企业对授权经营资产保值、增值的基础上，向国家进行税后利润总承包，并再以下一层次税后利润承包的方式与各成员企业进行利润分配。

企业集团利润分配还应考虑一些特殊因素，例如，当内部结算价格与市场价格差异很大、已含有转移利润的因素时，则应对利润分割的基数、比例和数额进行相应的调整；又如，如果成员企业负担了集团核心层的部分费用，则在确定基数、比例时也应予以考虑，或在利润分配时进行调整。

企业集团联结纽带和联合方式的不同，利润分配方式也不同，主要有以下几种。

1. 直接分配

适用于以投资控股组成的企业集团的利润分配，大多数企业集团都采用这种分配方式。在这种方式下，受资企业根据投资额的多少，以"应付利润"或"应付股利"的形式，直接进行利润分配。

2. 基数分配

适用于以承包、租赁组成的企业集团的利润分配。这种分配方式的前提是：企业集团核心层向成员企业的主管部门以承包、租赁的方式取得资产使用权，并与成员企业的主管部门或所有者签订承包税后利润上缴数额和资产使用租金合同。这样，由于被承包、租赁企业成了企业集团的紧密层企业，企业经营所得利润要先按合同规定的基数将承包费或租金上交成员企业的主管部门或所有者，剩余部分才归企业集团核心层。同时，紧密层企业（被承包、租赁企业）也按合同的规定取得本企业职工应得收入和企业发展收入。这样，紧密层企业将实现的利润以"应付利润——应交承包和租赁费"的方式交原主管部门，以"应付利润——分给承包承租方利润"的方式交集团核心层，以提取公积金、公益金等方式留下自己应得的部分。

3. 基数比例分配

适用于在行政性合并方式下，集团核心层向国家承包，各紧密层企业再向核心层承包。因此，集团由核心层统一对国家、紧密层企业取得的税后利润再按承包基数，在核心层和紧密层企业之间进行分配,即按规定的基数上交集团核心层,剩余部分由紧密层企业自行掌握。如果紧密层企业的经营发生了亏损,核心层企业也应按比例承担损失。这种方式广泛适用于核心层企业按约定的条件对紧密层企业提供技术、半成品及销售服务等,紧密层企业按核心层企业的要求从事生产经营,期末以"应付利润"向核心企业上交税后利润的情况。

7.6.3 企业集团股利政策

股利政策是企业对其盈利进行分配抑或留存以用于再投资的决策选择。股利政策既关系到集团股东的直接经济利益,又关系到集团未来发展,是企业集团重大财务决策的核心内容之一,在企业集团经营战略中起着至关重大的作用。企业集团必须在如何兼顾自身未来可持续发展对资金的需要和股东对本期收益的要求之间,制定科学合理的股利政策。

1. 企业集团股利政策的特点

面对多个不同利益主体的法人,母公司股利政策的制定,不能只是单纯地站在母公司自身及其股东的立场,还必须同时兼顾子公司等成员企业的利益期望,亦即必须协调处理好母公司与子公司以及子公司相互间的利益关系问题;不仅如此,作为集团的管理总部,母公司还必须从一个更高的层面,即管理战略角度,对集团整体的股利政策进行统一规划,以规范各成员企业的收益分配行为有利于整体战略目标不断推进。因此,母公司制定股利政策的宗旨,不再局限于集团内部以及与外部各方面利益关系的协调,重要的还在于通过股利政策推动战略发展目标的贯彻与实施,亦即股利政策成为母公司借以达成战略目标的重要保障手段。

就一般意义而言,无论是单一法人制企业组织形式,还是集团式组织形式,在股利政策的制定上,都需要在充分研究股利的信息内涵、市场的不确定性、收益质量及其时间差异等的基础上,依据有利于实现企业价值与股东财务最大化目的,结合投资机会与股东偏好、流动性、再融资能力、再融资成本与留存收益成本比较、控制权结构、税务因素、稳定性、贷款协议中的限制性条款、法律限制以及通货膨胀等因素来进行。股利政策主要有以下基本类型:剩余股利政策、固定股利政策、固定支付率股利政策、低定额加额外股利政策等。

2. 企业集团股利政策的决策权限

股利政策属于企业集团重大的战略管理事宜,无论是股利政策的类型、分配比率、分配方式制定与选择还是调整与变更,决策权都高度集中于集团最高管理当局——母公司董事会。要完成整个股利政策的制定与决策过程,通常需要经由三个权力层面或阶段:一是母公司财务部;二是母公司董事会;三是母公司股东大会。

母公司财务部尽管不具有分配政策的决策权,但作为集团资金运动管理与控制的中枢,对企业集团整体的财务状况,特别是盈利状况与现金流量状况拥有权威性的发言权。为了使股利政策得到子公司等成员企业的广泛认可,减少实施过程中的矛盾与阻力,母公司在股利政策的制定上,除了需要遵循集团章程、管理战略等外,还必须符合《公司法》与民法基本通则,不能为了追求母公司自身方面利益的最大化而损害子公司等的利益,更不能假借集团的名义以及管理总部的特殊地位而侵吞子公司等的合法权益。为此，母公司董事会在制定集团股利政策预案或者提交母公司董事会决议前，应当征询子公司等的意见，在《公司法》、集团章程、管理战略与管理政策等的范畴内，强化母、子公司间的信息沟通，解释母公司所拟股利政策的基本宗旨，应尽可能使子公司等认识到这种股利政策对集团整体以及各子公司的利益，特别是长远利益是最为有利的。对于子公司合理的建议，可附加到母公司董事会有关股利政策制定的支持理由当中，一并提交母公司股东大会决议。

3. 基于企业集团发展阶段的股利政策

企业集团股利政策的制定受法律、企业内部、股东和其他等诸多因素的约束，因此，各国的股利政策有着较大的差别，美国公司大多实行高支付率的股利政策，日本公司大多实行低支付率的股利政策，德国大多数公司实行稳定的股利政策，支付率则处在美国和日本之间。我国企业集团的股利政策，应在借鉴国外成功经验的基础上，根据我国企业集团所处不同阶段的发展状况制定。

1）初创期股利政策

初创期的企业集团规模效益还没有完全发挥出来，在需要大规模扩张时，面临着相对不利的融资环境，此时的核心产品不能为集团提供大量的现金流，那么在财务战略上就应保持稳健原则，在制定股利政策时，就应选择低现金股利的政策。

2）成长期股利政策

企业集团步入成长期，主要目标与初创期相比发生了较大变化，此时资金短缺是企业集团急需解决的问题。因此企业集团仍应采取相对稳健的财务战略，在支付方式上，宜以股票股利为主，现金股利为辅。

3）成熟期股利政策

成熟期的企业集团生产经营有了一定的规模，经营风险相对较低，在市场上有较强的竞争力，有大量现金流收回。股东对企业集团有较高的收益回报期望。这一时期，企业集团应制定以现金股利为主的高支付率的股利政策。

4）调整期股利政策

企业集团进入夕阳阶段，经营战略需做大量的调整，在这一时期，尽管面临市场负增长，但现有的利润和支付能力并未失去。经营结构、股权结构都有可能进行调整，应考虑对现有股东进行回报，也是对其初创期与成长期“高风险—低报酬”的一种补偿，但是回报率具有一定的限度，它以不损害企业集团未来发展所需投资为最高限制，实行高支付率的股利政策，在支付方式上宜以股票股利和一定的现金股利相结合的方式。

4. 企业集团利润分配的基础

我国《公司法》第 167 条规定：公司弥补亏损和提取公积金后所余税后利润，应按股东持股或出资比例进行分配，但公司章程另有规定的除外。从上述规定来看，利润分配的基数是税后利润。然而，对于企业集团，利润分配基数的确定面临母公司净利润和合并净利润的选择问题，《公司法》及《企业会计准则》对此未有明确规定。实践中，对于利润分配基数是合并净利润还是母公司净利润也有一定争议。目前主要有以下三种处理意见：一是合并净利润；二是母公司净利润；三是合并与母公司净利润孰低法。实际操作中，一般以母公司净利润为利润分配的基础居多。

因为《公司法》第三条规定,“公司是企业法人”,即“公司”是一个法律主体。从公司法的角度,利润分配应是一个法律主体的自主行为。合并报表并非法人报表,反映的是企业集团整体的财务状况、经营成果和现金流量,反映的对象通常是由若干法人组成的会计主体,是经济意义上的主体,而不是法律意义上的主体。可见,利润分配是受到《公司法》规范的法人行为,分配主体是法人而不是合并集团这一虚拟的会计主体,因此应当以母公司净利润为基础。

例如,A公司是一个控股公司,拥有B、C、D三个全资子公司,持股比例均为100%,按10%计提盈余公积,假设子公司全部决定对当年利润不进行分配,各公司未分配利润构成如表7-1所示。

表7-1 某集团未分配利润构成表

万元

公司名称	期初未分配利润	本年实现净利润	提取盈余公积	期末未分配利润
A(母公司)	0	1 136.17	113.62	1 022.55
B(子公司)	0	948.32	94.83	853.49
C(子公司)	0	439.35	43.94	395.41
D(子公司)	0	−231.79		−231.79

由于母公司A个别报表采用成本法核算,子公司决定不分红,A公司当年对子公司的投资收益为0,A公司本年实现净利润1 136.17万元,没有子公司投资收益部分。编制合并报表时,母公司A采用权益法核算,当年确认了子公司的投资收益1 155.88万元,以致合并净利润和母公司净利润产生差异1 155.88万元,也是期末母公司未分配利润和合并未分配利润产生差异的原因。假如A公司按合并报表期末未分配利润进行全额分配,母公司就会出现年末未分配利润负数的现象,即−1 155.88万元。这就产生了超额分配的情况,导致母公司在子公司实际宣告发放现金股利或利润之前,因垫付资金发放现金股利造成现金大量流出。

因此,从稳健原则出发,集团公司利润分配应以母公司净利润为基础。实践中也有子公司有利润却出于种种目的不分配或少分配,使母公司的可供分配利润减少,从而影响母公司对投资者的利润分配。对此母公司要加强对子公司收益分配的影响和监管,提高子公司的分红能力和比例。

5. 母、子公司的股利政策协调

企业集团中的母公司,有的本身也从事经营,有自己的经营利润;有的不直接从事经营而没有收入,需要从各子公司以管理费的形式获得经费收入。所以,就母、子公司股利政策的协调而言,分为以下两类:

1) 母、子公司经营型

当母、子公司从法律的角度,都从事经营,都有经营利润时,由于母、子公司都是独立的企业法人,所以都能够独立制定股利政策。例如,当母公司的效益高于子公司时,子公司的其他股东会认为母公司的效益是由于母公司的优势地位和子公司的牺牲带来的,子公司的股东可能要求获得与母公司股东一样的现金股利;当母公司的效益低于子公司时,子公司的其他股东会认为子公司的效益是子公司自身努力带来的，与母公司关系不大，从而要求获得高于母公司股东的现金股利。当母、子公司各自一方有较好的投资项目时，则对股利的形式就会有不同的要求。例如，母公司有好的项目时，就希望子公司少发现金股利，而母公司凭借控股地位可将资金从子公司借调(甚至是无偿)使用；而子公司有好的项目时，母公司则可凭借控股地位而不顾，要求多发现金股利。此时，由于母公司对子公司的产权控制地位，决定了子公司股利政策的制定必须依母公司的意志而定。这类企业集团的股利政策，除了考虑企业的组织形式、股东地位的差异、企业集团整体发展要求以外，主要是考虑母、子公司之间经营效益的差异。

2) 母公司管理型

当母公司纯粹从事对子公司的管理，其日常开支需要从各子公司获得管理费时，各子公司的经营业绩更多的是靠母公司的管理实现的。这类企业集团的股利政策，除了考虑企业的组织形式、股东地位的差异、企业集团整体发展要求以外，更主要的是考虑各子公司之间经营效益的差异。

【本章思考题】

1. 企业集团财务战略的特征有哪些？
2. 企业集团财务战略有哪些类型？
3. 企业集团投资战略管理的特点和重点是什么？
4. 企业集团实施多元化投资战略的必要性有哪些？
5. 企业集团筹资模式选择及其影响因素是什么？
6. 企业集团筹资管理的原则和重点是什么？
7. 企业集团收益分配的内涵和重点是什么？
8. 企业集团在制定股利政策时，应考虑哪些因素？

【案 例 分 析】

加法的海尔与减法的万科

同是 20 世纪 80 年代创业、90 年代崛起并都做到了本行业的冒尖位置，但海尔与万科，无论是过去十几年走过的道路，还是眼下经营上采取的策略，以及对今后若干年发展的设计，又是如此的迥然相异：一个由专门生产电冰箱向把所有家电一网打尽发展，一个由各行各业都插一腿向以房地产为主业转移；一个嫌青岛太小于是杀奔全国建立广泛的大本营，一个觉得全国太大于是回师深圳营造稳固的根据地；一个大张旗鼓地购并扩张，一个悄无声息地转卖凝聚；两家上市公司、一对知名老总，一个正雄心勃勃地加加加，一个正大刀阔斧地减减减……

海尔与万科，这截然不同的两种做派，正是近年来中国乃至世界范围内的两种潮流——多元化经营与专业化经营的典型代表和真实写照。

1. 由专业化做起的海尔与由多元化起步的万科

海尔和万科的故事,都得从1984年讲起。这一年,35岁的张瑞敏由青岛市家电公司副经理调任电冰箱总厂厂长;33岁的王石从广州某机关下海闯荡深圳组建了万科公司。两个人境遇不同的是,张瑞敏面对的是一个亏损147万元的旧摊子,王石肩负的是一个原始资本为零的新企业。这不同的经济基础,便决定了海尔与万科创业伊始走上了不同的经营道路。海尔是"干什么吆喝什么",万科是"什么赚钱干什么"。整个20世纪80年代海尔的专业化经营与万科的多元化经营,便由此发端:张瑞敏整顿队伍从德国引进生产线造开了冰箱,王石则拉起人马把日本的录像机销往中国内地……

从1985年直到1991年,整整7年时间,海尔一直致力于把冰箱做好,做大。到1991年,海尔冰箱的产量突破30万台,产值突破5个亿;在全国百余家冰箱企业中,海尔是唯一产品无积压、销售无降价、企业无三角债的"三无"企业;"青岛—利勃海尔"在全国家电行业唯一入选"中国十大驰名商标"。

与此同时,深圳的王石把公司的业务不断做多。到1991年年底,万科的业务已包括进出口、零售、房地产、投资、影视、广告、饮料、印刷、机加工、电气工程及其他等13大类。对于万科的发展方向,王石提出了一个日本的具有信息、交易、投资、融资、制造等多种功能的"综合商社"模式,尽管此时万科的营业额和利润分别为3.5亿元和0.3亿元(1991年),仅为中国集团公司标准的1/3。

在此期间,1988年11月18日参加政府公开拍卖土地,高价投标2 000万元进入深圳房地产业,事后证明这是万科发展史上至关重要的一步。1992年前后,是万科"做加法"的火红时期,1991年6月万科第一次增资扩股以及1993年4月发行B股筹集到好几个亿的资金,又适逢全国放开,王石一改往日"座山虎"的形象,奔走在全国各地,跑遍了大半个中国,一是推广股份制,二是找地。在此期间,万科共参股30多家企业,总投资1.3亿元。北京最早上市的几家企业,几乎都有万科的股份。

2. 由专业化到多元化的海尔与由做加法到做减法的万科

海尔的正式扩张是从1991年开始的。这年11月14日,青岛市政府下发通知,决定"以青岛电冰箱总厂为核心层,青岛空调器厂和青岛电冰柜总厂为紧密层,成立青岛海尔集团公司"。当时的青岛市市长俞正声认为,这起联合"在某种程度上属强强联合","是电冰箱总厂的一个重大转折点"。这样,海尔的家电产品便由电冰箱扩展到了空调器和冷柜。

截至1997年年底,海尔通过资产重组、控股联营,共兼并企业18家,盘活资产15.2亿元,约1.5万人加盟海尔。其中,具有代表性的几起购并案有:1995年7月,兼并资不抵债1.33亿元的青岛红星电器厂,这起兼并案因被哈佛商学院编入教案而被国内舆论广为宣传。1995年12月,收购武汉希岛实业股份有限公司60%的股份,这是海尔集团首次跨地区控股经营。

1997年,成为海尔的"扩张之年":3月13日,出资60%与广东顺德爱德集团合资组建"顺德海尔";4月12日,控股(80%)管理青岛第三制药厂;7月26日,与莱阳家电总厂合资经营,海尔品牌首次折价进入合资中;9月5日,与西湖电子集团强强联合、控股(60%)经营的"杭州海尔"正式推出海尔彩电——"探路者";12月28日,控股59%与贵州电冰箱厂合资成立"贵州海尔";12 月 30 日,整体兼并黄山电子集团,"合肥海尔"如期挂牌。上述购并案中,标志着海尔集团由白色家电进入黑色家电的与西湖电子的联合,最为引人关注。

至此,海尔的家电产品又由电冰箱、冷柜、空调、洗衣机扩展到了热水器、微波炉、彩电、VCD、电话机、传真机、洗碗机、电熨斗、吸尘器等 27 个门类,共 7 000 余个规格品种。这不禁让人想起张瑞敏说过的一句话:"如果你有一套空房子,我希望海尔能提供所有的电器产品。"

进入 1998 年,海尔又把扩张的目光投向了国家级科研机构,继 1 月对工程塑料国家工程研究中心实行控股经营后,4 月 25 日,又与广播电视电影总局广播科学研究院合资成立了海尔广科数字技术开发有限公司,以期占领数字化彩电等方面的制高点。

就在海尔的多方扩张搞得如火如荼的时候,万科在主业选择、经营品种、投资地域和股权投资等方面开始了如火如荼的战线收缩:1993 年,万科提出以房地产为主业,从而改变过去摊子平铺、主业不突出的局面;1994 年,万科提出以城市中档民居为主,从而改变过去的公寓、别墅、商场、写字楼什么都干的做法;1995 年年底,万科提出回师深圳,由全国的 13 座城市转为重点经营京、津、沪特别是深圳四座城市;从 1994 年起,万科对在全国 30 多家企业持有的股份,开始分期转让。

也就是说,在张瑞敏考虑如何"吃进"的时候,王石正在考虑的是如何"吐出"!

当时万科是一个多元化经营很成功的企业,因为万科涉足的每一个行业、投资的每一座城市、参股的每一个企业,都是赚钱的,万科为什么要做减法?一次深刻的教训改变了万科的经营理念。1993 年 4 月,万科在香港发行了 B 股股票,B 股的买家主要是一些投资基金。万科向人家讲起自己有 13 个行业而且每个行业都赚钱时,是很得意的。但这些训练有素的基金经理似乎没有听进去。他们提的第一个问题是:"万科的主业是什么?"道理很简单:如果买康佳,买的是中国的彩电业;如果买飞亚达,买的是中国的钟表业。而万科,我要买你什么?万科有一项电子分色业务,在国内同行业基本是规模最大的,一年做到了利润 1 000 万元。这么一个小业务居然搞到这么大,万科讲起来十分得意。经理们问:"营业额多少?""5 000 万。利润多少"?"1 000 万"。经理们说:"这个项目不予考虑"。因为基数很少,即使增长再快,你的总量也不会很大。人家投资你,是投资万科,而不是投资你的某一个项目。经理们说:"多元化是我们基金搞的,不是你万科该搞的。你这风险最大,因为哪个行业你都站不住脚"。此后不久,万科提出了以房地产为主业的发展方向。

对于主业的选择,万科当时的考虑是:房地产业,虽然需要大量的资金,但不是一个高科技开发的行业。资金,对于一个上市公司不是最大的问题。再者,房地产业,第一,到目前为止没有形成垄断行业;第二,房地产业,在中国至少还有 30 年以上的高速增长期。道理很简单,中国现代化的过程也是中国城市化的过程,城市化的过程必然需要大量的住宅建设,而中国的城市化率连 30%都不到,为此万科提出的目标是 21 世纪至少达到 40%以上。

表面上看,万科是在做减法;实际上,万科是在积蓄力量,准备下一步做更大的加法!

3. 海尔如何做加法与万科如何做减法

海尔,告诉你如何多元化:

1) 先卖信誉,再卖产品

市场经济下,企业的信誉是名牌效应,而企业的名牌效应来自两个方面:一是质量,二是服务。家电企业有一个好处,就是技术和市场的相关度比较高。基于这样的认识,海尔立足于先把一个产品做好,有了这个名牌效应,再向其他产品扩张。但每上一个产品,要打海尔的牌子,必须经过内部认证,这个认证分5级,有的产品差不多过了一年之后才打海尔的品牌。这样,海尔每推出一个产品,消费者就觉得跟海尔原来的产品没有什么区别,因为名牌的内涵是完全一致的。一流的质量加上一流的服务,使得海尔的冰箱成功后,家电产品推出一个成一个。

2) 东方亮了,再亮西方,西方亮比东方

海尔的多元化经营的两大原则:第一,先把自己最熟悉的行业做好、做大、做强,在这个前提下,再进入与这个行业相关的行业经营;第二,进入一个新的行业,做到一定规模之后,一定要进入这个行业的前3名。"东方"之于海尔,首先便是营造了7年之久的冰箱。随后亮起来的是冷柜、空调、洗衣机,然后是微波炉、热水器、电话、彩电、传真机,等等。

3) 以无形资产盘活有形资产

以无形资产盘活有形资产,是海尔做加法、搞扩张独具特色的经验之一。海尔的无形资产是海尔的品牌、海尔的管理、海尔的文化。海尔作为中国家电第一品牌,评估价值77.36亿元;海尔管理到位,即使车间里每一扇窗户的卫生,都责任到人;海尔文化是"不喝煲汤也干活"的认真和投入。

海尔多元化依靠的是其综合优势,即行之有效的管理优势、深入人心的品牌优势,是一天申报1.8个专利、一天半推出一个新产品的技术优势,是国内9 000余个、国外8 000余个营销网点的市场优势……以无形资产盘活有形资产,无疑是"低成本扩张"的最佳途径,它最大的好处是避免了重复投资、重复建设。

实际上,海尔的兼并扩张走过了三个阶段:第一个阶段,是投入资金,全盘改造,如1988年第一个兼并过来的电镀厂,改造成了生产电磁炉的微波电器公司;第二个阶段,是投入资金,输入管理,扩大规模,提高水平,如1991年兼并的空调器厂和冷柜厂;第三个阶段,才是以无形资产盘活有形资产,如1995年兼并的红星电器厂。这个过程,也是海尔由产品经营到资本经营再到品牌经营的过程。而且,就像海尔的多元化经营中包含专业化经营的成分一样,海尔的品牌经营中也同样包含资本经营和产品经营的成分,是一种综合的、立体的经营方式。

万科,告诉你如何做减法:

1) 赚钱的企业也得卖

为了将来做更大加法而眼下在做减法的万科,1996年回师深圳之后的几个大动作之一是卖掉了所属的几家与房地产主业毫无关联的企业。与别人卖企业不同的是,万科的几家企业是在盈利状态下被卖掉的。比如,1997年协议转让出去的扬声器厂,其生产的电话机喇叭占国内市场的40%,其生产的电话和电视机配件,市场占有率亦遥遥领先于竞争对手。"怡宝蒸馏水"是万科用三年心血培育成功的企业,拥有10万吨的产量,是国内最大的蒸馏水生产厂，广东水饮料市场占有率第一，但为适应整个集团发展的长远需要，万科还是把它卖了。

2）高于25%的利润不做

1992年，深圳的房地产市场还是全国的投资热点，土地和楼宇的价格一涨再涨，只要拿到土地，转手就能赚钱；只要开发的房产项目报批成功，项目本身就可增值。因此，当时的房地产市场流传着"低于40%的利润不做"的说法。但在当年10月的一次深圳房地产业务研讨会上，万科老总王石却明确表示：万科地产将重点开发面向城市居民、利润不高于25%的中档民居。一个是"低于40%的利润不做"，一个是"高于25%的利润不做"，万科放弃商业上"利润最大化"原则的言论，自然引起不少非议。8个月之后，中国经济开始宏观调控，房地产市场只赚不赔的神话被打破了。在许多开发商一筹莫展之时，万科的以城市白领阶层为客户群的"城市花园"系列项目却进展顺利。此时，才有人记起万科不追求超额利润的先见之明。王石说："万科提出高于25%的利润不做，就是因为万科靠贸易起家，切身感到暴利终将转向社会平均利润率，企业的长远发展不能建立在超额利润率的基础之上。"

3）集中资源做品牌

"集中资源做品牌"，是对万科战略调整的高度概括。而物业管理和小区规划，是构成万科地产品牌的两大支柱。

一套房子的寿命至少是几十年，其售后服务比销售更为重要。万科当年提出：万科做房地产，要做到房地产市场很热时，房子买不到；房地产市场很冷时，房子依然很好卖。还提出：物业管理有效应滞后的特点，所以，管理上一定要超前。所以，万科从涉足房地产开始，就把物业管理当作一个重要方面考虑进去。这与很多发展商因为在物业管理上出了问题，影响了形象和销售才去考虑截然不同。

小区规划，是构成万科品牌的第二要素。由于万科最初是以高价投标的方式进入房地产领域的，决定了他们必须对项目进行精心的策划，以提高产品的附加值。追求个性，是万科小区规划的一大特点。作为一个注重文化的企业，万科不能容忍自己做出来的东西没有味道、非常工业化。万科认为，只有突出个性，才能使不动产具有永久价值。因为一旦可以上流水线的东西，其价值必然逐渐下降。对客户来说，最对得起他们的，就是提供的东西是别人不能超越的。比如北京的万科城市花园，西二区再好卖，也绝不照搬到东二区去，从而保证每一批产品做出来都是"绝版"。在户型设计上，万科的城市花园也由早期的一至六室俱备，逐渐变为一个小区内以一个主导户型为主，比如上海以三室为主导户型，北京则以四室为主导户型。万科认为，这种规划有利于一个小区亲和力和凝聚力的形成，而这也是构成小区生活质量、增加产品附加值的重要方面。

海尔与万科，真算是"两股道上跑的车！"但是，无论海尔的多元化，还是万科的做减法，路径不同，目的一致——把企业做强做大。注重品牌、注重质量、注重管理和不断进取又使两家战略选择截然不同的企业殊途同归——把企业做大做强。这对国内所有的无论是正做加法还是正做减法的企业集团，都有启发意义。

案例思考题

1. 结合上述案例，试分析企业集团投资战略的制定和实施应考虑哪些因素。

2. 试分析企业集团在实施多元化或归核化投资战略时,需要怎样的筹资战略和收益分配战略与之相适应。

案例资料来源

曾蔚. 加法的海尔与减法的万科. 2013 年全国 MPAcc 优秀教学案例.

案例补充阅读材料

王薇薇,汤谷良. 万科企业财务战略十年轨迹与启示[J]. 财务与会计(理财版),2010(8).

第 8 章

企业集团的业绩评价

【学习目标】

- 了解企业业绩评价的发展历程
- 理解企业集团业绩评价的内涵、意义和影响因素
- 掌握企业集团责任中心及其评价方法
- 理解和掌握各种企业集团综合业绩评价模式
- 掌握我国企业集团绩效评价体系的分析步骤和方法

企业集团的管理是使集团各成员围绕整体价值最大化的目标而进行努力的过程。业绩评价是管理的重要内容，通过业绩评价，既可以了解企业集团战略的实现情况，又可以了解各种生产经营行为对企业价值的影响。有效的业绩评价既为确定或免除相关责任人的经营或财务责任提供正确依据，又能促进管理效率的提高。

8.1 企业业绩评价概述

8.1.1 企业业绩评价的内涵

国内学术界没有对“业绩”与“效绩”“绩效”进行统一的规范，在实践中这三个概念通用，其英文名词均是“performance”，它指的是人们从事某项活动所取得的成果。

业绩是经营或管理行为的结果与表现。因此，业绩可以理解为预算（计划）或管理规定执行的结果，分为经营方面的业绩和管理方面的业绩，如图 8-1 所示。

- 业绩
  - 经营业绩
    - 以财务指标反映，亦称财务业绩
    - 以非财务指标反映
  - 管理业绩
    - 管理者的管理业绩
    - 管理者的管理行为

图 8-1　业绩分类

根据业绩衡量的指标类型、时间和业绩评价对象也可以分为财务业绩与非财务业绩、过去业绩与未来业绩、所有者业绩与利益相关者业绩。

评价是指为达到一定的目的，运用特定的指标，比照统一的标准，采取规定的方法，对事物做出价值判断的一种认识活动。正是因为有了人们对客观事物及其运动规律的正确

认识,才使得社会各项经济活动不断地向前发展,人们的评价水平也随之不断提高。

业绩评价,是对企业经营业绩与管理者的管理业绩进行全面而系统的分析与评定,目的在于通过评价找出增加企业价值的关键变量,并据此对经营者和管理者进行计酬。对于一个企业组织而言,其业绩不仅表现为战略目标的实现,还表现为实现战略目标过程的效率,即公司资源的节约程度。

业绩评价过程包括四个环节:确定业绩评价的目的和要求——选择业绩评价系统;建立评价的参照系统——设置业绩评价标准;获取评价信息——确定业绩评价指标;形成价值判断——分析影响业绩的有关因素,得出业绩评论结论。它需要收集与企业经营成果有关的信息,按照企业目标设计相应的评价体系,根据特定的评价标准,采用特定的评价方法,对企业一定经营期间的经营业绩做出客观、公正和准确的综合判断。企业业绩可以从两个方面理解:一是以结果为导向的业绩,即在特定的时间内由特定的工作职能或活动产生的记录;二是以行为为导向的业绩,即与企业目标有关的、可以按照个体的能力(贡献程度)进行测量的行动或行为。

业绩评价与财务报表分析的区别在于:财务报表分析关注"结果是什么样的",而业绩评价在关注"结果"的基础上,分析"结果"产生的"原因",更关注结果"是由谁来负责的"。业绩评价和财务报表分析是一个问题的两个方面。财务报表分析是客观的,而业绩评价则可能是主观的。在业绩评价中,企业经营业绩评价和管理业绩评价的侧重点有所不同。经营业绩评价是对形成企业业绩的所有经营活动与管理活动进行全方位的评价,因此,是一个综合评价系统。这一评价系统,有时可以用财务与非财务分析来解决,具有客观性。而管理业绩评价则是对管理者的管理业绩与行为进行评价,是针对人的行为的评价,具有一定的主观性。此外,业绩评价还应包括对企业员工的业绩评价。

业绩评价对于企业非常重要,好的业绩评价体系有利于激励企业各成员努力提升经营和管理业绩,其主要功能是:①激励与约束功能。业绩评价系统可以把企业的战略使命转化成具体的目标和测评指标,企业的所有者能够快速、全面地了解企业的现状和预测未来业绩评价系统。②资源再配置功能。能够促进企业激励与约束机制的建立业绩评价系统有利于正确引导企业的经营行为,提高竞争力业绩评价系统有利于企业有限资源的合理运用业绩评价系统的建立。③战略管理功能。便于企业的所有者和经营者从繁多的指标中找出影响企业短期效益和长期发展能力的关键因素,掌握其中的关联效应,更好地做到企业短期目标和长期目标的平衡。

8.1.2 业绩评价的基本方法和评价标准

业绩评价所用到的方法不外乎两大类:一类是广泛使用的定量分析法;一类是定性分析法。定性分析法主要是通过直接观察、实地调查、与相关人员座谈等形式达到收集相关资料、了解实际情况、查找原因等目的;定量分析法是通过数据的对比、换算等,来查找预算(计划)差异原因的方法。在实际操作中,经常使用的方法有如下几种。

1. 指标法

指标法即用财务指标对评价客体进行考评。

2. 趋势法

由于业绩更加重视企业的持续经营能力，所以将趋势的评价作为业绩评价的重要内容，如销售趋势、成本变化趋势、市场占有趋势、利润变化趋势等。通过过去几年的数据，判断未来的发展，以考评评价客体较长时间内的预算（计划）执行趋势。

3. 情景模拟法

情景模拟法，是一种模拟工作评价方法，要求员工在评价主体成员面前完成类似于实际工作中可能遇到的活动，评价主体根据完成情况对评价客体进行业绩评价。

4. 强制比例法

根据正态分布原理，优秀部门及人员和不合格部门及人员应基本相同。大部分部门及人员应属于工作表现一般的情形。在评价标准中可强制规定优秀部门及人员数量和不合格部门及人员数量。如规定优秀者与不合格者比例均占 20%，普通员工占 60%。

5. 评语法

评语法是指由评价主体撰写一段评语来对评价客体进行评价的方法。评语内容包括经营、管理业绩、实际表现、优缺点、努力方向等。

6. 重要事件法

“重要事件”是指评价客体的突出优秀表现和不良表现，平时有书面记录，综合整理分析书面记录，最终形成评价结果。

7. 序列比较法

序列比较法是对相同预算（计划）指标或任务的评价客体进行评价的一种方法。将相同预算（计划）指标或任务的所有评价客体放在同一评价模块中进行比较，根据其预算（计划）执行情况的好坏进行顺序的排列。

8. 目标考评法

目标考评法即根据评价客体工作目标的情况来进行考核。在工作起步之前，评价主体与评价客体应对需要完成的工作内容、时间期限、评价标准达成一致；限期结束时，评价主体根据评价客体工作状况及原先议定的评价标准来进行评价。此法适用于推行目标管理的项目或部门。

9. 等级评价法

等级评价法即把评价客体的工作内容划分为相互独立的几个模块，在每个模块中用明确的语言描述完成该模块工作需要达到的标准，按“优、良、合格、不合格”对评价客体的实际工作表现进行评价。

10. 综合法

综合法，是将各类业绩评价方法进行综合运用，以提高评价结果的客观性和可信度。上述方法，可以根据实际需要选择应用，通常为几类方法的综合使用。

业绩评价标准主要有：公司的战略目标与预算标准、历史标准、行业标准或竞争对手标准、经验标准、公司制度和文化标准等。

8.1.3 西方企业业绩评价系统的演变

西方企业业绩评价发展过程中每一时期的业绩评价系统都因企业生产经营的不同特

点以及企业所处社会经济环境和管理要求的变化而表现出不同的特点,其变化集中表现在业绩评价指标体系的差异上。因此,我们将西方企业业绩评价发展史大致划分为以下四个时期:

1. 观察业绩评价时期

19世纪以前,企业的规模小、生产过程比较简单,管理要求不高。由于社会经济、文化等各方面的原因,成本会计尚未建立,管理尚未形成专门的科学,在实践中基本上属于一种手工作坊式的经验管理,与企业业绩管理有关的各种管理思想与方法自然也仅仅处于萌芽阶段,因此,企业经营业绩的评价主要借助于企业管理者的经验判断,缺乏科学的方法,更谈不上建立完整的指标体系。

2. 成本业绩评价时期

18世纪60年代工业革命在欧洲资本主义国家展开后,先进机器设备被大量采用,企业生产规模和效率大大提高,企业的数量和规模增长迅速,企业之间出现了竞争,资本家力求以薄利多销取胜,要求更精确地计算成本,成本计算与复式记账相结合,标志着成本会计的形成。19世纪末到20世纪初,欧美等先进的资本主义国家又出现了第二次工业革命,市场竞争加剧,生产的大批量、分步骤化要求建立严格的管理和控制系统,管理人员和设备费用的增加,对成本计量提出了更高的要求。于是,1911年,美国会计工作者哈瑞设计了最早的标准成本制度,实现了成本会计的第二次革命。标准成本及差异分析制度的建立,实现了成本控制,从而大大地提高了劳动生产率,工人的潜能被大大地挖掘出来。标准成本制度的建立,标志着人们观念的转变,由被动的事后反映分析转变为积极、主动的事前预算和事中控制,达到了对成本进行管理的目的。这一时期,企业业绩评价随着成本会计的发展先后经历了简单成本业绩评价、较复杂成本业绩评价和标准成本业绩评价三个发展阶段。企业业绩评价的核心指标就是成本,实际主要成本、实际全部成本、产品间接成本和标准成本及其差异分析结果等先后成为企业业绩评价的主要指标。

3. 财务业绩评价时期

20世纪初,资本主义市场经济已进入稳步发展时期,自由竞争过渡到了垄断竞争,这一时期从事多种经营的综合性企业发展起来,出现了如何将大规模、多行业、多品种、多层次的企业经营协调一致的问题(这也正是后来出现的企业集团所面临的问题)。为适应企业管理的需要,业绩评价指标从以往单一的成本耗费指标发展到获利能力、偿债能力、资产经营效率、发展能力等多项指标。这些指标反映了企业资源的运用情况和效率,使用这些指标能够促使企业对资源进行有效配置。

西方一些著名的跨国公司,如杜邦、通用汽车、通用电器等,运用财务控制和评价系统,在实现和监督资金与实物资本的高效配置上都取得了巨大的成功。销售利润率、投资报酬率、剩余收益、每股收益、现金流量和内含报酬率等财务评价指标成为该时期业绩评价的重要组成要素。20世纪80年代后,对企业业绩的评价形成了以财务指标为主,非财务指标为辅的业绩评价系统。美国的许多公司,包括跨国公司已意识到过分强调短期财务业绩是美国公司在与欧洲、日本企业竞争时处于不利地位的重要原因,于是它们把着眼点更多地转向企业长期竞争优势的形成和保持上。对管理者的补偿准备以是否实现了股东财富最大化为根据,而不是短期的财务业绩状况。由此,非财务指标在业绩评价中的作用越来越重要。像 Genera Electric、Xerox、Motorola 和 IBM 公司都非常重视过程能力、产品生产周期、客户的满意程度、保修成本等评价指标；然而，它们的注意力主要还是集中在如何解决生产问题而不是客户的要求以及客户的忠诚度上；更为重要的是对管理者的补偿主要还是依据财务业绩而不是工作量业绩。因此，这是一个以财务指标为主，非财务指标为辅的业绩评价时期。

4. 企业战略业绩评价时期

20 世纪 90 年代，企业的经营环境面临着巨大的变化。由于经济全球化、世界经济一体化、新经济时期的到来、金融工具频繁的使用以及市场的瞬息万变，导致竞争在全球范围内加剧。企业要生存和发展，就必须有战略眼光和长远奋斗目标。为了实现企业的战略目标，就必须形成和保持企业的核心竞争优势。企业战略管理理论与方法的影响不断扩大，对传统的业绩评价系统提出了变革的要求。在业绩评价领域的讨论出现了两种主要趋势，即采用新的财务指标来克服传统财务指标的某些局限性，以及将业绩评价的注意力更多地放到形成核心竞争优势的非财务因素上，其中比较有代表性的两组业绩评价方法是经济增加值和平衡计分卡两种业绩评价方法。

8.1.4　我国企业绩效评价体系的演进

我国曾先后制定实施过三套企业业绩评价指标体系：一是 1993 年财政部出台的《企业财务通则》所设计的一套财务绩效评价指标体系；二是 1995 年财政部制定的企业经济效益评价指标体系；三是 1999 年由财政部等四部委联合颁布、2002 年修订的国有资本金绩效评价指标体系。

进入 20 世纪 90 年代后，计划经济逐步被市场经济所取代，原有的适应计划经济体制的较单一的企业财务绩效评价指标体系已完全不能适应市场经济对企业财务业绩评价的要求。在这种时代背景下《企业财务通则》于 1993 年 7 月颁布实施。《企业财务通则》规定：企业业绩评价指标体系由 8 个指标组成。这 8 个指标分别为资产负债率、资本金利润率、销售利税率、成本费用利润等，分别从偿债营运能力和获利能力两方面对企业的经营业绩进行全面综合的评价。《企业财务通则》的颁布实施，有利于企业财务管理朝着科学化的方向发展，有利于政府及债权人对企业经营状况的评价。

1995 年财政部在反复研究和论证的基础上，出台了《财政部企业经济效益评价指标体系(试行)》。这套指标体系由销售利润率、总资产报酬率、资本收益率、资本保值增值率、资产负债率、流动比率(或速动比率)、应收账款周转率、存货周转率、社会贡献率、社会积累率 10 项指标组成。其中有 5 项指标是《企业财务通则》已做了规定的，即资本收益率、资产负债率、流动比率(或速动比率)、应收账款周转率、存货周转率；有 1 项指标做了修改，即将销售利税率改成销售利润率。另外，有 4 项指标是新设计增加的，即总资产报酬率、资本保值增值率、社会贡献率、社会积累率等。评价标准按照前四年的全国平均值确定，计分方法基本不变，只是重新规定资产负债率指标按照功效系数法计分。

为了有效地对企业的经营绩效进行科学评价，财政部等四部委于 1999 年 6 月 1 日联合印发了《国有资本金绩效评价规则》及《国有资本金绩效评价操作细则》，对国有企业的业绩评价进行了重新规范，重点是评价企业资本效益状况、资产经营状况、偿债能力状况和发展能力状况 4 项内容,以全面反映企业的生产经营状况和经营者的业绩。对这 4 项内容的评价由基本指标、修正指标和专家评议指标 3 个层次,共计 32 项指标构成。至此,初步形成了财务指标与非财务指标相结合的业绩评价指标体系。

为适应企业绩效评价工作深入开展的需要,进一步规范企业绩效评价行为,增强评价结果的客观公正性,建立有效的激励与约束机制,财政部、国家经贸委、中央企业工委、劳动保障部和国家计委根据《国有资本金绩效评价规则》,于 2002 年 2 月又做了修订,将企业绩效评价指标体系指标由 32 项改为 28 项。与原评价体系相比,该体系更加科学、完整,较好地适应了社会主义市场经济的要求。为做好中央企业综合绩效评价工作,国务院国有资产监督管理委员会制定并颁发了《中央企业综合绩效评价实施细则》。

2003 年,国务院国有资产监督管理委员会出台了《中央企业负责人经营业绩考核暂行办法》,该办法考虑到不同行业的分类情况将评价结果与经营者薪酬挂钩,但是没有将非财务指标纳入其中。2006 年 4 月 7 日,国务院国有资产监督管理委员会出台了《中央企业综合绩效评价管理暂行办法》,它由反映企业盈利状况、资产质量状况、债务风险状况、经营增长状况四方面内容的 22 个财务绩效指标和 8 个管理绩效指标组成,综合反映了企业资产运营的质量,具有一定的参考价值。但它未对非财务指标的评议规范给出具体的评分细则。

2009 年 12 月 25 日,为了加强对金融类国有及国有控股企业的财务监管,积极稳妥地推进金融类国有及国有控股企业的绩效评价工作,财政部颁布了《金融类国有及国有控股企业绩效评价实施细则》。

2010 年 1 月 1 日实施的《中央企业负责人经营业绩考核暂行办法》将 EVA 作为考核指标,且其规定占 40%的考核权重。

8.2 企业集团业绩评价的意义和影响因素

企业集团业绩评价系统是在传统的业绩评价系统基础上,随着企业大型化、集团化、国际化的过程而逐渐建立起来的,因此,有必要对中外企业业绩评价系统发展历史加以了解。

8.2.1 企业集团业绩评价的意义

人们对企业经营管理作用的认识,是通过企业业绩评价活动而不断深化的。就企业业绩评价而言,它是对企业占有、使用、管理与配置的经济资源利用效果进行的评定。通过对企业经营业绩的评价,一方面使所有者可以检查经营者受托契约的履行情况,决定企业下一步的发展战略,另一方面企业经营者及其他利益相关者也可以根据企业绩效评价结果进行决策,促进企业改善经营管理,提高经济效益水平。

1. 使所有者可以检查经营者受托契约的履行情况,提高企业集团各层次管理效率,有利于落实发展战略

两权分离这一现代企业制度的特征,要求将管理者(代理人)的管理业绩与管理报酬结合起来通过制度设计来提高企业效益,使经营者与所有者的目标能达成一致,并进一步减少代理成本。正确的业绩评价可以及时反馈管理者(代理人)的工作状况,降低信息不对称的程度,从而阻止管理者(代理人)的道德危机和逆向选择行为。同时,也可以传递企业集团战略目标与具体任务,引导管理者(代理人)的生产经营行为与委托人的目标保持一致,从而降低代理成本。

企业集团内客观存在若干管理层次,由于可能的官僚化,各类生产、经营、管理信息的反馈会出现延迟和滞后情况,从而导致管理效率的低下甚至无效。为了提高管理效率,母公司对子公司、总部对分部、高层管理者对中低层管理者等,都存在管理业绩评价的必要性问题。它们作为企业集团内部管理的一种行为,体现为管理责任的受托问题。

企业集团中母子关系的性质,使得对管理业绩评价成为双重性的管理行为。所谓双重性即一方面是母公司作为所有者,对子公司(责任中心)作为经营者的评价;另一方面是母公司作为企业集团管理总部,对其下属管理者的一种评价,属于高层管理者对中、低层管理者的评价范围。因此,管理业绩评价在企业集团财务管理中的地位与作用就显得尤为重要。

2. 使外部不同利益相关者对企业集团的经营情况进行正确评价

第一,政府管理部门从行政管理和社会公众利益代表的角度对企业集团进行的社会贡献评价;第二,从中小股东和潜在的投资者角度进行的业绩评价,是为了进行投资决策;第三,从债权人角度进行的业绩评价,是为了进行信用决策;第四,从供应商、客户和社会公众角度进行的业绩评价,主要是为了了解企业的经济效益和经营实力。

3. 有利于正确引导企业集团的经营行为

正确地评价企业集团的经营绩效,可以全面系统地剖析影响集团生产经营和发展中存在的问题,全方位地判断企业集团的真实经营状况。通过评价可使企业集团克服短期行为,将近期利益和长远目标结合起来。

4. 有利于对企业集团经营者的激励与约束

所有者目标的实现与管理者工作质量的一致性有赖于恰当的激励与约束制度的设计与实施。而恰当的激励与约束的实施,又依赖于正确、及时的业绩评价,否则,就达不到奖勤罚懒的管理效果。通过构建反映企业集团经营业绩的指标体系,并采用一定的综合评价方法对企业集团经营业绩进行综合评价,通过企业集团经营业绩的横向和纵向对比,可以让企业集团清楚地了解自己在本行业中所处的位置,可以对企业集团经营者起到激励和鞭策的作用。

随着我国经济体制改革的不断深化,政府已明确提出企业应该建立起“产权明晰、权责明确、政企分开、管理科学”的现代企业制度。然而,现实中企业集团管理中遇到了诸多问题,例如所有者与经营者的利益不一致、公司缺乏合理的运行机制、业绩评价体系不健全、经营者业绩无法得到科学的评价等。这些问题如果不能及时得以解决,就会影响企业集团健康发展的进程。因此,企业业绩评价问题越来越被理论界、企业界和政府部门所重视,各界人士也为完善现有业绩评价体系不断地努力。

8.2.2 企业集团业绩评价的影响因素

企业集团是一个功能复杂的社会经济基本单元,其业绩水平必然受到各种各样因素的影响和制约,所以设计企业集团经营业绩评价体系不能不考虑这些因素。影响企业集团经营业绩评价的主要因素包括外部和内部两大方面。

1. 影响企业集团经营业绩评价的外部因素

外部因素也就是外部环境。企业集团要取得良好的经营成果和维持集团的生存发展,保持与外部环境的平衡是一个先决条件。而外部环境复杂多变,并对企业业绩产生重要影响。归纳起来,影响企业集团业绩评价的外部环境因素主要包括以下几个方面。

1) 体制

体制主要是指经济体制以及与之相适应的企业管理体制。比如,我国在计划经济体制下对企业实行高度集中的计划管理与控制,由于价格扭曲,企业利润就不能反映出企业的真实绩效。而在市场经济体制下,国家对企业实行减政放权,企业是独立的市场竞争主体和法人实体,产品价格主要由市场决定,那么利润就能反映企业的经营成果。同时,市场化程度高低对企业业绩的影响也存在差别。

2) 政策法律

政策法律指国家制定的有关法律、法规和经济政策,包括财政和货币等宏观经济政策、污染控制和环境保护方面的措施、国家对待垄断的态度、市场经济秩序以及与规范和约束企业经营行为有关的法律法规等。把握这些政策法律因素,可以准确地确定企业集团的业绩目标,批准评价工作的具体思路和方法手段。

3) 经济运行环境

经济运行环境主要是指企业集团所处的外部经济环境,包括企业集团所在国家或地区的经济状况、经济周期阶段、通货膨胀因素、行业发展前景以及企业所处行业的价格水平及竞争程度等。集团的业绩直接受到这些经济因素的制约。只有将集团业绩评价放在这种经济背景下,才能更好地保证评价结果具备合理性和现实意义。

4) 文化与价值观念

文化与价值观念主要指集团所在地人们的生活习惯、精神风貌、价值取向、消费倾向、购买习惯、投资偏好及社会责任感等。不同国家和地区以及不同的历史阶段,社会的文化与价值观念都存在一定差异。这些文化与价值观念对企业业绩的认定会产生重要的影响,在设计集团业绩评价体系和开展企业业绩评价时,必须充分考虑这些因素。

2. 影响企业集团经营业绩评价的内部因素

任何事物的发展都是内因与外因共同作用的结果,而内因起主导作用。企业集团的业绩评价除了受上述外部因素的影响外,主要受以下内部因素的制约。

1) 组织结构与组织形式

企业内部组织结构是依据企业的资本规模、资本结构、管理战略及经营方式等因素而设置的,组织结构如果不能与企业的资本结构和不同的发展战略相结合,就会直接影响企业的经营绩效和企业的发展。

2) 人力资源与经营管理

人才是企业集团发展至关重要的资源,特别是经营管理者的素质对集团的成长与发展不可或缺。一个高素质的、协调一致的集团领导集体,能够高效率地实施组织管理,也会产生先进的管理思想和管理方式,制定出科学的集团发展战略和营销策略,从而直接提高集团的经营业绩，提高市场竞争能力。

3）财务政策与财务管理

企业集团采取谨慎的财务政策还是积极的财务政策，以及财务管理水平对集团业绩都会产生重要的影响。如筹资政策、投资战略、折旧政策、股利政策及资金营运管理等，不但影响集团业绩，而且对集团业绩的计量与评判也具有重要影响。

4）企业文化与创新机制

企业文化包括企业集团组织成员的价值观念、进取精神、行为准则、道德规范、管理制度和企业形象。一个协同的企业文化氛围不但可以促进企业集团发展战略的顺利实施，而且可以促进集团保持一种旺盛的创新能力和创新活力。而创新是企业集团持续生存与发展的保障，是集团不断提升业绩的力量源泉。

8.3　企业集团责任中心及其评价方法

企业集团由于管理层次的多级性，通常采用分权管理模式。分权管理的基本单位就是责任中心。责任中心是指承担一定经济责任，并享有一定权利的企业内部（责任）单位。按照责任中心所承担的经济责任内容、控制范围和责任对象的特点，可将其分为三种：成本中心、利润中心和投资中心。责任中心可能是一个人、一个班组、一个车间、一个部门，也可能是分公司、事业部，甚至是整个企业。责任中心的业绩评价主要采用比较法，即将各类业绩评价指标的实际值与预算（计划）值进行对比。

由于不同责任中心职权范围不同，责任预算的内容、考核的具体指标和方法也有所不同，下面分别介绍各责任中心的业绩评价方法。

8.3.1　成本中心的业绩评价

1. 成本中心的概念

成本中心是只对生产经营过程中的成本或费用承担责任并实施管理的组织单元，即只负责计量该中心发生的成本或费用，并评价其中可控的部分，而不计量和评价该中心取得的收入（如果有的话）、利润。成本中心有两种类型：标准成本中心和费用中心。

标准成本中心，必须是所生产的产品稳定而明确，并且已经知道单位产品所需要的投入量的责任中心。标准成本中心的典型代表是制造业工厂、车间、工段、班组等。

在生产制造活动中，每个产品都可以有明确的原材料、人工和制造费用的数量标准和价格标准。实际上，任何一种重复性的活动都可以建立标准成本中心，只要这种活动能够计量产出的实际数量，并且能够说明投入与产出之间可望达到的函数关系。因此，各种行业都可能建立标准成本中心。例如，银行业根据经手支票的多少，医院根据接受检查或放射治疗的人数，快餐业根据售出的盒饭多少，都可建立标准成本中心。

费用中心，适用于产出物不能用财务指标来衡量，或者投入和产出之间没有密切关系的单位。这些单位包括一般行政管理部门，如会计、人事、劳资、计划等；研究开发部门，如设备改造、新产品研制等；某些销售部门，如广告、宣传、仓储等。一般行政管理部门的产出难以度量，研究开发和销售活动的投入量与产出量之间没有密切的联系。对于费用中心,唯一可以准确计量的是实际费用,无法通过投入和产出的比较来评价其效果和效率,从而限制无效费用的支出,因此,有人称为“无限制的费用中心”。表 8-1 从定义、类型和考核指标等方面对成本中心和费用中心进行了区别。

表 8-1 成本中心的定义、类型和考核指标及其与费用中心的比较

<table>
<tr><td>定义</td><td colspan="3">一个责任中心,如果不形成或者不考核其收入,而着重考核其所发生的成本和费用,这类中心称为成本中心</td></tr>
<tr><td>特点</td><td colspan="3">这个中心往往没有收入,或者有少量收入,但不成为主要的考核内容</td></tr>
<tr><td rowspan="5">两种类型比较</td><td>类 型</td><td>标准成本中心</td><td>费 用 中 心</td></tr>
<tr><td>产出物的特点</td><td>所生产的产品稳定而明确,产出物能用财务指标来衡量</td><td>产出物不能用财务指标来衡量</td></tr>
<tr><td>投入和产出之间的关系</td><td>投入和产出之间有密切关系的单位</td><td>投入和产出之间没有密切关系的单位</td></tr>
<tr><td>适用情况</td><td>各行业都可建立标准成本中心</td><td>费用中心包括一般行政管理部门,研究开发部门以及某些销售部门</td></tr>
<tr><td>考核指标</td><td>是既定产品质量和数量条件下的标准成本。
【提示】不对生产能力的利用程度负责,而只对既定产量的投入量承担责任即不对闲置能量差异承担责任</td><td>通常使用费用预算来评价其成本控制业绩。
【提示】要结合费用中心的工作质量和服务水平做出有根据的判断</td></tr>
</table>

2. 成本中心的考核指标

一般来说,标准成本中心的考核指标,是既定产品质量和数量条件下的标准成本。标准成本中心不需要做出价格决策、产量决策或产品结构决策,这些决策由上级管理部门或授权给销货单位做出。标准成本中心的设备和技术决策,通常由职能管理部门做出,而不是由成本中心的管理人员自己决定。因此,标准成本中心不对生产能力的利用程度负责,而只对既定产量的投入量承担责任。如果采用全额成本法,成本中心不对固定制造费用的闲置能量的差异负责,而对固定制造费用的其他差异承担责任。

需要强调的是,如果标准成本中心的产品没有达到规定的质量,或没有按计划生产,则会对其他单位产生不利的影响。因此,标准成本中心必须按规定的质量、时间标准和计划产量来进行生产。这个要求是“硬性”的,很少有伸缩余地。完不成上述要求,成本中心就要受到批评甚至惩罚。过高的产量,提前产出造成积压,超产以后销售不出去,同样会给公司带来损失,也视为未按计划进行生产。

确定费用中心的考核指标是一件困难的工作。由于缺少度量其产出的标准,并且投入和产出之间的关系不密切,运用传统的财务技术来评估这些中心的业绩非常困难。费用中心的业绩涉及预算、工作质量和服务水平。工作质量和服务水平的量化很困难,并且与费用支出关系密切。这正是费用中心与标准成本中心的主要差别。标准成本中心的产品质量和数量有良好的量化方法,如果能以低于预算水平的实际成本生产出相同的产品,则说明该中心业绩良好。而对于费用中心则不然,一个费用中心的支出没有超过预算,可能该中心的工作质量和服务水平低于计划的要求。

通常,使用费用预算来评价费用中心的成本控制业绩。由于很难依据一个费用中心的工作质量和服务水平来确定预算数额,一个解决办法是考察同行业类似职能的支出水平。

例如,有的公司根据销售收入的一定百分比来制定研究开发费用预算。尽管很难解释为什么研究开发费用与销售额具有某种因果关系,但百分比法还是使人们能够在同行业之间进行比较。另外一个解决办法是零基预算法,即详尽分析支出的必要性及其取得的效果,确定预算标准。还有许多公司依据历史经验来编制费用预算。这种方法虽然简单,但缺点也十分明显。管理人员为了能在将来获得较多的预算,倾向于把能花的钱全部花掉。越是勤俭度日的管理人员,越容易面临严峻的预算压力。预算的有利差异只能说明比过去少花了钱,既不表明达到了应有的节约程度,也不说明成本控制取得了应有的效果。因此,依据历史实际费用数额来编制预算并不是个好办法。从根本上说,费用中心预算水平有赖于了解情况的专业人员的判断。上级主管人员应信任费用中心的经理,并与他们密切配合,通过协商确定适当的预算水平。在考核预算完成情况时,要利用有经验的专业人员对该费用中心的工作质量和服务水平做出有根据的判断,才能对费用中心的控制业绩做出客观评价。

3. 责任成本

责任中心发生的成本按控制关系可分为可控部分和不可控部分。可控成本是指在特定时期内、特定责任中心能够直接控制其发生的成本,其对称概念是不可控成本。

责任成本指责任中心发生且可控的有关成本。它是以具体的责任单位(部门、单位或个人)为对象,以其承担的责任为范围所归集的成本,也就是特定责任中心的全部可控成本。

可控成本是指责任中心真正能够实施调控的、受其经营活动和业务工作直接影响的有关成本。一般来说,可控成本具有以下三个方面的特征:①可预知性,即有关责任中心或主管人员可以事先知道将要发生什么性质和数量的耗费;②可计量性,即有关责任中心或主管人员可以对其所发生的各种耗费进行准确的计量;③可调控性,即有关责任中心或主管人员可以对其权责范围内发生的各项耗费主动进行调节和控制。

可控成本总是针对特定责任中心来说的。一项成本,对某个责任中心来说是可控的,对另外的责任中心来说则是不可控的。例如,耗用材料的进货成本,采购部门可以控制,使用材料的生产单位则不能控制。有些成本,对于下级单位来说是不可控的,而对于上级单位来说则是可控的。例如,车间主任不能控制自己的工资(尽管它通常要计入车间成本),而他的上级则可以控制。

至于责任中心所发生的全部成本中的另一部分,则通常称为不可控成本。作为不可控成本,主要是指不能为某个责任中心的意志与行为予以制约的有关成本,如同级部门结转而来或上级部门分配而来的劳务费、折旧费等。

区分可控成本和不可控成本,还要考虑成本发生的时间范围。一般来说,在消耗或支付的当期成本是可控的,一旦消耗或支付就不再可控。有些成本是以前决策的结果,如折旧费、租赁费等,在添置设备和签订租约时曾经是可控的,而使用设备或执行契约时已无法控制。

从整个公司的空间范围和很长的时间范围来观察,所有成本都是人的某种决策或行为的结果,都是可控的。但是,对于特定的人或时间来说,则有些是可控的,有些是不可控的。

计算责任成本的关键是判别每一项成本费用支出的责任归属。通常,可以按以下原则确定责任中心的可控成本:

(1) 假如某责任中心通过自己的行动能有效地影响一项成本的数额,那么该中心就要对这项成本负责。

(2) 假如某责任中心有权决定是否使用某种资产或劳务,它就应对这种资产或劳务的成本负责。

(3) 某管理人员虽然不直接决定某项成本,但是上级要求他参与有关事项,从而对该项成本的支出施加了重要影响,则他对该成本也要承担责任。

为更好地理解责任成本的内涵,以下给出了相关概念的辨析:

1) 责任成本与产品成本的区别

财务管理上的责任成本与财务会计核算上的产品成本既有联系又有区别,其联系表现为,一定期间的产品总成本应等于该期间各责任中心的责任成本之和。责任成本与产品成本的主要区别表现在如下几方面:

(1) 成本计算对象不同。责任成本是以责任单位为对象进行归集的有关成本和费用,而产品成本却是以具体产品为对象进行归集的有关成本和费用。

(2) 成本计算原则不同。责任成本是按照"谁负责,谁承担"的原则进行计算,而产品成本却是按照"谁受益,谁承担"的原则进行计算。

(3) 成本属性不同。计算责任成本时通常要求将本责任中心发生的成本划分为可控成本和不可控成本两大部分,各责任中心的各项可控成本之和构成该责任中心的责任成本,即责任成本计算的是各责任中心发生的成本中可控的部分,而产品成本计算的却是发生的成本。

(4) 成本计算的目的不同。责任成本计算的主要目的是反映有关责任中心责任成本预算(计划)的执行情况,为评价责任中心的工作业绩提供依据;而产品成本计算则主要是为了反映有关产品成本预算(计划)的执行情况,确定产品的盈利能力。

2) 可控成本、直接成本和变动成本的区别

直接成本和间接成本的划分依据,是成本的可追溯性。可追溯到个别产品或部门的成本是直接成本,由几个产品或部门共同引起的成本是间接成本。对生产的基层单位来说,大多数直接材料和直接人工是可控制的,但也有部分是不可控的。例如,工长的工资可能是直接成本,但工长无法改变自己的工资,对他来说该成本是不可控的。最基层单位无法控制大多数的间接成本,但有一部分是可控的。例如,机物料的消耗可能是间接计入产品的,但机器操作工却可以控制它。

变动成本和固定成本的划分依据,是成本依产量的变动性。随产量正比例变动的成本,称为变动成本。在一定幅度内不随产量变动而基本上保持不变的成本,称为固定成本。对生产单位来说,大多数变动成本是可控的,但也有部分不可控。例如,按产量和实

际成本分摊的工艺装备费是变动成本,但使用工艺装备的生产车间未必能控制其成本的多少,因为产量是上级的指令,其实际成本是制造工艺装备的辅助车间控制的。固定成本和不可控成本也不能等同,与产量无关的广告费、科研开发费、教育培训费等酌量性固定成本都是可控的。

责任成本计算、变动(边际)成本计算和制造成本计算,是三种不同的成本计算方法。它们的主要区别是:第一,核算的目的不同。计算产品的完全成本是为了按会计准则确定存货成本和期间损益;计算产品的变动成本是为了经营决策;计算责任成本是为了评价成本控制业绩。第二,成本计算对象不同。变动成本计算和制造成本计算以产品为成本计算的对象;责任成本以责任中心为成本计算的对象。第三,成本的范围不同。制造成本计算的范围是全部制造成本,包括直接材料、直接人工和全部制造费用;变动成本计算的范围是变动成本,包括直接材料、直接人工和变动制造费用,有时还包括变动的管理费用和销售费用;责任成本计算的范围是各责任中心的可控成本。第四,共同费用在成本对象间分摊的原则不同。制造成本计算按受益原则归集和分摊费用,谁受益谁承担,要分摊全部的制造费用;变动成本计算只分摊变动制造费用,不分摊固定制造费用;责任成本法按可控原则把成本归属于不同责任中心,谁能控制谁负责,不仅可控的变动间接费用要分配给责任中心,可控的固定间接费用也要分配给责任中心。责任成本法是介于完全成本法和变动成本法之间的一种成本方法,有人称为“局部吸收成本法”或“变动成本和吸收成本法结合的成本方法”。

责任成本与标准成本、目标成本既有区别又有密切关系。标准成本和目标成本主要强调事先的成本计算,而责任成本重点是事后的计算、评价和考核,是责任会计的重要内容之一。标准成本在制定时是分产品进行的,事后对差异进行分析时才判别责任归属。目标成本管理要求在事先规定目标时就考虑责任归属,并按责任归属收集和处理实际数据。不管是使用目标成本还是标准成本作为控制依据,事后的评价与考核都要求核算责任成本。

8.3.2 利润中心的业绩评价

1. 利润中心的概念

成本中心的决策权力是有限的:标准成本中心的管理人员可以决定投入,但产品的品种和数量往往要由其他人员来决定。费用中心为本公司提供服务或进行某一方面的管理。

收入中心负责分配和销售产品,但不控制产品的生产。当某个责任中心被同时赋予生产和销售职能时,该中心的自主权就会显著地增加,管理人员能够决定生产什么、如何生产、产品质量的水平、价格的高低、销售的办法以及生产资源如何在不同产品之间进行分配等。这种责任中心出现在大型分散式经营的组织中,小公司很难或不必采用分散式组织结构,如果大公司采用集权式管理组织结构,也不会使下级具有如此广泛的决策权。这种具有几乎全部经营决策权的责任中心,即为利润中心或投资中心。

一个责任中心,如果能同时控制生产和销售,既要对成本、费用负责,又要对收入、利润负责,但没有责任或没有权力决定该中心资产投资的水平,因而可以根据其利润的多少来评价该中心的业绩,那么,该中心称为利润中心。

利润中心有两种类型:一种是自然的利润中心,它直接向公司外部出售产品,在市场上进行购销业务。例如,某些公司采用事业部制,每个事业部均有销售、生产、采购的职能,有很大的独立性,这些事业部就是自然的利润中心。另一种是人为的利润中心,它主要在公司内部按照内部转移价格出售产品。例如,大型钢铁公司分成采矿、炼铁、炼钢、轧钢等部门,这些生产部门的产品主要在公司内部转移,它们只有少量对外销售,或者全部对外销售由专门的销售机构完成,这些生产部门可视为利润中心,并称为人为的利润中心。再如,公司内部的辅助部门,包括修理、供电、供水、供气等部门,可以按固定的价格向生产部门收费,它们也可以确定为人为的利润中心。

通常,利润中心被看成一个可以用利润衡量其一定时期业绩的组织单位。但是,并不是可以计量利润的组织单位都是真正意义上的利润中心。利润中心组织的真正目的是激励下级制定有利于整个公司的决策并努力工作。仅仅规定一个组织单位的产品价格并把投入的成本归集到该单位,并不能使该组织单位具有自主权或独立性。从根本目的上来看,利润中心是指管理人员有权对其供货的来源和市场的选择进行决策的单位。一般来说,利润中心要向顾客销售其大部分产品,并且可以自由地选择大多数材料、商品和服务等项目的来源。根据这一定义,尽管某些公司也采用利润指标来计算各生产部门的经营成果,但这些部门不一定就是利润中心。把不具有广泛权力的生产或销售部门定为利润中心,并用利润指标去评价它们的业绩,往往会引起内部冲突或次优化,对加强管理反而是有害的。

2. 利润中心的考核指标

对于利润中心进行考核的指标主要是利润。但是,也应当看到,任何一个单独的业绩衡量指标都不能够反映某个组织单位的所有经济效果,利润指标也是如此。因此,尽管利润指标具有综合性,利润计算具有强制性和较好的规范化程度,仍然需要一些非货币的衡量方法作为补充,包括生产率、市场地位、产品质量、职工态度、社会责任、短期目标和长期目标的平衡等。

在计量一个利润中心的利润时,我们需要解决两个问题:①选择一个利润指标,包括如何分配成本到该中心;②为在利润中心之间转移的商品确定价格。

我们在这里先讨论第一个问题,后一个问题作为本节的另一个题目讨论。

利润不是一个十分具体的概念,在这个名词前边加上不同的定语,可以得出不同的概念。在评价利润中心业绩时,至少有三种选择:贡献毛益、可控边际贡献、部门营业利润。

【例 8-1】 某公司某一部门的数据如表 8-2 所示。

表 8-2 某利润中心业绩评价数据 元

项　目	成本费用	收益
部门销售收入		15 000
销货成本	8 000	
变动费用	2 000	

续表

项　　目	成本费用	收益
(1) 边际贡献		5 000
可控固定成本	800	
(2) 部门可控边际贡献		4 200
不可控固定成本	1 200	
(3) 部门营业利润		3 000

以边际贡献 5 000 元作为业绩评价依据不够全面。部门经理至少可以控制某些固定成本，并且在固定成本和变动成本的划分上有一定选择余地。以边际贡献为评价依据，可能导致部门经理尽可能多地支出固定成本以减少变动成本支出，尽管这样做并不能降低总成本。因此，业绩评价时至少应包括可控制的固定成本。

以可控边际贡献 4 200 元作为业绩评价依据可能是最好的，它反映了部门经理在其权限和控制范围内有效使用资源的能力。部门经理可控制收入以及变动成本和部分固定成本，因而可以对可控边际贡献承担责任。这一衡量标准的主要问题是可控固定成本和不可控固定成本的区分比较困难。例如，折旧、保险等，如果部门经理有权处理这些有关的资产，那么，它们就是可控的；反之，则是不可控的。又如，雇员的工资水平通常是由公司集中决定的，如果部门经理有权决定本部门雇用多少职工，那么，工资成本是他的可控成本；如果部门经理既不能决定工资水平，又不能决定雇员人数，则工资成本是不可控成本。

以部门营业利润 3 000 元作为业绩评价依据，可能更适合评价该部门对公司利润和管理费用的贡献，而不适合于部门经理的评价。如果要决定该部门的取舍，部门营业利润是有重要意义的信息。如果要评价部门经理的业绩，由于有一部分固定成本是过去最高管理层投资决策的结果，现在的部门经理已很难改变，部门营业利润则超出了经理人员的控制范围。

有的公司将总部的管理费用分配给各部门。公司总部的管理费用是部门经理无法控制的成本，由于分配公司管理费用而引起部门利润的不利变化，不能由部门经理负责。不仅如此，分配给各部门的管理费用的计算方法常常是任意的，部门本身的活动和分配来的管理费用高低并无因果关系。普遍采用的销售百分比、资产百分比等，会使其他部门分配基数的变化影响本部门分配管理费用的数额。许多公司把所有的总部管理费用分配给下属部门，意在提醒部门经理注意各部门提供的营业利润必须抵补总部的管理费用，否则公司作为一个整体就不会盈利。其实，通过给每个部门建立一个期望能达到的可控边际贡献标准，可以更好地达到上述目的。这样，部门经理可集中精力增加收入并降低可控成本，而不必在分析那些他们不可控的分配来的管理费用上花费精力。

8.3.3 投资中心的业绩评价

投资中心是指某些分散经营的单位或部门，其经理所拥有的自主权不仅包括制定价格、确定产品和生产方法等短期经营决策权,而且还包括投资规模和投资类型等投资决策权。投资中心的经理不仅能控制公司分摊管理费用外的全部成本和收入,而且能控制占用的资产,因此,不仅要衡量其利润,而且要衡量其资产并把利润与其所占用的资产联系起来。

投资中心的考核指标通常有以下三种。

1. 投资报酬率

部门投资报酬率＝部门营业利润÷部门平均总资产

【例 8-2】 某公司 A 和 B 两个部门,有关数据如表 8-3 所示。

表 8-3 某公司 A 和 B 两个部门有关数据 元

	A 部门	B 部门
部门营业利润	108 000	90 000
所得税(税率 25%)	27 000	22 500
部门税后营业利润	81 000	67 500
平均总资产	900 000	600 000
平均经营负债	50 000	40 000
平均净经营资产(投资资本)	850 000	560 000

A 部门投资报酬率＝108 000÷900 000＝12%

B 部门投资报酬率＝90 000÷600 000＝15%

用部门投资报酬率来评价投资中心业绩有许多优点:它是根据现有的会计资料计算的,比较客观,可用于部门之间以及不同行业之间的比较。投资人非常关心这个指标,公司总经理也十分关心这个指标,用它来评价每个部门的业绩,促使其提高本部门的投资报酬率,有助于提高整个公司的投资报酬率。部门投资报酬率可以分解为投资周转率和部门营业利润率两者的乘积,并可进一步分解为资产的明细项目和收支的明细项目,从而对整个部门的经营状况做出评价。

部门投资报酬率指标的不足也是十分明显的:部门经理会放弃高于资本成本而低于目前部门投资报酬率的机会,或者减少现有的投资报酬率较低但高于资本成本的某些资产,使部门的业绩获得较好评价,却伤害了公司整体的利益。

假设例 8-2 的公司要求的投资税前报酬率为 11%。B 部门经理面临一个投资报酬率为 13%的投资机会,投资额为 100 000 元,每年部门营业利润为 13 000 元。尽管对整个公司来说,由于投资报酬率高于公司要求的报酬率,应当利用这个投资机会,但是它却使这个部门的投资报酬率由过去的 15%下降到 14.71%。

$$投资报酬率=\frac{90\ 000+1\ 300}{600\ 000+100\ 000}\times 100\%=14.71\%$$

同样的道理,当情况与此相反,假设该 B 部门现有一项资产价值 50 000 元,每年税前获利 6 500 元,投资税前报酬率为 13%,超过了公司要求的报酬率,B 部门经理却愿意放弃该项资产,以提高部门的投资报酬率:

$$投资报酬率=\frac{90\ 000-6\ 500}{600\ 000-50\ 000}\times 100\%=15.18\%$$

当使用投资报酬率作为业绩评价标准时，部门经理可以通过加大公式分子或减少公式的分母来提高这个比率。实际上，减少分母更容易实现。这样做，会失去不是最有利但可以扩大企业总净利的项目。从引导部门经理采取与企业总体利益一致的决策来看，投资报酬率并不是一个很好的指标。

2. 剩余收益

为了克服使用比率衡量部门业绩带来的次优化问题，许多企业采用绝对数指标来实现利润与投资之间的联系，这就是剩余收益指标。

$$剩余收益 = 部门利润 - 部门资产应计报酬 = 部门利润 - 部门资产 \times 资金成本率 \tag{8-1}$$

由于所得税是根据整个企业的收益确定的，与部门的业绩评价没有直接关系，因此这里的“部门营业利润”通常使用税前营业利润，“要求的报酬率”使用资产的税前利润率。

作为业绩评价指标，它的主要优点是可以使业绩评价与公司的目标协调一致，引导部门经理采纳高于公司资本成本的决策。

续前例，假设A部门要求的税前报酬率为10%，B部门的风险较大，要求的税前报酬率为12%。

$$A部门剩余收益 = 108\ 000 - 900\ 000 \times 10\% = 18\ 000(元)$$

$$B部门剩余收益 = 90\ 000 - 600\ 000 \times 12\% = 18\ 000(元)$$

B部门经理如果采纳前面提到的投资机会(税前报酬率为13%，投资额为100 000元)，

$$\begin{aligned}采纳投资方案后的剩余收益 &=(90\ 000+13\ 000)-(600\ 000+100\ 000)\times 12\%\\&=19\ 000(元)\end{aligned}$$

B部门经理如果采纳前面提到的减少一项现有资产的方案(价值50 000元，每年税前获利6 500元，投资税前报酬率为13%)，会减少部门剩余收益。

$$\begin{aligned}采纳减资方案后的剩余收益 &=(90\ 000-6\ 500)-(600\ 000-50\ 000)\times 12\%\\&=17\ 500(元)\end{aligned}$$

因此，B部门经理会采纳投资方案而放弃减资方案，与公司总目标一致。

采用剩余收益指标还有一个好处，就是允许使用不同的风险调整资本成本。从现代财务理论来看，不同的投资有不同的风险，要求按风险程度调整其资本成本。因此，不同行业部门的资本成本不同，甚至同一部门的资产也属于不同的风险类型。例如，现金、短期应收款和长期资本投资的风险有很大区别，要求有不同的资本成本。在使用剩余收益指标时，可以对不同部门或者不同资产规定不同的资本成本百分数，使剩余收益这个指标更加灵活。而投资报酬率评价方法并不区别不同资产，无法分别处理风险不同的资产。

3. 经济增加值

经济增加值是剩余收益一种特殊的计算方法，它是根据经过调整的经营利润和部门投资计算的剩余经营收益。

经济增加值 = 调整后税后经营利润 − 加权平均资本成本 × 调整后的投资资本 (8-2)

续前例,假设所得税税率为 30%,加权平均税后资本成本为 9%,并假设没有需要调整的项目。

A 部门经济增加值 =108 000 × (1 − 30%) − (900 000 − 50 000) × 9%
=− 900(元)

B 部门经济增加值 =90 000 × (1 − 30%) − (600 000 − 40000) × 9%
=12 600(元)

B 部门经理如果采纳前面提到的投资机会(报酬率为 13%,投资额 100 000 元,每年税前获利 13 000 元),可以增加部门经济增加值。

采纳投资方案后的经济增加值 =(90000 + 13 000) × (1 − 30%) −
(600 000 + 100 000) × 9%
=72 100 − 63 000 = 9 100(元)

B 部门经理如果采纳前面提到的减少一项现有资产的方案(价值 50 000 元,每年税前获利 6 500 元,投资税前报酬率为 13%),会减少部门经济增加值。

采纳减资方案后的经济增加值 =(90 000 − 6 500) × (1 − 30%) −
(600 000 − 50 000) × 9%
=58 450 − 49 500 = 8 950(元)

因此,B 部门经理会采纳投资方案而放弃减资方案,与公司总目标一致。

经济增加值和剩余收益都与投资报酬率相联系。剩余收益业绩评价旨在设定部门投资的最低报酬率,防止部门利益伤害整体利益;而经济增加值旨在使经理人员赚取超过资本成本的报酬,促进股东财富最大化。

经济增加值与剩余收益有区别。部门剩余收益通常使用税前部门营业利润和税前报酬率计算,而部门经济增加值使用部门税后经营利润和加权平均税后资本成本计算。当税金是重要因素时,经济增加值比剩余收益可以更好地反映部门盈利能力。如果税金与部门业绩无关时,经济增加值与剩余收益的效果相同,只是计算更复杂。由于经济增加值与公司的实际资本成本相联系,因此是基于资本市场的计算方法,资本市场上权益成本和债务资本变动时,公司要随之调整加权平均资本。计算剩余收益使用的部门要求的报酬率,主要考虑管理要求以及部门个别风险的高低。

8.4 企业集团综合业绩评价模式

综合业绩评价一般是指设计一套全面、完整的指标体系用于企业业绩评价,从理论研究和业绩评价的实践来看,现有的综合业绩评价模式主要有财务模式、价值模式和平衡模式。业绩评价的财务模式主要是从企业集团的财务报表中提取有关数据,根据评价的需要计算有意义的指标,从而反映企业集团的经营活动成果。由于会计数据易于获取,而且可比性强,从而使得业绩评价具有良好的可操作性。价值模式主要使用经济增加值为核心的指标体系;平衡模式则主要使用平衡计分卡工具。

8.4.1　业绩评价的财务模式

1. 综合评分法

综合评分法是按照各项评价指标符合评价标准的程度，计算各项指标的评价分数。然后计算评价总分，据以综合评价的方法。其具体步骤为：选择具有代表性的评价指标；确定各项评价指标的标准值与标准评分值；计算单项评价指标的得分；综合计算评价总分；得出评价结论。下面重点介绍第三步骤和第四步骤所涉及的评价方法。

1）单项指标的评分方法

单项指标的评分方法包括以下三种：

第一，分等评分。它将各项评价指标的实际数值同评价标准数值相比较，按其实现程度划分等级。根据每等级规定的分数评定各项评价指标的分数。例如，根据实际数值比标准数值升降的情况，划分为进步、持平和退步三个等级。如评价指标实际数值好于评价标准为进步，规定评 10 分；评价指标实际数值和评价标准持平的为持平，规定评 5 分；评价指标实际数值劣于评价标准的为退步，规定评 0 分。

第二，比率评分。它是按各项评价指标分别规定标准分数，根据评价指标实际数值实现标准数值的程度计算实现比率，评定各项评价指标应得分数。其计算公式为

$$某项评价指标分 = 某项评价指标标准分 \times \frac{某项评价指标实际数值}{某项评价指标标准数值} \tag{8-3}$$

按比率评分，也可按评价指标实际值脱离标准数值差距大小依一定比率扣分。比如，规定差距在 10%以内，给标准分数的 60%～90%；差距大于 10%的，给标准分数 60%以下的分数，或按比标准数值降低 1 个百分点、扣 1 分等评分方法。

第三，功效系数法，又叫功效函数法。它是根据多目标规划原理，对每一项评价指标确定一个满意值和不允许值，以满意值为上限，以不允许值为下限，计算各指标实现满意值的程度，并以此确定各指标的分数，再经过加权平均进行综合，从而评价被研究对象的综合状况。运用功效系数法进行业绩评价，企业中不同的业绩因素得以综合，包括财务的和非财务的、定向的和非定量的。其计算公式是

$$功效系数 = \frac{指标实际值 - 本档标准值}{上档标准值 - 本档标准值} \tag{8-4}$$

评价时具体操作步骤为

(1) 设置五档标准值。各项指标的评价档次分别为优(A)、良(B)、中(C)、低(D)、差(E)五档。

(2) 对应五档标准值赋予五个标准系数：1、0.8、0.6、0.4、0.2

(3) 对每个指标计分

$$上档基础分 = 指标权数 \times 上档标准系数$$

$$本档基础分 = 指标权数 \times 本档标准系数$$

$$本档调整分 = \frac{指标实际值 - 本档标准值}{上档标准值 - 本档标准值} \times (上档基础分 - 本档基础分)$$

$$单项指标得分 = 本档基础分 + 本档调整分 \tag{8-5}$$

(4) 总得分 = $\sum$ 单项指标得分

采用功效系数法进行企业绩效评价计分有以下优越性:①功效系数法在指标选择、标准值确定、权数确定、指标计分与合成等各方面都十分易于理解。②功效系数法建立在多目标规划原理的基础上,能够根据评价对象的复杂性,从不同侧面对评价对象进行计算评分,满足了企业绩效评价体系多指标综合评价企业绩效的要求。③功效系数法为减少单一标准评价而造成的评价结果偏差,设置了在相同条件下评价某指标所参照的评价指标范围,并根据指标实际值在标准范围内所处位置计算评价得分,这不但与企业绩效评价多档次评价标准相适应,而且能够达到在目前我国企业各项指标值相差较大情况下,减少误差,客观反映企业绩效状况,准确、公正评价企业绩效的目的。④企业的战略思想可以更好地反映在该方法的各个环节。在标准值的设定上,更多地体现战略导向,而非激励向导。在权数的选择上,更是将战略导向体现得淋漓尽致。在单个指标计分上,每个指标最多得100分(满分),也就是说,企业即使在某项指标上取得了突出的业绩,该指标的单项得分也不会超过100分。因此,企业的综合评价得分是不会超过100分的。在传统的财务评价中,比如沃尔评分法,由于个别指标得分偏高,即使某些指标得分偏低,最终评价结果仍然可能取得高分;而在功效系数法中,不可能出现这种情况。企业要想取得高分,必须在各项指标上保持平衡,恰恰符合了战略就是平衡的思想。⑤用功效函数模型既可以进行手工计分,也可以利用计算机处理,有利于评价体系的推广应用。⑥功效系数法不但可以对单个企业(或部门)进行评价,还可以对多个企业(或部门)进行综合排名。在各项评价参数确定的情况下,单个企业的业绩评价结果是唯一的,可以反映出企业的业绩现状,也可以从该结果追踪到单项指标的表现,最终反映出某一特定层面战略的实现情况。

目前财政部对国有企业实行的业绩评价就采用了该方法。

2) 评价总分的计算

在计算出各项评价指标得分基础之上,对各项指标得分进行综合,得到评价总分,评价总分越高,评价结果越好。评价总分的计算方法主要有以下几种。

第一,加法评分法。它是将各项评价指标所得分数累计相加,根据总得分的多少综合评价。其计算公式为

$$S=\sum_{i=1}^{n}S_i \tag{8-6}$$

式中,S 为评价总分,S_i 为某项指标的评价分数,n 为评价指标项目数。

第二,连乘评分法。它是将各项评价指标所得分数相乘,根据乘积的多少综合评价。其计算公式为

$$S=\prod_{i=1}^{n}S_i \tag{8-7}$$

第三,简单平均评分法。它是将各项评价指标所得分数,应用简单算术平均法计算平均分数,根据平均分数的多少综合评价。其计算公式为

$$S=\frac{1}{n}\sum_{i=1}^{n}S_i \tag{8-8}$$

第四,加权平均评分法。它是按照各项评价指标在评价总体中的重要程度给予权数,

应用加权算术平均法计算平均分数，根据加权平均分数的多少综合评价。其计算公式为

$$S=\frac{\sum_{i=1}^{n}S_iW_i}{\sum_{i=1}^{n}W_i} \tag{8-9}$$

式中，W_i 为某项评价指标的权数。

加权平均法突出评价重点，考虑各项评价指标对评价总体优劣的影响程度，有利于对企业经营业绩进行评价，因而应用较为广泛。

2. 综合指数法

综合指数法是根据指数分析的基本原理，计算各项经济指标的单项评价指数和加权平均指数并据以进行综合评价的方法。应用综合指数法进行企业业绩评价的具体步骤是：

(1) 确定标准值。根据评价目的的要求不同，选择各项经济效益指标对比的标准数值，可选用各项目标数、计划数、上期数或同行业先进值作为评价标准值。

(2) 计算指数。将各项经济指标的实际数值与标准数值进行对比，计算各项指标的评价指数。在计算指数时，要区分评价指标的类型。评价指标可以分为正指标、逆指标和适度指标：正指标是越大越好，如资产报酬率；逆指标是越小越好，如存货周转天数；适度指标是适度最好，过大或过小都不好，如资产负债率。对于正指标和逆指标，可分别按下列公式计算：

$$\text{正指标评价指数}=\frac{\text{某项评价指标实际数值}}{\text{某项评价指标标准数值}}\times 100\% \tag{8-10}$$

$$\text{逆指标评价指数}=\frac{\text{某项评价指标标准数值}}{\text{某项评价指标实际数值}}\times 100\% \tag{8-11}$$

(3) 确定权数。根据各项评价指标在企业经营业绩评价中的重要程度确定相应的权数。各项指标的权数不是固定不变的，可以根据不同时期的评价目的适当调整。

(4) 计算综合评价指数。用加权算术平均指数公式计算综合评价指数，依据数值大小综合评价企业经营业绩的高低。其计算公式为

$$S=\frac{\sum_{i=1}^{n}S_iW_i}{\sum_{i=1}^{n}W_i} \tag{8-12}$$

式中，S 为综合评价指数；S_i 为某项评价指标的指数；W_i 为某项评价指标的权数；n 为评价指标项目数。

当 $\sum_{i=1}^{n}W_i=1$ 时，有

$$S=\sum_{i=1}^{n}S_iW_i \tag{8-13}$$

【例 8-3】 以 A 企业业绩数据为例，应用综合指数法对该企业进行业绩评价的结果如表 8-4 所示。

表 8-4　A 企业业绩评价综合得分

指　　标	标准值 ①	实际值 ②	单项指数 ③ =②÷①	权数 ④	加权指数 ⑤ =③×④
偿债能力指标				28	29.64
流动比率	2	2.11	105.5	8	8.44
利息周转倍数	4	4	100	8	8
所有者权益比率	0.4	0.44	110	12	13.2
盈利能力指标				36	39.1
销售净利率	8%	9%	112.5	10	11.25
投资报酬率	16%	18%	112.5	10	11.25
所有者权益报酬率	40%	41%	103.75	16	16.6
资产周转指标				28	25.07
存货周转率(次)	5	4	80	8	6.4
应收账款周转率(次)	6	5	83.33	8	6.67
总资产周转率(次)	2	2	100	12	12
发展能力指标				8	10.67
销售增长率	15%	20%	133.33	8	10.67
合　计	—	—		100	104.48

我国企业业绩评价工作主要依据《国有资本金效绩评价规则》和《企业效绩评价操作细则(修订)》的规定，也适用于各类集团公司的综合业绩评价，详见本章参考资料“我国企业业绩评价分析体系”。

【例 8-4】 某化学工业公司绩效评价分析

1. 基本资料

某化学工业公司 2016 年度有关财务资料如表 8-5、表 8-6 所示，化学工业企业绩效评价标准值如表 8-7 所示。假设评议员有 5 人，对“经营者基本素质”的评议结果为：3 人评为“优”，2 人评为“良”，其余 7 项评议指标的单项得分分别为 10 分、13 分、6 分、11 分、12 分、7 分、9 分。要求：采用我国国有资本金绩效评价方法，对该公司进行综合分析。

表 8-5　某化学工业公司 2016 年经营业绩基本指标表

基 本 指 标	实际值/%
净资产收益率	6.25
总资产报酬率	4.2
总资产周转率	0.5
流动资产周转率	1.8
资产负债率	42.24
已获利息倍数	2.8
营业(销售)增长率	12.28
资本积累率	−8.6

表 8-6　某化学工业公司 2016 年经营业绩修正指标表

修正指标	实际值/%
资本保值增值率	102
营业利润率	15
盈余现金保障倍数	3.5
成本费用利润率	5.8
存货周转率	4.6
应收账款周转率	9.6
不良资产比率	0.4
速动比率	85
现金流动负债比率	3.2
三年营业平均增长率	14.6
三年资本平均增长率	15.8
技术投入比率	0.8

表 8-7　某化学工业公司绩效评价标准值

档次(标准系数) 基本指标	优秀 (1)	良好 (0.8)	平均值 (0.6)	较低值 (0.4)	较差值 (0.2)
1. 净资产收益率	10.0	6.1	2.6	−0.4	−6.4
2. 总资产报酬率	5.9	3.9	1.8	−1.1	−3.4
3. 总资产周转率	1.0	0.7	0.4	0.3	0.1
4. 流动资产周转率	2.3	1.9	1.2	0.8	0.4
5. 资产负债率	37.9	48.1	66.2	83.2	93.4
6. 已获利息倍数	3.6	2.7	1.2	−0.2	−2.2
7. 营业增长率	29.3	17.5	4.5	−12.2	−25.8
8. 资本积累率	12.2	4.7	0.5	−10.6	−17.7

修正指标的标准值区段等级表和竞争性工商企业评价指标体系表，详见本章参考资料“我国企业业绩评价分析体系”。

2. 具体分析

1) 计算基本指标得分

如净资产收益率指标得分：

$$\text{本档基础分} = \text{指标权数} \times \text{本档标准系数} = 25 \times 0.8 = 20(\text{分})$$

$$\text{调整分} = \frac{\text{实际值} - \text{本档标准值}}{\text{上档标准值} - \text{本档标准值}} \times (\text{上档基础分} - \text{本档基础分})$$

$$=\frac{6.25\%-6.1\%}{10.0\%-6.1\%}\times(25\times1-25\times0.8)=0.19(分)$$

净资产收益率指标得分 = 20 + 0.19 = 20.19(分)

其他指标计算方法与此类似,此不赘述。

某化学工业公司单项基本指标得分的计算结果如表 8-8 所示。

表 8-8 某化学工业公司单项基本指标得分计算表

类 别	基本指标(分数)	单项指标得分/分	分类指标得分/分
财务效益	净资产收益率(25 分) 总资产报酬率(13 分)	20.19 10.79	30.98
资产运营	总资产周转率(9 分) 流动资产周转率(9 分)	6.00 6.94	12.94
偿债能力	资产负债率(12 分) 已获利息倍数(8 分)	10.98 6.58	17.56
发展能力	营业增长率(12 分) 资本积累率(12 分)	8.64 5.23	13.87
基本指标总分			75.35

2) 计算修正指标得分

如资本保值增值率修正指标得分:

$$资本保值增值率功效系数=\frac{指标实际值-本档标准值}{上档标准值-本档标准值}=\frac{102\%-101.8\%}{104.7\%-101.8\%}$$

$$=0.069$$

财务效益类基本指标分析系数 = 30.98 ÷ 38 = 0.82

资本保值增值率指标修正系数 = 1.0 + (0.6 + 0.069 × 0.2 − 0.82) = 0.79

$$资本保值增值率指标的加权修正系数=0.79\times\frac{12}{38}=0.25$$

其他指标计算方法与此类似,此不赘述。

某化学工业公司财务指标修正系数的计算结果如表 8-9 所示。

表 8-9 某化学工业公司财务指标修正计算系数表

项 目	功效系数	财务效益系数	财务效益修正系数	修正系数
资本保值增值率 营业利润率 成本费用利润率 盈余现金保障倍数	0.069 0.02 0.90 0.94	0.82	0.79 0.98 0.96 0.97	0.25 0.21 0.25 0.20
存货周转率 应收账款周转率 不良资产比率	0.24 0.49	0.72	0.93 1.18 1	0.26 0.33 0.44
速动比率 现金流动负债比率	0.80 0.69	0.88	0.88 0.66	0.44 0.33

续表

项　　目	功效系数	财务效益系数	财务效益修正系数	修正系数
三年营业平均增长率	0.80	0.58	1.38	0.44
三年资本平均增长率	0.94		1.41	0.47
技术投入比率	0		1.22	0.36

注：不良资产比率指标低于或等于行业平均值时，单项修正系数确定为 1.0，当高于行业平均值时，用公式计算。

3）计算修正后得分

$$修正后总分 = \sum(分数综合修正系数 \times 分类基础指标得分)$$

某化学工业公司评价指标修正后得分的计算结果如表 8-10 所示。

表 8-10　某化学工业公司修正后得分计算表

项　目	类别修正数	基本指标得分	修正后得分
财务效益	0.91	30.98	27.20
资产运营	1.03	12.94	13.33
偿债能力	0.77	17.56	13.52
发展能力	1.35	13.87	18.72
修正后定量指标总分			73.76

4）计算定性指标的评议总分

评议员给出某化学工业公司各项指标的等级如表 8-11 所示。

表 8-11　某化学工业公司评议指标等级表

评 议 指 标	权数	等级(参数)				
		优(1)	良(0.8)	中(0.6)	低(0.4)	差(0.2)
1. 经营者基本素质	18	√				
2. 产品市场占有能力	16			√		
3. 基础管理水平	12		√			
4. 发展创新能力	14				√	
5. 经营发展战略	12			√		
6. 在岗员工素质状况	10		√			
7. 技术装备更新水平	10				√	
8. 综合社会贡献	8			√		

假设评议员有 5 人，对“经营者基本素质”的评议结果为：3 人评为“优”，2 人评为“良”，则：

$$经营者基本素质 = \frac{18 \times 1 + 18 \times 1 + 18 \times 1 + 18 \times 0.8 + 18 \times 0.8}{5} = 15.56(分)$$

$$评议指标总分 = \sum 单项评议指标得分$$

假设其余 7 项评议指标的单项得分分别为：10 分、13 分、6 分、11 分、12 分、7 分、9 分，则：

$$评议指标总分 = 16.56 + 10 + 13 + 6 + 11 + 12 + 7 + 9 = 84.56 分$$

5) 综合评价得分计算

$$综合评价得分 = 73.76 \times 80\% + 84.56 \times 20\% = 75.92(分)$$

6) 综合评价结果分级

对照本章参考资料“我国企业绩效评价分析体系”中表 8-15，某化学工业公司综合得分 75.92 分，其资本金绩效等级属于良(B)级。

3. 杜邦分析法

杜邦分析系统是由美国杜邦(Dupont)公司在 1919 年率先采用的一种方法，故得此名。杜邦分析系统是在考虑各财务比率内在联系的条件下，通过制定多种比率的综合财务分析体系来考察企业财务状况的一种分析方法。分析系统的基本结构如图 8-2 所示。

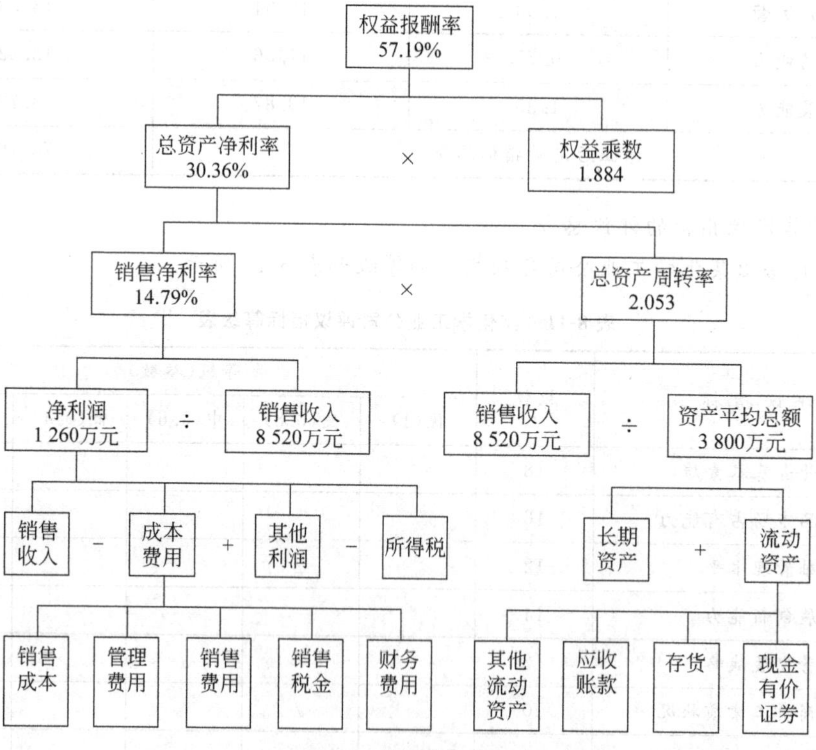

图 8-2 杜邦分析体系

由图 8-2 可以看出，杜邦分析体系是把有关财务比率和财务指标以系统分析图的形式连在一起，通过对这一指标体系图的深入分析可以看出：第一，所有者权益报酬率是指标体系分析的核心，该指标具有很强的综合性，由企业的销售净利率、总资产周转率和权益乘数所决定，说明它是与企业财务管理目标相关性最大的一个指标；第二，企业的税后净利，是由销售收入扣除成本费用总额再扣除所得税得到的，而成本费用又由一些具体项目构成，通过对这些项目的分析，能了解企业净利增减变动的原因；第三，企业的总资产是由流动资产和非流动资产构成的，它们各自又有明细项目，通过总资产构成和周转情况的分析，能发现企业资产管理中存在的问题与不足；第四，企业的总资产由所有者权益和负债两部分构成，通过对总资产结构的分析能了解企业的资产结构是否合理和财务风险的大小，从而及时发现企业筹资中存在的问题，以便采取有效措施加以改进。

8.4.2 业绩评价的价值模式

财务指标虽具有可操作性的优点，但也存在被操纵的可能。因而，未必能够真实地反映出企业的经济现实与未来价值。基于此，价值模式以股东财富最大化为导向，它所使用的评价指标主要是经过调整的财务指标，或根据未来现金流量得到的贴现类指标。价值模式中最有代表性的当属经济增加值。

从股东的角度来看，他们最为关注自身的财富是否得到了增长。股东的财富是否增加可用市场价值增加值(market value added, MVA)来表示，其计算公式为

$$\text{MVA} = \text{市值} - \text{总资本} \tag{8-14}$$

从原理上看，MVA 是评价股东财富创造的准确方法，它胜过其他任何方法。但是，MVA 仅限于从外部对上市公司进行整体评价。在评价公司内部各个局部的业绩方面，MVA 是无能为力的。由于 MVA 自身的缺陷，管理者不得不采用一些与 MVA 联系紧密的内部业绩评价指标。因此，许多公司将利润类指标(如每股收益、利润额等)作为首选的内部指标，并按其增长给管理者以奖励。但是，现实中没有可信的证据说明利润决定股东财富，却有大量的相反证据。比如，一些公司为了不断地取悦股东，不惜采取那些能够提高账面利润却毁坏价值的行动，国内外频频发生的盈余管理方面的财务丑闻就是最好的例证。

1. 经济增加值的内涵

1993 年，Stern & Stewart 咨询公司在《财富》杂志上提出了基于传统财务指标的基础上调整的经济增加值指标，并通过大量事实证明了 EVA 是与 MVA 相关程度最高的内部业绩指标，即 EVA 作为业绩评价指标优于会计利润指标。该公司的研究表明，根据企业公开的会计信息，经过十几项调整后得到的“披露的 EVA”可以解释 MVA 变动的 50%；而根据企业管理需要，进行更多的调整后得到的“量身定做的 EVA”可以解释 MVA 变动的 60%～85%。虽然 EVA 指标仍不是最优的评价指标，但相对于财务指标来讲，已有了显著改善。

EVA 的定义是：公司经过调整的净营业利润(NOPAT)减去该公司现有资产经济价值的机会成本后的余额，其公式为

$$\text{EVA} = \text{NOPAT} - \text{WACC} \times \text{NA} = \text{税后营业利润} - \text{加权资本成本} \times \text{投入资本} \tag{8-15}$$

其中，WACC 是企业的加权平均资本成本；NA 是公司资产期初的经济价值，是对公司会计账面价值进行调整的结果。NOPAT 是根据报告期损益表中的净利润经过一系列调整得到的。在计算 EVA 的过程中，斯特恩·斯图尔特公司站在经济学的角度对财务数据进行了一系列调整(最多可达 160 多项)。这种调整使 EVA 比会计利润更加接近企

业的经济现实。

EVA的计算公式也可以表示为

$$EVA = (投入资本收益率 - 加权资本成本) \times 投入资本 \quad (8\text{-}16)$$

其中，

$$税后营业利润 = 息税前利润 \times (1 - 所得税税率) = EBIT(1 - T) \quad (8\text{-}17)$$

$$\begin{aligned}投资资本收益率 &= 投资报酬率 \times (1 - 所得税税率) \\ &= [息税前利润 \times (1 - 所得税税率)]/投资资本\end{aligned} \quad (8\text{-}18)$$

EVA的基本理念是收益至少要能补偿投资者承担的风险，也就是说，股东必须赚取至少等于资本市场上类似风险投资回报的收益率。实际上，EVA理念的始祖是剩余收益(residual income)或经济利润(economy profit)，并不是新观念，作为企业业绩评估指标已有200多年的历史，但EVA给出了剩余收益的可计算模型方法。

2. 经济增加值计算的主要变量

公司每年创造的经济增加值等于税后净营业利润与全部资本成本之间的差额。其中资本成本既包括债务资本的成本，也包括股本资本的成本。在实务中经济增加值的计算要相对复杂一些，这主要是由两方面因素决定的：一方面是在计算税后净营业利润和投入资本总额时，需要对某些会计报表科目的处理方法进行调整，以消除根据会计准则编制的财务报表对企业真实情况的扭曲。另一方面是资本成本的确定需要参考资本市场的历史数据。由于各国的会计制度和资本市场现状存在差异，经济增加值指标的计算方法也不尽相同。

经济增加值的计算结果取决于三个基本变量：税后净营业利润、资本总额和加权平均资本成本。

1) 税后净营业利润

税后净营业利润是指在不涉及资本结构的情况下公司经营所获得的税后利润，即全部资本的税后投资收益，反映了公司资产的盈利能力。税后净营业利润等于税后净利润加上利息支出部分(如果税后净利润的计算中已扣除少数股东损益，则应加回)，亦即公司的销售收入减去除利息支出以外的全部经营成本和费用(包括所得税费用)后的净值。

除此之外还需要对部分会计报表科目的处理方法进行调整，以纠正会计报表信息对真实业绩的扭曲。

2) 资本总额

资本总额是指所有投资者投入公司经营的全部资金的账面价值，包括债务资本和股本资本。其中债务资本是指债权人提供的短期和长期贷款，不包括应付账款、应付单据、其他应付款等商业信用负债。股本资本不仅包括普通股，还包括少数股东权益。因此资本总额还可以理解为公司的全部资产减去商业信用负债后的净值。

同样，计算资本总额时也需要对部分会计报表科目的处理方法进行调整，以纠正对公司真实投入资本的扭曲。在实务中既可以采用年初的资本总额，也可以采用年初与年末资本总额的平均值。

3）加权平均资本成本

加权平均资本成本是指债务资本的单位成本和股本资本的单位成本，根据债务和股本在资本结构中各自所占的权重计算的平均单位成本。除经济增加值外，实践中经常使用的概念还有单位资本经济增加值和每股经济增加值，这三个指标组成了经济增加值指标体系。

$$单位资本经济增加值 = 经济增加值 / 资本总额 = 税后净营业利润 / 资本总额 - 加权平均资本成本 \tag{8-19}$$

其中，税后净营业利润/资本总额称=投入资本收益率；每股经济增加值=经济增加值/普通股股数。

经济增加值的具体计算如表 8-12 所示。

表 8-12 经济增加值的具体计算

项　　目	A 公司	B 公司
息税前利润/万元	5 800	6 500
所得税税率/%	30	30
税后净利润/万元	4 060	4 550
占用资金总额/万元	30 000	45 000
负债资本/万元	17 000	20 000
股权资本/万元	13 000	25 000
负债资本成本/%	10	9
股权资本成本/%	16	14
加权资本成本/%	12.6	11.78
资本成本总额/万元	30 000×12.6%=3 780	45 000×11.78%=5 301
经济增加值/万元	280=4 060−3 780	−751=4 550−5 301

经济增加值也可以利用下式计算：

EVA=税后营业利润−(股权资本比例×股权资本成本率+债权资本比例×债权资本成本率)

A 企业经济增加值 = 4 060 − (13 000 × 16% + 17 000 × 10%) = 280(万元)

从表 8-12 可以看出，尽管从损益表上两家公司都是获利的，而且 B 公司的账面利润还大于 A 公司。但是当以经济增加值来计量它们的业绩时，结果就发生了差异，B 公司的经济增加值是负数。只有以经济增加值来评价业绩，才能抑制企业过度扩张资本规模，从而不断降低成本，为股东创造更多的价值。

3. 经济增加值计算的报表项目调整

为了弥补财务报表数据的局限性，EVA 的使用者通常要对报表利润进行调整，以期得到更准确可靠的 EVA 数值。Stern & Stewart 咨询公司列出了多达 164 个调整项目，以指导公司准确得出真正的经济收益。EVA 会计调整的主要目的是消除会计的稳健主义,消除或减少管理当局进行盈余管理的机会,使会计利润更接近经济利润。

主要的报表调整项目与方法如下:

1) 研发费用和市场开拓费用

在股东和管理层看来,研发费用是公司的一项长期投资,有利于公司在未来提高劳动生产率和经营业绩,因此和其他有形资产投资一样应该列入公司的资产项目。同样,市场开拓费用,如大型广告费用会对公司未来的市场份额产生深远影响,从性质上讲也应该属于长期性资产,应该根据该资产的受益年限分期摊销。但是,根据稳健性原则规定,公司必须在研发费用和市场开拓费用发生的当年列作期间费用一次性予以核销。这种处理方法实际上否认了两种费用对企业未来成长所起的关键作用,而把它与一般的期间费用等同起来。这种处理方法的一个明显缺点就是,可能会诱使管理层减少对这两项费用的投入,这在效益不好的年份和管理人员即将退休的前几年尤为明显。

计算经济增加值时所做的调整就是将研发费用和市场开拓费用资本化。即将当期发生的研究发展费用和市场开拓费用作为企业的一项长期投资加入资产中,同时根据复式记账法的原则,资本总额也增加相同数量。然后根据具体情况在几年之中进行摊销,摊销值列入当期费用抵减利润。摊销期一般在 3～4 年或 7～8 年,根据公司的性质和投入的预期效果而定。

2) 商誉

当公司收购另一公司并采用购买法(purchasing method)进行会计核算时,购买价格超过被收购公司净资产总额的部分就形成商誉。计算经济增加值时的调整方法是不对商誉进行摊销。具体而言,由于财务报表中已经对商誉进行摊销,在调整时就将以往的累计摊销金额加入资本总额中,同时把本期摊销额加回到税后净营业利润的计算中。这样利润就不受商誉摊销的影响,鼓励经理层进行有利于企业发展的兼并活动。

3) 递延税项

当公司采用纳税影响会计法进行所得税会计处理时,税前会计利润和应纳税所得之间的时间性差额而影响的所得税金额要作为递延税项单独核算。递延税项的最大来源是折旧。例如,许多公司在计算会计利润时采用直线折旧法,而在计算应纳税所得时则采用加速折旧法,从而导致折旧费用的确认出现时间性差异。

正常情况下,其结果是应纳税所得小于会计报表体现的所得,形成递延税项负债,公司的纳税义务向后推延,这对公司是明显有利的。计算经济增加值时对递延税项的调整是将递延税项的贷方余额加入资本总额中。如果是借方余额则从资本总额中扣除。同时,当期递延税项的变化加回到税后净营业利润中,也就是说,如果本年递延税项贷方余额增加,就将增加值加到本年的税后净营业利润中,反之则从税后净营业利润中减去。

4) 坏账准备,存款跌价准备金,长、短期投资的跌价或减值准备等

计提各种准备,其目的也是出于稳健性原则,使公司的不良资产得以适时披露,以避免公众过高估计公司利润而进行不当投资。但对于公司的管理者而言,这些准备金并不是公司当期资产的实际减少。准备金余额的变化也不是当期费用的现金支出。提取准备金的做法一方面低估了公司实际投入经营的资本总额,另一方面低估了公司的现金利润,

因此不利于反映公司的真实现金盈利能力；同时，公司管理人员还有可能利用这些准备金账户操纵账面利润。因此，计算经济增加值时应将准备金账户的余额加入资本总额之中，同时将准备金余额的当期变化加入税后净营业利润。

4. EVA 对传统财务指标的改进

在理论上，与传统的财务评价指标比较，EVA 具有一些显著的优点：

(1) EVA 考虑了所有资本的成本，能够更加真实地反映企业的经营业绩。EVA 将利润和资产占用以机会成本的方式联系起来，以一种较易理解的方式促使经营者对投资效益、资产利用给予充分的关注，只有在经营收益超过所占用资产的机会成本后才能带来 EVA 的增加，从而有助于加强具体投资项目决策和股东财富最大化之间的联系，促进经营战略和经营决策的协调。

(2) EVA 在不同程度上将业绩评价由内部化推向市场化。当考虑所占用资产的机会成本时，在计算中就必然考虑到投资的市场机会；在采用资本资产定价模型确定资本成本时，必然要考虑相对于市场一般风险的企业风险；采用 EVA 指标时，由于资产占用按市场价值计算，从而综合考虑了现有经营效益和未来发展能力。这些考虑都使业绩评价中的市场化程度增加，从而促进了业绩评价的全面和公正。

(3) 为了弥补 EVA 本身的上述缺陷并解决传统奖金计划易导致的盈余操纵和投资短期化行为，EVA 设置了其独特的激励系统——“奖金账户”。其做法是，将奖金计酬与奖金支付分隔开来，根据 EVA 计算的当期奖金计入经理的奖金账户，其期初余额为累计尚未支付的奖金数额；本期奖金的支付即按期初余额加上本期应付奖金之和的一定比例支付(如 1/3)，其期末余额逐次结转下期，若期末余额为负，则本年不支付奖金，由以后年度支付奖金。

(4) EVA 有利于实现企业长期性财务目标。企业 EVA 持续增长意味着公司市场价值的不断增加和股东财富的增长，从而实现股东财富最大化的财务目标。在进行调整时，特别需要考虑公司的战略、组织结构、业务组合和会计政策，以便在简单和精确之间实现最佳的平衡。

采用 EVA 的公司一般采用长期计划目标作为业绩评价标准。其具体做法是：按照计划目标设定奖金，只对每年 EVA 的增量部分提供奖励，每年度的 EVA 改进目标一般 5 年左右确定一次，而不是一年谈判一次。随着实际业绩的变化，计算 EVA 计划改进目标的基数每年自动调整一次。由于奖金上不封顶，下不保底，所以，通过设立奖金库来缓冲奖金的大幅度变动，推迟这种变动带来的影响，直到可以确定这种奖金变动与股东财富的持久变化相关联。

总之，价值模式站在股东的角度来评价企业的业绩，能够有效地将企业战略与日常业务决策与激励机制有机地联系在一起，最终为股东创造财富。

当然，EVA 指标也存在我们不能忽视的一些缺陷，如尽管价值模式试图建立一种优于财务模式的业绩评价指标，但是，它的评价指标主要还是局限于通过对财务数据的调整计算出来的货币指标，存在由于对非财务指标的考虑不足，价值模式无法控制企业的日常业务流程的问题；指标的数据收集和计算方面有一定困难；而且，对于净营业利润及资产价值的调整需因企业而异，在一定程度上增加了指标计算的工作量，影响了指标在不同企业间的可比性;同时,价值模式也没有充分考虑企业的其他利益相关者。

5. 中央企业实施 EVA 现状

自 2007 年起,我国国资委开始鼓励央企实施 EVA 试点,试点期间采取企业自愿、只奖不罚的原则。国资委统计数据显示:2007 年、2008 年和 2009 年自愿实施 EVA 试点的央企户数分别为 87 户、93 户和 100 户。按照国资委的统一部署,从 2010 年第三任期考核开始,央企将全面推行 EVA 考核。2010 年 1 月 1 日实施的《中央企业负责人经营业绩考核暂行办法》将 EVA 作为考核指标。2016 年 7 月,国资委根据《中央企业负责人经营业绩考核暂行办法》对中央企业负责人经营业绩考核后,审议通过 46 家央企位列 2015 年度考核 A 级。2016 年 12 月审议通过的《中央企业负责人经营业绩考核办法》以 EVA 为重要考核指标,并审议通过 51 家 A 级企业名单。由此可见,EVA 在企业业绩评价指标中的重要位置。

经济增加值考核细则如下:

1) 经济增加值的定义及计算公式

经济增加值是指企业税后净营业利润减去资本成本后的余额。计算公式为

$$\text{经济增加值} = \text{税后净营业利润} - \text{资本成本} = \text{税后净营业利润} - \text{调整后资本} \times \text{平均资本成本率}$$

$$\text{税后净营业利润} = \text{净利润} + (\text{利息支出} + \text{研究开发费用调整项} - \text{非经常性收益调整项} \times 50\%) \times (1 - 25\%)$$

$$\text{调整后资本} = \text{平均所有者权益} + \text{平均负债合计} - \text{平均无息流动负债} - \text{平均在建工程}$$

2) 会计调整项目说明

利息支出是指企业财务报表中"财务费用"项下的"利息支出"。

研究开发费用调整项是指企业财务报表中"管理费用"项下的"研究与开发费"和当期确认为无形资产的研究开发支出。对于为获取国家战略资源,勘探投入费用较大的企业,经国资委认定后,将其成本费用情况表中的"勘探费用"视同研究开发费用调整项按照一定比例(原则上不超过 50%)予以加回。

非经常性收益调整项包括如下方面。

变卖主业优质资产收益:减持具有实质控制权的所属上市公司股权取得的收益(不包括在二级市场增持后又减持取得的收益);企业集团(不含投资类企业集团)转让所属主业范围内且资产、收入或者利润占集团总体 10% 以上的非上市公司资产取得的收益。

主业优质资产以外的非流动资产转让收益:企业集团(不含投资类企业集团)转让股权(产权)收益,资产(含土地)转让收益。

其他非经常性收益:与主业发展无关的资产置换收益、与经常活动无关的补贴收入等。

无息流动负债是指企业财务报表中的"应付票据""应付账款""预收款项""应交税费""应付利息""其他应付款"和"其他流动负债";对于因承担国家任务等原因造成"专项应付款""特种储备基金"余额较大的,可视同无息流动负债扣除。

在建工程是指企业财务报表中符合主业规定的"在建工程"。

3）资本成本率的确定

中央企业资本成本率原则上定为 5.5%；承担国家政策性任务较重且资产通用性较差的企业，资本成本率定为 4.1%；资产负债率在 75%以上的工业企业和 80%以上的非工业企业，资本成本率上浮 0.5 个百分点。资本成本率确定后，三年保持不变。

8.4.3　业绩评价的平衡模式

为了克服财务业绩评价方法存在的缺陷，Solomons 在 1965 年就提出，为了确定促进企业将来绩效的因素，应使用一些非财务业绩评价方法，包括雇员态度、企业的社会责任等指标。Parker(1979)提出应使用社会责任、产品开发、雇员回报等非财务业绩评价方法来补充财务业绩评价方法。

20 世纪末和 21 世纪初，出现了许多各具特色的融入非财务指标的业绩评价系统，其中，以彼得·德鲁克以改革为核心的观点、罗伯特·霍尔的"四尺度"论、凯文·克罗斯和理查德·林奇的业绩金字塔模型具有代表性，在前人研究的基础上，卡普兰和诺顿提出了目前应用比较广泛的平衡记分卡测评法。

1. 平衡计分卡产生的背景和基础

20 世纪 90 年代以来，信息技术的出现和全球市场的开放改变了现代企业经营的基本前提，世界经济正在从工业经济向知识经济过渡，知识资本的地位日益凸显；同时，价值创造模式从依靠有形资产到依靠无形资产的转变，对绩效评价系统具有重要的影响，经济环境的变化也促使管理学界研究企业应当如何迎接挑战。

彼得·德鲁克认为，评价一个企业改革的出发点不能仅从其自身业绩出发，还应仔细评估其所处行业在一定时期内的重组，以及企业在重组中的地位和作用，他强调业绩评价系统必须首先突出管理部门的思想意识，通过设计一系列特定性质的问题，提醒雇员注意真正需要重视的方面，再提供一个内在的组织机构，使雇员能够重视并发现这些方面可能存在的问题。

罗伯特·霍尔认为，评价企业的业绩需要以四个尺度为标准：①质量尺度。包括外部质量、内部质量和质量改进程序三种。外部质量是指顾客或企业组织外部的其他人对其产品和服务的评价，它是产品和服务的精髓。具体指标包括顾客调查情况、服务效率、保修及可靠性等。内部质量代表企业组织的运营质量，包括总产量、生产能力、检验比率以及残品和返工率等。质量改进程序是企业组织采用的确保高水平的内在和外在质量的程序或一系列的公式化的步骤。需要注意的是，今天的质量改进就是为了明天的内、外质量。②作业时间尺度。作业时间是把原材料变为完工产品的时间段。具体包括：工具检修时间、设备维修时间、改变产品和工序设计的时间、项目变更时间、工具设计时间和工具建造时间等。③资源使用尺度。该尺度用以计量特定资源的消耗和与此相关的成本。如直接人工、原材料消耗、时间利用和机器利用情况。前两项指标是制造产品和提供劳务的直接成本，后两项既包括直接成本因素，又包括间接和机会成本因素。④人力资源尺度。霍尔提出企业需要有一定的人力资源储备和能恰当评价和奖励雇员的管理系统。霍尔把质量、时间、资源利用和人力资源等非财务指标导入企业的业绩评价系统，并认为企业组织可通过对上述四个尺度的改进减少竞争风险。但该理论在人力资源开发方面没有提出更具体的建议。

1990 年,凯文·克罗斯(Kelvin Cross)和理查德·林奇(Richard Lynch)提出了一个把企业总体战略与财务和非财务信息结合起来的业绩评价系统——业绩金字塔模型。他们列出了一个业绩金字塔,成为平衡计分卡产生的直接基础。在业绩金字塔中,公司总体战略位于最高层,由此产生企业的具体战略目标,并向企业组织逐级传递,直到最基层的作业中心。战略目标的传递呈多级瀑布式向企业组织逐级传递,直到最基层的作业中心。制定了科学的战略目标,作业中心就可以建立合理的经营业绩指标,以满足战略目标的要求,然后,这些指标再反馈给企业高层管理人员,作为企业制定未来战略目标的基础。其结构如图 8-3 所示。

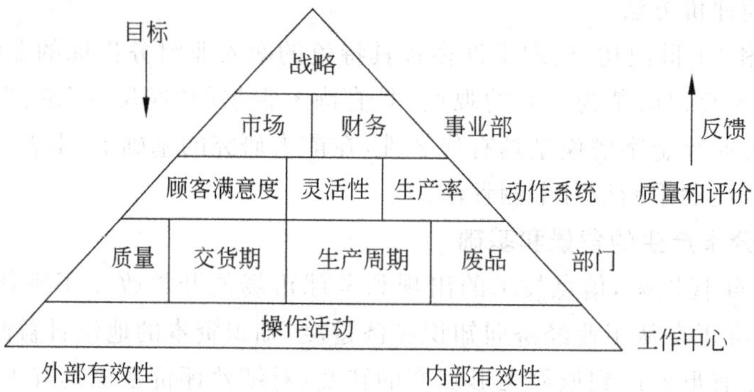

图 8-3 业绩金字塔

业绩金字塔强调了组织战略在确定业绩指标中所扮演的重要角色,反映了业绩目标和业绩指标的互赢性,揭示了战略目标自上而下和经营指标自下而上逐级重复运动的等级制度,为正确评价企业业绩做出了重要贡献。业绩金字塔最主要的缺点是在确认组织学习的重要性上是失败的,而在竞争日趋激烈的今天,对组织学习能力的正确评价尤为重要。因此,虽然这个模型在理论上是比较成型的,但实际工作中采用率较低。

2. 平衡计分卡的产生与发展

在融合财务与非财务业绩评价方法的基础上,卡普兰与诺顿(1996)提出的平衡计分卡(BSC)发展成型并得到了成功的应用。他们通过对 12 家在绩效测评方面处于领先地位的公司为期一年的项目研究,设计出了平衡计分卡。平衡计分卡自诞生之日起就显现出了强大的生命力,它能帮助企业有效地解决两大问题:绩效评价和战略实施。卡普兰和诺顿认为战略的成功执行需要三个要素:描述战略、衡量战略和管理战略,而在平衡计分卡体系中即表现为突破性成果——出版的三部著作:《战略地图》《平衡计分卡》和《战略中心型组织》。

根据 Gartner Group 的调查表明,在《财富》杂志公布的世界前 1 000 位公司中有 70%的公司采用了平衡计分卡系统,Bain & Company 的调查也指出,50%以上的北美企业已采用它作为企业内绩效评估的方法。并且平衡计分卡所揭示的非财务的考核方法在这些公司中被广泛运用于员工奖金计划的设计与实施中。

3. 平衡计分卡的基本原理

平衡计分卡作为一套综合业绩评价体系,能在当今企业管理日趋复杂的前提下使高层经理快速而全面地考察企业的测评指标。

平衡计分卡包含财务衡量指标，它能说明已采取的行动所产生的结果。同时，平衡计分卡通过对顾客满意度、内部程序及组织的创新和提高活动进行测评的业务指标来补充财务衡量指标。业务指标是未来财务绩效的推进器。平衡计分卡并不是取代财务指标，而是对其加以补充。如图 8-4 所示，平衡计分卡能从四个方面观察企业业绩，为四个基本问题提供了答案。

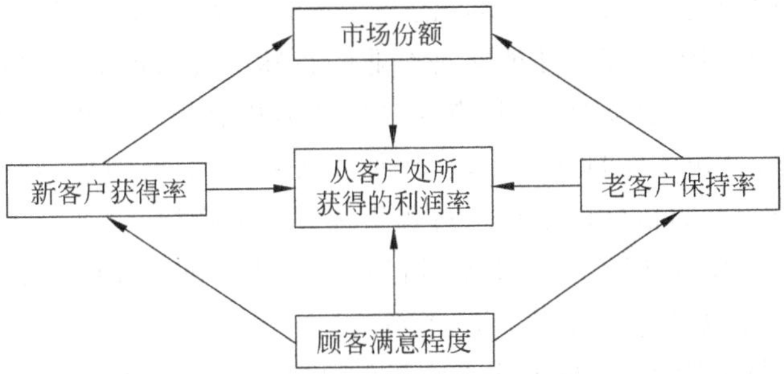

图 8-4　顾客核心衡量指标间的关系

第一，财务角度。企业给股东一个什么样的形象才能在财务上获得成功？财务绩效测评指标显示了公司的战略及其执行是否有助于利润的增加。典型的财务指标有营业收入增长率、资本报酬率、现金流量和经济附加值等。

对于处于不同成长阶段的企业，在财务指标的选择上侧重点应有所区别：成长型企业，重点是销售额增长，可选用销售收入增长率、特定顾客群体销售额增长率、地区销售额增长率；稳定型企业，重点是获利能力，可选用经营收入、毛利率、资本回报率、经济附加值；成熟型企业，重点是现金净流量、营运资本降低率等。

第二，顾客角度。企业给顾客一个什么样的形象才能实现我们的目标？顾客所关心的事情有四类：时间、质量、性能和服务、成本。平衡计分卡要求经理为顾客服务的声明转化为具体的测评指标，这些指标应能真正反映与顾客相关的因素。典型的指标包括顾客满意程度、顾客保持程度、新顾客的获得率、顾客盈利能力、市场份额、重要顾客的购买份额等。

第三，内部业务角度。内部作业是指企业从输入各种原材料和顾客需求，到企业创造出对顾客有价值的产品或服务过程中的一系列活动。具体包括创新、经营和售后服务。企业必须擅长哪些业务才能使股东和顾客满意？战略管理以顾客为导向，优异的顾客绩效与组织的研发、生产、售后服务密不可分，经理必须从内部价值链分析入手，对企业内部进行考察。内部业务基本经营程序图如图 8-5 所示。

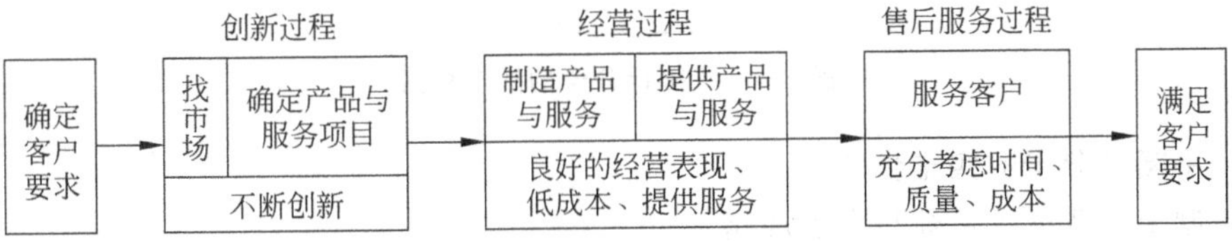

图 8-5　内部业务基本经营程序图

典型的指标包括影响新产品引入、周转期、质量、雇员技能和生产率的各种因素。具体指标包括如下方面。

创新指标：新产品开发所用时间，新产品销售收入占总收入的比例。

经营指标：质量指标、成本指标。典型的指标有开发新产品所需时间、产品成熟所需时间、销售比重较大的产品的百分比、新产品上市时间等。

售后服务指标：产品退货率，产品保修期限，产品维修天数等。

第四，学习和创新角度。创新与学习的三大内容为人才、信息系统、组织程序。企业应该具有怎样的学习和创新能力才能实现企业的目标？公司创新、提高和学习的能力，是与公司价值直接相连的。也就是说，只有通过持续不断地开发新产品，为顾客提供更多价值并提高经营效率，公司才能打入新市场，增加收入和利润，公司才能壮大发展，从而增加股东价值。创新与学习的指标体系包括过程指标和结果指标。

过程指标：培训费用、培训职工比率、培训次数、计算机系统投入成本、接触电脑的员工比例、员工提供建议数量、被采纳比例，等等。

结果指标：雇员离职率、雇员平均工作年数、雇员满意度、人均产出、人均新设想或专利，等等。

四个视角之间相互影响相互作用，每一个视角不仅包括具体的目标，而且包括为达到每一目标而相应设计的具体的评价方法。而这些目标与评价方法的构建，是在公司远景和战略框架的统领下完成的(图 8-6)。

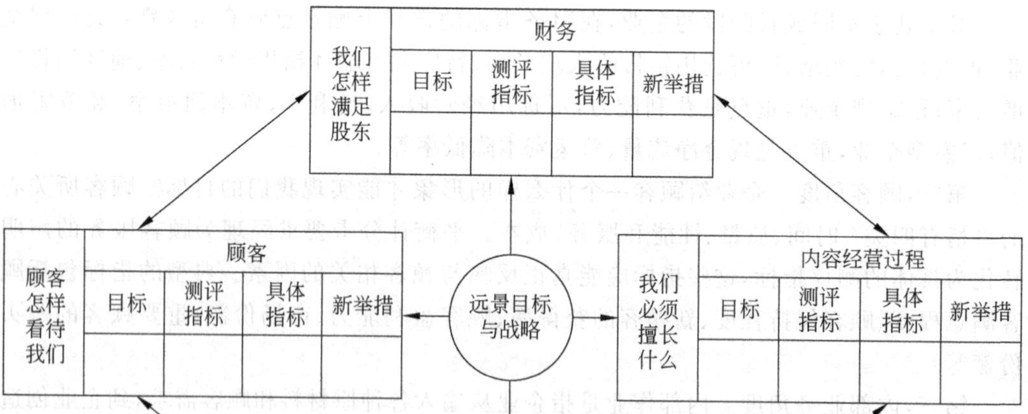

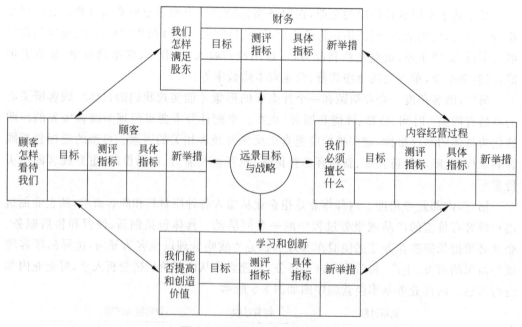

图 8-6　平衡计分卡的战略框架

4. 平衡计分卡的实施步骤

1）制定企业远景目标与发展战略

平衡计分卡贯穿于企业战略管理的全过程。由于企业应用平衡计分卡时，是把组织经营战略转化为一系列的目标和衡量指标。因此，平衡计分卡对企业战略有较高的要求。企业应在符合和保证实现企业使命的条件下，在充分利用环境中存在的各种机会和创造机会的基础上，确定企业同环境的关系，规定企业从事经营范围、成长方向和竞争对策，合理地调动企业结构和分配企业的全部资源，从而使企业获得竞争优势，制定出适合本企业成长与发展的企业远景目标与发展战略。企业战略要力求满足适合性、可衡量性、合意性、易懂性、激励性和灵活性。

2）把组织经营战略转化为一系列的衡量指标

遵循 SMART 原则，即具体的（special）、可衡量的（measurable）、可达到的（attainable）、相关的（relevant）和有限时的（time-based）。

平衡计分卡是一个战略实施机制，它把组织的战略和一整套的衡量指标相联系，弥补了制定战略和实施战略间的差距，能使企业战略有效地实施。为了使企业战略有效实施，我们可逐步把组织战略转化为财务、客户、内部业务流程、学习与成长四个方面的衡量指标。

对指标体系中的定性数据需要设计调研问卷。为避免主观判断所引起的失误，可以将定性指标分成 7 个档次（很好，好，较好，一般，较差，差，很差），分别对应 7～1 分。7～1 表示不同的等级，等级之间只是对指标看法的程度不同。由于在赋值判断过程中已内含标准，可以直接计算评价值，用加权平均的方法对调查结果进行计算。

定量指标的数据值按照指标的释义和公司的具体情况进行收集，数据的收集需要不同部门配合。由于各项定量指标的内容、量纲各不相同，直接综合在一起十分困难。因此，必须将这些指标进行无量纲处理，将定量指标原值转化为评价值。BSC 关键指标构建模板举例如表 8-13 所示。

表 8-13　BSC 关键指标构建模板举例

<table>
<tr><td>层面：客户</td><td colspan="2">指标号/名：C01 客户忠诚度</td><td>责任人：营销部关键人物×××</td></tr>
<tr><td colspan="3">战略：收入增长</td><td>目标：提高客户忠诚度</td></tr>
<tr><td colspan="4">描述：客户忠诚度指标是指在所调查的客户中，认为他们对我们的产品而不是竞争对手的产品有特别偏好，并且会再次购买的人的比重，研究表明忠诚的客户较其他客户的购买频率更高，而且会向其他人推荐我们的品牌，因此，我们相信提高客户忠诚度能够帮助我们实现收入增长的目标</td></tr>
<tr><td>滞后/领先指标：滞后指标</td><td>报告频率：每季一次</td><td>计量单位：%</td><td>极性：数值越高越好</td></tr>
<tr><td colspan="4">公式：每季度的调查中，对问题 A“对比竞争对手的产品，你更喜欢我们的产品吗”和问题 B“你还会购买我们的产品吗 ”的答案均为“是”的人数，除以总的问卷回收数量</td></tr>
<tr><td colspan="4">数据来源：本指标的数据由××调查公司每季度对我们的客户随机抽样，通常在季度结束后 10 个工作日取得，为营销部门提供电子化的结果</td></tr>
<tr><td colspan="2">数据质量：高一自动从第三方的卖主那里取得</td><td colspan="2">数据收集人：营销部分析师×××</td></tr>
<tr><td colspan="2">基准：最近多数来自调查公司的数据表明客户忠诚度大约在 59%</td><td colspan="2">目标值：第一季度：65%，第二季度：68%，第三季度：72%，第四季度：75%</td></tr>
<tr><td colspan="4">基本原理：取得客户的忠诚对我们的收入增长战略十分重要，我们设定的收入增长目标较以往都有显著提高，这反映了我们将注意力集中到提高客户忠诚度方面的努力</td></tr>
<tr><td colspan="2" rowspan="3">各种行动方案</td><td colspan="2">1. 季度性的促销活动</td></tr>
<tr><td colspan="2">2. 客户关系管理项目</td></tr>
<tr><td colspan="2">3. 客户服务培训</td></tr>
</table>

确定权重一个较为简便和合理的方法就是专家打分。专家的组成结构要合理,要有本企业的中高层管理人员、技术人员,也要有基层的技术和管理人员,还要有企业外的对本企业或本行业熟悉的专家,如行业协会的成员、大学或研究机构的成员。

同时,对不同的企业权重选择应根据不同行业、不同企业的特点进行打分。如高科技企业,技术更新快,因而学习创新成长性指标所占的权重就较大;对大型企业而言,如美国通用公司,运作流程的顺畅就显得很重要,因而该指标所占权重也相对较大;对银行等金融企业而言,财务指标事关重大,该指标的权重自然也较大。

表 8-14 为美国 PIONEER 石油公司的年度奖励制度中平衡计分卡各类指标的权重。

表 8-14 PIONEER 石油公司的年度奖励制度中平衡计分卡各类指标的权重表

第一层指标权重/%	具体指标内容	第二层指标权重/%
60	利润与竞争者比较	18
	投资者报酬率与竞争者比较	18
	成本降低与计划比较	18
	新市场销售成长	3
	现有市场销售成长	3
10	市场占有率	2.5
	顾客满意度调查	2.5
	经销商满意度调查	2.5
	经销商利润	2.5
10	社区/环保指数	10
20	员工工作环境与满意度调查	10
	员工策略性技能水准	7
	策略性资讯供应情况	3
100		100

3) 将战略与企业、部门、个人的短期目标挂钩

为了有效避免出现企业战略目标、部门计划目标、个人绩效考核目标的纵向矛盾,及各部门间计划的横向不和谐,我们进行战略目标分解。战略分解理论可以按图 8-7 所示的流程来实施,将战略与部门、个人的目标挂钩。

企业应该将这看成整个管理体系的一个组成,而不单单是上级工作的附加部分。上级必须将制定目标的权力下放给员工,给员工自行决断的自由(但要求员工对工作结果负责)。

在实际操作过程中,我们应注意以下几点:

(1) 上级和员工必须愿意一起制定目标。数据显示,这种目标的制定过程能使员工的工作绩效提高 10%~25%。这一过程之所以起作用,是因为这一过程帮助员工将精力集中在重要工作上,并促使员工对自己完成的工作负责。

(2) 目标应该是长期和短期并存,且可量化和可测量。而且,在制定目标时还必须说

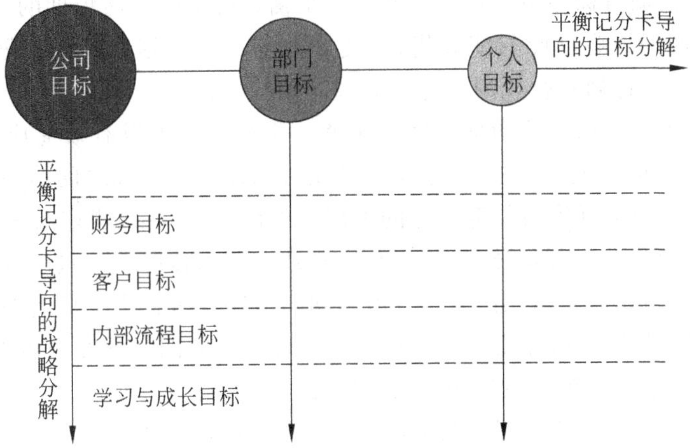

图 8-7　平衡计分卡导向的目标分解

明实现目标的步骤。

(3) 预期的结果必须在员工的控制之中，因为可能会有标准被污染的情况。

(4) 目标必须在每一个层次上保持一致。

(5) 上级和员工必须留出特定的时间来对目标进行回顾和评估。

4）战略的具体实施、反馈和中期调整、修正

完成绩效考核指标和目标的确定之后，系统科学的绩效考核内容设定体系便形成了。这时，很有必要制定“绩效考核工作计划表”，将员工绩效考核内容书面记录下来，作为绩效考核的依据。

5）建立健全的考核体系，根据平衡计分卡的完成情况进行奖惩

建立健全的考核体系，将员工奖金、晋升、教育培训等与员工所完成平衡计分卡的情况直接挂钩，形成有效的管理回路。在薪酬结构方面，应建立绩效考核和年终奖金，对平衡计分卡完成好的员工进行奖励，对完成不佳的员工进行惩罚；在教育培训方面，对优秀员工进行提高性深造，对不佳者进行强制性学习；在晋升方面，建立优胜劣汰、能上能下的机制，实行能者上、庸者让、平者下。使平衡计分卡的实施实现评价员工的业绩和能力，激发员工的热情和潜力，最大限度地开发和利用企业的人力资源，从而提高整个企业的绩效水平。

平衡计分卡在很多世界知名企业如可口可乐、英特尔等得到了广泛的应用。

5. 平衡计分卡的优缺点

平衡计分卡突出的特点就是平衡性，主要体现在以下五点：

(1) 财务指标和非财务指标的平衡。目前企业考核的一般是财务指标，而对非财务指标(客户、内部流程、学习与成长)的考核很少，即使有对非财务指标的考核，也只是定性的说明，缺乏量化的考核，缺乏系统性和全面性。平衡计分卡源自解决单一财务指标的弊端，它要求从财务和非财务的角度去思考公司战略目标及考核指标。因财务指标只是一种滞后的结果性指标，它只能反映公司过去发生的情况，不能告诉企业如何改善业绩。财务与非财务的平衡强调的是企业不仅要关注财务绩效，更要关注对财务绩效产生直接影响的驱动因素。

(2) 企业的长期目标和短期目标的平衡。平衡计分卡既关注短期的经营目标和绩效指标,也关注长期的战略目标与绩效指标,使企业的战略规划和年度计划得到有效的结合,保证企业的年度计划和企业的长远发展方向保持一致。

(3) 结果性指标与动因性指标之间的平衡。平衡计分卡以有效完成战略为动因,以可衡量的指标为目标管理的结果,寻求结果性指标与动因性指标之间的平衡。

(4) 企业组织内部群体与外部群体的平衡。平衡计分卡中,股东与客户为外部群体,员工和内部业务流程是内部群体,它将评价的视线范围由传统上的只注重企业内部评价,扩大到企业外部,包括股东、顾客,可以在有效执行战略的过程中平衡内外部群体间利益。

(5) 领先指标与滞后指标之间的平衡。平衡计分卡的四个维度中包含了领先指标和滞后指标,使企业达到了领先指标和滞后指标之间的平衡。大部分财务指标是滞后指标,它只能反映公司上一年度发生的情况,不能告诉企业如何改善业绩和可持续发展。领先指标主要是非财务指标,这些指标现在不一定很理想却是能提升未来业绩的领域。

平衡计分卡的优点主要有:①克服财务评估方法的短期行为;②保持组织所有资源协调一致,并服务于战略目标;③能有效地将组织的战略转化为组织各层的绩效指标和行动,解决了企业的战略规划操作性差的缺点;④有利于各级员工对组织目标和战略的沟通和理解,保证了组织的年度计划和组织的长远发展方向得到有效的结合;⑤有利于组织和员工的学习成长和核心能力的培养;⑥使企业的战略成为一个持续的流程。

平衡计分卡的缺点有以下几点:

(1) 实施难度大。平衡计分卡的实施要求企业有明确的组织战略;高层管理者具备分解和沟通战略的能力和意愿;中高层管理者具有指标创新的能力和意愿。因此管理基础差的企业不可以直接引入平衡计分卡,必须先提高自己的管理水平,才能循序渐进地引进平衡计分卡。

(2) 指标体系的建立较困难。平衡计分卡对传统业绩评价体系的突破就在于它引进了非财务指标,克服了单一依靠财务指标评价的局限性。然而,如何建立非财务指标体系、如何确立非财务指标的标准以及如何评价非财务指标等问题,在运用平衡计分卡时,要求企业的管理层根据企业的战略、运营的主要业务和外部环境加以仔细斟酌。

(3) 指标数量过多。指标数量过多,指标间的因果关系很难做到真实、明确。平衡计分卡涉及财务、顾客、内部业务流程、学习与成长四套业绩评价指标,目标多元化,不利于企业果断地制定决策。如果指标之间不是呈完全正相关的关系,我们在评价最终结果的时候,应该选择哪个指标作为评价的依据?如果舍掉部分指标的话,是不是会导致业绩评价的不完整性?这些都是在应用平衡计分卡时要考虑的问题。

(4) 各指标权重的分配比较困难。对企业业绩进行评价,就必然要综合考虑上述四个层面的因素,这就涉及一个权重分配问题。不但要在不同层面之间分配权重,而且要在同一层面的不同指标之间分配权重。而且平衡计分卡也没有说明针对不同的发展阶段与战略需要确定指标权重的方法,故而权重的制定并没有一个客观标准,这就不可避免地使得权重的分配有浓厚的主观色彩。

(5) 部分指标的量化工作难以落实。尤其是对于部分很抽象的非财务指标的量化工作非常困难,如客户指标中的客户满意程度和客户保持程度如何量化,再如员工的学习与发展指标及员工对工作的满意度如何量化等。这也使得在评价企业业绩的时候，无可避免地带有主观的因素。

(6) 实施成本大。平衡计分卡要求企业从财务、客户、内部流程、学习与成长四个方面考虑战略目标的实施，并为每个方面制定详细而明确的目标和指标。除对战略的深刻理解外，需要消耗大量精力和时间把它分解到部门，并找出恰当的指标。而落实到最后，指标可能会多达 15～20 个，在考核与数据收集时，也是一个不轻的负担。并且平衡计分卡的执行也是一个耗费资源的过程。一份典型的平衡计分卡需要 3～6 个月去执行，另外还需要几个月去调整结构，使其规范化。从而总的开发时间经常需要一年或更长。

另外，四个视角未能包括公司实际经营活动的所有方面，供应商、社区、政府等重要利益相关者的作用未能在其中得到反映。

平衡计分卡适用于有以下特征的企业来实施，能比较显著地提高成功率和有效性：

(1) 战略导向型企业。战略导向型企业引进了战略管理理念，对战略的制定与分解，及有效实施都有较为丰富的经验，这为平衡计分卡的实施奠定了良好的基础。

(2) 竞争激烈、竞争压力大的企业。在竞争激烈、竞争压力大的企业中，实施平衡计分卡，有助于实施的决心与力度的加强，并有利于提高企业的整体实力和竞争优势。

(3) 注重管理民主化的企业。注重管理民主化的企业，为实施平衡计分卡提供了畅通的渠道。在平衡计分卡的实施中，要对企业战略进行分解，这要求企业具备民主化。只有如此，才能使战略分解合理，并使实施过程员工所遇到的问题能够及时反馈到高层，并得到解决。

(4) 成本管理水平高的企业。成本管理水平高的企业，注重企业成本的有效控制，解决了财务指标的有效确定，并使企业力求在客户、内部业务流程、学习与成长方面得到突破。

6. 平衡计分卡的升华——战略地图

"平衡计分卡"只建立了一个战略框架，而缺乏对战略进行具体而系统、全面的描述。2004 年 1 月，卡普兰和诺顿出版《战略地图——化无形资产为有形成果》。

战略地图是以平衡计分卡的四个层面目标(财务层面、客户层面、内部层面、学习与增长层面)为核心，通过分析这四个层面目标的相互关系而绘制的企业战略因果关系图。即企业通过运用人力资本、信息资本和组织资本等无形资产(学习与成长)，才能创新和建立战略优势和效率(内部流程)，进而使公司把特定价值带给市场(客户)，从而实现股东价值(财务)。战略地图的简要模板如图 8-8 所示。

战略地图是平衡计分卡的发展和升华，它提供了一个可视化的表示方法：在一个只有一页的视图中说明了四个层面的目标如何被集成在一起用于描述战略。与平衡计分卡相比，它增加了两个层次的东西：一是颗粒层，每一个层面下都可以分解为很多要素；二是增加了动态的层面，也就是说战略地图是动态的，可以结合战略规划过程来绘制。

实际上，成功实施绩效管理的关键点和难点，是要知道关注什么和不关注什么。知道什么是真正的战略重点，才能设计出有效的关键绩效指标，进而做到关注真正重要的问题，这样管理人员才能做出解决关键问题的决策，提高决策质量和解决问题的能力。针对

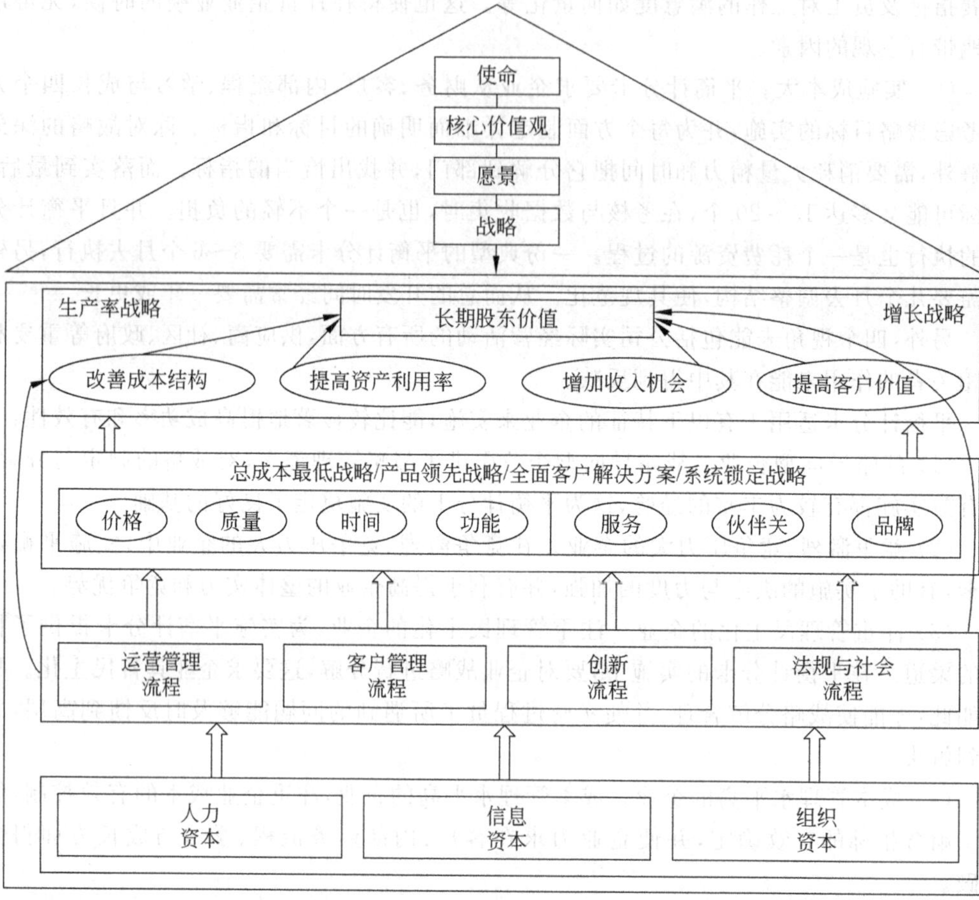

图 8-8 战略地图的简要模板

这些问题和需求,战略地图应运而生。其关键问题及因果关系如图 8-9 所示。

运用平衡计分卡体系演绎企业集团的战略,需要我们将传统的战略环境扫描与分析决策支持工具整合到战略地图的绘制中来。战略地图的构成文件主要是"图、卡、表"。所谓的"图、卡、表"是指"战略地图""平衡计分卡""单项战略行动计划表",它是运用战略地图来描述战略的三个必备构成文件。

首先,"战略地图"以几张简洁的图表将原本数百页战略规划文件才能描述清楚的集团战略、SBU 战略、职能战略直观地展现出来,"一张地图胜似千言万语","战略地图"是企业集团战略描述的一个集成平台;其次,与众不同的是,"平衡计分卡"本身是对"战略地图"进行深度解释的表格,它由战略目标与主题、核心衡量指标、战略指标值(3～5 年)、单独战略行动计划表(名称)所构成;而"单项战略行动计划表"则是对"平衡计分卡"中罗列出的一个个单项战略行动计划(名称)的进一步演绎,它将那些所谓"务虚的战略"落实为一步一步可操作监控的、具有明确时间节点、责任归属、资源安排的行动计划。可以说"单项战略行动计划表"正是化战略为行动的关键所在,也是平衡计分卡体系在描述战略中独特的魅力。

对于一个多元化的控股集团来说,描述战略包含以下重点分析活动:

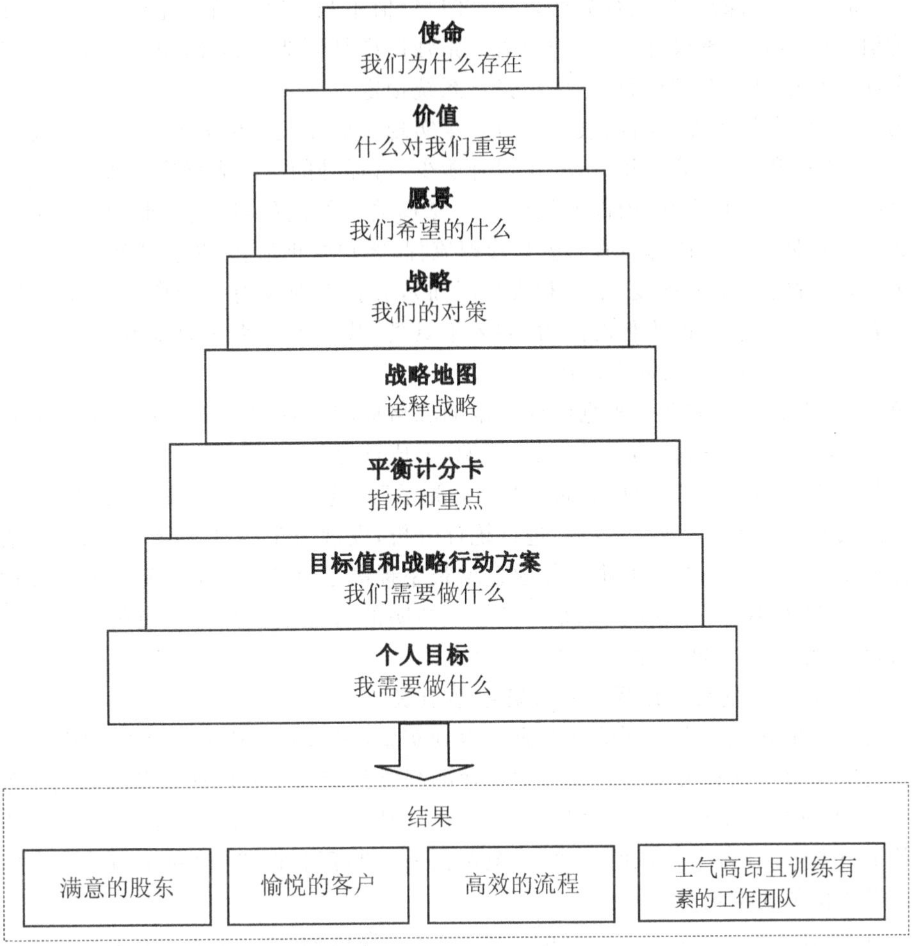

图 8-9　战略地图的关键问题及因果关系

(1) 集团与业务单元战略环境扫描、SWOT 分析。

(2) 开发集团的“战略地图”“平衡计分卡”“战略计划表”。

(3) 开发集团各业务单元的“战略地图”“平衡计分卡”“战略计划表”。

(4) 开发集团职能部门的“战略地图”“平衡计分卡”“战略计划表”。

(5) 结合全面预算管理，将图、卡、表与年度目标管理相链接。

构筑以战略为中心的组织的五项关键原则包括：①将战略转变为业务术语；②使组织与战略一致；③使战略成为每个人的日常工作；④使战略成为连续的过程；⑤通过果断、有效的领导方式动员变革。

绘制企业战略地图的步骤如下：

第一步，确定股东价值差距(财务层面)，比如说股东期望五年之后销售收入能够达到 5 亿元，但是现在只达到 1 亿元，距离股东的价值预期还差 4 亿元，这个预期差就是企业的总体目标。

第二步，调整客户价值主张(客户层面)，要弥补股东价值差距，实现 4 亿元销售额的增长,就需要对现有的客户进行分析,调整客户价值主张。客户价值主张主要有四种:第一种价值主张是总成本最低,第二种价值主张强调产品创新和领导,第三种价值主张强调提供全面客户解决方案,第四种价值主张是系统锁定。

第三步,确定价值提升时间表。针对5年实现4亿元股东价值差距的目标,要确定时间表,第一年提升多少,第二年、第三年提升多少,将提升的时间表确定下来。

第四步,确定战略主题(内部流程层面),要找关键的流程,确定企业短期、中期、长期做什么事。有四个关键内部流程:运营管理流程、客户管理流程、创新流程、社会流程。

第五步,提升战略准备度(学习和成长层面),分析企业现有无形资产的战略准备度,具备或者不具备支撑关键流程的能力,如果不具备,找出办法来予以提升,企业无形资产分为三类:人力资本、信息资本、组织资本。

第六步,形成行动方案。根据前面确定的战略地图以及相对应的不同目标、指标和目标值,再来制定一系列的行动方案,配备资源,形成预算。

在制作战略图时,最重要的是理解"因果关系"。这方面的一个著名案例是Sears公司。该公司从800家分店收集数据,进行统计分析,发现员工态度改善5%就会使客户满意度提高1.3%,这1.3%的回报使年收益增长率提高了0.5%。由于行业平均年收益增长率为4%,这差不多比平均水平高出15%。精明的管理人员都善于使用"因果关系"这个方法,帮助他们抓住创造业绩成功的关键点。

7. 平衡计分卡的推广应用——战略中心组织

平衡计分卡首先是在美国的众多企业得到实施,现已推广到全球很多国家的企业,今天当我们实施过平衡计分卡项目的中国企业的高级经理在一起沟通谈及战略与绩效管理时,他们都非常称赞平衡计分卡对其实践所做出的巨大贡献。在行业上,平衡计分卡几乎涉足各个行业,全球各个行业的企业(甚至包括一些非营利性机构)对平衡计分卡的需求每年也以成倍的速度增长。

2001年随着平衡计分卡在全球的风靡,卡普兰和诺顿在总结众多企业实践成功经验的基础上,又出版了他们的第二部关于平衡计分卡的专著《战略中心组织》。在该著作中,卡普兰和诺顿指出企业可以通过平衡计分卡,依据公司的战略来建立企业内部的组织管理模式,要让企业的核心流程聚焦于企业的战略实践。该著作的出版又标志着平衡计分卡开始成为组织管理的重要工具。

当企业的战略得以明晰,并在企业的各个层面进行沟通后,为战略执行和落地创造良好的管理环境就非常重要了。但现实是,许多企业的管理流程在不同程度上都存在缺乏一致性的问题,缺乏整合成一体化的管理体系。平衡计分卡是一个解决战略执行问题的有效工具,是帮助公司统一管理思想和策略执行方向的有效管理手段。企业可以通过平衡计分卡建立战略性的企业绩效管理体系,围绕战略将各自分散的管理体系整合成为一体,使企业的战略行动和财力与物力共同服务于公司战略。这时,平衡计分卡已经远远超出了最初提出的平衡计分卡的概念和理念,而是以上三代平衡计分卡的综合体。

当组织规模日益膨胀的中国企业集团,面对大规模、多层次、多地域带来的管控挑战时,如果没有掌握一个简单有效的描述集团战略的工具,必将无法将战略在集团内部各成员之间直观地展现。而平衡计分卡体系则成功地解决了这个问题,它的主要功能是通过战略地图来实现描述、规划集团战略。

【本章思考题】

1. 简述企业集团业绩评价的意义。
2. 简述企业集团业绩评价的影响因素。
3. 企业集团责任中心是如何界定的?
4. 简述企业集团责任中心的评价方法。
5. 如何区分可控成本和不可控成本?
6. 如何区分责任成本与产品成本?
7. 如何区分可控成本与直接成本和变动成本?
8. 简述综合业绩评价体系及各种评价模式的要点。

【本章参考资料】

我国企业绩效评价分析体系

我国企业效绩评价工作主要依据《国有资本金效绩评价规则》和《企业效绩评价操作细则(修订)》的规定,也适用于各类集团公司的综合业绩评价,其绩效评价分析的指标体系及其基本工作步骤如下。

1. 选择经济效益评价指标

进行经济效益评价的首要步骤是选择评价指标,指标的选择要根据分析目的和要求,考虑分析的全面性、综合性。根据财政部等部委颁布的国有资本金绩效评价体系,选择的指标包括 3 个部分、4 种类别、28 个指标,如表 8-15 所示。

表 8-15　企业绩效评价指标体系

<table>
<tr><th colspan="2">评价指标</th><th colspan="2">基本指标</th><th colspan="2">修正指标</th><th colspan="2">评议指标</th></tr>
<tr><th>评价内容</th><th>权数
100</th><th>基本指标</th><th>权数
100</th><th>修正指标(±)</th><th>权数
100</th><th>评议指标(±)</th><th>权数
100</th></tr>
<tr><td>1. 财务效益状况</td><td>38</td><td>净资产收益率
总资产报酬率</td><td>25
13</td><td>资本保值增值率
主营业务利润率
盈余现金保障倍数
成本费用利润率</td><td>12
8
8
10</td><td rowspan="4">1. 经营者基本素质
2. 产品市场占有能力(服务满意度)
3. 基础管理水平
4. 发展创新能力
5. 企业经营发展战略
6. 在岗员工素质状况
7. 技术装备更新水平(服务硬环境)
8. 综合社会贡献</td><td rowspan="4">18
16
12
14
12
10
10
8</td></tr>
<tr><td>2. 资产营运状况</td><td>18</td><td>总资产周转率
流动资产周转率</td><td>9
9</td><td>存货周转率
应收账款周转率
不良资产比率</td><td>5
5
8</td></tr>
<tr><td>3. 偿债能力状况</td><td>20</td><td>资产负债率
已获利息倍数</td><td>12
8</td><td>速动比率
现金流动负债比率</td><td>10
10</td></tr>
<tr><td>4. 发展能力状况</td><td>24</td><td>销售(营业)增长率
资本积累率</td><td>12
12</td><td>三年资产平均增长率
三年销售平均增长率
技术投入比率</td><td>9
8
7</td></tr>
<tr><td></td><td colspan="5">80%</td><td colspan="2">20%</td></tr>
</table>

表 8-15 中各项评价指标和修正指标的计算公式如表 8-16 所示。

表 8-16 评价指标的计算公式一览表

指标种类	指标名称	计算公式
基本指标	净资产收益率	净利润/平均净资产×100%
	总资产报酬率	息税前利润/平均资产总额×100%
	总资产周转率	主营业务收入净额/平均资产总额
	流动资产周转率	主营业务收入净额/平均流动资产总额
	资产负债率	负债总额/资产总额×100%
	已获利息倍数	息税前利润/利息支出
	销售(营业)增长率	本年主营业务收入增长额/上年主营业务收入总额×100%
	资本积累率	本年所有者权益增长额/年初所有者权益×100%
修正指标	资本保值增值率	扣除客观因素后的年末所有者权益/年初所有者权益×100%
	主营业务利润率	主营业务利润/主营业务收入净额×100%
	盈余现金保障倍数	经营现金流量/净利润
	成本费用利润率	利润总额/成本费用总额×100%
	存货周转率	主营业务成本/存货平均额
	应收账款周转率	主营业务收入净额/应收账款净额
	不良资产比率	年末不良资产总额/年末资产总额×100%
	速动比率	速动资产/流动负债×100%
	现金流动负债比率	年经营现金流量 /流动负债×100%
	三年资产平均增长率	$(\sqrt[3]{\text{年末所有者权益总额/三年前年末所有者权益总额}}-1)\times100\%$
	三年销售平均增长率	$(\sqrt[3]{\text{当年主营业务收入总额/三年前年末主营业务收入总额}}-1)\times100\%$
	技术投入比率	(当年技术转让费支出与研发投入/当年主营业务收入净额)×100%

2. 确定各项业绩指标的标准值及标准系数

评价标准是实施企业效绩评价的参照系。评价标准包括计量指标评价标准和评议指标(非计量指标)评价参考标准两类。

计量指标全国评价标准值由国家财政主管部门根据全国企业会计报表数据资料及有关统计信息,在剔除有关企业不合理数据的基础上,结合国民经济近期发展水平,运用移动加权平均等数理统计方法统一制定。计量指标评价标准是基本指标和修正指标评价的依据,由标准值和标准系数构成。

1) 基本指标标准值及标准系数

标准值即基本指标评价的参照水平,由国家财政部定期发布,共分为 5 档,分别为优(A)、良(B)、中(C)、低(D)、差(E)。不同行业、不同规模的企业有不同的标准值。根据《国民经济行业分类》和《企业规模划分标准》等国家标准,按照行业重要程度和样本数量,企业效绩评价计量指标评价标准值划分为四个层次,在各行业全行业标准值下又划分为大型、中型、小型三种规模。具体见《企业效绩评价行业基本分类》和《企业效绩评价标准值》。

标准系数是评价标准值所对应的水平系数,反映了评价指标实际值对应评价标准值所达到的水平档次。与优(A)、良(B)、中(C)、低(D)、差(E)5 档评价标准值相对应的标准系数分别为 1、0.8、0.6、0.4、0.2,差(E)以下为 0.2(表 8-17)。

表 8-17　大型普通制造企业的标准值表

档次(标准系数) 基本指标	优秀 (1)	良好 (0.8)	平均值 (0.6)	较低值 (0.4)	较差值 (0.2)
1. 净资产收益率/%	16.50	9.50	1.70	−3.60	−20.00
2. 总资产报酬率/%	9.40	5.60	2.10	−1.40	−6.60
3. 总资产周转率/%	0.70	0.50	0.30	0.10	0.00
4. 流动资产周转率/%	1.20	1.00	0.60	0.30	0.20
5. 资产负债率/%	45.00	52.00	70.00	98.00	99.00
6. 已获利息倍数	6.00	2.50	1.00	−1.00	−4.00
7. 营业增长率/%	38.00	10.00	−9.00	−20.00	−30.00
8. 资本积累率/%	30.00	20.00	5.00	−5.00	−15.00

2）修正指标标准值及修正系数

基本指标有较强的概括性，但是还不够全面。为了更加全面地评价企业绩效，另外设置了 4 类 12 项修正指标，根据修正指标的高低计算修正系数，用得出的系数去修正基本指标得分。计算修正系数的"修正指标的标准值区段等级表"由国家财政部定期发布，如表 8-18 所示。

表 8-18　修正指标的标准值区段等级表

指标(标准系数) 项目	优秀 (1)	良好 (0.8)	平均 (0.6)	较低 (0.4)	较差 (0.2)
一、财务效益状况					
资本保值增值率	106.9	104.7	101.8	97.8	93.6
营业利润率	20.9	14.9	8.8	2.5	−5.2
盈余现金保障倍数	7.7	3.6	1.9	0.6	−0.9
成本费用利润率	9.9	6.4	0.3	−8.3	−18.9
二、资产运营状况					
存货周转率/次数	7.9	5.9	4.2	2.5	1.3
应收账款周转率/次数	11.7	7.6	5.0	2.6	1.1
不良资产比率	0.1	1.8	11.5	20.7	28.9
三、偿债能力状况					
速动比率	118.3	90.3	64.4	44.8	28.0
现金流动负债比率	15.3	10.3	5.2	−1.3	−4.7
四、发展能力状况					
三年资本平均增长率	16.2	8.1	1.1	−7.4	−17.3
三年营业平均增长率	16.2	9.1	2.9	−8.9	−24.2
技术投入比率	1.1	0.8	0.4	0.3	0.0

3. 确定各项业绩指标的权数

各项经济指标的权数应依据评价目的和指标的重要程度而定。一般来说,某项经济指标越重要,其权数就越大;反之,权数就越小。

竞争性工商企业的赋分标准与权数如表 8-19 所示。

表 8-19 竞争性工商企业评价指标体系

定量指数(权重 80%)			定性指标(权重 20%)
指标类别(100 分)	基本指标(100 分)	修正指标(100 分)	评议指标(100 分)
财务效益状况(38 分)	净资产收益率(25 分) 总资产报酬率(13 分)	资本保值增值率(12 分) 营业利润率(8 分) 盈余现金保障倍数(8 分) 成本费用利润率(10 分)	1. 经营者基本素质(18 分) 2. 产品市场占有能力(服务满意度)(16 分) 3. 基础管理比较水平(12 分) 4. 发展创新能力(14 分) 5. 经营发展战略(12 分) 6. 在岗员工素质状况(10 分) 7. 技术装备更新水平(服务硬环境)(10 分) 8. 综合社会贡献(8 分)
资产运营状况(18 分)	总资产周转率(9 分) 流动资产周转率(9 分)	存货周转率(5 分) 应收账款周转率(5 分) 不良资产比率(8 分)	
偿债能力状况(20 分)	资产负债率(12 分) 已获利息倍数(8 分)	现金流动负债比率(10 分) 速动比率(10 分)	
发展能力状况(24 分)	营业(销售)增长率(12 分) 资本积累率(12 分)	三年资本平均增长率(9 分) 三年营业平均增长率(8 分) 技术投入比率(7 分)	

4. 计算各类指标得分

1) 基本指标得分计算

基本指标反映企业的基本情况,是对企业绩效的初步评价。

$$基本指标总得分 = \sum 单项基本指标得分$$

$$单项基本指标得分 = 本档基础分 + 调整分$$

$$本档基础分 = 指标权数 \times 本档标准系数$$

$$调整分 = \frac{实际值 - 本档标准值}{上档标准值 - 本档标准值} \times (上档基础分 - 本档基础分)$$

$$上档基础分 = 指标权数 \times 上档标准系数$$

对有关指标的分母为 0 或为负数时,做如下具体处理规定:

(1) 对于净资产收益率、资本积累率指标,当分母为 0 或小于 0 时,该指标得 0 分。

(2) 对于已获利息倍数指标,当分母为 0 时,则按以下两种情况处理:

如果利润总额大于 0,则指标得满分;

如果利润总额小于或等于 0,则指标得 0 分。

计算出每一部分指标评价分数之后,要计算该部分指标的分析系数。分析系数是指企业财务效益、资产营运、偿债能力、发展能力这四部分评价内容各自的评价分数与该部分权数的比率。基本指标分析系数的计算公式为

$$某部分基本指标分析系数 = \frac{该部分指标得分}{该部分权数}$$

2）修正指标得分计算

修正指标计分方法是在基本指标计分结果的基础上，运用修正指标对企业效绩基本指标计分结果做进一步调整。修正指标的计分方法仍然运用功效系数法原理，以各部分基本指标的评价得分为基础，计算各部分的综合修正系数，再据此计算出修正指标分数。计算公式为

$$\text{修正后总得分} = \sum \text{四部分修正得分}$$

$$\text{各部分修正后得分} = \text{该部分基本指标分数} \times \text{该部分综合修正系数}$$

$$\text{综合修正系数} = \sum \text{该部分各指标加权修正系数}$$

$$\text{某指标加权修正系数} = \frac{\text{修正指标权数}}{\text{该部分权数}} \times \text{该指标单项修正系数}$$

$$\text{某指标单项修正系数} = 1 + (\text{本档标准系数} + \text{功效系数} \times 0.2 - \text{该部分基本指标分析系数})$$

$$\text{功效系数} = \frac{\text{指标实际值} - \text{本档标准值}}{\text{上档标准值} - \text{本档标准值}}$$

$$\text{该部分基本指标分析系数} = \frac{\text{该部分基本指标得分}}{\text{该部分权数}}$$

在计算修正指标的修正系数时，对有关指标的单项修正系数做如下特殊规定：

（1）当盈余现金保障倍数的分母为 0 或负数时，如果分子为正，则其单项修正系数确定为 1；如果分子也为负，则其单项修正系数确定为 0.9。

（2）当资本保值增值率和三年资本平均增长率指标的分子、分母出现负数或分母为 0 时，则按如下方法确定其单项修正系数：

如果分母为负，分子为正，则单项修正系数确定为 1.1；

如果分母及分子都为负，但分子的绝对值小于分母的绝对值，则单项修正系数确定为 1，反之，分子的绝对值大于分母的绝对值，则单项修正系数确定为 0.8；

如果分母为正，分子为负，则单项修正系数确定为 0.9；

如果分母为 0，分子为正，其单项修正系数确定为 1；如果分子为负，其单项修正系数确定为 0.9。

（3）当不良资产比率指标实际值低于或等于行业平均值时，单项修正系数确定为 1；当高于行业平均值，用以上计算公式计算。

（4）当技术投入比率指标低于行业标准时，该指标单项修正系数确定为 1。

在计算出每一部分修正后的评价分数之后，要计算该部分修正后的分析系数，用于分析每部分的得分情况。计算公式为

$$\text{某部分修正后分析系数} = \frac{\text{该部分修正后分数}}{\text{该部分权数}}$$

3）评议指标得分计算

评议指标计分方法是根据评价工作需要，运用评议指标对影响企业经营相关非计量因素进行深入分析，做出企业经营状况定性分析判断的方法。根据评议指标所考核的内容，由不少于 5 名的评议人员依据表 8-20 列示的评议指标进行评议，并得出结论。

表 8-20 评议指标得分数

评议指标	权数	等级(参数)				
		优(1)	良(0.8)	中(0.6)	低(0.4)	差(0.2)
1. 经营者基本素质	18					
2. 产品市场占有能力	16					
3. 基础管理水平	12					
4. 发展创新能力	14					
5. 经营发展战略	12					
6. 在岗员工素质状况	10					
7. 技术装备更新水平	10					
8. 综合社会贡献	8					

其计算公式为

$$评议指标总分 = \sum 单项指标分数$$

$$单项指标分数 = \frac{\sum(单项指标权数 \times 每位评议人员选定的等级参数)}{评议人员总数}$$

如果被评价企业的会计信息发生严重失真、丢失，或因客观原因无法提供真实、合法的会计数据资料等异常情况，以及受国家政策、市场环境等因素的重大影响，利用企业提供的会计数据已无法形成客观、公正的评价结论时，经相关的评价组织机构批准，可单独运用评议指标进行定性评价，得出评价结论。

5. 计算综合评价分数

计算综合评价分数要采用定量与定性相结合的计分方法。定量与定性相结合的计分方法是将定量指标评价分数和定性指标评议分数按照规定的权重拟合形成综合评价结果，即根据评议指标得分对定量评价结论进行校正，计算出综合评价得分，其计算公式为

$$定量与定性结合评价得分 = 定量综合指标分数 \times 80\% + 定性指标分数 \times 20\%$$

第四篇

中小企业财务管理

【本篇导读】

“我们需要阳光普照，需要明月当空，更需要繁星满天。”中小企业是国民经济发展的一支不可忽视的生力军。扶持和发展中小企业，是近年来各国政府、经济学界、企业界持续关注的热点之一。由中国政府从“抓大放小”政策变为“抓大扶小”，再到中小企业成为“大众创业、万众创新”政策扶持重点的画风转变中可见一斑。微软、谷歌、IBM、联想、BAT等国内外知名高科技企业也把培育中小企业作为关注的重点。中小企业的财务管理应根据中小企业的特征，科学、合理地开展投融资管理和收益分配工作，并重视风险管理等内容。

第 9 章

中小企业财务管理

【学习目标】

- 掌握中小企业财务管理的特点
- 熟悉中小企业的融资渠道及风险投资的过程
- 熟悉中小企业投资战略的制定及资本运营策略
- 了解基于企业生命周期的中小企业收益分配策略
- 熟悉中小企业风险管理的要点和方法

9.1 中小企业财务管理概述

9.1.1 中小企业的概念和界定

中小企业(small and medium-sized enterprise,SMEs),一般是指规模较小,在所处行业不能起主导作用,不能对所处行业产生重大影响的企业。中小企业一般是指规模较小或处于创业阶段和成长时期的企业。各国对中小企业的界定不尽一致,界定方法一般分为定量界定与定性界定两种,定量界定主要从企业雇员人数、资产额以及营业额三方面进行界定,定性界定一般从企业质量和地位两方面进行界定(表 9-1)。

表 9-1 世界主要国家和地区关于中小企业的界定标准

国家或地区	量的规定		
	职工人数	年销售额	资产总额
美国	一般制造业:少于 500 人	零售业:200 万~800 万美元 批发业:950 万~2 200 万美元 建筑业:100 万~950 万美元 农业:100 万美元	
德国	制造业、服务业 小企业:49 人以下 中企业:499 人以下	制造业、服务业 小企业:100 万马克以下, 中企业:100 万~1 亿马克	

续表

国家或地区	量的规定		
	职工人数	年销售额	资产总额
英国	制造业：200人以下 建筑业、矿业：20人以下	零售业：18.5万英镑以下 批发业：73万英镑以下	
欧盟	微型企业：1～9人 小型企业：10～49人 中型企业：50～249人		
澳大利亚	100人以下		
新加坡			小企业：固定资产额在500万新元以下 中企业：固定资产额为500万～1 000万新元
韩国	制造业、运输业：300人以下 建筑业、商业、服务业、批发业：50人以下		
中国台湾		农林渔牧业、水电燃气业、商业、服务业：8 000万元新台币以下或常雇员工人数在50人以下	制造业、营造业、矿业及土石采取业：实收资本额6 000万元新台币以下或常雇员工数在200人以下
中国香港	小工业企业：雇用人数在100人以下		

我国中小企业是伴随着国民经济的发展而发展的，随着经济发展环境的变化而变化，我国中小企业划分标准也数次变更。我国当前实施的中小企业划分标准是2011年7月4日，工信部等四部门联合发布的《中小企业划型标准规定》，该标准将中小企业划分为中型、小型、微型三种类型，具体标准根据企业从业人员、营业收入、资产总额等指标，结合行业特点制定，如表9-2所示。

表9-2 我国中小企业划型标准规定(2011年6月18日)

行业名称	指标名称	单位	大型	中型	小型	微小
工业	从业人员数	人	≥1 000	300～1 000	20～300	<20
	营业收入	万元	≥40 000	2 000～40 000	300～2 000	<300
建筑业	营业收入	万元	≥80 000	6 000～80 000	300～6 000	<300
	资产总额	万元	≥80 000	5 000～80 000	300～5 000	<300
批发业	从业人员数	人	≥200	20～200	5～20	<5
	营业收入	万元	≥40 000	5 000～40 000	1 000～5 000	<1 000
零售业	从业人员数	人	≥300	50～300	9～50	<10
	营业收入	万元	≥20 000	500～20 000	100～500	<100

续表

行业名称	指标名称	单位	大型	中型	小型	微小
交通运输	从业人员数	人	1 000	300～1 000	20～300	<20
	营业收入	万元	≥30 000	3 000～30 000	200～3 000	<200
邮政业	从业人员数	人	≥1 000	300～1 000	20～300	<20
	营业收入	万元	≥30 000	2 000～30 000	100～2 000	<100
住宿餐饮	从业人员数	人	≥300	100～300	9～100	<10
	营业收入	万元	≥10 000	2 000～10 000	100～2 000	<100
农林牧渔	营业收入	万元	≥20 000	500～20 000	50～500	<50
仓储	从业人员数	人	≥200	100～200	20～100	<20
	营业收入	万元	≥30 000	1 000～30 000	100～1 000	<100
房地产开发经营	资产总额	亿元	≥1	0.5～1	0.2<0.5	<0.2
	营业收入	亿元	≥20	0.1～20	0.01<0.1	<0.01
信息传输	从业人员数	人	≥2 000	100～200	9～100	<10
	营业收入	亿元	≥10	0.1～10	0.01～0.1	<0.01
软件和信息技术	从业人员数	人	≥300	100～300	9～100	<10
	营业收入	万元	≥10 000	1 000～10 000	50～1 000	<50
租赁和商务服务	从业人员数	人	≥300	100～300	9～100	<10
	资产总额	亿元	≥12	0.8～12	0.01～0.8	<0.01
物业管理	从业人员数	人	≥1 000	300～1 000	100～300	<100
	营业收入	万元	≥5 000	1 000～5 000	500～1 000	<500
其他	从业人员数	人	≥300	100～300	9～100	<10

资料来源：《中小企业划型标准规定》。

9.1.2　中小企业在经济发展中的作用

尽管单个中小企业的作用很薄弱，但就整体而言，中小企业对于促进竞争、保持经济增长的活力以及推动各行业以至整个国民经济的发展具有十分重要的作用，具体表现在以下几个方面。

1. 中小企业是国民经济的重要组成部分和重要增长点

中小企业在各国经济中发挥着重要作用。不论是发达国家还是发展中国家中小企业在企业数量上处于绝对的优势地位，但中小企业的地位之所以重要，并不仅仅因为在企业数量上具有不可超越的优势，还在于中小企业对于支持各国经济增长、解决劳动力就业起着重要的作用。美国有中小企业 2 500 多万家，占公司总数的 99%，吸收了 53%的就业人口，96%的出口商是中小企业，对美国经济的贡献巨大。在日本经济领域中，90%以上的日本企业属中小型,雇用的人数也占劳动人口的70%以上。德国中小企业占据了企业总数的99.7%,公司净产值占全国的一半,中小企业承担了德国就业人数的70%,富有活力的中小企业成为德国经济的重要支柱。因此,德国把中小企业称为国家的"重要经济支柱",日本认为"没有中小企业的发展就没有日本的繁荣",美国政府更把中小企业称作"美国经济的脊梁"。在经济合作与发展组织(OECD)国家中,中小企业数量占企业总数的95%以上,中小企业给这些国家创造了55%的国内生产总值以及60%~70%的就业岗位。国际劳工组织指出,2003年至2016年,正规中小企业员工数量几乎翻了一番,占到所有企业员工总数的35%。在某种程度上,中小企业发展水平决定着一个国家经济实力和活力,世界各国经济的繁荣均离不开中小企业的持续健康地发展。

改革开放以来,我国中小企业得到迅速的发展,在工商管理部门注册的中小企业数量一直处于稳定增长状态,截至2011年年底,中小法人企业超过1 100万户,占企业总数的99%,其中300人以下的小微企业占95.8%,中小企业贡献了60%的GDP和50%的税收,解决了80%的城镇就业,完成了65%的发明专利和80%以上的新产品开发,成为我国国民经济重要组成部分 。因而,经济学家吴敬链曾指出:几十万个国有和乡镇政府所有的中小企业的放开和搞活,将是近期国民经济的主要增长点。

2. 中小企业是增加就业的主要渠道,是构筑社会稳定的重要基础

世界各国都十分重视中小企业的发展,一个重要原因就是中小企业在解决就业方面的重要作用。在美国平均每10个人就拥有一个中小企业,美国1993年以来新增的就业机会中的2/3是由中小企业创造的,美国就业人口的52%在中小企业。2007年中小企业吸纳就业人员,占当年全部就业人员的76.85%,目前我国每年80%以上的新增就业岗位来自中小企业①。大量中小企业实际上自我雇佣,降低了政府安置的压力,也是扩大就业的主要增长点。中小企业在成长中可以不断创造出新的就业机会,从而降低失业率,使经济发展过程相对稳定,"熨平"经济周期,有利于维护社会稳定,推动农村城镇化进程,和谐整个社会的政治、经济、文化和民族关系,是国家长治久安的根本保证,在缓解我国经济增长方式的转变与扩大就业的矛盾等方面具有重要意义。

3. 中小企业是科技创新的重要源泉

中小企业是科技创新的重要源泉,是推动科技尽快转化为生产力的重要力量,中小企业往往是一个国家技术进步的重要载体。中小企业是经济发展的增长点,是技术创新的重要力量,这不仅体现在中小企业呈现出以知识和技术密集型取代传统的劳动密集型、资本密集型的发展趋势,而且由于中小企业经营灵活、高效的特点,把科学技术转化为现实生产力所耗费的时间和经历的环节也大为缩短。在20世纪许多新产品是小企业发明创造的,如复印机、胰岛素、真空管、青霉素、直升机、彩色电影、圆珠笔等。事实上20世纪的主要发明中60%是由独立发明人或小企业贡献的。因为高科技产业是高风险产业,大企业一般注重常规生产,不愿意冒风险,而小企业往往成为科技转化为生产力的"实验田"。按照美国中小企业管理局的统计,20世纪70年代,美国科技发展项目中50%以上是由中小企业完成的;进入80年代以来,大约70%的创新来自中小企业。在德国2/3的专利技

① 孙太利.中小企业如何吸引大学生就业[N].中华工商时报,2010-10-01.

术是中小企业研究并申请注册的。在我国，科技成果应用在中小企业中一般为大企业的1～3 倍。特别是中小企业中的高新技术企业，在科技创新、技术开发等方面意识强、行动快，已成为名副其实的技术创新生力军，典型的如山东青岛海尔、北京联想集团都是由中小民营企业发展起来的，其科技水平现已处于世界领先地位。有资料显示，改革开放以来，我国 65％的专利是由中小企业发明的，75％以上的技术创新是由中小企业完成的，80％以上的新产品是由中小企业开发的。

4. 中小企业是地方发展的重要支撑

中小企业是地方发展的重要支撑主要表现在以下两方面。一方面，中小企业是农村城镇化的先锋队。农村工业化、农村城镇化是任何一个现代化国家在其发展过程中不可逾越的历史阶段。从西方发达国家和我国沿海发达地区城市化进程来看，工业化和城镇化过程都离不开中小企业发展的促进。1978 年以来，从农村转移出来的 2.3 亿劳动力主要是由中小企业吸纳的。这不仅有利于社会稳定，而且对我国农村城镇化进程起到了巨大的推动作用。另一方面，中小企业是地方财政收入的主力军。中小企业的发展，直接为地方财政提供税源。事实上，哪个地区的中小企业效益好，哪里的财政收入就比较宽松，群众的负担就比较轻，干群关系就比较协调，社会稳定也有了牢固的基础。

5. 中小企业成为产品出口的重要力量

世界各国中小企业的产品出口，活跃了国际市场。日本在 20 世纪 50—60 年代的经济腾飞时期，中小企业产品出口的比重达 40％～60％，为日本成为世界贸易大国奠定了坚实的基础。2009 年，我国中小企业的出口额占全部出口额的 50.73％。我国的对外出口产品中，工业制成品的比重逐年增加。其中一些大宗出口产品，如服装、手工业品、五金工具、轻工、纺织、玩具等产品，主要靠中小企业提供。我国的众多中小企业利用机制灵活优势和低劳动力成本优势，生产出口了大量劳动密集型产品，为我国出口创汇的提高和外贸事业的发展做出了重大贡献。

6. 中小企业具有刺激竞争、活跃市场的作用

经济学家非常强调经济中竞争的价值。当一个行业中只有几个厂家时，垄断者极易设定高价、抑制技术进步并排斥新的竞争者进入该行业，从而损害消费者利益。此时，中小企业的存在十分必要，刺激竞争、降低垄断程度将有利于整个社会的经济进步。中小企业由于进入门槛相对较低，因而具有较高的出生率；由此也导致它们之间的竞争异常激烈，从而淘汰率也较高，但是高出生率和高淘汰率既保证市场中有大量的竞争者，使存活下来的中小企业具有继续生存发展的竞争力，这种竞争又进一步促进了社会资源配置效率的提高。

同时，社会需求的多层次决定了商品市场的多层次。与大企业比较，中小企业具有贴近市场、经营方式灵活、富于创新，组织成本低廉、转移进退便捷等优势，更快地接受市场信息，及时研制满足市场需求的新产品，尽快推出，占领市场。尤其是在外部环境恶化时，大企业的应变比较慢，中小企业船小易掉头，对经济变化能做出迅速反应，既可以活跃在竞争十分激烈的领域，也可以参与那些大型企业不愿涉足的新兴领域，“多品种”“小批量”“微利多销”和维修服务领域，起到活跃整个市场的作用。因此，中小企业往往可以在社会供应链上担任独到的角色而成为大型企业重要的合作伙伴，甚至成为大企业重要的生存基础。比如,在供应环节,中小企业经常充当大企业的零配件供应商,在服务环节,中小企业经常对大企业的客户提供服务,如作为汽车制造厂的修理企业,提供修理或其他服务帮助大企业。

市场经济的繁荣是来自竞争的繁荣。改革开放以来的实践表明,哪些地区的中小企业发展较快,哪些地区的市场也就相对活跃,哪些地方的中小企业不发展,那里的市场就相对呆滞。现代经济发展中既存在着集中化的趋势,同时也保持着不断分散的制衡过程,中小企业的竞争长期存在,是推动经济繁荣以及市场活跃、成长的基本力量。

7. 中小企业推动机制创新

在市场经济导向的体制改革中,中小企业因其改革成本较低,可以起到改革"试验田"和"前驱"的作用,率先进行各种改革尝试,为更大规模的改革提供经验。中小企业改革成本低、运作简便、引发的社会震动小,相对较易进入新体制。诸如承包、租赁、兼并、拍卖、破产等企业改革的经验,往往是先由中小企业试行取得成效后,再逐步向国有大型企业推广的。而且,中小企业的创办和参与市场竞争过程中,能够培育出大批企业家人才和企业家精神,对中国社会和经济的发展具有极为深远的意义。

9.1.3 中小企业生命周期特征

企业生命周期理论将企业看作生物有机体,它们都会经历由生到死、由盛转衰的过程(Adizes,1979)。以科技型中小企业为代表,其成长过程可以被划分为种子期、初创期、成长期、成熟期、衰退期 5 个阶段,如表 9-3 所示。

表 9-3 科技型中小企业的生命周期阶段及其界定

生命周期阶段	界 定
种子期(seed stage)	新技术的酝酿与发明阶段
初创期(start-up stage)	技术创新和产品试销阶段
成长期(expansion stage)	技术发展和生产扩大阶段
成熟期(mature stage)	技术成熟,产品进入大规模生产阶段
衰退期(recession stage)	产品已经陈旧老化,市场开始萎缩,直至产品受到淘汰阶段

刘湘琴、吴勇(2009)根据中小科技型企业生命周期不同的特点,描述了创业企业生命周期与盈利能力模型,如图 9-1 所示。

种子期也称创意期,即创业前期,是科技人员提出高新技术设想或创意,通过其创造性地探索研究,形成新的理论、方法、技术、发明或进一步开发的阶段。在种子阶段,需要开展高新技术的研究与开发(R&D)。此阶段具有强烈的知识创新特征,核心的投入要素是科技人员的智力和技能。在这一阶段,企业的 R&D 投入大,技术不成熟,技术人员缺乏经验;产品性能不稳定,市场前景不明朗,缺乏管理经验。由于开发高新技术并将其转化为现实产品具有不确定性,所以这一阶段的主要风险是技术风险,风险指数较高。有关资料表明,在研究与开发活动中,从提出创意到成功开发出具有一定商业前景的项目比例仅为 5%左右。

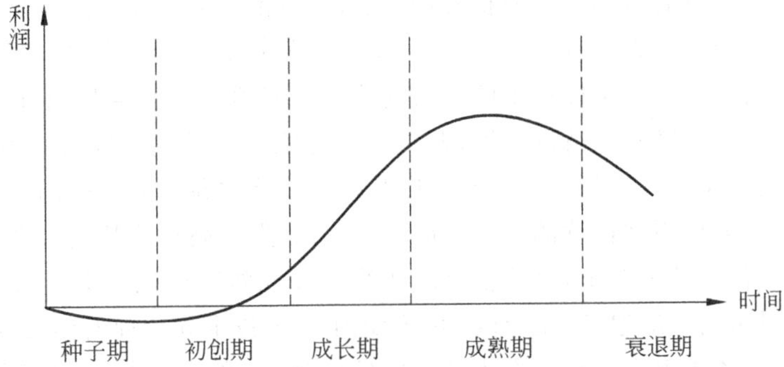

图 9-1　科技型中小企业生命周期与盈利能力模型

初创期也称孵化期，此时企业已经完成产品设计、样品生产，开始进行产品试销、市场导入，通过投入时间和资金向消费者介绍新产品的特点和用途。这个阶段不仅涉及科技人员将实验室成果向工业生产环节转移的技术行为，而且涉及科技创业者的企业家行为，即把原来较为松散自由的科研团体转化为具有生产经营职能和严密组织结构的经济实体，是取得、整合、运用技术、人才和资金等各种经济资源并创立企业的过程。这时，企业管理的最大难点在于缺乏完善的规章制度、明确的行为方针、健全的预算体系，管理漏洞多，容易受挫折。这一阶段的风险更多地表现为创业风险，即科技成果实现工业化生产的过程中所产生的各种经营风险、技术风险、产品风险、市场风险等。从资金需求和来源来看，这一阶段资金需求数量大、投入密度强。

在成长期，企业的主要技术项目已经具备了可行性，通过技术手段形成产品，且产品市场初步形成。企业从关注技术的创新到技术与市场并重，增强了市场的营销能力，并打开分销渠道，使产品获得市场的认可。由于技术的日趋成熟，使得企业能够迅速改进产品，但有待开发出更具竞争力的产品，并进行大规模的市场开发。此时企业需要更多的资金来增加设备、扩大业务，并进行产品的完善和后续开发。在成长期，企业开始由经营者导向转向制度导向，这时企业的各种管理制度逐渐完善，控制力也得到加强。企业不仅具有很强的创新精神，而且具有将创造发明迅速投产的能力，企业规模进一步扩大，发展速度加快，经营者已积累了比较丰富的管理经验，管理体制逐步规范。处于成长期的科技型中小企业会遇到管理人员的有效使用问题——很多创业者往往被眼前企业红火的经营状况所迷惑，明明知道职业经理人的重要作用，却不愿放下手中的权力，造成职业经理人无法顺利开展工作，有人才但产生不了人力资源效能。这一阶段的风险主要表现为企业运营的风险和市场环境变动所带来的市场风险。

成熟期是科技型中小企业的规模化阶段，该阶段企业生产的产品在市场上已占有较大份额，经营业绩良好，可抵押资产增多，风险也逐步降低。进入这一阶段的科技型中小企业基本上排除了技术风险，经营风险与市场风险逐渐降低，形成了自身的核心竞争能力；企业初具规模，企业形象、产品品牌在社会上已有一定的知名度和良好信誉，已对社会各界投资者产生诱惑力。进入成熟期后，企业的制度和组织结构逐渐完善，组织计划能够得到有效的执行，从核心事业部开始分化出新的事业部和组织，并且具有判断未来发展趋势的能力。然而，企业要想进一步做大做强，必须加强人本化管理，依靠具有特色的企业文化所形成的一套共同价值观、企业精神,实现自主自治。人本化管理就是以人为中心的管理,是建立一个充满活力的、能让每一位员工充分发挥其才能的组织架构,其中最为关键的是通过制度创新,激发全体员工的个人创造性和能动性。事实上,企业只有依靠强大的人本化管理,才能保障其可持续发展,避免过早地陷入衰退期。随着企业的发展壮大,它又开始面临进一步拓展市场、完善经营管理、提高经济效益等方面的问题。解决这些问题需要大量资金,如得不到持续的资金供应,企业将会失去高速成长的机会。

在没有持续创新的情况下,企业在经历相当一段成熟期后往往会步入衰退期。进入衰退期的企业对市场反应迟钝,企业内部的管理阻碍了技术和管理的创新,激励机制不适应市场的变化,具体表现为:企业的技术装备日趋落后、产品老化、生产萎缩、效益下降。这时,企业要么执行退出战略,要么进行管理创新和技术创新,加大技术创新投入,进行新产品开发,并适时调整发展战略,进行市场创新,以求二次创业。

9.1.4 中小企业的财务管理特点

无论是大企业还是中小企业,尽管其财务管理的内容与职能大致相同,但由于中小企业的自身特点及其所面对的独特的外部环境,它们的财务管理工作应具有自身的特点。

1. 中小企业的内部管理基础普遍较弱

虽然在大企业也存在管理效率低下的问题,但这一问题在中小企业更为普遍。一方面,受生产资源和人才资源等方面的限制,中小企业的管理资源普遍相对短缺,管理机构简单,专业性不强,内部控制制度不健全。很多中小企业不设财务机构,没有专职财务管理人员,财务管理职能由会计或其他部门兼管,或由企业主管人员一手包办,先进、科学的财务决策方法难以得到规范操作,影响了主业财务管理的有效性。另一方面,许多中小企业仍经营在盈亏平衡的边缘,无暇全面、系统地考虑内部管理的有效性,财务管理作为企业内部管理的一个组成部分,其有效性自然无从谈起。

2. 中小企业的抗风险能力较弱,信用等级较低

中小企业的资本规模有限,决定了它们抗风险能力先天不足,从而影响其信用等级。资本是企业获得利润的根本,同时也是担保企业债务、承担企业亏损的基本物质保证。中小企业资本规模较小,内部管理基础又较薄弱,产品比较单一,市场风险很大,而市场风险很容易转变为企业的财务风险和银行的信贷风险。企业因资金周转不灵而导致不能支付的风险极大,稍有经营不慎造成亏损更可能带来破产的致命后果。统计数字表明,中小企业的倒闭数量要远远超过大企业。更进一步,许多中小企业还需承担无限或无限连带责任,更加大了企业风险。由此,债权人往往对中小企业制定更为严格的借贷条款。

3. 中小企业的融资渠道相对有限

随着金融改革整顿工作的不断深入,曾对中小企业发展产生过重要作用的异地拆借、社会集资等不规范融资行为遭到严格禁止。而在新的融资网络建成之前,中小企业受自身条件限制以及现行体制、政策影响,融资环境非常恶劣。首先,在直接融资上。现行的上市额度管理机制决定中小企业很难争取到发行股票上市的机会;在发行企业债券上,因发行额度小也难以获准。其次,考虑间接融资渠道。由于中小企业本身素质不高,人才缺乏、内部组织关系不稳定、规模经济效益差、经营风险高、信用等级低等原因,往往难以满足银行等金融机构的贷款条件。再加上银行贷款政策倾斜、手续繁杂、收费高，而财产拍卖、信用融资担保、资产评估、信用评估等机制建设的滞后，更使中小企业实际上很难得到银行的贷款，其他融资渠道同样不通畅。由此，中小企业在金融市场中得到的资金与其在国民经济中所占的比重极不相称，一定程度上仅仅依赖于内部资金供给，导致中小企业资金严重不足，制约了企业的进一步发展。

4. 中小企业对管理者的约束较多

在中小企业，特别是处在初创阶段和成长阶段的小企业，管理人员会遇到一些在一般企业较少见的困难，如资金紧张、人员缺乏等。中小企业常常支付不起市场研究费用，也可能因现金短缺而雇用不起足够的管理人员，这些都会给管理者带来困难。另外，中小企业最为缺乏的就是在市场开发、财务分析、人力资源管理等方面经验丰富的专业人员，这就迫使管理者对企业经营活动的方方面面事必躬亲。很多中小企业的管理者财务意识淡薄，只关注企业的生产活动，终因理财不当而走向失败之路。

9.2　中小企业融资管理

从广义上讲，融资也叫金融，就是货币资金的融通，当事人通过各种方式到金融市场筹措或贷放资金的行为。

从狭义上讲，融资即是一个企业资金筹集的行为与过程。也就是公司根据自身的生产经营状况、资金拥有状况，以及公司未来经营发展的需要，通过科学的预测和决策，采用一定的方式，从一定的渠道向公司的投资者和债权人筹集资金，组织资金的供应，以保证公司正常生产需要，经营管理活动需要的理财行为。

9.2.1　中小企业融资管理概述

1. 中小企业融资的特点

与大型企业融资相比，中小企业融资具有如下特点。

1）融资渠道有限

中小企业由于先天性的因素，以及证券市场门槛高、创业投资体制不健全以及公司债券发行的准入障碍，处于种子期及成长期的中小企业从股票市场及债券市场的融资概率非常小，虽然深圳的中小板和创业板已经建立，但符合上市条件的企业仍然是极少数。绝大多数中小企业的主要融资渠道是银行借款、股东借款、内部集资和亲朋好友的关系融资等。中小企业的外部融资对银行借贷的依赖程度非常大。据调查，在我国已转化的科技成果中，转化资金靠自筹的占 56%，国家科技计划拨款占 26.8%，风险投资仅占 7%。另外，据上海银行对上海科技型中小企业融资情况的调研，在科技型中小企业的外部融资结构中，以银行贷款作为主要融资渠道的企业占 72.5%。

2）融资的风险较大

中小企业由于企业规模小、资产较少，因此破产的可能性就大，同时可担保的资产更少，再加上中小企业数量很多，良莠不齐，社会信用等级低。据调查，我国 5 年内中小企业淘汰率为 70%，只有大约 30%具有成长潜力，能够生存 10 年以上的中小企业仅占 1%，所以中小企业的融资较为困难[①]。

3) 企业融资目标多样化

中小企业融资目标很多,有的追求资金成本最低,有的追求还款期长,还有的追求偿债风险最小等,融资目标的多样性,决定中小企业融资方式的多样性。

4) 中小企业融资难度大

中小企业由于自身的局限性,造成中小企业融资比大型企业融资难很多。这是中小企业寿命短、发展速度慢的主要原因之一。

要解决中小企业融资难的问题首先要解决以下两方面的问题:

一方面,中小企业存在信息不对称,价值难以评估的问题。信息不对称问题一直是金融市场无法避免和解决的难题。与大型企业相比,中小企业的信息不对称问题更加严重。由于中小企业财务制度不健全、信息不充分、不透明,银行自有的征信评级系统为中小企业征信时难以收集到征信数据,难以对中小企业的价值进行准确的评估。特别是处于初创阶段的科技型中小企业,由于其产品和市场等都存在不确定性,而且一些企业的财务报表被粉饰的现象很严重,因此,无法像评价传统行业、成熟企业一样通过财务报表去判断企业的价值,而是主要依赖于一种主观价值判断,但这又是极其难以把握的。

另一方面,中小企业的抵质押物欠缺。对于一些中小企业来说,以财务报表真实性为前提的道德信用尚未建立,不具备信用贷款的基础。为了防范风险,银行只好寻求以企业资产信用为前提的贷款方式,但是中小企业无法提供足够的可抵质押或担保的有形资产,难以从金融机构获得债权性融资。虽然一些科技型企业的专利技术等可以进行质押,但由于在评估价值及登记手续上的烦琐,银行等金融机构也不愿意接受以无形资产作为担保。

因此,如何解决中小企业融资难的问题是目前中小企业和政府急需解决的课题。

2. 中小企业融资管理的要点

中小企业融资应考虑企业影响当前生产经营和未来发展的多种因素,讲求资金的综合经济效益,主要有以下要点。

1) 中小企业应根据其在整个生命周期所处的发展阶段确定合理的资金需求量

中小企业的成长发展是一个连续的过程,如何判断其处于整个生命周期的什么阶段,对于决定其融资需求和选择相应的融资方式尤为重要。中小企业可以结合其主导产品生命周期、行业生命周期以及通过企业历史沿革过程中企业财务状况变化(如现金流量、利润、成本、销售收入等)来判断企业所处生命周期阶段。

在中小企业发展过程中,无论是企业整个发展过程,还是各个发展阶段,均应考虑到对所需资金要求的连续供给,并在资金流量、流速上有不同的需求,以满足成长、发展的资金需求。因而应考虑对需求资金总量的供给能否满足,资金能否及时到位,能否从某一投资方得到满足等问题。解决这些问题,必须对融资渠道和融资工具做出合理选择,不同阶段采用几种合适的融资方式,以组合的融资方式来满足融资需求。

---

① 戴小平,陈靖.我国中小企业融资风险及其防范[J].上海金融学院学报,2005(5):22-26.

2）中小企业在选择融资方式时必须考虑所选择的融资工具所带来的融资成本、融资期限，以及对融资企业的干预与控制程度

不同的融资方式其融资成本和融资期限是不同的。企业融资的期限包括付息的时间和还本的时间。决定企业融资期限的因素，主要是投资以及生产经营活动的规划和还债率，不同使用方向资金有不同的期限要求。一般来说，银行贷款合约的达成速度快、灵活性强，但能否取得银行贷款，取决于企业的资产状况和还贷能力。而股权融资所要花费的时间较长，又较容易受外界资本市场的干扰，加重了上市的不稳定性。风险投资也需要一定时间进行项目评估和取得内部审批。

另外，中小企业在发展过程中存在融资规模不经济问题，这就决定了其融资成本相对较高。所以中小企业应认真地、仔细地对这些因素给企业造成的利弊加以权衡，比较分析，采取利大于弊的融资策略。

3）进行科学的投资决策，控制资金投放时间，满足企业生产经营和发展的需要

企业投资活动，既决定了资金需要量的多少，又决定了投资效果和融资回报率大小。因此，对项目进行可行性预测分析，研究投资的经济效果，正确地进行投资决策，是融资的基础环节。因为，融资是为了投资，只有确定了有利的投资方向、安排了明确的资金用途，才能选择融资的渠道和方式，提高企业的资金使用效果。

4）中小企业应加强融资过程中的风险防范

企业的融资风险，主要来源于企业资金的性质、用途、期限和效益。因此，在融资过程中，必须研究企业资金需求情况、企业经营杠杆，并根据企业生产经营的特点、市场供求情况的好坏、资金使用效率的高低、利息变动程度等因素，在融资方式选择中关注融资风险并采取有力措施予以规避，合理确定自有资金与借入资金的比例，发挥财务杠杆的积极作用，提高资金的增值能力，降低中小企业的融资风险。

9.2.2　中小企业的主要融资方式

融资方式是指企业筹措资金的具体形式。企业融资的行为也就是企业从自身特点出发而进行的一种融资方式的选择。融资方式的选择，对企业的生存和发展起着至关重要的作用。企业获得资金，不单纯是企业为发展聚集资金的问题，它实质上是一种以资金供求形式表现出来的资源配置问题。

根据融资过程中不同资金产权关系的角度，可以把企业融资方式分为股权融资和债权融资两种方式。股权融资是指企业根据资金需求的不同出让部分和全部股权以换取资金的融资方式。股权融资方式的实施，往往成为企业发展战略的重要组成部分，伴随着股权的出让，常常体现出企业资产重组、并购的动机及行为，以期实现企业跳跃式发展的战略目标。债权融资则是利用发行债券、借贷方式有偿使用企业外部资金的融资方式。它要求债务人在契约约定的期限内，向债权人还本付息。

1. 债权融资方式

中小企业债权融资的主要方式有以下几种。

1）银行贷款

银行向中小企业提供的信贷融资主要是信用贷款和部分抵押担保贷款，同时在政府

的支持下,开展一些政府补贴的贷款贴息、融资担保、出口担保、融资租赁、银行的票据贴现等。科技型中小企业在发展过程中,尤其是在发展初期,缺乏可用来进行担保融资的固定资产,拥有的是知识、技术和专利等无形资产,而这些无形资产在我国目前还不能用来进行担保融资,因此长期信用贷款是中小企业的主要信贷融资方式。由于中小企业处于较为激烈的市场竞争中,发展机会可能稍纵即逝,导致中小企业对资金的需求一般较为迫切,但金额也相对较小。其时间紧、期限短的特点更适合于通过银行贷款融通资金,使得中小企业对银行贷款具有一定的路径依赖特征。但由于我国金融体系的特点及中小企业自身所具有的特征,使得中小企业获得银行贷款的融资渠道并不畅通。据银监会统计,截至2011年末,我国小企业贷款余额达10.8万亿元,仅占全部贷款余额的20%左右。

2) 政府担保贷款

融资担保是政府促进中小企业融资的主要方式,也是最有效的债务融资方式之一。具体方式是政府出资,或与中小企业协作组织出资,建立专为中小企业融资提供担保的融资担保公司,在政府融资担保机构的担保下,商业银行向中小企业提供贷款。

美国于1953年成立了中小企业信用担保机构,其担保业务由小企业管理局负责。在美国,信用保证机构通常采用专项授权保证方式,各地小企业管理局的分支机构对中小企业进行一些免费的管理咨询和辅导。中小企业申请银行贷款时首先向银行提交信贷申请,银行对中小企业进行审查,如果银行认为需要信用担保机构提供担保,它会将信用调查资料转交到当地的小企业管理局。如果小企业管理局同意提供担保,银行将发放贷款,贷款的偿还方式可以按照每个企业的需要灵活安排。美国规定的最高担保倍数是50倍。小企业管理局提供的担保比例随着担保数额的不同而有所调整,15万美元以下的贷款,小企业管理局提供的担保比例为85%,15万~100万美元的贷款,担保比例为75%。美国的中小企业担保机构并不向中小企业收取担保费,而是向贷款者(银行)收取其担保部分的费用。当然,贷款银行一般都会将这部分费用转嫁给最终的借款人。对于1年及1年期以下的任何规模的贷款担保,担保机构只向贷款银行收取担保部分0.25%的担保费;对1年期以上、担保金额在15万美元以下的贷款,收取的担保费为2%;对1年期以上、担保金额在15万~70万美元的贷款,收取的担保费为3%;对70万美元以上的贷款,则收取3.5%的担保费。美国担保机构收取的担保费是总的费用,而不是按年收取的费用,因此,企业实际的负担水平并不高①。

3) 发行企业债券

企业债券是一种长期债务证书,是企业为筹集长期资本而承诺在将来一定时期支付一定金额的利息,并于约定的到期日一次或分次偿还本金的信用凭证。债券面额固定,可以转让和继承,是企业筹集长期资金的常用方式。

我国相关法律规定,企业发行债券须满足以下几个主要条件:

(1) 股份有限公司的净资产额不低于人民币3 000万元,有限责任公司的净资产额不低于人民币6 000万元。

(2) 累计债券总额不超过公司净资产额的40%。

---

① 王化成.高级财务管理学[M].3版.北京:中国人民大学出版社,2011.

(3) 最近三年平均可分配利润足以支付公司债券一年的利息。

(4) 筹集的资金投向符合国家产业政策，本规则规定募集资金投向必须是技术含量较高的产品。

因此，对于中小企业来说，发行债券具有难度大的特点。正因如此，当前我国中小企业发行债券融资的空间很狭小。尽管如此，对于进入稳定成长阶段、成熟阶段的中小企业来讲，发行债券进行融资存在一定可能性。

4) 中小企业短期融资券

短期融资券是由企业发行的无担保短期本票。在中国，短期融资券是指企业依照《短期融资券管理办法》的条件和程序在银行间债券市场发行和交易并约定在一定期限内还本付息的有价证券，是企业筹措短期(1年以内)资金的直接融资方式。

我国于2005年启动短期融资券发行，获准发行的多为大型国有企业。2008年10月我国短期融资券向中小企业开闸，福建海源自动化机械股份有限公司、横店集团联谊电机有限公司等6家中小企业发行短期融资券的注册，额度为2.52亿元。短期融资券期限较短(1年)，投资者较容易判断和控制风险。

5) 中小企业集合债券

我国自2007年以来发行了中小企业集合债券，它是在由于受到信用、规模等约束，单个中小企业难以获得较高的信用评级、不能通过在债券市场直接发行债券进行融资的情况下，运用信用增级的原理，使若干个中小企业各自作为债券发行主体，确定债券发行额度，使用统一的债券名称，形成一个总发行额度、统一组织、集合发行的一种企业债券。中小企业集合债券是由担保机构担保，银行或者证券公司作为承销商，信用评定机构、会计师事务所、律师事务所、财务顾问等机构共同参与的创新债券。集合债券与其他企业债券的发行不同点主要表现为：①发行人不是国家或者大型企业，也不是单个中小企业，而是由遴选出来的中小企业组成的集合体；②发债过程中的担保机制比较灵活，利用再担保、反担保、集合担保等措施；③债券发行主体非单个个体，中介机构无法直接采用现有企业评级和债券评级体系对集合债券进行信用评级；④债券发行主体为不同企业组成的集合体，企业间可能存在一定关联性，债券违约风险较大；⑤融资成本与组织协调成本相对较高；⑥政府的政策引导或财政扶持等是集合债券发行的重要保证。

中小企业集合债券融资模式模型如图9-2所示。

集合债券与企业债券相比，有两个明显的特点：

一是规模相对小。深圳市中小企业集合债券由20家企业集合发行，总发行额度10.3亿元，其中资产总额最大的为14亿元，最小的为1.4亿元，平均为4.3亿元；收入规模最大的为20亿元，最小的为0.9亿元，平均为5.4亿元。可以看到，发行债券的企业资产规模相对较小。

二是参与企业的成长性好。深圳的20家企业2004—2006年主营业务收入增长率和利润总额增长率平均值分别为31.26%和59.72%，成长最快的企业达101.74%和99.02%；在筹备债券发行过程中，有两家企业实现了在深圳中小板上市，有多家企业处于上市准备期。

中小企业集合债券具有以下优点：

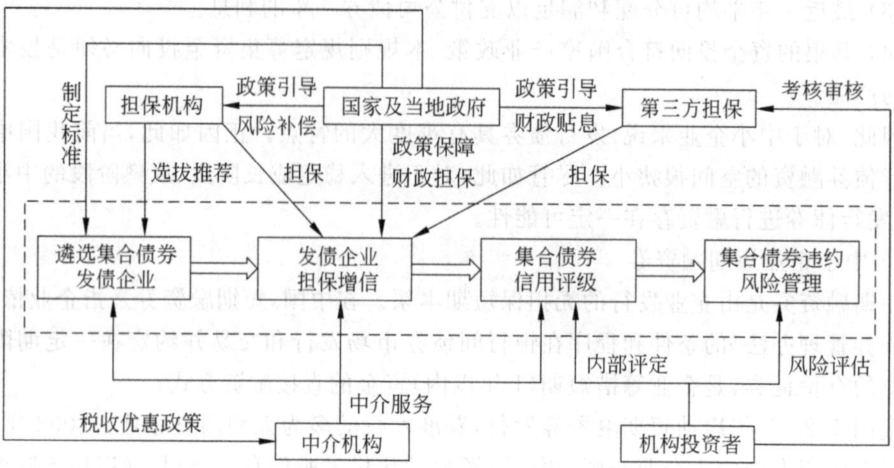

图 9-2 中小企业集合债券融资模式模型

(1) 风险分散。由若干家中小企业各自作为债券发行主体,形成集合债券,使用统一的债券名称,形成一个总发行额度,债券发行人是所发行债券的第一偿债人,为了降低债券风险,担保公司为发行人提供相应的担保措施(保证、抵押、质押),是第二偿债来源。由于是多个企业共同发行,这种方式能够分散风险,每个发行人只承担部分融资风险。

(2) 提升单个企业的信用等级。一般来说,发行集合债券的中小企业都是未达到单独发债标准的,中小企业的信用等级在集合之后会有所提升,所以从单个企业角度出发,中小企业集合债券对单个企业的信用要求较一般企业债券对发行企业的信用要求要低,例如 2007 年岁末在深交所发行的 2007 年中关村高新技术中小企业集合债券(以下简称"07 中关村债")的 4 家公司中,有一家 A 评级的企业,而该债券的信用级别仍为 AAA。

(3) 融资成本相对较低。发行债券的融资成本要远低于发行股票融资的成本。另外,企业债券发行利率低于同期限商业银行贷款利率,且债券利息可在税前支付计入成本,节约了企业财务成本。如"07 中关村债"的利率为 6.68%,而银行 3 年贷款利率为 7.74%。即使考虑发行费及中介费,中小企业集合债券融资成本也要低于银行贷款。然而,中介机构在为中小企业提供服务时,缺乏针对中小企业的特殊优惠政策,完全以市场价格确定服务收费标准,给中小企业设置了较高的服务门槛,使得对于中小企业而言债券发行成本还是有点偏高(表 9-4)。

表 9-4 我国发行的中小企业集合债券情况一览表

证券简称	发行总额/亿元	参与企业数/家	票面利率/%	期限/年	债券信用等级	担保人
07 深中小债	10	20	5.7	5	AAA	国家开发银行股份有限公司
07 中关村债	3.05	4	6.68	3	AAA	北京中关村科技担保有限公司
09 大连中小债	5.15	8	6.53	6	AA^{+}	大连港集团有限公司

续表

证券简称	发行总额/亿元	参与企业数/家	票面利率/%	期限/年	债券信用等级	担保人
10 武中小债	2	5	4.66	3	A^+	武汉信用风险管理有限公司
10 中关村债	3.83	13	5.18	6	AA^+	北京中关村科技担保有限公司
11 豫中小债	4.9	8	7.8	6	AA	河南省中小企业投资担保股份有限公司
11 常州中小债	5.08	10	5.03	3	AA^+	常州投资集团有限公司
11 蓉中小债	4.2	8	6.78	6	AA	成都工业投资集团有限公司

资料来源：根据国泰安数据库和新浪网财经栏目相关数据整理获得。

中小企业集合债券的缺点也不容忽视。

一是组织协调成本过高。政府和承销商在债券发行过程中组织协调成本高，表现为：①政府利用自身信誉和财政手段参与担保环节，消耗大量公共资源，且长期支持度不强；②与国债和其他大型企业债券发行相比，中小企业债券发行程序将更为严格和烦琐，承销商付出的组织协调成本增多，但承销费用却很低，一般为百万元级别。同时，承销商在发行过程中对中小企业集合债券一般采取余额包销形式，债券风险的高低将决定销售情况，这就使承销商对中小企业集合债券存在的高风险有所顾忌，导致承销动力不足①。

二是违约风险较高。参与集合债券发行的中小企业来自不同的行业和具有不同的信用等级，将其集合体作为债券发行人，必然要考虑企业间可能存在的违约风险关联性，即其中一家企业的违约行为可能对其他企业的违约构成影响。2012 年 1 月 5 日，作为 2010 年中关村(000931)高新技术中小企业集合债券发起人之一的北京地杰通信设备股份有限公司的 4 000 万元债券本息无力偿还，由债券担保人北京中关村科技担保有限公司代为偿付。我国首起中小企业集合债发起人违约事件对后续中小企业集合债券的发行产生了一定的影响。

6) 中小企业私募债

中小企业私募债是指中小微型企业在中国境内以非公开方式发行和转让，约定在一定期限还本付息的公司债券。2012 年 5 月，我国开启中小企业私募债，发行主体不仅仅是中小企业，还包括微型企业。截至 2012 年 8 月，全国已有北京、上海、天津等城市共发行 30 多只中小企业私募债，总共募集资金超过 30 亿元，发行利率多在 8%～13.5%。据悉，从已经发行了的中小企业私募债的情况来看，企业从最开始与承销商接触，到拿到资金大约只需要 20 天的时间②。

美国中小企业可选择的债务融资工具，包括企业信用债券、次级信用债券、担保信托债券、多边信托债券、设备信托证等，以及可转换公司债券、可赎回债券、产业发展债券、股

① 曾江洪，俞岩. 我国中小企业集合债券融资模式探讨[J]. 2010(8)：37-42.

② 周静. 中小企业融资有了新渠道[N/OL]. 东南商报，2012-08-21. http://news.hexun.com.

票指数债券、浮动利率公司债券、污染控制债券和高收益债券等。我国中小企业逐步实现将自己的融资需求与债券市场的产品特点相衔接。信用债券已由单一的企业债发展到短期融资券、中期票据、公司债、中小企业集合债、中小企业短期融资券、中小企业集合票据、区域集优债、资产支持票据、私募债等多种产品,债券市场以信息披露制度、信用评级体系和风险分担体制为基础的市场化约束机制正在逐步建立,这些制度创新和产品创新都为中小型企业融资提供了选择空间。而且,随着我国资本市场的发展与完善,债券市场在为中小企业融资上将发挥更大的功能。

7) 融资租赁

融资租赁又称资本租赁,是指租赁双方签订租赁协议,由承租方提出所需租赁的设备等固定资产,出租方出资并代为购买,然后交由承租方使用并定期收取租金的一种金融行为。对于租赁双方来讲,出租方一般是专门从事租赁活动的租赁公司,所从事的融资租赁业务实质上是一种金融活动;承租方则主要是为更新设备或新建生产线,由于资金不足而从租赁公司租入设备,所进行的实质上是一种融资活动,只不过与融物相结合。在国际上,融资租赁是仅次于银行信贷的第二大金融工具。

与银行信贷等传统融资方式相比,融资租赁在支持中小企业发展方面具有独特的优势:在中小企业担保的资产有限、外部提供的担保又不到位的情况下获得所需要的资金;不占用银行授信额度,企业可以合理支配现金流;企业可以盘活固定资产,提升现有资产的利用率;可以将固定资产转化成现金,优化财务结构;还款方式灵活,便于资金安排,降低偿还压力等。

企业申请融资租赁必须具备以下条件:

(1) 具备独立法人资格,信用状况良好,领导班子素质过硬。

(2) 企业经营状况和财务状况稳定、良好。

(3) 至少交付相当于融资额20%～30%的保证金。

(4) 项目产品有市场,适销对路,项目投资回报率高,承租人有能力按期交付租金。

与其他融资方式相比,融资租赁具有以下显著的优势特征:

(1) 融资与融物相结合,可保证承租企业较快地获得资产的使用权。

(2) 租约稳定且租赁期长,可降低租赁公司的投资风险。

(3) 租赁双方信息充分沟通,有利于建立投资融资双方良好的信用关系。

中国租赁联盟的统计数据显示,截至2012年第三季度末,全国在册运营的各类总部融资租赁公司约430家,全国融资租赁合同余额约14 000亿元,而且国内融资租赁标的物日趋多样,融资租赁连接实体经济与金融服务业的"纽带效应"正日益增强。据中国租赁联盟初步预测,未来国内融资租赁业将逐步发展成为仅次于银行业的第二大资金供应渠道①。因此,融资租赁的发展能够在很大程度上缓解我国中小企业融资难的问题。

8) 典当融资

典当是以实物为抵押,以实物所有权转移的形式取得临时性贷款的一种融资方式。

---

① 融资租赁:政策推一把企业谋共赢[N/OL]. 宁波日报,2012-11-14. www.sme.gov.cn.

这种“以物换钱”的融资方式，只要顾客在约定时间内还本并支付一定的综合服务费(包括典当物的保管费、保险费和利息等)，就可赎回典当物。

在中国近代银行业诞生之前，典当便是民间融资的重要渠道，在调剂余缺、促进流通等方面起了相当作用。在近年来的企业融资中，典当融资以它特有的优势重新拥有了市场，逐渐发展成为中小企业融资渠道的有益补充。典当融资对借款人的资信条件要求低、贷款用途限制较少，手续简便、灵活，可以满足急需，是中小企业、个体工商业主和居民个人的快捷融资渠道。截至 2010 年年底，全国共有 4 433 家典当企业，典当总额达 1 801 亿元，小微企业的融资占典当业务总额的 80%以上，典当业在满足小微企业融资需求和居民应急需要方面发挥了积极作用①。

但典当贷款也具有自身的一些缺点，其缺点主要有：除贷款月利率外，典当贷款还需要缴纳较高综合费用，包括保管费、保险费、典当交易的成本支出等，因此它的融资成本高于银行贷款。

2. 股权融资方式

股权融资是企业通过出让部分企业控制权来换取外部投资者资金投入的一种融资方式，体现的是一种产权交易关系。中小企业的权益性资本，不仅是企业长期资金的重要来源，也是企业进行间接融资承担债务的基础。政策性融资方式可以为中小企业提供一部分股权融资，中小企业面向社会的股权融资方式一般为私募(VC / PE)融资和上市融资，如图 9-3 所示。

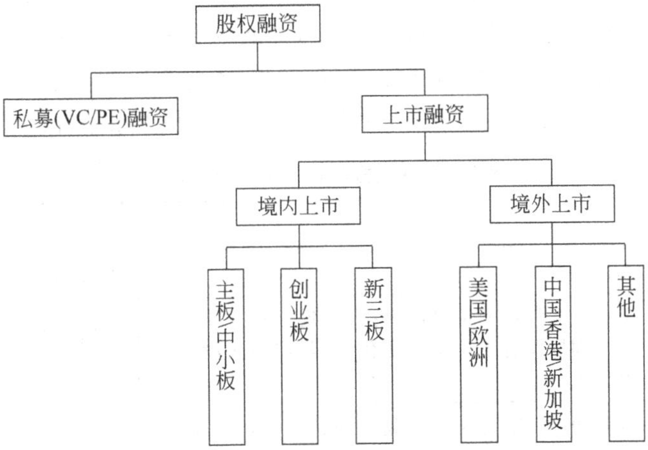

图 9-3　股权融资

1) 政策性融资方式

政策性融资是指国家通过财政拨款、设立科技创新资金等来支持中小企业的发展的一种融资方式。

(1) 政府投资。企业在创业发展初期争取到政府拨款或投资是一种最佳融资方式，因为无论是政府拨款还是投资，其目的是扶持中小企业发展。政府投资主要追求社会效

① 2012 钱与钱寻：中小企业融资持续改善[J]. 首席财务官，2012-01-10. http://www.sina.com.cn.

益,无暇顾及企业的经营,无力干涉企业的管理,这就使企业可以按自己的想法和计划发展。其缺点是政府拨款和投资量有限,难以满足企业更大的发展。

(2) 国家政策扶持资金。为了解决中小企业特别是高科技中小企业融资难的问题,我国各级政府均以财政拨款的方式成立了各种形式的基金,如国家发改委高新技术产业专业化示范工程专项基金、中小企业发展专项基金、科技部中小企业科技创新基金、国家星计划、火炬计划等,其中最有代表性的是 1999 年 6 月由国务院批准实施的科技部科技型中小企业技术创新基金。这是一项政策性风险基金,不以自身营利为目的,它在企业发展和融资过程中主要起一个引导作用。该项基金重点支持处在产业化初期,技术含量较高,市场前景较好,风险较大,商业性资金尚不具备进入条件,最需要政府支持的高科技中小企业。根据中小企业和项目的不同特点,科技型中小企业技术创新基金主要有贷款贴息、无偿资助以及资本金投入三种支持方式。

2) 上市融资

上市股权融资是在资本市场上通过公开上市或股权转让来进行融资,可以分为直接上市融资和间接上市融资。

(1) 直接上市融资。直接上市融资中首次公开发行,也称 IPO,是符合发行条件的发行人依照法定程序向投资者募集股份的行为。上市融资适用于盈利情况较好或具有较好成长性的企业,企业可选择在境内或境外上市,并可根据企业自身特点选择拟上市的证券交易所。中小企业公开发行上市,是迅速发展壮大的主要途径,其优点在于它比私募资金和风险投资筹集到的资金更多,且股权稀释少,并能改变公司资产负债表,有利于公司治理结构的优化。目前可以选择深圳中小板、创业板、香港创业板、美国 NASDAQ 等资本市场上市融资。表 9-5、表 9-6、表 9-7 是各国主板与创业板上市条件比较。

表 9-5 香港主板与创业板上市条件比较

项 目	香 港 主 板	香港创业板
实收资本	无具体要求	无具体要求
营运记录	须具备 3 年业务记录,发行人最近 3 年主要业务和管理层没有发生重大变化,实际控制人没有发生变更	必须显示公司有两年的“活跃业务记录”
盈利要求	盈利测试:过去 3 年纯利总额达 5 000 万港元,其中最近年度须超过 2 000 万港元,另外前两年的纯利合计须达 3 000 万港元; 市值/收益/现金流量测试:上市时市值至少为 20 亿港元;经审计的最近一个会计年度的净利润至少为 5 亿港元;新申请人前 3 个会计年度年现金流入合计至少 1 亿港元; 市值/收益测试:上市时市值至少为 40 亿港元;经审计的最近一个会计年度的净利润至少为 5 亿港元	不设置盈利要求

续表

项　　目	香 港 主 板	香港创业板
最低公众持股量	一般占公司已发行股本至少 25%	股票于上市时至少必须达到 3 000 万港元且须占已发行股本的 20%～25%
最低市值	预期公开发行部分市值不低于 5 000 万港元	无具体规定，但实际上在上市时不得少于 4 600 万港元

表 9-6　美国主板与创业板上市条件比较

项　　目	美 国 主 板	美国创业板 NASDAQ
实收资本	无具体要求	有盈利的企业资产净值要求在 400 万美元以上，无盈利企业资产净值要求在 1 200 万美元以上
营运记录	须具备 3 年业务记录，发行人最近 3 年主要业务和管理层没有发生重大变化，实际控制人没有发生变更，采用美国会计准则	有盈利的企业经营年限没有要求，无盈利的企业经营年限要在 3 年以上
盈利要求	3 年盈利，每年税前收益 200 万美元，最近 1 年税前收益为 250 万美元； 或 3 年累计税前收益 650 万美元，最近 1 年 450 万美元； 或最近 1 年总市值不低于 5 亿美元的公司且收入达到 2 亿美元的公司，3 年总收益合计 2 500 万美元	要求有盈利的企业以最新的财政年度或者前 3 年中两个会计年度净收入 40 万美元；对无盈利的企业没有净收入的要求
最低公众持股量	社会公众持有的股票数目不少于 250 万股；有 100 股以上的股东人数不少于 5 000 名	25%以上，有盈利的企业公众的持股要在 50 万股以上，无盈利企业公众持股要在 100 万股以上；有盈利的企业公众持股量在 50 万股至 100 万股的，股东人数要求在 800 人以上；公众持股多于 100 万股的，股东人数要求在 400 人以上。无盈利的企业股东人数要求在 400 人以上
最低市值	1 亿美元	无要求

表 9-7　国内主板和创业板上市条件的简要比较

项　　目	国内主板、中小板	国内创业板
实收资本	发行前股本总额不少于人民币 3 000 万元	发行前股本总额不少于人民币 2 000 万元
营运记录	须具备 3 年业务记录，发行人最近 3 年主要业务和管理层没有发生重大变化，实际控制人没有发生变更	须具备 2 年业务记录，发行人最近 3 年主要业务和管理层没有发生重大变化，实际控制人没有发生变更

续表

项　　目	国内主板、中小板	国内创业板
盈利要求	最近 3 个会计年度净利润均为正数且累计超过人民币 3 000 万元，净利润以扣除非经常性损益前后较低者为计算依据；最近 3 个会计年度经营活动产生的现金流量净额累计超过人民币 5 000 万元；或最近 3 个会计年度营业收入累计超过人民币 3 亿元。最近一期末不存在未弥补亏损	最近两年连续盈利，最近两年净利润累计不少于 1 000 万元，且持续增长；或者最近 1 年盈利，且净利润不少于 500 万元，最近 1 年营业收入不少于 5 000 万元，最近 2 年营业收入增长率均不低于 30%
最低公众持股量	公开发行的股份达到公司股份总数的 25%以上；公司股本总额超过人民币 4 亿元的，公开发行股份的比例为 10%以上	公开发行的股份达到公司股份总数的 25%以上
最低市值	无具体要求	无具体规定
支持的行业		“两高五新”是创业板支持的行业。 两高：高科技、高成长； 五新：新经济、新服务、新能源、新材料、新农业

资料来源：作者根据相关资料整理。

创业板、主板和中小板的主要区别在于其服务对象的不同：主板市场服务的是比较成熟、在国民经济中有一定主导地位的企业；中小板市场服务的是发展成熟的中小企业；创业板则主要服务于成长型的、处于创业阶段的企业，特别是那些具有自主创新能力的企业。

相比较而言，中小板市场和创业板市场服务的对象更相近，都是中小企业，但中小板的上市条件与主板相同，创业板上市条件相对较低，更适合处于成长期和创业期的企业。

有了创业板市场，那些很难从银行贷到款的中小企业就可以从该市场融到资，解决资金问题。近几年我国风险投资业高速发展，创业板推出，风险投资者也有了退出的通道。获得了更多发展所需的资金，创业板上市公司如果做大做强，达到了上主板的条件，今后也可能会转到主板市场挂牌。

另外，我国开辟了专门为国家级科技园区非上市的高科技公司有序流动提供的交易平台——新三板市场。挂牌报价转让业务自 2006 年年初开始在北京中关村试点，截至 2011 年 12 月 31 日，共有 102 家企业先后在新三板挂牌，其中有 6 家企业已经成功登陆创业板及中小板。中国证监会、科技部等有关部门已要求扩大试点范围，新三板试点将从中关村试点推向全国 54 个高新区。新三板市场完全可能成为未来主板和创业板上市的“摇篮”。

新三板市场是中国证监会、科技部等有关部门落实国家发展战略、推动高新技术企业发展的一项重要措施，是建立多层次资本市场的有益探索，是园区高新技术企业未来直接向主板和创业板过渡的蓄水池，新三板和创业板、中小板上市条件的比较如表 9-8 所示。

表 9-8　国内新三板和创业板、中小板上市条件的简要比较

新三板	创业板	中小板
(1) 存续满 2 年(有限公司整体改制可以连续计算)。 (2) 主营业务突出,有持续经营记录。 (3) 公司治理结构健全,运作规范。 (4) 股份发行和转让行为合法合规。 (5) 地方政府确认的试点资格	(1) 持续经营满 3 年。 (2) 最近两年内主营业务和董事,高级管理人员均没有发生重大变化,实际控制人没有发生变更。 (3) 财务指标: a. 最近 2 年连续盈利,最近 2 年净利润累计不少于人民币 1 000 万元,且持续增长;或者最近 1 年盈利,且净利润不少于人民币 500 万元,最近 1 年营业收入不少于人民币 5 000 万元,最近两年营业收入增长率均不低于 30%。 b. 最近一期末净资产不少于人民币 2 000 万元,且不存在未弥补亏损。 c. 发行后股本总额不少于人民币 3 000 万元。 (4) 其他非指标性条件	(1) 持续经营满 3 年。 (2) 最近 3 年主营业务,管理层,控制人不变。 (3) 财务指标: a. 最近 3 个会计年度净利润均为正数且累计超过人民币 3 000 万元。 b. 最近 3 个会计年度经营活动产生的现金流量净额累计超过人民币 5 000 万元;或者最近 3 个会计年度营业收入累计超过人民币 3 亿元。 c. 发行前股本总额不少于人民币 3 000 万元。最近一期末无形资产占净资产的比例不高于 20%。 d. 最近一期末不存在未弥补亏损。 (4) 其他非指标性条件

与主板、中小板及创业板相比,在挂牌条件上一是门槛低,未设定刚性的财务指标,更为关注企业的创新性和成长性,为所有创新企业打开了上市之门;二是新三板的挂牌标准多为定性的条件,而且贯彻券商掌握、企业有利的原则,具有高度的弹性,除了重大的违法违规行为之外,新三板允许暂时存在一定问题的企业挂牌,更看重挂牌后的自我发展和券商督导下的规范。适合新三板挂牌的公司主要有三类:①有进入资本市场意愿的公司,但暂不符合主板条件的园区高科技公司;②已有一定的业务规模,但流动资金紧张、制约业务规模扩大的公司;③具有创新业务模式,需要借此对外宣传的公司。

另外,企业申请在新三板挂牌转让的费用要低得多。目前费用一般在 100 万～150 万元(依据项目具体情况和主办券商的不同而上下浮动),在新三板市场挂牌后运作成本每年不到 3 万元。依据《中关村国家自主创新示范区支持企业改制上市资助资金管理办法》,企业可申请改制资助,每家企业支持 20 万元,企业进入股份报价转让系统挂牌的可获得 50 万元资金支持。主办券商推荐的园区企业取得《中国证券业协会挂牌报价文件备案确认函》后,每家券商可获得 20 万元资金支持。目前,新三板即将扩大试点范围,很多国家级园区都向证监会申报申请成为新三板试点园区,并出台了对区内企业在新三板挂牌的鼓励和资金支持政策。

不管中小企业在哪个层次的市场进行上市直接融资,都会获得以下好处:

① 为中小企业建立直接融资平台,有利于提高企业的自有资金比例,改进企业的资本结构,提高企业自身抗风险的能力,增强企业发展后劲。

【例 9-1】 2004 年 7 月,苏宁云商在中小板上市为企业建立了直接融资的平台。首

次募集资金实际上4.08亿元;上市后,多次利用证券市场融资(见表9-9)。例如,苏宁云商于2016年定向增发募集资金290.85亿元,用于物流平台建设、苏宁易购云店建设、互联网金融项目等6个方面的项目。苏宁电器5次再融资金额达到404.05亿元,是首次融资的99倍,资本助力苏宁云商演绎了中小企业的成长"神话"。2004年7月21日,苏宁电器在中小板上市时,总股本9 316万股,流通股份只有2 500万股,按当日收盘价32.7元计算,A股发行市值15亿元,年末市值43亿,而2016年总市值达到1 042亿元,增长23倍多。

表9-9　2004—2012年苏宁电器融资情况　亿元

时间	融资额	融资方式
2004年	4.08	IPO
2006年	12	增发
2008年	24.3	增发
2009年	30.6	增发
2012年	46.3	增发
2016年	290.85	增发
总额	408.13	

资料来源:和讯网。

② 有利于建立现代企业制度,规范法人治理结构,提高企业管理水平,降低经营风险。

③ 有利于建立归属清晰、责权明确、保护严格、流转顺畅的现代产权制度,增强企业创业和创新的动力。

④ 有利于确定企业价值。企业上市后,企业的价值依据股票挂牌价计算。我国中小板的市盈率最低时都有25倍左右,最高峰达到80多倍,成长性非常好的企业甚至可达上百倍。假设一家高成长企业以市盈率40倍估值,则净利润达到5 000万元企业价值可达到20亿元。

⑤ 有利于企业树立品牌,提升企业形象,更有效地开拓市场。苏宁电器和九阳股份在中小板上市,是实现其跨越式发展最关键的一步。苏宁电器上市时市值仅15亿元(按首次发行价16.33元计算),经过5年的发展,公司总市值达到1 000多亿元。

⑥ 有利于完善激励机制,吸引和留住人才。利用上市公司的平台,在制度上可以更好地实施股权激励(股票可流通)。股票期权是一种吸引人才、留住人才的良好方法,员工借此可分享企业不断成长的成果。

⑦ 有利于企业进行资产并购与重组等资本运作,可利用各种金融工具,进行企业整合,迅速做大做强。

⑧ 有利于股权的增值并增强流动性。

【例9-2】 "广州国光"换股收购"美加音响"

2009年,广州国光(002045,SZ)以不超过1.08亿元的价格收购中山美加音响发展有限公司100%的股权。同时,公司控股股东广东国光投资有限公司以协议转让方式,向美加音响部分原股东转让广州国光1 080万股股权,转让价格为每股10元。美加音响旗下囊括“AVLIGHT(爱浪)、VALLE(威莱)、SANSUI(山水)、LINKMAN(丽尊)、VIFA(威发)、AKAI(雅佳)、VIMIC(微美)”七大品牌。收购完成后,美加音响原股东承诺2009年度、2010年度和2011年度经审计的净利润分别达到500万元、1 500万元和2 500万元,若达不到则由美加音响原股东以现金方式向上市公司支付等额的补偿款。

(2) 间接上市融资。间接上市有买壳上市、造壳上市和借壳上市的方式。

买壳上市又称反向收购(reverse merger),是指一家非上市公司(买壳公司)通过收购一些业绩较差、融资能力已经相对弱化的上市公司(壳公司)来取得上市的地位,然后通过“反向收购”的方式注入自己的有关业务及资产,实现间接上市的目的。因为是收购已经上市的公司,因此,理论上买壳上市几乎是100%成功的。

【例9-3】 海澜之家是一家从事品牌运营、产品设计和供应链管理,生产环节和部分销售渠道外包的知名男装企业,拥有“海澜之家”“爱居兔”“百衣百顺”等品牌。其大股东为海澜集团,实际控制人周建平。2012年公司的营业收入为452 850.42万元,净利润为85 374.01万元。2013年8月31日,凯诺科技(600398)发布资产重组公告,公司拟以发行股份的方式向海澜之家全体股东以每股3.38元购买海澜之家100%股权,交易金额达到130亿元。2014年4月11日,凯诺科技名称变更为海澜之家,海澜之家成功借凯诺科技上市。海澜之家直接借内含业务的壳公司上市,凯诺科技没有被处理成“净壳”,成为反向购买方式下借“实壳”上市经典案例。

借壳上市是指未上市公司的母公司通过将主要资产注入上市的子公司中,来实现母公司的上市。在实际操作中,借壳上市一般首先由集团公司先剥离一块优质资产上市,然后通过上市公司大比例的配股或者增发的方式,将集团公司的重点项目注入上市公司中,最后再通过配股或增发的方式将集团公司的非重点项目注入进上市公司,实现借壳上市。借壳上市的典型案例之一是强生集团的“母”借“子”壳。强生集团由上海出租汽车公司改制而成,拥有较大的优质资产和投资项目。近年来,强生集团充分利用控股的上市子公司——浦东强生的壳资源,通过三次配股集资,先后将集团下属的第二和第五分公司注入浦东强生之中,从而完成集团借壳上市的目的。

【例9-4】 鼎泰新材主营生产和销售稀土合金镀层钢丝、钢绞线等金属制品业务,受到我国近年来经济增长速度放缓、制造业经济转型、出口下降、本土制造业去库存压力增大等因素影响,2013年至2015年的净利润整体呈下滑趋势,未来盈利性不容乐观,成为壳公司。顺丰速递是国内领先的快递物流综合服务提供商,在快递行业持续快速发展的背景下,具备规模优势、专业服务能力的行业龙头地位将更加突出,迎来难得的发展机遇,拟借鼎泰新材的壳加速上市进程,通过资本市场增强实力。鼎泰新材于2016年5月23日发布公告,将其全部资产和负债与顺丰控股100%股权进行置换。顺丰借壳的上市之路分三步走:首先,资产置换。本次交易中拟置出资产初步作价8亿元,拟置入资产初步作价433亿元,两者差额为425亿元。其次,发行股份购买资产。置入资产与置出资产的差额部分由公司以发行股份的方式自顺丰控股全体股东处购买。交易完成后,顺丰控股原股东预计将持有上市公司94.42%的股权。最后,询价进行配套募资。鼎泰新材拟采用询价发行方式向不超过10名符合条件的特定对象非公开发行股份募集配套资金,总金额不超过80亿元,配套募集资金将主要用于顺丰控股航材购置及飞行支持项目、冷运车辆与温控设备采购项目、信息服务平台建设及下一代物流信息化技术研发项目、中转场建设项目,借壳上市成功。

买壳上市和借壳上市本质上都是为了实现间接上市,二者的区别是买壳上市首先要获得一家上市公司的控制权,借壳上市是企业已经有了一家上市公司的控制权,它是对壳资源进行重新配置,但是一般媒体在报道时并不加以区分。

造壳上市是根据有关法律,在拟上市海外证券市场所允许的地点(如百慕达、开曼、库克群岛、英属处女群岛等地注册公司)注册一家控股公司或收购当地已经存续的公司,而后通过资产置换,将企业原有的优质资产置换进新注册的控股公司,再以控股公司的名义在海外证券市场直接上市融资。

造壳上市按境内企业与境外公司关联方式的不同,又可分成四种形式:控股上市、附属上市、合资上市、分拆上市。

控股上市:国内企业在境外注册一家公司,然后由该公司建立对国内企业的控股关系,再以该境外控股公司的名义在境外申请上市。

比较有代表性的是天威"造壳"海外上市的案例。其步骤为:首先,英利集团自然人股东及天威英利总经理苗连生将在英属维京群岛(BVI)设立全资拥有的 Yingli Power Holding Company Ltd.(以下简称英利 BVI),随后英利 BVI 将在开曼群岛设立 Yingli Green Energy Holding Company Limited(以下简称开曼公司),开曼公司再向英利集团收购其持有的天威英利 51%的股权,使天威英利变更为中外合资有限责任公司并纳入合并财务报表的合并范围。当开曼公司在境外上市成功后,所募得的资金将以增资方式注入天威英利。

附属上市:国内欲上市企业在境外注册一家附属机构,使国内企业与之形成母子关系,然后将境内资产、业务或分支机构注入境外附属机构,再由该附属公司申请境外挂牌上市。国内的民办大型高科技企业四通集团即是采用附属上市的方式达到在香港联交所间接挂牌的目的的。

合资上市:一般适用于国内的中外合资企业,在这类企业境外上市的实践中,一般是由合资的外方在境外的控股公司申请上市。1993 年 7 月,易初中国在美国挂牌上市,其合并报表采用权益法,其业绩和资产主要部分来自对外投资,即其在这些合资企业的股权带来的部分。易初中国在美国上市的是合资企业的外方股权,但上市所融资金 9 200 万美元全部投入合资企业,从而达到了境外间接上市的目的。

分拆上市:适用于国内企业或企业集团已经是跨国公司或在境外已设有分支机构的情况。

富益工程有限公司是由国内的大型跨国集团粤海集团控股的境外股份公司。粤海集团决定利用分拆上市的模式将富益工程的股权在澳大利亚上市。首先,粤海集团从其子公司粤海投资公司中分拆出分支机构粤海实业股份有限公司。由其持有富益工程 90%的股权。然后由粤海集团控制粤海实业在澳大利亚证交所上市。粤海实业在澳大利亚上市非常成功,并集资 3 900 万澳元。

借壳或买壳上市可在内地和海外证券市场进行，造壳上市主要是用于在海外市场融资。与直接上市融资相比，间接上市融资更适用于进入加速成长阶段、稳定发展阶段或成熟阶段的高新技术企业融资。

3）私募（VC/PE）融资

私募股权融资（VC/PE）是指融资人通过协商、招标等非社会公开方式，向特定投资人出售股权进行的一种融资手段，包括股票发行以外的各种组建企业时股权筹资和随后的增资扩股。私募的投资人，可以是天使投资人，也可以是专业风险投资人、富裕个人、信托投资基金等机构投资者。

（1）VC 融资。VC 是 venture capital 的简称，被译为风险投资、创业投资，或者风险创业投资。“venture”与一般意义上的风险（risk）的概念是不同的。“venture”不仅指人们从事其他活动伴随的不可避免的风险，还指一种主动承担风险的行为，而且这种行为不是铤而走险而是谨慎行事，在投资过程主要表现在风险投资对项目的精心筛选和科学论证上。

根据美国全面风险投资协会的定义，风险投资是由职业金融家投入新兴的、迅速发展的、有具大竞争潜力的企业中的一种权益资本；根据欧洲风险投资协会的定义，风险投资是一种由专门的投资公司向具有巨大发展潜力的成长型、扩张型或重组型的未上市企业提供资金支持并辅之以管理参与的投资行为；联合国经济和发展组织 24 个工业发达国家在 1983 年召开的第二次投资方式研讨会上认为，凡是以高科技与知识为基础，生产与经营技术密集的创新产品或服务的投资，都可视为风险投资；1999 年，科技部、国家计委、国家经贸委、财政部、人民银行、税务总局、证监会《关于建立风险投资机制的若干意见》中认为，风险投资（又称创业投资）是指向主要属于科技型的高成长性创业企业提供股权资本，并为其提供经营管理和咨询服务，以期在被投资企业发展成熟后，通过股权转让获取中长期资本增值收益的投资行为。

简单地说，风险投资是指由风险投资者提供风险资本，风险投资公司以风险企业为投资对象进行投资、管理、运作的一种融资过程与方式。

风险投资与常规投资的区别如表 9-10 所示。

表 9-10 风险投资与常规投资的区别一览表

<table>
<tr><th colspan="2">类 别</th><th colspan="2">风 险 投 资</th><th colspan="2">常 规 投 资</th></tr>
<tr><td rowspan="3">风险</td><td>技术上</td><td>创新型</td><td rowspan="3">风险大</td><td>成熟型</td><td rowspan="3">风险小</td></tr>
<tr><td>市场上</td><td>潜在市场</td><td>现时市场</td></tr>
<tr><td>管理上</td><td>变化大</td><td>变化小</td></tr>
<tr><td rowspan="2">资产</td><td>无形资产</td><td>大</td><td rowspan="2">无法抵押</td><td>小</td><td>可以抵押</td></tr>
<tr><td>有形资产</td><td>小</td><td>大</td><td></td></tr>
<tr><td>信誉</td><td>历史记录</td><td>无</td><td>无人担保</td><td>有</td><td>有人担保</td></tr>
</table>

资料来源：钱水土.中国风险投资的发展模式与运行机制研究[M].北京：中国社会科学出版社，2002.

投资一个成功的创业型中小企业，从筹划到风险投资成功退出一般要经历 4 个阶段，即种子期、初创期、成长期和成熟期。创业企业发展每一阶段的资金需求和来源都各不相同(图 9-4)。

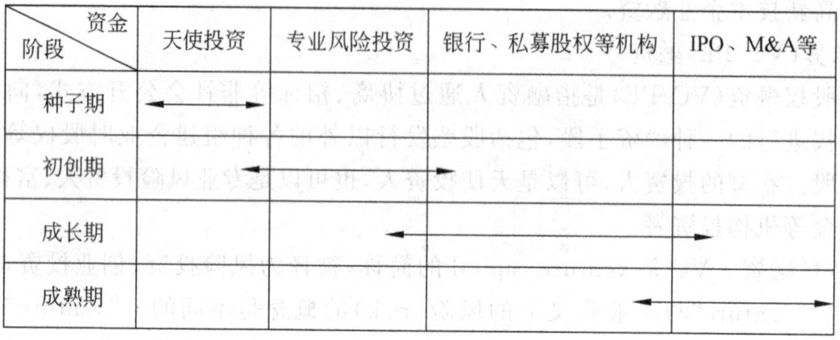

资金
阶段
天使投资
专业风险投资
银行、私募股权等机构
IPO、M&A等
种子期
初创期
成长期
成熟期

图 9-4 创业企业发展各阶段主要资金来源

处于种子期和初创期的创业企业,其技术创新活动所需投入的研发资金数量相对较少,此时的天使投资者(angel investment)利用自身所拥有的专业化知识与经验进行投资,成为处于这一阶段的创业企业最为重要的外部权益资本来源,而专业风险投资机构出于投资不经济性的原因,对这类投资项目规模较小、投资额较少的项目一般不感兴趣,会更偏好投资于那些处于初创期后期的企业,而不是投资于这一阶段的企业。

天使投资是风险投资的一种特殊形式,是自由投资者或非正式风险投资机构对于具有专门技术或独特概念的原创项目或小型初创企业,进行的一次性前期投资。天使投资在美国还有个别称叫"3F",即 family,friends,fools(家人、好友、傻瓜),意思就是,要支持创业,首先要靠一群家人、好友和傻瓜。天使投资的门槛较低,有时即便是一个创业构思,只要有发展潜力,就能获得资金,而风险投资一般对这些尚未诞生或嗷嗷待哺的"婴儿"兴趣不大。对刚刚起步的创业者来说,既吃不了银行贷款的"大米饭",又沾不了风险投资"维生素"的光,在这种情况下,只能靠天使投资的"婴儿奶粉"吸收营养并茁壮成长。Mike Markkula 就是一位天使伯乐。苹果创立之初,马库拉不仅自己投入 9.2 万美元,还筹集到 69 万美元,外加由他担保从银行得到的 25 万美元贷款,总额 100 万美元。1977 年,苹果公司创立,马库拉以平等合伙人的身份,正式加盟苹果公司,并出任副董事长,乔布斯担任董事长。马库拉更推荐了迈克尔·斯科特出任苹果公司首任首席执行官。马库拉在苹果公司任董事长,直到 1997 年离开。

创业企业到了初创期和成长期,随着技术创新活动的进一步开展,所需的研发资金逐渐增多,此时开始逐渐有专业风险投资机构介入,并成为这两个阶段技术创新研发资金的主要来源。企业信息透明度在风险投资的参与下会不断增强,创新的信息不对称程度不断降低,因而能够吸引诸如银行信贷资金、私募股权投资资金等其他资金的关注并逐渐介入。

随着企业的进一步成熟,开始逐渐显现出大规模研发资金对持续技术创新的重要性,此时,服务于高科技企业的创业板市场、股权交易所等可以为满足条件的创业企业提供更为广泛的资金来源,而风险投资则适时变现退出,以避免由于公开上市后技术扩散而引起的技术相对优势被弱化所导致的投资机会收益的下降。

由此可见，风险投资在创业企业发展中起着承前启后的核心枢纽作用，不仅从天使投资者手中接过资金支持企业技术创新的接力棒，也带动了其他渠道资金的介入，从而推动了一套梯次分明的与企业技术创新不同阶段相匹配的金融支持系统的发展。

风险投资具有以下基本特征：

第一，风险投资是一种权益投资。风险投资不是一种借贷资本，而是一种权益资本，其着眼点不在于投资对象当前的盈亏，而在于它们的发展前景和资产的增值，以便通过上市或出售达到蜕资并取得高额回报的目的。所以，产权关系清晰是风险资本介入的必要前提。

第二，风险投资是一种无担保、有高风险的投资。风险投资主要用于支持刚刚起步或尚未起步的高技术企业或高技术产品，一方面，没有固定资产或资金作为贷款的抵押和担保，因此无法从传统融资渠道获取资金，只能开辟新的渠道；另一方面，技术、管理、市场、政策等风险都非常大，即使在发达国家高技术企业的成功率也只有 20%～30%，但成功的项目回报率很高，故仍能吸引一批投资人进行投机。

第三，风险投资是一种流动性较小的中长期投资。风险投资往往是在风险企业初创时就投入资金，一般需经 3～8 年才能通过蜕资取得收益，而且在此期间还要不断地对有成功希望的企业进行增资。由于其流动性较小，因此有人称为“呆滞资金”。

第四，风险投资是一种高专业化和程序化的组合投资。由于创业投资主要投向高新技术产业，加上投资风险较大，要求创业资本管理者具有很高的专业水准，在项目选择上要求高度专业化和程序化，精心组织、安排和挑选，尽可能地锁定投资风险。为了分散风险，风险投资通常投资于一个包含 10 个项目以上的项目群，利用成功项目所取得的高回报来弥补失败项目的损失并获得收益。

第五，风险投资是一种金融与科技、资金与管理相结合的专业性投资。风险资金与高新技术两要素构成推动风险投资事业前行的两大车轮，二者缺一不可。风险投资家（公司）在向风险企业注入资金的同时，为降低投资风险，必然介入该企业的经营管理，提供咨询，参与重大问题的决策，必要时甚至解雇公司经理，亲自接管公司，尽力帮助该企业取得成功。

第六，风险投资是一种追求超额回报的财务性投资。风险投资是以追求超额利润回报为主要目的的一种投资行为，投资人并不以在某个行业获得强有力的竞争地位为最终目标，而是把它作为一种实现超额回报的手段，因此风险投资具有较强的财务性投资属性。

中小企业如何获得风险投资呢？一般认为应该具备的条件包括：①高科技。风险投资商特别偏爱那些在高技术领域具有领先优势的公司，如软件、药品、通信技术领域。如果创业企业能有一项受保护的先进技术或产品，那么它的企业就会引起风险投资公司更大的兴趣。这是因为高技术行业本身就有很高的利润，而领先的或受保护的高技术产品或服务更可以使风险企业很容易地进入市场，并在激烈的市场竞争中立于不败之地。②小规模。大多数风险投资商更偏爱小公司，这首先是因为小公司技术创新效率高，有更多的活力，更能适应市场的变化；其次，小公司的规模小，需要的资金量也小，风险投资公司所冒风险也就有限；从另一个方面讲，小公司的规模小，其发展的余地也更大。正如风险投资业界的一个笑话,说全球的风险投资商都追求做“养猪”专业户。投资家投资的项目就是从市场上买来“小猪”,买不是目的,养也不是目的,养大了上市赚钱才是目的。因而,风险投资商可以获得更大的收益空间或更多次的投资交易。③投资领域。一般的风险投资公司都有一定的投资区域,这里的区域有两个含义:一是指技术区域,风险投资公司通常只对自己所熟悉行业的企业或自己了解的技术领域的企业进行投资,因此各有其不相同的投资偏好。比如,创新投资集团、高新投等政府背景的投资机构风格严谨,偏好投资内部治理结构健全,管理规范的企业;国成、清华等投资机构由于拥有较强的技术、管理背景,偏好于投资早期的企业;而招商局科技集团、中海创投等拥有产业集团背景的创投机构,主要针对集团产业链中的企业进行投资。二是指地理区域,风险投资公司所资助的企业大多分布在公司所在地的附近地区。这样做的主要原因是便于沟通和控制。④管理和团队。风险投资机构的投资对象往往是一家企业,而不是具体个人、一个新思想或者是一项专利技术。风险投资家、风险投资商资助的是那些已经组成了管理队伍,完成了商业调研和市场调研的风险企业。创投界有句名言:宁愿投二流技术,一流团队的企业,也不投一流技术,二流团队的企业。投资商看重的是创业企业具有经营管理的经验和能力,有技术和营销人员配备均衡的管理队伍,有高效运转的组织机构,技术只是投资决策时考察的一个方面。⑤经验。在一般的投资项目中,投资者都会要求风险企业家有从事该行业工作前经历或成功经验。如果一个创业企业领导者声称他有一个极好的想法,但他几乎没有在这一行业中的工作经历时,投资者就会怀疑这一建议的可行性。⑥市场。有市场需求或有潜在市场需求的新技术、新产品,有需求,就会有顾客;有顾客,就会有市场;有市场,就有了企业生存发展的空间。考核市场情况的指标主要包括:产品市场规模、产品市场需求特性、市场进入难易程度和潜在增长;产品差别化程度,企业创造独一无二产品的技术技能及专利保护有效性;产品和技术被替代的可能性及其时间概率、潜在的竞争者数目。⑦盈利模式。清楚地告诉投资者你靠什么赚钱,是一项非常重要的条件。90%的商业计划书被投资经理浏览了一遍后便束之高阁,主要原因便是这些企业没有清晰的盈利模式。还有些企业,核心业务摇摆不定,客户群体经常变化,让投资者无从判断企业的投资价值,当然也就无法获得投资者的关注。

在企业和风险投资公司接触,达成初步合作意向之后,企业应该向风险投资公司递交一份比较正式的商业计划书。其主要内容包括以下几个部分:

①公司介绍。包括:公司基本情况、股权结构、股东背景、关联企业、历史沿革、公司大事记。②管理团队及人力资源。包括:组织构架、高级管理人员简介、人员结构和分布。③行业和市场。包括:市场环境分析、市场机会、竞争者、未来趋势。④商业模式。包括:产品(服务)介绍、独特性、市场定位、目标市场、目标客户、市场占有率、新产品开发、知识产权。⑤财务数据。包括:近3年的审计报告、财务分析报告、主要资产债务清单等。⑥融资计划。包括:资金需求及使用计划、投资风险、投资退出计划及可能投资回报。⑦发展规划与盈利预测。

风险投资机构对创业企业投入资金的同时也提供一系列的增值服务,帮助企业快速成长,实现企业增值。企业不同生命周期阶段风险投资的作用存在以下差异:

种子期是创业者提出创新设想和获取研究成果的创业准备阶段,所需要的资金量比较少，但是技术创新风险很高。风险投资机构基于风险和报酬的不匹配，而很少介入处于这一阶段的创业企业。

在初创期，企业规模较小，相应的人、财、物等资源都比较匮乏，产品的设计和样品生产已经完成并开始进入市场，需要投入时间和资金向消费者推荐新产品。这个阶段既是技术成果转化过程，也是创业者向企业家身份转化和松散自由的科研团体转化为具有严密组织结构和生产经营职能的经济实体，并获取和整合各种经济资源创立企业的过程。企业管理上，存在管理漏洞多、缺乏完善规章制度、内部组织结构不合理等问题。因此，资金需求数量激增、投入密度强，也是风险投资介入的主要阶段。风险投资一方面可以为企业提供急需的长期性股权资本，还可以帮助创业企业寻找其他的融资来源解决资金短缺的问题；另一方面风险投资机构可以凭借其丰富的管理经验和经营经验，帮助扩张中的创业企业招募合适的人才并完善激励机制，提升创业企业人力资本质量，帮助创业企业优化业务流程、规范管理和运作，改善营销的能力，建立合理的组织结构、促进先进的企业文化形成，风险投资机构通过参与创业企业的经营管理活动，防止融资中的逆向选择行为和融资后的败德行为。

在成长期，由于技术的日趋成熟，企业有迅速改进产品和将创造发明迅速投产的能力，并具有进行大规模的市场开发动力和能力。企业需要更多的资金进行设备扩充、生产规模扩张、市场开拓和后续研发。风险投资者继续帮助创业企业解决融资问题和不断出现的管理问题，并通过提供上下游产业链信息帮助其进行市场拓展和提高声誉。随着利润率降低，精通资本运作的投资者也在积极地计划和筹备最后的退出。

企业进入成熟期以后，企业的营业收入和现金流充裕稳定，人力、财力和物力资源丰富，组织结构合理，制度规范，并与外部相关利益者建立了较稳定的合作关系，但同时企业也日趋保守，学习和创新能力减退，导致企业产生衰退迹象。企业维持规模较大的生产经营需要较大的资金量，但是风险投资已经很少参与了，企业有能力通过银行信贷、发行股票或债券等其他方式融资。当然，风险投资机构即使退出投资，其咨询服务对企业仍有价值。此外，如果企业要开展收购计划，风险投资机构也能够提供相关服务。

风险投资主要在初创期和成长期介入创业企业并对智力资本的形成和积累起到重要作用，对处于成熟期和衰退期的创业企业智力资本创值作用的发挥仍然有一定延续作用。

(2) PE融资。PE即private equity的简称，也就是私募股权投资，从投资方式角度来看，是指通过私募形式对私有企业，即非上市企业进行的权益性投资，在交易实施过程中附带考虑了将来的退出机制，即通过上市、并购或管理层回购等方式，出售持股获利。

广义地讲，私募股权投资指对所有IPO之前及之后（指PIPE投资）企业进行的股权或准股权直接投资，包括处于种子期、初创期、成长期、成熟期阶段的企业。

狭义地讲，私募股权仅指对具有大量和稳定现金流的成熟企业进行的股权投资。在清科的报告中使用的是狭义上的私募股权投资，不包括风险投资（VC）。

中国的私募股权投资经历了三个阶段。

第一轮投资热潮开始于1991年，可投资金额从1991年的1 600万美元迅速发展到1995年的6.78亿美元。这轮热潮主要是国际上的私募股权投资机构投资中国的国有企业。当时很少有私募投资机构对私营企业感兴趣，主要是中国当时的市场化程度不高，国有企业拥有很多资源,私营企业在竞争中往往处于劣势。

第二轮投资热潮开始于1998年,这个阶段私募股权投资机构开始关注投资私营企业。随着改革开放的深化,证券市场的发展以及各项法律的健全,中国的私营企业得到了迅速的发展。新浪和搜狐在美国纳斯达克的上市,是这个阶段的代表。越来越多的私营企业,在私募股权基金的支持下,成功登陆美国和中国香港证券交易市场。

第三轮投资热潮开始于2004年,也就是网络泡沫破灭后开始恢复的时候。中国的私募股权基金从2004年的21家迅速发展到2008年的110家,投资金额也从2004年的12亿美元发展到2007年的37亿美元。这个时期,各行各业的私营企业都开始在全球各大证券交易所首次公开发行股票。2007年6月,《中华人民共和国合伙企业法》的修改,标志着中国的私募股权资本市场正式形成。私募股权投资基金也开始不断细分,例如有专注投资新能源行业的,有专注投资网络高科技的初创企业的,有专注投资成熟传统行业的。伴随着创业板的即将诞生,人民币基金的兴起以及各地政府的大力支持,中国的私募股权投融资市场的前景无比光明。

根据被投资企业发展阶段划分,私募股权投资主要可分为以下几类:

① 风险资本(venture capital)。风险资本主要投资技术创新项目和科技型初创企业,从最初的一个想法到形成概念体系,再到产品的成型,最后将产品推向市场。通过对初创企业提供资金支持和咨询服务,使企业从研发阶段充分发展并得以壮大。由于创业企业的发展存在财务、市场、营运以及技术等诸多方面的不确定性,因而具有很大的风险,这种投资能够持续的理由是投资利润丰厚,能够弥补其他项目的损失。

② 成长资本(development capital)。成长期投资针对的是已经过了初创期发展至成长期的企业,其经营项目已从研发阶段过渡到市场推广阶段并产生一定的收益。成长期企业的商业模式已经得到证实而且仍然具有良好的成长潜力,通常是用2～3年的投资期寻求4～6倍的回报,一般投资已经有一定规模的营收和正现金流,通常投资规模为500万～2 000万美元,具有可控的风险和可观的回报。成长资本也是中国私募股权投资中比例最大的部分,从2008年的数据来看,成长资本占到了60%以上。

③ 并购资本(buyout capital)。并购资本主要专注于并购目标企业,通过收购目标企业股权,获得对目标企业的控制权,然后对其进行一定的重组改造提升企业价值,必要的时候可能更换企业管理层,成功之后持有一定时期再出售。并购资本相当大比例投资于相对成熟的企业,包括帮助新股东融资以收购某企业、帮助企业融资以扩大规模或者是帮助企业进行资本重组以改善其营运的灵活性。并购资本涉及的资金规模较大,常达10亿美元左右,甚至更多。

④ 夹层投资(mezzanine capital)。夹层投资的目标主要是已经完成初步股权融资的企业。它是一种兼有债权投资和股权投资双重性质的投资方式,其实质是一种附有权益认购权的无担保长期债权。这种债权总是伴随相应的认股权证,投资人可依据事先约定的期限或触发条件,以事先约定的价格购买被投资公司的股权,或者将债权转换成股权。夹层投资的风险和收益低于股权投资,高于优先债权。在公司的财务报表上,夹层投资也处于底层的股权资本和上层的优先债(高级债)之间,因而称为"夹层"。与风险投资不同的是,夹层投资很少寻求控股,一般也不愿长期持有股权,更倾向于迅速退出。当企业在

两轮融资之间，或者在希望上市之前的最后冲刺阶段，资金处于青黄不接的时刻，夹层投资者往往就会从天而降，带给企业最需要的现金，然后在企业进入新的发展期后全身而退。这也是它被称为“夹层”投资的另一个原因。夹层投资的操作模式风险相对较小，因此寻求的回报率也低一些，一般在 18%～28%。

⑤ Pre-IPO 投资(Pre-IPO capital)。Pre-IPO 投资主要投资于企业上市前阶段，或者预期企业近期的规模与盈利已达到可上市水平的企业，其退出方式一般为上市后从公开资本市场上出售股票。一般而言，Pre-IPO 投资者主要有投行型投资基金和战略型投资基金两类。a. 投行型投资基金如高盛、摩根斯坦利等投资基金，它们具有双重身份——既是私募股权投资者，又是投资银行家。作为投资银行家，它们能够为企业的 IPO 提供直接的帮助，而作为私募股权投资者的身份则为企业的股票进行了价值“背书”，有助于提升公开市场上投资者对企业股票的信心，因此投行型投资基金的引入往往有助于企业股票的成功发行。b. 战略型投资基金，致力于为企业提供管理、客户、技术等资源，协助企业在上市之前建立起规范的法人治理结构，或者为企业提供专业的财务咨询。Pre-IPO 投资具有风险小、回收快的优点，并且在企业股票受到投资者追崇的情况下，可以获得较高的投资回报。

⑥ PIPE 投资(private investment in public equity，PIPE)。PIPE 指投资于已上市公司股份的私募股权投资，以市场价格的一定折价率购买上市公司股份以扩大公司资本的一种投资方式。PIPE 投资分为传统型和结构型两种形式，传统型 PIPE 由发行人以设定价格向 PIPE 投资人发行优先股或普通股，结构型 PIPE 则是发行可转换为普通股或者优先股的可转债。相对于二次发行等传统的融资手段，PIPE 的融资成本和融资效率相对较高，监管机构的审查较少，而且不需要昂贵的路演成本，这使得获得资本的成本和时间都大大降低。PIPE 比较适合一些不希望应付传统股权融资复杂程序的快速成长为中型企业的上市公司。

PE 融资具有以下主要特点：

(1) 在资金募集上，主要通过非公开方式面向少数机构投资者或个人募集，它的销售和赎回都是基金管理人通过私下与投资者协商进行的。另外在投资方式上也是以私募形式进行，绝少涉及公开市场的操作，一般无须披露交易细节。

(2) 多采取权益型投资方式，绝少涉及债权投资。PE 投资机构也因此对被投资企业的决策管理享有一定的表决权。反映在投资工具上，多采用普通股或者可转让优先股，以及可转债的工具形式。

(3) 一般投资于私有公司即非上市企业，绝少投资已公开发行公司，不会涉及要约收购义务。

(4) 比较偏向于已形成一定规模和产生稳定现金流的成形企业，这一点与 VC 有明显区别。

(5) 投资期限较长，一般可达 3～5 年或更长，属于中长期投资。

(6) 流动性差，没有现成的市场供非上市公司的股权出让方与购买方直接达成交易。

(7) 资金来源广泛，如富有的个人、风险基金、杠杆并购基金、战略投资者、养老基金、保险公司等。

(8) PE 投资机构多采取有限合伙制，这种企业组织形式有很好的投资管理效率，并避免了双重征税的弊端。

(9) 投资退出渠道多样化,有 IPO、售出(trade sale)、兼并收购(M&A)、标的公司管理层回购,等等。

PE 与 VC 虽然都是对上市前企业的投资,但是两者在投资阶段、投资规模、投资理念和投资特点等方面有很大的不同。

很多传统上的 VC 机构现在也介入 PE 业务,而许多传统上被认为专做 PE 业务的机构也参与 VC 项目,也就是说,PE 与 VC 只是概念上的一个区分,在实际业务中两者界限越来越模糊。比如著名的 PE 机构如凯雷(Carlyle)也涉及 VC 业务,其投资的携程网、聚众传媒等便是 VC 形式的投资。

另外,PE 基金与内地所称的"私募基金"有着本质区别。PE 基金主要以私募形式投资于未上市的公司股权,而私募基金主要是指通过私募形式,向投资者筹集资金,进行管理并投资于证券市场(多为二级市场)的基金。

9.2.3 中小企业的互联网融资

互联网金融(ITFIN,Internet finance)是依托于网络融资平台的云计算、移动支付、大数据分析、搜索引擎以及电子商务等现代信息技术开展的资金融通活动,实现资金融通、支付、投资和信息中介服务的新型金融业务模式。2014 年 4 月中国人民银行发布《中国金融稳定报告(2014)》,报告首次定义中国互联网金融形态,互联网支付、互联网借贷、众筹融资等模式被纳入。央行 2014 年 11 月底的数据显示,我国互联网金融规模已接近 10 万亿元。互联网"开放、平等、协作、分享"的精神向传统金融业态渗透,将对人类金融模式产生根本影响,从广义上讲,具备互联网精神的金融业态统称为互联网金融。

中国互联网金融发展历程要远短于美欧等发达经济体。截至目前,中国互联网金融大致可以分为三个发展阶段:第一个阶段是 1990—2005 年的传统金融行业互联网化阶段;第二个阶段是 2005—2011 年前后的第三方支付蓬勃发展阶段;而第三个阶段是 2011 年至今的互联网实质性金融业务发展阶段。在互联网金融发展的过程中,国内互联网金融呈现出多种多样的业务模式和运行机制①。

基于互联网精神和"草根性",互联网的发展注定要与中小企业融资联系在一起。互联网融资的兴起使我国中小企业不再局限于传统融资方式,而是运用大数据和云计算等现代信息技术,发挥互联网融资服务效率高、交易成本低、信息相对对称、跨地域服务等多种优势缓解中小企业融资约束。基于互联网的 P2P 网络融资、众筹模式和阿里小贷等主要面向中小企业的新融资模式的不断涌现,既表现出外部科技发展给予金融业发展的机遇和挑战,又体现了金融市场在逐渐发现中小企业融资巨大发展前景的过程中也在适应环境变化而进行不断创新。根据资金来源不同,中小企业可以选择的互联网融资渠道主要有以下三种:银行系统、电商小贷系统和民间资本系统。

1. 银行系统互联网融资

银行始终是信贷业务资金来源的主体。商业银行系统利用网络化发展提供信贷业务

---

① 皮天雷,赵铁. 互联网金融:范畴、革新与展望[J]. 财经科学,2014(6).

主要包括三种情况：①利用网络技术对传统信贷业务加以改造和创新，如目前最普遍的通过网上银行或手机银行等电子商务手段提供贷款业务。“善融商务”是中国建设银行探索利用银行网点以外的网络平台服务模式，这种集交易和金融于一身的综合平台能够更有效地扩展商业银行的信贷融资渠道。②与外部金融机构合作利用互联网技术提供信贷服务也是一个重要方面，如商业银行、网络平台和物流平台这三个主体进行合作，通过将资金流、信息流和物流三类资源进行有效整合，形成覆盖整个网络商品供应链条的融资平台，这类比较典型的例子就是建行和工行与阿里巴巴公司合作的“e 贷通”、“易融通”服务。③商业银行与其他网络借贷平台合作通过处理网络借贷平台推荐的融资项目，分析信贷业务的可行性，对借款人提供贷款的一种业务，如“360 易贷通”。这种信贷业务可以看作商业银行将自己信贷业务数据收集、审核、指导等一部分业务外包给相应的网络融资平台，由这些融资平台搜索、整合银行的信贷产品，为有需要的中小企业提供服务和指导，但最终资金来源仍然是商业银行，也是按照银行传统的审贷方式进行信贷业务。

2. 电商小贷系统互联网融资

电商小贷系统互联网融资是资金来源于电子商务企业，面对电子商务网站交易会员，依托于丰富的网络交易数据资源，按照对这些数据的挖掘和处理转换成的信用衡量标准来提供信贷业务的新型融资模式。电商小贷型融资模式能够迅速发展的政策基础在于 2008 年银监会、中国人民银行正式发布了《关于小额贷款公司试点的指导意见》。在这一政策基础上，电商小贷型融资模式犹如雨后春笋般在国内出现并发展。电商小贷型融资模式经历了从早先电子商务企业与银行合作将数据传给银行作为贷款的决策依据，到电子商务企业自己设立小贷公司提供贷款的过程，而且越来越多的第三方电子商务企业向融资领域进行深层次的探索，互联网融资已经成为电子商务重要的服务领域。

电商小贷型融资模式中最为著名的是阿里小贷。阿里巴巴集团推出的“e 贷通”和“易融通”产品以及一系列电子商务型融资模式，在开始运行至 2010 年的 4 年间，为集团积累了大量信用数据信息，建立了一整套信用评价体系，并打造了一系列应对贷款风险的控制机制。2011 年，阿里巴巴在积累了大量信用数据信息之后放弃了与银行系统的合作，开始单飞，开启了电商小贷型融资模式这一新篇章。通过分别在浙江和重庆成立阿里巴巴小额贷款股份有限公司在全国范围为电子商务领域小微企业提供融资服务，成就了著名的阿里小贷模式。在这之后，京东、苏宁等也紧随其后，相继推出了“京东贷”“苏宁贷”等电商小贷平台。截至 2014 年 2 月，阿里巴巴放弃了与银行的合作，为互联网企业和个人创业者提供贷款业务的新型融资服务机构已经为超过 70 万家小微企业提供了信贷服务，贷款金额超过 1 700 亿元。

相比传统的银行贷款业务，两者之间的共同之处在于，它们都属于“一对多”的机构贷款业务形式。但是除了资金来源这一不同点之外，它们之间的本质区别是提供贷款的依据和衡量标准的差异，传统商业银行包括大部分网上银行的贷款业务能否实现由企业的信用和抵押担保来决定，而小贷平台模式贷款业务的完成由互联网交易数据决定。这种差异性引起信贷业务革命性改变的同时更形成了中小企业寻求信贷服务的一种渠道。第一，抵押物不再是中小企业申请融资的必需品，降低其信贷业务的成本；第二，全新的信用评价机制为中小企业免费提供了资信证明，缩减了其获得贷款的时间成本；第三，贷款流程发生了变革,实现了线上申请、线上放款和线上还款业务;第四,信息不对称现象得到了改观,降低了为中小企业提供贷款的风险。

3. 民间资本系统互联网融资

民间资本系统互联网融资是资金来自社会大众(或网民),由网络融资平台整合每个个体提供的小部分资金,社会大众依托于资金需求者在互联网平台发布的信息做出出资决定,针对个人、企业、项目提供信贷业务的一种融资模式。其主要特点是资金来自社会大众。P2P网络借贷平台和众筹平台是目前最主要的民间资本系统互联网融资形式。

1) P2P网络借贷(P2P network lending)

P2P是person-to-person或peer-to-peer的英文缩写。P2P小额借贷是一种将非常小额度的资金聚集起来、借贷给资金需求者的商业模式,其社会价值主要体现在满足个人资金需求、发展个人信用体系和提高社会闲散资金利用率三个方面,由2006年"诺贝尔和平奖"得主尤努斯教授(孟加拉国)首创。随着互联网技术的快速发展和普及,P2P小额借贷逐渐由单一的"线下"模式转变为"线下"与"线上"并行。它具有审批方便、操作快捷和降低信息不对称等多重优势。2005年英国成立的Zopa公司是世界上第一家P2P网络借贷公司。经过不断衍生和创新,P2P在美国进一步发展,产生了诸如Lending Club、Prosper等知名公司。2007年8月,中国第一家P2P网络借贷公司拍拍贷成立。截至2016年3月31日,全国累计P2P平台数量达到3 984家。

根据平台功能不同,P2P网络借贷模式主要有以下四类:①担保机构担保交易模式。此类P2P金融平台作为中介,平台不吸储,不放贷,只提供金融信息服务,由合作的小贷公司和担保机构提供双重担保。此类平台的交易模式多为"1对多",即一笔借款需求由多个投资人投资,此种模式的优势是可以保证投资人的资金安全。由国内一些大型担保机构联合担保,如果遇到坏账,担保机构会在拖延还款的第2日把本金和利息及时打到投资人账户。有些平台推出了债权转卖交易,如果投资人急需用钱,可以通过转卖债权,从而随时把自己账户中的资金取走,这也是最安全的P2P模式。②P2P平台下的债权合同转让模式。可以称其为"多对多"模式,借款需求和投资都是打散组合的。例如,由宜信负责人唐宁自己作为最大债权人将资金出借给借款人,然后获取债权对其分割,通过债权转让形式将债权转移给其他投资人,获得借贷资金。③大型金融集团推出的互联网服务平台。此类平台有大集团的背景,且是由传统金融行业向互联网布局,如陆金所就拥有4个亿的注册资本。陆金所P2P业务采用线下的借款人审核,并与平安集团旗下的担保公司合作进行业务担保,配备专业团队来做风险控制。④以交易参数为基点,结合O2O(online to offline,将线下商务的机会与互联网结合)的综合交易模式。例如,阿里小额贷款为电商加入授信审核体系,对贷款信息进行整合处理。这种小贷模式创建的P2P小额贷款业务凭借其客户资源、电商交易数据及产品结构占得优势,其线下成立的两家小额贷款公司对其平台客户进行服务。线下商务的机会与互联网结合在了一起,让互联网成为线下交易的前台。

2) 众筹模式(crowdfunding)

众筹模式是一种利用互联网传播特性,通过团购+预购的形式募集项目资金的一种融资模式。众筹不针对企业和公司,只对项目提供所需要的资金援助。相对于传统的融资模式,众筹模式能否获取资金并不单单取决于投资项目的商业价值,而是取决于众筹过程中每一个投资个体的主观意愿,也许仅仅是因为对这个项目的喜爱和兴趣,就能够为项目的启动获得一笔资金,这种开放式的融资模式对于小本经营或是独立创作的团队(个人)提供了无限的可能。

2011 年 7 月国内第一家众筹网站——点名时间正式上线。随之而来的还有众多同类网站,诸如众筹网、海色网、点火网等几十家众筹网站在 3 年不到的时间里先后成立。但是目前国内众筹平台还处于起步阶段,由于起步时间短、项目选择面较窄、国内认可率较低等多种因素影响,众筹平台上的大量项目无法成功募集,目前众筹项目的成功率还是低于 50%。另外还有一些募集成功的项目由于后期操作不当导致始终无法兑现承诺也给众筹模式的发展带来不好的影响。最重要的是,众筹模式这一“舶来品”在国内还没有一个健康的政策法律环境,这也为众筹模式在国内的发展增加了一丝不确定性。首先我们要注意众筹模式的两大特点包括:一是面向不确定的群体;二是给予一定的回报。与《最高人民法院关于审理非法集资刑事案件具体应用法律若干问题的解释》(以下简称《解释》)规定中明确指出的四条非法集资的特点中的两点相同,包括承诺还本付息和面向社会不确定的对象筹集资金。同时,由于众筹模式还没有法律上的明确界定,当然也就不存在经过有关部门批准这一条了。对照《解释》中的明确定义,我们可能会认为这是专门针对众筹模式出台的法规条文。就因为这一法律问题上的不确定,众筹模式这一个方兴未艾的产业能否在我国金融体系中走出一条适合自己的道路还需要政府和社会之间的进一步协调。

按众筹的目的主要有以下四种模式:①捐赠型众筹。此类众筹项目的支持者在针对特定项目进行支持后不会获得任何经济上或物质上的回报。这种模式与传统募捐获得的区别在于,支持者在支持捐赠型众筹时,会被告知捐赠资金的具体用途或使用渠道,而传统型募捐则通常不一定会告知。②奖励型众筹。此类众筹项目的支持者在对项目发起人创建的项目给予支持之后,通常会获得非金融性的奖励或回报。这种奖励有时会是特定的项目产品,有时也可能仅仅是一种象征,如 VIP 资格,或印有某种 LOGO 的 T 恤等。③债务型众筹。此类众筹模式主要是指资金需求方通过众筹中介平台发布资金借款请求,并由平台上的其他参与者以自身资金对其进行出借的行为。④股权型众筹。此类众筹主要是指项目发起人以自身企业或项目的股权为依托,通过众筹平台发布融资需求,向平台参与者筹集大量资金。后面这两类融资方式通常发生于初创企业或中小企业的前期阶段,对缓解中小企业融资约束起到至关重要的作用。

P2P 网络借贷平台和众筹平台,其共同特点是资金来自社会大众,平民参与,小额出资,并且出资依据凭借的是资金需求者利用互联网平台发布的信息,大部分业务线上完成,是标准的互联网金融模式。

综上所述,我们可以据此构建中小企业互联网融资体系图,如图 9-5 所示。

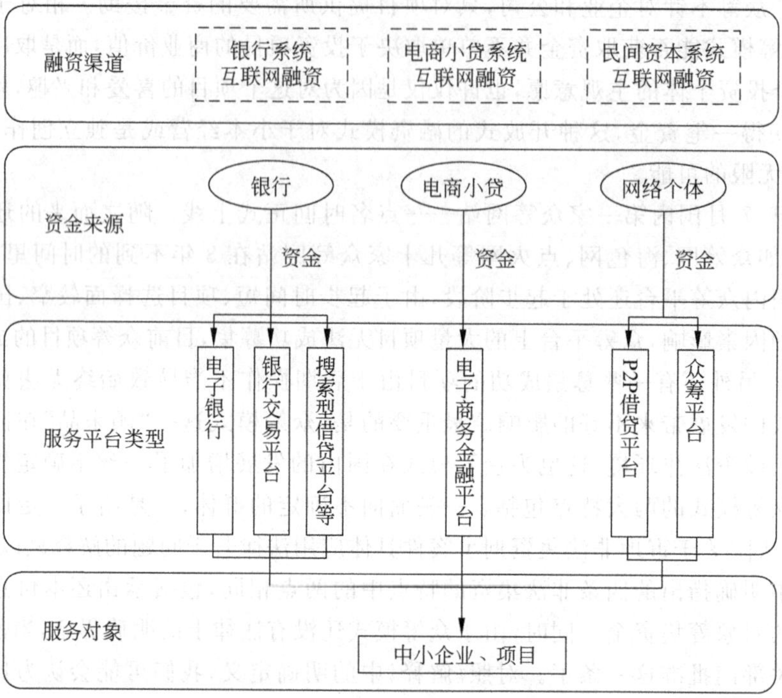

图 9-5 中小企业互联网融资体系

9.3 中小企业投资管理

投资对于中小企业的生存与发展具有不同寻常的重大影响,特别是企业进行的长期投资,不仅金额大,而且期限长,投资方案在实施之后再做出调整的可能性比较小,投资效果的优劣对于中小企业的长远发展意义极为重大。一旦中小企业投资决策不当或者管理不善,企业的经营效益就会下降,这样不但难以实现企业长远发展的目标,而且还有可能导致企业无法维持目前的经营规模,从而失去现有的市场竞争力。

9.3.1 中小企业投资的特点和误区

相比于大中型企业的投资管理,中小企业投资有其特点,也存在一些误区。

1. 中小企业投资的特点

中小企业是以民间资本为主体、投资规模小、企业数量多、稳定性较差、组织结构松散的投资群体,其投资呈现出以下特殊性:

1) 投资主体的单一性

中小企业中的大多数企业是独资企业,其投资主体一般是一个独立的自然人,资本金来源单一、规模小、势单力薄、抗风险能力弱。

2) 投资行业的分散性

中小企业以规模小、转向快而渗透到各行各业,因受资本的限制,既不能向同一产品的上游产品和下游产品进行纵向开发，又无力向关联产品进行横向扩张，投资组合受到限制。

3）项目选择的不稳定性

中小企业为了追求投资收益最大化，往往采用“短、平、快”的专业化投资战略。它们没有能力主宰市场，而只能选择细分的目标市场，即只能随行就市选择投资项目，当项目进入衰退期，立即转向或撤退，以规避投资风险。

4）项目周期的短期性

由于中小企业选择的投资项目大多属于低门槛，易进入的完全竞争性项目，在激烈的市场竞争中，这些项目的寿命周期越来越短。这是导致中国中小企业存活期仅 5～7 年的重要原因。

5）投资风险大

中小企业的投资风险主要体现在以下几方面：一是中小企业由于受资金的限制，不能有效地通过投资组合分散风险。二是中小企业因其经营环境的不确定，抗风险能力弱，导致投资决策的风险性较大。因此，中小企业一旦投资失误，可能面临灭顶之灾。三是有些中小企业的人员素质整体不高，管理水平偏低，缺乏驾驭风险和规避风险的能力，尤其是一些私营中小企业，主要管理人员没有树立风险意识，投资随意性大，导致其投资项目风险更高。

2. 中小企业投资管理的误区

中小企业投资与大型企业不同的自身行为模式，往往导致诸多战略和战术失当的问题，成为制约中国中小企业持续、稳定发展的主要因素，主要表现在以下几方面。

1）投资前缺乏整体战略和核心能力培育意识

我国中小企业所选择的投资项目大多与社会对某种商品的需求有关。当某种商品受到消费者的青睐时中小企业就会竞相快速投产，企业得以快速发展；当消费者偏好发生改变时，该产品的需求锐减又使生产这些商品的中小企业陷入经营困境。中小企业经营者过分追求短期盈利能力，忽视企业的长远发展，经常出现投资决策近视问题，诱致企业生命周期短暂。

很多中小企业在市场中发展过快，还未来得及思考企业的前景和方向，发展速度就已经超过预想，所以许多中小企业根本没有一个完整的战略规划。一些中小企业所谓的“战略”实质上仅是一个远景展望，如营业额要达到多少，利润要达到多少等，而对企业面临的机遇与挑战、行业的优劣势因素、竞争对手的情况，以及核心竞争力的培植等深层次问题，大多数中小企业都没考虑。一些中小企业所进行的固定资产投资项目或是为维持生产经营，或是进行技术创新，只考虑了眼前的需要，没有将其与企业的战略发展规划紧密联结在一起，既容易造成投资浪费，又不利于企业长期发展。如果中小企业有自己独特的技术或核心竞争力，就使大企业想吃却吃不掉它。

2）投资前不重视市场调研

调查显示，中国企业普遍存在的问题中，一个重要方面便是不重视市场调研，缺乏对供需关系的研究，产品设计和制造不能完全针对市场。中小企业尤其如此，既没有专职的市调人员，更没有独立的市场部门，好的专业市场调研公司又请不起。不深入调研分析市场的结果,就是将来产品一旦生产出来,可能不像他们早期“拍脑袋”预期的那样好销,与市场需求不匹配或者市场不接受。

新项目的决策成败,主要在于市场调研的深度和重视程度,许多中小企业对市场调研的认识和重视程度不够。市场调研包括市场调查和营销分析,不仅要有真实可靠的实地调查数据,更重要的是,要根据已有的真实材料进行分析。市场调研是系统地收集、记录、分析和报告信息的过程。如果在没有对目标市场及竞争对手进行准确的分析预测、对项目进行必要的可行性论证,既缺信息又缺调研资料的情况下,盲目地为进入市场或扩大市场而草率投资,成功只能靠运气,可能造成事与愿违的结果,导致投资失败。

3) 投资决策人才缺乏、决策程序混乱

企业的企结构上由上面的“人”和下面的“止”构成,寓意是企业失去人(人才)将停止。许多中小企业在进行长期项目投资时,通常的做法是找几个懂得一定技术的人员,组成投资决策团队,寻找回报高的投资项目。还有些中小企业的投资完全取决于决策者,如董事长、总经理等高层管理人员的个人偏好、经验和知识,缺乏长远发展战略考虑,不经民主决策程序,没有必要的投资论证,盲目投资、意气投资、感情投资、政治投资等现象层出不穷。

按照科学投资决策的新项目投资人员的合理配置应是40%的市场营销人员,30%的经济理财人员,30%的技术环保人员,并且遵循“投资项目提出—投资项目评价—投资项目决策—投资项目实施—投资项目再评价”科学的投资决策程序,通过市场研究来确定项目建设的必要性,通过企业战略、经济环境、政策研究以及盈利能力的财务分析确定项目的合理性,通过技术环保论证确定项目建设的可能性和成长性。目前我国大部分中小企业做不到这一点,不合理的人员配备导致项目投资决策程序混乱,投资效果不理想。

4) 投资资金不足

由于我国中小企业普遍存在自有资金不足问题,加之证券市场门槛高,创业投资体制不完善,公司债券发行的准入障碍多,中小企业难以通过资本市场公开筹集大额资金。中小企业普遍缺乏长期稳定的资金来源,不仅权益资金的来源有限,而且获得外部长期债务支持的难度很大。内源融资比重高而资金实力有限和外源融资障碍重重并存,使得绝大部分中小企业普遍陷入融资困境,以致投资资金不足,造成一些中小企业缺乏投资的动力,不愿将资金投放到回报率较高但风险较大的项目。

5) 投资后不重视项目管理

中小企业出于节省成本的考虑一般尽可能减少人员数量,对于既定的投资项目大多派一两个人进行监督,很少有企业配备专业人员进行必要的管理。项目管理缺乏整体思路,往往导致成本上升,投资增加,项目建设不能按期完工。

6) 投资环境不完善

企业投资效率与投资环境具有很强的关联性,中小企业投资的成效有赖于投资环境的改善。目前我国中小企业投资环境还很不完善,主要体现在:①缺乏高素质投资理财人员。我国中小企业资金实力较弱、管理不规范、制度不健全、员工福利缺乏保障等问题,导致中小企业对高素质的投资理财人员缺乏吸引力。而低素质的财会人员使得中小企业的财务信息缺乏决策相关性,投资决策丧失可靠的财务信息根基,单凭拍脑袋决策往往酿成投资失败的恶果。②中介机构服务质量低。中小企业社会化服务体系是由政府和全社会经济组织共同建立的一个市场体系。许多中介服务机构正处于转型期和制度创新时期，拥有政府背景的中介服务机构因垄断地位而缺乏质量提高的危机感和意识。③中小企业服务机构缺乏监督。近年来，社会营利性服务机构发展很快，囿于地方政府财力限制，政府对咨询机构、会计师事务所、律师事务所等服务机构，缺乏严格的监管制度或监管执行不力，导致中小企业投资缺乏运行有序的投资环境。

9.3.2 基于可持续发展的中小企业投资战略

1. 制定投资战略应考虑的因素

制定投资战略应考虑的因素有：企业整体发展战略、企业所处生命周期、企业所处行业发展前景、企业管理层的风险偏好。

1）企业的整体发展战略

中小企业的投资战略是在既定的企业整体发展战略基础上制定的，是为企业的总体发展、竞争战略服务的。企业现有的整体战略对投资战略的制定、分析、决策、实施和评价影响重大。作为企业总体战略的职能战略部分，投资战略是企业总体战略目标实现的途径，是企业总体发展、竞争战略得以实现的前提保障。战略制定、实施得有效与否，最终决定了企业总体战略的目标能否实现。因此，企业投资战略的制定应当以企业的整体发展战略为导向。

2）企业所处生命周期

企业所处生命周期的不同阶段，企业发展、竞争的目标各不相同，为达到目标而制定各具侧重点的投资战略方案。

3）企业所处行业发展前景

企业所处行业发展前景往往制约了企业投资战略的研究方向。由于中小企业产品所属行业多是一个大行业里的细分行业。如果仅对大的行业进行分析，很难准确判断受评主体所处行业的前景，也难对受评企业做出客观评价。因此，分析中小企业时，重点分析企业所属细分行业的特征及发展趋势。

在分析时，应综合考虑宏观经济走势、区域经济状况、行业政策及法律、市场供求、国内外竞争、技术进步等对行业的整体影响，并进一步分析企业所在细分行业和市场的可能变化，以及行业基本竞争形态、行业内主要厂商、原材料供应情况、进入门槛、替代品、消费者状况等，由此对中小企业的经营方向和稳定性做出判断。

在行业发展前景良好的时期，为使企业的后期经营活动向纵深发展，以技术创新、开发新产品、提高管理水平为重点投资项目；反之，若企业所处行业发展前景不容乐观，企业投资战略往往倾向于分拆、撤退、转移战略，使企业能够尽早收回早期的投资转而向新的领域发展。

4）企业管理层的风险偏好

在其他条件相同的情况下，当中小企业的管理层对风险的厌恶程度较弱时，其选择投资策略时会倾向于风险较高的策略以博取较高的杠杆效益；反之，当中小企业的管理层对风险的厌恶程度较高时，将会选择风险较低的投资策略以回避风险，以求降低投资收益的不确定性。

2. 中小企业目标聚焦投资战略的要点①

企业快速成长的战略有两种:多元化经营战略和目标聚焦经营战略。自20世纪80年代以来,我国的许多中小企业在扩张中,基于经营风险的考虑,往往采取多元化经营战略,即将资金投向多个经营方向。实践的结果是,企业不仅没有做大做强,反而陷入资源困境,难以自拔。多元化经营策略有其难以克服的弊端,即受资源分散限制,企业往往不能集中资源优势,形成核心竞争力。多元化经营的结果往往使企业成为竞争的追随者而不能是行业的主导者。

从资金和技术角度来看,中小企业规模普遍偏小,存在先天不足,与其全面出击,不如重点进攻。从世界一些知名企业发展的历史来看,多数企业,包括可口可乐、万宝路、微软公司等都是从单一产品起家的;从战略角度来看,集中优势打好主攻战亦为兵家决策常胜之道,而"蜻蜓点水""胡椒面到处撒",把有限的战略资源化整为零,这是兵家大忌;多元化经营对经营管理者的素质要求很高,虽然从理论上看,多元化经营战略可以分散经营风险,给企业成长带来好处,但运用不当,徒然分散了企业的人力、物力和财力,好理论、好战略也可能成为企业发展的绊脚石。我国大多数中小企业在单一经营条件下,产品尚且缺乏市场竞争力,如果不讲实际,一味追求多元化经营,可能反而剥夺了中小企业生存和发展的机会。市场如战场,当企业资源有限时,应尽可能发挥资源的整体优势,才有利于市场竞争。因此,我们应从中小企业经营管理的实际水平和能力出发,在多元化经营战略选择中慎之又慎,防止欲速而不达。

西方的资源基础理论与价值链理论充分论证了任何一个企业都不可能在所有业务上成为世界上最杰出的企业,只有优势互补,才能共同增强竞争实力。同时,只有实施目标聚焦战略,才能巩固自己在供应链中的地位。因此,就我国中小企业而言,目标聚焦战略是企业成长的理性选择。因为目标聚焦战略,一方面可以有效避免中小企业的资源缺陷,另一方面可以有效整合现有的资源,聚焦资源于主业,培育企业的核心竞争能力。

中小企业运用目标聚焦的投资战略应从以下三个方面着手:

1) 选择正确的主业

中小企业可持续发展,首要任务是选择一个在较长时期内最具发展前景的主业,这是中小企业可持续发展的初始投资起点。首先,中小企业应该以国际技术、经济发展趋势和国家、地方的产业政策为导向,积极地进行目标选择。目前,从企业长期发展来看,我国中小企业的目标选择应对准服务业和被称为"第四产业"的IT行业。这是因为,与全球经济状况相伴随的市场现实是:一方面市场需求的回落削弱了整个价值链中传统的生产和销售环节;另一方面整个价值链中的增值环节明显地向产品使用和维护等下游环节转移。下游环节不仅能创造大量的营业额,同时还是公司重要的增值来源。与传统的生产环节相比,下游环节对投资规模要求较低,但创造的收益却较高。中小企业应根据国内外环境和国家产业政策选择切入点,充分利用其中蕴含的商机,降低经营风险,减少发展中的政策壁垒,充分利用政策资源。其次,企业应根据自身条件进行目标选择。我国中小企业应该从自身的资金实力、管理资源、人才力量及对产业的驾驭能力出发,量力而行,选择适合

① 王静,李淑平.高级财务管理[M].武汉:武汉理工大学出版社,2007.

自身发展的主业目标。同时，也应注意到在发达国家已经属于衰退期的产业，由于其技术成熟，设备先进，在我国仍具有一定的发展前景。最后，中小企业要适时调整主业目标。一旦原先选择的主业目标已无利可图，企业就应该收缩战线，进行资产重组，果断退出原主业。

2）剥离副业，突出主业

对于已经实施了多元化经营战略的中小企业，在确定了应聚焦的目标主业后，应积极地剥离副业。实践证明：主业突出的公司更具有竞争力和可持续发展的能力。如我国的万科公司，它卖掉了"怡宝蒸馏水"等产品项目，努力整合核心能力和强化核心产业。从1994年起，即以城市中档居民住宅为主，一改过去公寓、商场、别墅、写字楼什么都干的做法，从而确立了其在房地产行业的竞争优势和领先地位；美国通用电气公司实行"数一数二"的目标聚焦策略，使其主要产品必须在全球市场占据第一或第二的位子，充分掌握了市场主动；IBM公司只留下了能进入世界前3名的经营领域，其他100多个部门都被砍掉。因此，有益的剥离可以使中小企业利用有限的资源集中发展核心能力，剥离所释放的现金可以支持企业的目标主业，提高主业的资产周转率。当中小企业进行多元投资使得企业不能同时在多元领域进行有效竞争时，应及时调整企业的经营战略，剥离那些经营效率低的副业，获取企业主业发展所需的资金。

3）培育核心竞争力

中小企业要可持续发展，就要从以下方面培育企业的核心竞争力：①致力于核心竞争力的技能和专长的获得。②中小企业在企业内部管理层各方面进行竞争力要素整合，以形成整体竞争力，这是一个扩展、壮大和提升的过程。③将核心竞争力集中在开发核心产品上。④中小企业的成长目标应同时兼顾短期目标和长期目标。企业的成长过程是量的成长和质的成长相结合的过程，其中质的成长是最核心的问题，如销售额、利润额、人员等经营资源数量的增加是量的成长，而经营资源的性质、结构和支配主体的革新为质的成长，包括技术和产品创新、组织结构创新、管理制度创新等。中小企业应该走以质的提高、内涵扩张为主的发展道路。⑤中小企业应利用核心竞争优势建立外向化的战略联盟。所谓外向化是指企业凭借自身的核心优势，有效整合和利用外部的相关资源，这些资源能够与企业自身的资源发挥协同作用。资源的有限性与市场需求的无限性是中小企业始终面临的主要矛盾，而技术创新压力、规模的不断扩张和瞬息万变的市场使中小企业仅靠其内部资源已力不从心，它迫切需要突破有形组织结构的界限，充分利用外部资源，从而形成在整个价值链环上的竞争优势。所以，中小企业利用各自的核心优势，建立外向化的资源联盟，就可以弥补资源不足的缺陷，保持持久的竞争优势。

3. 不同生命周期下投资战略的制定①

1）初创期的投资战略

在企业创业阶段，企业总体发展战略的基调为"通过新产品的研制与开发，成功地向市场推出具有竞争力的产品，以便抢占一定的市场份额，为日后的进一步发展奠定市场基础"。在这一目标的推动下，制定企业投资战略的程序为：根据市场的竞争状况，收集并

① 于洋，卜穆峰.中小企业投资战略的制定与选择[J].经济研究导刊，2009(4)：30-31.

整理与本企业的发展有关的信息,经过周密的财务可行性分析为企业拟定具有相对竞争优势的发展业务领域及发展项目;进行财务预测,预测本企业未来的现金流量,对资金的需求,预测企业未来的投资方向,发展方向,预测企业的资本结构,预测企业的财务政策等;结合本企业目前的资金状况对财务战略进行适当的调整,使之成为经济上可行的战略方案,包括对资金投入量上的调整,对资金投入方向上的调整,对资金投放时间上的调整等;具体拟定出创业阶段的资源配置方案及资源投放方向。

2) 成长期的投资战略

在这一时期,一项重要的财务工作就是分析市场发展的速度,并与原来的财务战略进行比较。此时,企业应采取固守战略,考虑如何采取长期的成本削减措施,并且在产品市场的开发、拓展过程中既要控制成本又不能降低产品的市场地位。在这一特定战略目标的制约下,制定企业投资战略的程序为:将市场部信息收集、调研分析工作的重点转移到对竞争对手的战略分析上,重点收集竞争对手的相对优势信息,包括其成本优势、技术优势的信息资料,并将上述收集到的信息资料进行汇总,结合本企业自身的技术特点和成本控制的特点探讨企业的发展空间,为形成企业的竞争战略提供信息;根据上述信息,制定出适合本企业自身特点的竞争战略,如成本领先战略、细分市场战略、重点集中战略或者创新战略;针对不同的竞争战略,匹配资源,决定资源的投放方向,进而形成一体化投资战略;按照财务投资的方向特征,进行财务预测,预测本企业未来的现金流量、对资金的需求状况以及资金缺口的弥补;进行财务规划,详细制定本阶段的战略发展目标,以及投资战略实施过程中应达到的量化标准,以便日后进行绩效评价;具体拟定出企业成长阶段的资源配置方案及资源投放方向。

3) 成熟阶段的投资战略

成熟阶段产品市场占有率开始趋于稳定。由于高额利润的吸引,竞争对手开始进入市场。企业增加促销投入以便对付竞争,并改进产品质量,寻找新的市场和销售渠道,降低产品售价,以吸引对价格弹性敏感的顾客。在这一阶段,市场的发展趋于缓慢,财务管理系统应该预测产品销售的变化。在营销方面,应保持产品现有市场占有率。任何营销支出应以短期效益为重,大量的营销支出是不合适的。企业的战略应该是确保产品盈余,以便尽快回收产品的投资并设法改善经营的效益。企业应采取快速的成本削减战略,一切可以降低成本的短期措施都要被采用,此时不需要采取降低成本的长期措施,而是要最大限度地增加企业的现金回报。为此,制定企业投资战略的程序为:将投资重点转移到产品市场占有率的保持和提高上。为了实现总体战略发展的需要,要求在制定这一阶段的投资战略时,应逐步地、有计划地将资源的配置转向提高产品的质量、维持或有节制地缩减对市场营销的投入。加快信息的反馈,加强对市场的调查研究,进一步分析竞争对手的竞争动向。结合对收集到信息的处理,判断企业的产品竞争优势以及企业相对竞争优势的转变、市场竞争地位的转变等,利用潜在优势矩阵选定企业继续经营的产品,寻找企业可以大力发展的产品品种,同时,确定市场竞争力较弱的、没有良好市场潜力的产品。从而利用市场竞争力较强的产品给企业带来的现金流量支持企业产品的创新、研发所需的资金。对于市场前景较差、竞争力弱的产品,进一步分析其市场状况,确定应采取何种推出战略,进而确定资金在该业务的投放量度。根据上述财务投资选定的方向,进行相关财务预测，预测本企业各项业务未来的现金流量、各项业务对资金的需求状况以及资金缺口的弥补。进行财务规划，详细制定本阶段的财务战略发展目标以及投资战略实施过程中应达到的量化标准，以便日后进行绩效评价。

4）衰退阶段的投资战略

在衰退阶段，产品的生产能力过剩，竞争越来越激烈。在产品的销售额下降、单位产品利润下降的情况下，企业要尽量减少对产品的投资，维修支出也应仔细从财务角度来考虑是否值得。由于公司不久将会做出停止生产这种产品的决定，因而，企业必须注重短期现金流量。当企业的现金流量净值出现逆差，且有趋势进一步恶化时，公司应做出该产品的停产决定。一旦呈现出业务的衰退信号时，及时调整投资战略的研究方向、研究重点和战略目标，以便尽早地为企业寻找出衰退期转型的时机和方法。此时，制定企业投资战略的程序为：做好及时的财务预警分析，在现有的投资战略的实施过程中，不断地对投资战略的绩效进行评估，发现其中存在的问题，挖掘现象背后的本质原委，预测业务的发展态势；分析企业内外的市场状况、行业状况及其他宏观经济状况，寻找新的业务领域，制定合理的、适合企业的业务创新方案，进入其他业务领域的方法、策略；对现有的业务进行整合，实施战略改组；在确定企业进入衰退期或某项业务进入衰退期后，结合企业自身的相对竞争优势，采取收缩的战略方针，停止扩张，处置多余的、新业务不适用的固定资产；剥离不良资源，包括有形资产、无形资产、业务单位和人员；停止生产现金流为负值的产品，不能在这一时期存在侥幸心理，盲目地加大投入，以期扭转局面；停止长期采购、削减库存、合理地压缩运营成本及各项费用开支，减少临时雇员。

由于不同生命周期对企业投资战略的要求不同，使得不同时期投资战略的目标各有侧重。为此，在选择投资战略时，应针对该时期投资战略的特点，从特有的角度进行优化选择。例如，在成长期，投资战略的目标是在拓展市场占有率的前提下，获取最大的经济效益。为了实现这一目标，在选择投资战略时，应注重对成本的控制和对市场的预期。所以，在分析过程中，分析的对象集中在“成本”“风险”“市场占有率”等项目上，在众多可供选择的方案中，优选年运行成本最低、相对市场前景较好的战略方案。

与成长期有显著区别的是成熟期投资战略。在企业的成熟阶段，投资战略的目标重点是实现企业价值的最大增值。从根本上讲，企业价值的积累归根结底依赖于现金流量的累积。故而，在这一阶段应重点对现金流量进行分析。通常采用“贴现现金流量法”“风险调整贴现率法”，力求为企业带来最多的现金流量，并最终实现企业价值的最大增长。但是，对投资战略的选择，与以往项目投资的可行性分析有所不同。从时间跨度上比较，投资战略的时间跨度要远远大于项目投资的时间跨度；从对企业的影响意义上比较，投资战略对企业的影响更加深远。为此，在进行战略选择时，不仅要重视对风险的分析，更要重视物价指数的变动对成本、现金流量的影响。即根据目前的经济发展速度，预测未来的物价指数变动，并据此对各期现金流量的预测值进行调整。

4. 中小企业投资的产品选择策略①

中小企业和大型企业相比，存在着企业规模小，抗风险能力弱，筹资困难，资金使用成

---

① 庞琴.浅谈我国中小企业投资的产品选择[J].技术经济，2007(8)：81-83.

本较高,企业技术能力较弱,产品需求的价格弹性较大等不足。因此,中小企业在产品投资时,应选择投资成本少,投资收益率较高,回收期短,投资风险较小,产品的市场生命周期较长的产品作为企业的投资方向,主要可以采取以下投资产品选择策略:

1) 选择概念性产品以区隔强势竞争对手

中小企业在目标市场中,不仅面临杂牌产品的低价竞争,同时还面临着强势品牌的打压。在此种情况下,就需要用新概念来区隔市场。比如大家都卖一种保健品,别人的诉求点可能是强身健体方面的,那你就可否考虑换成美容、养颜之类的保健品。总之,一定要和别人不一样,而且这个诉求点不仅要突出,还要与产品链接好。

2) 选择与传统产品工艺相近的高附加值产品

开发高附加值并与企业现有产品工艺相近的变型产品,中小企业一方面能避开自身技术力量薄弱的弱点,充分利用成熟的技术和现有的能力转化为新的生长能力,突破企业的技术瓶颈,使企业投入少、风险小、见效快;另一方面高附加值产品的销售价格较高,利润大,能为企业创造可观的经济效益。

3) 选择进口产品的仿制品、改进品、替代品

一般而言,进口产品就是国内的短缺产品。生产进口替代产品,一是不愁市场,二可节省外汇,三有经济效益。所以,国家一直鼓励企业生产进口替代产品。中小企业在消化进口产品原理的基础上,进行仿制、改进,开发出比原装进口产品更好的产品,既避免了侵犯知识产权,锻炼了自己的技术队伍,又为国家分忧解难,还为企业增加了新产品,可谓一举数得。

4) 选择为大中型企业专业化配套协作的产品,成为"小巨人"

当今社会高层竞争纷繁复杂,异常激烈。中小企业抵御风险能力、产品开发能力明显不足。若在此市场环境下,做一个"小而全"的企业,进行整机产品的生产,技术开发要求高、风险大。很大一部分中小企业也并不具备最终产品的设计、开发能力。如能寻到"大树"依靠,背靠名企大企当好配角,作为大企业的部件生产厂家参与到生产体系之中,也有机会成长为"小巨人"。例如,德州市陵县双一集团有限公司生产风电机舱罩,其主导产品复合材料罩体、通风设备、冷却塔等销往丹麦维斯塔斯、美国卡特彼勒和金风、运达等国内外知名企业,成为国内风电机舱罩第一供应商。

随着经济体制改革的深化,我国经济实力进一步增强,大型企业逐步增多,就总体而言,大企业和中小企业的发展是相辅相成的,不是此消彼长的。仅就专业化配套方面看,大企业的发展就可以拉动中小企业投资空间的增加。汽车、家电、机械、食品等行业大企业的发展,都会带动一大批中小企业发展起来。即使是国外进入中国的大企业,也离不开当地中小企业的配套。例如,日本松下电工进入中国后,便和名不见经传的只有50人的上海盛业有限公司联合,组建家居装饰有限公司,共同开拓家居装饰业市场。

5) 选择农业产业化深加工产品

农业产业化,即以农副产品加工业为龙头,以农民家庭为农副产品原材料生产基地,以海内外为目标市场,组建"公司+农户+市场"的种(养)、加、销一条龙生产形式。近年来,政府采取优惠政策和某些组织措施,推动了我国农业产业化的发展,但是与需要和要求相比,还有很大的差距。蔬菜、瓜果保鲜及其初加工和深加工,农作物的果实、秆、叶、

皮、壳的作用，木、竹、藤等的加工利用等，都是大有可为的。

6）选择与人们日常生活密切程度高的小产品

与人民生活息息相关的小商品市场是经久不衰的，而且在这一领域中多为劳动密集型产品，非常适合于中小企业生产。

这些产品也有一定的层次，第一个层次是人们基本生活需要的吃、穿、用、住、行，第二个层次是适应人们发展需要的文化、教育、体育等，第三个层次是适应人们享受需要的娱乐产品等。这些产品的需求价格弹性大，较小的价格变化，就能带来较大的需求量变化，这样使成本优势的实施更加有效。

中小企业势单力薄，受市场和外部冲击的影响较大，要想在生产经营同一种商品方面战胜大企业，有时即使倾其全力也难以取胜。这时更需使个巧劲，在大企业不屑于做的小商品、小生意上做文章，在市场夹缝和市场空白中捕捉商机，尽力在一个较小的天地里形成一定的优势，使自己成为这一天地的领袖。许多成功的经营者正是瞄上不起眼的小生意做出大文章的，美国的“牛仔裤”、日本尼西奇公司的“尿布”、英国服装公司的“孕服”、温州的“打火机”等都是成功范例。

7）选择高新科技产品

高新科技产品代表未来，也非常适合中小企业经营。特别是在技术成熟之前以及技术刚成熟时，不可能大规模地生产。

即使是在研制、开发阶段，中小企业也是大有可为的。此外，互联网、电子商务、软件开发等信息产业，起步投资少、对场地要求不高、设备相对简单，一两个素质比较高的科技人员带几个帮手就可以开业。还有生物技术、电子新产品等的开发研究，中小企业都可以承担。

8）选择投资环保节能产品

为了适应国民经济的可持续发展，我国环保节能产品的需求量非常大。而且将来经济越发展，人民生活水平越提高，环保节能产品的需求量就越大。目前，环保节能投资与市场需求的差距很大，国家鼓励并给予优惠政策，而且还没有出现竞争。因此产业利润率稳定，风险较小。中小企业投资该类产品，一方面可获得国家在税收、资金等方面的优惠和支持，另一方面企业可捷足先登、抓住先机、抢先占领市场，取得市场领先者的地位。

9）结合本地资源区域优势，选择投资旅游特色产品

随着我国经济的持续发展，居民收入和消费水平的不断提高，旅游特色产品将是一个相当可观的市场。中小企业可适应旅游市场发展的需要，投资一定的旅游基础设施建设，并生产具有本地民俗文化特色和生产生活特色的旅游特色消费品、纪念品，满足游客在旅游过程中的旅游、观光、度假、休闲、娱乐、购物等一条龙服务的需求。

9.3.3 中小企业的战略联盟

战略联盟(strategic alliance)一词最早是由美国 DEC 公司总裁简・霍普兰德(J. Hopland)和管理学家罗杰・奈格尔(R. Nigel)提出的。根据 OECD 的定义，战略联盟包括从短期契约式的合同协定到合资公司的一系列合作形式，其核心是双方通过共享，如技术、技能等资源，以提高双方竞争战略的效率而形成的合作关系。中小企业为了突破自身

资源与能力的缺陷,充分利用外部资源和能力,达到扩展新市场、研发新产品、增长新知识等战略目的而寻求适当的伙伴,通过一定形式的契约实现优势互补、风险共担、利益共享的网络组织,是介于市场与各层组织之间的一种组织机制。

从合作关系来看,中小企业战略联盟的主要形式有股权安排、合资企业、研究开发伙伴关系、许可证转让等。在企业利用外部力量促进自身发展的方式中,联盟是继企业购并浪潮后兴起的新的企业经营潮流。尽管购并与联盟都有助于企业借助外部资源弥补不足,促进自身发展,但是与企业购并相比,联盟具有显著的特征:①联盟各方仍具有法人资格,并拥有相应的产权,履行相应的义务。购并双方在很大程度上不会同时具有法人资格。②联盟的组织形式相对较为松散。组织结构极少采用传统的金字塔式层次结构,组织的各部分松散地结合起来,是一种"虚拟性"组织。联盟各方建立的组织仅仅是为了实现联盟的目的,一旦联盟协议终止,这种组织形式便随之解散。合作中遇到问题,通过协商加以解决。③联盟对联盟各方的非联盟领域的影响比较隐蔽,冲击程度较轻。参与联盟的各方依然是独立的企业,只是根据双方协议对合作的目标领域互相配合。对对方的非合作领域不需也无法施加影响,而并购的影响则是全方位的。

从合作内容上来看,中小企业战略联盟的主要形式包括联合研究与技术开发、合作生产与材料供应、联合销售与联合分销等。在我国浙江义乌、温州、永康、广东东莞、澄海等中小企业发达地区,中小企业之间已呈现出一定的联合趋势,并存在以下几种典型模式。

1. 中小企业集群模式

在中小企业发达地区,中小企业集群普遍存在。如东莞大郎镇上千家中小企业围绕毛纺织产品链形成的企业群;温州柳市拥有低压电器生产企业 1 400 多家,其产值占全国低压电器总产值近 1/3;温州瑞安塘下镇,一个村集中生产一个汽摩配件,全镇形成一个汽摩配件市场;义乌围绕有 26 000 摊位的小商品城形成几十个"一乡一品"的企业群。另外,如宁波的服装企业群落、绍兴的纺织面料生产企业群落、海宁皮革皮件生产企业群落等。企业集群是由一群彼此独立自主但相互之间又有着特定关系的小企业组成。企业间隐含专业分工和协作、交换与适应、竞争与互补的关系。

从企业间的关系来看,企业群是一种松散的中小企业联合体,其特征是:企业彼此在空间上接近,经济活动高度密集,企业间从事相同、相似、相关的生产经营活动,相互间既竞争又合作。与没有形成企业群的分散性企业相比,集群促进了中小企业间的分工协作,资源与信息的互补,从而使单个企业节约了资源,并获得规模经济效应等优势。

2. 小企业集团模式

相互依存的小企业,通过相互参股形成企业集团,将企业的某些职能集中,以便扩大规模,使其能像大企业那样,发挥更大作用,如生产合作社、销售联合体等。在东莞毛织业企业群、温州低压电器企业群、温州眼镜企业群内部,企业集团化已呈趋势。尤其是温州低压电器企业群,已逐步从几千家小企业向一大批大企业集团集中。企业集团是一种以母子公司为主体,通过产权关系和生产经营协作等多种关系,由众多的法人组织共同组成的经济联合体。作为企业间的一种联合模式,企业集团以股权联结为基础,存在联合的多层次性。各层次企业一方面由股权和契约联结起来,具有统一性和稳定性;另一方面彼此都是独立法人,按集团发展目标和规划独立经营,又有很大的灵活性。同时,成员企业退出集团是自由的，参加的层次也是可变的。企业集团组织形式具有的灵活性和某种边界的不确定性可使母公司、成员企业根据市场发展的需要，形成最有效的集团规模和边界。企业集团的联合模式，不仅能聚集起庞大的生产力，产生单个企业难以实现的组织效应，迅速满足现代规模经济的要求，同时可降低市场交易费用。因此，企业集团的联合模式极适用于中小企业"抱团打天下"。

3. 分散生产、集中销售模式

在这种模式中，各个小企业按照统一的规格和技术要求，独立制造某一产品，然后经过共同检测机构的严格检验，合格后，使用统一商标，由共同销售机构统一销售。在中国，温州模式具有较强的代表性。例如，温州的纽扣生产基本上是以家庭为生产单位，各个生产单位按照统一的规格和技术要求，分别生产出规格齐全的各种纽扣，然后集中在某一市场销售，从而形成了全国第一个最大的纽扣批发市场。还有一个典型的例子是温州柳市的 323 家低压电器公司进行联合，先后在全国 320 多个大中城市，230 个县级行政区设立了统一的销售子公司、分公司和门市部，在 18 个国家、地区开设直销点、销售公司 53 个，形成一张庞大而灵敏的营销网络，最终发展成今天的德力西集团、正泰集团和新华集团等大企业，既避免了自相残杀，又为各企业的成长提供了保证。

4. 无形大工厂模式

无形大工厂模式是以一家专门负责设计、订货、运销的中小企业为龙头，其他数个相关中小企业参与其产品生产过程，负责不同工序或不同部件的生产，从而形成相对稳定的协作关系，如同一个无形的大工厂，也称为虚拟企业模式。比如美国的耐克(Nike)公司就是虚拟化运作的典型代表，耐克鞋在全世界没有一家工厂，在有的国家或地区加工鞋底，在有的国家或地区加工鞋帮，在另外的国家或地区缝成鞋，贴上商标在全世界销售。意大利的网状企业群和卫星式中小企业群也很著名，百能顿是意大利著名的时装生产企业，诞生于 1965 年，其产品和贸易网遍及全球 120 多个国家或地区，其实百能顿并不拥有规模庞大的厂房或车间，它只负责掌握和从事款式设计等关键工序，其他工序都是由与其联系的近 500 家中小企业来完成。比如温州的服装企业只保留了产品设计和市场营销两个关键的核心功能，而将其他功能虚拟化。温州的服装企业借助互联网，建立起将上游的生产商和下游的经销商整合起来的信息网络——POS 系统，通过 POS 管理信息系统，随时可以看到全国各地生产商的加工产品进度、数量以及专卖店销售动态的三维图像，可以分析畅销产品和滞销产品情况以及库存周转。

5. 卫星群模式

卫星群模式是以一家中型企业为龙头，以此为中心，围绕着许多小企业为其供应零件、配件或部件，或专门从事某一种工艺的生产加工。如日本丰田轿车生产模式，以丰田公司为龙头，负责轿车的设计、组装、订货、销售，通过生产订单纽带，将上千个中小企业组织起来参与丰田轿车产品生产过程，每个企业负责某一零部件生产，企业之间形成一种稳定的协作关系，企业群体共享丰田资源、品牌、市场和成果，实现各方共赢。我国台湾地区的中卫体系以一个大企业为中心联结众多中小企业，组成的以前者为主(中心)，后者为辅(卫星)的产业生产分工体系，能使整体生产成本大大降低。具体运作过程中的中卫体系又可分为三种类型：第一类是向前垂直整合型，由卫星企业生产各种零部件供应中心企业,由中心企业把这些零部件组装成最终产品,这种类型以汽车、家电工业为代表;第二类是向后整合型,以上游原料供应企业为中心,其生产的原料供给中下游加工企业制成各种产品;第三类是水平协作型,由专业贸易商或整个输出公司充当中心角色,长期委托各卫星企业为其制造外销产品,各“中卫体系”彼此间也可相互交流和互助。目前,中国的长江三角洲中小企业专业区大多类似于这种模式,上百个中型的、稳固的企业集合了上千个小企业为它们生产。

中小企业集群式投资组合对于促进中小企业持续稳定发展具有十分积极的意义,主要体现在以下几方面:

首先,可以降低中小企业的投资风险。中小企业多元投资组合将大范围内的企业个体组合为一个企业团队,既壮大了团队的经济实力,提高了抗风险能力,又有利于进行充分的分散化投资组合,尽可能分散掉投资的非系统风险。

其次,可以降低中小企业的交易成本,提高投资效益。中小企业通过战略联盟形成多元投资组合,其最大优势之一是高度专业化。企业团队可以从整体上获得内部规模经济效益,而企业团队内的每家企业则可以获得外部规模经济效益。企业团队内部之间的了解、信任、和谐关系以及约定俗成的规则和集体价值观念,发挥着降低交易成本的作用。企业交易成本低、内部协调成本低,企业效益显著提高。

最后,可以营造一种良性的和谐发展环境。多元投资组合的结果是共生共荣、互惠互利、协同发展、实现共赢。这样能较好地避免重复投资、相互拆台、恶性竞争、两败俱伤的结果,形成和谐的发展环境,从而促进中小企业持续、稳定、健康发展。

当然,中小企业战略联盟的形成,离不开一个健全有效的社会化服务系统的支持。这个服务系统主要由以下四部分组成:

第一,公共服务机构。这包括各级政府所属的为企业特别是为中小企业提供服务的机构,其服务的主要内容是中小企业发展的政策指导和信息服务。

第二,非营利服务机构。这主要包括大学、研究机构等为中小企业技术开发、经营管理提供技术、咨询和人员培训等服务的机构。

第三,行业协会。这包括各行各业的行业协会机构,主要为中小企业提供市场信息、组织协调等服务。

第四,私营服务机构。这些服务机构主要是为中小企业发展提供融资担保、采购、销售、会计、法律等配套服务。社会化服务系统应对中小企业提供全天候、全方位的服务,服务内容要涉及贸易、运输、技术、科研、融资、纳税、市场、人才培训、法律咨询、会计服务、商情信息等各个领域,是一个遍布中小企业生产的上、中、下游的保障系统。健全有效的社会化服务系统既是中小企业投资组合的重要保障,又是确保中小企业持续发展的长效机制。

1979 年以来美国硅谷地区新的小型半导体生产企业,相互之间建立了 350 个各具专业特长的企业通过横向联系协作生产零部件或最终产品的中小企业网络体系。其合作内容大部分是技术分享、联合开发或生产分包。美国政府对硅谷小企业的发展没有起多大作用。但当地的一些机构,如斯坦福大学、行业协会、地方企业组织以及专业性的咨询、市场调研、公共关系机构和风险资本企业却做出了卓越贡献。这些中介机构为发挥硅谷小企业的各自特色提供了多种多样的服务，是组成硅谷网络的黏合剂。

9.4 中小企业收益分配管理

9.4.1 中小企业收益分配的特点

与大中型企业相比，中小企业的收益分配活动有一定的特殊性，主要表现在以下几方面。

1. 中小企业收益分配有较大的灵活性，与产品寿命周期有很大相关性

一般来讲，中小企业在上缴税金后，剩余的分配由企业自行决定。在独资和合伙经营企业，收益分配的时间和形式可以十分灵活。在独资企业，所有权完全归个人和家庭所有，在创立初期和成长期，由于企业需要发展，企业业主和投资者往往很少分配利润，而将盈余继续用于扩大再生产。到了成熟期和衰退期，因为产品已经在市场上占有一定份额，收入较为稳定，也不需要再扩大投资，此时企业的利润分配比重较大。中小企业大多处于初创和生存期，不仅收益水平较低，而且对资金的需求十分迫切，利润较大程度上转化为保留盈余，并用于企业投资。因此，其利润分配的比例较小。对于一些中小企业上市公司来说，股利支付率偏低会影响其在社会公众心目中的形象，降低公众的投资热情，不利于其长远发展。

2. 股利分配政策随意性大，缺乏连续性和稳定性

股利分配政策的制定受公司经营收益水平、未来投资机会、资本结构要求等多种因素的影响，因此公司每年的股利分配政策客观上会存在差异，这与股利分配政策相对稳定和适度连续性的要求并不矛盾。具有相对稳定性和适度连续性的股利政策，既是公司可持续发展的重要标志，又是公司可持续发展的重要条件。但是，大部分中小企业的股利分配政策缺乏连续性和稳定性，股利分配政策的制定存在一定程度的短期行为和随意性。分析其原因：一是中小企业大多是民营企业、家族式企业，所有权与经营权不分离，大股东往往是自然人，不需要连续系统的股利分配政策迎合投资者；二是中小企业财务管理制度的制定和执行不是特别规范，管理层没有制订有关股利政策的长期计划。

3. 股利分配形式多样，现金股利较为常见

我国中小企业上市公司的股利分配方式呈现多样化的特点，现金股利、股票股利、转增股本和混合分配等多种形式并存，主要包括现金股利、股票股利、现金股利＋股票股利、现金股利＋转增股本、股票股利＋转增股本、现金股利＋股票股利＋转增股本、不分配七种，其中现金股利和股票股利是最常见的两种股利支付形式。而大部分的非上市中小企业在股利分配时以现金股利为主，送股、配股和转增股本等较少，形式过于单一。分析其原因可能是一般公司不对外发行股票，不需要考虑股价变化和股利政策对公司未来收益和增长机会的信息传递影响，不需要过多考虑非控股股东的利益和意愿。

9.4.2 基于生命周期的中小企业股利政策选择

股利分配政策与企业的生命周期密切相关，包括公司的生产经营、财务状况、投资行为等影响企业发展的内部因素。中小企业的管理者应制定企业股利分配的长期计划,增强投资者对企业的信心和期望。中小企业管理者应该根据其不同发展阶段具有的不同现金流入和流出的特征,制订系统的中长期股利分配计划,以保持股利政策的连续性(图 9-6)。

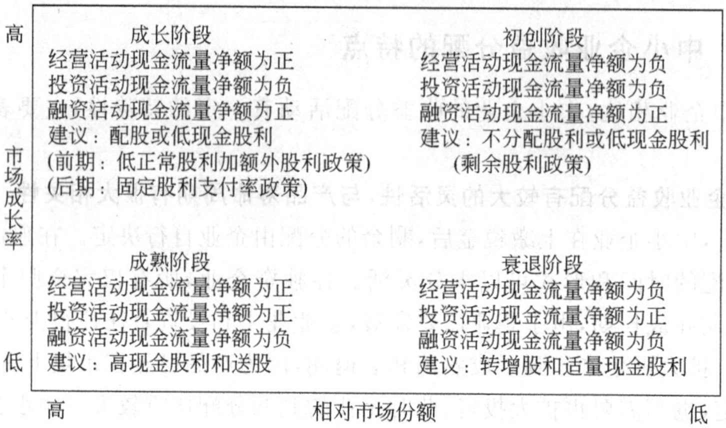

图 9-6 中小企业股利政策的波士顿矩阵分析图

1. 初创阶段的股利政策选择

初创阶段的企业对资金的需求量较大,而且需要持续不断的资金投入。但是初创阶段的企业经营风险较高,盈利水平尚不稳定,资金循环较慢,投资回报较少,信用水平较低,融资难度较大。因此这一阶段的企业应该尽量避免外部融资,尽可能多地保留盈余,以满足自身发展的需要,在股利政策上应该尽可能选择剩余股利政策,或者不分配任何形式的股利,因为投资者注重的是公司未来的发展而不是现在采用何种股利政策。

2. 成长阶段的股利政策

经历初创阶段后,中小企业积累了部分现金,具备了一定的股利支付能力,投资者开始产生收益期望。在不影响正常经营和投资的情形下,成长阶段的企业主要选择股票股利方式,也可以在企业现金流量充裕的前提下发放少量现金股利。可针对成长阶段前期和后期的财务状况采用不同的股利政策:成长阶段前期的企业销售量迅速提高,市场份额不断扩大,投资机会增多,对资金需求加大,销售收入稳步增长,这时可选择低正常股利加额外股利政策,使投资者分享企业的经营成果,进而吸引更多的投资者加入;成长阶段后期的企业销售量趋于平稳,市场地位逐渐稳固,资金需求量逐渐稳定,盈余水平稳步提高,这时可选择固定股利支付率政策,使投资者更多地分享企业的经营成果。

3. 成熟阶段的股利政策

成熟阶段的企业生产经营趋于稳定,经营风险逐渐降低,已经积累了一定的资金实力和信用水平,融资能力相对较强,应该给投资者高现金股利作为回报,也可考虑采用股票股利等方式。但是如果企业在这一阶段的投资机会逐渐减少,也可以选择适当的固定股利政策。这样既可以满足股东对股利的要求,又可以保证企业资金的使用。

4. 衰退阶段的股利政策

衰退阶段的企业销售收入逐渐萎缩,发展趋于缓慢,盈利能力和融资能力逐渐下降,但是该阶段仍然有较充裕的现金流,也积累了大量的资本公积,基于维持股利政策的稳定性和避免投资者对企业失去信心的考虑，应选择适量的现金股利政策和转增股本的股利形式。在股利政策选择上，可以考虑以下两种情形：企业此时如果想退出市场，应该在保证后期资金需要的前提下，向股东支付较高的股利，可选择较高的固定股利政策；企业如果想继续寻找新的发展机会，则应该保留足够的资金以备后用，若有剩余再分派股利，可选择剩余股利政策。

对于非上市中小企业，可以参照上市公司的股利政策和股利发放方式，除现金股利政策外，适当采用配股、送股和转增股本等股利分配形式。由于没有市场股价作为参考依据，非上市中小企业可以采用平价方式执行配股，即按照实收资本的增加额作为配股的价格，这样既满足了投资者的期望，又筹集到部分现金。

综上所述，中小企业应在企业不同的发展阶段选择合适的股利政策，扬长避短，努力做到既可以保证满足企业的资金需求，又能使投资者分享企业的经营成果，实现企业健康稳定的持续发展和企业价值的最大化。

9.5　中小企业风险管理

9.5.1　中小企业平均寿命

理论上，我们通常假定企业能够无限期地永续经营下去，但理论与现实往往出现巨大反差。据美国《财富》杂志报道，美国大约 62%的企业寿命不超过 5 年，中小企业平均寿命不到 7 年，一般的跨国公司平均寿命为 10～12 年，世界 500 强企业平均寿命为 40～42 年，1 000 强企业平均寿命为 30 年，只有 2%的企业存活达到 50 年。日本《日经实业》的调查显示，日本企业平均寿命为 30 年。《日本百强企业》一书记录了日本百年间的企业变迁史，在百年中，始终进入百强的企业只有一家。

而中国，集团企业的平均寿命仅 7～8 年，中小企业的平均寿命仅 2.5 年。美国每年倒闭的企业约 10 万家，而中国有 100 万家，是美国的 10 倍。可见，能够基业长青的企业真是凤毛麟角。

在中国，有关企业存继周期尚无明确的统计，但 1993 年、1995 年、1997 年、2000 年、2002 年连续进行的 5 次全国私营企业大规模抽样调查表明，1993 年以前私营企业平均存继周期只有 4 年，2000 年提高到 7.02 年。可见，中小企业的生存与发展存在很大的问题，寿命不长是一个普遍的问题，问题背后的本质是陷入了各种原因导致的财务危机后夭亡的。

中小企业陷入财务危机的原因错综复杂，既有外部环境的影响，也有内部深层次的原因。外部环境客观具有多变性，并且是企业无法控制和回避的，而内部因素大多是企业的可控因素，主要是由于企业经营风险和经营不善、财务风险和财务管理失误引发的，中小企业可以通过内部的经营管理和财务政策调整来降低外部环境变动带来的冲击，当内部调整不能适应外部环境变化的时候，企业就可能出现财务危机。

9.5.2　中小企业的主要风险和风险管理特征

中国中小企业易“短寿”，这是不争的事实。从 20 世纪 80 年代末到 90 年代初，中国民营企业创造了世界经济发展上的一个神话。“三株”“巨人”“飞龙”和“太阳神”等一大批民营企业以令人咋舌的速度日长夜大,成为名噪一时的“民企巨人”,然而,这些“明星”如今大都风光不再,人们用“只领风骚两三年”来表达对这些昔日“经济恐龙”的惋惜。中小企业寿命不长的原因,主要是中小企业自身的高风险和多风险,以及外部环境对中小企业风险的诱导和放大作用。

1. 中小企业的主要风险

我们结合中小企业的生存发展环境和其自身的特点,把中小企业的主要风险归纳为以下几方面。

1) 法律风险

在公司初创阶段,由于目标、生存、发展、环境等因素的限制,公司制度与运营均尚不完善,容易造成企业商号、注册商标、商业秘密等知识产权、坏账损失和员工工伤方面的法律纠纷。当公司完成原始积累后,进一步的投资、经营行为很可能增加法律风险。

2) 财务风险

狭义的财务风险是企业用货币资金偿还到期债务的不确定性,而企业财务风险的大小就表现为企业能否支付到期债务,以及是否会因债务导致企业发生破产。中小企业普遍面临着融资渠道狭窄,融资困难的窘境;同时中小企业普遍缺乏长期稳定的资金来源,不仅收益性资金来源非常有限且很难获得长期债务支持;有些中小企业主要依靠银行贷款,造成偏高的资产负债率,存在严重的债务风险。

广义的财务风险是指企业在生产经营过程中资金运动所面临的风险,包括企业在筹资、投资和用资等活动中,由于管理不当所导致的使企业丧失偿债能力的可能性。因此,企业财务风险被定义为企业财务活动中由于各种不确定因素的影响,使企业财务收益与预期收益发生偏离,因而导致企业蒙受损失的机会和可能。

3) 市场风险

中小企业规模相对不大,生产工艺先进性不强,产品知名度低、依附性强,市场竞争能力特别是主导市场的能力较弱,这些因素无疑会导致中小企业的市场风险。

4) 经营风险

大多数中小企业还没有建立现代企业制度,公司治理不完善,家长式或家族式管理模式占主导地位,实际控制权集中,生产成本相对较高,管理制度不健全,财务核算不规范,经营管理和市场拓展能力不强,自身积累和创新能力不足,比较容易发生经营风险。

5) 道德风险

由于目前社会诚信系统还不完善,逆向选择和道德风险在中小企业表现得较为突出。大多数中小企业财务制度不规范、不健全,信息披露不充分、不真实,很难全面识别和判断其真实情况。信息不对称是中小企业产生逆向选择和道德风险的根本原因。

2. 中小企业风险管理特征

与大中型企业相比,中小企业风险管理具有以下特征。

1) 风险和风险管理意识淡薄

重数量轻质量,是中小企业管理的最大特点。在这种落后的管理思想下,中小企业往往单纯追求销量、市场份额和利润的增长,甚至急功近利,为使企业尽快做大做强或为在竞争中占据优势，领先一步，不惜冒进，极容易忽视风险和风险管理。有关调查显示，相当一部分中小企业内部没有建立完善的风险管理机制，管理者和员工普遍缺乏风险意识。即使有的中小企业建立了风险管理机制，其风险管理也基本上是一种被动式管理，而且这种风险管理活动往往是暂时或间断性的，意识到了就进行管理，事后则"好了伤疤忘了痛"。可以说，中小企业的主要问题是对企业内部的风险不能及时发现，待到发现时，往往又来不及采取应变措施。

2）风险后果严重，风险管理意义重大

与大企业相比，一方面，中小企业在资金、技术、市场、管理等方面的能力比较弱，更容易面临各种风险；另一方面，中小企业的风险承受能力较差，一旦出现大的风险，很难及时化解，极易陷入经营困境，有时甚至导致破产。因此，中小企业的风险后果往往十分严重。国内和国外的实践证明，中小企业的死亡率很高，根据有关学者对美国中小企业的研究，在全部中小企业中，约有 68%的企业在第一个 5 年内倒闭，19%的企业可生存 6～10 年，只有 13%的企业寿命超过 10 年[①]。在我国，仅就小企业而言，今年开张明年停业的情况也是屡见不鲜的。从这个角度来看，中小企业实施风险管理的意义就显得特别重大。

3）风险容易控制，但风险管理水平落后

中小企业具有许多大企业不可比拟的独特优势：一是规模小，投资少，投资与见效的周期相对较短；二是对市场反应灵敏，具有以新取胜的内在动力和保持市场活力的能力；三是环境适应能力强，对资源获取的要求不高，能广泛地分布于各种环境条件中；四是"船小好掉头"，遇到经济波动、市场变化或企业自身经济活动失误时可及时转产。总之，正因为其"小"，中小企业比大企业更容易管理，因而也就更容易控制和回避风险。但是，中小企业由于组织结构单一，一般没有专门的人员或机构进行风险管理活动，即使有，每个人或部门往往只针对自己工作中的风险独立地采取一定的对策，风险管理缺乏系统性、全局性。同时，由于中小企业管理者的管理水平一般不高，企业在硬件和软件方面的基础管理比较薄弱，如企业历史资料缺乏，财务管理不规范，计算机信息系统未建立等，这些都使得中小企业的风险管理水平非常落后，主要表现在以下方面：①中小企业风险管理制度缺失或不健全。规章制度是加强风险管理的基础，但从一些中小企业的实际情况来看，很少设立风险管理制度，即使设立了风险管理制度，也不健全，多为原则性表述，职责与权限、风险点标识与控制要求不清晰，可操作性差；一些制度滞后于业务发展，不能紧随管理、流程、外部形势的变化，制度缺失和制度之间的矛盾同时存在等。②检查监督缺乏力度。为加强内控，各级经办机构采取多种形式进行检查监督，虽起到了一定的促进作用，但风险管理政策的实施和风险监督往往被一般性的工作差错的查纠所取代，由于追究的处罚力度不够，使检查没有起到警示作用，导致一些内控问题屡查屡犯。另外，大部分基层经办机构的专兼职审计稽核人员独立性不强，权威性不高，不能发挥应有的作用。③风险管理手段滞后。随着业务的拓展和电子化程度的提高，风险的复杂性不断增强，中小企业运用信息技术进行风险防范的能力相对匮乏。④侧重事后检查，事前与事中风险防范不够。⑤缺乏对风险管理效果的考核。没有考核、没有反馈，也就无从改进风险管理工作。

---

① 贾品荣. 有一种知识会改变企业家的命运[J]. 法人杂志，2007(6).

9.5.3 中小企业风险管理的流程与方法

由于对风险管理的重视,国内外大企业特别是许多国际性大企业已经积累了一套比较系统科学的风险管理流程与方法,但具体操作比较复杂和烦琐,没有风险管理专家的指导和专业风险管理人员的操作是难以做到的。我们可以借鉴这些大企业的风险管理经验,结合我国中小企业风险和风险管理的特点以及中小企业的实际情况,在风险管理中采取以下流程和方法。中小企业的风险管理流程设计如图 9-7 所示。

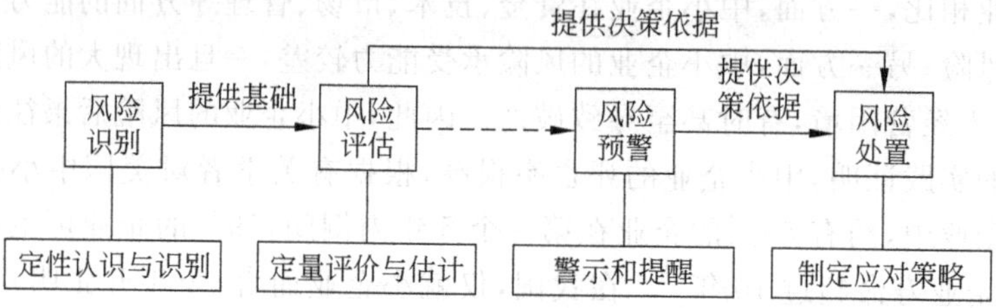

图 9-7 中小企业风险管理流程设计

由图 9-7 可知,中小企业风险管理流程一般包括风险识别、风险评估、风险预警和风险处置 4 个阶段,其中风险评估阶段结束后即可进入风险处置阶段,也可在风险预警阶段结束后再进入风险处置阶段,企业应视具体情况采用不同的方案。

1. 风险识别

企业进行风险识别的方法很多,如流程图分析法、财务状况分析法、分解分析法、慕景分析法、事故树分析法、保险调查法、专家调查法等。从便于操作的角度来看,比较适合中小企业使用的主要还是流程图分析法、财务状况分析法以及保险调查法,前两种方法能有效地从生产经营和财务状况两方面对企业风险进行识别,第三种方法能从第三方的角度进行专业的风险识别,这三种方法互相补充,只要综合运用好这三种方法,就可以比较全面地对中小企业的风险加以科学识别。

1) 流程图分析法

任何企业都是按照一定的流程来组织生产经营的,流程图分析法就是将企业的生产和经营按顺序列成流程图,对生产经营的每一个阶段、每一个环节、每一个步骤逐项调查分析,从中识别出企业生产经营中存在的每一种风险。这种方法的好处是简单易操作,符合一般的管理思维方式,不会漏掉重要环节,而且对管理者的要求也不高,只要了解生产经营流程就可以使用,对中小企业非常适用。

2) 财务状况分析法

财务报表是企业生产经营状况的综合反映,财务状况分析法就是根据企业的资产负债表、损益表、财务状况表等财务资料,对企业的固定资产和流动资产的分布状况进行分析,从财务的角度对企业所面临的各种风险进行识别。这种方法对企业财务资料的真实性和管理者的财务水平要求较高,但它是一种比较可靠和客观的方法,而且也是包括中小企业在内的任何企业进行风险识别不可或缺的,可以说,不从财务的角度对企业的风险进行识别,是一种不完整甚至不可信的风险识别。

3）保险调查法

企业在自身风险管理能力有限的情况下，可以委托相对专业的保险公司或保险咨询机构对其风险进行调查和识别，在此基础上，由保险公司或保险咨询机构提出防范风险的具体措施，包括哪些项目可以由企业自保，哪些项目需向保险公司投保，等等。这种方法能为那些风险管理水平较差的企业提供专业的风险管理指导服务，特别适合中小企业使用。

2. 风险评估

风险识别是从定性的角度对风险进行识别，风险评估则是从定量的角度对风险发生的概率、损失及其影响进行评价和估计。或者说，风险识别的任务主要是诊断出企业可能存在的风险及其种类，而风险评估的任务则主要是衡量出这些风险的频率、大小及其影响程度。

风险评估是对风险识别的深化，是企业进行风险处置的重要决策依据。企业进行风险评估可综合运用客观评估和主观评估两种方法。客观评估是利用历史资料和实验数据，运用统计方法计算风险发生的概率和损失大小，常用方法有全距、四分位差、标准差等，需要借助一定的数学模型来计算。主观评估是利用有限的信息、历史资料和经验数据，由企业的风险管理者或邀请风险管理专家根据个人的判断对风险进行评估。由于风险具有可变性和复杂性，因此无论是客观评估还是主观评估，对风险的评估都只是相对准确，不可能绝对准确；但是从另一方面讲，企业在进行风险评估时，收集的资料越多，运用的方法越先进，就越有助于提高风险评估的准确性，中小企业对此应当特别注意。

3. 风险预警

企业风险预警，又称财务预警，就是从财务角度对企业进行预警，它是架构在企业预警理论之上，通过对企业财务报表及相关经营资料的分析，利用及时的财务数据和相应的数据化管理方式，预先告知企业所面临的危险情况，同时分析企业发生财务危机的原因，发现企业财务运行体系隐藏的问题，以提早做好防范措施并提出相应的预警对策的财务分析系统。

财务预警对财务风险所具有的功效表现为：①监测。监测即跟踪企业的生产经营过程，将企业生产经营的实际情况同预定目标、计划、标准进行对比，对企业营运状况做出预测，找出偏差，进行核算和考核，从中发现产生偏差的原因或存在的问题。当可能危害企业财务状况的重要因素出现时，能预先发出警告，使企业经营者早作准备或采取对策，以减少财务损失。②诊断。诊断是通过对决策结果的对比分析，运用现代企业管理技术、企业诊断技术、企业预警管理方法等对企业营运过程及结果的优劣做出判断，找出企业运行中的弊端及其病根所在。③治疗。通过监测、诊断，判断企业存在的弊病，找出病根后对症下药，更正企业营运中的偏差或过失，使企业回复到正常运转的轨道上来。一旦感知财务风险，财务预警系统不仅能预知并预告，而且能及时找到导致企业财务状况恶化的主要原因，使企业经营者知其然更知其所以然，以便制定有效措施防止财务状况进一步恶化，避免财务危机发生。

财务预警不仅能预测财务风险的大小，而且能通过系统详细地记录其发生缘由、处理经过和解除危机的各项措施，以及处理反馈与改进意见等，作为未来发生类似情况的前车之鉴。这样,企业可吸取危机发生、处理的经验教训,避免以后产生同样或类似危机,不断增强企业抵御风险的能力。

4. 风险处置

风险处置是在进行风险识别、评估及预警的基础上,根据不同类型、不同概率和不同危害的风险,制定应对风险策略。中小企业可结合实际情况,分别采取以下五种对策。

1) 避免风险

企业应对风险的对策,首先应该考虑的是如何避免风险,尤其是对静态风险尽可能予以避免。例如企业不进行某项投资,就可以避免该项投资所带来的风险。但避免风险的方法具有很大的局限性:一方面,只有在风险可以避免的情况下,避免风险才有效果,而有些风险是企业无法避免的,即使可能避免但成本过大;另一方面,过多地消极避免风险,会使企业安于现状,丧失争取发展的主动权。中小企业一方面要积极进取,增强同大企业的竞争实力,另一方面又因风险承受能力差,必须避免过大的风险给自己造成沉重打击,如何正确处理好两者的关系,对中小企业决策者是一个考验。

2) 控制风险

企业在风险不能避免或在从事某项经济活动势必面临某些风险时,首先想到的是如何控制风险发生或减少风险发生,或如何减少风险发生后所造成的损失。控制风险主要有两层含义:一是控制风险因素,减少风险的发生;二是控制风险发生的频率和降低风险损害程度。控制风险要受到各种内外条件的限制,对中小企业而言更是如此,因而中小企业不可能完全控制风险,只能做到尽量控制风险。

3) 分散与中和风险

分散风险是指企业采取多元化的经营、投资、筹资策略,以及吸引多方供应商、争取多方客户,达到分散企业各种风险的目的,它是一种以不同产品和服务满足不同市场需要,求得市场综合发展的策略。由于人们普遍意识到"不要将所有的鸡蛋都放在一个篮子里",为此,在经营策略上,多种经营被不少中小企业广泛采用。但在实际经济生活中,许多中小企业在市场需求不足、竞争愈演愈烈的情况下,相继采用多种经营策略,其结果并不如当初所设想的,反而使更多的企业陷入了困境。应当指出,多种经营策略虽有优点,但多种经营对企业综合能力要求较高,对我国大多数中小企业而言,由于多种原因所形成的产品单一性和趋同性,尚不具备开展多种经营的条件,因而一般中小企业应慎用该策略,即使选用这种策略,也必须围绕自己的优势,结合企业资源条件来进行。因此,中小企业在制定经营策略过程中,要关注风险的大小和自身承担风险的能力,在自己愿意且能够承担风险的范围内选择多种经营,才能使企业稳定收益,也才能使企业持续稳定地发展。中和风险主要是在外汇风险管理中所采用的策略,如减少外汇头寸、期货套期保值、远期外汇业务等。我国加入 WTO 后,更多的中小企业将面临外汇风险问题,因此应加强对外汇风险管理知识与技能的学习,合理运用中和风险这一防范和化解外汇风险的重要方式。

4) 自留风险

企业既不能避免风险,又不能完全控制风险、分散风险、中和风险或减少损失时,只能自己承担风险所造成的损失。自留风险有主动自留风险和被动自留风险两种方式。主动自留风险是企业对已预测到的风险所造成损失的承担方式,如提取坏账准备金等形式,是一种有计划的主动的自留风险方式。被动自留风险主要是企业对未预测到的风险所造成损失的承担方式，是一种无计划的被动的自留风险方式。作为中小企业，由于风险承受能力差，更应该尽可能多地采取主动自留风险的方式，以防被动自留风险给企业的生产经营造成被动。

5）转移风险

中小企业为了避免自己在承担风险后对其经济活动的伤害和不利，可以事先对风险采用各种不同的转移方式，如进行保险或非保险形式转移。现代保险制度是转移风险的最理想方式，中小企业应增强保险意识，加大在财产、医疗等方面的保险力度，把可能存在的风险损失转移给保险公司。此外，中小企业还可以在对自身风险进行充分识别与评估的基础上，把那些较大的风险通过合同条款转移给对方承担。

【本章思考题】

1. 中小企业在我国国民经济中具有哪些作用？
2. 如何理解中小企业的财务管理特点？
3. 中小企业融资有哪些特点？主要有哪些融资方式？
4. 中小企业投资有哪些特点？
5. 如何根据中小企业的特点进行投资战略选择？
6. 试分析中小企业寿命短的原因。
7. 中小企业的风险管理应该从哪些方面入手？

【案 例 分 析】

联合风险投资为同洲电子插上腾飞的翅膀

（一）案例背景

深圳同洲电子有限责任公司（以下简称同洲）是一家主营数字电视机顶盒、交互数字电视系统、集成电路、核心软件、卫星通信设备等数字视讯产品的研制、生产、销售的高科技公司。该公司成立于 1994 年，1996 年通过证券市场的 LED 显示屏完成了原始资本积累，1999 年及时抓住我国数字电视村村通工程，完成了从 LED 显示屏到数字电视机顶盒的产品战略转型。2000 年，同洲生产的产品走出国门，成功开拓了国际市场。正当公司在研发产品和拓展市场中取得节节胜利之际，资金成为了阻碍公司发展的“瓶颈”。2001 年，公司吸收了达晨风险投资等四家深圳风险投资公司的联合投资 2 000 万元，占公司股份 25%，并随后改制为管理规范的股份企业——深圳市同洲电子股份有限公司。联合风险资本进入后，发挥了各自的丰富资源优势，带来了更多的资金和各种增值服务，彻底解决了公司的资金“瓶颈”，在投融资各方的努力下，公司得到了飞速发展。2006 年 6 月 27 日，同洲（股票代码为 002052）作为国内专业性从事数字电视第一股的龙头企业，在深圳证券交易所成功上市，成为中国风险资本联合投资的成功典范，同洲上市后面向未来，确立蓝海战略,再上台阶。

(二)操作过程与结果分析

创业企业选择风险投资机构时,往往要求提供资金的风险投资公司之间具有增值服务的互补性,即能够带来资金、市场、管理、政府和社会资源等方面资源。对同洲进行联合投资的四家风险投资公司就具有这种互补性,深圳市达晨风险投资有限公司(以下简称达晨创投)隶属于湖南广电集团,具有湖南广电集团、电广传媒上市公司的丰厚行业背景和广电系统的丰富资源,有利于同洲行业知名度的提高和广电市场的开拓。深圳市创新投资集团有限公司(以下简称创新投)是具有深圳市政府背景的大型风险投资公司,可争取政策支持,并树立良好的市场形象;深圳市高新技术产业投资服务有限公司(以下简称高新投)是专业的担保公司,可提供担保、后续资金支持;深圳市深港产学研风险投资有限公司(以下简称深港产学研)拥有北大等高校资源、管理资源和科研力量。同洲电子上市前股权结构如图 9-8 所示。

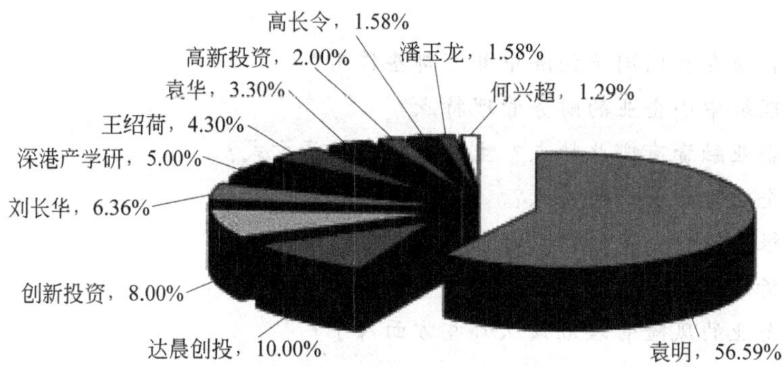

图 9-8 同洲电子上市前股权结构

四家风险投资机构的资源正好实现了互补和互利,满足了同洲的需要,具体表现在以下几方面(图 9-9)。

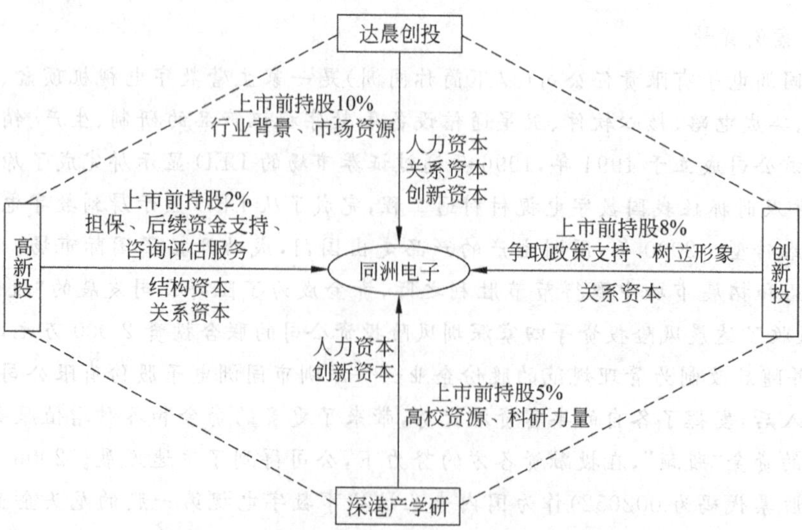

图 9-9 同洲电子通过联合风险投资导入智力资本

1. 抛砖引玉，突破公司的资金"瓶颈"

风险投资进入同洲电子后，带来了各自的丰富资金资源：达晨公司利用其丰富的金融行业经验，帮助其获得银行融资 8 000 万元；深圳高新投为同洲提供了 2 000 万元的贷款担保；深港产学研为同洲提供了多项过桥贷款服务；深圳创新投也为同洲带来了政府资源和全方位的政策支持，包括政府的专项拨款和基金，重大项目的承接，专门建筑用地的划拨等，建立深圳交互式数字电视工程技术研究中心和年产 500 万台的亚洲最大的数字机顶盒产业化基地。由于引入知名风险投资机构做股东，同洲银行资信等级得到大幅度提高，2003 年获得了 2 000 万元的信誉贷款，信贷额度由 300 万元提高到6 000 万元。联合风险投资起到了抛砖引玉的作用，2 000 万元的带来了 2.1 亿元的资金，为同洲成长带来了极大的推动力，经营能力和规模显著增加，2003 年的产值和净资产是2000 年的 3 倍以上，利润由 2000 年的 908 万元猛增到 3 257 万元。

联合风险投资可以实现竞争力的凝聚，分摊风险，同时实现优势互补、资源共享，充分发挥各个风险投资公司都具有各自的核心竞争力，产生协同管理效果。同洲电子联合投资的协同管理效果主要体现在：(1)风险投资家参与联合投资形成了决策共享机制，有利于决策优化，从而在一定程度上保证了决策的正确性、科学性和安全性。(2)建立风险投资联盟避免了风险投资机构间内部哄抬价格的恶性竞争，提高了风险投资方的议价能力，降低了投资成本。(3)在联合风险投资过程中，风险投资公司之间的合作交流与相互学习，大大提升了各自的增值服务能力。本案例中的四家风险投资公司用他们良好的声誉，打造了同洲电子的良好品牌特征和市场信誉，铸造了厚实的关系资本，创造了良好的发展环境。同洲电子的成功也为各风险投资公司带来不菲的收益和更高的信誉。按照同洲电子 2006 年 7 月 21 日收盘价 37 元计算，四家创投 5 年的投资增值达 30 倍以上。

同洲电子 2003 年到 2010 年营业收入逐年提高，2006 年上市以后的两年营业收入快速增长，营业收入趋势图如图 9-10 所示。

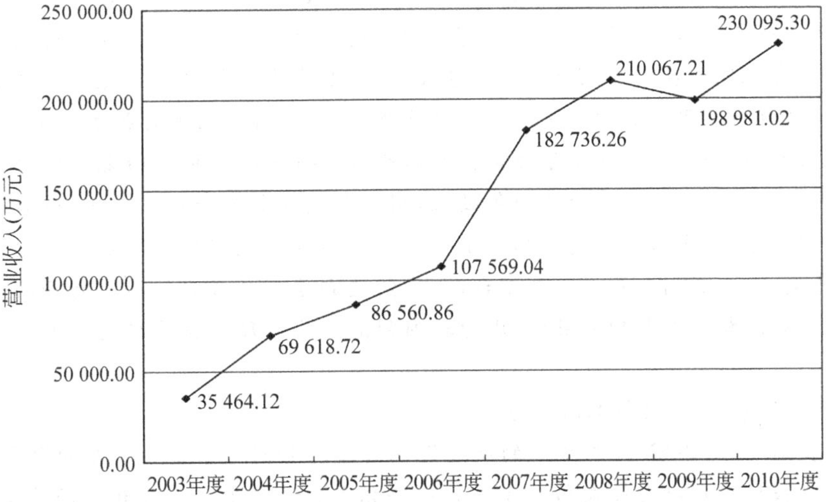

图 9-10　同洲电子 2003 年到 2010 年营业收入趋势

数据来源：和讯网 http://www.hexun.com/公布的同洲电子的各年财务年报表。

2. 水到渠成,提升市场开拓能力

作为第二大股东的达晨创投凭借其在广电系统的强大背景,为同洲电子在全国市场的开拓、管理、规划起到了非常积极的作用。同洲电子获得了湖南数字电视市场的第一笔订单,为在湖南市场的开拓打下坚实基础;利用湖南广电在视讯媒体界的影响,同洲电子又获得了中央电视台卫传中心专业解码器改造项目,奠定了卫星直播市场的基础;在攻克了中央电视台市场后,同洲电子再接再厉,获得20多个大中型城市机顶盒订单,成为中国数字电视第一品牌,一举奠定了国内机顶盒市场的龙头地位。国际市场连续八年全国同行出口第一,批量出口到欧洲、中东、东南亚、北美、南美、北非、澳大利亚等地区,成为国际知名品牌。另外,在达晨帮助下,同洲电子聘请了广电部专家担任企业顾问,为企业发展和管理提供行业指导。

3. 锦上添花,促进管理规范化

风险投资公司把他们在参与众多高科技公司的投资过程中学到的各种优秀的管理经验介绍给同洲电子,积极为其发展出谋划策,并通过董事会促进了公司科学管理机制、决策机制的形成,降低了公司的决策风险。虽然四家风险投资方在同洲的股份合计只占25%,但他们在七个董事席位(其中含两个独立董事)中占有三个,企业重大事项必须经风险投资方一致同意方能通过,提高风险投资方的话语权,便于参与企业的重大决策,为以后对企业的监管和增值服务打下了基础。另外,在与国内众多知名学府有密切关系的深港产学研的指导下,同洲电子聘请了国内著名大学教授等参与公司管理,建立了科研交流和合作关系,补充管理和科研资源,并经常为其管理人员提供培训充电。经过这些努力,同洲电子突破了管理"瓶颈",为未来的快速发展奠定了坚实的基础。

4. 成功上市,谋求长远发展

2003年,风险投资公司根据其丰富的资本运作经验和敏锐的资本市场嗅觉,断定同洲电子将在一两年内具备上市的条件,积极劝说同洲走向资本市场,谋求长远发展。由于达晨创投在资本市场拥有丰富的运作经验和广泛的人际关系,同洲委托其全面负责上市工作,在不到一年的时间内即2004年7月7日,同洲电子首次申请公开发行股票顺利地获中国证监会批准。在整个上市工作的过程中,创业者袁明基本不用花费过多的时间和精力,仅仅是在最后答辩时才第一次走进证监会,而与此同时他把主要的精力放在其熟悉的日常经营和市场开拓上,保证了公司良好的业绩。同洲电子的IPO募集资金达3.5亿元,净资金3.2亿元。这笔资金分两年投入,用于研发和扩大产能。当年,公司进行最大规模的一次扩张,在全国各大高校招收了300多名新人来充实研发队伍。在这些募资项目2008年完成后,新增加产能500万台,年产能达到了700万台。同洲电子的成功上市也使得风险投资机构顺利功成身退,成为我国创业企业与风险投资机构互惠共赢的经典案例。

5. 传递信号,树立良好品牌信誉

信誉良好、经验丰富、卓有成效的风险投资家参与对同一家创业企业的联合投资,则向外界潜在投资者和社会公众传递了这样一个信号:该创业企业具有良好的品牌特征,前景看好。而且由于这些风险投资家的介入,也使创业企业的良好发展有了较强的保证,进而对联合风险投资各方来说也会带来可观的收益,产生良性循环效果。

迄今为止，公司已获得国家规划布局内重点软件企业、国家级创新型试点企业、中国电子工业百强、中国驰名商标、中国软件企业最大规模前 100 强、中国民营进出口企业百强、信息产业部中国软件最大规模前 100 强、广东省民营企业百强、广东省优秀外向型民营企业突出贡献奖、国家高新成果推广示范基地、深圳市高新科技企业、中国深圳科技企业 50 强、深圳市十佳高新技术创业企业、深圳市重点软件企业、广东省自主创新试点单位、深圳市中小企业自主创新百强、深圳市自主创新龙头企业、深圳市知识产权示范单位等荣誉。

6. 再上台阶，谱写移动视讯蓝海战略

从 2007 年开始，同洲电子开始宣传和实施移动视讯蓝海战略。该战略可以概括成以下一段话：以三网合一(3G 移动通信网络、广电网络、Internet 网络)为支撑点，以 3G 通信网为核心网，通过 3G 智能手机终端整合同洲三大核心技术平台(多媒体核心技术平台、内容服务平台、运营支撑系统平台)，实现与机顶盒终端、广电网络前端设备、内容中心、安防视讯终端、汽车电子终端、上网本终端互连互通，为客户(包含销售客户与终端用户)提供端到端的移动视讯全业务内容服务运营的整体解决方案。多媒体核心技术平台，在终端部分将为同洲用户提供多种设备，数字电视机顶盒、IP 终端及通信产品、安防电子、移动多媒体等。在移动视讯蓝海战略实施后，同洲将从单一设备制造商、数字视讯端到端整体解决方案提供商转型到以包含移动视讯、数字视讯在内的全视讯业务服务商、运营商，从而构建同洲的“视讯王国”。同洲电子还将利用电子信息产业调整振兴规划对于数字电视产业的支持的契机，续演资本大戏，组建专门的投资基金，对数字电视产业进行投资，培育数字电视产业，破解有线电视数字转换当前存在的资金难题。

2008 年，公司围绕数字视讯核心，打造数字视讯超级航母的“蓝海战略”已初具雏形，成为在广播电视产业唯一一家可提供成熟的数字电视全业务互联互通整体解决方案和服务的提供商。2009—2011 年同洲电子顺应国家数字电视产业政策，积极推动“三网融合”，促进手机电视等融合性产业发展，推动数字电视一体机市场的发展。2011 年，同洲电子自主开发的支持三网融合的全业务高清互动数字电视平台已覆盖全国大部分省市，市场占有率全国第一，与中国各地的广电、移动运营商都保持着良好的合作关系。在三网融合策的推动以及新商业模式驱动下，同洲电子打造的广电升级平台将进入利润收获期，公司进入业绩起飞的新阶段。充满了探索和冒险精神的同洲人对技术创新和资本经营信心越来越足，展现在其眼前的是一片片诱人的蓝海(见图 9-11)。

案例思考题

1. 对于创业企业来说，快速发展需要哪些关键因素？同洲电子通过联合风险投资获得了哪些关键资源？

2. 同洲电子的筹资决策为什么选择了风险投资方式？

3. 对于创业企业和风险投资机构而言，其联合风险投资的意义分别表现在哪些方面？

4. 结合同州电子的发展历程，谈谈中小企业投资战略应考虑哪些因素？

5. 2007 年同洲电子提出蓝海战略对企业可持续发展有何影响？

案例参考资料

[1]　曾蔚，游达明. 同洲电子引入联合风险投资，运用智力资本创造企业价值的实

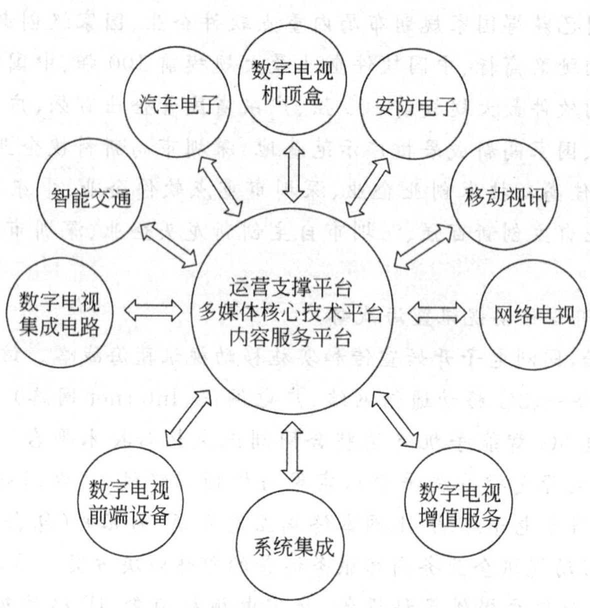

图 9-11 同洲电子蓝海战略布局

践. 中国管理案例共享中心案例库(第三届“全国百篇优秀管理案例”),2012.5.

[2] 中国管理案例共享中心. 中国第三届 MBA 管理案例评选百优案例集锦(第 4 辑). 北京：科学出版社,2013,(4)：83-105.

第五篇

企业扩张和收缩的财务管理

【本篇导读】

诺贝尔经济学奖获得者乔治·斯蒂格勒(George Stigler)说:“每一个美国大公司都是通讨某种程度、某种方式的兼并收购而成长起来的,几乎没有一家大公司主要是靠内部扩张成长起来的。”并购作为企业最常见的一种资本运营形式,是企业实现快速扩张,更快地实现企业战略目标的重要途径。根据 Capital IQ 数据显示,2016 年全球已完成的并购交易金额达到 3.36 万亿美元,并购案例数量为 4.32 万件,单个案例平均并购金额达到 0.77 亿美元/案例,相比较于 2012 年则增长 94.96%,全球并购交易规模与活跃程度已超过 2007 年峰值。企业的业务出售需求与收购需求不断被激发,在各经济体资源禀赋发生改变的情况下,全球产业开始大规模重新分配。

面对即将或已经到来的经济形势上的“冬天”,不同行业、规模、阶段、偏好的企业家,都应该有自己的判断和打算。在困难的时候,减少消耗可能是等死,而奋力一搏,或许可以起死回生。但反过来说,以不变应万变,让时间来选择,暂时蹲下,或断臂求生,等着下一次跳起的剩者为王,也不失为好策略。一般来讲,企业实施收缩型战略只是短期的,其根本目的是使企业捱过风暴和危机之后转向其他的战略选择。有时,只有采取收缩和撤退的措施,才能抵御竞争对手的进攻,避开环境的威胁以及迅速地实行自身资源的最优配置。从另一种意义上讲,收缩型战略是一种以退为进的战略。

扩张与收缩仿佛永远都是互为悖论的,我们甚至都不能去武断地判定哪个更好。为此,各种各样的理论层出不穷,已经远远不是一个简单的企业管理层的决策问题了,而是一门深邃而复杂的管理哲学。但研究这样一门哲学并不轻松,它需要的不只是理论、书本和人的反思,还需要企业的资金支持,以及冒险的决心和勇气。实际上,扩张与收缩都是无须多虑的事,顺势而为,全无玄妙。

第10章

企业并购财务管理

【学习目标】

- 掌握企业并购的概念和分类
- 理解企业并购的动因
- 掌握企业并购的成本和收益分析方法
- 了解企业并购的融资策略
- 了解企业并购防御的策略

10.1 企业并购概述

10.1.1 企业并购的概念

与并购相关的概念很多，如合并、兼并、收购等。一般来说，并购可以有狭义和广义两种理解方式。

狭义的并购是指我国《公司法》中定义的企业合并，包括吸收合并和新设合并。吸收合并又称兼并(merger)，指一个公司吸收其他公司而存续，被吸收公司合并后解散。如A公司吸收合并B公司，合并后B公司注销，A公司存续。新设合并是指两个或两个以上公司合并设立一个新的公司，合并各方的法人实体地位都消失。如A公司与B公司合并，合并后成立C公司，A公司与B公司都注销。

广义的并购，不仅包括狭义的并购活动，还包括为取得控制权或重大影响的股权或资产收购行为，这里的收购(acquisition)是指为了对目标企业实施控制或重大影响而进行的股权收购或资产购买，收购行为通常不是为了取得被收购方的全部股权或资产，而是为了实施控制或重大影响。例如，通过收购A公司60%的股权获得A公司的控股股东地位。

收购与兼并有许多相似之处，主要表现在：①基本动因相似。主要是为了扩大企业市场占有率或者是扩大经营规模，实现规模经营或者是拓宽企业经营范围，实现分散经营或综合化经营。总之，都是增强企业实力的外部扩张策略或途径。②都以企业产权为交易对象，都是企业资本经营的基本方式。

收购与兼并的区别在于：①在兼并中，被合并企业作为法人实体不复存在，而在收购中，被收购企业仍可以法人实体存在，其产权可以是部分转让；②兼并后，兼并企业成为被兼并企业新的所有者和债权债务的承担者，是资产、债权、债务的一同转移，而在收购中，收购企业是被收购企业的新股东，以收购出资的股本为限承担被收购企业的风险；③兼并多发生在被兼并企业财务状况不佳、生产经营停滞或半停滞之时，兼并后一般需调整其生产经营、重新组合其资产；而收购一般发生在企业正常生产经营状态时，产权流动比较平和。

因为在运作中这些概念的联系更甚于彼此之间的区别，所以兼并、合并与收购投资常作为同义词一起使用，统称为“并购”或“购并”(merger and acquisition，M&A)，泛指在市场机制作用下企业为了获得其他企业的控制权而进行的产权交易活动。并购一方称为“买方”或“并购企业”；被并购一方称为“卖方”或“目标企业”。

10.1.2 企业并购的类型

企业并购的形式多种多样，按照不同的分类标准可划分为许多不同的类型。

1. 按并购双方产品与产业的联系划分

按双方产品与产业的联系划分，并购可分为横向并购、纵向并购和混合并购。

1）横向并购

当并购方与被并购方处于同一行业、生产或经营同一产品，并购使资本在同一市场领域或部门集中时，则称为横向并购，如吉利收购沃尔沃，两公司同为汽车制造企业。横向并购可以消除重复建设，提供系列产品，确立或巩固企业在行业内的优势地位，扩大企业规模，使企业在该行业市场领域占有垄断地位。早期的公司并购多数属于横向并购。横向并购将导致同行业竞争的减弱，增强公司对市场的控制力，从而降低整个社会经济的运行效率。因此对横向并购的管制一直是西方各种反托拉斯法的重点。

2）纵向并购

纵向并购是对生产工艺或经营方式上有前后关联的企业进行的并购，是生产、销售的连续性过程中互为购买者和销售者（生产经营上互为上下游关系）的企业之间的并购，如美的收购东芝万家乐后掌握了空调的“心脏”——压缩机的生产技术，成为国内唯一一家拥有空调核心能力的厂商，拥有了雄厚的空调产业链上游生产能力。纵向并购是公司将关键性的投入—产出关系纳入公司控制范围，以行政手段而不是市场手段处理一些业务，以达到提高公司对市场的控制能力的一种方法。它具体分为前向并购、后向并购和双向并购。前向并购是指与产品销售企业的并购；后向并购指与原材料供应商的并购；双向并购则是同时与产品销售企业与原材料企业进行并购，将产、供、销连为一体。纵向并购降低了供应商和买主的重要性，使公司明显提高了同买主和供应商的议价能力，迫使供应商降低价格或迫使买主接受较高价格。纵向并购的主要目的是组织专业化生产和实现产销一体化，因此较少受到各国有关反垄断法律政策的限制。

3）混合并购

混合并购是对处于不同产业领域、产品属于不同市场且与其产业部门之间不存在特别的生产技术联系的企业进行并购，如平安信托旗下的上海平浦投资有限公司并购上海家化，采取这种方式可通过分散投资、多样化经营降低企业风险，达到资源互补、优化组合、扩大市场活动范围的目的。

19世纪末到21世纪初的百余年间，全球经历了五次明显的并购浪潮。19世纪末、20世纪初出现以横向并购为主的第一次浪潮，20世纪20年代出现以纵向并购为主的第二次浪潮，20世纪60年代则是混合并购的时代是第三次浪潮，始于20世纪80年代的是第四次并购浪潮，20世纪末至21世纪初的是第五次并购浪潮。第五次并购浪潮的一个突出特点是，相互并购的企业本身多为巨型企业而且很多是同等企业，或相互间有密切产品关联的企业的横向并购，如波音与麦道的并购，克莱斯勒与奔驰的并购等。当前，随着世界经济的稳步复苏，第六次并购浪潮席卷而来。在这次并购浪潮中，曾普遍集中于电信、金融行业的并购大量向资源型行业转移，使得石油、天然气、煤炭等资源型企业的并购成为第六次全球并购的主流。同时，随着新兴市场经济体的整体崛起，涉及新兴市场的并购活动也日趋活跃。

可见，随着西方国家经济的发展，公司并购也有一个逐步发展演变的过程。公司的发展往往是先通过横向并购占领市场、立稳脚跟，然后通过纵向并购以稳定供货和降低销售费用，最后进行混合并购，扩大经营范围，分散风险。西方许多大公司，当年走的大多是这条路。

2. 按并购的实现方式划分

接并购的实现方式划分，并购可分为承担债务式并购、现金购买式并购和股票置换式并购。

1）承担债务式并购

承担债务式并购是指在被并购企业资不抵债或资产负债相等的情况下，并购方以承担被并购方全部或部分债务为条件，取得被并购方的资产所有权和经营权的并购行为。

2）现金购买式并购

现金购买式并购有两种情况：①并购方筹集足额的现金购买被并购方全部资产，使被并购方除现金外没有持续经营的物质基础，成为有资本结构而无生产资源的空壳，不得不从法律意义上消失；②并购方以现金购买目标公司的股票或股权，当其持有的股权或股票足以使其达到控制目的时，目标公司就被并购了。

3）股票置换式并购

股票置换式并购也有两种情况：①股权换股票。这是指并购公司向目标公司的股东发行自己公司的股票，以换取目标公司的大部分或全部股票，达到控制目标公司的目的。通过并购，目标公司或者成为并购公司的分公司或子公司，或者解散并入并购公司。②以股权换资产。并购公司向目标公司发行并购公司自己的股票，以换取目标公司的资产，并购公司在有选择的情况下承担目标公司的全部或部分债务。目标公司也要把拥有的并购公司的股票分配给自己的股东。

3. 按涉及被并购企业的范围划分

按涉及被并购企业的范围划分，并购分为整体并购和部分并购。

1）整体并购

整体并购指资产和产权的整体转让，是产权的权益体系或资产不可分割的并购方式，如受次贷危机的影响，贝尔斯登被摩根大通收购。整体并购的目的是通过资本迅速集中，增强企业实力，扩大生产规模，提高市场竞争能力。整体并购有利于加快资金、资源集中的速度,迅速提高规模水平与规模效益。实施整体并购也在一定程度上限制了资金紧缺者的潜在购买行为。

2) 部分并购

部分并购指将企业的资产和产权分割为若干部分进行交易而实现企业并购的行为,如受次贷危机的影响,雷曼兄弟的核心业务被巴克莱收购。部分并购具体包括三种形式:①对企业部分实物资产进行并购。②将产权划分为若干份等额价值进行产权交易。③将经营权分成几个部分(如营销权、商标权、专利权),进行产权转让。

部分并购的优点在于可扩大企业并购的范围弥补大规模整体并购的巨额资金缺口;有利于企业设备更新换代,使企业将不需要的厂房设备转让给其他并购者,更容易调整资产存量结构。

4. 按企业并购双方是否友好协商划分

按并购双方是否友好协商划分,并购分为善意并购和敌意并购。

1) 善意并购

善意并购指并购公司事先与目标公司协商,征得其同意并谈判达成收购条件的一致意见而完成收购活动的并购方式。善意并购有利于降低并购行动的风险与成本,使并购双方能够充分交流、沟通信息,目标公司主动向并购公司提供必要的资料。同时善意行为还可避免因目标公司抗拒而带来额外的支出。但是,善意并购使并购公司不得不以牺牲自身的部分利益为代价兼顾目标公司的利益,以换取目标公司的合作。而且漫长的协商过程也可能使并购行动丧失其部分价值。

2) 敌意并购

敌意并购指并购公司在收购目标公司股权时虽然遭到目标公司的抗拒,仍然强行收购,或者并购公司事先并不与目标公司进行协商,而突然直接提出公开出价收购要约的并购行为。敌意并购的优点在于,并购公司完全处于主动地位,不用被动权衡各方利益,而且并购行动节奏快、时间短,可有效控制并购成本。但敌意并购通常无法从目标公司获取其内部实际运营、财务状况等重要资料,给公司估价带来困难,同时还会招致目标公司抵抗甚至设置各种障碍。所以,敌意并购的风险较大,要求并购公司制订严密的收购行动计划并严格保密,快速实施。另外,由于敌意并购易导致股市的不良波动,甚至影响企业发展的正常秩序,各国政府都对敌意并购方式予以限制。

5. 按并购交易是否通过证券交易所划分

按是否通过证券交易所划分,并购分为要约收购和协议收购。

(1) 要约收购

要约收购是指收购人通过向目标公司的股东发出购买其所持该公司股份的书面意见表示,并按照依法公告的收购要约中所规定的收购条件、价格、期限以及其他规定事项,收购目标公司股份的收购方式。其最大的特点是在所有股东平等获取信息的基础上由股东自主作出选择,因此被视为完全市场化的规范的收购模式,有利于防止各种内幕交易,保障全体股东尤其是中小股东的利益。

投资者自愿选择以要约方式收购上市公司股份的,可以向被收购公司所有股东发出收购其所持有的全部股份的要约(以下简称全面要约),也可以向被收购公司所有股东发出收购其所持有的部分股份的要约(以下简称部分要约)。通过证券交易所的证券交易,收购人持有一个上市公司的股份达到该公司已发行股份的30%时,继续增持股份的,应当采取要约方式进行,发出全面要约或者部分要约。除要约方式外,投资者不得在证券交易所外公开求购上市公司的股份。

(2) 协议收购

协议收购是一种收购方式,是指投资者在证券交易场所之外与目标公司的股东(主要是持股比例较高的大股东)就股票价格、数量等方面进行私下协商(相对公开市场而言,而非黑市交易),购买目标公司的股票,以期达到对目标公司的控股或兼并目的。

要约收购和协议收购的区别主要体现在以下几个方面。

一是交易场地不同。要约收购只能通过证券交易所的证券交易进行,而协议收购则可以在证券交易所场外通过协议转让股份的方式进行。

二是股份限制不同。要约收购在收购人持有上市公司发行在外的股份达到30%时,若继续收购,须向被收购公司的全体股东发出收购要约,持有上市公司股份达到90%以上时,收购人负有强制性要约收购的义务。而协议收购的实施对持有股份的比例无限制。

三是收购态度不同。协议收购是收购者与目标公司的控股股东或大股东本着友好协商的态度订立合同收购股份以实现公司控制权的转移,所以协议收购通常表现为善意的;要约收购的对象则是目标公司全体股东持有的股份,不需要征得目标公司的同意,因此要约收购又称敌意收购。

四是收购对象的股权结构不同。协议收购方大多选择股权集中、存在控股股东的目标公司,以较少的协议次数、较低的成本获得控制权;而要约收购中收购倾向于选择股权较为分散的公司,以降低收购难度。

6. 按是否利用目标公司本身资产来支付并购资金划分

按是否利用目标公司本身资产来支付并购资金划分,并购可以分为杠杆并购与非杠杆并购。

1) 杠杆并购

杠杆并购(leveraged buy-out,LBO)是指并购公司利用目标公司资产的经营收入,来支付并购价款或作为此种支付的担保。换言之,并购公司不必拥有巨额资金,只需准备少量现金(用以支付收购过程中必须支付的律师、会计师等的费用),加上以目标公司的资产及营运所得作为融资担保、还款来源的贷款的金额,即可并购任何规模的公司。由于此种并购方式在操作原理上类似杠杆,故而得名。

杠杆并购战略曾于20世纪80年代风行美国,这种并购一般是按以下步骤进行:

第一阶段杠杆并购的设计准备阶段,主要是由发起人制定收购方案,与被收购方进行谈判,进行并购的融资安排,必要时以自有资金参股目标企业,发起人通常就是企业的收购者。

第二阶段集资阶段,并购方先通过企业管理层组成的集团筹集收购价10%的资金,然后以准备收购的公司的资产为抵押,向银行借入过渡性贷款,相当于整个收购价格50%～70%的资金,向投资者推销为收购价20%～40%的债券。

第三阶段收购者以筹集到的资金购入被收购公司期望份额的股份。

第四阶段对并购的目标企业进行整改，以获得并购时所形成负债的现金流量，降低债务风险。

与一般的企业收购相比，杠杆并购有以下两个特征：一是在杠杆收购交易中，企业的负债权益比率大幅度上升，由此发生的负债主要由被收购公司的资产或经营现金流量来支撑和偿还。但如果收购后公司经营成功，这一比率会很快下降。二是杠杆收购交易过程中有一个经纪人。这个经纪人在收购交易中起协调作用，并常常由交易双方以外的第三者充任。

成功的杠杆并购通常需要具备以下基本条件：①并购后的企业管理层有较高的处理技能；②企业经营计划周全、合理；③并购前企业负债较低；④企业经营状况和现金流量比较稳定。

2）非杠杆并购

非杠杆并购是指不用目标公司自有资金及营运所得来支付或担保支付并购价款的收购方式，早期并购浪潮中的并购形式多属此类。但非杠杆并购并不意味着并购公司不需要举债，实践中，几乎所有的并购都是利用贷款完成的，所不同的只是借贷数额的大小，贷款抵押对象的不同而已。

10.1.3 企业并购的动因

在市场经济环境下，企业作为独立的经济主体，其所有的是经济行为都会受到利益动机的驱使，企业并购的动机也是为实现其财务目标——股东财富最大化，同时，企业并购的另一动力来源于市场竞争的巨大压力，这两大动力在现实经济生活中以各种具体的形态表现出来，即在多数情况下企业并非仅仅出于这样的目的进行收购，而是综合平衡了多种因素。一般而言，企业并购的主要动因有如下方面。

1. 谋求经营协同效应

由于经济的互补性及规模经济效应，两个或两个以上的企业实现成功整合后便可能提高经营协同效应。当然，一个重要前提是，该产业中确实存在规模经济，且在并购前相关企业中尚未实现最佳的规模经济。企业的规模经济是由生产规模经济和管理规模经济两个层次组成的。

(1) 生产规模经济。生产规模经济主要包括通过横向并购，达到由行业特定的最低限度的规模，改善行业结构、提高行业的集中程度，使行业内的企业保持较高的利润率水平；而纵向并购是通过对原料和销售渠道的控制，有力地控制竞争对手的活动；混合并购对市场势力的影响以间接的方式实现，并购后企业的绝对规模和充足的财力对其相关领域中的企业形成较大的竞争威胁。

(2) 管理规模经济。通过并购将多个生产单位置于同一企业领导之下，可以带来一定的规模经济，主要表现在由于管理费用可以在更大范围内分摊，节约了单位产品的管理费用、营销费用，集中人力、物力和财力致力于新技术、新产品的开发，增强企业抵御风险的能力等。同时，如果某企业有一支高效率的管理队伍，其管理能力超出了管理该企业的需要，但这批人才往往只能集体体现其效率，企业不能通过解聘释放能量，那么该企业就可并购那些由于缺乏管理人才而效率低下的企业，利用这支管理队伍通过提高整体效率而获利。

2. 谋求财务协同效应

企业并购不仅可以因经营效率提高而获利，还可在财务方面给企业带来以下几方面的收益：①提高财务能力。一般情况下，企业成功实现了整合后，企业整体的偿债能力比以前各单个企业要强而且可以降低资本成本，实现资本在并购企业与被并购企业之间低成本的有效再配置。②合理避税。税法一般包含亏损递延条款，允许亏损企业免交当年企业所得税，且亏损可向后递延数年抵消以后年度盈余。同时，一些国家的税法对不同资产适用不同税率，而且各种收入主体的收入，如股息收入、利息收入、营业收益、资本收益等的税率也各不相同。企业在并购中采取恰当财务处理方法可以达到合理避税的效果。③财务预期效应。预期效应是指因并购使股票市场对企业股票的评价发生改变而对股票价格产生影响。在实施企业并购后，企业的绝对规模和相对规模都得到扩大，控制成本价格、生产技术和资金来源及顾客购买行为的能力得以增强，能够在市场发生突变的情况下降低企业风险，提高安全程度和企业的盈利总额；同时企业资信等级上升，筹资成本下降，反映在证券市场上则使并购双方股价上扬，企业价值增加，并产生财务预期效应。由于预期效应的作用，企业并购往往伴随着剧烈的股价波动，形成股票市场的投机机会。投资者对投机利益的追逐反过来又会刺激企业并购的发生。尤其是被并购企业股票的市盈率偏低，低于并购方，这样并购完成后市盈率维持在较高的水平，股价上升使每股收益得到改善，提高了股东财富价值。

3. 实现多元化经营

企业通过经营相关程度较低的不同行业可以分散风险、稳定收入来源、增强企业资产的安全性。多元化经营可以通过内部积累和外部并购两种途径实现，但在多数情况下，并购更为有利。尤其是当企业面临变化了的环境而调整战略时，并购可以使企业低成本地迅速进入被并购企业所在的增长相对较快的行业，并在很大程度上保持被并购企业的市场份额以及现有的各种资源，从而保证企业持续不断的盈利能力。

4. 管理层利益驱动

管理层的并购动因往往是希望保持公司在市场上的统治地位或提高已有的市场地位。以下三个方面可能是公司经理对并购感兴趣的原因：首先，当公司发展得更大时，公司管理层，尤其是作为高层管理人员的总经理的威望也随之提高，这方面虽然很难做定量的计算，却是毋庸置疑的。其次，随着公司规模的扩大，经理人员的报酬也得以增加。最后，在并购活动高涨时期，管理层希望通过并购的办法，扩大企业规模，使公司能在瞬息万变的市场中立于不败之地，或抵御其他公司的并购。所以，在一定程度上，并购能带来安全。

5. 获得特殊资产或资源

企业获取某项特殊资产已日益成为企业并购的重要动因。特殊资产可能是一些对企业发展至关重要的专门资产，包括“壳”资源、专有技术、商标、品牌等无形资产等优秀的研究机构或专门人才高效的管理团队等。如我国当前对上市公司的审批较严格，上市资格成为一种稀缺资源，某些并购不是为获得目标企业本身而是为获得目标企业的上市资格，通过到国外买壳上市，企业可以在国外筹集资金进入外国市场。又如，土地是企业发展的重要资源,一些有实力、有前途的企业可能会由于狭小的空间难以扩展,而另一些经营不善、市场不景气的企业却占有较多的土地和优越的地理位置,这时优势企业就可能并购劣势企业以获取其优越的土地资源。

除了以上5种主要动因,企业并购还可能具有其他多种特殊的诉求,如企业增长,技术、产品优势与产品差异、政府的市场准入政策、外汇政策、汇率、政治和经济稳定性,劳动力成本和生产率差异,确保原材料来源,追随顾客等。

10.2 企业并购的财务分析

企业并购是资本经营的基本方式和实现快速扩张的主要途径。企业并购前、中、后整个过程需要进行一系列的财务分析,主要包括企业并购的成本分析、收益分析、风险分析等。

10.2.1 企业并购的成本分析

企业并购包含一系列工作,其并购成本不只是一个普通的财务成本概念,而应该是由此发生的一系列代价的总和。这些成本既包括并购发生的有形成本,也包括并购发生的无形成本,既包括并购工作完成的成本,也包括并购以后的整合成本。为了真正实现低成本扩张,企业并购前必须了解和把握并购的各项成本要素。具体来说,企业并购应该分析的成本项目有如下方面。

1. 完成成本

所谓并购完成成本指并购行为本身所发生的直接成本和间接成本。直接成本是指并购直接支付的费用;间接成本是指并购过程中所发生的一切费用。间接成本包括如下三种:

(1) 债务成本。在承担债务方式并购、杠杆并购等情况下,开始可能并不实际支付收购费用,但是必须为未来债务逐期支付本息。借用银行的抵押贷款进行收购,也要背上偿付未来归还本息的包袱。

(2) 交易成本。交易成本即并购过程中所发生的搜寻、策划、谈判、文本制作、资产评估、法律鉴定、公证等费用,发行股票还需要支付申请费、承销费等。

(3) 更名成本。并购成功后,还会发生重新注册费、工商管理费、土地转让费、公告费等支出。

2. 整合与营运成本

并购企业不仅应关注并购当时短期的完成成本,还应测算并购后使被并购企业健康发展需支付的长期营运成本。这些成本包括如下方面:

(1) 整合改制成本。取得对目标公司的控制权后,必然要进行重组或整合,小则调整人事结构,改善经营方式,大则调整经营战略和产业结构,重建销售网络。为此要支付派遣人员进驻后建立新董事会和经理班子、安置原有领导班子、安置富余人员、剥离非经营性资产、淘汰无效设备、进行人员培训等有关费用。

(2) 注入资金的成本。并购公司要向目标公司注入优质资产,投入启动资金或开办费，为新企业打开市场而需增加市场调研费、广告费用、网点设置费等，以上这些都需要费用。所以，企业进行并购决策时应切实分析目标公司的资源潜能与管理现状，明确并购双方企业管理资源的互补性，充分估计并购方在现有基础上能否对被并购企业实施有效的管理投入，是否有能力通过有效的整合措施使被并购企业实施制度创新、机制创新。如果并购双方管理资源缺乏有效的互补性，并购方管理成本将相当巨大。

整合与营运成本具有长期性、动态性和难以预见性，所以并购决策中应特别关注该项成本能否达到最低。

3. 并购退出成本

一个企业在并购实施向外扩张时，还必须考虑一旦扩张不成功如何低成本撤退的问题。

4. 并购机会成本

并购活动的机会成本是指并购实际支付或发生的各种成本费用相对于其他投资和未来收益而言的。一项并购活动所发生的机会成本包括实际成本支出以及因之而放弃其他投资丧失的收益。

10.2.2 企业并购的收益分析

在企业吸收合并和新设合并中，并购效益体现在并购前后公司股权价值的变化上。并购收益是指并购后新公司的价值超过并购前各公司价值之和的差额。例如，A 公司并购 B 公司，并购前 A 公司的价值为 V_A，B 公司的价值为 V_B，并购形成的新公司的价值为 V_{AB}，则并购收益(S)为

$$S = V_{AB} - (V_A + V_B) \tag{10-1}$$

如果 $S>0$，表示并购在财务方面具有协同效应。

一般情况下，并购方将以高于被并购方价值的价格 P_B 作为交易价，以促使被并购方股东出售其股票，$P=P_B-V_B$ 称为并购溢价。并购溢价反映了获得对目标公司控制权的价值，并取决于被并购企业前景、股市走势和并购双方讨价还价的情况。

对于并购方来说，并购净收益(NS)等于并购收益减去并购完成成本、实施并购前并购方公司价值的差额。

设 F 表示并购费用，则

$$\mathrm{NS} = S - P - F = V_{AB} - P_B - F - V_A \tag{10-2}$$

例如，A 公司的市场价值为 8 亿元，拟收购 B 公司，B 公司的市场价值为 1 亿元。A 公司估计合并后新公司的价值达到 10 亿元。B 公司股东要求以 1.5 亿元价格成交。并购交易费用为 0.2 亿元。由此得到

并购收益 $S = 10 - (8 + 1) = 1$(亿元)

并购完成成本 $= 1.5 + 0.2 = 1.7$(亿元)

并购溢价 $P = 1.5 - 1 = 0.5$(亿元)

$$\begin{aligned}\text{并购净收益 NS} &= S - P - F = 1 - 0.5 - 0.2 = 0.3(\text{亿元})\\ &= V_{AB} - V_A - P_B - F = 10 - 8 - 1.5 - 0.2\\ &= 0.3(\text{亿元})\end{aligned}$$

上述并购使A公司股东获得净收益0.3亿元。可以说这一并购活动对A、B两个公司都有利。这是并购活动能够进行的基本条件。

10.2.3 企业并购的风险分析

企业并购风险广义上是指由于企业并购未来收益的不确定性,造成的未来实际收益与预期收益之间的偏差。但现实中我们主要研究的是狭义的并购风险,是指企业在实施并购行为时遭受损失的可能性。这种损失可大可小,既可能是企业收益的下降,也可能是企业的负收益。企业并购各阶段主要由以下不同风险构成。

1. 并购实施前的决策风险

企业并购前的风险主要体现在并购决策风险。如果对并购的目标企业选择和自身能力评估不当或失误,就会给企业发展带来不可估量的负面影响。主要体现在以下几方面:

1) 目标企业选择和评估的风险

目标企业的选择和对自身能力的评估是一个科学、理智、严密谨慎的分析过程,是企业实施并购决策的首要问题。如果对并购的目标企业选择和自身能力评估不当或失误,就会给企业发展带来不可估量的负面影响。企业所要进入的行业或产业现状及前景,对企业未来的发展尤为重要,产业前景不明朗、国家产业政策的变化都会给并购后的企业发展带来一定的风险。此外,企业并购已成为许多企业进入新行业、新产业尤其是高新技术领域的一条重要途径,而高新技术领域本身具有高风险与高收益并存的特点,这更加大了并购的风险。因此,在并购前,必须对不同并购方案中的目标企业所处产业或行业中存在的风险进行充分估计。

在选定目标企业后,进行目标企业估价及确定自己的给付对价,一个双方认可的对价是并购成功的基础。目标企业的估价取决于并购企业对其未来自由现金流量和时间的预测,对目标企业的价值评估可能因预测不当而不够准确,这就产生了并购公司的估价风险,在定价中可能接受高于目标企业价值的收购价格,导致并购企业支付更多的资金或更多的股权进行交易。

2) 对自身能力评估不当的风险

科学合理评价企业自身能力是企业实施并购决策的重要保障。在企业并购实践中,经常会出现一些企业忽略这一环节的隐性风险而给自身的正常发展带来麻烦和困境的情况。

企业并购动机不明确可能产生风险。企业并购应从企业发展的总目标出发,通过对企业所面临的外部环境和内部条件进行研究,在分析企业的优势和劣势的基础上,根据企业的发展战略需要形成的,而不受舆论宣传的影响,只是意识到并购可能带来的利益,或是因为看到竞争对手或其他企业实施了并购,非理性地产生了进行并购的盲目冲动。这种不是从企业实际情况出发而产生的盲目并购冲动,从一开始就潜伏着导致企业并购失败的风险。

盲目自信夸大自我并购能力可能产生风险。并购是一种资本运作能力,不是所有企业都能具备这种提升和完善核心竞争力的并购运作能力。一些企业看到了竞争中劣势企业的软弱地位,产生了低价买进大量资产的动机,却没有充分估计自身改造这种劣势企业的能力的不足，如资金能力、技术能力、管理能力等，从而做出错误的并购选择，陷入了低成本扩张的陷阱。

2. 企业并购实施过程中的交易风险

企业并购中的任务主要是双方谈判交易，这一阶段的主要任务是签订正式的并购合同和采取经济的融资方式进行收购，此过程中出现的风险称为交易风险。交易风险主要包括谈判风险、融资风险两大类。

1）谈判风险

谈判风险指由于谈判力量、信息不对称、并购市场不成熟等原因，导致交易条件对并购方不利，这必然导致并购方在以后的经营发展中面临很大风险。谈判过程需要有丰富并购经验的专业人员参与，否则很容易因为谈判经验不够而处于被动地位，只能被迫接受不合意的条件。而信息不对称，对目标企业的信息获取不足，是造成谈判价格不公的主要原因。谈判阶段没有取得合理的并购价格、并购条件，很容易在下面的并购阶段发生困难。

这个阶段的信息不对称风险，主要是指企业在并购的过程中对收购方的了解与目标公司的股东和管理层相比可能存在严重的不对等问题给并购带来的不确定因素。由于信息不对称和道德风险的存在，被并购企业很容易为了获得更多利益而向并购方隐瞒对自身不利的信息，甚至杜撰有利的信息。企业作为一个多种生产要素、多种关系交织构成的综合系统，极具复杂性，并购方很难在相对短的时间内全面了解、逐一辨别真伪。一些并购活动因为事先对被并购对象的盈利状况、资产质量（如有形资产的可用性、无形资产的真实性、债权的有效性）、或有事项等可能缺乏深入了解，没有发现隐瞒的债务、诉讼纠纷、资产潜在问题等关键情况，而在实施并购后落入陷阱难以自拔。

2）融资风险

并购的融资风险主要是指能否按时足额地筹集到资金，保证并购的顺利进行，如何利用企业合理的资金渠道在短期内筹集到所需的资金是并购能否成功的关键。每一项并购活动背后几乎均有巨额的资金支持，企业一般难以完全利用自有资金来完成并购过程，必须综合考虑各种融资渠道及其期限结构和属性结构，并满足并购后企业进行一系列的整合工作对资金的需求，对并购成功至关重要。具体来说，融资风险主要来自以下方面：筹资方式的不确定性、多样性，筹资成本的高增长性、外汇汇率的多变性等。

3. 企业并购后的协调风险

并购后的协调风险主要体现在后期的整合风险上，主要有如下方面：

1）管理风险

并购之后管理人员、管理队伍能否得到恰当配备，能否找到并采用得当的管理方法，管理手段能否具有一致性、协调性，管理水平能否因企业发展而提出更高的要求，这些都存在不确定性，可能会造成员工流失和企业凝聚力的降低等管理风险。

2）规模经济风险

并购方在完成并购后，不能采取有效的办法使人力、物力、财力达到互补，不能使各项资源真正有机结合，不能实现规模经济和经验的共享补充，而是低水平的重复建设。这种风险因素的存在必将导致并购的失败。

3) 企业文化冲突风险

企业文化冲突风险,是指由于并购双方企业文化不能融合而产生文化冲突,最终导致并购不能收到预期效果的风险。企业文化是在空间相对独立、时间相对漫长的环境下形成的特定群体一切生产活动、思维活动的本质特征的总和。并购双方能否达成企业文化的融合,形成共同的经营理念、团队精神、工作作风受到很多因素的影响,对并购成败的影响是极其深远的,特别是在跨国、跨地区的并购案中。

4) 经营风险

为了实现经济上的互补性,达到规模经营,谋求经营协同效应,并购后的企业还必须改善经营方式,甚至生产结构,加大产品研发力度严格控制产品质量,调整资源配置,否则就会出现经营风险。

10.3 企业并购的融资规划

并购融资是指并购企业为了兼并或收购目标企业而进行的融资活动。根据融资获得资金的来源,我国企业并购融资方式可分为内源融资和外源融资。两种融资方式在融资成本和融资风险等方面存在着显著的差异。这对企业并购活动中选择融资方式有着直接影响。

1. 内源融资

内源融资是指企业通过自身生产经营活动获利并积累所得的资金。内源融资主要指企业提取的折旧基金、无形资产摊销和企业的留存收益。内源融资是企业在生产经营活动中取得并留存在企业内可供使用的"免费"资金,资金成本低,但是内部供给的资金金额有限,很难满足企业并购所需大额资金。

(1) 自有资金。企业自有资金是企业在发展过程中所积累的、经常持有的、按规定可以自行支配的资金。企业内部自有资金是企业最稳妥、最有保障的资金来源,具有可长期占有的特征。它的主要构成内容是企业的税后留利、折旧、闲置资产变卖等。企业的税后利润包括企业按规定提取的盈余公积和未分配利润,这部分资金是公司扩大再生产的资金来源。提取的固定资产折旧,既是固定资产使用的损耗价值,又是未来重新购置固定资产的资金来源,它是公司简单再生产的基本资金来源。用税后留利来并购企业,可能与股东产生一定的冲突,例如,如果股东有更好的投资机会,就不愿意把利润留存在企业,企业要强行留存,就需要付出高昂的成本。

(2) 企业应付税利和利息。从资产负债表上看,企业应付税利和利息属债务性质,但它的本原还是在企业内部。这部分资金不能长期占用到期必须支付,但从长期平均趋势来看,它也是企业内源融资的一个来源。

2. 外源融资

外源融资是指企业通过一定方式从企业外部筹集所需的资金,外源融资根据资金性质又分为债务融资和权益融资。

1) 债务融资

债务融资是指企业为取得所需资金通过对外举债方式获得的资金。债务融资相对于权益融资来说，不会稀释股权，不会威胁控股股东的控制权，债务融资还具有财务杠杆效益，但债务融资具有还本付息的刚性约束，具有很高的财务风险，风险控制不好会直接影响企业生存。在债务融资方式中，商业银行贷款是我国企业并购时获取资金的主要方式，这主要是由于我国金融市场不发达，其他融资渠道不畅或融资成本太高，此外，并购活动也往往是政府"引导"下的市场行为，解决国有企业产权问题，比较容易获取国有商业银行的贷款。按照债务的受偿顺序，并购债务融资有以下两种：

（1）优先债务融资。优先债务是指在受偿顺序上享有优先权的债务，在并购融资中主要是由商业银行等金融机构提供的并购贷款。在西方企业并购融资中，提供贷款的金融机构对收购来的资产享有一级优先权。

（2）从属债务融资。从属债务一般不像优先债务那样具有抵押担保，并且其受偿顺序也位于优先债务之后。从属债务包括各类无抵押贷款、无抵押债务及各类公司债券、垃圾债券。

2）权益融资

权益融资是指企业通过吸收直接投资、发行普通股、优先股等方式取得的资金。权益性融资具有资金可供长期使用，不存在还本付息的压力，但权益融资容易稀释股权，威胁控股股东控制权，而且以税后收益支付投资者利润，融资成本较高。在企业并购中最常用的权益融资方式即股票融资，主要有以下三种：

（1）普通股融资。普通股融资的基本特点是其投资收益（股息和分红）不是在购买时约定，而是事后根据股票发行企业的经营业绩来确定。持有普通股的股东，享有参与经营权、收益分配权、资产分配权、优先购股权和股份转让权等权利。从企业的角度来看，普通股融资不必支付固定的股利给股东，且因为没有固定的到期日，无须到时偿还本金增售普通股，可以增强公司的资金实力，提高公司的信誉，增加公司未来的借款融资能力。当公司前景看好时，普通股能以较其他证券更佳的条件销售给社会公众，这是由于普通股所提供的报酬率通常比优先股或债券的报酬率高，而且由于普通股代表公司的所有权，故相对于优先股或债券而言，它可以提供给投资者一个较佳的屏障，以防止非预期性通货膨胀所造成的损失。

普通股融资在具备上述优点的同时，也存在缺点，它可能导致公司控制权分散。由于普通股股东通常都享有投票权，对外发行新股常意味着公司的部分控制权转移给新的股东。如果普通股发行太多，那么发行公司本身也将面临被收购的危险。对外发行新股，容易导致税后利润的稀释，使新股东坐享其成，因为如果未来公司的盈余激增，新股东拥有与老股东同样的权利，从而引起现有股东的不满。股利需在税后支付，和债务融资的方式相比，资本成本相对较高，因此公司采用普通股融资过多，就会提高公司的加权平均资本成本，从而降低公司的价值。

（2）优先股融资。优先股是企业专为某些获得优先特权的投资者设计的一种股票。它的主要特点如下：一般预先设定股息收益率；优先股股东一般无选举权和投票权；优先股有优先索偿权，能优先领取股息，能优先分配剩余资产。有时向目标企业发行优先股可能会是并购企业更好的选择。比如，如果目标企业股利政策是发放较高的股息，为了保证目标企业股东的收益不会因并购而减少，目标企业可能会提出保持原来的股利支付率的要求。对于并购企业而言,若其原来的股利支付率低于目标企业的股利支付率,提高股利支付率的话,则意味着新老股东的股利都要增加,这会给并购企业的财务带来很大的压力。这时,发行优先股就可以避免这种情况。

从并购企业的角度来看,优先股具有以下优点:企业可凭借发行优先股来固定融资成本,并得以将更多的未来潜在利润保留给流通股股东;优先股一般没有到期时间和收回资金的规定,相对于负债而言,它们通常不会给企业带来现金流量问题;通过发行优先股而非普通股融资,企业普通股股东可以避免和新投资者一起分享盈余与控制权。

优先股融资也存在一定的缺点:优先股的税后资金成本费高于负债的税后资金成本;由于优先股股东往往负担了相当比例的风险,却只能收取固定的报酬,因而在发行效果上不如债券。

(3) 混合型融资工具。除了上述常见的债务、权益融资方式以外,企业在并购融资中还大量使用一些混合型融资工具,这种既带有权益特征又带有债务特征的特殊融资工具在企业并购融资中扮演着重要的角色。

a. 可转换证券。可转换证券指可被持有人转换为普通股的各种证券,分为可转换证券和可转换优先股两种。可转换证券在转换时不会给企业带来现金流入,但是当可转换证券被持有人转换成普通股之后,可以改变企业的资本结构,降低其资产负债比率,从而减少财务风险,因此公司将更容易筹措到新的资金。所以,企业比较愿意采用可转换证券进行融资。

由于可转换证券发行之初可为投资者提供固定报酬,这等于投资于单纯企业债券或优先股;当企业资本报酬率上升、企业普通股上升时,投资者又获得了自由交换普通股的权利。它实际上是一种负债与权益相结合的混合型融资工具,这种债券的持有人可以在一定的时间内按照一定的价格将购买的债券转换为普通股,为投资人提供一种有利于控制风险的投资选择。

并购企业利用可转换证券融资有以下优点:①由于其具有高度灵活性,企业可依据具体情况,设计出不同的报酬率、不同的转换溢价等条件的可转换证券,以寻求最佳的长期筹资方式;②可转换证券的报酬率一般很低,这样就使可转换证券的资本成本率较低,大大降低企业的筹资成本,使企业获得廉价的资本供给;③由于可转换公司债券和可转换优先股等可转换证券一般要转换为普通股,故发行可转换证券可为企业提供长期、稳定的资本供给。

并购企业利用可转换证券融资具有以下缺点:①当股票市价猛涨而且大大高于普通股转换价格时,发行可转换证券反而使企业蒙受财务损失。②当普通股市价未像预期的那样上涨时,可转换证券的转换就无法实现,很可能断绝企业获得新的长期资金的任何来源。这是因为,证券的转换未能实现时,一方面企业几乎不可能再发行新的可转换证券;另一方面由于投资者对企业财务状况的怀疑,会导致其他非可转换证券发行的困难。③当可转换证券的转换顺利实现时,转换本身就意味着对企业原有股东参与权的压缩,也会引起对企业经营管理的干涉。

b. 认股权证。认股权证是由企业发行的长期选择权证,它允许持有人按某一特定价格买进既定数量的股票。认股权证通常是随企业的长期债券一起发行,以吸引投资者前来购买利率低于正常水平的长期债券。

认股权证和可转换债券有某些相似之处，但仍有其不同的地方。在进行转换时，虽然同是一种形式(企业债务)转换为另一种形式(股票)，但对企业财务乃至营运的影响却不同，可转换债券是由债务资本转换为股权资本，而认股权证则是新资金的流入，可以用以增资偿债。因为认股权证代表了长期选择，所以附有认股权证的债券或股票，往往对投资者有很大的吸引力。

认股权证对于并购企业而言有双重优点：首先，避免了使被收购企业股东在并购后整合初期成为普通股东，从而拥有获得信息和参加股东大会的权利；其次，与股票不同，它对被收购企业目前的股东利益没有影响。发行认股权证融资也有不利之处，主要是在认股权证行使时，如果普通股股价高出认股权证约定价格较多，那么发行企业就会因为发行认股权证而发生融资损失。因为认股权证代表了长期选择的权力，所以附有认股权证的债券或优先股，往往对投资者有较大的吸引力。从实践来看，认股权证能在下列情况下推动企业有价证券的发行：当公司处于信用危机边缘时，认股权证可以促进企业债券的销售；在金融紧缩时期，一些财务基础较好的企业也可用认股权证吸引企业债券的投资者。

3. 特殊融资

1) 杠杆并购的融资

杠杆并购按其融资方式的不同主要可分为以下四种形式：

(1) 有目标公司内部管理阶层参与的杠杆并购(以下简称 MBO)。它是由若干投资者组成空壳公司，并通过大规模举债直接收购目标公司的并购行为。MBO 有以下特点：并购方成员中包括目标公司的高层管理人员，收购完成后目标公司从上市公司变成非上市的私有公司，由于收购活动是通过大量举债来完成的，新公司的债务比率远远高出一般的上市公司。

(2) 无目标公司管理层参与的杠杆并购(以下简称 LBO)。LBO 方式比 MBO 更为广泛。LBO 方式中，不必保留目标公司原来的管理人员，也不一定将目标公司变为私有，并购完成后，并购方通常要对目标公司进行高层人事及业务重组。例如，分立或出售目标公司的各项业务，以此来回收资金，偿还收购融资时的高额债务。

(3) 目标公司雇员参与的杠杆并购，又称雇员持股计划，简称 ESOP。在这种方式中，目标公司的雇员通过一项特殊的信托协议借债购买本公司股票，并参与并购后的公司管理，所借债务用雇员的养老金偿还，并由目标公司担保。在雇员退休或离开公司之前，股票一直由受托人保管。

(4) 发行垃圾债券(junk bond)的杠杆并购。垃圾债券是指低于投资等级或未被评级的高收益债券。在利用垃圾债券筹资进行杠杆并购的过程中，潜在的并购者获得投资者的承诺，如果其成功地收购了特定比例的目标股票，投资者就购买特定数量的证券(包括垃圾债券)。收购方一般通过设立壳公司来购买目标股票，并以其名义发行垃圾债券，但并不用购买的目标股票来为其担保。

与其他的企业并购融资方式相比，杠杆并购有以下基本特征：第一，并购公司用以并购的自有资金远远少于收购总资金，通常在 10%～15%；第二，并购公司的绝大部分并购资金是借债而来，贷款方可能是金融机构、信托基金、个人或目标公司的股东；第三，并购公司用以偿付贷款的款项来自目标公司的资产或现金流量，即目标公司将支付其自身的售价；第四，并购公司除投资非常有限的资金外，不承担进一步投资的义务，即贷出并购资金的债权人只能向目标公司求偿，而无法向真正的借款方——并购公司求偿，实际上，贷款方往往在被收购公司资产上设有担保，以确保优先受偿地位。

成功的杠杆并购通常应具备以下几个基本条件：①并购企业的管理层具有较高的管理技能。这是并购以后对目标企业实施整合必不可少的因素，是发挥企业之间协同效应的管理上的保障。②目标企业具有稳定、连续的现金流量。因为杠杆并购中巨额利息和本金的支付和偿还需要目标企业的收益和现金流来支付，所以目标企业收益及现金流的稳定性和可预测性是非常重要的，现金流量的稳定性、连续性在某种程度上甚至比利润还重要。③并购企业的资产负债率较低。由于杠杆并购是以增加大量的负债为特征的，并购完成后，企业的资产负债率必将大大提高。如果并购企业本身负债就比较高，那么它再次进行负债，就会受到一定的限制。例如有些债务合同的保护性条款就规定了企业负债数量或比例的最高限度。④目标企业的资产变现能力比较强。这也是保证并购后企业支付能力的重要因素。并购后，企业通常要处理一部分不需要的资产，如果目标企业的资产很容易在市场上变现，那么即使经营现金不足以支付到期的债务本息，企业也可以通过变卖资产来获得现金。⑤并购后整合计划周全、合理。杠杆并购具有高风险特征，只有合理、周全的并购整合计划，才可能使并购活动和并购后的整合活动得以顺利实施。一般而言，以技术为基础的知识、智力密集型企业，进行杠杆并购比较困难。因为这类企业只拥有无形资产和智力财富，未来收益和现金流量难以预测，并且难以变卖获得现金，但这也不是绝对的，如果债权人认为这些企业的管理水平高、无形资产能够变卖、企业现金流量稳健，那么也同样能给予贷款。

2）卖方融资

企业并购中一般都是买方融资，但当买方没有条件从贷款机构获得抵押贷款或由于市场利率太高，买方不愿意按市场利率获得贷款时，卖方为了出售资产也可能愿意以低于市场的利率为买方提供所需资金。买方在完全付清贷款以后才得到该资产的全部产权，如果买方无力支付贷款，则卖方可以收回该资产。这种方式被称为“卖方融资”。比较常见的卖方融资即在分期付款条件下，以或有支付方式购买目标企业。由此可见，或有支付所起到的效果同企业通过其他融资渠道获取资金进行并购的最终效果是相同的。

比较常见的卖方融资即通过分期付款条件下以或有支付方式购买目标企业。它是指双方企业完成并购交易后，购买方企业不全额支付并购价款而只支付其中的一部分，在并购后的若干年内，再分期支付余下的款项。但分期支付的款项是根据被收购企业未来若干年内的实际经营业绩而定，业绩越好，所支付的款项也越高。从融资的角度来看，这一支付方式无异于卖方(即被收购企业)向购买方企业提供了一笔融资。由于购买方企业在未来期间的实际付款额需视被收购企业的经营业绩而定，这种支付方式实质上可看成一种“或有支付”。这种卖方融资方式最初出现于一些亏损企业的并购案中，这些公司因获利不稳，卖方为急于脱手，而不得不采取这种有利于收购者的支付方式，例如，20世纪80年代美国华纳传播为了将旗下亏损严重的Atari电脑公司出售，不仅接受了购买方企业康莫德国际公司以票据支付的条件，而且同意前几年无须付清本金，这样康莫德公司在接手 Atari 电脑公司之后的几年内可利用该公司产生的现金流入来偿还期票，使付款压力大为减轻。

10.4 企业反并购策略

为保证对公司的控制权，越来越多的公司从自身利益出发，在投资银行等外部顾问机构的帮助下，开始重视采用各种积极有效的防御性措施进行反并购，以抵制来自其他公司的敌意并购。抵抗方法和抵抗程度的强弱，将会极大地影响并购的成本和并购本身的成败。

1. 防御企业并购的经济措施

反并购时可以运用的经济手段主要有以下四类：

1）提高收购者的收购成本

（1）资产重估。在现行的财务会计中，资产通常采用历史成本来估价。通货膨胀使历史成本往往低于资产的实际价值。多年来，许多企业定期对其资产进行重新评估，并把结果编入资产负债表，提高了净资产的账面价值。由于收购出价与账面价值有内在联系，提高账面价值会抬高收购出价，抑制收购动机。

（2）股份回购。企业在受到收购威胁时可回购股份，其基本形式有两种：一是企业将可用的现金分配给股东，这种分配不是支付红利，而是购回股票；二是换股，即发行企业债、特别股或其组合以回收股票，通过减少在外流通股数抬高股价，迫使收购者提高每股收购价。但此法对目标企业颇危险，因负债比例提高，财务风险增加。如果法律允许企业拥有自己的股份，那么取得自己企业的股票便成为对公开收购要约最有力的防卫策略之一。例如，美国西格雷姆公司曾提出以每股 45 美元购买明尼瓦公司的普通股股票，而明尼瓦公司的经理们为此大举借债，用此借款回购其股份，每股价格定为 60 美元，从而有效地抵御了西格雷姆公司的并购企图。

（3）寻找“白衣骑士”。“白衣骑士”（white knight）即企业自己寻找的善意收购者。企业在遭到收购威胁时，为了不使本企业落入敌意收购者手中，可选择与其关系密切的有实力的企业，以更优惠的条件达到被善意收购。一般地讲，如果收购者出价较低，目标企业被“白衣骑士”拯救的希望就大；若买方企业提供了很高的收购价格，则“白衣骑士”的成本提高，目标公司获救的机会相应减少。在“白衣骑士”出现的情况下，收购者如果不以更高的价格来收购目标企业，那么收购者肯定会遭到失败。因此，收购者的收购价格必须随之水涨船高。例如，2015 年 7 月 10 日宝能系第一次举牌万科，半年内通过多次举牌，持有万科的份额超过 20%，一举超过了万科的原第一大股东华润。万科管理层质疑宝能的信用，认为其对企业长远发展不利。万科管理层开始寻找“白衣骑士”，华润、安邦保险集团、恒大和深圳地铁集团都曾被看作援助万科的“白衣骑士”，各路“兵马”陆续加入战场，数度出现僵持。2016 年 6 月 17 日，万科公告以发行股份的方式，向深圳市地铁集团有限公司购买其持有的深圳地铁前海国际发展有限公司 100%股权等有关事项。万科 A 股股票 2016 年 7 月 4 日开市起复牌。2017 年 1 月 12 日，华润以每股 22 元的价格将其所持有的万科股权全部转让给深圳市地铁集团有限公司。2017 年 6 月 9 日恒大下属企业将所持有的约15.5亿股万科A股份以协议转让方式全部转让给地铁集团，约占公司总股本的14.07%，转让价格为18.80元/股。至此，持续近2年的万科股权之争在真正的“白衣骑士”解救之下落下帷幕。

(4)“降落伞”计划。“降落伞”计划是通过事先约定对并购发生后导致管理层更换和员工裁减时对管理层或员工的补偿标准，从而达到提高并购成本的目的。

“金色降落伞”(golden parachute)是一种对目标公司高层行政人员很有利的合同。“金色降落伞”协议规定，一旦因为公司被并购而导致董事、总裁等高级管理人员被解职，公司将提供相当丰厚的解职费、股票期权收入和额外津贴作为补偿费。20世纪80年代这种“金色降落伞”发展得很快。目前，美国500家大企业中有一半以上的公司通过了“金色降落伞”协议，当降落费用较为昂贵时，也可演化成一颗“毒丸”，给收购者带来现金支付上的沉重负担，使收购变得不那么有利可图，从而逼迫敌意收购者知难而退，客观上起到反并购的作用。1986年，戈德斯密士收购了克朗·塞勒巴公司后，根据“金色降落伞”协议向离职的16名高级职员支付了总金额高达0.92亿美元的3年工资和全部退休金，其中原总裁克勒松一人就独得0.23亿美元。

“锡色降落伞”(tin parachute)是一种向下面几级的管理人员提供比“金色降落伞”稍为逊色的保证。其单位金额远不如“金色降落伞”，但是，“锡色降落伞”的享受者众多，有时反而能比“金色降落伞”更能阻止敌意收购。“锡色降落伞”一般是根据工龄长短，让普通员工领取数周至数月的工资。如收购者布恩·皮根斯在接管美翠石油公司后就支付了高达0.2亿～0.3亿美元的“锡色降落伞”费用。

值得注意的是“降落伞”计划带来的弊端，即支付给管理层的巨额补偿反而有可能诱导管理层低价将企业出售。

2) 降低收购者的收购收益或增加收购者风险

(1)“皇冠上的珍珠”对策。从资产价值、盈利能力和发展前景方面衡量，在混合公司内经营最好的企业子公司被喻为“皇冠上的珍珠”(crown jewels)。这类公司通常会诱发其他企业的收购企图，成为兼并的目标。拥有令收购者垂涎的资产、部门或业务，它们包括以下几类具有盈利潜力却被市场严重低估的资产，如地产、设备等；发展前景极为广阔，有条件在短期内形成大批量生产和拥有高度市场份额的业务或专利条件；对并购方公司的发展构成竞争威胁或供需环节威胁的某项业务或某个部门。目标企业为保全其子公司，可将“皇冠上的珍珠”这类经营好的子公司卖掉或者抵押出去，从而达到反收购的目的。

(2)“毒丸计划”。“毒丸”(position pills)是指目标公司制定的一些对外来控制极为不利的规定。“毒丸计划”最早是由美国律师马蒂·利蒲东于1983年发明和采用的。在“毒丸计划”防御策略中，目标企业会要求并购企业必须事先承诺吞下“毒丸”，方可实施并购。其基本内容是目标企业被并购后，并购企业必须发行一定数额的新股票，允许其他股东(不包括并购一方)用半价购买，以便冲淡并购者的股权比例。“毒丸计划”防卫的形式多种多样，如“负毒丸计划”和“人员毒丸计划”。前者是指目标企业在收购威胁下大量增加自身负债，降低企业被收购的吸引力。例如，发行债券并约定在企业股权发生大规模转移时，债券持有人可要求立刻兑付，从而使收购企业在收购后立即面临巨额现金支出，降低其收购兴趣。“人员毒丸计划”的基本方法是企业的绝大部分高级管理人员共同签署协议，在企业被以不公平价格收购，并且这些人中有一人在收购后被降职或革职，则管理人员将集体辞职。这一策略不仅保护了目标企业股东的利益，而且会使收购方慎重考虑收购后更换经理层对企业带来的巨大影响。企业的管理层阵容越大、越精干，实施这一策略的效果将越明显。当管理层的价值对收购方无足轻重时，“人员毒丸计划”也就收效甚微了。

2005 年 2 月 18 日，盛大互动娱乐有限公司(纳斯达克代码为 SNDA)及其某些关联方向美国证监会提交了 13-D 表备案，披露其拥有新浪已发行普通股 9.5%的股权，由此互联网业惊天收购大案正式拉开序幕。新浪方则启动了“毒丸”——购股权计划，以保障股东的利益。按照这一计划，股权确认日为 2005 年 3 月 7 日当日记录在册的每位股东，均将按其所持的每股普通股而获得一份购股权。在购股权计划实施的初期，购股权由普通股股票代表，不能于普通股之外单独交易，股东也不能行使该权利。只有在某个人或团体获得 10%或以上的新浪普通股，或是达成对新浪的收购协议时，该购股权才可以行使，即股东可以按其拥有的每份股权购买等量的额外普通股。一旦新浪 10%或以上的普通股被收购(就盛大及其某些关联方而言，再收购新浪 0.5%或以上的股权)，购股权的持有人(收购人除外)将有权以半价购买新浪公司的普通股。如果盛大再购买 0.5%的新浪股份，“毒丸”将使新浪股东有权以半价购买股票，收购方的股权和股票含金量都会被稀释，收购方持股比例会下降。对盛大来说意味着收购成本将是原来的 3 倍，分析师表明盛大收购新浪的股份可能要付出每股 93 美元的代价。“毒丸计划”启动后，2005 年 2 月 22 日新浪股价立刻大涨至每股 28.42 美元，“毒丸计划”起到了明显的反并购之效。

(3) “焦土战术”。“焦土战术”是企业在遇到收购袭击而无力反击时，目标公司以自残为代价驱退敌意收购者的政策。自残之举包括大量举债买入一些无利可图的资产，故意进行一些低效益的长期投资，使目标公司短期内资本收益大幅度减少，将公司债务安排在合并后即刻到期等。由于收购成功后，收购者得到的只是个烂摊子，收购者可能慑于“焦土政策”而鸣金收兵。因其自残性损害公司股东或债权人的利益，故为各国法律所限制。比如，英国法律规定，被收购公司的董事会知悉收购要约后，不得再使用“焦土战术”，以保护公司债权人及股东的利益。

3) 收购收购者

收购收购者又称为以攻为守的帕克曼式防御，即被收购方以攻为守，对收购方发动进攻，收购对方的股份，变被动为主动。但这种进攻风险很大，反收购者本身需有较强的资金实力和外部融资能力。同时，收购方在财务状况、股权结构、股票市价等方面也要具备收购的条件。

4) 适时修改企业章程

适时修改公司章程是企业对潜在收购者或诈骗者所采取的预防措施，常用的反收购企业章程包括董事会轮选制、超级多数条款、公平价格条款等。

(1) 董事会轮选制。董事会轮选制使企业每年只能改选很小比例的董事。即使收购方已经取得了多数控股权，也难以在短时间内改组企业董事会、委任管理层，实现对企业董事会的控制，从而进一步阻止其操纵目标企业的行为。

(2) 超级多数条款。企业章程都需规定修改章程或重大事项(如企业的清盘、并购、资产的租赁)所需投票权的比例。超级多数条款规定,企业被收购必须取得2/3或80%的投票权,有时甚至会高达95%。这样,若企业管理层和员工持有企业相当数量的股票,那么即使收购方控制了剩余的全部股票,收购也难以完成。

(3) 公平价格条款。公平价格条款规定收购方必须向少数股东支付目标企业股票的公平价格。所谓公平价格,通常是以目标企业股票的市盈率作为衡量标准,而市盈率的确定是以企业的历史数据并结合行业数据为基础的。

以修改公司章程的方式应对"门口野蛮人"或狙击反收购上市公司,其大股东一般持股比例不高。廊坊发展原第一大股东持股13.34%;雅化集团第一大股东持股14.70%;伊利股份第一大股东持股不到9%。像这些既没有控股股东也不存在实际控制人的上市公司,很容易遭到"门口野蛮人"的"袭击",原第一大股东很可能失去对上市公司的控制,因此才欲通过修改公司章程来反制。但上述3家上市公司修改后的公司章程,违反了《中华人民共和国证券法》《公司法》或其他规章制度,被证监会质疑阻止。2016年8月9日,伊利股份董事会临时会议审议并通过了修改公司章程的议案,防微杜渐,通过增加收购人的信息披露义务,提高收购难度和增加收购成本等防止外部资本的恶意收购。在试图通过修改章程的方法拒绝"门口野蛮人"的意图被证监会挫败之后,伊利股份很快成了金融资本的囊中之物,继18日公告称被阳光保险举牌后自19日起在上交所紧急停牌。

2. 防御企业并购的法律措施

诉讼策略是目标企业在并购防御中经常使用的策略。诉讼的目的通常包括逼迫收购方提高收购价,避免收购方先发制人提起诉讼,延缓收购时间,以便另寻"白衣骑士",在心理上重振目标公司管理层的士气。

诉讼策略的第一步往往是目标企业请求法院禁止收购继续进行。于是,收购方必须首先给出充足的理由证明目标企业的指控不成立,否则不能继续增加目标企业的股票。这就使目标企业有机会采取有效措施进一步抵御被收购。不论诉讼成功与否,都为目标企业争取到时间,这是该策略被广泛采用的主要原因。

目标企业提起诉讼的理由主要有三条:第一,反垄断。部分收购可能使收购方获得某一行业的垄断或接近垄断地位,目标企业可以此作为诉讼理由。第二,披露不充分。目标企业认定收购方未按有关法律规定向公众及时、充分或准确地披露信息等。第三,犯罪。除非有十分确凿的证据,否则目标企业难以以此为由提起诉讼。

反收购防御的措施层出不穷,除经济、法律措施以外,还可利用政治措施,如迁移注册地、增加收购难度,等等。以上种种反并购策略各具特色,各有千秋,企业应该根据并购双方的力量对比和并购初衷选用一种策略或几种策略的结合。

【本章思考题】

1. 企业并购的概念是什么?有哪些类型?
2. 企业并购的动机有哪些?
3. 企业并购的成本和风险是怎样的?

4. 企业并购的收益如何衡量？

5. 企业并购的融资需要如何保障？

6. 企业反并购策略有哪些？

【案 例 分 析】

“蛇吞象”——吉利收购沃尔沃

一、案例背景

2012 年，我国汽车年产销量双双突破 1300 万辆，成为全球第一大汽车生产大国和第一大消费市场。但是，汽车产业快速发展中也暴露出许多问题，如分布散乱、自主创新能力弱、能耗大、环保交通压力大等。汽车产销量虽然保持了增长趋势，但汽车产业由大变强不只是量的增长，更应是质的提升。因此，转变产业发展理念，提高自主创新能力，以实现质的飞跃，成为许多企业的共同追求。鉴于中国汽车产业发展中存在的困境，越来越多的汽车企业在寻求跨国并购的突围之路，政府的《汽车产业调整和振兴规划》也鼓励我国汽车产业积极“走出去”，参与跨国并购。

2010 年 3 月 28 日，吉利控股集团宣布在沃尔沃所在地瑞典哥德堡与福特汽车签署最终股权收购协议，以 18 亿美元的代价获得沃尔沃轿车公司 100% 的股权，同时将拥有沃尔沃公司的核心技术、专利等知识产权，也提升了吉利汽车的品牌形象。一度被外界视为“穷小子”的吉利，完成了全球汽车业为之一惊的“蛇吞象”壮举。吉利成功收购沃尔沃成为中国汽车产业海外战略的关键性转折事件，颠覆了全球汽车业的传统秩序。

二、并购的动因

1. 弥补产业短板。吉利在成立初期制定了成本领先的发展战略，但这使得吉利很难进入中高端汽车市场。2007 年吉利确立了全新的企业战略，即“造最安全，最环保，最节能的好车，让吉利汽车走遍全世界”。要处于行业领先的地位，技术、市场和品牌这三个核心竞争力缺一不可。但吉利在技术、人才和研发等方面仍然和主要的汽车制造商存在较大差距，单纯地依靠自身积累远远不够，吉利需要通过并购、合作等资源整合方式，绕开技术壁垒，才能以较快的速度掌握核心部件研发、生产能力。

2. 发挥管理协同效应。如上文所介绍，吉利的优势在于价廉，而在高档轿车市场缺乏必要的技术和人才积累，管理团队缺失。沃尔沃则拥有一支成熟的管理团队和国际领先的技术水平，吉利收购后，沃尔沃继续作为独立运营的法人，其管理层拥有执行商业计划的自主权，沃尔沃继续在豪车市场发展壮大。吉利也能吸收沃尔沃的管理经验，弥补其缺陷。

3. 营销能力及品牌效应的提高。沃尔沃是拥有着 80 多年历史的国际知名企业，有着高端的企业形象，丰富的销售经验，在销售渠道、品牌效应上有很深的积累。并购前沃尔沃在全球有 100 多个国家地区的 2 500 家经销商，销售渠道遍布全世界，有着深厚的渗透力，其品牌也多次获得世界上最安全的汽车等荣誉。并购后吉利将把产业优势并入沃尔沃，借助沃尔沃的平台和技术统一管理，双方优势互补，实施品牌经营战略，提高企业的知名度。

4. 沃尔沃对未来发展的迷茫。2008年国际金融危机对汽车行业造成了前所未有的打击,2007年开始沃尔沃的全球销售量一路狂跌,从2007年的45.83万辆下降到2009年的33.48万辆;除了销售量下降,沃尔沃汽车在全球豪车市场的占有率也连年下降,从1998年的12.6%,下降到2009年的7.2%,沃尔沃从2006年开始出现巨额的亏损。母公司福特虽然投入了大量的资金企图帮助沃尔沃脱离困局,但收效甚微。

5. 相关政策推动。针对金融危机,我国政府实施宽松的货币政策和财政政策,这些政策刺激了消费,扩大了内需,给汽车行业带来了重大机遇。此外,我国正处于工业化和城市化的发展阶段,人们对汽车的需求量大大增加,我国政府把汽车产业作为支柱产业加以扶持。2009年政府出台了《汽车产业调整和振兴规划》,这从政策上支持了吉利走向海外,促进了此次并购的成功。

三、并购的融资

(一) 融资背景

1. 融资的前期准备充足。吉利为收购沃尔沃做了充足的融资准备。2008年年初,吉利寻求并得到洛希尔帮助,LCF洛希尔集团算是在汽车产业界最具声望的一家投行,目前的业务主要是并购重组,在2006年世界并购排行榜上可以排到第13位。洛希尔开始参与吉利收购沃尔沃,交易中的险情就屡屡发生,人才储备不够,不断有竞争对于来"搅局",融资频频出现困难,以及知识产权问题遇到障碍等。随后,组建了收购团队,并进行了有效的分工。洛希尔为吉利设计了一个巧妙的融资方案,既照顾到吉利自身,又让它能够在未来的股权结构中占据有利地位;既不能用到香港上市公司的钱(实现吉利是吉利,沃尔沃是沃尔沃),同时又保持这个项目的号召力。

2. 政府支持成推动力。收购沃尔沃,吉利背后有国内银行、地方政府乃至中央政府部门的大力支持。

3. 吉利自身良好的发展前景为吉利顺利的融资提供了一定的基础。经过12年的发展,吉利成为国内著名的车企,销售收入突破165亿元。没有汽车制造项目的大庆市国资委,正是看好了吉利的汽车制造项目,给吉利融资带来了曙光。

4. 新企业会计准则的实施有利于海外并购融资。新会计准则很多条款采取了与国际准则趋同的做法,大大拓宽中国企业的融资渠道。

(二) 吉利的融资方式、渠道和风险

1. 吉利的融资方式

(1) 并购基金。一般意义上的并购基金,是指以政府或者企业、社团设立股权式基金,规定详细的评价标准,给予通过标准检测的企业或项目一定资金支持,使企业在度过并购难关后,依然可以拥有流动资金来继续有效地配置资源,发展未来的事业。

吉利为并购沃尔沃专门成立了吉利万源国际投资公司,以其注册资金及两家中资国有银行的贷款作为收购资金,据报道来自银行的贷款超过10亿美元。此外,按照吉利集团此前的规划,成功收购沃尔沃后,将会成立年产能约30万辆的新工厂,因此市场猜测,帮助吉利完成融资的地方政府,将会是沃尔沃中国工厂的所在地,预计落户地所在政府将为李书福提供至少5亿美元。对吉利而言,选址工作进行的另一个目的,就是寻求地方政

府的投资，而现在，这一问题将由成都来解决。可以说，来自中外的商业银行、投资银行和国内的地方政府，共同赞助了李书福的并购冒险。

(2) 债权资金。吉利从国内得到为期五年的低息贷款，其中国家开发银行和成都银行分别提供低息 30 亿元和 10 亿元人民币贷款。在境外融资中，首先，吉利在财务顾问洛希尔公司的帮助下，向美国高盛发行了 18.97 亿港元可转债和 3 亿份认股权证，获得 25.86 亿港元的融资；其次，按照并购协议福特作为本次并购的战略联盟方向吉利控股提供了 2 亿美元票据的卖方信贷，比利时银行宣布向沃尔沃位于比利时的 Glient 汽车工厂提供 5 年期 1.98 亿欧元贷款，由比利时 Flrmisli 政府提供担保；在瑞典政府担保下，吉利集团获得了欧洲投资银行提供的 6 亿欧元贷款。此外，吉利控股获得了建设银行伦敦分行 2 亿美元的低息并购贷款和 10 亿元人民币企业债券额度。

2. 吉利的融资渠道

在财务顾问洛希尔银行的帮助下，吉利把重点放到了向地方政府融资的方向上。其中的原因有两个：第一，地方政府希望引入汽车制造项目拉动经济发展。中国汽车工业发展迅速，其巨大的产业链带动效应可以为当地政府带来巨大的税收和众多的就业机会，可对拉动地方经济增长起到重要作用。第二，地方政府拥有充足的资金或融资能力。此次并购中，政府背景的资金支持达到一半，再加上政府的高调支持论调和国内诸银行的贷款安排，并购案获得了政府的巨大支持。

在并购沃尔沃过程中，吉利控股组建了中国特殊目的公司——上海吉利兆圆国际投资有限公司，以此承担并购融资的主体工作。这一特殊目的公司由北京吉利万源国际投资有限公司和上海嘉尔沃投资有限公司两大股东组成，在吉利兆圆总注册资金 81 亿元人民币中，吉利、大庆国资、上海嘉尔沃的出资额分别为 41 亿元、30 亿元、10 亿元大民币，股权比例分别为 51%，37%和 12%。吉利万源则由北京吉利凯盛国际投资有限公司和大庆国有资产经营有限公司两大投资主体构成。吉利凯盛是吉利控股集团全资子公司(注册时间为 2009 年 9 月 29 日，即吉利控股联合福特宣布吉利成为沃尔沃首选竞购方前一周)，此次并购注资 41 亿元人民币；大庆国资通过吉利股权质押方式注入资金 30 亿元人民币。此后，吉利万源与嘉尔沃合资成立吉利兆圆，后者注资 10 亿元。如图 10-1 所示。

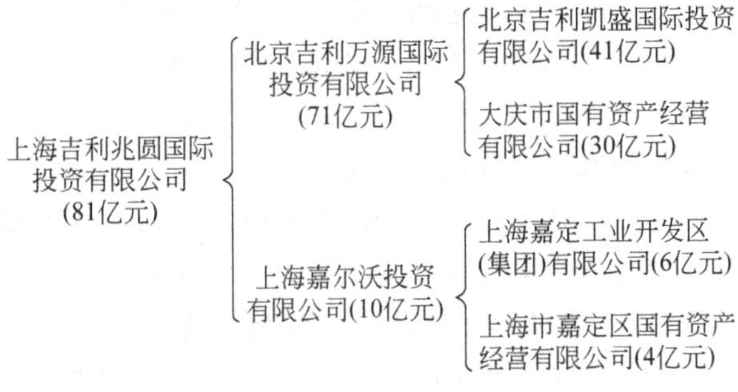

图 10-1　特殊目的公司注资额

2010 年 8 月 2 日，吉利以 15 亿美元完成并购交割，在交易额中，11 亿美元来自图 10-1

所示的融资平台,2亿美元来自中国建设银行伦敦分行,另有2亿美元为福特卖方融资。

本次并购融资渠道主要来自以下方面,如表10-1所示。

表10-1 27亿美元并购资金的融资来源

资金使用类型	来源	金　额
人民币121亿元(约合18亿收购资金)	吉利凯旋	50亿元(约合7.61亿美元)
	吉利凯盛	41亿元(约合5亿美元)
	大庆国资	30亿元(约合4.39亿美元)
9亿营运资金	海外融资	4.61亿美元
	国开行	2.93亿美元
	成都银行	1.46亿美元

由表10-1可以看出,吉利采取了多种渠道融资。对于为什么没有按照先内部融资,再外部融资的顺序进行融资,吉利有自己的理由。因为根据吉利2007—2009年的资产负债情况看,吉利集团的资产负债率较低,利用债务融资还有很大的空间,这样才能充分利用财务杠杆。另外,吉利勇于大胆借债源于对自己生产能力的信心,以及较为精确的市场预算。通过精确的成本预算,吉利得出,沃尔沃只要销售出35万辆即能实现扭亏,而在中国市场,2009年奥迪的销量是15.72万辆,宝马的销量是9.05万辆,奔驰的销量是6.85万辆,沃尔沃是2.24万辆。沃尔沃只占4大高端品牌的6.6%。但沃尔沃只需在中国市场上扩展5万辆就可以实现全球35万辆的销售而全面扭亏。吉利相信强劲的发展势头能够保障以上债务还上,沃尔沃的高端品牌效应也会让吉利在高端汽车市场上有所发展。

3. 吉利融资所带来的财务风险

(1) 资金成本增加,还本付息压力增大。从数据来看,吉利2009年借款较上期增长了68%。其中一年内到期的银行借款增加了约8.24亿元,增长幅度达54.59%;第二年到期的银行借款增加了3.98亿元,增长幅度达82.06%;2009年新增三年到期的借款83.3万元。增加的巨额借款,增加了企业的资本成本。负债需到期偿还利息的刚性性质,意味着收购公司可能因负债比例过高、资本结构恶化,付不起本息而破产倒闭。

(2) 后续资金投入大。由于金融危机的影响,沃尔沃出现了巨额亏损,2009年全年,沃尔沃集团的总亏损达到147亿瑞典克朗。沃尔沃复活的补充资金至少需要15亿美元,而2009年吉利的全部营业收入还不到50亿元。当时预计沃尔沃的扭亏工作大约需花费30亿～35亿美元,给吉利带来了严重的财务负担。

(3) 短期偿债风险增大。通常认为生产性企业的流动比率不能低于2。这是因为流动资产中变现能力最差的存货金额约占流动资产总额的一半,剩下的流动性较好的流动资产至少要等于流动负债,才能保证企业最低的短期偿债能力。吉利2005年到2009年的流动比率均低于2。这说明该公司资产流动性低,不能偿还短期债务的风险比较大。

(4) 长期偿债风险大。吉利2005年到2009年的产权比率和资产负债率都有较为明显的上升趋势。吉利2008年、2009年的产权比率均大于1,说明负债超过净资产,长期偿债能力弱。而吉利2005年到2009年,资产负债率逐年上升,表明对债权人利益的保护力度越来越弱，长期偿债能力下降。杠杆收购中因负债的增加，公司的财务结构从保守性或中性变成激进性，即高风险性的财务结构。

(5) 跨国并购还存在汇率风险。2009 年 9 月，吉利旗下香港上市公司(HK.00175)与高盛资本合伙人(GSCP)签署协议，GSCP 通过认购可转债及认股权证投资吉利汽车。吉利汽车在可转债发行及认股权证获全面行使后，将获取 25.86 亿港元(约合 3.3 亿美元)的资金。在可转债债券转换成股票之前，吉利仍需支付其利息。美元、欧元、港币与人民币之间的汇率变动直接关系到吉利的财务负担。汇率的变动也可能加剧吉利的财务风险。

(6) 高息风险债券带来的风险。中国在 2010 年已经六次上调存、贷款利率，这将加大吉利的利息负担，甚至出现难以支付的情况。所以一旦情况发生不利变化，吉利可能无法使收支达到平衡，从而面临因无法偿还到期债务而破产的危机。

四、并购的效果

(一) 并购方式及其效果

1. 有目的性的横向并购能够提升企业绩效。在吉利收购沃尔沃案例中，吉利明白自身的短板是中高端汽车市场，而沃尔沃的优势正是先进的技术和绝佳的品牌优势，吉利通过收购沃尔沃提高企业产品质量及市场地位，打开了国际汽车市场，走向了世界汽车中高端汽车市场，这是一个有明确目的的并购。通过此次并购，收购方能够迅速弥补自身短板，绕开壁垒，提升管理经验和技术水平，且并购后整合成本相对较小，巧妙地应用国内和国际资金，在短期内就达到获得技术协调效益目的。

2. 横向并购有助于迅速扩大企业规模，取得规模效应。就汽车行业来说，市场、技术、品牌缺一不可，投入成本巨大，品牌效应突出是行业的主要特点，横向并购能够迅速扩大企业规模，整合并购双方企业的优势资源，从而降低了生产成本，提高了规模效应。同时，企业规模的扩大也有助于品牌形象和国际汽车市场占有率的提升，增加企业核心竞争力。

3. 善意并购有助于并购后双方企业整合。并购前吉利与沃尔沃和福特主要股东进行了充分的磋商，双方就收购条件达成了统一，正是这种友好的收购方式，保证了收购后沃尔沃管理层与员工能继续努力经营企业，同时也让吉利顺利地从沃尔沃获得技术、市场、供销商等优势资源，大大缩短了整合成本和时间，减小了企业不必要的资源浪费，为收购后绩效的提升打下坚实基础。

(二) 并购方的财务绩效

通过对吉利公司 2008—2014 年财务绩效评价分析，可以在一定程度上反映此次并购的财务绩效。

1. 盈利能力分析。通过吉利 2008—2014 年的年报，我们可以发现，销售净利率总体上是呈下降趋势。从 2008 年的最大值 20.19%下降至 2014 年的 8.79%，其中 2010 年达最小值 7.71%。下降的原因可能是由于一些跨国汽车制造商，如通用、大众、丰田和雷诺等，都不约而同地加快进军中国市场的步伐，汽车市场竞争愈加激烈，导致销售增长乏力。净资产收益率大体上也是下降的，从 2008 年的 18.11%下降到 2013 年的 16.51%，可能的原因是吉利的总资产不断提升，然而净利率提高的速度没有总资产提高速度快，造成净资产收益率下降。其中最大值为 2009 年的 18.58,最小值为 2012 年的 15.51%,2013 年净资产收益率小幅提升达 16.51%。

2. 营运能力分析。存货周转率整体上呈现下降趋势,由 2008 年最大值 22.08 下降到 2012 年的 11.01,2013 年有小幅的上升达到 12.86。积压库存商品增加,存货占用资金的比重也增加了。总资产周转率在并购前后同样呈现下降趋势,由 2009 年的最大值 1.34 下降到 2013 年的最小值 0.88,企业资产的流动性变小,收入转化为资产的能力在减弱。下降的原因可能是并购支付了大量的现金,导致流动资产减少,而流动资产占总资产比重是决定总资产周转率的主要因素。

3. 偿债能力分析。速动比率和流动比率在并购前后呈现下降趋势,速动比率参考值为 1,但是它会根据行业的不同而有所差异,一般速动比率越大,企业的短期偿债能力越强。速动比率由 2008 的 0.85 先上升到 2010 年最大值 1.25,然后下降到 2013 年的最小值 0.78。这可能是因为收购当年需要大量的流动资金,负债增加,并且后续需要大量的资金投入,导致流动资金相对缺乏。

4. 成长能力分析。并购完成后的 3 年来,吉利资本积累率呈现上升的趋势。这可能是由于吉利汽车通过并购沃尔沃而获得了协同效应。2011 年 11 月吉利和沃尔沃成立"沃尔沃-吉利"对话与合作委员会;2012 年 3 月,沃尔沃开始向吉利转让技术,双方共同研发性能优越、节油、尾气排放少的环保发动机及新能源汽车;2012 年 12 月,吉利获准使用沃尔沃的中型汽车平台技术、汽车内部空气质量以及安全技术。吉利在并购后通过与沃尔沃的技术交流,吸收了沃尔沃在安全配置、环保科技、平台建设等方面的优势,从而提高了吉利的技术研发水平与核心竞争力。

(三) 并购方非财务绩效

1. 从收购标的上看。根据洛希尔的评估,沃尔沃的净资产超过 15 亿美元,品牌价值接近百亿美元。1999 年福特出资 64.5 亿美元收购了沃尔沃,如今吉利从福特手中收购沃尔沃的标的价格才 18 亿美元,而最终成交价格仅为 15.5 亿美元。福特可谓是赔本大甩卖。

2. 从品牌价值上看。作为与奔驰、宝马、奥迪齐名的国际豪华汽车品牌,沃尔沃的品牌价值远远超过萨博。吉利成功收购沃尔沃,将利用沃尔沃的高端品牌形象提升吉利的整体形象,并通过品牌移植来提升吉利的自主品牌价值,最终形成能够参与国内外竞争的高端民族品牌。

3. 从技术能力上看。沃尔沃是一家具备造血和持续发展的公司,拥有高素质研发人才队伍,具备低碳经济发展能力,在汽车主、被动安全领域拥有一系列领先技术,具有生产豪华车型的技术体系能力,这些正是吉利所缺乏并孜孜以求的。

4. 从广告效应上看。吉利"蛇吞象"般成功收购沃尔沃的巨大"广告效应",是任何一个其他形式的"广告"所无法比拟的。一次收购,让全世界对吉利刮目相看。

5. 从未来发展上看。快速成长的中国汽车消费市场以及沃尔沃分布全球的销售和服务网络,为"吉-沃"的双赢提供了极大可能,有了"新大陆",就会有发展空间,有了"新水域",就可以航行巨轮。

6. 从影响效应上看。吉利成功收购沃尔沃除了给企业自身带来利益之外,也必然会给中国汽车产业的发展带来裨益，一是给中国汽车民族品牌以鼓舞效应，二是给中国企业进军国际市场以示范效应。

案例思考题

1. 吉利并购沃尔沃的主要动因是什么？
2. 吉利并购沃尔沃的形式是什么？
3. 吉利并购中采用的融资方式和渠道是什么？会带来哪些财务风险？
4. 吉利并购沃尔沃的效果如何？
5. 吉利并购沃尔沃对吉利公司未来的发展有何影响？

案例参考资料

[1]　许新宇. 基于并购动机的并购绩效分析——以吉利收购沃尔沃为例[J]. 商场现代化，2015，(29)：115-116.

[2]　史亚蕾，胡海燕. 从并购融资角度看吉利收购沃尔沃[J]. 经营管理者，2013，(01)：54.

[3]　阮爱萍. 吉利杠杆收购沃尔沃的风险分析与防控[J]. 新会计，2011，(09)：20-22.

[4]　时海涛，于峰. 吉利收购沃尔沃案例分析[J]. 现代商业，2011，(08)：250-251.

[5]　刘淑莲. 并购对价与融资方式选择：控制权转移与风险承担——基于吉利并购沃尔沃的案例分析[J]. 投资研究，2011(7)：130-140.

第11章

企业收缩财务管理

【学习目标】

- 掌握企业收缩的概念
- 理解企业收缩的方式及动因
- 掌握企业收缩的财务分析方法

11.1 企业收缩概述

11.1.1 企业收缩的概念

企业收缩是指企业将其部分资产或股份进行分离、转移或重新进行有效配置,实行企业内部的资产重组和产权调整,局部收缩战线,达到以资本为纽带将松散联合变成紧密联合的充满竞争活力的有机体。它是对公司总规模或主营业务范围等进行的重组,其根本目的是追求企业价值最大化以及提高企业的运行效率。

这一概念,包含以下基本内涵:

第一,企业收缩是一个过程。这个过程可以是企业在一个时间较短的区间内,比如一年或几个月内的收缩,也可以是一个较长的历史过程,比如一个企业在数十年、上百年中伴随着扩张而进行的收缩。

第二,企业收缩包含不同层面的内容,具有多种形式。它包含了三个层面的内容:①企业范围收缩。通过资产剥离、公司分立、分拆上市、股份回购以及定向股收缩等方式剔除一些不适合企业长期战略、没有成长潜力、影响企业整体业务发展的子公司、分支机构或产品生产线,降低企业的多元化程度,将企业战略的重点放在核心业务上,是业务构成上的调整。②企业规模的收缩。规模收缩是指对企业员工和运营单位的精简,它不一定改变企业的业务构成,是企业内部经营管理和企业组织结构方面的收缩。③企业竞争能力的收缩。本书所提及的企业收缩是指范围收缩。

企业资源是有限的,企业通过各种方式进入新的产业或扩大业务范围,但经营环境不断变化,原本有利的环境在经过一段时间的经营后可能会变得不再有吸引力,原来能容纳许多企业发展的产业会因为进入衰退阶段而无法为所有企业提供生存必需的最低经营报酬。上述情况的发生迫使企业必须考虑收缩目前的经营规模。由此可见,收缩不是资产的简单分离,而是在经营战略统驭下对总体资本规模结构的调整。

第三，企业收缩是企业发展在量与质上的统一。从表面上看，企业收缩是企业规模和内部各项资源的分化和重新组合，但本质上，收缩的最终目的是提高企业资源的配置质量，充分发挥经济资源的最大使用效能，从而提高企业的整体运行效率。也就是说，企业收缩是一种以退为进的企业发展战略，是企业进一步发展的基础和序曲。

第四，企业收缩和企业扩张是辩证统一的关系。分久必合，合久必分，这是事物发展的一般规律，企业的发展也不例外。企业收缩和企业扩张并不是矛盾的，而是企业在扩张过程中提高素质的重要途径。可以说，没有企业收缩也就没有企业扩张，企业扩张是与企业收缩共生的，它们是一个问题的两个方面，是矛盾的统一体。首先，企业扩张必将导致企业收缩，无论企业采取何种扩张方式，到了一定程度必然会引起成本上升、效率下降，企业不得不进行收缩以重振雄风。其次，收缩又是扩张的基础，企业在一定时期收缩积蓄能量之后，又可以适时扩张发展。最后，企业并购行为本身也是企业收缩的一种重要策略。表面上看，两者之间是矛盾的，因为并购意味着扩张而不是收缩。然而，当我们真正关注每一个企业的并购行为时，可以发现，企业在实施并购进入一个新的行业或生产新产品的同时，也在放弃一些原有产品的生产。在并购过程中收缩，在收缩过程中并购，企业的并购行为已经和收缩调整联系到了一起。

11.1.2　企业收缩的方式

企业集团进行资本收缩，要立足于自身经济经营范围和在扩张中所面临的主要问题，选择适合自身的资本收缩方式也是企业成功进行资本收缩的基本保证，因而各企业所使用的资本收缩方式也不尽一致。依据不同出发点，资本收缩可做如下分类。

1. 按企业资本收缩是否具有主动性划分

按企业资本收缩是否具有主动性，企业收缩可分为主动型收缩、被动型收缩和结合型收缩。

主动型收缩，是指在企业正常生产经营过程中，在没有竞争对手造成的直接、公开或正面威胁的情况下而主动进行的企业资本收缩。其特点一是资本收缩行为并不是由于外部直接、公开或正面的冲突引起的，主动收缩最直接的压力不是企业所面临的危机（无论是生存危机还是权力危机），而是企业为了追求与环境变化相适应的创新能力；二是与企业被动型收缩相比，主动型收缩是企业内部主动进行的产品结构、组织结构的战略调整，因而其调整的速度也比较缓慢。

被动型收缩，是指企业被迫进行全面资本收缩，通常是当企业遭遇到外部环境的突然变动，而企业长期以来形成的结构和战略模式无法与之相适应，从而使企业现有战略和结构在突然间严重受损、失控，并引发企业生存危机。企业出于求生存的紧迫压力，不得不进行资本收缩。首先，对形成企业负担的主要要素进行收缩，如放弃或出售某些资产、缩减开支、裁减以便保证企业拥有一个维持基本营运的环境；其次，将企业收缩获取的资金集中用于企业仍具有优势的核心业务，以求提高核心业务的竞争能力，从而恢复企业在核心业务上的市场盈利能力，为企业维持下去提供坚实的基础。其特点有二：一是企业被动型收缩是建立在企业出现生存危机的基础上的，是企业面对危机所进行的一种迫不得已的选择。因而在具体的操作过程中，企业将首先扔掉那些影响企业生存的“包袱”。从企业财务调整开始,逐步走向业务收缩和组织收缩,这也是大部分企业所面临的收缩行为。二是被动型收缩多是由于企业爆发了危及生存的突发性恶性事件,且紧迫性和严重程度都非常高,因而被动型收缩具有时间短、进展快的特点。

结合型收缩(主动与被动结合型收缩),通常是企业对竞争者敌对性的挑战而做出的迅速反应。当企业遭遇到来自外部或内、外部联合的敌对性的挑战时,为确保管理者权力的稳定性,不惜采取任何行动,甚至包括放弃长期执行的战略和体现管理者特权的结构模式,来展开全面快速的对抗性变革。其特点:①组合型收缩与主动型收缩的关系。它们都是从企业内部主动展开的,但不同的是由于受到外部压力的影响,收缩的速度突然之间迅速提高了。②结合型收缩与被动型收缩的关系。这种收缩与被动收缩也存在相似之处,两者都是由突发性恶性事件所引发的,为应付危机而实施的收缩,并且企业对突发性事件的反应较为迅速,即收缩所需的时间较短。所不同的是,引发被动型收缩的突发事件往往是由于企业原有的战略和组织结构的环境根本无法适应而导致的财务困境下的生存危机事件,而引发结合型收缩的突发事件往往是来自企业外部力量或内、外部力量联合的敌对性的挑战所引发的危及当政管理者权力稳定性的权力危机事件。作为对敌对性挑战的反应,企业会迅速且同时展开财务、业务和组织结构的收缩调整,一方面,为获得足够现金来实施反并购行为,另一方面,则立足于长期战略而对企业业务活动范围进行调整,以构造企业新的业务组合来获取竞争优势。

2. 按企业收缩的具体方式划分

按企业收缩的具体方式,可分为资产剥离、企业分立、分拆上市、股票回购和定向重组(表 11-1)。

表 11-1 各收缩方式的主要差异汇总

收缩方式	资产剥离	公司分立	分拆上市
母公司的所有权	$x=0\%$	$0<x<100$	$0<x<100$
母公司的控制权	无	有灵活性,视公司战略、财务及人力资源状况而定	有灵活性,视公司战略、财务及人力资源状况而定
对母公司现金的影响	产生现金	不产生现金	产生部分现金,现金可能归母公司,也可能归子公司
对债券持有人的影响	影响巨大,降低了对债券持有人的保障	有影响,但影响大小视母公司拥有的股份而定	有影响,但影响较小
对母公司纳税的影响	增加税负	满足条件时,无额外税负	若母公司获得现金收入,需纳税

1) 资产剥离(divestiture)

资产剥离是指把企业所属的一部分不适应企业发展战略目标的资产出售给第三方,进行剥离的企业会收到现金或其他相当的报酬。这是一种最为典型、最常用的收缩方式。资产剥离不像收购、兼并那么引人注目,但其对企业健康成长的重要性绝不亚于任何形式的扩张。世界 500 强企业之一的强生集团在其快速发展的 12 年间,进行了 45 次收购,同时也剥离了 20 多项业务。通用电气在杰克·韦尔奇的率领下,不仅通过大量的收购活动进行扩张,同时,还对竞争力不强的业务进行了剥离。其定义可以从以下三方面来理解:

(1) 资产剥离是企业对其拥有的部分经营性资产根据企业经营发展需要向第三方出售的行为。这里的第三方可以是与剥离企业有关或无关的法人实体,也可以是资产剥离公司的管理者或员工。

(2) 这里的资产,主要是指企业有控制权的经营性资产,可以是固定资产、无形资产(主要是土地使用权)、业务部门、生产线、分厂、分公司、子公司等。这里的控制权是指经营与财务上的控制权。剥离行为完成后,剥离企业对被剥离资产不再具有控制权,但可以保留部分股份。

(3) 交易的支付方式可以是与被剥离资产相当的或者是双方同意的现金方式,也可以是股份或其他资产。由此,资产置换在本书中被认定为资产剥离行为。

2) 公司分立

公司分立是指公司将其拥有的某一子公司的全部股份,按比例分配给母公司的股东,从而在法律上和组织上将子公司的经营从母公司的经营中分离出去。该定义只是有关分立的经典解释,称为纯粹的分立(pure spin offs)。通过这种资本运营方式,形成一个与母公司有着相同股东和股权结构的新公司,而在此之前只有一家公司。原母公司的股东像在母公司一样对新公司享有同样比例的权益。但是,新公司作为一个独立的决策单位可以拥有不同于母公司的政策和战略。在分立过程中,不存在股权和控制权第三方转移的情况,原企业的所有者仍然拥有分立后的企业,母公司的价值实际上没有变,但子公司却有机会单独面对市场,有了自己独立的价值判断。此类交易可以被看作股票股利和一项免税的交易。整个过程中,母公司和子公司都没有获得现金。典型案例是 1984 年 AT&T 公司分立为 8 个独立的公司,即新的 AT&T 公司和 7 个区域性的电话公司。在这一案例中,如果一个拥有 100 股 AT&T 公司股份的股东,分立以后可以得到 100 股新 AT& 公司的股票和其他 7 个区域性电话公司每个公司 10 股的股票,这 170 股新股票和先前的 100 股股票代表相同的资产所有权和控制权。

图 11-1 中实箭头表示持股关系,虚箭头表示股份分配关系;分立前,股东 A、B 共同持有甲公司的股份,甲是乙的母公司;分立后,股东 A、B 同时持有甲、乙公司,甲、乙不再有母子关系,两者为共同的股东所有,股权结构也一样。

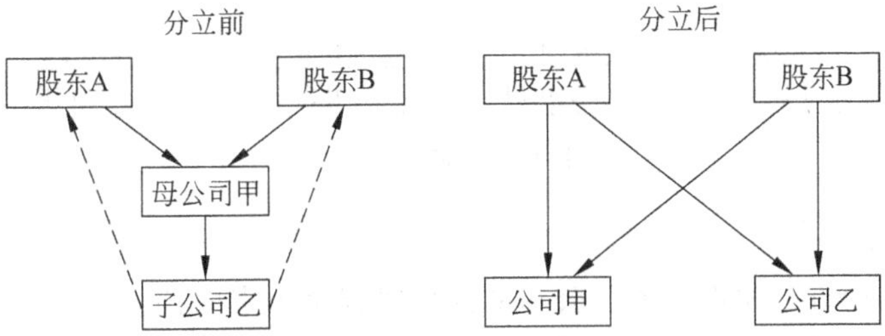

图 11-1 纯粹公司分立

在美国,公司分立的发展速度是很快的。从 1985 年到 1996 年,公司分立交易的金额总体呈上升趋势。如果排除 1982 年到 1983 年发生的 AT&T 分立案例,1980 年到 1984 年美国公司分立年平均交易金额只有 11 亿美元;而到了 1985—1989 年,年平均分立金额就上涨了 5 倍,达到 61 亿美元;到了 1990—1994 年,这一数字跳跃至 148 亿美元;1995

年和 1996 年更是分别达到 766 亿美元和 853 亿美元。除标准分立外,分立往往还有多种形式的变化,主要有换股分立和解散式分立两种衍生形式。

换股式分立(split-off),是指一个公司把其在子公司中占有的股份分配给其中的一些股东(而不是全部母公司股东),交换其在母公司中的股份。它不同于纯粹的分立,因为此时两个公司所有权比例发生了变化。图 11-2 中,分立后,股东 B 变为直接持有乙公司股份而不再持有甲公司股份。

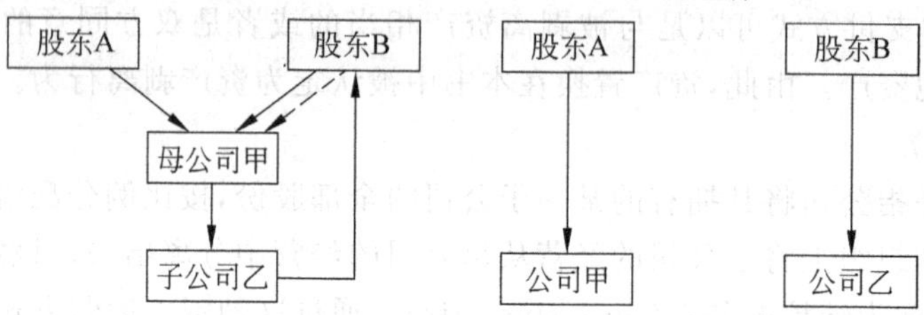

图 11-2 换股式分立

解散式分立(split-up),是指母公司将子公司的控制权移交给它的股东。此时,母公司所拥有的子公司都分立出来,因此,原母公司不复存在。采取解散式分立后,除管理队伍会发生变化外,所有权比例也可能发生变化,这取决于母公司选择怎样的方式向其股东提供子公司的股票。典型的案例是美国电话电报公司的解散式分立。美国电话电报公司原是美国最大的电信企业,1995 年 9 月 2 日该公司推出战略性重组计划,将公司分散成 3 家相互独立的全球性公司,并对公司业务做出了相应的调整。图 11-3 中,分立后,甲公司不存在,股东 B 变为直接持有乙公司股份而不再持有甲公司股份,甲、乙不再有母子关系,股东 A、B 同时持有乙和丙公司的股份,两者为共同的股东所有,股权结构也一样。

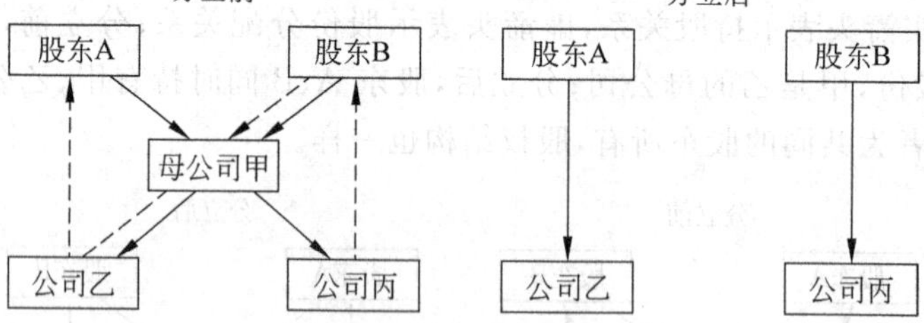

图 11-3 解散式分立

3) 分拆上市

分拆上市是指母公司把一家子公司的部分股权拿出来向社会出售。认购这些股权的人可以是母公司的股东,也可以不是母公司的股东。这些股权可以由母公司以二次发行的方式发售,也可以由子公司以首次公开发行的方式发售。通常母公司会在这个子公司中保留部分股份。分拆上市示意图如图 11-4 所示。

在图 11-4 中,假设分拆上市前母公司全资拥有 A 公司。在图中,假设母公司把 30% 的子公司股份对外公开销售。30%的比例只是举例,实际应用时可根据企业情况灵活安排。

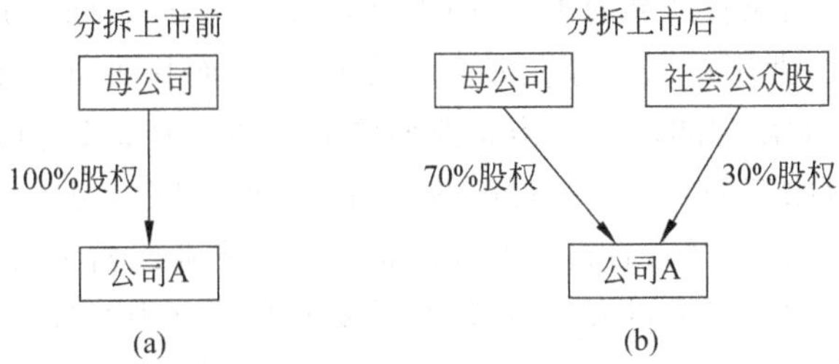

图 11-4　分拆上市

4）股票回购

股票回购是指上市公司通过一定途径回购发行在外的股份，适时合理地进行股本收缩的内部资产重组行为。股票回购有两种基本形式：一是上市公司用公司资本金或发行债券所获资金在证券市场购买已发行的股票；二是直接从股东手中赎回已发行的股票，通常直接赎回的做法很少使用，因此股票回购多指前者。

5）定向股票重组

定向股票重组是一种收益与公司内特定经营单位经营业务相联系的特殊的公司普通股，定向股票安排是根据公司的项目和业务情况，把一个公司的经营分成两个或多个由公众持股的经营单位，公众持有的不仅仅是反映该公司所有经营单位整体价值的单一普通股，而且是各个经营单位的定向股票，每一个经营单位的业绩也反映在各自对应的定向股票上。

定向股票重组是美国 20 世纪 90 年代出现的一种以权益为基础的较弱形式的上市公司收缩方式。定向股票的最大特点在于具有浮动投票权，即投票权随对应经营单位股票的相对币值成比例浮动。也就是说，浮动投票权将公司的股票市场细分，克服了大盘绩优股由于盘子过大而使其价值被市场低估的现象，浮动投票机会激励经营管理层将社会稀缺资源向生产效率高的经营单位投入，以追求资本收益最大化浮动投票权杜绝了以较小的成本获得较多投票权来收购、控制公司的潜在行为。

3. 按企业收缩的对象划分

按企业收缩的对象来分，企业收缩可以具体分为产品收缩、市场收缩和组织收缩。

1）产品收缩

产品收缩，是指企业对盲目扩张过程中形成的多种产品生产经营方式进行收缩，只从事其中一部分产品的生产经营，而将其中部分产品的生产转让或分拆出去的行为。

企业在扩张过度时进行产品收缩不同于企业在正常展开经营活动时的产品结构调整，其涉及的宽度和广度都比产品结构调整更深、更广泛。企业产品收缩的特征主要有以下几个方面：

(1) 产品结构调整。产品是企业的生命，企业产品结构调整是企业日常生产经营活动的必然行为，任何企业都不可能死守着某个产品的阵地而坚决不予放弃。一方面，企业会寻求不断的产品创新；另一方面，企业也会介入其他具有更高盈利能力的产品生产。但是发生了企业收缩过程中的产品结构调整，并不是企业对产品的创新与发展，大多数情况下是企业被动的选择过程。因而，当企业面临生产经营困境需要进行产品收缩时，企业经营者首先想到的是回归原有产品的生产,因为企业往往对新进入的领域或行业的产品缺乏足够的了解,回归主业则可以充分发挥企业的优势,因而其回归的速度较快。

(2) 放弃部分可能盈利的产品。当企业面临紧缩进行产品结构调整时,企业对许多产品的调整只能采取收缩的方式。选择哪些产品进行收缩呢?考虑到企业收缩是为了将来更好地创业和发展,企业经营者首先放弃的将是一些企业经营不力的产品。其次,为了防止资产在回收过程中的损失过大,企业还有必要放弃部分仍然盈利的产品,正是这些可以盈利的产品才能保证企业顺利收回所投入生产线或生产设备上的投资。

(3) 缩减企业产品种类,从产品收缩的过程来看,产品从其收缩中总体表现为企业产品种类的缩减。减少产品种类,从一些并不重要的产品中解脱出来,正是企业产品收缩的重要内容。这显然与企业平时的产品结构调整和企业扩张过程中追求多角化生产相反。当然,企业进行产品收缩的目的是集中力量投向自己的主导产品,是为了保证企业主导产品的生产和经营活动,因此在一般情况下,企业产品收缩不可能放弃其主导产品。

(4) 由多角化向专业化转换。伴随着企业产品收缩,企业将实现由多角化到专业化生产的回归,这也是 20 世纪 80 年代各大型企业集团发展的总体趋势,反映了全球性的对多角化生产和发展的反思倾向。

2) 市场收缩

市场收缩,是指企业对其市场结构进行调整和收缩、放弃一部分经营成本高而收益偏低的市场,保留部分具有竞争能力和发展前景的市场。企业市场收缩和产品收缩具有密切的联系,两者在许多方面具有共同点,这主要是从市场覆盖面的角度对市场收缩进行的分析和探讨。

从市场覆盖面角度分析企业收缩行为,可以发现企业市场收缩时具有收缩速度快、重新市场定位、进行市场大范围转移等特征,具体表现在如下方面:

(1) 快速收缩市场。许多企业在扩张过程中对市场的开拓速度是非常惊人的。几乎每个国际品牌都覆盖了全球的每一个角落。

(2) 大范围转移。在企业市场收缩过程中,很少有企业平行收缩各地市场,一般都采用市场重心转移的办法,从一个已经成熟或已经走向老化的市场中抽身出来转向一些新生的、极具开发前景的市场,在这一过程中,及时发现和打开一个崭新的市场是需要企业经营者具有敏锐的眼光和敏感的经济嗅觉的。

(3) 重新定位市场。市场在收缩过程中离不开对企业所面对的市场进行重新定位,企业在市场定位时,容易犯贪大求全的错误,随着企业生产规模的不断扩大、产品知名度的不断提高,人们常常会采取产品品牌拓展策略,扩大产品线,以求得更大的发展。

3) 组织收缩

组织收缩,是一种缩减企业组织规模以影响企业劳动生产率和生产流程的战略调整,主要包括从管理的角度致力于提升组织的效率、生产力和竞争力的一系列活动。从表面上来看,组织收缩可以简单解释为组织规模的缩小。但是组织收缩是企业组织结构再造的重要内容,它并不是单纯的缩小,还包括组织结构优化等重要的内涵。其特点如下:

(1) 组织收缩是主动的。组织收缩并不是组织所消极承受的,而是组织所积极执行的、由一系列内容组成的,主动进行的收缩活动。它不同于组织衰退,后者是一种因市场份额减少、收入的减少以及人力资源的丧失而采取的迫不得已的收缩行为。

（2）组织收缩并不是单纯的裁员。组织收缩通常包括人员的减少（如与组织收缩相关的一系列人员减少的战略，包括转移、退休、解雇等），但它不仅仅局限于人员的减少。其实在一些情况下，如新产品开发、新资源的发现以及需要额外的工作的时候还会出现人员的增加，只是就每一单位产出而言，收缩后比收缩前人员相对有所减少。

（3）组织收缩的目标是提高组织的效率，组织收缩的目的是减少成本、增加收入以及提高竞争力，也就是说，组织收缩可以作为对于衰退的防御型战略和对于增强组织绩效的积极性战略。

（4）组织收缩将影响企业工作流程。在完成组织收缩后，同样工作会由更少的雇员来承担，这样可能涉及工作流程重构或调整，如减少职能、减少管理层级、流程再造和合并等。

4. 按企业收缩涉及的范围划分

按企业收缩涉及的范围来分，企业收缩可分为整体收缩和局部收缩。涉及企业发展全局的收缩自然就是整体收缩，只是涉及企业集团部分内容的收缩才是局部收缩，企业要进行收缩时首先要对企业收缩的规模和范围进行判断，然后才能进行具体的安排和操作。

11.2　企业收缩主要方式的动因分析

11.2.1　资产剥离的动因

1. 资产剥离的一般动因分析

（1）满足财务需要。企业财务管理的重要内容之一就是筹资管理。企业在不同的发展阶段对资金的需求是不同的，有时出于营运资金扩充或资本支出的需要，企业会需要大量的资金。一个财务规范的公司出于资本成本或财务风险的考虑，或为了保持一定的资本结构，不会把借贷筹资或权益筹资作为其最理想的资金来源，特别是当企业拥有部分与企业长期发展战略不相适应的资产时，更愿意进行资产剥离，回收现金。这样做的好处是企业既可以在不增加财务风险、保持一定资本结构的条件下满足现金需求，又可以使企业资源优化配置，提高资产运行效率。

（2）企业战略发展需要。企业经营业务可以分为核心业务与其他业务，核心业务与其他业务之间可能存在冲突与管理上的跨度。企业经营与发展战略是企业经营发展长期思路的提炼，用以指导企业的经营发展。经营发展战略可以分为多元化战略与专业化战略，两者的优劣一直是企业战略研究的重点。一般来说，建立在相关适度多元化基础上的多元化战略既能增强企业的核心能力又能规避一定的风险。但问题在于，适度很难把握，如果企业的多元化导致主业发展滞后，企业就应该进行部分非核心业务的剥离，回收资源用以加强主业。

（3）由于并购导致资产剥离。现代企业发展运行的两种基本方式就是收缩和扩张。企业扩张的基本方式就是内部扩张和外部扩张。由于外部扩张的速度相对于内部扩张快得多，企业在进行扩张时往往进行并购，以此来实现行业内规模扩张或跨行业扩张。但并购方式尤其是二级市场的并购行为一般要支付巨大的溢价，而并购方愿意支付溢价的依据是建立在并购能够实现与目标企业协同的基础上的，然而协同的实现往往有赖于并购后的整合成效，这是并购的最大风险所在。很多企业在并购两三年后就发现与目标企业的协同效应并没有如预期那样产生，有时甚至会产生负协同，导致整个企业价值下降。为了扭转这种局面，摆在并购企业面前的出路就是资产剥离。

有时资产剥离会成为企业并购环节的一部分。并购企业并购目标企业可能是看重企业的部分资产甚至是技术，并购后，被并购企业的其他业务往往对并购方没有吸引力，有时甚至成为包袱，在并购完成后势必将不需要的资产进行剥离。在杠杆并购中，对目标企业部分资产的剥离是并购者还贷现金流的一个重要来源。

2. 我国企业资产剥离的特殊动因

因为我国资本市场尚不成熟，证券市场还处于初级阶段，所以我国企业进行资产剥离有其特殊动机。

(1) 保配股、上市资格的需要。我国证券法规定，上市公司申请配股的"最近3年会计年度加权平均净资产收益率不低于6%"。为了在财务上满足证券法对配股资格的要求，上市公司往往进行部分资产的剥离行为，如与关联方资产置换等来达到目的。其次是为了保住上市资格。我国证券法规定"公司最近3年连续亏损的，在期限内未能清除，不具备上市条件的，终止其股票上市"。由于我国上市资格是稀缺资源，尤其当地方上市公司发生连续亏损后，地方政府一般会对上市公司进行资产剥离，迅速改变其亏损局面，从而保住上市资格。

(2) 买壳上市的需要。由于我国上市资格的稀缺性，一些公司为了实现快速发展的目的必须打通通向资本市场的融资道路。但由于我国主板上市条件极为严格、费时过长，直接上市对很多企业并不是最理想的选择，而借壳购买亏损上市公司，并通过对上市公司原业务进行剥离，转换主业，实现间接上市是一条有效的途径。

借壳上市方式下的资产剥离有两种：一是在买壳前对壳公司进行资产剥离，将资产剥离给原大股东；二是在买壳后进行资产剥离，将资产剥离给新入主公司的控股公司。

(3) 短期内获得投资收益，改善公司业绩。绩效差的公司的最高管理层都会面临来自当地政府主管部门或公司员工等的压力。在这种背景下，尽可能提高公司的业绩就成为公司高层的首要经营目标。但由于每年都有一些行业进入发展周期的低谷阶段，业内的上市公司主营业务也会出现行业性的低谷或亏损。在这种情况下，一些公司能想到的最快的盈利办法就是"卖资产"。

【例11-1】 中国人寿资产剥离案

中国人寿在上市之前，进行了大量的资产剥离。2003年8月，原中国人寿保险公司一分为三：中国人寿保险(集团)公司、中国人寿保险股份有限公司和中国人寿资产管理公司。超过6 000万张的1999年以前的旧保单全部被拨归给母公司——中国人寿保险(集团)公司，而2 000万张左右1999年以后签订的保单，则以注资的形式被纳入新成立的股份公司。通过资产剥离，母公司——中国人寿保险(集团)公司承担了1 700多亿元的利差损失，但这为中国人寿保险股份有限公司于2003年12月17日及18日在美国和中国香港两地同时上市铺平了道路，其发行价分别是每股18.68美元和3.625港元，共发行股票 74.4 亿股，筹得资金 34.8 亿美元。2006 年年底，中国人寿保险股份有限公司火速回归 A 股，以每股 18.88 元的发行价于 2007 年 2 月 7 日在上海证券交易所上市，从而完成了三地上市的宏伟计划。

11.2.2　公司分立的动因

1. 为了提高企业资产的定价

企业经营业务的多元化，往往由于信息的不透明等原因导致企业部分资产价值被低估，从而导致公司整体价值的低估，最直接的反映就是股价偏低。当公司认为公司的资产价值被低估时，为了能够使市场对公司被低估的资产重新定价，进行公司分立。

2. 为了提高管理效率

企业在无关多元化经营的发展初期，因规模小，业务不复杂，管理者在统筹安排时还游刃有余。随着多元化规模的不断增大，统筹管理协调逐渐变得越来越难，即使是最好的管理队伍也会达到一个报酬递减的临界点。一旦超过这个临界点就会导致管理边际收益低于边际成本，导致企业价值的下降。此时，企业往往通过公司分立，将发展比较成熟的子公司分立出去，使各业务部门拥有独立的管理队伍，形成简捷、有效的管理，提升发展空间。另外，管理者的激励与责任问题和分立战略也有关。目前，通常采取公司股份、股票期权以及与股票价值相关的业绩奖励等措施来激励管理人员的方法，这些方法在解决高级管理人员的利益与股东利益一致性方面至少是部分成功的，但是在驱动和激励分支机构的经理时可能并不十分有效。因为在一个多部门企业或多元化发展的企业中，基于整个企业价值之上的股权激励措施其实与处于分支机构内的经理的决策或业绩并无密切联系，从而导致良好的表现得不到回报，而不佳的表现得不到惩罚。当子公司的前景和目标与母公司不同时，问题就会变得更复杂，如高成长率的子公司和一个处于已成熟行业内的母公司。如果把子公司分立出去，使管理人员的报酬直接与子公司的绩效挂钩，会对他们产生更大的激励作用。

另外，当企业经营与国家法律（如反垄断法）相抵触时，为了满足法律要求，分立有时是最好的解决办法，既维护了股东利益，又维持了业务的延续和稳定。纳税方面的考虑也可能成为公司分立的原因。

11.2.3　分拆上市的动因

1. 财务驱动

通过分拆上市可以满足部分分拆出去的子公司发展的需要。首先，因为企业内部发展形成的高潜力业务，在其发展到一定阶段后往往由于缺乏足够的资金支持而形成发展的“瓶颈”。母公司资金来源主要是内部积累资金与外部资本，但企业内部积累往往是有限的，尤其是当母公司经营不景气的时候外部资金来源主要是权益资本与借贷资本，这两种方式运用过多都会对母公司的持续融资能力造成损害。因此，单靠母公司的力量难以保证对高速发展的优质资产进行持续的投入。其次，这些高潜力业务由于未到收获期并且项目投资回收期往往较长，考虑到资金时间价值和机会成本，把这部分放在企业内部继续发展也不合适。综上所述，将这部分高潜力资产分拆上市，形成独立的融资能力，可以为公司引入现金或资产。同时,分拆上市后,母公司一般可以继续保持控股地位,能够继续对分拆上市公司在财务和经营上进行控制,只要股权结构安排合理,并不损害母公司股东的利益。相反,一旦分拆公司上市成功,形成的股权投资差摊销将极大地提高母公司的投资收益。如果母公司是上市公司,必然引起母公司股票的联动效应,股价必然上升,如果在中国香港上市,母公司可以在发起人股解禁后通过出售股份形成巨额套现。

2. 价值释放驱动

对一个组织和资产结构复杂,特别是一些实行多元化经营的、涉及广泛业务领域的上市公司,一般投资者很难获得该企业大部分资产完全正确、及时的信息,有时即使是专职的分析人员对企业所涉及的业务也可能无法做出正确的理解和判断,比如,一个石油行业的分析师常常会错误评估一个石油公司下属的房地产、化学或钢铁企业的价值,因为他并不熟悉这些产业。在这种企业中,有些资产的真实价值被掩盖了,市场也可能因此而低估了它的价值。经过分拆上市,公司将其下属的其他行业的子公司独立出来面对市场,持续公开子公司的有关信息,减少市场对公司下属不同类型业务部门的业绩和经营情况进行分析时存在的信息不对称或因效率低下带来的误判现象,使被独立出来的子公司的资产和股份可以在市场上真正反映其价值。

3. 企业经营管理驱动

经营管理原因导致的企业分拆上市主要包括企业战略发展驱动、管理效率驱动。如果企业希望旗下部分业务或子公司能够进行国际化发展、开拓新的市场,分拆上市是实现上述目的的有效方式之一。首先,在进行分拆上市的过程中,母公司可以根据公司未来发展战略的需要引进适当的战略投资者来实现国际化发展的目的。2000 年同仁堂将旗下部分业务分拆形成同仁堂科技在香港上市,引进战略投资者和记黄埔,从而使同仁堂国际化经营迈出了关键一步。其次,分拆上市的一个有效的目的就是通过分拆使母公司的附属业务能够在更加广阔的市场上提供产品或服务。AT&T 将旗下的朗讯科技(Lucent Technologies)公司先进行分拆上市然后进行分立,使朗讯科技能够开拓新的市场。因为如果不进行分拆,母公司一般不愿意将朗讯科技生产的先进的电话设备卖给自己的竞争对手,AT&T 的竞争对手也不愿意在业务扩张时从朗讯科技采购设备,竞争对手们怕泄露商业机密。

从管理的效率来讲,由于企业中不同业务之间经营战略的区别,导致业务间管理上的冲突,或者由于激励监督等原因导致管理效率低下,也会导致公司分拆上市。联想将其旗下定位为分销商的神州数码分拆上市,主要原因就是母公司与神州数码之间的业务定位不同导致战略定位不同,从而形成管理上的不协调。其次,就是通过分拆上市能够使神州数码的业务更加透明,有利于管理效率的提高。

11.3 企业收缩的财务分析

企业收缩作为资产重组方式是一把"双刃剑"。就实施收缩企业的个案而言,因企业收缩战略运用得当而获得重生或收缩后没有起色甚至效益滑坡的企业都不在少数。所以,企业的收缩活动不仅要考虑操作上的可行性,而且要注意经济上的可行性。只有做好财务分析工作，对企业收缩的目标定位、行业背景因素、收缩成本、收缩风险以及收缩战略对企业产生的影响等做出综合性的分析评价，才能为企业决策者提供全面、综合的决策依据，才能促进企业收缩战略的成功。

11.3.1　企业收缩的成本分析

企业实施收缩战略必然会产生相应的成本。收缩追求效益，就要对成本进行分析，重视其对经营成果的影响。企业收缩成本是指企业为实施收缩战略所付出的经济支出。企业收缩成本主要包括以下几个方面[①]。

1. 收缩的完成成本

收缩的完成成本是指收缩行为本身所发生的直接成本和间接成本。直接成本是指收缩直接支付的费用，如公司分立时为股东服务花去的费用，股份回购时支付的买价，资产剥离时为寻找合适的买家及与买家谈判过程中发生的各项开支。间接成本是指收缩过程中所发生的一切费用，具体包括：①前期筹划成本。如在收缩中，首先要对收缩对象的基本情况进行分析，对剥离资产状况做出评估；其次应对分立部门的业务发展方向、技术等方面进行分析。②交易成本。是指在收缩过程中发生的各种中介费用，如法律鉴定费、会计师审计费、采用定向股收缩方式时发行股票所负担的发行费。

2. 收缩的机会成本

机会成本考虑了一种资源的多种运用方式。如果一家公司在某一环境下使用一种资源，就会产生一个机会成本，其数值等于该项资源在其他最佳使用条件下可以获取的最大收益。具体到收缩战略时，机会成本是指收缩战略实际支付或发生的各种成本费用相对于其他投资的未来收益，包括一个业务单元的卖出可能会泄露与之相关联的其他业务的商业机密，或由于判断失误，可能把一个非常有前景的公司低价出售等。

3. 收缩的退出成本

由于企业的收缩，会发生人员安置费以及原先合同的违约赔偿费等；若存在专用资产，资产的高度专业化会降低企业投资的清算价值，产生退出成本。

4. 收缩的整合成本

收缩战略作为企业资本运营的重大举措，必然会使企业的经营方针与管理战略发生较大变化。因此，企业收缩后必须对有关方面进行整合，对剩余资产实施管理改进措施。

(1) 业务整合成本。企业收缩后，原来多种业务同时发展的格局将被彻底打破，公司业务会呈现出主次分明的结构，这时企业的各类资源也应该随着业务重点的变化而做出调整，否则企业原来各类业务之间存在的相互配合关系在收缩后将被破坏。企业要建立这种新的配合关系不是容易的事情，有时可能要付出较大的代价。

(2) 管理整合成本。企业收缩后，企业的组织层阶结构会明显减少，管理部门和管理人员的数量也会相应减少，高层领导的管理能力将大大加强，此时需要企业针对新的管理格局采用新的管理方法。

---

① 郭淑芬. 关于企业收缩性资产重组的财务分析[J]. 财会月刊，2006(3)：31-33.

(3) 外部关系整合成本。企业经营过程中会和外部许多方面发生联系,其中最主要的有供应商、采购商、金融机构、政府部门等;在收缩后,企业必须与这些外部关系逐一进行良好的沟通,以得到他们的理解和继续支持。

5. 企业边界重构成本

新制度经济学大师科斯认为,交易费用是决定企业存在、企业和市场边界的唯一变数。企业边界就是市场交易成本和企业内部交换成本的均衡点。威廉姆森揭示了企业边界的决定因素即某一特定企业在经营中的交易频率、涉及的资产专用程度和该企业所处的契约环境。这些因素共同决定了企业在什么情况下选择企业的组织形式——扩张,什么情况下选择市场——停止扩张甚至收缩。当企业收缩带来的企业规模的缩小达不到有效边界时,会导致企业出现内部交易成本过高、效率低下的状况。为了使收缩后的企业边界依然有效,就有必要对收缩后的企业进行边界重构。此时,边界重构的实质足以进一步实施收缩以消除边界冗余,或通过增加相关人员、资产、业务单位来弥补边界不足。边界重构必然引起企业内部组织与管理上的变化,因此边界重构也要付出成本。

6. 企业收缩的其他成本

企业分立后,相对于一个独立企业而言,此时两个独立公司又有了新的代理成本,同时使原先一个企业内由于规模带来的成本节约随之消失;在剥离中,被放弃的公司需要设置额外的管理职务,可能还会面对比以前更高的资本成本。

11.3.2 企业收缩的风险分析

企业收缩是高风险经营,财务分析应在关注其成本效益的同时重视其收缩过程中的各种风险。

1. 决策风险

决策是一个过程,而不是对某一方案拍板定案的瞬间行为。收缩的决策过程由外部环境判断、信息收集、买家选择、预测方案的提供和决策方案的制订等一系列行为组成。决策风险是指由于信息资料的不准确、收缩各方的信息不对称或决策分析过程不够科学或其他一些原因,造成收缩方案取舍及方案实施的决策中出现偏差或误差。它具体体现在对剥离资产的选择、资产的财务估价、分立及定向股收缩实施的可行性分析等过程中。财务人员应在对本企业的财务状况进行综合分析诊断的基础上,充分获取市场和买方信息,采用科学的方法对所获得的信息进行识别,判断信息的可靠性,提高预测和决策方案的准确性;在方案实施过程中,通过信息反馈和价值控制,降低决策风险,保证收缩计划的顺利完成。

2. 营运风险

营运风险是指收缩企业在收缩完成后因无法实现管理效率和运行效率的提高以及企业核心竞争力的增强而存在的风险。

3. 制度环境风险

作为资产重组的手段,收缩战略在我国的应用刚刚起步,各种体制、政策、观念等因素尚未实现转变。虽然近几年来我国各级政府在建立有关企业产权交易的法规方面做出了一定的努力，也颁布了一系列相关法规，但从总体上看，这些法规还没有形成一般法律，有的法规本身还存在很大的漏洞。因此，在很多情况下，包括企业收缩在内的企业间的产权交易是在没有严格而完善的法律保护的情况下进行的，一旦出现问题，就会造成巨大损失。

【本章思考题】

1. 企业收缩的概念是什么？
2. 企业收缩的主要形式及其动机是什么？
3. 企业收缩需要考虑哪些成本？
4. 企业收缩的风险有哪些？

【案 例 分 析】

剥离酒店重资产，万达战略转身轻资产

一、企业简介和案例背景

万达集团创立于 1988 年，形成商业、文化、网络、金融四大产业集团，2017 年位列《财富》世界 500 强企业第 380 名。截至 2017 年 6 月 30 日，企业总资产 8 826.4 亿元。万达商业是全球规模最大的商业地产企业，已在国内开业 208 座万达广场、85 家酒店，持有物业面积 2 157 万平方米；建设中的万达广场 70 个，酒店 69 个，物业面积 1 747 万平方米。根据 2015 年 9 月报送的招股书，万达商业旗下共有三大产品：万达广场、万达茂、万达城。其中，万达广场是其最早的商业住宅综合体产品，布局广泛。万达茂被认为是万达广场的升级版，更强调文化娱乐业态。万达城则是近几年的新产品，是以文化旅游主题为特色的大型多功能综合体。酒店则包含在上述产品中，多属于配建项目。大连万达商业地产股份有限公司公布的 2016 年年末和 2017 年第一季度的资产负债表中资产和负债的数据如表 11-2 和表 11-3 所示。

截至 2017 年一季度末，万达商业的资产总计 7 712.64 亿元，负债总计 5 446.03 亿元，资产负债率为 70.61%。其中，地产公司的预收款项 1 368.33 亿元都算进了债务，一年内到期的非流动负债为 198.97 亿元，应付债券为 867.19 亿元，比 2016 年增加 49.78 亿元。根据表 11-2，截至 2017 年一季度末，万达商业持有的投资性房地产等的物业面积达到 3 233 万平方米，估值 3 862.03 亿元。

根据《万达集团 2016 年工作报告》，万达商业作为集团转型的重点公司，力争 2018 年提前两年完成转型目标，成为商业服务型企业。具体举措：一是逐步减少地产投资；二是轻资产运营；三是提升租金利润占比。2020 年以后原则上不再搞重资产，全部为轻资产。

表 11-2 大连万达商业地产股份有限公司资产负债表（资产）

编制单位：大连万达商业地产股份有限公司

单位：元

资产	2017-3-31	2016-12-31
流动资产：		
货币资金	95 631 333 183.74	100 237 332 562.80
以公允价值计量且其变动计入当期损益的金融资产		
衍生金融资产		
应收票据	15 405 120.15	11 426 543.84
应收账款	823 098 951.55	754 814 919.39
预付款项	5 128 680 790.11	4 742 621 413.77
应收利息	676 000.00	73 333.33
应收股利		
其他应收款	20 258 003 903.32	4 722 226 577.00
存货	163 888 176 374.94	165 359 576 493.08
划分为持有待售的资产	1 818 319 768.42	1 818 319 768.42
一年内到期的非流动资产		
其他流动资产	17 657 471 705.80	15 158 663 833.67
流动资产合计	305 221 165 798.03	292 805 055 445.30
非流动资产：		
可供出售金融资产	825 000 000.00	829 500 000.00
持有至到期投资		
长期应收款	662 716 065.52	662 848 618.31
长期股权投资	129 595 672.12	129 595 672.12
投资性房地产	386 202 724 387.83	383 050 036 914.31
固定资产	42 481 801 099.10	42 842 921 591.85
在建工程	16 131 193 623.14	11 447 740 606.45
工程物资		
固定资产清理		
生产性生物资产	26 348 680.90	28 564 446.74
油气资产		
无形资产	8 434 091 373.73	8 498 411 837.60
开发支出		
商誉	2 941 215 016.75	2 941 363 712.31
长期待摊费用	307 890 691.97	334 717 078.76
递延所得税资产	7 774 989 874.18	7 461 569 651.32
其他非流动资产	125 449 035.74	113 285 886.25
非流动资产合计	466 043 015 520.98	458 340 556 016.02
资产总计	771 264 181 319.01	751 145 611 461.32

表 11-3　大连万达商业地产股份有限公司资产负债表(负债)

编制单位：大连万达商业地产股份有限公司　　　　单位：元

负债和股东权益	2017-3-31	2016-12-31
流动负债：		
短期借款	1 209 285 805.61	1 196 830 740.21
以公允价值计量且其变动计入当期损益的金融负债		
衍生金融负债	3 261 823.21	3 261 823.21
应付票据	1 857 220 460.27	2 115 065 366.84
应付账款	72 955 378 286.81	79 684 987 447.14
预收款项	136 833 188 235.25	139 070 550 366.34
应付职工薪酬	1 407 848 365.78	2 336 862 200.35
应交税费	6 100 119 677.72	6 950 591 513.29
应付利息	1 364 373 632.74	1 710 465 735.34
应付股利	4 246 852 980.00	24 270 000.00
其他应付款	27 945 080 319.67	27 375 092 890.78
划分为持有待售的负债	1 827 908.24	1 827 908.24
一年内到期的非流动负债	19 897 448 460.60	23 270 240 859.38
其他流动负债	330 419 084.87	330 680 562.48
流动负债合计	274 152 305 040.77	284 070 727 413.60
非流动负债：		
长期借款	138 801 072 535.26	118,264,944,236.88
应付债券	86 718 920 820.00	81,741,420,820.00
长期应付款	1 752 955 169.66	1,731,563,437.05
长期应付职工薪酬		
专项应付款		
预计负债		
递延收益		
递延所得税负债	40 945 235 796.78	39 788 702 000.85
其他非流动负债	2 232 770 181.24	2 172 152 420.04
非流动负债合计	270 450 954 502.94	243 698 782 914.82
负债合计	544 603 259 543.71	527 769 510 328.42

二、剥离资产过程

2017 年 7 月 10 日，中国首富王健林把万达旗下 76 个酒店和 13 个文旅项目 91%的股权和债务，以 631.7 亿元的价格卖给了孙宏斌掌控的融创集团，回收的资金全部用于还贷。具体内容如图 11-5 所示。

三、剥离动机众说纷纭

万达和融创的交易宣布后，交易双方、业界和媒体有多个版本的解释：

(1) 降低负债与轻资产转型说。转让项目能大幅降低万达商业的负债，万达商业计划今年内清偿绝大部分银行贷款。万达集团战略会随之做出调整，首先是全力发展创新型、轻资产业务，如影视、体育、旅游、儿童娱乐、大健康、网络、金融等。有消息称，王健林表示，此次交易完成后，万达商业计划今年内清偿绝大部分银行贷款，万达商业负债率将

万达商业、融创中国联合公告

发布时间：2017-07-10

为了充分发挥双方各自产业优势，经友好协商，双方于2017年7月10日签订了西双版纳万达文旅项目、南昌万达文旅项目、合肥万达文旅项目、哈尔滨万达文旅项目、无锡万达文旅项目、青岛万达文旅项目、广州万达文旅项目、成都万达文旅项目、重庆万达文旅项目、桂林万达文旅项目、济南万达文旅项目、昆明万达文旅项目、海口万达文旅项目十三个文化旅游城项目股权转让及北京万达嘉华、武汉万达瑞华等七十六个酒店转让协议。主要内容如下：

一、万达以注册资本金的91%即295.75亿元，将前述十三个文旅项目的91%股权转让给融创，并由融创承担项目的现有全部贷款。

二、融创房地产集团以335.95亿元，收购前述七十六个酒店。

三、双方同意在7月31日前签订详细协议，并尽快完成付款、资产及股权交割。

四、双方同意交割后文旅项目维持"四个不变"：

1. 品牌不变，项目持有物业仍使用"万达文化旅游城"品牌。

2. 规划内容不变，项目仍按照政府批准的规划、内容进行开发建设。

3. 项目建设不变，项目持有物业的设计、建造、质量，仍由万达实施管控。

4. 运营管理不变，项目运营管理仍由万达公司负责。

五、酒店交割后，酒店管理合同仍继续执行，直至合同期限届满。

六、双方同意在电影等多个领域全面战略合作。

图 11-5 万达商业、融创中国联合公告

大幅下降。公开数据显示，未来1～3年内，万达债券到期规模将达250亿元，3～5年内，万达债券到期规模将达620亿元。债券评级方面，万达发行债券评级基本保持为AAA级。

(2) 承债式收购说。商业地产如商场、酒店的贷款，原则上以"经营性物业贷款"为主，期限一般较长，按道理不需要短期清偿，但酒店资产沉淀资金大，周转慢，经营上由于国际管理品牌的强势也通常没有太大想象力，近些年随着酒店业行情变差，现金流状况每况愈下，融资功能也就没那么强了。万达和融创如此大的交易，在如此短的时间内匆匆完成，应该是万达遇到了比较急迫的还贷压力，否则就是对所转让的业务"突然"失去了兴趣。

(3) A股上市说。万达商业正在A股排队IPO，目前排在65名。回A最大的不确定性在于被定性在"房地产板块"，目前房地产公司IPO几乎停滞，轻资产运作有助于万达商业尽快回A。王健林说过每个万达城现金流投入大约需要50亿元，13个万达文旅项目中大多还是规划中，一旦建成则是负债占"大头"，所以这次交易有利于万达轻装上市。

(4) 在港借壳上市说。据《万达商业私有化募资推介书》对赌协议，如果退市(指从香港退市)满2年或2018年8月31日前未能实现在境内主板市场上市的目标，万达集团以

每年 12%的单利向 A 类(境外)投资人回购全部股权,以每年 10%的单利向 B 类(境内)投资人回购全部股权。A 股排队可能来不及,所以万达此举是打包旅游业务,通过融创中国在香港整体借壳上市。

(5) 战略重组说。融创收购万达文旅,在开发领域实力大增,可持续发展能力增强了。万达接手融创的乐视盘子,直接以乐视网为载体回 A,聚焦文化产业轻资产模式,弥补万达院线只有线下没有线上、只有大屏(银幕)缺乏中屏(电视)和小屏(手机终端)流量入口的短板;乐视也有个大财主入主,实现产业联动。

以万达的实力,完全可以自己投资拿下酒店的所有权,为什么却选择做一个管理者呢?实际上,这才是世界上大多数真正的酒店管理巨头的"玩法"。有不少业内人士表示,国际一流的酒店集团,实际上都在"卖品牌"。以万豪国际为例,在全球管理超过两千个酒店,却并不追求所有,而是在品牌上不断创新,推出了包括丽思卡尔顿、万怡、万丽等一系列差异化的酒店管理品牌,将集团有形资产和无形资产的匹配组合度大大提高,这一做法也成为全球酒店业的典范。

真正的酒店业,应该是酒店管理业而非酒店投资业,而品牌就是轻资产的前提,有一组数据很能说明问题——在 4 大国际酒店品牌中,洲际集团自有物业比例达 0.2%、万豪为 1.2%、喜达屋为 2.95%、希尔顿为 4.02。可以看出,轻资产模式是国际酒店管理公司普遍的运营模式,从酒店投资回报率来看,这种方式的盈利率也较高,而这也是万达现在的战略。资金、地产很容易被模仿,然而自己的品牌、管理却难以复制。转型后的万达,甩掉了重资产包袱,显然给了投资者们更强的信心。走轻资产道路,企业无疑将更值钱,市值也有了更大的想象空间。

案例思考题

1. 万达剥离酒店重资产的主要动机是什么?
2. 万达剥离酒店重资产对万达集团的财务状况有何影响?
3. 万达剥离酒店重资产对万达集团的未来发展有何意义?

案例参考资料

[1]　秦朔. 万达剥离资产,背后传递了什么信号[N/OL]. 搜狐网. 2017.07.12http://www.sohu.com/a/156609719_479726.

[2]　秦卜子. 万达资产大甩卖,背后的真相令人震惊[N/OL]. 搜狐网. 2017.07.23http://www.sohu.com/a/159300787_146035.

第六篇

财务危机、重整与清算

【本篇导读】

“微软离破产永远只有18个月”，比尔·盖茨的危机意识铸就了微软的不败神话。无独有偶，张瑞敏称驾驭海尔的感觉是“每天的心情都是如履薄冰，如临深渊”。华为公司总裁任正非也指出：“在这瞬息万变的信息社会，唯有惶者才能生存。”正是这种安不忘危的意识和如履薄冰的警惕，使他们从不敢放松前进的脚步，在瞬息万变的激烈市场竞争中使企业获得长青的基业。

第12章

企业财务危机管理

【学习目标】

- 掌握财务危机的概念和特征
- 理解企业财务危机的征兆和成因
- 掌握企业财务危机预警的方法和模型
- 了解企业重整的目的、方式和内容
- 了解企业清算的形式、程序和内容

12.1 财务危机概述

如同在战场上没有"常胜将军"一样，在现代商场中也没有永远一帆风顺的企业，任何一个企业都有遭遇挫折和危机的可能性。从某种程度上讲，企业在经营与发展过程中遇到挫折和危机是正常和难免的，危机是企业生存和发展中的一种普遍现象。

12.1.1 企业财务危机的概念

财务危机（financial crisis），又称财务困境（financial distress），一般被定义为一个过程，既包括较轻微的财务困难，也包括极端的破产清算以及介于两者之间的各种情况。谷祺与刘淑莲将财务危机定义为：企业无力支付到期债务或费用的一种经济现象，包括从资金管理技术性失败到破产，以及处于两者之间的各种情况[①]。尽管企业发生财务危机的具体情况和严重程度不尽相同，但一般可归结为技术性失败和经济性破产两种类型。资金管理技术性失败是指企业在资产总额大于负债总额的情况下发生财务危机，其主要原因在于资产或负债的结构不合理。而经济性破产是指企业在资产总额小于负债总额的情况下发生财务危机，其主要原因在于资不抵债，即由于经营亏损导致所有者的权益为负值。他们认为：由于资金管理技术性失败而引发的支付能力不足，通常是暂时的和比较次要的困难，一般可以采取一定的措施加以补救，如通过协商，求得债权人的让步，延长偿债期限，或通过资产抵押等借新债还旧债。广义的财务危机概念可以理解为：企业经营管理不善、不能适应外部环境的变化和不可抗拒因素的影响而导致企业生产经营活动陷入一种危及企业生存和发展的严重困境，使经营循环和财务循环无法正常持续或陷入停

---

① 谷祺，刘淑莲. 财务危机企业投资行为分析与对策[J]. 会计研究，1999(10).

滞状态,反映在财务报表上是呈现长时间的亏损状态且无扭转趋势,出现资不抵债甚至面临破产倒闭的危险(图 12-1)。

经济失败 ——→ 技术性无力偿债 ——→ 资不抵债 ——→ 破产

图 12-1 企业财务危机过程

企业有下列情况之一者,可认为存在财务危机①:①最近两个会计年度的审计结果显示的净利润为负值;②最近一个会计年度的审计结果显示其股东权益低于注册资本(每股净资产低于股票面值);③由于自然灾害、重大事故等原因导致公司经营设施遭受损失,公司生产经营活动基本中止,在三个月内不能恢复的;④公司涉及其负有赔偿责任的诉讼或仲裁案例,已收到法院或仲裁机构的法律文书且可能赔偿金额超过公司最近年度报告中列示的净资产的;⑤公司主要银行账号被冻结,影响公司正常经营活动的;⑥公司出现其他异常情况,经董事会研究并表决,认为有必要实施特别处理的。

财务危机与财务风险是有区别的,二者关系在于:任何企业在生存和发展中都会遇到各种各样的风险,若企业抵御风险的能力较弱,很有可能陷入财务危机。可见,财务危机是财务风险积聚到一定程度的产物,它是不断变化的。不同企业财务风险与财务危机有不同的表现;即使同一企业,在不同时间其财务风险与财务危机也有所不同。显然,陷入财务危机的企业必然面临着较大的财务风险,而具有财务风险的企业不一定陷入财务危机。因为,财务风险是客观存在的,任何企业必须面对,而财务危机是财务风险发展到一定程度的产物。企业若能在有效期间内采取化解措施,就能降低财务风险,摆脱财务危机;若企业面对危机束手无策,或措施不力,很有可能进一步加剧财务危机,甚至导致破产(图 12-2)。

图 12-2 财务风险与财务危机的关系

12.1.2 财务危机的特征

根据财务危机的概念和过程描述,可以引申出财务危机的主要特征如下。

1. 财务危机具有客观积累性

"冰冻三尺非一日之寒",企业破产一般要经历一个渐进与积累的过程。财务危机的积累是各种财务活动行为失误的综合反映。例如,在筹资、投资活动方面,筹资、投资决策的失误,会造成资金回收困难;筹资结构与投资结构的配比不当,也会造成还款期过于集中。在生产方面,由于质量不达标,造成产品积压。在营销方面,由于市场定位不准确,或促销手段落后,或售后服务跟不上,造成产品滞销。由于诸多因素的综合作用,造成企业一定时期内现金流出大于现金流入,以致企业不能按时偿还到期债务而引发财务危机。

① 赖新英. 国内中小企业财务危机成因与特征研究[J]. 财务会计,190-191.

2. 财务危机具有突发性

财务危机的发生受许多主客观因素的影响，其中有些因素是可以把握和控制的，但更多因素是突发性的、意外性的。例如，某企业经营状况良好，但由于一个长期贸易伙伴在事先无察觉情况下，突然宣布倒闭，造成数额巨大的应收账款不能预期收回，使企业陷入困境。当企业发生突发性的财务危机时，若财务危机在企业承担短期风险的控制能力范围内，企业可以安然度过风险。相反，若财务危机超过企业短期承担风险的最高限度，那么企业就将陷入危机之中。

3. 财务危机具有多样性

财务危机的多样性主要受企业经营环境的多样化和企业经营过程的多样化以及财务行为方式多样化的影响。首先，企业经营环境是多样化的。企业既要面对国内、国际市场竞争，也要面对产品和高科技产品的竞争，这样多样化的经营环境必然会给企业造成多样性的潜在危机。其次，企业的经营过程是一个连续不断的过程，每一个过程中的失误都可能形成财务危机。最后，财务行为方式是多样化的，企业财务行为方式包括资金的筹集和运用、资金耗费、资金收回、利润分配，以营运资金管理为核心的日常财务管理，以及诸如通货膨胀财务管理等各种派生形态的资金运作问题。在这些活动环节中不管哪一个环节出问题，都会带来财务危机。

4. 财务危机具有灾难性

财务危机包括多种情况，不管是资金短缺，还是企业破产，或是介于两者之间的任何一种情况的发生都会给企业带来灾难性的损失。但是，因资金短缺而引发的偿债能力不足的问题，相对而言，在诸多危机中，属于比较轻微、次要的，一般可以采取一定措施补救。如请求债权人延长偿债期限、进行债务重组、借新债补旧债等。这样做虽然可以避免破产，但企业也要为此付出沉重代价。如资金成本的提高，财务风险的加大，以致破产。

5. 财务危机具有可预见性

财务危机的发生有其必然性，因为财务危机是企业生产经营中长期财务矛盾日积月累形成的，因此，财务管理者只要多留心，就不难发现财务危机的苗头。

6. 财务危机具有可逆性

与动植物生命周期显著不同的是，企业的生命周期具有可逆性。企业是由人创造的，企业的生命是可以人为改变的，它体现了人的意志。在企业生命周期中，企业可以起死回生，企业的生命是可逆的。

由于财务危机具有客观积累性，在一个企业消亡之前，会经历一个持续的过程，一般包括四个阶段，如图 12-3 所示。其中，财务危机与财务困境有较明显的区别：从后果来看，严重的财务危机如破产虽然是由轻微的资金管理技术性失败发展而来，并且两者都表现为现金流的不足，但资金管理技术性失败不一定发展为破产；从采取的措施来看，资金管理技术性失败是企业发展过程中经常会遇到的，通常称为资金周转不灵。企业在面对资金管理技术性失败时，通常会使用现有财务资源或管理资源进行化解，如向银行申请延期偿债、进行抵押借款或调整政策措施等。如果企业有一定的财务弹性，资金技术性失败一般可以化解。但当企业面对财务危机时，企业就必须进行重大的政策调整，并且有可能发展为破产消亡。

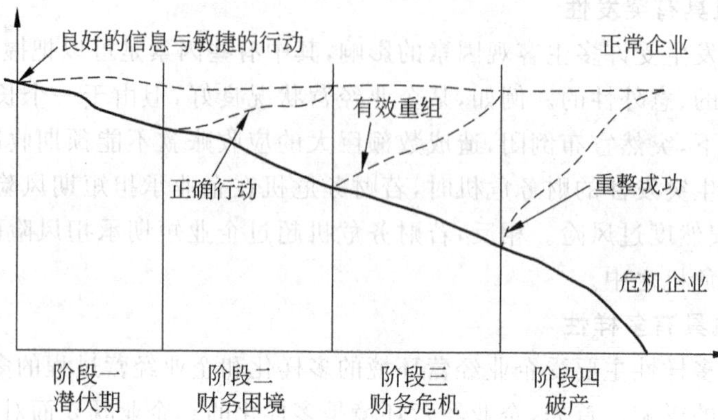

图 12-3　企业财务危机发展过程

每一个阶段都有可能改善组织绩效,使企业由危机转为正常。在阶段一,通常表现为盲目投资与不当的管理行为,良好的信息与敏捷的行动可以避免组织绩效衰退;在阶段二,通常表现为财务困境,正确的管理行动将使企业转入正常轨道;在阶段三,表现为财务危机,有效的重组可以使企业转危为安;在阶段四,企业进入破产程度,但启动破产程序后,经破产重整后重获新生的公司不乏案例。例如,中航油(新加坡)从 2003 年下半年起开始从事以营利为目的的石油衍生品投机交易,并且在风险极大的场外市场进行交易,交易总量大大超过现货交易总量,造成约 5.5 亿美元的巨额亏损。2004 年 11 月 29 日向新加坡法院申请破产保护,后经过成功的破产重组转危为安。

12.2　企业财务危机的成因

企业陷入财务危机的原因错综复杂,既有外部环境的影响,也有内部深层次的原因。外部环境客观上具有多变性,并且是企业无法控制和回避的,而内部因素大多是企业的可控因素,主要是由于企业经营风险和经营不善、财务风险和财务管理失误引发的,企业可以通过内部的经营管理和财务政策调整来降低外部环境变动带来的冲击,当内部调整不能适应外部环境变化的时候,企业就可能出现财务危机。

1. 企业经营风险和经营不善引发的财务危机

任何企业都会面临经营风险,一些常见的经营风险可能不会导致企业经营失败,但是对于那些实力弱小、管理水平较低的企业来说,常见的经营风险也可能使企业陷入财务危机之中。邓·布拉德杰通过 1980 年以及 1993 年对企业倒闭原因的调查,发现经营管理不善是企业破产或陷入财务困境的根本原因。经营管理不善导致企业陷入财务危机主要表现在以下方面。

1) 生产供应因素引发的财务危机

企业生产经营中具有不确定的因素,有些甚至难以控制,继而给企业带来经营风险,最终导致企业的财务危机,给企业造成不可弥补的损失。从生产供应方面,由于原材料、运输成本、新材料、新设备等众多因素的变动给企业带来经营风险而引发的财务危机;由于产品生产方向、产品质量、生产计划、新技术开发等因素的变动给企业的管理带来不确定的风险，稍有不慎，都会诱发企业的财务危机，给企业带来不必要的损失。

2）盲目的市场营销诱发的财务危机

企业通过营销能扩大其市场销售范围，提升企业的销售收入，导致有些企业一味地追求市场营销而忽视了企业自身的财务和生产实力，诱发了企业的财务危机。秦池酒业的案例就足以说明这个问题。秦池酒业不顾企业的财务和生产实力，盲目地开拓其市场，因无法满足源源不断的产品订单而收购其他厂家的产品，影响了产品质量和企业声誉，短贷长投又导致企业资金链中断，诱发了财务危机给企业带来灭顶之灾。

3）开发大项目引发的财务危机

一些企业的管理者在取得了一定的成功之后，就开始盲目铺摊，贪大求全，急功近利，追求高速腾飞，对市场的估计过于乐观，把过去的成长率当成未来的成长率，盲目开发大项目，高估项目的收入或低估项目的成本，导致现金流紧张，使企业陷入了财务危机。企业经常开发的大项目主要包括并购、多元化经营、开发新产品、项目扩张等。许多企业往往过于注重发展，而一味地兼并，进行市场开拓，却忽视企业的核心业务，把企业逐渐陷入财务危机的深渊。盲目多元化使巨人集团陷入财务危机就是经典的案例之一；郑州商业领袖郑州友谊商业（集团）总公司，因为兼并其他行业后负担太重而步入破产程序；而健力宝的财务危机是由核心业务萎缩引发的，健力宝当时以饮料作为其核心业务，但其却用健力宝的品牌做抵押贷款，并把这些资金用于收购平安保险和福建兴业银行的法人股，购买足球俱乐部，导致健力宝自身资金周转的困难，从而使企业步入财务危机，最终导致企业破产的厄运。

4）治理结构不健全

企业经营的成功与否很大程度上还取决于组织的效率和管理的质量。近 40 年的改革开放使国有经济的活力重新迸发，同时，企业在这个大浪淘沙的过程中，也在逐步脱胎换骨，大多数企业基本上建立了现代公司的基本框架。但是，其实际运行效果与股份有限公司相比，还有很大差距。特别是一些家族式私人企业内部人控制严重，兄弟姐妹或亲朋好友占据董事会、经理层、监事会的各个席位，缺乏严格的公司制度建设，职责不分，权责不顺，丧失了组织各个机构的权力制衡功能。而治理结构不健全的最大危害是，使企业的重大决策缺乏监督，普遍存在领导个人经验决策和主观决策的现象，企业管理系统的不完善，导致企业的管理缺乏深度、科学性，决策依赖于个人行为，缺乏团队精神等。由于企业在就业环境、薪金福利、发展前景等各方面和大型企业存在明显差距，导致了企业缺乏专业素养较高的财务管理人员，难以及时发现并处理财务危机。例如，爱多 VCD 财务体系不健全的一个主要原因就是缺乏高素质的财务管理人才，这使得一个各方面经营良好的企业只能昙花一现。

2. 财务风险和财务管理失误导致的财务危机

1）应收账款管理不善导致的财务危机

随着市场经济的不断完善，市场竞争也变得异常激烈，企业为了生存，提高市场占有率，减少存货，节约库存成本，采取赊销的方式进行销售，从而形成应收账款。虽然应收账款的出现减少了产品的积压，激活了商品流通，但应收账款同时占用了企业的经营资金，降低了企业的资金周转速度，有时因管理不善而出现坏账、死账、呆账，影响企业的经营业绩,很容易使企业陷入财务危机。美国有一项调查表明,约有一半的破产发生在实现最高水平销售额后的一年。此时,企业的典型特征是:利润表上企业有大量的利润,而现金流量表却没有相应的现金流入,大量的利润只以应收账款表现。例如,2001年,长虹公司为实现海外战略,提高销售额,迫不及待地想打开美国市场,在数度赴美考察之后,长虹与当时在美国市场有一定影响力的APEX公司签约直接在美国提货。奇怪的是,一车车的彩电运出去却没能为长虹换回大把的美元。长虹2003年年报、2004年半年报都显示,APEX公司拖欠长虹应收账款近40亿元。正是由于这些应收账款长期不能回收,导致长虹流动资金出现紧张,造成长虹公司2004年度出现巨额亏损,还降低了长虹的股票价格。

2)资本结构不合理导致的财务危机

企业在筹资时较少考虑资本结构和财务风险等,具有较大的盲目性。很多企业由于自身规模小、利润率低等使得自身资金有限,对外部资金过度依赖,"外援"一旦停止,财务就陷入混乱状态。

企业在进行融资决策的过程中没有处理好融资渠道、融资方式、融资额以及偿还期这四个方面的问题,而这些问题直接影响到公司的财务状况是否稳定以及未来的财务风险和破产风险。例如,太子奶引进英联、高盛、摩根三大投行共同注册中国太子奶(开)控股有限公司,三大投行联手注资7 300万美元。同时,"太子奶"创始人李途纯与这三家投行签下"对赌"协议:在收到三家投行7 300万美元注资后的前3年,如果太子奶业绩增长超过50%,就可调整(降低)对方股权;如业绩增长低于30%,李途纯将失去控股权。这次"对赌"协议为李途纯后来的出局埋下了伏笔。

3)财务杠杆运用不善导致的财务危机

财务危机在很大程度上表现为到期债务不能偿还,因此企业的财务危机与财务杠杆的利用程度直接相关。财务杠杆是一把"双刃剑",使用恰当会给企业带来利益,使用不当则会给企业带来风险,当资产利润率小于利率时,举债给企业带来的是负面、消极的影响,不仅难以提高企业盈利能力,反而因巨大的偿债压力使企业陷入无法解脱的财务危机当中。以香港百富勤公司为例,1996年进入全球500强之列,1998年却因为没有足够现金偿还几千万美元的到期债务而被迫破产,10年辉煌毁于一旦。

4)财务信息系统不健全导致的财务危机

可靠的财务信息可以帮助管理层及时发现问题,为正确决策提供依据。每个公司在发生致命的危机之前都会有许多征兆,作为企业中枢的财务更是危机信号呈现最强烈的地方。如果企业的财务报表缺乏规范性和完整性,预算控制系统不健全、缺乏对现金流量的监控,就限制了管理层通过财务分析了解企业的财务状况和经营成果,忽视了一些财务危机的信号,如营业额持续下降、现金净注入量减少、不能及时偿还到期债务、综合毛利率低等,使财务风险不断累积,直到危机爆发。

3. 外部环境因素导致的财务危机

1)经营环境的变化导致的财务危机

第一,市场竞争环境的变化。企业往往面临着激烈的市场竞争,如新的竞争对手的出现、竞争对手开发出新产品等,如果不能及时采取恰当的应对策略,就会使得企业失去原有的市场份额,导致财务危机的出现。

第二，经济环境的变化。经济周期、利息率、通货膨胀、汇率等宏观经济因素变化对企业的财务状况有着直接的影响。比如，当经济一片繁荣的时候，客户的赊销要求响应减弱，公司销售产品和资金回笼的速度也相对较快。而当整个行业环境陷入衰退期的时候，整个价值链的市场都会萎缩，供应商催收账款而客户则要求延迟付款，企业马上陷入前无退路、后有追兵的困境。倘若没有稳定的现金流入，企业将会很快陷入无钱可用的困境。

第三，政治环境的变化。政治环境涉及国家政策的调整、领导人的更替、外交关系的变化、战争的爆发等，国家政治环境的变化必然会影响经济资源的配置，从而对企业的经营活动产生直接或间接的影响。

第四，社会环境的变化，如生活方式的变化、消费习惯的变化、人口年龄结构的变化、社会对污染或消费者保护态度的变化等。

第五，技术变化，如技术的更新变革。当市场竞争环境、经济环境、政治环境、社会环境和技术条件等因素发生重大变化时，失败的企业往往反应迟钝，不能采取恰当的应对措施，从而在市场竞争中败下阵来。

第六，自然环境的巨变，如洪水、地震等均可对企业产生巨大影响。当企业遭受这类风险时，会使企业良好的生产经营状态遭受突如其来的打击，严重影响企业的还款能力甚至导致企业破产，无法还款。

2）社会诚信缺失造成融资难导致的财务危机

有相当数量的企业存在会计信息不真实、财务做假账、资本空壳、核算混乱的现象，为避税、贷款等而放弃诚信经营，甚至出现欺诈行为和由此引发的抽逃资金、拖欠账款、逃避银行债务、恶意偷税欠税、产品低劣等问题，在一定程度上影响了企业的整体形象。

基于防范风险的考虑，各类投资者对于企业抱着“宁可不投，也不可乱投”的审慎态度，加之金融机构对企业实施非常严格的信用政策，导致融资困难重重。银行在贷款的时候主要考虑两个因素：第一个是项目的市场前景，第二个是企业的偿债能力。由于市场具有不稳定性，盈利能力描写的内容相对较虚，因此，银行更看重企业的偿债能力。有些企业规模较小，可以拿出手的抵押物价值有限，而担保公司的担保条件也较为苛刻。银行由于怕承担风险，对这些企业普遍采取歧视态度，导致企业现金流量始终处于紧张状况，一旦资金链条断裂，就可能造成财务危机，甚至破产倒闭。

3）缺乏政策的倾斜诱发的财务危机

缺乏政策的倾斜也可能诱发财务危机，比如政策倾斜大型企业，按照企业规模和所有制而制定的法规政策依然是主流，税收、土地等方面不平等政策的存在，致使中小企业丧失了许多发展机遇，生存空间狭隘。2009 年，国家试图将经济拖出泥潭的过程中，占国民经济主体地位的中小企业却成为旁观者，不管是国家出台的 4 万亿就业计划还是巨额的放贷，中小企业只能是无关者更不用谈收益，这些都无形地增加了企业财务危机的形成。

12.3　财务危机的征兆

在激烈的市场竞争中，危机时刻蛰伏在企业周围。但危机并不可怕，认识不到危机才是最可怕的。大清王朝的由盛到衰，第二次世界大战时英法两军的由强变弱，都充分证明了这一点。企业财务危机征兆的表现是多种多样的,存在的弊病贯穿于企业生产、营销、管理和财务活动的各个阶段和环节。综合来看,企业的财务危机征兆主要表现为以下方面。

1. 财务指标的征兆

企业在日常经营过程中,通过观察现金流量、存货、销售量、利润、应收账款、偿债能力等指标的变化,可以察觉到财务危机的苗头。

(1) 现金流量不足。企业出现财务危机首先表现为缺乏偿付到期债务的现金流量。如果企业经营活动现金流量不断减少,现金收入小于现金支出,并且这种趋势在短时期内并无好转的迹象,就需要引起管理层的注意,及时采取措施,避免现金流量状况继续恶化。

(2) 存货异常变动。保持一定数量的存货对于均衡生产、促进销售有着重要的意义。除季节性生产企业外,对于正常经营的企业来说,存货量应当比较稳定。如果在某一时期企业出现存货大幅度增加或减少的异常变动,就应当引起注意,这可能是企业财务出现问题的早期信号。

(3) 销售量的非预期下降。销售量的下降会引起企业管理层的高度关注,但是大多数企业往往将销售量的下降仅看作营销问题,会采取调整价格、产品结构或加强促销等手段来解决,而不考虑财务问题。事实上,销售量的非预期下降会带来严重的财务问题。比如,当一个销售量正在下降的企业仍在向其客户提供赊销时,管理人员就应该预见到其现金流量将面临困境。

(4) 利润严重下滑。利润指标是一个综合性指标,是企业一切经营活动的最终成果。如果企业销售额上不去,成本却不断攀升,就会导致盈利空间逐步缩小,甚至出现亏损。几乎所有发生财务危机的企业都要历经 3~5 年的亏损,随着亏损额的增加,历年的积累被蚕食,而长期亏损的企业又很难从外部获得资金支持,这就出现了财务危机的明显征兆,长期下去企业必然陷入财务困境。

(5) 平均收账期延长。收账期是反映企业应收账款周转速度的一个重要指标。平均收账期延长,会增加企业在应收账款方面的投资,占用大量的资金。当企业的现金余额由于客户延迟付款而逐渐减少时,较长的平均收账期就会成为企业严重的财务问题。所以,管理层应重视企业的收账期,以免问题变得更加严重。

(6) 偿债能力指标恶化。反映企业偿债能力的财务指标主要有资产负债率、利息保障倍数、流动比率、速动比率等,如果这些财务指标连续多个会计期间不断恶化,就是财务危机的明显征兆。

2. 会计报表的征兆

一般来说,会计报表能综合反映企业在特定时点的财务状况和一定时期内的经营成果和现金流量状况。因此,观察会计报表的相关数据和平衡关系,可以判断企业是否存在危机隐患。

(1) 从利润表看。根据企业经营收益、经常收益和当期收益的亏损和盈利情况,可以将企业的财务状况分为 A~F 六种类型。不同类型对应的安全状态如表 12-1 所示。

表 12-1　不同类型财务状况的安全状态

项目＼类型	A	B	C	D	E	F
经营收益	亏损	亏损	盈利	盈利	盈利	盈利
经常收益	亏损	亏损	亏损	亏损	盈利	盈利
当期收益	亏损	盈利	亏损	盈利	亏损	盈利
状态说明	接近破产状态	若此状态继续，将会导致破产		根据亏损情况而定		正常状态

说明：经营收益＝主营业务利润＋其他业务利润－销售费用－管理费用＋投资收益

经常收益＝经营收益－财务费用

当期收益＝经常收益＋补贴收入＋营业外收入－营业外支出

(2) 从资产负债表看。根据资产负债表平衡关系和分类排列顺序，可以将企业的财务状况分为 X 型、Y 型和 Z 型三种。X 型表示正常的财务状况，Y 型表示企业已经亏蚀了一部分资本，处于轻度的财务危机状态，Z 型表示企业亏蚀了全部资本和部分负债，企业净资产为负数，处于严重的财务危机状态，濒临破产(图 12-4)。

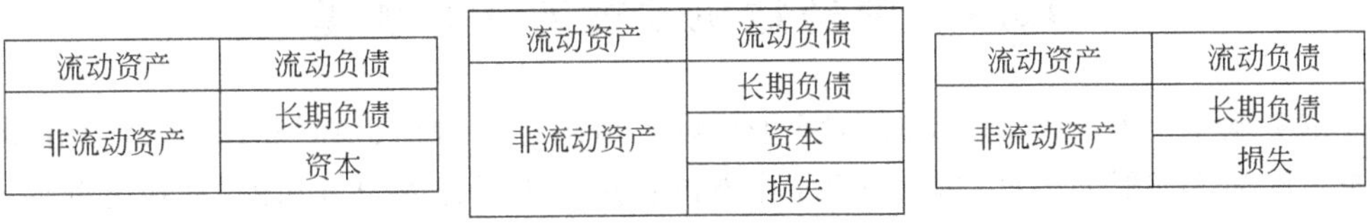

(a) X型　　(b) Y型　　(c) Z型

图 12-4　资产负债表中反映的财务危机状态

3. 经营状况的征兆

(1) 盲目扩大企业规模。企业规模的扩大通常有两种形式：一是内部扩充；二是外部扩张。内部扩充会增加固定资产投资，要耗用企业大量现金，如果某一时期公司的固定资产大幅度增加，但其生产能力和营销能力未能完全很好地配合，则易导致资金大量沉淀，流动资金紧张。盲目的固定资产扩充往往给财务危机的形成留下隐患。

公司并购是外部扩张的一条捷径，作为一种高风险高收益的行为，不少企业只看到其好处，而忽视了可能的风险。如果企业同时在许多地方大举收购其他企业，同时涉足许多不同的经营领域，则可能使企业负担过重，出现资金紧张问题。因此，对于企业大量的收购行为要多加注意，避免留下财务危机隐患。

(2) 企业信誉不断降低。信誉是企业在长期经营中创立和积累起来的，是企业一种重要的无形资产。信誉好的企业能顺利地从银行取得贷款，也能从客户那里享受到更多的信用。一旦信誉受损，企业的筹资就会变得十分困难，关联企业间的经济往来、信誉结算将无法开展。企业信用状况将变得更糟，表现为经常拖欠银行贷款，推迟支付货款，经常迟发员工薪水等。企业信誉度降低是财务危机的重要征兆。

(3) 关联企业趋于倒闭。由于赊销业务的大量存在，企业之间形成了紧密的债权债务关系。一个企业出现财务危机可能影响关联企业的财务状况，一旦发现关联企业经营情况和财务状况发生异常变化,有出现财务危机的征兆时,就要及时采取应对措施,以防止本企业被拖入财务困境。

(4) 产品市场竞争力不断减弱。产品市场竞争力的高低,主要体现在企业产品所占的市场份额和盈利能力上。如果企业产品市场占有率很高,且盈利空间很大,说明企业市场竞争力很强;反之,如果企业的产品出现积压,市场占有率明显下降,或产品市场份额未变,但盈利空间明显缩小,就说明企业市场竞争力在减弱,从而埋下发生财务危机的伏笔。

(5) 无法按时编制会计报表。无法按规定的时间编制会计报表,会计报表不能及时报送,会计信息延迟公布等,一般都是财务状况不佳的征兆。

4. 其他方面的征兆

企业人员大幅度变动往往也是危机的征兆之一。例如在一段时间内,管理层重要成员、董事会成员、财务会计人员及其他高级管理人员突然离职或连续变更,尤其是引起轩然大波的高级管理人员集体辞职,通常是公司存在危机隐患的明显标志。

企业信用等级降低、资本注销、企业主要领导人的反常行为、组织士气低落、注册会计师出具保留意见的审计报告等,也是企业财务危机发生的征兆。

12.4 财务危机预警方法和模型

财务预警作为一种诊断工具,对企业的财务风险进行监控、预测和诊断,避免潜在的财务风险演变成财务危机,起到防患于未然的作用。为了监测财务风险、预报财务危机,国内外学者运用不同的预测变量,采用各种数学工具和方法,建立了大量的财务危机预警方法和模型。下面介绍几种主要的财务危机预警方法和模型。

12.4.1 定性预警分析方法

定性分析法是通过对企业的经济环境、经营状况和财务状况的判断与分析,预测企业发生财务危机的可能性。财务危机定性预警模型已有的并广为接受的方法主要包括专家调查法、"四阶段症状"分析法和坐标图分析法等。

1. 专家调查法

顾名思义,专家调查法是以专家作为索取信息的对象,依靠专家的知识和经验,由专家通过调查研究对问题做出判断、评估和预测的一种方法。在财务危机预警中,企业可根据自身情况邀请行业中的资深从业人员及相关领域的研究专家,根据企业的内外部环境,运用他们的丰富经验和专业知识,通过对企业情况的详细分析找出企业的发展规律,从而对企业未来的发展趋势做出预测判断,供企业经营者参考。

在实际操作时,可以邀请专家个人进行调查,也可以组织多位专家进行讨论。专家个人调查法不受外界影响,可以充分利用专家本人的知识经验,最大限度地发挥其个人能力,而且组织工作简单,调研费用较少,但由于个人知识面、工作经验,以及所掌握信息的有限性,很难做到调查全面,有时由专家个人做出的主观判断,其他人难以对其正确性做出审查。组织多位专家进行小组讨论可以弥补个人专家收集信息量的不足,更重要的是可以防止个人观点的片面性,同时各方意见还可以进行互补,从而得到最有价值的判断,但该方法也有许多不足，如在讨论过程中，权威专家的意见有时会产生压倒性效果，阻碍集体智慧的发挥，或在专家意见产程分歧时，为达成一致而相互妥协，导致低质量的折中结果。因此，企业的经营者在采取专家调查法时，一定要结合自身情况和特点，请最适合自己企业的专家为企业的财务状况诊脉。

2. “四阶段症状”分析法

“四阶段症状”分析法根据财务危机发生的渐进性特点，将其过程分为四个阶段，分别为潜伏期、发作期、恶化期和实现期。各阶段症状如图12-5所示。

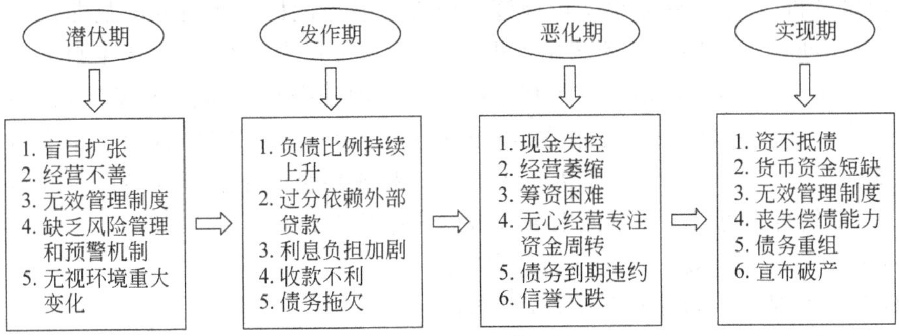

图12-5 财务危机的“四阶段症状”分析法

图12-5中所示的财务危机不同阶段的财务特征，虽然并非在所有的企业中都是如此表现的，但大部分财务危机的企业基本相似，因而具有一定的普遍性。这一方法，简单易行，尤其适合企业自我诊断。但是所处阶段的判断与划分比较困难，要求诊断者具有丰富的经验，而且对企业财务运营情况要十分熟悉。

3. 坐标图分析法

坐标图分析法是对企业财务状况进行综合评价的一种方法。在确切知道企业发展趋势的前提下，对企业财务状况的评价主要是看其获利能力和偿付能力，故可用坐标图进行综合分析。坐标图如图12-6所示。

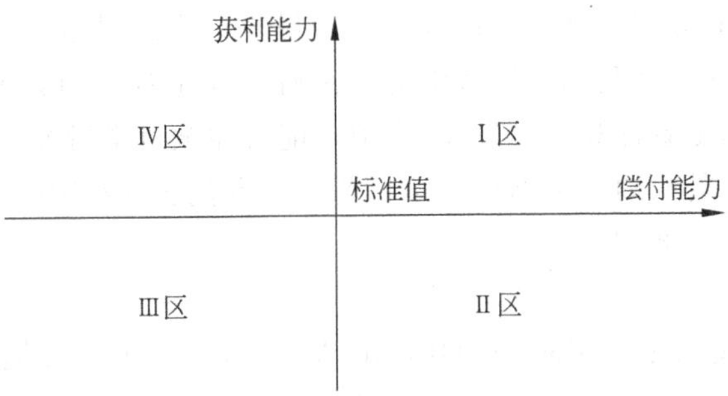

图12-6 财务危机的坐标图分析法

根据企业的获利能力和偿付能力，将坐标轴分为四个象限。通常情况下，坐标原点的标准值可采用企业所属行业的标准值。从坐标轴中可以看出，Ⅰ区的企业无论是获利能力还是偿付能力都处在行业上游，企业运营状况良好，无须进行危机预警；Ⅱ区的企业资金配置合理，具有较强的偿付能力，但经营效果不佳，获利能力较差，属于经营脆弱型企业;Ⅳ区的企业获利能力较强,但资金运用的效果不理想,偿付能力较差,需加强财务管理,适时进行财务分析和评估,预防财务危机;Ⅲ区的企业在同行业中的获利能力和偿付能力都处于较低水平,属于危机型企业,应立即采取有效措施提高经营效果,同时加强财务预警,时刻防止财务危机的扩大。

12.4.2 单变量预警模型

单变量预警模型是指运用单一变数、个别财务比率来进行财务预警。单变量预警模型属于定量分析法,最早建立单变量预警模型进行财务危机预测研究的是菲茨·帕特里克(Fitz Patrick)。1932 年,菲茨·帕特里克以 19 家公司为样本,运用单个财务比率将样本分为破产组和非破产组,结果表明判别能力最高的是净利润/股东权益与股东权益/负债两个比率。1966 年,威廉·比弗(William Beaver)沿用上述思路,提出了单变量预警模模型。他通过对 1954—1964 年的大量失败企业和成功企业比较研究,对 14 种财务比率进行取舍,最终得出可以有效预测财务失败的比率依次为

(1) 债务保障率＝现金流量÷债务总额。

(2) 资产负债率＝负债总额÷资产总额。

(3) 资产收益率＝净收益÷资产总额。

(4) 资产安全率＝资产变现率－资产负债率。

Beaver 认为债务保障率能够最好地判定企业的财务状况(误判率最低),其次是资产负债率,且离失败日越近,误判率越低。但各比率判断准确率在不同的情况下会有所差异,所以在实际应用中往往使用一组财务比率,而不是一个比率,这样才能取得良好的预测效果。

12.4.3 多变量预警模型

为了克服单变量预警模型单一财务比率解释力不足、变量变异程度考察缺乏等缺陷,获得更好的财务危机预测模型,许多学者从 20 世纪 60 年代起,发展了多变量财务危机预警模型,预测的精度和效率得到极大提高。多变量模型中最早也是最广泛使用的是多元线性函数模式,后来又出现利用模糊数学的方法解决大量难以用数值准确表达指标的模糊综合评判法;此外,随着计算机的发展,模拟功能日益被科学研究领域所应用,神经网络也被应用于财务危机的预测。本书仅介绍目前最具有代表性和影响力的多变量预警模型即 Z 分数模型和 F 分数模型。

1. Z 分数模型

美国爱德华·奥特曼(Edward Altman)在 20 世纪 60 年代提出多元线性函数模型——Z 分数模型。Z 分数模型是运用多变量模式思路建立多元线性函数公式,即运用多种财务指标加权汇总产生的总判别分(称为 Z 值)来预测风险(财务风险)的方法。该种“Z 分数模型”最初用以计量企业破产的可能性。其判别函数如下

$$Z = 0.012X_1 + 0.014X_2 + 0.033X_3 + 0.006X_4 + 0.999X_5 \quad (12\text{-}1)$$

式中:Z——破产风险指数;

X_1——(期末流动资产－期末流动负债)/期末总资产;

X_2——期末留存收益/期末总资产；

X_3——息税前利润/期末总资产=(本期财务费用+本期所得税+本期净利润)/期末总资产；

X_4——期末股东权益的市场价值/期末总负债；

X_5——期末销售收入/期末总资产。

该模型实际上是通过五个变量(五种财务比率)，将反映企业偿债能力的指标(X_1、X_4)、获利能力指标(X_2、X_3)和营运能力指标(X_5)有机地结合起来，综合分析预测企业财务风险或破产的可能性。根据这一模型，Z 值越低，企业就越有可能破产。具体标准如表 12-2 所示。

表 12-2 分数模型的具体判断标准

Z 值范围	判断标准	破产概率
$Z\geqslant 2.99$	财务危机的可能性很小	0.5%～10%
$2.765\leqslant Z\leqslant 2.99$	有财务危机的可能	11%～50% 财务状况不稳定，较难估计财务危机的可能性，属于"未知区域"或"灰色区域"
$1.81\leqslant Z\leqslant 2.765$	财务危机的可能性很大	
$Z\leqslant 1.81$	财务危机的可能性非常大	51%～100%

作为一个简单的判断标准，Z 值的临界值为 1.81，在 1.81 以下的企业都可视为破产企业；非破产上限值为 2.675，它是破产企业与非破产企业的分界点。

【例 12-1】 尚德电力于 2005 年 12 月在美国纽约证券交易所上市(NYSE：STP)。随后，尚德电力依靠地方政府的大力扶植并通过举债迅速扩张产能。2007 年到 2011 年，银行负债余额从 6.44 亿美元增长到 17.06 亿美元；尚德电力还先后三次发行了总计 10.5 亿美元的可转债，截至 2011 年年底，公司可转债余额为 6.25 亿美元。由于行业形势不佳，企业过度举债以及内耗严重等问题，2009 年到 2011 年，尚德电力的毛利率从 20.1%下降到 12.29%，营业利润率和 ROA 分别从 10.28%和 2.15%下降到－20.50%和－22.44%。2012 年到 2013 年间，尚德电力进行了产能缩减、资产重组和公司治理重组来应对财务困境，并于 2014 年 2 月 21 日，向曼哈顿破产法庭申请破产保护。尚德电力 2009—2011 年基本财务数据如表 11-3 所示。

表 12-3 STP 2009—2011 年基本财务数据 百万元

项 目	2009 年	2010 年	2011 年
资产总额	3 983.70	5 217.10	4 537.30
负债总额	2 385.60	3 336.90	3 584.50
营运资本	637.90	42.40	－522.90
息税前利润	192.00	361.00	－908.00
营业收入	1 693.00	2 901.90	3 146.60
留存收益	416.70	653.60	－365.00

续表

项 目	2009 年	2010 年	2011 年
净利润	85.60	236.90	−1 018.60
折旧	66.40	84.90	141.60
利息	93.70	91.90	135.90

根据基本财务数据对STP进行Z记分模型分析，结果如表12-4所示：

表 12-4 STP Z 记分模型预警分析

项目	2009 年	2010 年	2011 年
X_1	0.16	0.01	−0.12
X_2	0.1	0.13	−0.08
X_3	0.05	0.07	−0.2
X_4	1.25	0.43	0.11
X_5	0.42	0.56	0.69
Z 值	1.67	1.22	−0.16

根据表12-4各指标所代表的意义分析，X_1 在2009—2011年连年下降，并最终降为负值则说明公司的流动性不容乐观。X_2 体现的是企业累积的利润，而这一指标计算的数值一直不高，说明企业的获利能力并不乐观。X_3 的值一直不高且最终变为负值说明企业的资产利用效果很差。X_4 表明了股票下跌的幅度略大。X_5 的数值不高显示公司可用资产获得收入的能力不强。

无锡尚德2009年年末 Z 值已低于临界值1.81，说明在2009年年末无锡尚德已存在较大的财务危机，此时 Z 值起到较好的预警作用。无锡尚德2010年营业收入和净利润超过上年，但 Z 值较2009年降低，表明潜在风险有增无减。2011年无锡尚德 Z 值已降至−0.16，财务状况全面恶化，财务困境出现，表明公司已经濒临破产。

实践证明，Z 分数模型在企业破产前1年的准确率达到95%，而在破产前两年准确率降到了72%，前3年以上的准确率不到一半，仅为48%。可见，Z 分数模型只适用于短期(两年以内)的预测，说明这一模型还不成熟。后来，许多学者根据爱德华的思路建立了改进的模型，有的模型甚至将预测能力延伸到了7年。但无论如何，爱德华的成就就是不可磨灭的，而且基于该模型的预测准确率较单变量模型要高得多，模型的使用成本极低，因此，至今仍然是使用得最广泛的一种主流方法。

2. *F* 分数模型(Failure Score Model)

由于 Z 分数模型在建立时并没有充分考虑到现金流量的变动等方面的情况，因而具有一定的局限性。1996年北京化工大学会计系周首华、美国夏威夷大学会计学院杨济华和中国人民大学王平3人在爱德华研究的基础上，考虑了现金流量对企业破产的影响，对

Z 分数模型加以改造，并建立了财务危机预测的新模型——F 分数模型①。

$$F = -0.1774 + 1.1091X_1 + 0.1074X_2 + 1.9271X_3 + 0.0302X_4 + 0.4961X_5 \quad (12\text{-}2)$$

其中：X_1＝(期末流动资产－期末流动负债)/期末总资产；X_2＝期末留存收益/期末总资产；X_3＝(税后纯收益＋折旧)/平均总负债；X_4＝期末股东权益的市场价值/期末总负债；X_5＝(税后纯收益＋利息＋折旧)/平均总资产。

F 分数的临界点为 0.0274。若某一特定企业的 F 分数低于 0.0274，则将被预测为破产公司；反之，若 F 分数高于 0.0274，则公司将被预测为继续生存公司。

F 分数模型中 X_1、X_2 及 X_4 与 Z 分数模型中的 X_1、X_2 及 X_4 相同，两个模型中各比率的区别就在于其 X_3、X_5 不同。F 分数模型中 X_3 是一个现金流量指标，它是衡量企业所产生的全部现金流量可用于偿还企业债务能力的重要指标。一般来讲，企业提取的折旧费用，也是企业创造的现金流入，必要时可将这部分资金用来偿还债务。X_5 则测定的是企业总资产在创造现金流量方面的能力，相对于 Z 分数模型，F 分数模型可以更准确地预测出企业是否存在财务危机(其中的利息是指企业利息收入减去利息支出后的余额)。

F 分数模型的主要特点是：①F 分数模型加入现金流量这一预测变量。许多专家证实现金流量比率是预测公司破产的有效变量，因而它弥补了 Z 分数模型的不足。②该模型考虑到了现代公司财务状况的发展及其有关标准的更新。比如公司所应有财务比率标准已发生了许多变化，特别是现金管理技术的应用，已使公司所应维持的必要的流动比率大为降低。③该模型使用的样本更大。其使用了 Compost at PcPlus 会计数据库中 1990 年以来的 4160 家公司的数据为样本，而 Z 分数模型的样本仅为 66 家(33 家破产公司及 33 家非破产公司)。

【例 12-2】 根据例 12-1 的基本财务数据运用 F 分数模型来对尚德电力的财务危机进行预警分析。结果如表 12-5 所示。

表 12-5 STP F 分数模型预警分析

项目	2009 年	2010 年	2011 年
X_1	0.16	0.01	－0.12
X_2	0.10	0.13	－0.08
X_3	0.06	0.11	－0.25
X_4	1.25	0.43	0.11
X_5	0.06	0.09	－0.15
F 值	0.202 3	0.119 1	－0.874 1

根据无锡尚德的 F 分数模型可以看出，X_3 在 2011 年降为负值，说明 STP 在 2011 年产生的现金流入较少，可用于偿债的资产较少；X_5 在 2011 年同样为负值，说明 STP 在 2011 年创造现金的能力不足。在 2009 年和 2010 年的时候，经测算无锡尚德的 F 值高于

① 周首华，杨济华，王平. 论财务危机的预警分析——F 分数模式[J]. 会计研究，1996(8).

临界值0.027 4,公司此时并未受到财务危机的影响,这一点与Z分数模型的预测稍有偏差;不过在2011年,无锡尚德的F值为$-0.874\ 1$,远低于临界值0.027 4,公司已经完全暴露在了财务危机的困扰之下,且有恶化的趋势,无锡尚德可能面临破产的困扰。

当然,以上模型设计之初主要是针对一般大中型企业的,它对企业的适用性还有待实践去检验。从理论上讲,既然该模型能对大企业面临的风险状况做出大概的判断,那么它对企业应该也具有一定的参考意义。

12.5 财务危机预警系统的构建

12.5.1 财务危机预警系统的功能

财务预警系统是以企业财务信息化为基础,对企业在经营管理活动中的潜在风险进行实时监控的系统。它贯穿于企业经营活动的全过程,以企业的财务报表、经营计划及其他相关的财务资料为依据,利用财会、金融、企业管理、市场营销、经济学等理论,采用比例分析、比率分析、比较分析、数学模型等方法,发现企业存在的财务风险,并向经营者预先示警。财务预警系统作为财务运行状况的晴雨表,具有信息收集、预知危机和控制危机等多种功能。

1. 信息收集功能

财务预警的过程同时也是一个收集信息的过程,它通过收集与企业经营相关的产业政策、市场竞争状况、企业本身的各类财务和经营状况信息,进行分析比较开展预警。

2. 监测功能

监测即跟踪企业的生产经营过程,将企业生产经营的实际情况同企业预定的目标、计划、标准进行对比,对企业营运状况做出预测,找出偏差,进行核算、考核,从中发现产生偏差的原因或存在的问题。

3. 预报功能

当危害企业财务状况的关键因素出现时,可以提出警告,提醒企业经营者早日寻求对策,避免潜在的风险演变成现实的损失。

4. 诊断功能

诊断是财务预警体系的重要功能之一。它根据跟踪、监测的结果对比分析,运用现代企业管理技术、企业诊断技术对企业经营之优劣做出判断,找出企业运行中的弊端及其病根之所在。

5. 治疗功能

财务预警系统通过监测、诊断,判断企业存在的弊病,找出病根后,帮助经营者有的放矢、对症下药地制定有效措施更正企业经营中的偏差或过失,防止财务状况进一步恶化。

6. 健身功能

通过预警分析,企业能系统而详细地记录财务危机发生的缘由、处理过程、平息波动和解除危机的各项措施,以及处理反馈与改进建议,作为未来类似情况的前车之鉴。同时将其中共性的部分上升为企业管理活动的规范,以免重犯同样或类似的错误,从而不断加强企业的免疫功能。

总之，企业财务预警系统作为企业预警系统的一部分，除了能预先告知经营者及投资者企业组织内部财务营运体系隐藏的问题之外，还能清晰告知企业经营者应朝哪一方面努力来有效地解决问题，以把有限的企业资源用于最需要或最能产生经营成果的地方。同时，通过财务预警能及时为企业高层提供决策所需的信息，保证决策的科学性和可行性，结合其他信息判断企业何为有所为，何为有所不为。同时，对于预警系统指出的财务状况有显著恶化且不易逆转的趋势的领域，还应综合其他信息考虑是否引入退出机制。

12.5.2　财务危机预警的组织系统构建

任何财务危机预警系统的功能得到正常发挥，都必须是在一定的组织统一的领导下进行，因此，企业首先应建立和完善财务预警组织机构，通过该机构对财务危机预警系统进行人员全面部署，对可能出现的危机信息进行有效的监测，对已经出现的危机进行快速的处理。常用的财务预警组织机构设置模式有以下三种。

1. 设置由董事会直接领导下的独立预警部门

该部门下设预警信息小组、预警监测分析小组和预警处理小组三部分，预警信息小组专门负责财务信息和非财务信息的收集和处理；预警监测分析小组负责对预警模型的建立、更新和对财务危机的监测并对财务危机预警情况进行反映；预警处理小组专门对所发生的财务危机采取相应的策略进行危机的处理。预警部门独立开展工作，但不直接干预企业的经营过程，直接对董事会负责。其优点是：由于预警部门独立性和分工的明确，有利于细致深入持久地开展预警工作，并能保证预警工作的独立性和结论的客观性、公正性。其局限性在于：财务预警部门的财务预警分析工作可能会与企业财务部所进行的财务报表分析、财务控制的工作相重复，造成企业人、财、物资源的浪费。

2. 设立由财务经理领导下的财务预警分析小组

小组成员可以由专门的财务分析人员、经营管理者、外部市场分析专家兼任。在预警分析小组内部设置信息收集与分析、危机监测、危机处理等岗位，每个岗位实行专人专职，在人员分工上应发挥专业优势和个人特长。这种组织模式的优点在于：由于财务预警工作由财务部门直接开展，因而可以在较短的时间内获得更可靠的财务信息作为预警分析的依据。这种模式的局限性在于：可能使预警过程缺乏独立性，某些不利于财务部的信息不能充分有效的披露，从而导致预警结论缺乏客观性。

3. 设置临时性的预警机构

当企业面临异常的经营波动和财务危机时，设立财务危机处理小组。这个临时性的机构直接向董事会负责，在财务危机解除后，临时性机构随之撤销。由于是临时机构，可以不设立专门的岗位，其成员由对企业财务状况和经营状况全面了解、对危机的处理有相关经验的负责人及外部应急处理专家组成。这种模式为没有财务预警机构的企业提供了一种补充模式和应急措施，但它不能完成日常监控的财务预警功能，因此不是一种真正意义上的财务预警系统，而只是一种危机应对措施。

总而言之，各种组织机构模式各有优缺点，企业应结合实际情况和特征来选择不同的财务危机预警组织模式。不管采用什么模式，都要使财务预警功能充分有效的发挥。

对于一般以财务为主的最终监控指标来说,需要经过一个较漫长的过程才能发现,但此时企业可能面临完全恶化和无法改变的状况,并给企业造成巨大损失。所以,在企业所有重要的管理职能部门都应该设置专人和专门的岗位,来负责对有关经营和财务状况不善的预警,他们负责各自具体的经营和财务活动的各类监控指标,只要其超越预警标准就应及时通报,引起管理层的充分重视,确保企业经营和财务状况的安全。

12.5.3 财务危机预警的监测及分析系统设计

财务预警的监测及分析系统的设计一般应包括:财务危机监测系统、财务危机识别系统以及财务危机诊断和评价系统。

1. 财务危机监测系统

企业财务危机监测的对象是企业的财务风险和经营风险,包含的内容有财务指标监测、支付能力监测、财务结构监测、战略风险监测、管理风险监测、内控风险监测和市场风险监测等,其系统结构如图 12-7 所示,其中各项指标具体的监测内容如表 12-6 所示。

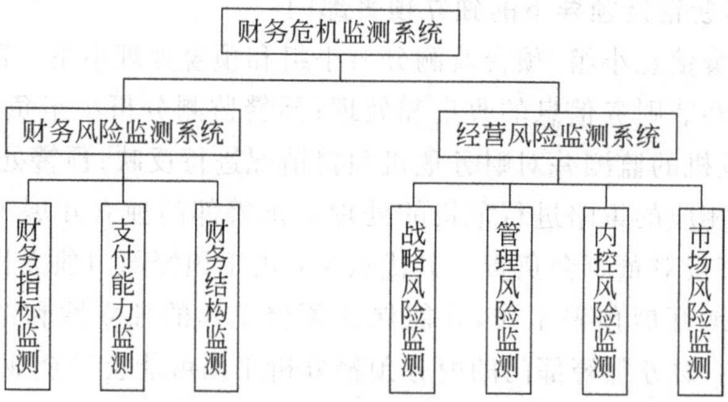

图 12-7 财务危机监测系统

表 12-6 企业财务危机监测系统

	监测内容	指标分类	预警主要指标
财务风险监测系统	财务指标监测	财务预警指标	预警模型中选用的财务指标
		其他重要指标	预警模型中没有包括,但很重要的指标
	支付能力监测	现金流动能力	每股经营现金流量、每股经营现金流量/每股收益
		资产变现能力	资产周转率、存货周转率、应收账款周转率
		融资能力	资产担保能力、企业规模
		偿债能力	资产负债率、流动比率、速动比率
	财务结构监测	资产结构	流动资产/总资产、固定资产/总资产、无形资产/总资产
		负债结构	流动负债/总负债、长期负债/总负债
		应收账款结构	N 年以上应收账款/应收账款总额
		外汇债权债务结构	外汇债务/外汇债权
		非周转型债务负担	非周转型债务

续表

	监测内容	指 标 分 类	预警主要指标
经营风险监测系统	战略风险监测	战略制定风险	战略是否制定、制定是否合理
		战略实施风险	战略不实施风险和战略错误实施风险
	管理风险监测	投入产出风险	投入产出比
		资金闲置风险	是否存在闲置资金
		资产效率低下和补偿不足风险	资产使用效率和再生产能力
		不良资产风险	不良资产率
	内控风险监测	内控设计风险	内控设计是否完备
		内控实施风险	内控实施是否严格
	市场风险监测	产品滞销风险	产品市场定位是否明确、产品质量、款式
		新产品开发风险	是否有新产品开发、开发成功率
		广告宣传风险	外汇债务/外汇债权

2. 财务危机识别系统

财务危机识别系统设计应该根据财务危机形成的路径进行。有关专家研究发现，诱发企业财务危机的路径主要有三个方面：一是费用水平升高诱因。费用水平升高造成企业盈利能力下降，自有资金出现不足，导致资金周转不灵，企业不得不增加负债来弥补资金缺口；同时，负债的利息支出将进一步导致企业费用水平增高，形成恶性循环，巨额负债无法偿还是企业陷入财务危机的导火索。二是销售收入下降诱因。销售收入下降诱因形成的财务危机路径与费用水平诱因完全一致。三是过度扩张的投资策略诱因。过度扩张的投资策略将导致资金周转短缺，企业不得不增加负债来弥补资金缺口。同时，负债的利息支出将进一步导致企业费用水平增高。如果投资项目无法按期投产，或者投资收益与预期水平差距比较大，企业将无法偿还到期债务，巨额负债无法偿付将导致企业陷入财务危机。

上述三方面诱因造成企业财务危机的具体路径如图 12-8 所示。

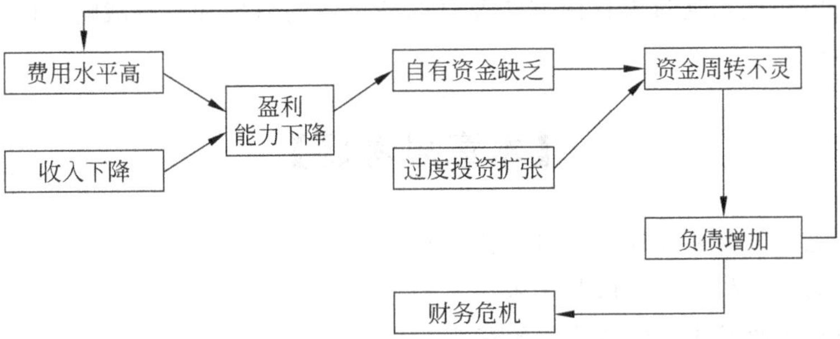

图 12-8　财务危机形成路径

3. 财务危机诊断和评价系统

财务危机诊断和评价系统是指根据财务和会计信息,结合国家相关政策、法规、方针和行业信息等资料,对企业财务管理活动的过程、结果以及计划执行情况进行比较、分析和评价,以发现企业财务状况恶化迹象的系统。一般情况下,财务危机诊断和评价是通过财务分析实现的。目前应用较为广泛的是杜邦分析法和综合财务指标评价法等,因此,企业在设计财务危机诊断和评价系统时,应结合所应用的财务分析方法进行。

12.5.4 财务危机预警保障体系设置

构建财务危机预警系统的基本保障是建立在一套高效灵活的信息系统基础上的。信息系统是财务危机预警系统的前提和基础。预警系统的功能是否能有效发挥、预警准确度的高低关键取决于信息系统中信息的可靠性、充分性和及时性。因此,信息系统构建的第一步就是对大量信息资料进行采集,这些资料包括内部财务的、经营的数据和外部相关的宏观的金融环境、经济政策、行业数据。第二步是通过对信息的筛选、计算、汇总等进行信息有效的处理。第三步是进行快速的信息传递。这个系统应是开放性的,保证系统与系统之间、部门与部门之间信息流通顺畅,并实现系统之间的数据共享,向预警分析系统输送全面、准确、及时的信息提供必要的技术支持。

建立定期报告和主要负责人批复制度,是企业建立有效的财务危机预警制度中的重要保障环节。有些企业虽然建立了相关的财务和经营的监控指标,但由于没有专人负责和定期报告制度,即使向上报告了,结果却是既无批复也无整改,不但使制度完全失效,而且会大大损伤有关人员的工作积极性,使企业财务监控程序流于形式。主要负责人批复制度是决定财务危机预警制度有效与否的关键,如果只有定期报告但无批复及相应整改意见,就不能使主要负责人引起高度重视,无法做到责任明确、处理及时。只有在日常监管中"事事有人管,件件责任清",才能做到防微杜渐,真正起到财务危机预警的作用。

此外,还应建立重大危机事项应变决策程序。对于财务危机预警日常监管,必须是经常性和制度性的,任何人都不能随意改变其基本的监控程序,但对于一些重大的财务危机事项,如超过企业财务危机预警标准一定程度的事件,则不应该由个别人员或个别领导说了算,因为一点小小的偏差都可能给企业造成重大的损失。所以,企业应该制定对于重大危机事项的应变决策程序,明确重大财务危机事项出现时,应该怎样处理相关的问题、怎样启用危机储备资金、通过怎样的方法及时调整企业的财务和经营战略、谁来负责领导和危机处理事项等。

【本章思考题】

1. 财务危机与财务风险的区别是什么?
2. 财务危机的特点和成因是什么?
3. 财务危机的发生有哪些方面的征兆?
4. 企业财务危机管理应该从哪些方面入手?
5. 构建企业财务危机预警系统应该考虑哪些方面?

【案例分析】

ST 云网财务危机的预警分析

公司前身为北京湘鄂情酒楼有限公司，2014 年公司正式更名为中科云网科技集团股份有限公司(简称“中科云网”)，公司业务也由餐饮向互联网以及大数据转型。2013 年、2014 年两年连续亏损，最终中科云网在 2014 年成为 ST 企业。

要求：请根据 ST 云网 2009—2014 年基本财务数据(表 12-7)，分别用 Altman 的 Z 记分模型以及 F 分数模型来对 ST 云网的财务危机进行预警分析。

表 12-7 ST 云网 2009—2014 年基本财务数据 万元

指标	2009 年	2010 年	2011 年	2012 年	2013 年	2014 年
资产总额	132 872.81	139 514.95	172 859.72	219 330.13	167 971.36	105 448.83
其中：流动资产	106 809.69	89 269.15	86 152.77	83 535.45	66 609.38	52 198.05
负债总额	15 966.16	22 540.08	49 997.86	47 676.93	107 752.60	111 224.24
其中：流动负债	15 966.16	22 470.08	41 997.86	47 676.93	60 159.48	53 356.32
股东权益	116 906.66	116 974.88	122 861.86	124 184.88	60 218.76	−5 775.40
其中：留存收益	96 906.66	96 974.88	102 861.86	84 184.88	−19 781.24	−85 775.40
息税前利润	11 691.46	9 252.39	15 121.11	17 010.71	−51 698.76	−65 901.71
股票市价	33.36	28.70	15.00	9.92	5.17	6.09
期末股东权益的市价	539 336.88	615 344.18	299 487.18	197 859.26	413 769.98	511 631.50
销售收入	73 780.75	92 317.42	123 474.06	136 397.24	80 212.82	62 120.58
净利润	73 780.75	6 218.22	9 385.45	8 136.52	−56 952.02	−71 424.83
折旧	1 134.90	1 662.80	2 590.87	3 562.89	4 372.36	4 445.11
利息	568.09	129.84	1 352.97	4 909.16	4 720.14	5 257.50
经营活动净现金流量	14 171.97	11 956.25	28 792.23	15 929.12	−17 854.02	18 693.46

第13章

企业破产、重整与清算

【学习目标】

- 熟悉我国现行破产法规有关财务问题的规定
- 了解破产、重整与清算财务管理的主要内容
- 掌握破产财产、破产债权的计价方法以及破产后剩余财产的分配

13.1 企业破产概述

13.1.1 企业破产的概念

“破产”一词源于拉丁语“falletux”,意思为“失败”。破产型财务危机是企业最严重的财务危机。企业破产的基本含义就是破产还债,即以破产方式了结不能清偿的债权债务关系。

从经济学和法学的角度来看,破产的含义有所不同。经济学意义上的破产是指由于管理无能、不明智的扩张、激烈的竞争、过高的负债等原因造成公司经营状况恶化,效益低下,在市场竞争中被淘汰。破产意味着企业经济实体的解体,它是经济资源重新分配的开始,在财务管理上为原有理财主体的消亡或再建恢复。从法学角度来看,破产是指在债务人不能清偿到期债务时,由法院强制执行其全部财产,公平清偿全体债权人,或者在法院监督下,由债务人与债权人会议达成和解协议,整顿复苏企业,清偿债务,避免倒闭清算的法律制度。破产意味着企业法律“人格”的丧失、法律主体的消亡。由此可见,经济学上的破产,侧重于破产淘汰;法学上的破产,侧重于破产还债。

“破产”一词有着狭义与广义之分,狭义仅指破产清算,广义则还包括和解与重整,相应的“破产原因”也就具有了狭义与广义之分。世界各国法学理论和司法实践中对破产的概念界定不尽相同,如美国等大多数国家,出于社会安定、保护债权人利益不受侵蚀等方面的考虑,不主张采取“破产清算”这种极端形式。企业从申请破产到最终破产清算,破产法尽可能为企业创造避免解体、再建恢复的机会,该程序法律上称为“和解与整顿”。破产和解制度与整顿制度,可以使债务人摆脱债务诉讼或减轻债务负担,能给因疏忽过失而陷入困境的债务人一个生还的机会。只有当债务人已具备破产宣告条件,如和解、整顿失败,不执行和解协议,严重损害债权人利益等,才依法宣告破产。2006年8月27日,我国颁布了《中华人民共和国企业破产法》并于2007年6月1日起施行。与1986年的《中华

人民共和国企业破产法(试行)》相比较,新法的重要变化之一是明确将和解与重整纳入破产制度。这个变化意味着我国破产法从债权人利益的保护削弱转向以拯救困境企业为目标的债务人保护时代的开始。

财务管理中的破产具有如下三种含义:

(1) 技术性破产。技术性破产又称技术性的无力偿债,是指由于财务管理技术的失误,造成公司不能偿还到期债务的现象。此时公司主要表现为缺乏流动性,变现能力差,但盈利能力还比较好,财务基础也比较健全。无力偿债主要是由于公司利用债务太多,特别是短期债务太多造成的,此时若能合理调整其财务结构,会很快渡过难关。但如果处理不好,就会造成法律上的破产,即所谓的"黑字倒闭"。

(2) 事实性破产。事实性破产又称破产性的无力偿债,是指债务人因连年亏损,负债总额超过资产总额(资不抵债)而不能清偿到期债务的现象。因为此时债务人财产不足,实际上已不可能清偿全部债务,故称为事实性破产。这种情况,极可能引起法律性破产。

(3) 法律性破产。法律性破产是指债务人因不能清偿到期债务而被法院宣告破产。这时,债务人的资产可能低于负债,但也可能等于或超过负债,于是可能出现债务人资产虽超过负债,却因无法获得足够的现金或以债权人同意的其他方式偿还到期债务,不得不破产还债的情况。之所以称为法律性破产,因为对债务人的破产宣告是依法律上确定的标准进行的,而对破产清算后能否清偿全部到期债务则不加考虑。

13.1.2　我国现行破产法规定的企业破产原因

我国现行破产法规定了申请破产的原因和破产宣告(清算)的原因如下。

1. 申请破产的原因

我国现行破产法中破产申请的原因规定在第 7 条,包括三种情形,另外第 134 条对金融机构申请破产做出了特别规定。

(1)债务人申请破产清算的原因。根据第 7 条第 1 款的规定,债务人在具有第 2 条规定的破产原因时可以直接提出三种破产申请,即破产清算、重整或者和解。债务人申请破产清算与申请和解的原因相同,必须具备第 2 条规定的以下原因之一:企业法人不能清偿到期债务,并且资产不足以清偿全部债务;或者企业法人不能清偿到期债务,并且明显缺乏清偿能力。

(2) 债权人申请破产清算的原因。根据新破产法第 7 条第 2 款的规定,债权人可以直接向法院提出对债务人重整或破产清算的申请。由于客观上债权人不可能掌握债务人的详细财务信息,为了公平起见,法律对债权人申请债务人破产的原因规定明显宽松,仅为债务人不能清偿到期债务。根据《最高人民法院〈关于审理企业破产案件若干问题的规定〉》第 7 条的规定,债权人申请债务人破产,应当向人民法院提交下列材料:①债权发生的事实与证据;②债权性质、数额、有无担保,并附证据;③债务人不能清偿到期债务的证据。

(3) 清算人申请清算中的企业法人破产的原因。根据新破产法第 7 条第 3 款以及《公司法》第 188 条的规定,对于已解散且尚未清算完毕的企业法人,仅资不抵债就构成申请破产的原因,因为这时企业法人已丧失信用能力,仅资不抵债即表明债务人丧失偿债能力。

(4) 国务院金融监督管理机构申请金融机构破产的原因。根据新破产法第 134 条的规定,金融机构出现第 2 条规定情形的,只有"国务院金融监督管理机构"有破产申请权,而且申请只限于重整或破产清算,不能申请和解。

2. 破产宣告(清算)的原因

破产宣告(清算)的原因规定在新破产法第 2 条第 1 款,可分解为两种情形:

(1) 不能清偿到期债务,且资不抵债;

(2) 不能够清偿到期债务,并且明显缺乏清偿能力。

这两种破产原因在本质是一样的,都是"债务人丧失偿债能力"。

13.1.3 破产企业的财务管理研究内容

企业一旦进入破产程序,其财务管理也进入非常时期。企业财务必须遵守破产法有关法律规定,调整或了结与债权人的债务债权关系,正确处理企业与其他各方经济利益关系,避免直接破产,保护债权人合法权益,实现公平受偿比例最大化的目标。

由于财务管理目标发生了变化,企业在破产程序实施期间的财务管理与正常期间有所不同,主要表现在以下几个方面:

第一,破产企业的财务管理是一种"例外"性质的管理,即危机管理。企业进入破产程序后,随时有可能被宣告破产。此时财务管理的主要职能是防止财务状况进一步恶化,组织重整与和解计划的实施与完成,采取应急对策,纠错、治错,避免破产清算。

第二,破产企业的财务管理内容具有相对性和变异性。企业破产是在一定的理财环境下发生的,随着理财环境的改变,企业可能在瞬间由破产困境变异为盈利顺境。例如,政府有关部门给予资助或者采取其他措施帮助清偿债务;取得担保;已核销应收账款的收回;外部资源改变;经济政策出台等。因此,破产企业的财务管理内容需要根据环境的变化做相应调整或改变。

第三,破产企业的财务活动及破产财产受控于破产管理人,并置于法院的监督之下。企业提出重整与和解申请后,应当向债权人会议提交重整、和解协议草案,该草案经债权人会议通过并报请法院审查认可,自公告之日起具有法律效力。如果企业不执行协议或财务状况继续恶化或者严重损害债权人利益,债权人会议有权向法院申请,终结企业重整与和解,宣告其破产。法院自宣告之日起 15 日内成立清算组,清算组负责破产财产的保管、清理、估价、处理和分配,并接受法院监督。破产企业在财务预算、财务决策和财务控制等环节的管理中必须重视破产管理人的意见。

由于破产企业财务管理具有以上特点,因此有必要将破产企业财务管理作为一个相对独立的问题来研究,其研究内容包括以下两个方面:一是破产企业财务管理理论,包括预警管理理论和破产管理理论。主要研究企业破产的早期监测与控制;企业破产的财务管理体制;企业破产的原因;破产债权及破产财产的识别分辨标志;破产财产的估价方法等。二是破产企业财务管理实务,包括重整与和解实务及破产清算实务。主要研究重整与和解协议草案的内容;债务清偿方式及顺序;剩余财产的分配等。

13.2　企业重整

企业重整（reorganization），也称为公司整理（rearrangement）或公司更生（regeneration），是指对陷入财务危机，但仍有转机和重建价值的企业根据一定程序进行重新整顿，使企业得以维持和复兴的做法，它是对已经陷入财务危机的企业实施的一种抢救措施。通过这种抢救措施，濒临破产企业中的一部分，甚至大部分能够重新振作起来，摆脱破产厄运，走上继续发展之路。

重整程序是一种积极挽救困境企业的法律程序，其目的在于采取各种措施使企业走出困境。因此，与破产程序不同，重整企业能否开始重整程序，还必须经法院审查重整企业是否有挽救的希望。其基本程序是：首先，由董事会或符合法律规定的债权人、股东向企业所在地法院提出企业重整申请。申请的内容，应说明重整的原因，经营范围与状况，企业负债，权益及对财务状况，重整意见及建议措施。其次，由法院裁定是否进入破产程序；最后，根据企业重整结果决定是否进入破产清算程序（图 13-1）。

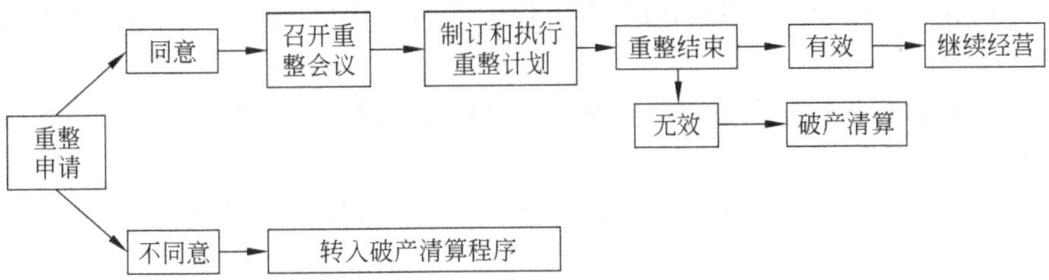

图 13-1　重整程序

13.2.1　企业重整的基本目的

一个陷入财务危机的企业能否继续存在，主要取决于企业的持续经营价值是否大于其清算价值。如果企业在可预见的未来具有较好的发展前景，且其持续经营价值大于清算价值，则债权人就认为该企业值得重整，使其通过重整而继续生存下去；否则，企业将被迫转入破产清算。

重整制度产生的根本动因在于破产清算制度与和解制度的内在缺陷使其无法满足现代社会发展的需求。随着社会化大生产的日益发达与社会分工的日益精细，公司之间、公司与社会之间，以及公司与员工之间的利益依存关系也日益复杂，社会经济生活呈现出很强的整体性与联动性特征。破产清算案件的处理结果，除了对债权人、债务人及其投资人产生消极影响之外，往往还对企业的职工、与债务人有交易往来或利害关系的其他企业、国家的财政税收和社会保障状况产生消极的影响。因此，企业破产的预防就显得尤为必要。

在现代社会中，大规模的公司对一个国家的国计民生起着极为重要的作用，特别是上市公司已经成为各国国民经济的中流砥柱。一家大公司陷入困境乃至倒闭往往会引起产业链条上其他公司的连锁反应，对于证券市场的上市公司，由于牵扯到众多公众投资者的利益,其公司重整和破产问题更是影响重大。

重整的目的在于债务清理和企业拯救,而后者是主要方面。也就是说,重整的基本目的是对陷入经济困境的企业,进行从产权、资本结构到内部管理、经营战略等多方面的调整和变更,使之恢复生机。既然重整是以拯救企业为宗旨,那么自然要设法维持企业的营业,只有通过营业才能保留企业的营运价值,才能维系各种投资者的利益,实现社会政策所追求的效率和公平价值。因此,营业保护是公司重整的首要任务。

具体任务主要包括以下方面:

(1) 重新改变企业的资本结构,以便降低其必须支付的固定利息费用。

(2) 保证增加企业的营运资本。

(3) 发现和改正经营管理中导致企业财务困难的根本原因。

13.2.2 重整中的关系人

重整包含了对多种法律关系的调整,其中主要有如下方面:

(1) 债权关系,包括对重整约束、变更和清偿,待履行合同的解除或继续履行,为企业经营而新缔结的借贷、买卖、租赁合同,为清偿债务而出让财产的合同,聘请律师、会计师等专业人员的合同,等等。

(2) 物权关系,包括对企业财产的保全,对担保物权的限制,取回权的行使和限制,企业产权的出让,等等。

(3) 投资关系,现有股东的权益保护和权利限制,债权转换为股权,增加或减少资本,新股募集,等等。

(4) 劳动关系,包括职工的权益保障,人员裁减以及被裁减人员的补偿、安置,等等。

(5) 税收关系,包括欠税的清理,重整期间继续营业的税收问题,等等。此外,重整还可能涉及某些经济行政关系,如商业登记、不动产登记、抵押登记,等等。

由于多种法律关系的存在,形成了多种当事人介入重整程序的局面。实践中,主要关系人是债务人、债权人、债务人的股东(或其他形式的出资人)和企业员工。重整制度实际上即是各方关系人利益的制衡过程,对一方关系人进行保护的同时,也要进行相应的限制,以达到各方利益的均衡,保证重整程序的顺利进行。例如,债务人可以自行制定重整计划草案,但是需经过债权人会议的表决通过和法院的批准,重整计划的执行也要在管理人的监督下进行;债权人是重整计划能否实施的关键决定主体,但是在重整期间,债权人非依法定程序和条件不得行使其权利;债务人的出资人代表可以列席讨论重整计划草案的债权人会议,重整计划草案涉及出资人权益调整事项的,出资人甚至可以成立出资人组,对该事项进行表决,但是在重整期间,出资人不得请求投资收益分配,等等。

13.2.3 企业重整的方式

公司重整的方式有很多,如剥离与分立、股权出售、股份置换和股本分散等。从公司资产负债表来看,公司重整主要涉及下列事项:

(1) 出售主要资产或非核心公司(涉及股权)。

(2) 与其他公司合并(涉及股权)。

(3) 减少资本支出及研究与开发费用。

(4) 发售新股(引入新的投资者)。

(5) 与债权人(包括银行和其他债权人)谈判。

(6) 以债权置换股权(债转股)。

(7) 申请破产。

在上述事项中,(1)、(2)、(3)与公司资产和股权重整有关,(4)、(5)、(6)、(7)涉及公司资产负债表的右方,是财务重整的典型事项。因此,广义的重整包括资产重整、股权重整和财务重整,即改变资产负债表的左右两方。

其中,财务重整即与债权人谈判是公司重整最常用的方式。当公司只是面临暂时性的财务危机时,债权人通常更愿意直接同公司联系,帮助公司恢复和重新建立较坚实的财务基础,以避免因进入正式法律程序而发生庞大的费用和冗长的诉讼。其具体方式主要有债务和解与债务展期两种。

1. 债务和解

债务和解是指债权人自愿减少对债务公司的索偿权。债务和解要通过债权人与债务人之间,或债权人之间达成债务和解协议来进行。债务和解协议通常要规定减少债务的数额和支付债务的最后期限。这种方法的实质是偿还部分债务以解决全部债务。但最重要的是应当公平地对待每一位债权人。

债务和解的主要优点是:①与将债务公司诉诸法律相比,可使债权人获得更多的利益;②债务公司还可维持生产经营活动。但导致公司财务危机的原因不会因债务和解而消除,如果债务公司经营手段依然如故,其财务状况可能进一步恶化。

2. 债务展期

债务展期是指债权人同意延长到期债务的偿还期限,以使陷入财务危机的公司有机会生存下去,并偿还全部债务。债务展期要得到所有债权人的同意,并通过有关各方签署展期协议来进行。签署展期协议的一般前提是:①债务公司具有良好的信誉,公司管理者具有优秀的个人品质;②债务公司具有复原的能力,从资金、技术、生产能力、市场、管理经验与才干等各个方面都具备东山再起的条件;③公司的经营环境朝着有利于公司复原的方向发展。签署债务展期协议后,债务公司一般不得再行发放股利。如果一个公司的财务危机仅是暂时无偿付能力,通过债务展期可使公司有希望摆脱困境,并偿还全部债务。

以上两种重整方式,由于不需要通过法律程序来实施,因此又被称为非正式财务重整。这种方式的重整可以为债务人和债权人双方都带来一定的好处:①这种做法避免了履行正式手续所需发生的大量费用,所需要的律师、会计师的人数也比履行正式手续少得多,使重整费用降至最低点;②可以减少重整所需的时间,使公司在较短的时间内重新进入正常经营的状态,避免了因冗长的正式程序使公司迟迟不能进行正常经营而造成公司资产闲置和资金回收推迟等现象;③使谈判有更大的灵活性,有时更易达成协议。但是,这种重整也存在一些弊端:当债权人人数很多时,可能难以达成一致;没有法院的正式参与,协议的执行缺乏法律保障。

因此,对于陷入财务危机的公司,可以通过与其债权人协商达成协议后,按照法定的程序对公司进行重整。正式重整是在法院受理债权人申请破产案件的一定时期内,经债务人及其委托人申请,与债权人会议达成和解协议,对公司进行整顿、重组的一种制度。

在正式重整中,法院起着重要的作用,特别是要对协议中的公司重整计划的公正性和可行性做出判断。

13.2.4 公司重整计划

公司进入重整阶段后,按照规定的程序确定受托人,在法院任命的债权人委员会的参与下,制订公司重整计划并予以执行。重整计划是对公司现有债权、股权的清理和变更做出安排,重整公司资本结构,提出未来的经营方案与实施办法。一般情况下,重整计划应包括以下内容。

1. 估算重整公司的价值

确定重整公司的总价值是最困难也是最重要的工作。可行的做法是对未来收益资本化,即以估算的未来收益为依据,按某一恰当的贴现率折算为资本的现值。具体分为以下四步:

(1) 估算公司未来的销售额。

(2) 分析公司未来的经营环境,以便预测公司未来的收益与现金流量。

(3) 确定用于未来现金流量贴现的贴现率。

(4) 用确定的贴现率对未来公司的现金流入量进行贴现,以估算出公司的价值。

【例 13-1】 某公司准备重整,重整前公司资本结构为:银行借款 300 万元,长期债券 180 万元,优先股 100 万元,普通股 300 万元。重整后未来 10 年的年度现金流量为 100 万元,同行业平均资本报酬水平为 10%。以此作为贴现率。则该公司的总价值为

$$100\times(P/A,10\%,10)=100\times6.145=614.5(\text{万元})$$

2. 构建重整公司的目标资本结构

公司重整计划的第二步是构建重整公司的最优资本结构,削减公司的债务负担和利息支出,从而使公司有较充裕的安全边际。为减少公司的利息支出,公司现有的债务通常会被置换为收益债券或者优先股、普通股,由此可以减少公司的固定性利息支出或改善公司的负债总额。

此外,为改善公司的负债结构,公司也可以跟债权人协商,改变公司的负债条款,如延长债务的到期日,以减少年度偿债金额。债权人和债务人都很关心与公司未来收益相关的负债与股东权益之间的合理平衡。如果事实证明,重整公司将在未来需要新的筹资,则必须保持一个更为稳健的负债与股东权益的比率,以为公司未来的筹资提供较高的弹性。

【例 13-2】 某重整公司的总价值为 2 000 万元,原有资本结构和重整后资本结构如表 13-1 所示。

表 13-1 其重整公司总价值为 2 000 万元时的资本结构变化情况 万元

原有资本结构		重组后资本结构	
信用公司债	300	信用公司债	600
抵押公司债	900	抵押公司债	300

续表

原有资本结构		重组后资本结构	
优先股	600	优先股	300
普通股	1 000	普通股	800
合　计	2 800	合　计	2 000

其中,信用公司债是一种不以公司任何资产做担保而发行的债券,属于无担保证券范畴。抵押公司债,指以公司财务作为担保而发行的一种债券。其中以公司的动产作为抵押的称为质押公司债;以不动产作为抵押品可能是公司全部资产,也可能是部分。抵押公司债又可按等级分为第一、第二……顺位抵押公司债。当公司无法按期支付债息时,第一顺位抵押公司债较后面的顺位具有优先清偿权。企业重整时,经过第一顺位抵押公司债持有人的许可,有可能发行最优先留置权公司债,其清偿要求权位于第一顺位抵押公司债之前。

3. 旧证券的估价和换取新证券

公司新的资本结构确定后,用新的证券替换旧的证券,实现公司资本结构的转换。要做到这一点,需将公司各类债权人和权益所有者按照求偿权的优先级别分类统计,同一级别的债权人或权益所有者在进行资本结构调整时享有相同的待遇。一般情况下,当优先级别在前的债权人或权益所有者得到妥善安置后,优先级别在后的债权人或权益所有者才能得到安置。

【例 13-3】 依上例,如果重整公司的总价值只有 1 200 万元,那么受托人可能制定含 300 万元信用公司债、300 万元优先股和 600 万元普通股的目标资本结构。此时,原抵押公司债权将得到 300 万元信用公司债、300 万元优先股和 300 万元普通股;原信用公司债权人只能得到 300 万元普通股;原优先股和普通股持有人将一无所获。原有资本结构和重整后资本结构如表 13-2 所示。

表 13-2　其重整公司总价值为 2 000 万元时的资本结构变化情况　　万元

原有资本结构		重组后资本结构	
信用公司债	300	信用公司债	300
抵押公司债	900	抵押公司债	
优先股	600	优先股	300
普通股	1 000	普通股	600
合　计	2 800	合　计	1200

4. 其他措施

除了上述内容外,重整计划还包括以下措施:

(1) 对原有的不称职管理人员进行调整,选择有能力的管理人员对公司进行管理,补充聘用新的经理和董事。

(2) 利用合理的方法对公司的存货和其他资产的价值进行调整,以确定公司资产的当前价值。

(3) 改进公司的生产、营销、广告等各项工作。改善经营管理方法,提高公司各个环节、各个职能部门之间的有效运转和协调配合,提高公司的工作效率。

(4) 制订新产品开发计划和设备更新计划,以提高生产能力。

13.3 企业清算

13.3.1 企业清算的形式

如果债权人通过对负债公司的全面调查和分析后发现,该公司已无继续存在的必要,公司财务危机已不可避免,则清算是唯一可选择的出路。公司清算有非破产清算和破产清算两种形式。

1. 非破产清算

非破产清算是指由债权人与债务人之间通过协议私下解决。当财务危机公司的管理层、股东和债权人一致认为持续经营可能会导致公司资产的进一步损失,清算比出售或持续经营可以获得更大的价值时,就会选择非破产清算。这样既可以避免诉讼成本,使债权人和股东更多地收回自己的资金,又节省了诉讼时间。因此,财务危机公司和债权人通常偏好于非破产清算。如果公司管理层与债权人不能在清算问题上达成协议,可以在破产法法律框架内进行清算。但与法律服务相关的高额支出可能会使债权人所得减少,股东也可能一无所获。

非破产清算的一般程序是债权人经过协商之后,将债务公司和资产交由按有关规定组成的清算委员会处理。清算委员会的职责主要包括:负责保管和控制债务公司的所有财产;决定负连带责任者的名单和催收应缴未缴的股款;查明应清偿的债务,编制公司财产目录和资产负债表;主持资产的拍卖和收款;按规定的程序和预定的比率清偿债务。

由于非破产清算必须得到所有债权人的同意,因此,它通常仅适用于债权人人数较少且发行在外的证券不为公开持有的公司。

2. 破产清算

破产清算又称司法清算,是指通过正规的法律程序进行清算。当陷入财务危机的公司重整无望时,就进入破产清算程序。破产清算是因经营管理不善造成严重亏损,不能偿还到期债务而进行的清算。具体分两种情况:一是公司的负债总额大于其资产总额,事实上已不能支付到期债务;二是虽然公司的资产总额大于其负债总额,但因缺少偿付到期债务的现金流量,未能偿还到期债务,被迫依法宣告破产。

13.3.2 破产清算的程序和相关内容

1. 破产清算的程序

根据我国破产法的相关规定,破产清算的基本程序可以分为三个阶段:一是破产申请阶段;二是和解整顿阶段;三是破产清算阶段。破产清算阶段的主要程序如下:

(1) 法院依法宣告破产。如果申请破产的公司不具备和解整顿的条件,或和解整顿方案被否决，人民法院将依法宣告债务人破产。宣告破产后，债务人称为破产人，债务人财产称为破产财产，人民法院受理破产申请时对债务公司享有的债权称为破产债权。

(2) 组建清算组。按照破产法规定，人民法院应当自宣告之日起 15 日内成立清算组，接管破产公司。其成员由法院从财政部门、审计部门、银行、工商管理部门及其他有关部门中选定。清算组负责破产财产的保管、清理、估价、处理和分配。破产公司的一切财产、账册、文书、资料和印章等都由清算组接管。

(3) 拟订破产财产变价方案，适时变价出售破产财产。清算组接管破产公司后，需对破产公司的财产进行清算。清算组在对公司财产、债权和债务全面清理的基础上，拟订破产财产的变价方案，提交债权人会议讨论。依据债权人会议通过的破产财产的变价方案进行处理和拍卖。

(4) 拟订破产财产分配方案并实施。清算组清理、处置破产财产并验证破产债权后，应在确定公司破产财产基础上拟订破产财产的分配方案，经债权人会议通过，并报请人民法院裁定后，按一定的债务清偿顺序进行分配。破产财产分配方案经法院认可后，清算组以现金或实物方式偿还破产公司的债务。

(5) 破产程序终结并办理停业登记。清算组在破产财产分配完毕之后，应编制有关清算工作的报告文件，向法院报告清算工作，并提请法院终结破产程序。清算组在接到法院终结破产程序的裁定后，应及时办理破产公司的注销登记手续。至此破产清算工作宣告结束。

2. 破产财产的界定和变现

破产财产是指在破产程序中依法可以清算和分配的破产公司的全部财产。根据我国破产法规定，破产财产包括：宣告破产时，破产公司经营管理的全部财产；公司宣告破产后至破产清算终结前所得财产，如收回应收账款；应当由破产公司支配的其他财产。

破产财产被确定以后，一般都要变卖为货币资金，以便清偿债务。破产财产应采用分开拍卖方式加以拍卖。财产拍卖一般委托拍卖公司进行，也可由清算组聘请专人负责，谁出价高就卖给谁。但破产财产中若有法律限制自由买卖的商品，如黄金、炸药等，应由政府指定部门收购；破产财产中的整套设备或生产线，应尽量整体出售，确实无法整体出售的，方可分散出售。

3. 破产债权的界定和确认

破产债权是指破产前宣告成立的，对于破产人享有的无财产担保债权。在界定和确认破产债权时，包括下列各项：①破产宣告前设立的无财产担保债权；②宣告时未到期的债权；视为已到期的债权减去未到期利息后的债权；③放弃优先受偿权利的有财产担保的债权；④有财产担保债权其数额超过担保物价款未受偿部分的债权。但下列费用不得作为破产债权：宣告日后的债权；债权人参加清算程序按规定应自行负担的费用；债权人逾期未申报的债权；超过诉讼时效的债权。

4. 破产清算费用与清算损益

(1) 清算费用。清算费用是指公司在破产清算过程中所发生的各项支出。清算费用应当从清算财产中优先拨付，一般随时发生随时支付。当破产财产不足以支付破产清算费用时，清算组要向法院及时申报，由法院宣告破产终结。

清算费用的开支范围包括：清算期间的职工生活费；清算财产管理、变卖和分配所需费用；破产案件诉讼费用；清算期间公司设施和设备维护费用、审计评估费用；为债权人共同利益而支付的其他费用，包括债权人会议会务费、破产公司催收债务差旅费及其他费用。

清算组应严格按照经债权人会议审核的开支范围和标准拨付清算费用。

(2) 清算损益。公司破产清算中发生的财产盘盈、财产变价净收入、因债权人原因确实无法归还的债务，以及破产清算期间的经营收益等作为清算收益；公司清算中发生的财产盘亏、确实无法收回的债权，以及清算期间的经营损失等作为清算损失；发生的清算费用优先从现有财产中支付；清算终了，清算收益大于清算损失和清算费用的部分，依法缴纳所得税。

5. 破产财产的分配与清偿

当破产财产全部被确认和拍卖，破产债权全部被界定和确认，破产费用总额估算出来后，清算组可提出分配方案。这一方案要由债权人会议通过，经法院裁定后执行。

破产财产在优先扣除破产费用后，一般按下列顺序在各有关利益主体之间进行分配：

(1) 支付应付未付的职工工资、劳动保险等。

(2) 缴纳应缴未缴的国家税金。

(3) 支付各种破产债权。

如果破产财产不足以清偿同一顺序的债权，则应按比例在各债权人之间进行分配。未得到清偿的债权不再清偿。如果在清偿所有破产债权后，破产财产尚有剩余，则先支付给优先股股东，再支付给普通股股东。

【例 13-4】 某公司申请破产，破产前经审计后的资产负债表(简表)如表 13-3 所示。

表 13-3 某公司破产前资产负债有关项目表

2012 年 6 月 30 日

万元

资产		负债及所有者权益	
流动资产	800	应付账款	500
固定资产—厂房	1 400	应付职工薪酬	100
固定资产—设备	900	应缴税费	300
无形资产	300	银行借款	700
		抵押债券	800
		所有者权益	1 000
合计	3 400	合计	3 400

表 13-3 中的银行贷款属于信用贷款，抵押债券则是以公司厂房为抵押。

公司进入清算程序后，资产变卖收入如下：流动资产为 450 万元，厂房为 750 万元，设备为 700 万元，无形资产不能变现，合计变现 1 900 万元。清算期间发生清算费用 100 万元。则

扣除清算费用后清算财产结余 = 1 900 − 100 = 1 800(万元)

扣除应付职工薪酬、应交税费的财产结余 = 1 800 − 100 − 300 − 1 400(万元)

扣除支付抵押资产后的债务结余 = 1 400 − 750 = 650(万元)

一般债权的求偿总额 = 500 + 700 + (800 − 750) = 1 250(万元)

结余收入的分配比例 = 650 ÷ 1 250 × 100% = 52%

如银行应分配的财产结余金额=700×52%=364(万元)

【本章思考题】

1. 企业破产、重整与清算的概念是什么？它们之间的关系如何？
2. 企业破产的原因何在？
3. 企业重整的基本目的和程序是怎样的？
4. 企业破产清算的程序是什么？破产清算时的财务管理应考虑哪些相关内容？

【案例分析】

浙江海纳的财务危机与破产重整

1. 案例背景

浙江海纳 1999 年 5 月 7 日在深交所挂牌上市，股票代码为 000925，法人股东为浙江大学企业集团控股有限公司、浙江省科技风险投资公司以及四位自然人(图 13-2)。当时的股本配置为：流通 A 股 3 000 万股，非流通股 6 000 万股，上市股价 8.2 元。在浙江大学的技术依托下，公司业绩斐然。公司由盛转衰的转折点出现在 2003 年，因为在这一年，当时资本市场上声名鹊起的“飞天系”掌门人邱忠保受让了时称浙江海纳的 S* ST 海纳股权，成为其第一大股东。

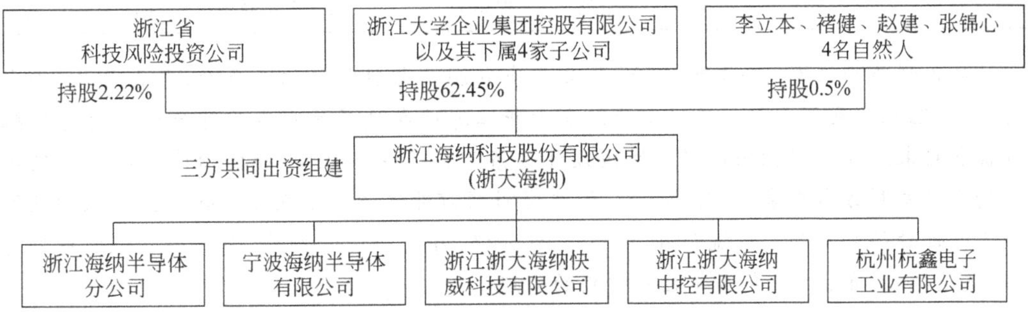

图 13-2　组建之初的浙江海纳旗下子公司

邱忠保入主浙江海纳后，与原公司高管一起挪用上市公司 2.51 亿元，同时为其控制的关联企业提供总额高达 3.95 亿元的担保，截至 2007 年上半年，公司资不抵债 2.79 亿元，每股净资产为−3.1 元。浙江海纳就这样被掏空。

当这些担保债务到期后，债权人纷纷起诉、申请执行，浙江海纳全部的银行存款、实物资产、股权投资都被法院查封、冻结，一部分已经被强制执行，公司的债务危机全面爆发。

浙江海纳也就成了 S* ST 海纳。

2006 年 2 月起,邱忠保和"飞天系"高管、财会等人员相继被逮捕。接着,债权人纷纷起诉,该公司涉及的重大诉讼、仲裁事项多达 19 项之多,涉及债权人有 16 人。据媒体披露,"飞天系"当时并未付清浙大的股权转让款,浙大方面由此介入海纳危机。至 2006 财年末,海纳已经严重资不抵债,濒临退市破产清算边缘。2007 年 3 月,浙江大学和浙江证监局派员专门成立了浙江海纳重组清算组。公司股票于 2007 年 4 月 23 日起停牌。同年 11 月 20 日,杭州市中级人民法院裁定批准浙江海纳的重整计划并终止重整程序。浙江海纳案也成了新破产法实施后,第一个由债权人申请的上市公司破产重整案件。

2. 财务危机的表现

表 13-4 列示了邱忠保入驻海纳后该公司主要财务指标的变动情况。

表 13-4 海纳 2003—2006 年主要财务指标

项目 \ 年份	2003	2004	2005	2006
主营业务收入/万元	13 421.11	17 361.76	11 066.13	12 526.64
每股经营活动现金流/元	0.29	−2.90	0.37	0.19
每股净资产/元	4.34	4.03	−3.03	−3.20
每股收益/元	0.13	−0.31	−7.07	0.13
净利润/万元	1 186.45	−2 814.37	−63 585.69	1 207.37
净利润增长率/%	−6.24	−337.21	−2 159.32	101.90
预计负责/万元	0.00	0.00	36 948.43	46 391.61
负债总额/万元	17 766.41	19 470.63	44 185.93	50 582.02
负债比率/%	30.32	33.40	255.54	227.12
审计意见	标准无保留意见	保留意见	无法表示意见	无法表示意见

从盈利能力来看,2004 年、2005 年公司净利润与每股收益均为负数,且在 2005 年出现 6.36 亿元的巨额亏损。其根本原因在于浙江海纳在这两年对占用资金计提大量坏账准备和对未解除违规担保计提了巨额预计负债。公司在 2005 年计提预计负债 3.7 亿元时尚有对关联方占用资金(其他应收款)本年计提坏账准备 2.7 亿元。代表公司抵御风险能力的每股经营活动现金流量在 2004 年为负值,每股净资产则在 2005 年、2006 年呈负值,这是 2004 年、2005 年两年巨额亏损的体现。

从偿债能力来看,其负债比率从 2004 年的 33.40%提高到 2005 年、2006 年的 255.54%和 227.12%,表现为严重的资不抵债。

3. 财务危机的原因

浙江海纳财务危机最终爆发的主要原因有以下三个方面。

1) 孙公司立立电子转移资产技术

社会公众普遍认为,浙大海纳的噩梦开始于 2003 年 2 月 15 日,当浙江大学企业集团与珠海经济特区溶信投资有限公司、海南皇冠假日滨海温泉酒店有限公司签订股权转让协议，海纳实际控制人邱忠保便开始了他的一系列利益侵蚀计划。而倘若我们追根溯源，便可发现，浙大海纳的资产流失始于 2000 年立立电子问世。

立立电子设立时，是宁波海纳的子公司，持股 30%。立立电子上市的资产中，其主营业务及其盈利以及核心资产，来源于 1999 年浙江海纳 IPO 时募集资金投向的项目。2000 年 10 月，宁波海纳报告期内实现主营业务收入 3 065 万元，利润总额 534 元，按权益法计算上市公司应得净利润 280 万元。如此优质资产，浙江海纳为何于 2003 年将其出售？

2002 年 3 月，通过股权回购并注销的方式与宁波海纳"脱钩"。2003 年 12 月 20 日和 25 日浙江海纳与宁波保税区投资开发有限责任公司分别签订了《股权转让协议》和《股权转让协议之补充协议》，将持有的宁波海纳 48.62%股权计 2 436.248 万元出资额作价 2 980 万元转让给后者，浙江海纳获得的收益仅 4.8 万元。这样一笔高成长、高收益的资产，被浙江海纳的高管在 2003 年低价出售。

而与此同时，立立电子的控股权也发生了翻天覆地的变化，由上市公司浙江海纳控股的公司，变成完全由李立本等自然人持股的公司，而这些自然人的持股成本均只有每股 1 元多人民币。导演这出"乾坤大挪移"好戏的正是原浙江海纳总裁、现立立电子董事长——李立本。他通过利益输送，使得优质资产从上市公司转到自然人。

紧接着海纳高管、技术人员大搬家。立立电子很多高管都有在浙江海纳工作的背景，多数都曾担任过浙江海纳中层以上干部，而且现在也都持有立立电子的股份。如表 13-5 所示。

表 13-5　立立电子关键人员持股情况及与浙江海纳关系情况

姓名	立立电子	浙江海纳	持股份额
李立本	董事长	浙江海纳总裁	461.4 万股
林必清	公司董事、总经理	原浙江海纳财务经理	450.6 万股，持股比例为 5.85%
田达晰	副总经理	原浙江海纳下属浙江海纳半导体分公司单晶制造部部长	133.9 万股，持股比例为 1.74%
刘培东	副总经理	原浙江海纳下属浙江海纳半导体分公司总经理助理	132.1 万股，持股比例为 1.71%
李晓军	副总经理	原杭州海纳半导体有限公司副总经理	120 万股
杨建松		原浙江海纳副总经理	81 万股，持股比例为 1.05%

由此可以看出，高管和核心技术人员的转移，对于浙江海纳来说是巨大的损失，为浙江海纳业绩的大滑坡埋下了伏笔。

2）巨额违规担保

自邱忠保入驻海纳后，便以海纳为平台，为其多家关联企业提供担保。资料显示：2004 年 5 月，海纳为中油飞天实业投资开发有限公司的 8 000 万元银行借款提供连带责任担保；2004 年 6 月，为武汉民生石油液化器有限公司 3 000 万元的银行借款提供担保；2004 年 8 月，海纳和中油龙昌又共同为南京恒牛工贸实业有限公司 3 500 万元的银行借款提供连带责任担保;同时还为珠海溶信和海南皇冠1.46亿元的债务承担连带责任担保,等等。至2005年8月,浙大海纳累计对外为关联方提供担保总额为3.42亿元,占公司净资产的92.5%。绝大部分对外担保(为公司大股东及大股东关联企业担保)未经董事会正常审议、决议,也未及时履行信息披露义务,严重违反了证监会有关规定。根据浙江监管局2005年4月5日的《关于要求浙江浙大海纳科技股份有限公司进行限期整改的通知》(以下简称《通知》),公司违规担保涉及金额高达2.91亿元。

3) 直接占用上市公司资金

2004年年底,浙大海纳的各个关联方占用公司资金总额达到22 982.92万元,至2005年,各关联方占用公司资金余额增至31 072.15万元。具体占款金额可通过表13-6表示。

表13-6 浙江海纳1999—2006年其他应收款 万元

年度	1999	2000	2001	2002	2003	2004	2005	2006
其他应收款	925.70	1 172.91	1 154.02	1 185.62	2 523.99	3 0761.55	3 265.96	3 350.76

而且,从公司历年的其他应收款净额和当年度计提的坏账准备可以看到(表13-6),公司的其他应收款在2002年以前数值较为平稳,维持在1 100万元左右,而在2004年,其他应收款高达3亿多元,几乎全部为关联方占用资金。

由此,浙江海纳财务危机产生过程可以概括为:立立电子转移资产技术—邱忠保入驻—通过违规担保和占用资金掏空浙江海纳—巨额亏损和巨额负债—资不抵债—无力偿还到期债务。因此,导致浙江海纳财务危机的根本原因在于大股东掏空,即实际控制人的“隧道行为”。

4. 财务危机的预警方法——多变量模型

根据浙江海纳申请破产重组案发生前五年(2002—2006年)的财务数据计算出爱德华的Z值如表13-7所示。

表13-7 浙江海纳2002—2006年Z值

年份\项目	X_1	X_2	X_3	X_4	X_5	Z分数
2002	0.418 7	0.088 6	0.033 2	5.945 5	0.334 0	4.637 4
2003	0.457 5	0.098 8	0.037 7	3.223 3	0.229 1	2.974 6
2004	0.481 2	0.051 0	−0.009 4	2.798 6	0.297 9	2.594 7
2005	−1.915 7	−3.505 4	−3.592 0	−0.086 0	0.641 7	−18.469 9
2006	−1.569 9	−2.795 2	0.110 7	−0.123 8	0.562 5	−4.943 8

从表13-7中可以看出,除了X_5主营业务收入/总资产呈整体上升趋势以外,公司的资产流动性、内部融资能力、资产盈利能力和权益负债比均呈整体下降趋势,尤其是2005年除了X_5以外的其他指标均为负数。从Z值看,浙江海纳2003年和2004年Z值处于1.81~3.00,属于破产可能性不确定区间;到了2005年,公司的Z值已降到1.81之

下，呈现较大负数，破产可能性很高。事实上，浙江海纳于 2006 年 5 月 8 日起实行退市风险警示。

此外，公司高管层变动频繁，注册会计师的非标意见（浙江天健会计师事务所对浙江海纳 2004 年年报出具了带强调事项段的保留意见的审计报告，对 2005 年和 2006 年年报均出具了无法表示意见的审计报告）等也从另一个侧面反映了浙江海纳的财务危机。

5. 财务危机的解救——破产重整

1）破产重整与破产清算的财务比较

浙江海纳到底应该选择破产重整还是破产清算呢？经专业评估机构的评估，浙江海纳债权总金额为 5.42 亿元，债权本金总额为 4.05 亿元，而其资产价值仅为 1.107 亿元。如果浙江海纳破产清算，其重整申请受理日的资产清算价值为 9 964.07 万元，而在持续经营假设条件下，其重整申请受理日的资产价值为 11 072.87 万元；破产清算条件下，浙江海纳债权人可获得的本金清偿率为 19.84%，而在破产重整条件下，可获得 25.35%的清偿；若浙江海纳破产清算，所有非流通股股东和所有中小流通股股东的投资权益为零，且其资产将大幅贬值，浙江海纳本部及下属企业的员工也将会失业，增加社会负担，造成社会不稳定因素，而破产重整可避免此类不良结果产生。

2）债务重整

2007 年 9 月 13 日，债权人袁建化以拥有海纳 2 190.43 万元的债权向杭州市中院提出海纳破产重整的申请。2007 年 9 月 14 日，杭州市中级人民法院依法受理了债权人申请浙江海纳破产重整一案；10 月 19 日，15 家债权人向浙江海纳管理人申报了债权，申报债权总金额为人民币 5.42 亿元。10 月 24 日，浙江海纳第一次债权人会议召开，并通过了《海纳破产重整计划（草案）》（以下简称《草案》）；11 月 21 日浙江省杭州市中级人民法院裁定，批准浙江海纳重整计划并终止重整程序。根据重整计划，海纳债务清偿必须在 30 个自然日内执行完毕。浙江海纳成为 2007 年 6 月新破产法颁布实施后按破产重整程序成功实施债务重整的第一家公司。

该草案提出浙江海纳的实际大股东深圳市大地投资发展有限公司（以下简称大地投资）以浙江海纳持续经营条件下的资产价值 11 072.87 万元为基数，提供等值现金，用于完成浙江海纳重整计划。其中 1 227.26 万元现金用于购买浙江海纳截至重整受理日的全部对外应收款，以提高浙江海纳的资产质量，转让价格为资产的账面价值，公司收到转让款后，优先支付重整期间发生的重整费用和共益债权 799 万元，剩余 428.26 万元全部用于清偿债权人；另外 9 845.61 万元现金由大地投资代浙江海纳直接用于清偿债权人，大地投资代偿后，形成对浙江海纳 9 845.61 万元的新债券。因此，可用于清偿债权的现金合计达 10 273.87 万元。普通债权人在重整计划执行期内获得上述现金一次性清偿后，免除浙江海纳剩余本金债权和全部利息债权及其他债权，免除债务近 3 亿元。

3）股权重整

浙江海纳在债务重组以后，公司生产经营基本恢复正常，相应的对外违规担保、主要经营性资产的冻结及查封也得到解除，公司于 2008 年 4 月 3 日公布了股改说明书，正式启动股改，成为浙江省最后一家股改的公司。浙江海纳的股改方案采用了资本公积金定向转增、非流通股送股、债务豁免和定向发行股份购买资产相结合的方式：

(1) 资本公积金定向转增和非流通股送股。浙江海纳以现有流通股股本3 000万股为基数,用资本公积金向股改方案实施股权登记日登记在册的全体流通股股东每10股定向转增1.6股。非流通股股东向股改方案实施股权登记日登记在册的全体流通股股东送出180万股。公司流通股股东每10股实际共获得1.61股对价安排。

(2) 债务豁免。根据杭州市中级人民法院(2007)杭民二初字第184-3号《民事裁定书》及(2007)杭民二初字第184-4号《民事裁定书》,大地投资通过代浙江海纳偿还对外债务方式取得和享有对浙江海纳9 844.29万元债权。大地投资将其中的2 650万元债权转让给网新教育,且大地投资和网新教育承诺豁免对浙江海纳的9 500万元债务。

(3) 资产重组。为提升浙江海纳的持续盈利能力,浙江海纳拟以(定价基准日前二十个交易日股票均价)12.21元/股向浙大网新科技股份有限公司(以下简称浙大网新)发行44 724 054股收购浙大网新所持有的网新机电100%的股权(经评估机构评估价值为546 080 700.00元),认购完成后,浙大网新持有浙江海纳32.05%的股份,成为其第一大股东。并且浙江浙大网新集团有限公司(以下简称网新集团)承诺,在2009年6月30日前将轨道交通类资产以合规、合理的方式注入浙江海纳,优化资产,提高盈利能力。

(4) 追送现金承诺。浙江海纳非流通股东浙大网新及其一致行动人还做出特别承诺:自公司非公开发行股份发行结束且股权分置改革方案实施之日起,在36个月内不转让所持有的公司股份。为保护浙江海纳及全体股东利益,网新集团承诺当本次与股改同步实施的非公开发行完毕后,相关财务指标不达标时追送现金1 000万元。

6. 尾声

2009年7月16日,浙江海纳公告,公司资产重组和股权分置改革已全面完成。经过大股东不断注入优质资产,公司主营业务将从原来单一的半导体节能材料拓展为节能减排和轨道交通业务为主营业务方向的大机电产业。由于公司通过机电脱硫类资产经营实现的收入占公司主营业务收入的91.07%。经核准,从2009年7月16日起,公司所属行业将变更为“专用设备制造业”。同时,公司中文名称缩写由“浙江海纳”更名为“众合机电”。

案例思考题

1. 浙江海纳财务危机的根源是什么?从哪些方面可以预防财务危机的发生?
2. 浙江海纳的哪些现象表明其已陷入财务危机?
3. 根据案例资料,运用Z分数模型对浙江海纳进行财务危机预警。
4. 当公司陷入财务危机时,一般可运用哪些方法解决问题?浙江海纳为什么选择重整而不是破产清算?

案例参考资料

[1] 竺素娥、诸耀琼.浙江海纳的财务危机[J].中国管理案例共享中心案例库(第一届“全国百篇优秀管理案例”),2010.

[2] 裘益政,竺素娥.浙江海纳的财务危机与重组.财务管理案例[M].大连:东北财经大学出版社,2011.

[3] 浙商网 http://biz.zjol.com.cn/05biz/07-08-zt/zdhn/.

参考文献

高级财务管理导论

[1] 佟如意.财务管理假设理论研究[J].财会月刊(会计),2005(10):7-8.

[2] 郭复初.中西方近代财务管理的发展与启迪[J].四川会计,1997(7):3-7.

[3] 罗福凯,高月飞,吴鑫.财务管理发展趋势——科技创新的渗透与驱动[J].财会通讯,2001,(1):11-14.

[4] 王化成.20 世纪西方财务管理的五次浪潮[N].中国财务财经报,1997-11-08.

[5] 王化成,张伟华,佟岩.广义财务管理理论结构研究——以财务管理环境为起点的研究框架回顾与拓展[J].科学决策,2011,(6):1-31.

[6] 王化成,佟岩.财务管理理论研究的回顾与展望——20 世纪后 20 年中国财务理论研究述评[J].会计研究,2001,(12):37-45.

[7] 王开田,李连军.21 世纪财务管理的环境变迁及其发展趋势[J].财务与会计,2001,(1):35-37.

[8] 周守华,张敬峰.新企业会计准则对财务管理的影响——兼论基于核心竞争力的财务管理变革[J].会计研究,2006,(12):3-7.

[9] 张艳莉.知识经济背景下的财务管理创新研究[J].财会通讯,2007(12):7-8.

[10] 孙文刚,张淑贞.新中国企业财务管理发展 60 年回眸[J].齐鲁论坛,2009(6).

[11] 汤谷良,张守文.大数据背景下企业财务管理的挑战与变革[J].财务研究,2015,(1):59-64.

[12] 靳庆鲁.互联网时代和中国制度下的会计审计与公司财务研究[J].中国科学基金,2017(3):287-296.

[13] Modis, T. Technological Substitutions in the Computer Industry[J]. Technological Forecasting and Social Change,1993.43(2):157-167.

第一篇　知识经济时代基于企业价值创造的财务管理

[1] 陈劲,谢洪源.企业智力资本评价模型与实证研究[J].中国地质大学学报:社会科学版,2004(12).

[2] 蔡凡,万希.西方智力资本测量方法述评[J].中国科技论坛,2005(6):117-121.

[3] 董必荣.企业对外智力资本报告研究[J].会计研究,2009,(11):53-58.

[4] 董必荣.知识密集型企业外部导向的智力资本报告研究——以"红日药业"为例[J].经济管理,2011,(3):70-78.

[5] 傅传锐.基于智力资本的企业价值评估研究[D].厦门:厦门大学,2009.

[6] 胡贵毅,任崇明,王漫天,建立面向利益相关者的企业集团财务组织——基于某外资大型超市集团财务组织变革的案例分析[J].会计研究,2008,(4):54-61.

[7] 景莉.智力资本与公司价值[D].成都:西南财经大学,2004.

[8] 李冬伟.智力资本与企业价值关系研究[D].大连:大连理工大学,2010.

[9] 李明毅.上市公司信息披露对资本成本的影响研究[D].哈尔滨工业大学,2008.

[10] 李平,刘希宋.国外企业智力资本报告模式分析及启示[J].研究与发展管理,2006,(3):29-36.

[11] 李玉平,杨忠英.关于我国企业智力资本信息披露的思考[J].经济师,2008,(6):218-219.

[12] 汤谷良,林长泉.打造 VBM 框架下的价值型财务管理模式[J].会计研究,2003,(12):23-27.

[13] 帕特里克·沙利文.价值驱动的智力资本[M].北京:华夏出版社,2002:2-10.

[14] 万希.智力资本对我国运营最佳公司贡献的实证分析[J].南开管理评论,2006(3):19-25.

[15] 徐程兴.企业智力资本报告的探讨[J].中国工业经济,2003(8):70-75.

[16] 徐凤菊,周文.基于智力资本的企业价值创造路径研究[J].财会通讯(综合),2010(12):44-45.
[17] 袁艺,袁一骏.智力资本测量模型评述[J].外国经济与管理,2002(8):16-21.
[18] 杨政,董必荣,施平.智力资本信息披露困境评析[J].会计研究,2007,(1):15-22.
[19] 杨娟.基于智力资本观的企业财务创新[J].企业经济,2008(7):156-158.
[20] 郑函.财务变革的使命[J].首席财务官,2012(1):82-83.
[21] 张丹,张韵.西方智力资本报告研究进展及其对我国的启示[J].财会通讯(学术版),2006,(2):106-108.
[22] 张丹.我国企业智力资本报告建立的现实基础:来自上市公司年报的检验[J].会计研究,2008,(1):18-25.
[23] 张鼎祖.企业价值创造驱动因素分析:基于财务视角与战略视角[J].财会月刊,2009(2):33-35.
[24] 张炳发,万威武.企业知识资本报告设计[J].工业技术经济,2004(6):135-142.
[25] 张冠芳.浅析智力资本的价值创造及其价值计量问题[J].价值工程,2007(8):38-40.
[26] 张家伦.企业价值评估与创造[M].北京:立信会计出版社,2005.
[27] 张家伦.智力资本的管理探析[J].经济师,2007(7):35-38.
[28] 曾洁琼.企业智力资本报告现状与前瞻[J].湖北经济学院学报:人文社会科学版,2006(10):59-60.
[29] 曾蔚,游达明,等.基于联合风险投资的创业智力资本导入机理研究[J].财务与金融,2011(6):24-29.
[30] 曾蔚,吴雪晴,吴厚平,等.基于创新价值链的创新资本对中小企业成长性的影响研究[J].科技管理研究,2017,37(08):9-19.[2017-10-05].
[31] 曾蔚,周光琪.公司治理、内部控制和智力资本价值创造效率[J].中南大学学报:社会科学版,2016,22(6):108-116.
[32] Jeltjevander Meer-Kooistra、SiebrenM. Zijlstra. 2001. Reporting on intellectual capital[J]. Journal of Intellectual Capital. 14,4.
[33] Sveiby, KE. The intangible assets monitor [J]. Journal of Human Resource Costing and Accounting, 1997, 2(1): 73-97.
[34] Sveiby, K. E. The New Organizational Wealth: Managing and Measuring Knowledge-based Assets [M]. San Francisco: Berrett-Koehler, 1997.
[35] A. Seetharaman, Hadi Helmi Bin Zaini Sooria, A. S. Saravanan. 2002. Intellectual capital accounting and reporting in the knowledge economy[J]. Journal of Intellectual Capital. 3,2.
[36] Waymond Rodgers. 2003. Measurement and reporting of knowledge-based assets. Journal of Intellectual Capital. 4, 2.
[37] Andriessen, D. Making Sense of Intellectual Capital: Designing A Method for The Valuation of Intangibles[M]. Burlington: Elsevier Inc., 2004.
[38] Brooking, A. Intellectual Capital: Core Asset for The Third Millennium [M]. London: International Thomson Business Press, 1996.
[39] Edvinsson L, Malone M. S. Intellectual capital: Realizing your company's true value by finding its hidden brainpower [M]. New York: Harper Business Press, 1997.
[40] Johnson W. An integrative taxonomy of intellectual capital: Measuring the stock and flow of intellectual capital in the firm [J]. International Journal of Technology Management, 1999, (18): 562-575.
[41] Ross, J., Ros G, Edvinsson L, Dragonetti, N. C. Intellectual Capital: Navigating in the New

Business Landscape [M]. New York: New York University Press,1998.

[42] Stewart,Thomas A. Intellectual Capital: The New wealth of Organization [C]. New York: Doubleday Dell Publishing Group,Inc. ,1997.

第二篇　企业集团财务管理

[1] 陈艳利. 企业集团内交易与转移定价——东北制药集团案例分析[J]. 东北财经大学学报,2008,(6):32-37.

[2] 胡振华,彭德辉. 企业集团战略规划体系研究[J]. 湖南工业职业技术学院学报,2003(3):35-37.

[3] 金晓东. 分配机制与成本控制——略议企业集团的内部价格[J]. 财会研究,2007(11):61-63.

[4] 罗凤丽. 试论企业集团利润分配基础[J]. 会计师,2011,(6):60-61.

[5] 谢红英. 企业集团股利政策研究[J]. 审计与理财,2006,(11):33-34.

[6] 姚俊,蓝海. 我国企业集团的演进及组建模式研究[J]. 经济经纬,2006(1):82-85.

[7] 王薇薇,汤谷良. 万科企业财务战略十年轨迹与启示[J]. 财务与会计(理财版),2010,(8):21-24.

[8] 王海波. 试论企业集团股利政策[J]. 辽宁师专学报:社会科学版,2006,(4):7-8.

[9] 赵华. 企业集团财务战略的特征分析[J]. 财会月刊(综合), 2005(9):77-78.

[10] 何永利. 云计算在财务共享服务中心建设中的应用[J]. 财会通讯,2016(31):106-109.

[11] Okumura, Hiroshi. Interfirm Relations in an Enterprise Group: The Case of Mitsubishi [J]. Japanese Economic Studios, 1982(10):53-82.

[12] Richard Jankowski. Preference Aggregation in Firms and Corporatist Organizations: The Enterprise Group as a Cellular Encompassing Organization [J]. American Journal of Political Science, 1989,33(4):973-994.

第三篇　中小企业财务管理

[1] 陈晓红,吴运迪. 创业与中小企业管理[M]. 北京:清华大学出版社,2011.

[2] 陈乃醒. 中小企业发展与预测[M]. 北京:民主与建设出版社,2005.

[3] 戴小平,陈靖. 我国中小企业融资风险及其防范[J]. 上海金融学院学报,2005(5):22-26.

[4] 沈勇. 我国中小企业融资现状及对策研究[J]. 当代经济,2009,(15):144-147.

[5] 高志辉. 基于生命周期理论的中小企业股利分配政策研究[J]. 中国乡镇企业会计,2013,(1).

[6] 国务院关于促进中小企业发展情况的报告[R]. 中国新闻网,2009-12-24.

[7] 刘斌. 基于企业生命周期的股利政策选择[J]. 商业会计,2012,(1):35-36.

[8] 刘红珍. 中小企业的风险管理的特点与方法[J]. 2006(3):158-160.

[9] 刘湘琴,吴勇. 基于企业生命周期的科技型中小企业创业风险研究[J]. 现代管理科学,2009(6):37-39.

[10] 赖新英. 国内中小企业财务危机成因与特征研究[J]. 财务会计,190-191.

[11] 融资租赁:政策推一把企业谋共赢[N/OL]. 宁波日报,2012. 11. 14. www. sme. gov. cn.

[12] 2012 钱与钱寻:中小企业融资持续改善[J]. 首席财务官,2012. 1. 10. http://www. sina. com. cn.

[13] 庞琴. 浅谈我国中小企业投资的产品选择[J]. 技术经济,2007(8):81-83.

[14] 任平. 中小企业资本运营探析[J]. 中国管理信息化,2006(9):21-22.

[15] 孙翼. 从国外文献中看中小企业贷款问题[J]. 融资研究,2003(9).

[16] 孙太利. 中小企业如何吸引大学生就业[N]. 中华工商时报,2010. 10. 1

[17] 于洋,卜穆峰. 中小企业投资战略的制定与选择[J]. 经济研究导刊,2009(4):30-31.

[18] 曾蔚,游达明等,联合风险投资的价值溢出机理与案例分析[J]. 研究与发展管理,2008(4):101-106.

[19] 游达明,曾蔚. 创业资本对创业板 IPO 抑价度影响的实证研究[J]. 北京工商大学学报:社会科学

版,2012(3):84-89.
[20] 曾江洪,俞岩.我国中小企业集合债券融资模式探讨[J].2010(8):37-42.
[21] 周静.中小企业融资有了新渠道[N/OL].东南商报,2012.8.21.http://news.hexun.com.
[22] 皮天雷,赵铁.互联网金融:范畴、革新与展望[J].财经科学,2014(6).
[23] Acs, Z. J. Carlsson, B. and Thurik, R. Small Business in the Modern Economy[M]. Edited by Admiraal. P. H.: Blackwell Publishers, 1996.
[24] Roy Thurik and Sander Wennekers. A Note on Entrepreneurship, Small Business and Economic Growth[J]. Erasmus Research Institute of Management Report Series, 2001.
[25] Robert Cressy. Small Business Failure: Failure to Fund or Failure to Learn? In Entrepreneurship. Small and Medium-Sized Enterprises and the Macroeconomy[M]. edited by Acs, Carlsson and Karlsson, 1999.

第四篇　企业扩张和收缩的财务管理

[1] 沈静.企业并购财务风险分析与控制[J].财会通讯,2015(20):105-107.
[2] 王浩.企业并购财务风险的分析与防范[J].会计师,2013(5):42-43.
[3] 郭淑芬.关于企业收缩性资产重组的财务分析[J].财会月刊,2006(3):31-33.
[4] 黄明,耿中元.企业并购的成本收益分析[J].企业改革与管理,2009(7):5-7.
[5] 林旭东,聂永华.分拆上市与价值创造:多视角的经济动因分析[J].深圳大学学报:人文社会科学版,2009,(26):57-63.
[6] 杨红艳.企业并购的成本与收益分析[J].市场研究,2011(3):43-45.
[7] 王飞.我国企业并购融资方式选择分析[J].北方经济,2009(2):54-55.
[8] Schipper, K., Smith, A. Effect of recontracting holder wealth: the case of voluntary spin-off[J]. Financial Economics,1983,(13):187-221.
[9] Slovin, M., M. Sushka., Steven R. Ferraro. A comparison of information conveyed by equity carve-outs, spin-offs, and asset sell-offs[J]. Journal of Financial Economics,1995,(37):89-104.

第五篇　财务危机、重整与清算

[1] 裘益政,竺素娥.财务管理案例[M].大连:东北财经大学出版社,2011.
[2] 谷祺,刘淑莲.财务危机企业投资行为分析与对策[J].会计研究,1999(10):28-31.
[3] 周首华,杨济华,王平.论财务危机的预警分析——F分数模式[J].会计研究,1996(8):8-11.
[4] 吴超鹏,吴世农.基于价值创造和公司治理的财务状态分析与预警模型研究[J].经济研究,2005,(11):99-110.
[5] Altman E I. Corporate financial distress and bankruptcy [M]. 2nd edition. John & Sons, New York, 1993.
[6] Altman E I, Haldeman R. Zeta analysis a new model to identify bankruptcy risk of corporations[J]. Joumal of Banking and Finance,1977,(9).
[7] Edwardl' Altman. Financial Ratios, Diseriminant Analysis and the Predietion of Corporate Bankrupcy[J]. Journal,Vol.,XXⅢ,SePtember,1968.
[8] Jensen M. C. The Modern Industrial Revolution, Exit, and the Failure of Internal Control Systems [J]. The Journal of Finance, 1993, 48: 83 1-880.
[9] Lubomir Lizal. Determinants of Financial Distress: What Drives Bankruptcy in a Transition Economy? [J]. The Czech Republic Case, Second Draft, 2002, 1: 350-360.
[10] Wruck K. H. Financial distress, Reorganization and Organizational Efficiency [J]. Journal of Financial Economics, 1999, 27(2): 419-444.

相关教材参考

[1] 荆新，王化成，刘俊彦. 财务管理学(第七版). 北京：中国人民大学出版社，2015.
[2] 刘志远. 高级财务管理[M]. 上海：复旦大学出版社，2010.
[3] 陆正飞，朱凯，童盼. 高级财务管理(第二版)[M]. 北京：北京大学出版社，2013.
[4] 汤谷良，韩慧博. 高级财务管理[M]. 北京：清华大学出版社，2010.
[5] 汤谷良，竺素娥. 高级财务管理[M]. 北京：立信会计出版社，2009.
[6] 王化成. 高级财务管理(第三版)[M]. 北京：中国人民大学出版社，2011.
[7] 王筱萍，薛耀文. 高级财务管理[M]. 北京：清华大学出版社，2008.
[8] 王静，李淑平. 高级财务管理(第三版)[M]. 武汉：武汉理工大学出版社，2016.
[9] 左和平，李雨青. 高级财务管理[M]. 北京：高等教育出版社，2014.
[10] 张先治等. 高级财务管理(第三版)[M]. 大连：东北财经大学出版社，2015.
[11] 曾蔚，游达明. 企业财务分析与价值评估[M]. 北京：清华大学出版社，2011.
[12] 汤谷良，王佩. 高级财务管理(第二版)[M]. 清华大学出版社，2017.

教师服务

感谢您选用清华大学出版社的教材！为了更好地服务教学，我们为授课教师提供本书的教学辅助资源，以及本学科重点教材信息。请您扫码获取。

教辅获取

本书教辅资源，授课教师扫码获取

样书赠送

财务管理类重点教材，教师扫码获取样书